主办 中国法学会证券法学研究会

证券法律评论

SECURITIES LAW REVIEW

［2024年卷］

主　编｜郭　锋

执行主编｜邢会强

人民法院出版社

图书在版编目（CIP）数据
证券法律评论. 2024年卷 / 郭锋主编. -- 北京 :
人民法院出版社, 2024. 9. -- ISBN 978-7-5109-4231-0
Ⅰ. D922.287.4
中国国家版本馆CIP数据核字第20243Q11X0号

证券法律评论（2024 年卷）
郭　锋　主编

策划编辑　兰丽专
责任编辑　路建华　杨晓燕　杨　洁
封面设计　尹苗苗
出版发行　人民法院出版社
地　　址　北京市东城区东交民巷 27 号（100745）
电　　话　（010）67550697（责任编辑）　67550558（发行部查询）
65223677（读者服务部）
客服 QQ　2092078039
网　　址　http://www.courtbook.com.cn
E - mail　courtpress@sohu.com
印　　刷　天津嘉恒印务有限公司
经　　销　新华书店

开　　本　787 毫米×1092 毫米　1/16
字　　数　537 千字
印　　张　36.25
版　　次　2024 年 9 月第 1 版　2024 年 9 月第 1 次印刷
书　　号　ISBN 978-7-5109-4231-0
定　　价　149.00 元

《证券法律评论》编委会

（以姓氏拼音首字母为序）

序　言

《证券法律评论》现由中国法学会证券法学研究会主办。中国法学会证券法学研究会是经中国法学会批准，于2008年12月6日在北京成立的从事金融、证券、期货及相关领域法学研究的全国性学术研究组织，主要由国内从事证券法学教育研究的理论工作者和证券立法、司法、监管实务部门专家及证券市场从业人员组成。中国法学会证券法学研究会的组建，得到全国人大常委会法工委、最高人民法院、中国证监会、中国法学会、中国证券业协会、中国期货业协会、上海证券交易所、深圳证券交易所等有关部门的指导和支持。中国法学会证券法学研究会的宗旨是：团结和组织全国证券法学界的法学工作者、法律工作者及证券业相关人士，促进证券法学理论与实践的研究，开展证券法学的学术交流活动，为推进依法治国、发展社会主义市场经济、促进社会主义现代化建设事业服务。中国法学会证券法学研究会在中国法学会领导下，自主开展学术研究、学术交流活动。

中国法学会证券法学研究会从2008年成立至今，每年都成功举办年会。2008年12月6日至7日，由中央财经大学法学院主办“中国法学会证券法学研究会成立大会暨改革开放30年与中国证券市场法治建设论坛”。2009年6月27日，中国法学会证券法学研究会与上海市高级人民法院、华东政法大学、上海证券交易所在上海联合举办主题为“金融危机背景下金融发展与金融法治研讨会”的2009年年会。2010年5月6日至7日，中国法学会证券法学研究会与深圳证券交易所在深圳联合举办主题为“多层次资本市场建设与投资者权益保护”的2010年年会。2011年10月27日至28日，中国法学会证券法学研究会与湖南省人民政府金融办等在长沙联合举办主题为“国家竞争力与区域性金融中心建设——环长株潭城市群‘两型社会’试验区的金融发展与创新论坛”的2011年年会。2012年6月15日，中国法学会证券法学研究会与四川省人民政府金融办、四川省社会科学院等在成都联合举办主题为“国际化视野下的金融创新、金融监管与西部金融中心建设”的2012年年会。2013年4月22日，中国法学会证券法学研究会与北京大学法学院等在北京联合举办主题为“中国资本市场法治化20周年纪念论坛”的2013年年会。2014年5月10日，中国法学会证券法学研究会与武汉大学法学院等在武汉联合举办主题为“全面深化改革背景下《证券法》的修订与完善”的2014年年会。2015年4月18日，中国法学会证券法学研究会与清华大学法学院等在北京举办主题为“国家治理现代化背景下的证券法治体系建设”的2015年年会。2016年4月22日至23日，中国法学会证券法学研究会与浙江大学光华法学院、浙江大学互联网金融研究院在杭州联合举办主题为“注册制改革背景下的中国证券市场法治建设”的2016年年会。2017年4月28日至29日，中国法学会证券法学研究会与上海财经大学法学院在上海联合举办主题为“新理念新使命新变革：证券法修改与中国资本市场法治建设”的2017年年会。2018年6月28日，中国法学会证券法学研究会与中国人民大学法学院在北京联合举办主题为“新时代中国金融市场基础设施法治体系建设”的2018年年会。2019年4月20

日，中国法学会证券法学研究会与西南政法大学高等研究院和民商法学院在重庆联合举办主题为“数字经济时代的证券市场法治变革与创新”的2019年年会。2020年9月26日，中国法学会证券法学研究会与中国政法大学民商经济法学院等在北京联合举办主题为“新《证券法》：开创中国资本市场新时代”的2020年年会。2021年5月，中国法学会证券法学研究会与深圳证券交易所、深圳市中级人民法院、深圳大学法学院、腾讯金融研究院等在深圳联合举办主题为“公司法修改：为资本市场高质量发展提供制度保障”的2021年年会。2022年，中国法学会证券法学研究会与复旦大学法学院、复旦大学中国金融法治研究院等在上海联合举办主题为“学习贯彻习近平法治思想暨证券监管法律实施规范体系的探索与完善”的2022年年会。2023年9月16日，中国法学会证券法学研究会与中央财经大学法学院、中央财经大学金融服务法研究中心等在北京联合举办主题为“全面注册制时代的发行监管与信息披露”的2023年年会。2024年9月21日，中国法学会证券法学研究会与南京大学法学院等在南京联合举办主题为“资本市场高质量发展与私募基金法治建设”的2024年年会。

在历次年会上，中国法学会证券法学研究会的各位理事、证券法学界和实务界的参会代表均提交了精心准备的论文，为我国证券法治建设积极建言献策，有力推动了我国证券法治的进步，为《证券法》的修改和完善贡献了智慧和力量。举办每次年会的同时，中国法学会证券法学研究会均将会议论文汇编成册，公开出版，与知识界、实务界、社会公众分享与会者的真知灼见。前期出版的年会论文集，主要反映当年年会主题，书名不统一，不能很好地形成中国法学会证券法学研究会的学术品牌，也不利于读者、研究者进行较为系统的文献收集、整理与参考。鉴于此，从2014年开始，每年的年会论文统一编入书名为《证券法律评论》的连续出版物中。现在呈现给读者的《证券法律评论（2024 年卷）》，即中国法学会证券法学研究会 2024 年年会的参会论文精选。

需要说明的是，《证券法律评论》最早由我创办于 2001 年 9 月，当时是由我担任所长的中国人民大学金融法研究所主办，我任主编。从 2001 年到 2005 年，《证券法律评论》共出版了四卷，其中第四卷由中央财经大学法学院、中央财经大学财经法律研究所主办，中央财经大学证券法研究中心编辑，我任主编。后来因创办和主编《金融服务法评论》，考虑到证券法的内容已经纳入金融服务法中，《证券法律评论》没有再续编。《证券法律评论》2014 年卷至 2024 年卷的编辑出版，使《证券法律评论》在新的时期得以延续和传承，在此特别感谢中国法学会证券法学研究会使其重新焕发生机。

中国证券市场法治建设任重道远。中国证券法学研究面临机遇和挑战，任务艰巨，使命光荣。理论研究成果既是对实践的反思、批判和经验总结，也是对未来的思考并为未来指引发展方向。在全面深化改革、全面依法治国背景下，中国法学会证券法学研究会的全体同仁，定当齐心协力，努力办好《证券法律评论》，为建立和完善中国特色社会主义证券法治体系不懈探索，为繁荣我国证券法学理论研究添砖加瓦、贡献智识。

是为序。

中国法学会证券法学研究会会长　郭　锋

2024 年 7 月于成都

目录 Contents

证券法律评论（2024年卷）

【私募基金法治】

【区域股权市场法治】

【证券监管与执法】

【证券欺诈的法律责任】

【私募基金法治】

私募基金的监管发展与制度完善*

刘　静**

摘要： 我国私募基金的发展经历了萌芽期、快速发展期和规范发展期，从灰色地带走进全面监管的视野。私募基金业务交叉性和混合性较强，分业监管和多头监管难以应对行业快速扩张态势，反而给监管套利、资本套利提供了可乘之机，使交叉性金融工具熵值最高但监管也最为薄弱。穿透式监管的提出契合了金融市场从严监管的时代背景，在私募基金领域的适用具有制度基础。加强监管的协调和联动对于当前私募基金的发展尤为重要，实施穿透式监管有助于提高金融监管的有效性和金融市场的安全性。我国应加强监管部门的纵向协同和横向协同，以构建起私募基金监管的常态化机制。

关键词： 穿透式监管　监管协同　资管新规　风险防范

一、问题的提出

2024 年 4 月，国务院发布《关于加强监管防范风险推动资本市场高质

---

* 本文为杭州市哲学社会科学规划常规性课题“私募投资基金穿透式监管的法律机制研究”（课题编号：M24JC001）的阶段性成果。

** 浙江财经大学法学院讲师，法学博士。

量发展的若干意见》，提出集中整治私募基金领域突出风险隐患。2012 年《证券投资基金法》修订后，私募证券投资基金被纳入《证券投资基金法》的规范范围，私募证券投资基金行业从过去游走在法律的灰色空间步入快速、规范发展的时期。受市场需求、科技的发展、制度的变迁等因素的推动，私募基金行业发展可谓增速惊人。得益于我国 2014 年实施的宽松的登记备案监管环境，私募基金发展迅速。但受近年来国内外经济增长放缓的影响，私募基金的增长也逐渐放缓，呈现出一些新的特点。2017 年以来，行业发展整体趋缓，虽增长放缓，但私募基金业已成为公募基金、保险资金之后的第三大机构投资者。①

为避免系统性风险的产生以及保护投资者的利益，证监会、中国证券投资基金业协会（以下简称中基协）发布了一系列监管新规，对私募基金行业进行趋严化的监管。然而，私募基金的监管方面依然存在一些问题，如监管规则不一、标准不一、制度缺乏可操作性。私募基金和公募基金相比，产品策略具有较高的隐秘性和较低的信息披露要求，缺乏行业透明度监管。再加上跨行业、跨市场的运作，私募产品风险频发，给融资环境也造成了不利影响，还可能危及社会稳定。例如，“老鼠仓”、面向不合格投资者推介、借道变相公募、保底承诺、多层嵌套规避杠杆限制、管理人的经营管理水平和风险控制能力良莠不齐、跑路、不合规、监管套利等行为并不少见。且继 2018 年 P2P 爆雷潮之后，风险事件的暴露更有向私募基金行业扩散的趋势。② 诸如“阜兴系”事件的出现不仅严重损害投资者的权益，亦降低了私募基金的行业信用。

二、我国私募基金监管立法的阶段性

对于私募基金的发展阶段，结合监管的历程、路径与动向划分为三个

① 参见中国证券投资基金业协会披露的《中国私募证券投资基金行业发展报告（2017）》和《中国私募证券投资基金行业发展报告（2019）》。

② 参见王东宾：《加强监管是私募基金行业大势所趋》，载《21 世纪经济报道》2019 年 9 月 4 日。

阶段：金融抑制背景下的私募基金发展和监管、金融深化背景下的私募基金发展和监管以及金融约束背景下的私募基金发展和监管。对我国私募基金发展和监管阶段的划分，并不意味着后面的阶段完全摆脱了前面阶段所包含的要素，而是体现一种不断调整和深化的监管思想。

（一）1985年至2006年的萌芽期

第一阶段是1985年到2006年的萌芽期，私募基金在金融抑制背景下诱致性起步。这一阶段受金融抑制战略的影响，缺乏专业化的私募基金监管制度。私募基金在我国的发展以创业投资基金或风险投资基金的形式开始，其出现和我国科技发展体制改革密切相关。20世纪80年代，中央确定了以经济发展为中心，也要求科技工作能为经济建设作出贡献。当时我国的科技体制承继于苏联的计划式发展体系，日益显现出固有弊端，如科技与经济“两张皮”、科技管理体制僵化、知识产权概念缺乏等，[①] 不利于科学技术的扩散及其成果向生产能力的转化。随后，科技政策进行了重建和调整。1985年，《中共中央关于科学技术体制改革的决定》出台，明确“科学技术工作必须面向经济建设”的战略方针，同时在具体策略中也首次提及可以创业投资支持变化快、风险高的技术开发工作。发展创业投资被正式写入中央文件，成为我国的重要政策。同年，经国务院批准，本土化的首家创业投资机构成立，标志着我国私募基金发展拉开序幕。1986年，国家科委在《科学技术白皮书》中将发展中国创业投资事业作为战略方针。这一时期，为大力发展高新技术及其产业，推动其商品化、国际化，中央和各地政府又陆续批准设立了科技风险开发事业中心、高新技术开发区，以此为依托的创业风险投资基金相继成立。1996年，《促进科技成果转化法》实施，首次将风险投资的概念纳入法律条文中。随后，全国政协九届一次会议将“关于尽快发展我国风险投资事业的提案”列为“一

① 参见张永凯：《改革开放40年中国科技政策演变分析》，载《中国科技论坛》2019年第4期。

号提案”，国有创投公司开始大量涌现。随着市场经济的推进，创投基金作为一种新的融资方式被不同程度地接受。

萌芽阶段私募基金的发展及监管呈现出以下特征：第一，创业投资基金在政府的支持下雏形初显，政府直接出资设立是这一阶段的主要形式，私募基金的起步及监管体现了国家发展高科技产业的意志。然而，除了创业投资基金之外，其他类型的私募基金并没有享受到国家如此程度的重视，还游离在正规金融之外。资本市场不健全，加上金融抑制下的信贷资源垄断、错配，导致中小企业融资难，由此催生了一些非正规金融。早期的私募基金也属于得不到体制内金融制度供给支持情况下的自发型产物，也常被视为地下基金。在金融抑制的宏观背景下，以公权力对市场交易的干预和主导为主要形式，法律规则对公权力行使者更多的是授权，金融业务普遍需要特许。① 因此，对于当时属于非正规金融的私募基金来说，面临着合法性难题，亦有可能成为“金融三乱”活动下打击非法集资的对象。除依《创业投资企业管理暂行办法》《外商投资创业投资企业管理规定》规定以创业投资形式存在的私募股权投资基金外，其他大量的私募基金根本没有对应的监管部门，缺乏设立、运作的监管规则，专业化监管制度并不存在。2000年和2001年《证券投资基金法》的几次草案和征求意见稿中出现了对私募基金的规定，但有观点认为，虽然要对私募基金进行监管，但作为“向特定对象募集”的私募基金，其操作和种类不尽相同，管理也较为复杂，法律不能作出太具体的规定，② 所以在正式提交的草案中将私募基金排除在外。第二，早期对私募股权基金的监管呈现多头监管。在金融抑制背景下，以各种优惠政策吸引私募股权基金落户本地，并由地方发改委、金融办、财政局、工商局等多部门进行共同监管。监管思路未明确的情况下，各地自行确认监管机构，多头监管、争权诿责不足为

① 参见黄韬：《“金融抑制”的法律镜像及其变革——中国金融市场现实问题的制度思考》，载《财经科学》2013年第8期。

② 参见中国人民大学信托与基金研究所：《中国基金业发展报告（1991~2003）》，中国经济出版社2004年版，第204页。

奇。在中央层面如证监会、发改委等部门也存在类似的问题。同时，在我国私募股权基金的法律体系中，强制性规范占据主导地位，具体的监管方式也无法做到从源头对风险予以把控。

（二）2007 年至 2015 年的快速发展期

2007 年到 2015 年间，受金融深化理念的影响，我国私募基金的发展轨迹也有所改变，得到了快速发展。随着经济体制改革的深入进展，资本市场的种种金融抑制战略不仅影响了资本市场的发展，还阻碍了我国经济的可持续发展。外资私募基金大量进入中国，然而很多优秀创新型企业要绕路到海外上市，不放开中国的金融束缚，会制约中国企业的国际竞争力。因此，主张更加开放的金融市场和放松监管的金融深化理念逐渐被接受。在这一阶段，产业投资基金继续得以发展，2007 年后第二批、第三批的试点基金得到国务院的批准而成立，不同于之前的投资于科技创新领域的创投基金，它们投资于具有战略意义的大中型企业，以及其他处于成长期拟上市的中小企业。2007 年正式实施了《合伙企业法》，确立了有限合伙制度，其具有分配机制灵活、激励机制灵活、税负低的特色，助推了私募基金组织形式的丰富和发展。全国人大财经委员会相关负责人曾表示，对私募股权来说，采用合伙制企业进行投资管理是最为合适的选择。① 如前文所述，2012 年《证券投资基金法》修订后，私募证券投资基金被纳入《证券投资基金法》的监管范围，私募证券投资基金行业从过去游走在法律的灰色空间步入快速、规范发展的时期。2014 年《私募投资基金监督管理暂行办法》的发布意味着私募基金进入了监管时代，规定了私募基金三条底线，即恪守职业道德底线、不可变相公募、严格投资者适当性管理。其后，受需求、科技、制度的变迁推动，私募基金行业发展可谓增速惊人。

这一阶段私募基金的发展及监管呈现出以下特征：第一，多种类型的

---

① 参见李晓明：《私募股权基金的中国起步》，载《中国投资》2006 年第 11 期。

私募基金受到了国家法规层面的认可，发展迅速。金融制度的滞后以及市场对私募基金的需求倒逼法律法规层面对私募基金的承认。早期的私募基金，除了用以支持高新技术产业的创业投资基金之外，其他的私募基金属于民间金融范畴，非正规金融和民营经济为响应获利机会，自发地实现了诱致性制度变迁。但是，诱致性变迁存在难以将内部规则进行外部化适用、制度供应不足和制度滞后等系列问题，这种制度供需矛盾推动政府进行强制性制度的变迁。① 第二，私募基金的监管架构在不断健全。最主要体现在监管主体的确定、统一，监管原则的明确，以及具体监管制度方面。证监会依法获得了对不同类型的私募基金的统一监管权。一些具体制度如合格投资者制度、登记备案、信息披露、托管等制度也得以确立。在 2014 年实施较为宽松的登记备案制后，私募基金得到了爆炸式的发展。第三，私募基金的监管制度仍在摸索之中，存在制度缺乏、模糊不清等问题。以备案为例，从自愿备案到强制备案，从发改委规定的备案要求到中基协的登记备案，再到全口径登记备案，备案的性质定位较为模糊，缺乏明确的规则。在全口径备案时期因为缺乏准入门槛，许多背景混杂各异、主营业务模糊不清或者没有明确主业的机构陆续申请登记，数量呈现爆发式的增长，但也导致行业良莠不齐、积聚风险。

（三）2016 年至今的规范发展期

2016 年至今，为防范私募基金的风险，监管部门持续强调加强监管。在经济下行和内外形势压力的背景下，中国私募基金行业规模呈现出逆势增长，甚至不符合私募界的内在规律。不过，在快速发展的同时，各种问题也日益突出。一波又一波的私募基金爆雷潮出现，倒逼监管趋严。从 2016 年初开始至今，证监会与中基协持续细化私募基金监管体系，尤其是进入 2017 年后，监管力度与深度持续增加，私募基金行业发展整体趋缓。

---

① 参见徐军辉：《从诱致性制度变迁到强制性制度变迁：温州民间金融改革》，载《贵州社会科学》2013 年第 1 期。

私募基金的乱象、爆雷一定程度上扰乱了行业秩序，引发了对私募基金行业的大整改。一系列监管新规的发布，标志着私募基金行业告别了野蛮生长期。受监管和市场多方面因素影响，私募基金还曾遇冷出现明显降幅，如受2018年股市影响，私募证券投资基金出现规模下降；在《中国人民银行、中国银行保险监督管理委员会、中国证券监督管理委员会、国家外汇管理局关于规范金融机构资产管理业务的指导意见》（以下简称《资管新规》）实施后，通道类业务收缩，顾问管理类基金出现下降。

这一阶段私募基金监管呈现以下特点：第一，对私募基金的监管趋严化。这一时期，对私募基金的专门性规范文件增多，且在文件级别上也在探索上位法，提高法律层级。例如，国务院于2023年出台了私募基金领域的行政法规《私募投资基金监督管理条例》，对私募基金的监管不断加强，规定了多条行业底线，这与金融市场强监管背景是契合的，国际经验也经历了对私募基金由宽松到严格的监管过程。在行业监管整体大幅从严的背景下，许多空壳私募基金和非法私募基金被列入了监管的黑名单。第二，对私募基金的自律监管不断健全。中基协对私募基金实施自律管理，包括事前登记和产品备案，以及对私募基金的行为进行事中、事后持续性的监督管理，加大查处的力度，防范私募基金管理人的违法违规行为，以保护投资者合法权益，确保私募基金行业的规范运作。自律措施对基金管理人和信息披露切实起到了约束作用。

三、我国私募基金监管制度的困境

（一）多头监管导致监管盲区和套利

首先，不同的监管部门之间存在监管思路和监管内容的差异。对于私募基金自身领域的专业化监管来说，2013年中央机构编制委员会办公室印发的《关于私募股权基金管理职责分工的通知》对私募股权投资基金的管理进行了分工，规定由证监会负责监督管理，发改委负责组织拟订促进行业发展的政策措施并会同有关部门研究和制定政府出资的标准和规范。此外，私募基金依托的信托平台由原银保监会监管，私募基金又要在工商部门注册。因此，多个权力部门要建立协调配合机制。以证监会和发改委二者为例，实践中二者的上位法和监管思路有一定的差异。发改委主要依据《公司法》《合伙企业法》等法律制定与基金有关的规定，更多体现了基金的企业属性、政策属性、政府性资金属性的监管思路。证监会则主要依据《信托法》《证券法》《证券投资基金法》等法律制定相关规定，更为强调基金的证券和金融属性，并以此为监管思路。① 由于监管思路的差异化，在管理要求方面，证监会、中基协与发改委、中国投资协会等不同部门之间也存在分歧，对创业投资基金（企业）的实收资本，高级管理人员工作经验、违纪背景等的资质要求，备案内容和主管部门，投资运作等有不同要求。例如，发改委要求必须托管，但一般私募基金没有强制托管一说；政府产业基金延期需要政府批准，但一般私募基金经过合伙人大会决议或按照基金合同即可延期。② 这种多部门共同监管有其形成的历史根源和存在的现实依据，或可起到互补作用，但也存在冲突之处，让从业机构难以适从，也为监管套利留下了空间，并增加了管理者的监管成本。

其次，私募基金产品普遍存在跨市场运作，而监管部门之间的协作机制不完善，穿透的监管要求也阙如，导致一些新的业务类型、新的产品在监管真空下野蛮生长，滋生跨市场风险。和公募基金相比，私募基金的流动性较差、运作环节较为隐秘，许多非标产品也难以估值，行业风险较高，容易成为市场乱象的聚集地。再加上产品业务跨行业跨市场日趋普遍，其风险也呈现突发、高发、外溢态势。具体表现在两个方面：一方面，变相公开募资扭曲“私”的法律特点。一些私募机构为了规避基金认购的底线要求，将份额收益权予以拆分，在互联网平台进行转让，突破了合格投资者的要求；或者利用拼单的方式对私募基金进行代持，向非合格

① 参见《新规下政府出资产业投资基金监管政策梳理与解读》，http://mt.sohu.com/20170221/n481298489.shtml，2024年5月22日访问。

② 参见《政府出资产业投资基金管理暂行办法》（发改财金规〔2016〕2800号）和《证券投资基金法》。

投资者募集，突破单只私募基金对投资人数的规范要求。另一方面，违规开展业务异化“基金”的法律本质。部分私募基金机构存在进行误导性或虚假性宣传，向公众公开宣传推销，承诺对基金产品保本保收益等违规募集行为。部分私募基金机构违规开展资金池业务，进行期限错配，违规开展明股实债、明基实贷等变相保底保收益的业务，热衷于从事非标债权等影子银行或者经营类信贷业务，挪用基金财产等。这些行为都异化了私募基金的本质。

最后，对于未按规定注册的私募基金难以形成有效约束，是各国面临的共同难题，我国也不例外。目前，在证照分离的制度安排下，私募基金机构可以未经过管理人的登记和基金的备案便获得工商执照，容易使一些机构脱离证券监管部门的监管而实际上从事私募基金业务，容易产生非法集资行为。发改委、商务部公布了《市场准入负面清单（2019 年版）》，《关于加强私募投资基金监管的若干规定》中对私募基金注册名称和经营范围“基金管理”字样的使用等进行了规范，① 一定程度上有利于从商事设立登记环节实现源头防控。不过信息共享不完善的问题依然存在，有待进一步加强。

（二）监管应对嵌套产品乏力

在 2015 年股市异常波动后，金融监管部门先后发布规范性文件就部分私募产品提出了杠杆比例的要求，② 主要包括：结构化股票投资信托产品中，优先受益人与劣后受益人之间的投资资金配置比例上限为 2∶1；管理

---

① 参见国家发展改革委、商务部印发的《市场准入负面清单（2019 年版）》（发改体改〔2019〕1685 号）和证监会公布的《关于加强私募投资基金监管的若干规定》（《中国证券监督管理委员会公告〔2020〕71 号》）。

② 参见银监会办公厅印发的《关于进一步加强信托公司风险监管工作的意见》（银监办发〔2016〕58 号），保监会印发的《关于加强组合类保险资产管理产品业务监管的通知》（保监资金〔2016〕104 号，已失效），证监会公布的《证券期货经营机构私募资产管理业务运作管理暂行规定》（《中国证券监督管理委员会公告〔2016〕13 号》）。

人开展管理业务时，如果是面向机构投资者，其中权益类、混合类的杠杆倍数限于1倍，其他类型的杠杆倍数限于3倍；结构化资产管理计划中分不同类型分别有不能超过1倍、2倍和3倍的杠杆倍数限制，不得通过嵌套的方式投资于其他结构化金融产品劣后级份额。但是，实践中，私募产品依然通过各种方式多层嵌套以突破杠杆限制，监管部门难以核查。

高杠杆的业务模式，多层嵌套下的违规交易、资金错配，以及其中的投资不透明等问题，有可能引发系统性风险，导致监管问题的产生。① 实践中此类嵌套产品并不少见，通常是为了规避监管，如银信证委托业务、银信证基合作的委外业务、银信证的定向通道业务等，都拉长了交易链条。对于投资者来说，嵌套产品规避了法律的硬性门槛的要求等，因而一些不符合条件的投资者也可以进入相应的投资市场，从而获取投资收益。但是层层嵌套的产品也使投资者难以了解产品的真实信息和真实风险，影响风险配置决策；难以清楚掌握资金的去向，资金被投向自身难以承担的高风险领域，甚至一些被投向限制性领域；再叠加管理人的信用风险，投资者权益容易受到侵害。这种多层嵌套的运作方式可能带来资本市场上的风险隐患，即基于“多米诺骨牌效应”，当底层产品的止损行为发生，会引发相关联的上层产品的连续止损，进而对整个资本市场的止损行为产生不利影响，风险由此外溢至其他市场主体。尤其在很多嵌套产品中，银行处于核心位置以提供隐形担保和流动性支持，风险更容易蔓延至银行体系。更主要的是，嵌套产品很难归属到传统的金融门类当中，因此也产生了一定程度的金融变革，一套产品涉及多个金融工具，给监管部门带来巨大的挑战。而不同的监管部门之间政策导向和监管标准不一致，会造成业务发展空间不同，易产生监管套利，也会造成行业的波动。②

---

① Yeoh P, “Should Private Equity Funds be Further Regulated?,” *Journal of Asset Management*, 2007, 8 (3): 215-225.

② 参见中国人民银行上海总部金融稳定分析小组：《中国区域金融稳定报告（2017）》，中国金融出版社2017年版，第68页。

四、穿透式理念下私募基金监管的协同向度

（一）穿透式监管运用于私募基金的制度基础

我国要求穿透式监管基于以下三点背景：一是为了应对监管套利难题，防控系统性风险；二是防范变相公开发行，维护金融和社会稳定；第三，防止利益输送、关联交易。① 监管部门确认私募基金有引发系统性风险的可能，因此出台了一系列的监管措施予以规范，在有关文件中更是明确了切实防范系统性风险这一立法目的。防范系统性风险成为金融法规层面和业务实践中的重要底线。法律中规定私募基金并将其纳入正式金融的监管，一方面意味着对其的法律认可，另一方面则是为了进行更加科学的规制，这关系私募基金投资者的保护，私募基金行业的规范发展，以及对其潜在系统性风险的防控。前文分析的行业风险也可能积聚而引发系统性风险。导致行业风险发生的市场主体方面的原因可以归纳为两类：一类是基金管理人或募集机构无视相关法律法规，恶意为之；另一类是对私募基金运作环节的制度不了解、不熟悉或不谨慎。监管部门需要采取一定的举措发现潜在的风险，并促进私募基金机构的内在合规。总之，在私募基金稳步发展的同时，各种操作不规范的乱象也频发，不仅影响投资者的利益，也影响对私募基金行业的信心。而且，近年来金融市场交易结构复杂、信息不透明，跨市场跨行业的新业务不断出现，其中不少形式涉及私募，资产、市场、信息公开等诸多环节都规避了监管或难达监管要求，损害了投资者利益。

在混业经营发展的市场环境下，保险资产管理机构可设立保险私募基金，私募基金可进入银行间债券市场，增加了业务多样性和竞争力。然而，混业经营给金融机构带来了挑战，存在机构跨界扩张利益输送、业务跨界套利交叉投资、不透明、风险跨市场传递的内生风险，需要建立内部

---

① 参见陈娟：《私募资管产品的穿透监管》，载《证券市场导报》2017 年第 9 期。

防火墙以隔离风险，进行穿透式监管。一些新型私募产品也需要穿透式监管来判别是金融创新型还是规避法律型，尤其要防范利用区块链、元宇宙等热点进行的伪创新、伪私募。监管机构有必要加强协作，维护金融市场秩序。以上私募基金市场乱象凸显出加强私募基金监管、弥补监管短板的紧迫性，穿透式监管有助于打破监管的多重标准，填补分业监管真空，防范系统性金融风险的发生。

在私募基金领域，最早规定“穿透”的是2014年的专门性规范文件《私募投资基金监督管理暂行办法》，其明确提及了“穿透核查最终投资者是否为合格投资者”，虽然在对应的条文中，是要求基金管理人或基金销售机构予以核查，但依然算是监管部门对这二者的监管要求。实际上，在2011年《国家发展改革委办公厅关于促进股权投资企业规范发展的通知》中就规定了“打通计算投资者总数”的要求。① 2018年的《资管新规》明确了穿透式监管原则，并规定其适用于私募投资基金，直接提供了法律基础和框架性的规定。② 而且《资管新规》还明确要建立资管产品统计制度，促进不同金融监管部门及时沟通跨行业、跨市场的重大风险信息、事项。之后，有关部门又发布了配套细则进行修正补充，使穿透式监管在私募基金领域的适用具备了制度层面的可行性基础。2023年《私募投资基金监督管理条例》也有具体体现。目前，穿透式监管的原则已经体现在多个监管领域，明确被规定在相关的法律法规中，其制度基础已毋庸置疑。

（二）穿透式理念下私募基金监管的协同路径

分业监管模式下，监管规则不一、监管疏漏、监管机构之间监管隔

---

① 《国家发展改革委办公厅关于促进股权投资企业规范发展的通知》（发改办财金〔2011〕2864号，已失效）规定：“投资者人数限制……投资者为集合资金信托、合伙企业等非法人机构的，应打通核查最终的自然人和法人机构是否为合格投资者，并打通计算投资者总数，但投资者为股权投资母基金的除外。”

② 《资管新规》规定：“私募投资基金适用私募投资基金专门法律、行政法规，私募投资基金专门法律、行政法规中没有明确规定的适用本意见，创业投资基金、政府出资产业投资基金的相关规定另行制定。”

离，缺乏协调和配合，难以综合评估跨行业、跨市场的业务，难以应对金融产品结构及其交易架构复杂化的新情况、新问题，难以实现金融监管的目标，已跟不上金融业混业发展之步伐。传统的监管理念可能造成金融抑制，也可能造成监管空白下的风险失控。因此，加强监管的协调和联动对于当前阶段的金融发展尤为重要。我国适时创新，实施穿透式监管有助于打破监管困境，提高金融监管的有效性和金融市场的安全性。英国、美国和欧盟为了解决监管协调问题，均建立了更高位阶的监管部门，使监管政策能够实现跨部门、跨市场、跨机构的互动，是同样理念的体现。分业监管的背景下，穿透式监管对金融监管工作提出了更高的要求。穿透式监管的提出、运用、取得的现实效果折射出当前金融监管框架的弊端。与之相对应的监管框架的完善能够保障穿透式监管这一监管手段效果的发挥。在组织机构建设层面，目前我国已经成立了金融稳定发展委员会，其定位是兼顾金融改革与发展、金融安全与稳定以及金融消费者保护这三大目标。①强化金融监管协调，提高统筹防范风险能力是其接下来的工作重点。总体来看，金融监管协同包括纵向合作与横向合作。前者是指国家金融监管机构与地方金融监管机构之间的合作，后者是指金融监管机构与公安机关或者其他行政执法机构之间的合作。

其一，在牵头人、各监管机构协调一致的基础上进行监管组织的职责分工。例如，在证监会和自律监管部门的协调中，应当明确相关职能主导部门，明确市场监管的职责权限，避免监管中因职能交叉而出现的推诿或工作重叠现象。在合理有效的协同机制下，不同的监管主体可以在达致信息共享和工作互助合作的基础上，发挥各自的优势，实现监管成本的节约、监管效率的提升。证监会和中基协在权力的切分和合作中，前者负责私募基金固有层面的重大风险的防范，后者负责管理层面的一般风险的防范，是较为有效和经济的做法。因为行政监管的成本往往高于自律监管，

① 参见邢会强：《国务院金融稳定发展委员会的目标定位与职能完善——以金融法中的“三足定理”为视角》，载《法学评论》2018 年 3 期。

所以通常在出现严重违反私募基金监管目标、私募基金制度的时候，比如变相公募、规避投资者适当性制度而向非合格投资者募集资金等触及私募底线行为，行政监管的收益才会显著高于自律监管。同时，金融监管涉及面广、影响到社会各个方面，金融监管需要综合运用各种手段，才能达到监管目标。在金融监管系统中，应当发挥金融机构自我管理、行业组织自律管理、监管机构外部监管的共同作用。① 作为公共产品的金融监管并非专属于政府机构，行业协会和企业自身亦能够发挥有效的作用。《证券法》《证券投资基金法》确立了中基协的自律监管地位，证监会和中基协分工合作，更能共同推进监管目标的实现。政府监管通常更加严格，对风险厌恶程度更深，可能给金融创新带来一定程度的约束。私募基金领域监管框架、监管逻辑逐渐明晰之后，应更多地采用自律监管以维护行业的发展，逐步实现监管理念的过渡性变迁。自律监管更接近市场，灵活性强，兼具柔性、低成本性，不会对行业秩序产生大的打压，有利于在规范的同时促进私募基金行业的创新发展。和政府监管相比，行业协会的自律监管具有运作更高效、与监管对象沟通更顺畅、机制更灵活、规则调整更迅速、更能反映私募基金行业利益等优势，有利于降低成本提升收益。各种金融类协会在国际国内层面都处于监管框架中的重要地位。在目前转变政府职能和简政放权的大背景下，行业协会的补充性作用将更加突出，将承担更多的金融市场治理职责。② 应当通过对证监会和中基协的权力配置，使私募基金行业能在最小化成本下掌握合规风险。目前，私募基金领域有“7+2”自律监管系列的管理办法、公告，体现了适度的理念。然而，监管必须要有对应的追责和处罚机制，因此也不可偏废政府监管的防线作用。

其二，构建中央和地方两个层面的金融监管模式，对于分支机构、派出机构、地方层面的金融监管，应适当地加强比重。地方监管层面主要表现为监管力量薄弱，相对于庞大的监管对象，地方金融监管部门人员数量

① 参见张钢、李秀丽：《金融基础与实务》，北京理工大学出版社2012年版，第239页。

② 参见曹兴权：《金融行业协会自律的政策定位与制度因应——基于金融中心建设的考量》，载《法学》2016年第10期。

少，而民间金融组织以及地方金融活动又在大幅增加，都加重了地方金融监管机构的工作任务和工作难度，严重制约了工作的进展。另外，地方监管人员在专业水平、监管技能等方面难以满足现代金融监管专业监管和风险防控的需要。许多地方金融监管部门的专业人员缺乏，其他部门转入、兼职或借调多见，缺乏金融尤其是互联网金融、金融科技以及管理等方面的专业知识储备，也缺乏对金融监管和风险防控等相关法律规定的熟练掌握，对于常规的检查监测、投资准入和合规等还不够熟悉。在一些地方的监管部门中，私募基金管理人员较少且同时承担其他监管职责，监管人员更多地停留在简单的审批上，缺乏创新监管方式、监管手段的能力，执法意识、程序意识不强，总体素质与监管要求不匹配，严重制约穿透式金融监管的质量和效率。因此，应定期举行中央和地方联动监管会谈，积极发挥地方金融监管部门在工作协调、信息沟通与业务指导方面的作用，及时研判和处置风险。

其三，完善监管部门与其他部门、单位的协调机制，加强金融监管部门与政府有关职能部门之间的协调合作。在理顺上述各机构之间关系的基础上，应合理、清晰地界定各部门的主次职责，加强彼此的协调，营造良好的金融生态环境。例如，加强私募基金监管与商事制度改革之间的衔接，完善金融监管部门与市场监管部门关于私募基金工商登记信息的共享机制，防止一些机构未登记注册、备案却以私募基金名义违规开展业务。金融监管机构与金融行业的协会、评级机构、会计师事务所等社会中介机构之间的协调合作也要进一步加强。中介机构拥有不同的专长，有利于弥补监管资源的有限性，有效降低监管成本，进一步提高监管质效。

其四，应当着手选拔、充实、培养复合型监管人才。现阶段的监管力量和资源配置与私募基金行业的发展规模和风险态势相比严重不匹配，难以实现对私募基金全面有效的穿透式监管。穿透式监管对人力资源也提出较高的要求。监管机构人员缺乏知识体系，监管专业化能力不强，亦直接影响穿透式监管的有效实施。从监管专业化的角度来看，专业化不能等同于专门化，不同的历史阶段对专业化的要求是不一样的，其也是需要与时俱进的。目前的金融业逐渐混业化发展，这种现实背景对监管人员专业化的要求更高，其不仅仅要具备特定领域的专业知识，还需要具备系统的把握市场动态、清楚监管规则的能力。混业经营的趋势是金融深化和金融机构追求效率提升的集中表现，重要的是这种发展步伐下，监管框架和人才队伍建设能够跟得上、相匹配。中国人民银行相关负责人曾提及，我国目前的监管队伍中，综合型人才队伍建设存在不足，监管人员的知识体系也较为落后。而与监管人才队伍相对比的是，市场上的相关主体及其从业人员已对分业监管重心和运作模式较为熟悉，容易产生监管套利，在不同行业不同市场之间套取资金。[①] 为进一步保障和发挥监管协调牵头人的作用，增强不同部门间的监管交流与合作，金融稳定发展委员会应加大复合型监管人才的培养，并在掌握不同子市场专门性法规知识监管逻辑的基础上，不断提高业务技能、加强互动，促进协调机制牵头人能力的提升。

五、结语

金融风险与金融创新相伴相生，金融法律和监管制度是催生金融创新的一个重要因素，同时金融创新的深化和金融风险的爆发会反过来推动金融法律和监管制度的变迁和升级。私募基金最初在我国的发展受益于国家对发展高科技产业的支持，甚至直接出资设立创业投资基金。然而，其他类型的私募基金早期的发展是诱致性的，没有受到正规的监管。2014年《私募投资基金监督管理暂行办法》实施，私募基金被明确了法律地位后得到了快速成长，在创新发展过程中，已成为我国多层次资本市场中的重要角色，在拓宽投资者资产配置需求的同时，增强了资本市场对实体经济的服务功能。然而，私募基金行业风险突出，跨行业、跨领域、嵌套层级的出现，使已有的监管措施捉襟见肘。金融机构之间尽管有很多业务交叉和渗透，但是业务本质不会改变。穿透式监管在从严的背景下应运而出，

① 参见《央行徐忠谈金融监管体制改革之二：当前金融乱象与改革的紧迫性》，https://finance.caixin.com/2018-02-11/101210326.html，2024年6月23日访问。

其按照实质重于形式原则，穿透资金的不同环节，对金融业务和行为全流程动态监管，识别业务本质，有助于揭示风险情况和跟踪风险变化，防范系统性风险的发生。对于分业监管难题的解决，应加强监管部门的纵向协同和横向协同，以构建起私募基金监管的常态化机制。

论私募基金的监管重点*

▶秦子甲**

摘要： 私募基金近十年的发展，既有成绩又有直接融资间接化、投资业务融资化、私募行为公募化、私募机构小散化等问题。监管应根据私募基金的本质特点，把握其在法理适用、监管资源占用、投资者金融成熟度和投资灵活度等方面的不同，参照境外法域成熟资本市场，如我国香港特区及美国等关于私募监管的经验，聚焦重点：一是强化管理人准入、信息披露和执法检查、行刑联动等行政监管；二是完善合格投资者制度、探索财富管理投资顾问等买方中介机制以及基金托管人勤勉尽责机制，引导私力监管，以避免私募监管公募化，旨在进一步繁荣私募基金市场，促进资本形成，支持实体经济。

关键词： 私募基金　合格投资者　私力监管　行政监管

2012年末修订的《证券投资基金法》正式引入了“非公开募集基金”，赋予了我国私募基金正式的法律地位。发展至今，我国已有私募基金管理人2万余家，管理资产规模在20万亿元左右。2023年，《私募投资

---

* 本文仅代表作者本人学术观点，不代表其所在单位意见。

** 上海景林资产管理有限公司董事总经理、合规风控负责人。

基金监督管理条例》正式颁布，私募基金监管更上一层楼。2024 年，针对私募证券基金，中国证券投资基金业协会（以下简称中基协）发布《私募证券投资基金运作指引》（以下简称《私募运作指引》），引发市场较大反响，私募基金的运作面临诸多调整，私募基金管理人的日常合规成本大幅增加。

一、现有问题和监管态势观察

自 2014 年证监会发布《私募投资基金监督管理暂行办法》以来，私募基金行业通过十年发展，取得了不少成绩，已发展为创新资本形成的重要载体，2022 年末的管理规模相当于当年国内生产总值总量的 16.76%、年末社会融资规模存量的 5.89%、年末股市流通市值的 30.57%,① 在宏观经济金融中的地位明显提升。但私募基金行业②仍存在不少问题，据笔者及行业人士观察③，或可概括为如下几个方面。

一是直接融资间接化，对二者不能有效区分。在此背景下，投资者在作出投资决策时，仍侧重预期收益率而较少关注回撤率、波动率、换手率、投资策略、投资方向等更多定性、定量的专业评价指标，倾向追求“保本保收益”，而也有不少私募基金管理人迎合投资者的此类偏好，扭曲

---

① 参见中国证券投资基金业协会编著：《中国证券投资基金业年报（2023）》，中国财政经济出版社 2023 年版，第 9 页。

② 具体来看，我国实践中的私募基金又可分为私募股权基金和私募证券基金，二者既有差异，也有共性。从本文的论述角度看，在监管重点上，可以将这二者一体把握，故本文总体上不对二者明确区分。其差异性则可以在自律监管上进一步有所体现。

③ 中国人民银行前副行长，第十一、十二届全国人大财经委副主任委员吴晓灵女士领衔的中国财富管理 50 人论坛相关课题组始终聚焦我国资管市场的发展，于 2020 年和 2024 年分别出版了相关著作，其中均提到我国资产管理业务（涵盖私募基金）发展中的不少问题，本文借鉴其有关表述。参见吴晓灵、邓寰乐等：《资管大时代：中国资管市场未来改革与发展趋势》，中信出版集团 2020 年版，第 170 页；吴晓灵、邓寰乐等：《资管新征程：推动金融高质量发展与金融强国建设》，中信出版集团 2024 年版，第 202 页。

募集和运作行为。例如，在募集阶段作出各种承诺、签订“桌底协议”、先行垫资等，甚至在业绩披露上造假；在运作阶段，其投向也是按间接融资模式将基金财产贷出，并期待按期付息还本。① 在经济下行阶段，由此迭生不达预期收益率甚至本金损失的风险，造成各种纠纷。

二是投资业务融资化，利益冲突多发，甚至进行非法利益输送，给投资者造成巨大损失。私募基金管理人表面上是为投资者提供资产管理服务，实际上却是以基金财产为融资方提供服务，尤为典型的是无合理程序保障、侵害投资者利益的关联交易、“自融”等行为。更恶劣的是，私募基金管理人的控股股东、实际控制人将基金财产通过各种方式非法输送至其个人名下，套取现金并“跑路”。早期的私募基金可不设托管人；私募股权基金则因基金财产流入实体企业，加入产供销循环后难以形成资金闭环，托管人较难监督；而更多情况下，托管人似乎也难以应对完全逾越道德底线的、花样百出的利益输送，其业务经验也只能随着私募基金市场的发展而不断累积。

三是私募行为公募化，核心是私募基金理应面向的合格投资者是否确实合格。行业发展之初，由于微观主体在利益驱动下追求规模、收益等因素，同时也考虑宏观上促进资本形成的政策因素，一些基金管理人，甚至行业诸多实践似都对合格投资者的认定采取了较宽松的认定方式②，监管规范也未对此明确划定更严的细则标准。这就造成不少私募基金的投资者

---

① 有论者提及，有各类“伪私募”，主要表现为“伪股权投资”。本来，真正的股权投资通过认真筛选项目、周密设计投资协议、积极参与被投企业重大决策等方式，通常能较好地防控风险。但是，我国的“伪股权”主要从事名股实债的变相贷款，却不具备银行那样的信贷风险防控能力，故容易酿成风险。参见刘健钧：《构建私募基金法规体系需处理好八大关系》，载《中国金融》2024年第2期。

② 例如，只要投资者能取得有关单位开出的其连续三年年收入达到50万元的证明，就可认定为合格投资者，而对该单位的资质、条件没有任何约束。笔者了解到，有的地方证监局在监管检查中就发现，一些单位是注册资本极低的一人有限公司，甚至可以是投资者本人名下的一人有限公司，用通俗的话说，就是一家“皮包公司”或“马甲公司”。这样的收入证明大概率是伪造的。

可能并非真正意义上的合格投资者，其并不具备作为一个平等民事主体与私募基金管理人进行直接谈判、博弈的能力，也不具备为此承受私募基金相关投资风险的实力。一旦触发相关风险，媒体先哗然，造成公共舆情涌动，这本身就与非公开发行相悖。本来应该是民事主体双方之间的对抗博弈，反而占用了更多的公共资源，尤其是行政监管资源，也造成监管的被动。

四是私募机构小散化。2014 年，中基协依照《证券投资基金法》和《私募投资基金监督管理暂行办法》开展私募基金管理人登记的宏观背景是监管放松、政策松绑、深化市场改革。当时对私募基金的监管理念是“底线监管”,① 故当时私募基金管理人登记的标准不高、要求不细，以有别于行政许可，很多公司在那个时间取得了登记，登记数量由此井喷。历史地看，资本市场是“舶来品”，国民对此缺少深层认知，无厚实的文化底蕴；而私募更是一个新生事物，故如何对此加以认识、运用、监管，需要社会各个方面不断博弈和探索，由此难免历史性地造成一些问题。但对于当下大量已登记的小、弱甚至乱、伪的管理人如何出清，使其不影响私募基金行业进一步发展，也是一个重要的问题。

为了应对上述问题，监管采取了大量措施，概括来说就是私募监管公募化和自律监管行政化，准入门槛和合规成本均大幅提升。一是目前的私募基金管理人登记收严，完成登记的时间更长，需要律师核查的事项更多，成功登记的管理人数量大幅降低。登记有向行政许可发展的态势。②二是对私募基金的运作要求越来越多、越来越细，以《私募运作指引》为

---

① 参见洪磊：《新思路、新产业、新业态——我国私募基金业发展的几点思考》（时任中基协会长洪磊在中国私募基金业 2016 论坛上的讲话），https：//finance. sina. com. cn/stock/y/2016-05-31/doc-ifxsqxxs8006662. shtml，2024 年 5 月 17 日访问。

② “登记”一词的字面含义是把有关事项写在特备的表册上以备查考，参见中国社会科学院语言研究所词典编辑室编：《现代汉语词典》，商务印书馆 2016 年版，第 274 页。由此按文义理解，“登记”就是登记人把登记机关所需要登记的信息提交并录入在特定表册上，留存在登记机关处，以备查考。这其中，没有登记机关对此进行查核、审验甚至需要不断反馈、要求登记人进行补充，否则就不予登记的意思。

典型。例如，其第7条规定了申赎开放具体时限的要求，第12条规定了单只私募证券基金投资于同一资产的集中度上限要求等。虽然与公募基金的类似规定相比，其在量的规定上仍相对较宽；但在质的规定上，仍对这些环节提出了合规要求，排除或收窄了当事人意思自治的空间。既然私募基金当下的投资者并非全部都是名副其实的合格投资者，或者监管层并不确证他们就是合格投资者，那么以保护投资者利益为圭臬的监管层只能一并为其兜住风险，反过来把私募基金当成公募基金对待，严加监管。

这样做的好处是，大幅提升了存量私募基金管理人的运营合规成本，遏制了小、散、乱管理人的发展空间，再结合市场力量，有利于在未来一段时间内加速出清。但这样做的坏处是，行政力量“看得见的手”顺势扩张进入本应由平等民事主体更多博弈的市场，更多干涉了市场主体的意思自治和合同自由。同时，由于规则的“一刀切”，以对付“差生”的低效办法约束了“好生”，限劣重于扶优，降低了市场的整体效率。① 而权力的行使有其惯性，当市场逐步出清而现有规则难以退出时，甚至当私募基金应有的属性都被人渐渐淡忘而与公募基金趋同时，就会对私募市场的长期

---

① 例如，私募证券投资基金市场有一个主从基金（Master-Feeder）架构，这也是国际对冲基金市场的通行架构。其中，从基金（Feeder Fund）向不同代销渠道、不同资产规模或不同税收安排的客户募集资金（从而可以设计不同的费率、风控等安排），然后投向主基金（Master Fund），基金经理在主基金层面开展证券投资。主基金一般安排为每日开放，以保证从基金的流动性。当从基金需要支付托管费、基金服务费或触发风控条件时，主基金可以卖出股票，及时将资金拨回从基金账户。除此之外，资金可以集中在主基金参与投资。但是，《私募运作指引》第7条对所有私募证券基金的申赎设置了刚性的“一刀切”安排，每日开放被禁止。这种情况下，主基金必须按照目前允许的申赎开放节奏，提早卖出股票，给从基金预留现金，这部分资金就不能再参与投资，资金使用效率因监管规定而人为下降。这是非常典型的对市场效率有负面影响的例子。除此之外，为了满足《私募运作指引》的各项要求，合规的私募基金管理人必须跟进开发相应的风控系统，加强对各项阈值的盯控，以免违规。这对于原本已经合规的私募基金管理人来说，进一步新增了成本，提高了存续经营的门槛，造成挤出效应，自然也影响了市场整体的运行效率。

发展造成桎梏。① 为此，本文拟再聚焦和重述②私募基金的监管重点，这应当成为监管下一步逐步调整的方向。

二、私募基金的本质特点——与公募基金比较

公募基金和私募基金，其名称一字之差，其实就是二者的本质区别。公募基金是公开、向不特定对象发行份额并募集资金的基金产品，私募基金是以非公开方式、向特定数量的特定对象③发行份额并募集资金的基金产品。基于上述区别，相较于公募基金，私募基金应当有如下四项特点。

第一，二者所应适用的法理侧重不同，公募基金更侧重商法属性，而私募基金更侧重民法属性。首先，商法是一个渗透着公法因素的私法领域。④ 公募基金的发行对象即不特定公众，具有涉众性，应考虑公法的相关特点，如维护资本市场稳定等金融领域的社会秩序，维护社会公共利益等。其次，商法的功能是实现商事交易快速、安全和秩序的统一，具有快速主义、要式主义（标准化）、公示主义等特点。⑤ 公募基金面对公众投资者，其基金合同为格式条款，诸多合同要素由监管规范明确规定，从而能保障并实现合同的快速订立、完成基金份额申赎交易等目的；而基金信息

① 根据中基协披露的数据，2023 年末，全部私募基金管理人管理基金规模为 20.58 万亿元。截至本文撰写时的 2024 年 4 月，上述基金规模已下降至 19.90 万亿元。从历史披露数据来看，也有规模见顶并开启下降趋势的苗头。

② 哈耶克说，“旧有的真理若想保持其对人们思想的影响力，就必须不断地用后来人的新语言和新概念对它进行重述”。参见［英］弗里德里希·奥古斯特·冯·哈耶克：《自由宪章》，杨玉生等译，中国社会科学出版社 2012 年版，第 13 页。

③ 由于私募基金的“非公开发行”，其发行对象必然会有限制范围。这个范围的边界有“量”和“质”两个方面：(1) 从“量”上看，其特定数量就有人数限制。我国规定一般不得超过 200 人，如基金采取有限责任公司或有限合伙企业这种组织形式，则不得超过 50 人。(2) 从“质”上看，其特定对象就必须是“合格投资者”。

④ 参见王保树：《商法总论》，清华大学出版社 2007 年版，第 23 页；赵旭东主编：《商法总论》，高等教育出版社 2020 年版，第 6 页。

⑤ 参见王保树：《商法总论》，清华大学出版社 2007 年版，第 42、73-75 页；赵旭东主编：《商法总论》，高等教育出版社 2020 年版，第 36-40 页。

的发布也采取公开披露方式，均符合商法的特点。与之对应，私募基金的发行对象是合格投资者，是特定人士，有的私募基金投资者仅为一人（或也可称为专户）。按照合格投资者应有的制度设计，其具备金融上的成熟性，有能力保护自己和承受相应的投资损失。[①] 因此，私募基金总体上不涉众，其相关交易或营业是合格投资者（在我国语境下，最多为 200 人）与私募基金管理人之间发生的民事法律关系，应通过谈判和博弈，意思自由地加以约定。私募基金合同也未必是统一格式条款，合格投资者可以对诸多合同要素提出个性化需求，监管机关也不一一审核；其基金信息也不公开披露，而是向合格投资者定向提供，投资者对此也应该承担保密义务。[②] 由此可见，私募基金由于“私募”，理应更具有私法色彩。

第二，二者所应占用的监管资源不同。公募基金涉众，为了避免“公地悲剧”的负外部性，保护公众投资者利益，监管就有必要更多介入。监管规范也确实对公募基金及其管理人在事前设置了更多的约束条件，包括准入条件和运作条件。正因为此，公募基金管理人的总体家数有限，准入门槛较高。但是，作为现代社会结构的市场经济是一个演化而来的复杂生态系统，其发展和繁荣并非仅靠公权力一方的形塑单线演进——这往往正是计划者（权力）曾经通过计划经济手段反而造成经济短缺的弊端——而是需要社会中的各方主体积极利用分散的知识和信息在价格信号的引导下

---

① 合格投资者是美国在证券私募发行中首先创设的一项制度。美国证券交易委员会在 2015 年发布的对 D 条例的审查报告中指出，“合格投资者（也译为获准投资者）是具有金融成熟性（financial sophistication）和有能力承担投资损失风险，或者在证券法注册程序非必需的情况下有能力保护自己的投资者”。参见张异冉：《美国〈“获准投资者”定义审查报告〉介评——兼论对我国的启示》，载郭文英主编：《投资者》（第 11 辑），法律出版社 2020 年版，第 186 页。

② 中基协制定的《私募投资基金信息披露管理办法》第 7 条第 1 款规定：“信息披露义务人、投资者及其他相关机构应当依法对所获取的私募基金非公开披露的全部信息、商业秘密、个人隐私等信息负有保密义务。”

作出决策,[①] 在自发秩序[②]或人类合作的扩展秩序[③]下形成共生共荣。由此，经济发展需要更多更广泛的促进资本形成的机制，将之纳入合法化的轨道。由国家规范私募，正是建构导引资本集聚的理性机制，促进融资便利,[④] 使之更好地推动实体经济发展。但相对市场，行政监管资源（人力资源、财政资源等）终究是有限的。此种更大范围的资本形成，其底层推动必须依赖博弈、演化和时间的力量，也就是市场的力量，监管则只能抓住若干重点。否则，如不顾私募特点强推监管，在资源有限条件下，就只能推出简单而整齐划一的“一刀切管住管牢”政策，抹平生态系统中的多元性和层次性，最终也就束缚了市场的发展。基于目前私募基金市场的出清愿望，如果最后只剩下头部私募基金存在，也就成了扩大版的公募基金市场，这有违发展私募基金市场的初衷。一些原本合法化的私募基金主体，可能又潜伏到了非法或“灰色”状态，历史走出一个轮回。私募基金不宜占用过多行政监管资源，而需要不同于公募基金的监管思路。

第三，二者面对的投资者在金融成熟度和风险承受能力方面不同。由于监管资源相对市场的本质有限性，监管机关难以像监管公募基金一样，对监管私募基金同等着力，因此就必须引入市场内生的博弈机制，形成类似私力救济一样的私力监管机制，由此形成合格投资者制度。私募基金面对的合格投资者应显著有别于公众投资者：一是应具备较多的投资经验，从而具备较成熟的金融方面的专业判断能力；二是应具备相当规模的财务实力（以资产、收入为表征），从而具备较高的风险和损失承受能力；三是应能更审慎、理性地对待自有的财产和财富，并基于经济学上的理性假

---

① 参见钱颖一：《理解现代经济学》，东方出版中心 2021 年版，第 17 页。

② 参见［英］弗里德利希·冯·哈耶克：《法律、立法与自由》，邓正来等译，中国大百科全书出版社 2022 年版，第 143-144 页。

③ 参见韦森：《重读哈耶克》，中信出版社 2014 年版，第 XXI 页。

④ 参见郭雳：《美国证券私募发行法律问题研究》，北京大学出版社 2004 年版，第 4 页。

设对其安全性有更多关注。[①] 这三者合在一起，使合格投资者区别于公众投资者，能对私募基金及其管理人形成更强的监督力量。例如：其应能对私募基金管理人的内部控制以及基金治理等情况进行必要甚至深入的尽职调查，控制道德风险；对于未经注册、备案或审核等监管程序的私募基金产品，其能对基金合同研读、甄别，既发现其中的隐患条款，又创设符合自身风险收益特征的条款，突出私募基金的灵活性，力求更高收益。合格投资者因上述"合格"特征而有能力在私募基金投资的效率和安全之间取得平衡，也同步内生地实现对私募基金及其管理人的私力监管，在相当程度上克服"公地悲剧"困境。

第四，二者投资运作的灵活性应当不同。公募基金面对公众投资者，其投资运作在诸多细节上须遵守监管的相关规定，以确保公共利益。私募基金面对合格投资者，在其有能力实现私力监管的条件下，应允许其根据自身的实际情况和需求，与私募基金管理人协商出一种具体运作方式，既满足自身的风险偏好，又力求收益的最大化。由此，不同私募基金在运作上可以有多元的投资理念、丰富的投资策略、长短不一的投资周期、灵活多变的投资操作手法等，也促使资本市场的生态更加丰富、健全，具有广度和深度。

三、境外法域的私募基金监管

基于私募基金的上述特点，境外法域对公募基金和私募基金的监管既顾及其共性，又对私募基金有更宽松的规定。我国香港特区市场和美国市场是全球排名领先的、重要的资本市场，本文简要介绍其私募基金监管情

---

① 这里是指合格投资者在与私募基金管理人的关系中，基于"委托—代理"模型而作为委托人有较充分的理性对自己的财产进行处分、投资，并对代理人进行监督。尽管自然人的完全理性往往被证伪，代之以有限理性，但相较于普通投资者的有限理性，合格投资者的理性程度应更高。参见［美］埃里克·弗鲁博顿、［德］鲁道夫·芮切特：《新制度经济学：一个交易费用分析范式》，姜建强、罗长远译，上海三联书店、上海人民出版社 2006 年版，第 22、261 页。

况，以资借鉴。

（一）我国香港特区的私募基金监管概述

在私募基金管理人准入方面，私募基金管理人和公募基金管理人都需要取得香港特区证监会（以下简称SFC）发放的9号牌（资产管理业务），可类比内地的行政许可。私募基金管理人的9号牌会加注业务限制范围，“在扩展至零售业务（retail）之前，须取得SFC批准”，即不得开展面对公众投资者的零售业务。SFC的《发牌手册》列明了取得9号牌的条件，包括但不限于注册地、胜任能力、控股股东要求和底线财务要求。胜任能力方面则有更多要求，包括但不限于组织架构及内部制度、人员要求、高管要求、培训要求等。内部制度则包括公司治理、风险管理、汇报监控、内部审计、合规管理、利益冲突管理、信息技术支持等方面。[①] SFC会逐一审核这些需要提交的材料，不断发邮件反馈并要求申请人给出符合监管期待或令监管满意的回答（承诺），直至批准发牌。

在私募基金发行方面，香港特区《证券及期货条例》第103条第（1）款从原则上规定，除了该条例另有豁免外，公开发布关于投资的广告、邀请等行为即为犯罪。第103条第（3）款（k）项则规定，关于证券、结构化产品、集合投资计划（collective investment scheme）[②] 的广告、要约邀请，如果仅面向专业投资者（professional investor）发出，则可豁免。二者合在一起解读，即可理解为：如果集合投资计划（基金）面向专业投资者私募发行，则允许向该等专业投资者作出关于投资的广告、要约邀请等行为。为此，香港特区立法会还制定了《证券及期货条例》的附属法例D《证券及期货（专业投资者）规则》，明确了专业投资者的具体标准。该规则是附属法例，具有法律效力，位阶非常高，高于SFC的各项规定。香港特区自然人专业投资者的资产标准是不少于800万港元，且不设收入标准。

---

① 参见SFC《发牌手册》和《胜任能力指引》。

② 此处的集合投资计划可理解为我国内地实定法语境中的“基金”。参见秦子甲：《基金治理：全球观照与中国实践》，北京大学出版社2022年版，第7-8页。

在私募基金运作方面，SFC 针对所有持牌机构发布了《证券期货委员会特许或注册人员操守准则》，并针对 9 号牌持有人发布了《基金管理人行为准则》。① 前者更为宏观、原则，规定了诚实公平（公平收费、反贿赂等）、勤勉尽职（交易最佳执行、公允分配买卖盘、账户分离、交易记录等）、胜任能力、了解客户（KYC）、客户协议、信息披露、利益冲突管理、客户资产保护、合规、投诉、“软美元”控制等要求。② 后者更具体一些，针对所有基金管理人，并不区分公募、私募，规定了管理人内部职能架构、利益冲突管理、员工个人交易、交易最佳执行、公允分配买卖盘、参与 IPO、关联交易、交叉盘、杠杆与证券借贷、流动性管理、基金财产保管、记录保存、审计、估值、信息披露、费用、监管报告等要求。但无论如何，SFC 没有仅针对私募基金作出明确规模下限、设定如何申赎开放、明确诸多投资阈值等类似我国内地《私募运作指引》这般细节性的要求。③

在监管执法方面，香港特区或 SFC 也有一些特色：一是 SFC 对基金管理人的例行现场检查。根据目前的监管实践，SFC 的中介机构部（intermediariy division）每隔约 3—5 年会对 9 号牌持牌机构开展一次现场检查，如触发投诉、发现风险事件等情况，则间隔期会短，反之则略长。该检查是对基金管理人日常经营合规性的巡检，旨在督促其对有关事项积极整改，完善内控。SFC 对检查内容、检查过程、检查结果加以保密，也要求被检查的管理人保密。但如果确实发现重大违法违规现象，则会将案件线索移交法规执行部（enforcement division）办理，启动相应的责任追究程序。二是 SFC 的监管依赖市场主体向其提供信息或作出陈述保证承诺的真实准确

---

① 前者为 Code of Conduct for Persons Licensed by or Registered with the Securities and Futures Commission；后者为 Fund Manager Code of Conduct，业界简称 FMCC。

② 交易最佳执行（Best Execution）、公允分配买卖盘（Fair Allocation）、“软美元”（Soft Dollar）等事项，有些是境外证券交易机制和证券账户体系特有的问题（如公允分配买卖盘），有些是我国内地尚不够重视的问题（如交易最佳执行）。参见秦子甲：《基金治理：全球观照与中国实践》，北京大学出版社 2022 年版，第 198 页。

③ 参见《私募运作指引》第 4 条、第 7 条、第 12 条、第 15 条、第 17 条、第 19 条等。

完整性，其合理默认市场主体是“好人”；但会警示，一旦提供虚假信息，即为犯罪。这将刑事责任前置到提供虚假信息环节，对节约监管资源、形成威慑非常有利。如从我国刑法学理论关于法益保护的角度去看，故意欺骗公权力机构是一种重大失信行为，会对公权力所要维护的社会公共秩序造成潜在重大危害，侵害了法益，将其入罪，有合理性。①

（二）美国的私募基金监管概述

美国私募基金监管的框架主要由如下四个方面组成。②

一是私募基金管理人注册登记制度。根据 2010 年《多德-弗兰克法案》，私募基金管理人不再享有一般性注册豁免，其需要向公募基金管理人一样进行注册，成为注册投资顾问。这意味着，除了可以取得特定豁免③的私募基金管理人以外，法律在基金管理人的准入上，原则上同等对待。

二是私募基金的合格投资者制度。美国近期对 1933 年《证券法》项下的 D 条例有所修订，对于自然人合格投资者的标准，除金额标准之外，增加了能力资质标准。具体而言，金额标准要求个人净资产（或与配偶的

---

① “刑法上的法益，不仅包括个人的生命、身体、自由、名誉、财产等利益，而且包括建立在保护个人的利益基础之上因而可以还原为个人利益的国家利益与社会利益。”参见张明楷：《刑法学》，法律出版社 2016 年版，第 63 页。

② 参见郭雳：《金融危机后美国私募基金监管的制度更新与观念迭代》，载《比较法研究》2021 年第 6 期。

③ 可以豁免的私募基金管理人有三类，规定在《多德-弗兰克法案》第 403 条、第 407 条和第 408 条，相应涉及 1940 年《投资公司法》第 203（b）（l）（m）条。（1）第 203（b）条规定的管理人（含外国私募基金管理人）等完全豁免注册，既不需要提交 Form ADV，也不需要提交 Form PF。（2）第 203（l）条规定的风险投资基金的管理人可豁免注册，但应履行一定的报告义务（Exempted Reporting Adviser，ERA），参见 17 CFR 275. 204-4 规则，行业内俗称“轻注册”，其需要提交相对简略的 Form ADV；同时，根据 204（b）-1 规则，其需要提交 Form PF。（3）第 203（m）条规定的在美国的受管理资产在 1. 5 亿美元以下的私募基金管理人，其也应履行一定的报告义务，需要提交相对简略的 Form ADV，但不需要提交 Form PF。

共同净资产）超过100万美元（主要住所价值除外）；或者最近两年中，每年的个人年收入超过20万美元，或与配偶的共同收入每年超过30万美元。而能力资质标准为持有特许教育机构颁发的一项或多项资质，或者为一个有基金（投资公司）相关知识的员工。同时，1940年《投资公司法》第2（a）（51）（A）条规定了私募基金的合格买家（qualified purchaser），对其提出了更高的财务要求，即个人（或与其配偶共同）持有不少于500万美元的投资资产。符合以上条件的投资者，美国法规允许面向其发行私募基金。①

三是私募基金管理人向投资者的信息披露制度。首先，未取得豁免的私募基金管理人需要在注册和年度报告中，以Form ADV的形式披露相关信息。其次，如前注所述，部分免于注册的私募基金管理人（ERA），也需要披露Form ADV，只是披露内容较简略。Form ADV的一部分信息是公开的，这不仅有利于监管部门有效监督基金管理人的行为，也有助于合格投资者自身开展尽职调查对此监督。Form ADV另一部分则是不公开的，但当投资者或监管部门向管理人索取时，管理人有义务提供。这在信息披露和商业秘密保护之间实现了一种平衡。② 需要指出的是，Form ADV公开

① 美国有两类私募基金，分别是根据1940年《投资公司法》第3（c）（1）条成立和第3（c）（7）条成立。前者要求投资者人数不超过100人（或者如果是合格的风险投资基金，则不超过250人）；由于是私募，该等投资者要符合D条例项下的合格投资者标准（Accredited Investor）。后者要求所有投资者都必须是合格买家。

② Form ADV信息披露的内容，实质上蕴含着各种利益之间的权衡和价值选择。在美国证券交易委员会过往对Form ADV修改的征求意见稿中，曾要求管理人披露：（1）净资产和总资产；（2）分类分级披露私募基金资产和负债；（3）特定类型投资者的投资份额和获利比例。但如果以上三项均作披露，实质上可以推导出私募基金的杠杆情况，将涉及泄露商业敏感信息，损害私募基金的商业竞争力。证券交易委员会最终认为公开披露这些信息的益处不足以超过其对私募基金竞争力可能造成的损害，故最终的Form ADV仅在第11（a）条中要求私募基金披露其总资产。对评估系统性风险有重要参考价值的杠杆率，改为由私募基金管理人通过保密形式的Form PF向监管部门报送。参见：Rules Implementing Amendments to the Investment Advisers Act of 1940，https：//www. sec. gov/rules/final/2011/ia－3221. pdf.，2024年5月20日访问。

的部分披露在监管部门的平台上，意味着这部分信息既是向投资者作出的披露，也同步提交给了监管部门，监管部门仍能够掌握基金的相关信息。

四是私募基金管理人的非公开信息报送制度。根据《多德-弗兰克法案》，其在第 404 条修改了 1940 年《投资顾问法》第 204 条，为维护公共利益和保护投资者，或为该法案设立的金融稳定监督委员会评估系统性风险之目的，授权美国证券交易委员会（以下简称 SEC）要求私募基金向 SEC 提交必要且适当的报告（但不公开披露）。SEC 为此制定了 204（b）-1 规则和 279.9 规则，设计了 Form PF。因此，相对于 Form ADV，Form PF 侧重收集以维持宏观金融稳定及系统性风险控制和防范为目的的数据。根据 204（b）-1 规则，SEC 要求管理规模超过 1.5 亿美元的私募基金管理人通过 Form PF 报告其所管理的私募基金情况。Form PF 区分不同类型、不同管理规模的私募基金管理人，并区分定期、当期的不同事项报送类型，划分为六个部分，以降低不必要的监管成本，旨在高效利用数据信息，① 体现基于防范系统性风险目的而区别对待不同私募基金的理念。

尤其值得注意的是，SEC 自 2022 年 2 月起拟对私募基金进一步加强监管，发布了《1940 年投资顾问法合规规则修订案》。2023 年 8 月 23 日，SEC 以 3：2 的表决结果通过了上述最终规则（final rule），但在 2024 年 6 月 5 日，美国第五联邦巡回法院裁决撤销该规则，其理由是 SEC 越权。法院审查后认为，SEC 制定该规则所依赖的权源是《多德-弗兰克法案》第 913（g）条及 1940 年《投资顾问法》第 211（h）条，但该条文的落脚点在于保护公众利益。《多德-弗兰克法案》第 913 条从定义零售投资者（retail customer，俗称“散户”或公众投资者）开始，通篇围绕公众投资者的保护展开。但私募基金并不面向公众投资者，故

---

① 这是最新的 Form PF 的要求。第一部分要求所有私募基金管理人填写，内容包括私募基金的种类和基本信息等；第二部分要求大型对冲基金管理人填写；第三部分进一步要求大型流动性基金管理人填写；第四部分要求大型私募股权基金管理人填写；第五部分要求大型对冲基金管理人报告当期事件；第六部分要求私募股权基金管理人报告季度事件。

SEC据此制定针对私募基金的最终规则没有合法依据。另外，根据1940年《投资顾问法》第202（c）条，SEC在该法律项下制定具体规则时，除了考虑该规则是否对公众利益保护是必要的以外，还必须考虑该规则是否有利于提升市场效率、竞争和资本形成，这也是对SEC制定规则的必要约束。① 由此可见，截至目前，② 美国法院对私募基金监管的立场还是强调必要的限定范围，与公募基金加以区分，不支持盲目扩权，毕竟私募基金面对的是合格投资者。

（三）小结

综上所述，就私募基金的域外监管而言，可以概括出如下几点结论。

第一，在基金管理人的准入方面，都有多项要求和明确的标准，不是仅按字面意义加以“登记”。在多项准入标准上，公募基金管理人和私募基金管理人是共通的，一体把握，不刻意区分。唯对风险投资基金管理人，美国给出豁免，我国香港特区则基于其《证券及期货条例》对“证券”的定义，也并非要求所有私募股权投资基金管理人都取得9号牌。③

第二，在基金发行方面，都非常重视合格投资者制度，这是私募基金监管的基石。私募基金不面向公众发行，不直接涉及公众利益，对其监管还需要考虑提升市场效率、竞争和资本形成的维度，不宜盲目扩张权力边界。

第三，在基金运作方面，不会针对私募基金提出特别细节性的规则要求而是给市场留出意思自治空间。重点在信息披露。美国在2008金融危机

---

① National Association of Private Fund Managers v. Securities and Exchange Commission (2024), United States Court of Appeals, Fifth Circuit, No. 23-60471.

② 美国联邦最高法院尚未表态，SEC有权向联邦最高法院上诉。后续联邦最高法院是否表态或如何表态，值得关注。

③ 参见《香港证券及期货条例》附表1对证券的定义和SFC于2020年1月7日发布的《致寻求获发牌的私募股本公司的通函》。

后，出于系统性风险防范需要，强化了对监管机关的信息报送，但采集的信息也仅基于系统性风险防控目的。此外，对私募基金而言，香港特区SFC和美国SEC都具有较强的保密意识，很多信息仅要求向监管机关报送，对外注重保密。

第四，事后检查非常重要。除了上文提及的香港特区SFC例行检查外，美国SEC对注册投资顾问也有现场检查。

四、私募基金监管重点的再聚焦

考虑到私募对于广泛促进资本形成的必要性、对于丰富和繁荣资本市场生态的重要性，以及私募基金由此所具有的多元灵活性，也顾及监管资源的有限性，对私募基金的监管就必须突出重点，抓大放小，纲举目张。借鉴域外监管经验，本文认为其应聚焦如下几项最为重要的抓手。

（一）强化行政监管的直接抓手

1. 事前：完善私募基金管理人的准入制度

从现状回头看，同时对比境外法域的私募基金管理人准入监管，我国在2014年前后的私募基金管理人登记要求，可能是过于宽松的。中基协后来根据私募市场发展的实际需要，对此不断纠偏，目前已形成更为完备的登记规则，对此值得肯定。从近十年的探索看，对私募基金管理人设置一定的准入要求是必要的。也有人建议对大型私募基金管理人实施提级监管，纳入金融监管部门进行持牌管理，小型私募基金管理人继续由行业协会实施自律管理。[①] 本文认为，该方向值得探索。但似不宜单一参考管理规模进行区分，而应审查是否对“私募”有突破。采用主从基金架构发行产品的管理人且穿透后底层合格投资者多为自然人的（可以设定一个人数

① 参见吴晓灵、邓寰乐等：《资管新征程：推动金融高质量发展与金融强国建设》，中信出版集团2024年版，第40–41页。

标准，如自然人人数超过 1000 人等），似应向公募准入标准靠拢。① 反之，仅面向机构投资者私募发行的，则没有必要提级。其原理是：机构投资者是合格投资者，从盖然性角度看，其比自然人合格投资者会更有能力实施私力监管，而监管只要管住这些机构投资者即可（它们已经得到金融业务许可）。当然，此类管理人如果管理规模再大到一定规模，具有系统重要性后，如权益管理规模可排进公募基金前 20 名等，似也应提级监管。

2. 事中：强化信息披露、报送和监管检查

信息披露始终是资本市场、直接融资领域的重要抓手。监管部门在保护私募基金商业秘密的前提下，宜细化信息披露的具体内容，尽可能减少信息不对称。美国 Form ADV 和 Form PF 的实践值得借鉴。一是将披露内容分为完全公开披露和依投资者请求披露。本文认为，这中间还能加一个层次，即向特定私募基金的投资者定向披露。二是涉及商业秘密但对系统性风险防范有意义的信息，改为向监管部门报送。三是将信息披露和信息报送联动，在控制合规成本的前提下，确保监管部门掌握最全的信息。

监管部门也应当对私募基金管理人加强定期现场检查，明确检查周期、检查事项（部分事项可以固定，部分则根据市场情况和政策需要在检查前通知），对私募基金管理人形成必要约束。检查结果除非存在明确的违法违规，或者从政策上考量确实需要给该私募基金管理人带来不利的市场后果予以示惩戒外，否则不建议公开发布与检查结果相关的行政文书。监管检查应以“警钟长鸣”、加强约束、对问题积极整改、确保合规为主

① 这里是“靠拢”，而不应当是“等同”。毕竟，即便按主从基金架构穿透，也是有上限的：第一，从“质”的角度，其底层的投资者还是合格投资者，是有门槛的（无论是资产收入门槛，还是初始认购或申购金额门槛），并非面向公众募集，后者几乎是无门槛的。第二，从“量”的角度，也还是有边界的，从绝对量上看，最大值不会超过 200×200 = 40000 人。从目前实践看，当下我国单个私募基金管理人的全部客户上限可能也没超过 40000 人，何况只是一个主从基金。因此，这在现实中只是一个理论上限。对此，终究不宜像公募基金一样投放过多监管资源。本文赞成在全部私募基金管理人群体中，划分出一个头部群体，进行适度的提级监管，但仍应关注其真正的私募属性，从而与公募作出区分，提升监管效率。

要目的，保障有关制度的有效实施。

3. 事后：加强行刑联动并建议提升刑事犯罪打击力度

法的重要作用之一是强制，对违法行为进行制裁。[①] 其中，刑法又具有其他部门法的保障性，当其他法律不能充分保护法益时需要刑法保护，刑法的制裁最为严厉，使刑法成为其他法律的保障。[②] 目前私募市场中曝光出来的不少乱象，其本质已然是金融犯罪。对于这类恶性犯罪活动，除矫正与预防外，最重要的应对方式就是启动由国家依法掌握的刑罚手段予以严厉打击。再严的监管也不能根除犯罪，因为犯罪就是一种与人类社会所伴生的现象，其植根于人类社会，又危害社会，具有客观性、社会性和历史性，[③] 对此必须通过刑事司法手段进行遏制、打击、惩处甚至镇压。行政机关如对此“越位”，从行政措施上在事前和事中不断加码监管，从更宏观的市场经济整体成本收益看，不见得是最优策略，容易“把孩子与脏水一起泼出去”。监管部门作为行政机关，应当在其职责范围内加强执法和处罚力度，对恶性案件或其线索则迅速向刑事司法部门移送并配合办案；必要时，则根据市场实际情况对提升证券金融犯罪的刑事打击力度及时提出立法、司法建议。

（二）建构和完善私力监管机制作为间接抓手

本文尝试给前文所述的私力监管下一个定义，其是指在市场民商事主体之间，基于市场博弈所形成的一种监督力量，由此产生一种类监管的效果。私力监管不同于自律监管。前者仍着眼于私主体，是横向的、平等磋商的、以利益为导向的监督与被监督关系；后者是行业协会通过效力位阶较低的自律规则对行业主体进行的约束、规范和引导，是纵向的、自上而下的、以合规为导向的监管与被监管关系。基于私募基金的特点，监管部门同步建构和完善私力监管机制，成为私募监管的另一个间接但重要的抓手。

---

① 参见张文显主编：《法理学》，高等教育出版社 2018 年版，第 79 页。

② 参见张明楷：《刑法学》，法律出版社 2016 年版，第 21 页。

③ 参见应培礼主编：《犯罪学通论》，法律出版社 2016 年版，第 167-168 页。

1. 完善合格投资者制度

在证监会公开发布的《私募投资基金监督管理办法（征求意见稿）》中，对私募基金合格投资者的具体标准进行了修订，并对不同的私募基金类型规定了差异化的合格投资者标准，① 该等探索值得肯定。但本文认为，目前业界对合格投资者制度和投资者适当性制度的理解是存在困惑和混淆的，这两项制度的定位仍需进一步厘清，尤其是证监会《证券期货投资者适当性管理办法》所规定的"专业投资者"概念。② 本文建议从合格投资者制度的适用、合格投资者的标准及其调整、成为合格投资者的后果、合格投资者身份的查证以及合格投资者身份的退出等方面对此进一步完善，确保合格投资者具备"合格性"，由此能产生更有效的私力监管。而私募基金管理人是否落实合格投资者制度，则应当成为监管例行检查的重中之重。

2. 探索财富管理投资顾问等买方中介

财富管理投资顾问是在我国金融产品品种不断丰富的背景下，帮助投资者进行财富管理和产品配置，维护投资者利益的专业群体。③ 笔者理解，公募基金和私募基金管理人等资产管理人、投资顾问，其专业比较优势在于对能直接从实体经济中产生收益的底层资产（如股票、债券等）加以配置管理。而财富管理投资顾问则在上一层，是就投资者的全部财富如何配置于各类金融工具、金融产品给出建议或管理。考虑到这一群体或业态需要有具体的商业营利模式，④ 可能母基金管理人是一个比较可取的形式。

---

① 参见《私募投资基金监督管理办法（征求意见稿）》第40条、第41条和第42条。

② 笔者对此有另文详细探讨，本文不赘述。

③ 参见吴晓灵、邓寰乐等：《资管新征程：推动金融高质量发展与金融强国建设》，中信出版集团2024年版，第24页。

④ 传统理解的证券投资顾问没有独立发展起来，因为其没有成熟的商业盈利模式。投资者并不愿单独为卖方研究报告付费"买单"，券商研究所的卖方报告从盈利角度主要附着在机构经纪业务上。目前，国内实践所谓的投资顾问，本质还是资产管理服务，只是聚焦于资产管理募集、投资、管理、退出中投资这个环节。按香港特区SFC各项牌照属性看，依然属于9号牌，不属于4号牌。

为此，需要进一步出台或完善相关细则，比如什么是不合理的“多层嵌套”，对此需要有更精准的法律界定并给出合理的豁免情形，而不能用政策性、宣示性语言，一禁到底。母基金管理人作为机构合格投资者投资于底层私募产品，可以对私募基金管理人进行更专业、充分的尽职调查以及后续的跟踪监控，更好地实现私力监管。

3. 探索并完善基金托管人勤勉尽责的细则机制

我国《证券投资基金法》奠定的契约型基金架构是比较成熟的基金治理组织形式。其中，独立的基金托管人是基金治理的有效机制。[①] 根据我国《证券投资基金法》关于基金托管人职责的规定，基金托管人有相当的权力对基金管理人进行监督。我国的基金托管人不仅仅是保管人（Custodian），只负责安全保管基金财产，更是受托人（Depositary），[②] 还有权进行投资运作监督、申赎价格复核、估值复核、对基金财务会计报告以及中期和年度基金报告出具意见等。下一步需要探索基金托管人勤勉尽责的细则机制，确保其更好地履行上述职责，恪守信义义务。目前，我国私募基金的托管人多为券商，是取得行政许可的金融机构，故也可以成为监管部门加强私募监管的一个抓手和桥梁。

由此，就目前的直接融资间接化问题来说，便可通过坐实合格投资者制度（含财富管理投资顾问建设）、对此加强检查以及托管人加强投资监督加以应对；就投资业务融资化、利益冲突、利益输送等问题来说，可通过私力监管各项机制、加强检查和刑事打击来应对，同时在准入上也进一步收严标准；就私募行为公募化问题，可通过坐实合格投资者制度（含财富管理投资顾问建设），同时适当改变准入机制，进一步细分监管层次来应对；就私募机构小散化问题，也可通过准入、检查等方式逐渐出清。同时，还是要相信市场的力量，对于业绩不佳、信用不佳的管理人及其背后

① 参见秦子甲：《基金治理：全球观照与中国实践》，北京大学出版社2022年版，第54页。

② 对“托管”一词内涵的理解以及对保管人和受托人的辨析，参见秦子甲：《基金治理：全球观照与中国实践》，北京大学出版社2022年版，第55-59页。

的自然人，市场几乎很难给他们第二次机会。有些问题的激浊扬清需要时间，久久为功。

最后，就自律监管而言，其着力点可以在行政监管层次之下，明确行业在操作层面的指引或细则，加强私力监管的引导，如给出信息披露的指引、合格投资者身份查证的指引、对私募基金和私募基金管理人尽职调查的指引、基金托管人勤勉尽职的指引等；同时加强自律检查，成为监管检查的行政资源补充，与行政监管形成更强的合力。

私募股权投资优先权的公司法实现

——以类别股为中心的探讨

王雨乔 *　周泽龄 **

摘要： 优先权在满足私募股权投资交易中投资人的风险偏好、完善被投企业公司治理、平衡不同投资者间利益冲突、化解投资退出矛盾及促进融资功能的发挥等方面具有现实意义。2023 年修订的《公司法》类别股制度的引入一定程度上弥补了私募股权投资优先权适用的法律缺位，为投融资双方适用优先股作为投资工具降低了制度成本。本文从私募股权投资的优先权引入、公司法适用见疑、公司法适用回归角度，阐述了优先权对于私募股权投资的工具价值、理论扩张、适用路径。从根本上看，私募股权投资适用优先股的本土化路径应从理论回归和实践回归层面加以考察，以法定化的公司法类别为基础，消解公司设立类别股份的桎梏，结合不同种类股份设立的契约安排，实现私募股权投资优先权的商事属性回归。

关键词： 私募股权投资　2023 年《公司法》　优先权　类别股

* 复旦大学法学院博士研究生，复旦大学中国金融法治研究院研究人员。

** 上海市浦东新区人民法院商事审判庭法官助理。

一、引言

私募股权投资（Private Equity）中，基于“委托—代理”风险以及高度的信息不对称的存在，在交易各方之间构建激励机制和风险平衡机制是不可或缺的交易环节。与筹资者约定一系列的优先权利，用以保障投资者的自身权益，是遵循私募股权投资的国际通行做法。这些优先权的显著特征之一是：相对于普通股，享有优先分红的权限，以及在企业自愿或非自愿清算过程中，有优先获得公司剩余财产的权利。① 以美国私募股权投资行业及法律体系为例，其行业首选工具即优先股。据统计，超过九成五的投资项目采用此工具。② 优先权的适用使投资者在分红及清算中获得优先顺位，但仅是如此并不足以解释私募股权投资者对于优先权的偏爱，优先权广为投资者采用的关键原因是，投资者在投资协议中对优先权的约定和细化，拓展了优先权本身的权能，具备超越普通股及债权的适用优越性。经由契约额外创设的权能包括可转换为普通股的选择权、董事选举权、由保护性条款引发的特殊否决权、反稀释权、估值调整权、优先购买和认购权以及共同出售权和强制性随售权，③ 这些权利共同构成了私募股权投资者据以灵活选用的“权利池”。

自私募股权投资模式在我国引入以来，其关键的国际实践元素，即优先“权利池”机制，亦随之导入，④ 但我国私募基金行业发展及相关立法

---

① 参见［美］罗伯特·W. 汉密尔顿：《美国公司法》，齐东祥组织翻译，法律出版社2008年版，第257页。

② Steven N. Kaplan & Per Stromberg, “Financial Contracting Theory Meets the Real World: An Empirical Analysis of Venture Capital Contracts,” *The Review of Economic Studies*, Vol. 70, No. 2, p. 286.

③ 各项权利安排散见于《美国风险投资示范合同》中，具体参见美国风险投资协会：《美国风险投资示范合同》，北京市大成律师事务所、北京市律师协会风险投资委员会组织编译，法律出版社2006年版。

④ 参见李寿双：《中国式私募股权投资——基于中国法的本土化路径》，法律出版社2008年版，第5页。

不甚完善，也因此为优先权在我国私募股权投资中的适用带来法律障碍，其中最为关键的在于类别股制度的规范层面缺失。2023 年 12 月 29 日，十四届全国人大常委会第七次会议表决通过了新修订的《公司法》（以下简称 2023 年《公司法》），对 2013 年修正的《公司法》（以下简称 2013 年《公司法》）作出了多处调整，正式从法律层面确立了股份公司类别股制度，为特殊股东权利的设定提供了制度保障。因此，在类别股制度引入的背景下，为推进私募股权投资行业发展完善、保障投融资交易各方权利及维护交易安全，探讨公司法理论及制度视野下的私募股权投资优先权本土化路径具有理论及现实意义。

二、私募股权投资的优先权引入：作为投资工具的优先股

（一）私募股权投资采用优先权的理论解读

私募股权投资环境中，投资者与目标企业的信息掌握存在显著的不对称性，源于双方的机会主义倾向，导致产生潜在的隐瞒行为和信息不透明。尽管参与者皆秉持理性决策原则，但在动态复杂的投资环境中，他们的预见性和前瞻性受限，难以全面预判所有相关情境并制定详尽策略。因而，私募股权投资中的信息不对称具有客观性和原生性。纵然管理人较之投资者具有信息优势、行业经验和投资经验，并进行缜密的尽职调查，但目标企业依然存在机会主义驱动下的财务、技术、经营情况等方面的信息披露不完全、不充分及“窗饰”行为等问题，这些都为投资方准确了解目标企业制造了障碍。

目标企业能否获得商业价值的增长，往往取决于目标企业管理团队和内部治理的效能，也就是人力资源资本，然而评估这些能力往往需要漫长的考察期，难以在投资决策阶段即时获取准确信息。此外，即使在投资契约缔结后，私人股权基金虽能为企业的运营管理提供辅助与监督，但在正常运营情况下，除非遇到显著的业务困境，投资者通常不会进行日常运营监控。因而，投资者面临双重困境，既有因事前信息不对称导致的“逆向

选择”，又有因事后信息不对称导致的“道德风险”。[①]

由于天然存在的信息不对称引发了私募股权投资关系中的“委托—代理”困境：委托人由投资方充任，代理人则由融资方充任。那么，“如果双方皆致力于最大化其自身效益，理论依据并不充分保证代理人始终将委托人的最大利益置于首位”。[②] 合理的激励制度对于激发代理人的行为效率并使之与委托人利益保持一致尤为重要。传统股权结构安排无法实现私募股权交易的帕累托最优，原因在于其对于代理人积极性的激发不足，进而导致代理成本高于私募股权的投资回报，构成对私募股权投资经济效率的严重制约。事实上，法律层面的要求更根植于深层次的制度诉求。[③] 社会组织和个人，作为社会利益相关者，往往倾向于寻求将效率最高化、潜在收益最大化的新制度设计。通过对诸如债券、股票和可转换证券等多种金融工具的对比分析，美国私募股权投资实践尤为青睐以优先股为基础，同时囊括相应合同权益的契约性安排。

创新的法律制度构想唯有在适宜的制度背景下方能得以展开，因为这种环境为制度设计与实施的实质性空间奠定了可能。[④] 公司契约理论构建了优先股作为风险投资合同配置的制度框架。该理论强调公司实质上是通过明确或隐含契约的集合构成，这些契约涵盖了公司（以管理者为代表）、股东、员工、债务人（涵盖供应商、消费者、银行业务以及其他资本提供者）之间的多元交易。就理论层面而言，代理成本和代理问题可以借由完备契约加以消解。但现实世界的复杂性、主体的有限理性、信息的不对称性、交易的模糊性和成本限制了完全契约在实践中的可行性，导致契约形式必然趋于不完整性，[⑤] 长期投资者与公司之间的契约不完备特性尤为显

① 参见袁庆明：《新制度经济学》，中国发展出版社2005年版，第180页。

② 盛洪：《现代制度经济学》，北京大学出版社2003年版，第175页。

③ 参见［美］理查德·A. 波斯纳：《法律的经济分析》，蒋兆康译，中国大百科全书出版社1997年版，第4页。

④ 参见宣頔、赵美珍：《美国风险投资优先股制度的中国运用》，载《太平洋学报》2011年第12期。

⑤ 参见罗培新：《公司法的合同解释》，北京大学出版社2004年版，第142页。

著，随之催生了“委托—代理”关系中降低代理成本这一关键议题，并构成了公司契约理论的核心关注点。诸多公司法律制度，诸如简化公司设立流程、放宽公司章程约束、降低运行成本，本质上都是对契约不完全性现象的制度性回应。因此，当代公司法更多地倾向于赋权性而非规范性立法。① 值得一提的立法例证是承袭了公司立法的传统的1984年《美国示范公司法》，该法极大地扩展了公司在设定优先股条款上的自主权限。该法的规定极大地驱动了优先股的广泛采用，革新了向外部投资者集资的途径，并在紧密持股结构的公司②中发挥支持内部协议的执行的效用。正是美国公司立法固有的授权特征及深厚的自由主义理念奠定了优先股作为私募股权投资选择的契约工具的发展基础，并使尊重交易双方意思自治的特性在私募股权投资交易中得以实现。

（二）私募股权投资采用优先权的现实意义：有助于被投资企业的公司治理

私募股权投资工具的选择对企业资本结构具有决定性影响，而资本结构又经由两个核心路径调控治理结构进而塑造治理效应。相较于传统的股权结构以及债权融资，优先股在激励效应（委托代理冲突的消解）和控制权分配效应（控制权的重构）两个层面展现出显著优势。

1. 优先股的激励效应——激励目标企业努力、限制追逐私利

在私募股权投资关系中，信息的非对称和非透明为投资者监督目标企业的经营和决策造成阻碍，随之而来的则是缺乏有效的强制性约束。在这种交易格局下，出于“经济人”假设，目标企业及其管理团队在追求预期

---

① 参见［美］罗伯特·W. 汉密尔顿：《美国公司法》，齐东祥组织翻译，法律出版社2008年版，第53页。

② 紧密持股公司在美国公司法上相对于公众公司而言，股东人数较少，并且其股票不能够通过公开活跃的股票交易市场进行“进入”或“退出”。参见［美］罗伯特·W. 汉密尔顿：《美国公司法》，齐东祥组织翻译，法律出版社2008年版，第155页。

收益的同时，往往通过最小化自身投入以实现私利的最大化。然而，这种策略可能导致组织效率下滑，企业绩效受损，且对于私利的过度追求可能侵蚀目标企业的整体经济效益。为了保障私募股权投资者的资本成本，引入优先股，尤其是设计带有转股条款的优先股，不失为一种策略，能够在遏制目标企业及其管理层追逐私利、维护交易关系的内部稳定与公正的同时，保持对目标企业及其管理层的激励。

在企业业绩下滑期间，私募股权投资者倾向于保持优先股，享有分红优先权和清算优先权，这制约了企业家的过度分红行为，促使他们将资本用于企业发展以提升业绩。由于企业家仅在企业利润超过优先分红额后方可获取分红，这种机制有效地抑制了私利追求。当企业濒临破产清算时，清算优先权保障了私募股权投资者本金的安全，并进一步削弱了企业家在分配剩余资产中的私益，从而激励他们维持企业运营，避免清算导致的损失。对于高科技创新型企业，清算优先权确保了剩余财产分配的实质公平性，鉴于企业家主要投入无形资产如科技创意和技术，而私募股权投资者提供的是实物资金，若技术因市场淘汰导致企业失败，企业家应承担更大风险。

对于私募股权投资者而言，附着于优先权的契约条款赋予其视情抉择的一系列权利（包括回购权、优先购买权、估值调整权、领售权、反稀释权等）。该等“权利池”在保障私募股权投资的准入和退出安全之余，对剩余利益分配以及经营风险予以不均衡化分配，也进而使目标企业及其管理层在出现经营困境之时，承担部分甚至全部风险。该种制度设计在本质上抑制了其追求个人利益的倾向，从而显著提升运营效率，减少代理成本，达成了投资者与融资方之间的帕累托最优效益。

2. 优先股的控制权分配效应——目标企业状态依存转移

金融工具的多元化特性导致其独特的控制权配置动态。债权的本质表现为借贷合同中明确的偿付约定。在企业财务困境中，若无法清偿法定债务，可能导致企业进入法律上的清算程序，此时债权人因其优先求偿权而增强了在谈判与决策中的影响力，从而可能引发企业控制权向债权人的转移。然而，在企业具备履行债务本金及利息的经济能力情况下，企业家的核心控制权得以维系。由此观之，债权融资条件下的控制权转移趋势直接取决于企业偿债能力的变动。

在私募股权融资框架内，私募股权投资双方遵循“股权同权”及“一股一权”的基本准则，其股份分配根据投资额度决定，进而以持股比例划分管理权限。换言之，这种权限的转移纯粹由持股数量的变化驱动。在可转换优先股融资模式中，企业家与私募股权投资者之间的控股权配置与转移受企业运营状况驱动。在企业运营稳健、增长态势良好的时期，私募股权投资者倾向于转换其优先股为普通股。由于转换价远高于初始股票价值，且私募股权投资者为分散风险，对单一企业的投资额度有限，按基金总额设定比例，导致投资者持有普通股的比例通常低于企业家。此外，私募股权投资者的主要目标是通过企业增值后退出以获取资本增值收益，而非长期持股经营，故倾向于避免通过持股比例直接操控企业。因此，在企业运营良好的背景下，通过优先股转换将控制权转移给企业家，有利于效率最大化，确保企业家的商业决策和企业运营不受私募股权投资者不必要的干预。

在企业运营保持稳定时期，企业价值未经历显著增值亦未遭受显著衰退，不具备行使转换权的条件时，私募股权投资者倾向于持有优先股。尽管名义上目标公司保有控制权，然而，优先股及其附加的契约条款，如管理层更换权、共同出售权、领售权、重大决策否决权、优先清偿权等，形成了一种潜在的权利体系，构成了目标公司及其管理层在经营层面的挑战。实际上，私募股权投资者通过这些权利保持对企业经营的实质控制，导致目标企业控制权在投资者和融资方之间共享。当企业遭遇困境，特别是当私募股权投资者持有的优先股带有赎回条款时，其性质与债务融资的风险相近，即“回赎权利是风险投资合同中与债最为相像的部分”。企业财务困境可能导致强制清算，即使赎回也可能造成重大的经济损失，对企业成长构成毁灭性打击。因此，这促使企业家与私募股权投资者面临可能的再谈判，通常情况下，投资者主导控制权被认为更为适宜。因为企业的核心价值源于企业家的声誉、抱负与努力，而在经营困境时期，企业家往往难以果断关闭企业或作出最优决策。企业的资本结构包括企业家投入，私募股权投资者、中小股东和债权人的权益。在高风险项目中，企业家过度冒险的可能性较高，成功则企业受益，失败时风险得以分散，因而在企业逆境中保持企业家控制权并非最优策略。

由上述内容可知，相对于普通股与债权，可转换优先股在企业控制权转移方面展现出优越性，尤其是在不完全契约理论的框架下。可转换优先股涵盖了企业可能面临的三种不同状态。"事先签订的不完全契约对于状态空间的划分将会限制事后的道德风险行为，因此，状态空间的划分越细，因不完全契约所导致的社会福利损失则越小，产生的缔约成本和契约执行成本就越大。这几项互相替代的效应综合共同决定了契约的最优完备程度。"①

三、私募股权投资优先权的公司法适用见疑

2023年《公司法》颁行前，我国法律对于优先股并无明确且具体的规定，仅能从部分兜底条款中窥见一二。从理论层面而言，优先股的规定处在两大私法范式（公司法和合同法）间的"断层线"上②：借鉴了公司法及合同法的规定，并同时受到二者调整。因此，对优先权在私募股权投资中设置的适法性认识，除符合合同法规定外，还需结合公司法的基本原则及规定统筹考虑才能实现其本土化适用。

（一）优先权是否违反同股同权原则

从2013年《公司法》的角度审看，优先权在私募股权投资中的适用面临的前提问题就是违反了同股同权原则及其所产生的规则，这正是2013年《公司法》的基本规定之一。根据2013年《公司法》第103条及第126

① 李诗林：《行为金融与证券投资行为分析》，社会科学文献出版社2005年版，第86页。

② William W. Bratton, Michael L. Wachter, "A Theory of Preferred Stock," *University of Pennsylvania Law Review*, Vol. 161, No. 4, 2013, p. 1815.

条的规定，“股东所持每一股份有一表决权”及“同种类的每一股份应当享有同等权利”，该两处规定分别是一股一权规则及同股同权规则的直接体现。其中，一股一权规则是针对表决权的规定，其意味着禁止拆分或限制每个单位股份上的表决权；而同股同权规则则针对附着在股权之上的所有权利，其表明相同类别的股权之上所附着的股东权利应当是无差别的。[①] 一股一权规则与同股同权规则共同构成了 2013 年《公司法》中同股同权原则的内涵。

传统公司法理论认为，实现股东间的权利平等是同股同权原则的最终价值。由此，同股同权原则具有三个维度的含义：首先，对于每单位股份之上附着的权利、权能及权益配置应当是对应、明确的；其次，对于持有股份数量相同的股东而言，其享有的投票权应当是同等的；最后，对于同等股份而言，股份之上附着的盈余分配权及剩余财产处置权是相同的。在私募股权投资的实践中，投资者的优先权安排引发了广泛的争议。一方面，对表决权的约束或强化被质疑违反了一股一权的基本法理；另一方面，处分权与经济权益的整合或分离可能导致不同投资者间的权益分化，同样是对于同股同权原则的违背。诸如董事选任权、独立表决权、重大事项否决权等权能，可能由于背离了股份公司的股权平等和资本多数决原则而被认定无效；同时，反稀释权、盈余分配权、剩余财产分配权、回购权等相关条款则可能因违反同股同权原则而被认定无效。

（二）优先权与同股同权的理论扩张

根据现代公司法精神，类别股制度不仅不违背股东平等和同股同权原则，恰是构成该原则的内容之一，[②] 利用类别股的发行可以跨越股东平等

---

① 参见俞广君：《事实上的类别股与“同股同权”的理解偏差》，载彭冰主编：《金融法苑》（总第 91 辑），中国金融出版社 2015 年版，第 55 页。

② 参见刘小勇、周朴雄：《创业投资中类别股份的利用与公司法制的完善》，载《证券市场导报》2011 年第 6 期。

之障碍，实现投资目的。[①] 同股同权和股东平等在我国体现为：相同的股份应当有相同的投票权和收益，每一股份上的投票权和收益应当相称相应。[②]

在法学理论的框架内，平等可细分为形式平等与实质平等两个维度。形式平等原则强调，同类别股份的股东应按持股比例享有相应的权利，其本质表现为权利分配的比例一致性。然而，若公司的差异化待遇能够集体增进全体股东，尤其是弱势股东的福祉，这种差别待遇则符合实质平等的理念。因此，赋予不同类别股份股东特定权益符合形式平等的原则。实质平等原则认可股东间在投资需求和风险承受能力上存在实质性差异，公司允许通过设计不同类型的股份和权益配置，同时保持信息公开透明，确保所有公众能够获取必要信息。这种透明机制鼓励潜在投资者在投资决策中，充分考量公司各类别股份的发行状况及其对应的价格因素。无论是持有普通股还是类别股的股东，无论他们是在类别股发行前还是发行后持股，该制度设计兼顾了同类别股份内部的同股同权形式平等原则，以及类别股东之间的实质平等关系，实现了权益分配的均衡与公正。

尽管类别股的引入促使股权的经济回报和表决权控制之间的传统平衡态势被打破，且弱化了股权收益与企业盈利的直接相关性，但这并未实质性地违反公司法的根本原则——股东平等。反而，类别股的引入拓宽了股东平等原则的实践维度，使不同类型的股权创设和多元化的融资结构设计得以实现。无论是英美法系还是大陆法系，现代公司法均已摒弃形式上的平等主义，转而接纳类别股份，这实质上是对实质平等理念的遵从。以日本为例，其在 2005 年对《公司法》进行修正时，采纳了源自美国的制度，增加了新的类别股类型，允许对各类别股东赋予差异化权利。甚至在非公开股份公司中，同类别的股份也可能包含不同的权益内容，这与《美国示

---

① 《日本公司法》第 109 条第 1 款规定："股份公司，须按照股东持有的股份的内容及数额，平等对待股东。"参见王保树主编：《最新日本公司法》，法律出版社 2006 年版，第 99 页。

② 参见邓峰：《普通公司法》，中国人民大学出版社 2009 年版，第 366 页。

范公司法》的灵活性相一致。[1] 赋予封闭型股份公司更高的自主权限，其核心理念乃在于确保同股同权原则的贯彻，该原则旨在追求股东间的实质平等与相对平等。若将公司与股东关系视作法律契约，只要经由正当理由及适当的公司决策程序，合理的权利限制应被接纳，因为平等原则具有包容性，能够适应各种变更和变量。尤为重要的是，类别股在公司法框架内的确认，非但不会冲击股东平等，反而会进一步推动实质平等的实现。

（三）类别股的制度价值与公司治理优化

融资、约束和治理是公司融资模式推进公司治理进化的基本逻辑和范式。[2] 类别股作为企业融资的新模式，其兼具股权与债务的复合特性导致公司法和合同法的双重规制，不仅极大地拓宽了企业的融资途径，而且对于推动公司治理结构的创新与深化具有不可忽视的理论和实践意义。

类别股的引入显著革新了传统的股权理论框架。传统股权价值理念认为，股东作为公司的剩余权益持有者，同时也是经营风险的主要承担者，其投票权与财产权被视为一致，由经济权益所有者和风险接受者行使选择公司董事的权利，这构成管理层合法管理和监督公司资产的依据。然而，类别股的引入颠覆了这些基本假设：首先，股东收益与公司盈利的关联性减弱，呈现出债券特性；其次，投票权与所有权的比例关系不再均衡，特别是在涉及某些特定事项时，控制权的大小不再直接取决于持股量。

类别股实现了从形式平等向实质平等的转型，从而深化了股东平等原则的理论层面。尽管形式上坚持一股一权、同股同价以及利润分配的比例原则，然而，这种形式平等可能导致大股东滥用其权利，对小股东权益构成潜在威胁。由于类别股削弱了小股东在重大决策中的话语权，小股东的意见往往面临被大股东主导或边缘化的风险，难以对公司的实质性决策施

① 参见布井千博、朱大明：《论日本法中的公司种类股与风险金融》，载王保树编：《商事法论集》（第18卷），法律出版社2010年版，第24页。

② 参见朱慈蕴、沈朝晖：《类别股与中国公司法的演进》，载《中国社会科学》2013年第9期。

加影响。相比之下，类别股制度采纳了实质平等的理念，赋予不同类别股票持有者不同的权利。在涉及类别股权益的公司决策过程中，会通过专门的类别股股东会进行决议，以防止资本多数决对类别股股东权益的潜在侵害。因此，类别股制度的有效实施保障了处于劣势的股东权益得到保护，并且有助于兼顾各类股东的权益，尤其是满足多元化需求的利益均衡。

四、私募股权投资优先权的公司法适用回归

（一）理论回归：类别股改革对于私募股权优先权适用的优势

2023 年《公司法》对类别股制度作出了回应，较为集中地体现在第 144 条、第 145 条。该规定将类别股制度上升至法律层面，为我国类别股制度创设了上位法依据。私募股权投资采纳类别股制度后，将投资契约中对双方权利义务的特殊约定内嵌于类别股中时，优先权适用与同股同权原则、股东平等原则的法律障碍得以消解。足以预见的是，在私募股权投资交易中，投资人的特殊权利将更为清晰明确地作为类别股的权利和义务反映于公司章程中，相关当事方会更加注重公司章程与股东协议条款的一致性。这既提升了类别股权利和义务在公司内部组织规范中的效力位阶，也有利于将相关特殊权利附着于类别股上，随着类别股的发行或转让而在不同持股人之间高效地流转，有助于公司的各利益相关方直接依据公司章程主张相应的权利。

1. 不同类别股份投资组合，推进企业按需融资

2023 年《公司法》确立类别股份制度，这一制度创新突破了传统表决权与持股比例关联的框架，减弱了股权收益与财产分配对份额的依赖，使股权附随债权化特质这一趋势得以成为可能。类别股的引入使多元化的融资渠道和不同股份类别共存于公司，公司获得了依据自身财务需求自定义股份权利内容的灵活性。“差异化股份、差异化股东、差异化对待”成为公司治理的核心准则。公司得以设置差异化的类别股份，并设置不同类别股份之间或有的转化程序及规则，甚至设定类别股与普通股之间的转换机

制，如将分红、表决、董事任命、剩余财产分配等不同权利内容相互拆分或组合而成不同配置的类别股份。就私募股权投资者而言，其可以对不同类型和配置的类别股份进行投资组合，从而有效分散和管理私募股权投资风险，并降低其与目标企业存在的代理成本。

2. 大陆法系和英美法系的类别股

论及法律体系对类别股设立的态度和选用模式，英美法系和大陆法系存有一定差别。倾向于授权资本制度的英美法系，对于类别股制度始终保有开放态度，其对于类别股仅作出最低限度的设定，其他关于类别股的具体权益设置，皆由公司章程赋予董事会进行决定，诸如类别股的发行价格和权利范围等内容。反观大陆法系，对于类别股制度的态度更为审慎，仅赋予了类别股较低限度的适用弹性。以德国为例，《德国公司法》对于类别股的发行条件、权益内容均作出详细的规定，而类别股的权能配置也须在法定限度内进行。不过，无论对于类别股的态度如何，英美法系和大陆法系均认为，类别股的种类和权利内容，必须在章程中予以明确，目的在于使类别股具有对外效力。在公司章程中明确类别股的分类与内容，旨在提升股份信息的公开透明度。这也与我国 2023 年《公司法》第 145 条的规定相一致。同时，除非有明确的法定或约定事由，公司对于类别股的类型和权益内容无权随意变更，① 公司类别股法定化后，无论相关方是否知情，类别股发行与否，对公司、股东及高级管理人员均具约束力，超越了契约约定仅限于对合同当事人的约束力。通过章程规定类别股，有降低法律可能否定契约效力风险的效果，并突破了契约相对性原则，对全体公司成员形成普遍约束。无论决议由股东会还是董事会作出，凡违背类别股规定者皆被视为无效，借此可追责侵害类别股东权益的董事。

3. 类别股标准化平衡了股东自治和弹性化的公司治理结构

在确立类别股制度的同时，2023 年《公司法》亦尝试逐步确立类别股股东的约束或保护机制，其中之一便是要求将类别股对应的权利义务在公

---

① 参见李海燕：《建立我国类别股制度的构思》，吉林大学 2014 年博士学位论文。

司章程中予以明确，[①] 换言之，类别股的特性及其权益内涵须由公司章程明示。较之于普通股，类别股具备标准化及同质性属性，类别股的特殊性不属于特定的股东，而附属于股份本身。因而，类别股的特殊权能不影响其流动性。以类别股为标的的转让、赠与、继承以及其他流通行为得以保持。类别股的流通性和标准化也有助于提升公司治理结构的灵活性和弹性，并进而推进股东自治，增强所适用企业的稳定性。[②] 类别股的流动性在一定程度上保障了投资者免于因此类投资而面临额外的风险负担，同时促进形成了便捷的退出路径。然而，私募股权投资合同中的特殊条款设计，通过绑定特定股东的个人权益，非标准化和异质化了股份结构，这直接导致了股份流动性的受限与投资风险的加剧。

4. 类别股突破资本多数决限制，适应公司灵活治理的需要

尽管对于股权本质的理解存有显著争议，但不可否认的是，股权是由股东通过资本投入所赋予的权利，可以理解为“出资者对出资财产行使处分权后转换形成的股权”[③]。因此，股东依据持股比例享有股权收益权，即通过投票权参与公司治理，其中持股比例较大的股东通常主导投票权，凭借资本多数决原则主导公司治理决策。在单一普通股架构中，这种权力结构相对稳固。然而，在私募股权投资环境中，如董事提名权、一票否决权、表决权限制等特殊安排，若无股东间的协议，这些条款往往难以对公司整体经营产生约束。然而，当2023年《公司法》允许发行具有差异化的股份类别，各类别股东在共同权益上产生分歧，这可能导致对传统资本多数决原则的突破，从而实现对公司董事选任、公司的表决权及否决权行

---

① 即2023年《公司法》第145条之规定：“发行类别股的公司，应当在公司章程中载明以下事项：（一）类别股分配利润或者剩余财产的顺序；（二）类别股的表决权数；（三）类别股的转让限制；（四）保护中小股东权益的措施；（五）股东会认为需要规定的其他事项。”

② 参见刘小勇、周朴雄：《创业投资中类别股份的利用与公司法制的完善》，载《证券市场导报》2011年第6期。

③ 钱明星：《论公司财产与公司财产所有权、股东股权》，载《中国人民大学学报》1998年第2期。

使等投资合同条款的契约化安排。

类别股在私募股权投资合同的适用中具有优越性，这一创新性交易结构在制度层面的合法性、可行性、清晰度同样依据2023年《公司法》的规定得以保障。通过类别股的条款设计，能够融合私募股权投资者与目标企业的个性化要求，同时顺应企业融资的多元化需求并丰富私募股权投资基金的多样性。我国2023年《公司法》引入类别股制度之后，未来将带动私募股权投资价值理念的进一步革新，股东平等原则实质的进一步丰富，公司的自主权和公司章程的灵活性的进一步深化，以及我国公司法理论体系的深刻变革。

（二）实践回归：2023年《公司法》类别股制度安排对于优先权的塑造

尽管2023年《公司法》将交易实践中出现频率较高的股东权利约定事项（包括优先分红、优先清算、差异表决、转让限制）上升到了法律层面予以认可，但仍兜底要求发行其他类别股须由“国务院规定”，与私募股权投资交易中呈现的完整的投资者权利保护机制等特殊股东权利安排仍存在差距，未来市场参与者在投融资交易中如何应用类别股制度尚待实践检验。然而，2023年《公司法》引入类别股制度无疑在法律层面对特殊股东权益的设定提供了基础性保障，为维护投融资交易各方权益和交易稳定性的探索提供了有益的规范支持。

私募股权投资中，尤其是引入类别股作为投资工具并与公司章程共同构造的投资载体下，特殊条款能够通过公司自治和章程的灵活性，突破股东平等原则及资本制度等规则层面障碍，拓展类别股的适用多样性和内容，进而在法律层面创新空间并确保其效力的明确。然而，类别股的引入与实施必须严格遵守《公司法》的基本原则和规定，强调各类别股东间权益的均衡分配，以及与债权人权益的妥善协调。

1. 类别股种类法定化

2023年《公司法》实现了类别股种类的法定化，旨在提升股份种类的公开性和透明度，以便投资者在信息完备的境遇中进行投资决策，从而缓和投资者权益之间的潜在冲突和权利失衡，对因经济性权能与表决权能分离导致的公司治理难题作出了制度回应。2023年《公司法》在类别股设计上，充分考量了我国企业的实际发展情况，明确各类别企业差异化选择适用的股份类型。针对中小企业，由于其更多地依赖私募股权融资且多为封闭结构，应赋予其发行对于投融资双方更具实用价值的类别股份更大的自由，以发行诸如具备优先分配权、优先清算权的股份以及表决权具有拘束和差异效力的股份、可转换的股份、可回购的股份等。然而，对于公开上市公司，由于其多关乎公众利益，必须坚守股东民主和所有权与经营权相分离的原则，因此在股份类型和具体内容上，公司的自主决策权限受到一定程度的限制。

2. 优先权的公示

在私募股权投资实践中，类别股的引入须明确规定于公司章程内，以保障其合法性与有效性，明确其各类别的权利构成及其相关的附带条款。一方面，碍于章程的强制性登记及公开披露制度，将优先权的规定订入投资协议或者股东协议可以对章程公开予以规避，并在契约中进行更为完善的约定；另一方面，投资协议或者股东协议的约束力仅局限于当事人，不当然具有对外效力。不过，尽管如此，私募股权投资中的股东协议和投资条款并非全然无效。在美国，尽管有行业通用的私募股权投资条款，但项目间的具体差异可能导致投融资双方在谈判中采用意蕴不明的股东协议。①此种情形在我国私募股权投资实践中同样存在，如存在目标企业实力强大或其他存在投资方与融资方的关系不对等的情形时，部分保障投资方合法权益的交易条款可能是难以达成的，如估值调整协议条款与股权回购条款、一票否决条款往往难以并存。

据此，适于公示的权责范畴须被整合纳入类别股权条款，通过公司章程予以明示其法律效力。对于不宜或因法律规定受限而无法包含在章程内

① 参见王保树主编：《最新日本公司法》，法律出版社2006年版，第99页。

的事项，可通过股东协议安排在相关主体间确立相对约束力。同时，还存在依据股东身份来设置不同权利义务的情况，当投资对象涉及封闭性公司时，基于封闭性公司中股东平等原则的不彻底性，只要股东之间达成合意，协议的效力应获得法律认可。①

3. 类别股相关制度的引入

类别股制度的引入和有效实施，除了制度本身的引入和法定化以外，其制度效果还有赖于公司法层面的相关配套规定的细化或深化。类别股与其相关制度集合构成类别股适用的制度体系。比如，发行附回购权的类别股份，需要在2023年《公司法》关于股份回购规定的基础上，围绕类别股的股份回购进行特别规定，放宽公司回购自身股份的限制，不再拘泥于法定的几种情形，当回购情形下债权人利益不受损害时，应当允许公司回购，为类别股的股份回购提供制度保障；在程序方面，股份回购的程序较为烦琐且涉及公司的资本变更，会影响回购制度的功能发挥，未来我国可考虑引入库藏股制度，以克服现有回购程序的复杂和低效。又如，为防止股份转换的拖沓或议而不决，在授权资本制背景下，如何促进类别股与普通股转换的便捷和实效，促使授权资本制与其他的股份发行工具一起构成股份发行的工具箱，是需要系统考虑的问题。

（三）2023年《公司法》语境下私募股权投资优先权条款的适用重思

2023年《公司法》的类别股制度并不能解决私募股权投资实践中的所有问题。较为典型的是，类别股制度不适用于有限责任公司，对于大量的有限责任公司而言，通过股东协议等契约安排约定特殊股东权利仍是通行的做法。我们亦期待类别股制度的适用外延扩展至有限责任公司，毕竟大量在上市前进行股权融资交易的有限责任公司对类别股有更迫切和现实的

① 如《日本公司法》第109条第2款规定："非公开公司对于盈余、剩余财产、表决权的分配，可在章程中规定对不同股东给予不同对待。"参见王保树主编：《最新日本公司法》，法律出版社2006版，第99页。

需要。

1. 类别股权利义务能否定制化安排

除了兜底条款外，2023 年《公司法》明确列举了三种类别股。这种分类方式属于固定类别，还是对类别股潜在特征的一种阐述，有待后续规则的补充完善及市场实践经验的深化。股东权利的多元和细分特征表明，某一类类别股和普通股的差异局限于一个维度或权利特征。在法律允许的类别股范围内，通过将公司和股东进行自由组合和搭配，能够形成多样化的类别股安排和制度设计，最大限度地丰富类别股的制度供给。例如，某些分配权方面的优先股可能兼有特别表决权的属性，而具有特别表决权的股份可能同时伴有转让方面的限制条件。

2. 类别股的制度实效：取决于对公司自主安排的尊重

类别股制度属于授权性规范，是充分给予市场主体选择权和回应市场需求的体现，其实施效果高度依赖赋予公司及股东的自主性。在类别股条款的设计上，应当允许和鼓励公司在类别股的类型、转换机制、权利和义务的内容、行使条件和方式等方面更多地自主约定，在强制性规范之外充分发挥公司章程的自治功能。市场主体登记管理部门在对公司章程进行备案审查时，可以主要着眼于形式审查和对强制性规范的把握，对于未超越法律边界的规定尽量尊重市场主体的意思自治。例如，对于转让受限制的类别股，除了 2023 年《公司法》中明确提及的需要公司同意的情形外，可以尝试在公司章程中提及向竞争对手转让的限制、对转让方附加随售权的限制、需要事先取得特定股东同意的限制、预设锁定期安排等内容。又如，需要类别股股东单独表决的事项，2023 年《公司法》中提及的“可能对类别股股东的权利造成损害”的标准利益平衡色彩比较明显，但在实践操作中会具有较强的模糊性。借鉴国内外相关立法实践，公司章程可明确列出需类别股股东特别投票的事项，如调整类别股数量、变更名称，或创设具有优先或等同权益的新股份类型。

3. 类别股安排的差异化对待：非上市公司和上市公司

我国类别股制度探索起源于针对上市企业的设计实践，积累了若干有益经验。然而，2023 年《公司法》在引进类别股制度时并未局限于上市公司，因此不应预设所有非上市企业未来的类别股安排必须遵循或参照上市公司的现有规则，毕竟上市公司可能会在类别股制度方面设置额外的要求以体现对于公众投资者更多的保护。这些规则和相应的惯例可以经过一些非上市公司的自主选择成为其公司章程的规定，但不应当被过度地渲染成为非上市公司应该对标适用的规则，否则就没有实现从公司法层面确立类别股制度的价值。例如，科创板和创业板的差异化表决权制度从保护公众投资者的角度设置了若干条件，包括普通股比例的要求、不得适用于特定表决事项的要求等，这些内容就不一定要成为非上市公司设定相关类别股时需要遵守的规则。如果确实需要对上市公司采用类别股的方式和范围进行监管，完全可以将相应规则的起始点设定在上市完成之时，而将上市前的类别股安排更多地交由市场主体去设计和安排。

并不是所有的投资人权利都需要归结到类别股的范畴中。对于信息权或者某些依附股东具有人身属性的转让限制，完全归属到类别股的机制中可能会造成类别股的过度复杂化和资本结构的支离破碎，不妨借助合同安排或者公司法的其他授权机制在公司章程中予以规定。

五、代结语：回归商事属性的私募股权投资优先权

公司融资塑造并改变着公司的基本法律制度。公司融资这一与公司发展密切相关的制度性建构力量，形成了现代金融市场，多样性的融资需求又开始推动公司制度进行变革。以复合型金融工具为代表的新型融资工具在打破原有的股债二分法结构，而传统的股权内涵需在 2023 年《公司法》规范之中重新审视。类别股安排既为满足多样化的需求提供了制度供给，也在公司法的框架内为不同的股东维持利益平衡施加法定保护机制。类别股的生命力不在于授权实施类别股的规范，而在于每一家公司及其股东在相关规范允许的范围内不断创设出回应市场需求的交易安排。从私募股权投资基金的视角出发，考察公司法类别股制度，无疑能够从不同角度拼凑出公司的过去、现在与未来。就类别股制度对于私募股权投资的优势而

言，无论是规范层面的优先股规定，还是契约层面的合意安排，均旨在设置契合私募股权投资交易需求的优先股类别和权益。私募股权投资者、目标企业、股东应在法定的“权利池”以外，在契约自治边界以内，重新选择、配置、组合出不同权利内容的优先股，从而满足各方的投融资偏好。法定主义与公司自治的高效协同，是促进我国私募股权投资优先权灵活适用、推动公司法现代化的重要路径。

私募股权投资中回购条款设计与执行探索

▶左浥尘*

摘要：对赌协议的设计以及最终的执行路径是关系投资退出安全性的重要事项，随着我国司法审判理念的更新与《公司法》等法律的变化，私募股权投资机构在实务中针对回购条款及回购执行探索出一定经验，也有不断更新的业务需求。要在回购主体的选择中明确顺位次序、引入公司连带担保责任的设计、探索公司回购决议中股东的预先同意条款的效力、关注减资过程的重点事项等。在当下投资机构主要退出路径由二级市场上市退出向并购、回购退出转变的过程中，股权回购的效力与可执行性也是当下重点关注的方向。

关键词：私募股权投资　对赌协议　回购条款　回购执行

目前，学界对于回购主体和回购效力进行了相对丰富的研究分析，主流观点认可公司实控人和控股股东作为回购主体承担的回购责任，对于公司回购的法律效力有一个不断变化的过程，主要围绕资本维持原则的主体进行讨论，当下的主流观点也对公司回购的效力进行了区分，满足前提条件的，公司回购的效力也可以得到认可。相应地，实务界对以上情形也形成了一定的呼应，对选择回购主体、连带责任的承担、减资程序的合规落

---

* 江苏高科技投资集团有限公司法律合规部法务经理，审计硕士。

实都有着多角度的实践经验总结。

本文首先明确主要法律问题的分析结论，提出实务中面对的执行层面困境，根据法律规范及审判实务中的案例裁判思路变迁，确认回购协议的效力判断依据，再结合江苏省内基本情况和具体投资机构的项目实际情况加以分析，综合提出当下回购条款设计的实务建议和执行方面的重点关注事项。

一、公司回购条款效力与执行困境

经过江苏华某创业投资有限公司与扬州某某机床股份有限公司、潘某虎等请求公司收购股份纠纷再审案①（以下简称“华某案”）的审判思路与《全国法院民商事审判工作会议纪要》（以下简称《九民纪要》）的明确后，对于投资方与目标公司签署回购协议的情形，不再“一刀切”地否定该类协议效力，需要就协议效力与协议可执行性进行区分讨论。

首先，在协议效力方面，《九民纪要》认为：“投资方与目标公司订立的‘对赌协议’在不存在法定无效事由的情况下，目标公司仅以存在股权回购或者金钱补偿约定为由，主张‘对赌协议’无效的，人民法院不予支持。”因此，在目前的审判意见倾向上，公司回购条款在法律效力方面，如无法定无效事由，不认定为当然无效。

其次，在协议执行中，却面临一定的现实困境，需要考察是否具有事实上的履行可能性，即考量是否构成股东抽逃出资、损害债权人利益等要素，其中是否能依法履行减资程序尤为重要，公司回购主要存在以下困境。

其一，依据资本维持制度与债权人保护制度，公司股东不得抽逃出资，公司不得持有自身股份，要求公司回购则伴随着严格的公司减资程序，需要公司对债权人利益进行安排，履行决议、公告、偿债、减资、注

① 参见江苏华某创业投资有限公司与扬州某某机床股份有限公司、潘某虎等请求公司收购股份纠纷案，江苏省高级人民法院（2019）苏民再62号民事判决书。

销股份等义务。

其二，公司决议减资属于公司内部管理事项，无法通过司法程序直接判决减资，该事项不具备可诉性，有赖于公司的主动履行、股东方的配合、债权人的同意等，不确定因素较多，如果配合程度不高，选择公司回购条款面临无法实现的风险较大。①

其三，根据《九民纪要》意见，公司承担金钱补偿义务的，需根据原《公司法》第166条关于利润分配的强制性规定进行审查。② 经审查，目标公司没有利润或者虽有利润但不足以补偿投资方的，人民法院应当驳回或者部分支持投资方的诉讼请求。今后目标公司有利润时，投资方还可以依据该事实另行提起诉讼。公司回购有赖于公司的经营状况的可执行性。

其四，公司回购条款在企业首次公开募股审核过程中属于企业需要披露的重要事项，需在申报前进行解除清理。公司回购针对上市预期明确的企业可操作性不强。

根据《公司法》规定，公司减资流程包括董事会制订减资方案、股东会作出减资决议、公司编制资产负债表及财产清单、通知债权人、发布减资公告、债权人异议、办理工商变更登记等，具体流程按规范梳理，可参考表1。

表1　公司减资流程

序号	流程事项	备注
1	董事会制订减资方案	
2	股东会作出减资决议	特别决议事项，需要股东2/3以上同意
3	公司编制资产负债表及财产清单	

① 参见毛心仪、项蓉、魏国俊：《从“海某案”到“华某案”看与公司对赌协议效力要件之前世今生》，载微信公众号“中伦视界”2019年6月28日，https://mp.weixin.qq.com/。

② 此处《九民纪要》出台之时引用条款来源于《公司法》（2018年修正），对应《公司法》（2023年修订）第210条。

（续表）

序号	流程事项	备注
4	通知债权人	作出减资决议之日起10日内
5	发布减资公告	作出减资决议之日起30日内在报纸上公告
6	债权人异议	债权人自接到通知书之日起30日内，未接到通知书的自公告之日起45日内，有权要求公司清偿债务或者提供相应的担保
7	办理工商变更登记	减资收购的股权于10日内注销

另外，关于公司提供担保的情形，最高人民法院在“万某案”与“瀚某案”中已经认定目标公司经公司有效内部决策后为股东回购义务提供担保有效，此类安排实际可间接实现目标公司回购的效果。但需要关注对于公司为实控人的回购义务承担担保责任的有效决策形式，最佳的选择是由公司股东会对该事项形成股东会决议，如无法取得单独的股东会决议，则在包括为实控人回购责任提供公司担保的投资协议中取得所有股东的签章同意，也可在司法实践中取得支持。另外，与公司回购相同，公司承担担保责任的条款在企业上市申报时即需要终止，不可恢复；且在实控人不愿承担兜底责任的前提下，也无法适用公司为实控人回购提供担保的条款。

二、法律依据及司法裁判意见

（一）法律依据

1.《九民纪要》关于对赌协议中公司回购效力的判定

如前文所述，《九民纪要》规定投资方与目标公司订立的对赌协议在不存在法定无效事由的情况下，目标公司仅以存在股权回购或者金钱补偿约定为由，主张对赌协议无效的，人民法院不予支持，但投资方主张实际履行的，人民法院应当审查是否符合《公司法》关于股东不得抽逃出资及股份回购的强制性规定，判决是否支持其诉讼请求。

投资方请求目标公司回购股权的，人民法院应当依据《公司法》第53

条关于股东不得抽逃出资或者第 162 条关于股份回购的强制性规定进行审查。经审查，目标公司未完成减资程序的，人民法院应当驳回其诉讼请求。

投资方请求目标公司承担金钱补偿义务的，人民法院应当依据《公司法》第 53 条关于股东不得抽逃出资和第 210 条关于利润分配的强制性规定进行审查。经审查，目标公司没有利润或者虽有利润但不足以补偿投资方的，人民法院应当驳回或者部分支持投资方的诉讼请求。今后目标公司有利润时，投资方还可以依据该事实另行提起诉讼。

2. 关于股权（份）回购的法律规定

我国《公司法》第 89 条、第 162 条分别规定了有限责任公司、股份有限公司股权（份）回购制度。

（1）关于有限责任公司股权回购。《公司法》第 89 条仅规定了异议股东股权回购请求权。对于该条的理解曾存在争议。有限责任公司原则上可以根据章程或约定回购公司股权，这属于公司权利；有限责任公司回购本公司股权行为本身不当然违反《公司法》的强制性规定。①

（2）关于股份有限公司股份回购。《公司法》原则上禁止公司持有自身股份，仅在少数例外情形下允许，具体包括：减少公司注册资本；与持有本公司股份的其他公司合并；将股份奖励给本公司职工；股东因对股东会作出的公司合并、分立决议持异议，要求公司收购其股份的。

3. 关于公司减资的法律规定

《公司法》第 59 条、第 67 条、第 220 条、第 260 条已明确规定了有限责任公司或股份有限公司可减少注册资本回购本公司股份的合法途径。同时，《公司法》第 255 条规定了公司减资未履行公告程序的行政处罚制度，该条规定公司在减少注册资本时，不依照《公司法》规定通知或者公告债权人的，由公司登记机关责令改正，对公司处以 1 万元以上 10 万元以下的

① 参见徐睿：《以目标公司作为对赌义务人的合同效力研究》，载《证券市场导报》2015 年第 5 期。

罚款。如未履行减资程序，公司回购无法推进，同时，由于减资事项是公司内部治理范畴，该事项不具备法律上的可诉性，该事项无法通过判决直接执行。

4. 关于资本维持与债权人保护的法律规定

我国《公司法》第21条和第23条规定了债权人保护制度，规定公司股东应当遵守法律、行政法规和公司章程，依法行使股东权利，不得滥用股东权利损害公司或者其他股东的利益；不得滥用公司法人独立地位和股东有限责任损害公司债权人的利益。

司法实践中，最高人民法院曾在公报案例中明确指出，“注册资本是公司最基本的资产，确定和维持公司一定数额的资本，对于奠定公司基本的债务清偿能力，保障债权人利益和交易安全具有重要价值”①。

在资本维持原则之下，公司如果需要对股东进行分配（包括回购股东持有的股份以及向股东分配现金），则必须判断是否损害债权人利益。

（二）司法裁判立场变迁

1. 2012年苏州工业园区海某投资有限公司与甘肃世某有色资源再利用有限公司等补偿款纠纷再审案（以下简称“海某案”）：由目标公司补偿无效，由目标公司股东补偿有效

2012年11月7日，最高人民法院在“海某案”判决中指出：“世某公司、海某公司、迪某公司、陆某在《增资协议书》中约定，如果世某公司实际净利润低于3000万元，则海某公司有权从世某公司处获得补偿，并约定了计算公式。这一约定使得海某公司的投资可以取得相对固定的收益，该收益脱离了世某公司的经营业绩，损害了公司利益和公司债权人利益。”“在《增资协议书》中，迪某公司对于海某公司的补偿承诺并不损害公司及公司债权人的利益，不违反法律法规的禁止性规定，是当事人的真实意

① 《中国长城资产管理公司乌鲁木齐办事处与新疆华电工贸有限责任公司、新疆华电红雁池发电有限责任公司、新疆华电苇湖梁发电有限责任公司等借款合同纠纷案》，载《最高人民法院公报》2009年第2期。

思表示，是有效的。”① 实务界将该裁判规则总结为“投资人与原股东对赌有效，和公司对赌无效”。

裁判逻辑：根据判决书，该案认定由公司补偿无效的理由在于取得相对固定的收益“脱离了世某公司的经营业绩，损害了公司利益和公司债权人利益”。根据理论界与实务界的解读，上述认定的基础在于资本维持原则与债权人利益保护，即目标公司无论对投资者进行现金补偿或股份回购，都意味着其向投资者无对价地支付了财产，导致目标公司资产的减损与资本的降低，会削弱公司履行债务的能力，进而损害公司外部债权人利益。

此后，对于目标公司作为回购主体的情形，各级法院多沿用“海某案”的裁判思路，认定该类协议无效。但是在部分仲裁案件中出现了不同的声音，中国国际经济贸易仲裁委员会仲裁庭在一些案件中承认了该类协议的效力。

2. 2016 年“万某案”“瀚某案”：目标公司经公司内部决策后为股东回购义务提供担保有效

2016 年 12 月 15 日作出的（2016）最高法民申 2970 号再审裁定（“万某案”），就目标公司对原股东欠付投资者股权转让款承担连带还款责任的约定，认定：“万某公司承担连带责任系经过公司股东会决议，是公司意思自治的体现，并不违反法律强制性规定。”2018 年 9 月 7 日作出的（2016）最高法民再 128 号再审民事判决书（“瀚某案”）重申了“万某案”的观点，认定“投资者已对目标公司提供担保经过股东会决议尽到审慎注意和形式审查义务”，“投资者投资全部用于公司经营发展，目标公司全体股东因而受益，故应当承担担保责任”。

裁判逻辑：在目标公司对股东回购义务承担担保责任的情形中，目标公司虽然支付一定的款项，但是亦相应获得同等金额的债权，并不导致公司财产的必然减少；在目标公司对股东之间的补偿/回购承担担保责任的情形中，

① 最高人民法院（2012）民提字第 11 号民事判决书。

所适用的是《公司法》关于公司为股东债务承担担保责任的条款，在法律关系的外观上与公司为股东的其他债务承担担保责任并无不同。

3. “华某案”：由目标公司现金补偿/股份（权）回购并不必然违反资本维持原则、损害公司债权人利益，协议并不当然无效

2019年4月3日江苏高院作出的（2019）苏民再62号民事判决书（“华某案”），就对目标公司作为股权回购主体的协议作出认定：公司履行法定程序后回购本公司股份，不会损害公司股东及债权人利益，亦不会构成对公司资本维持原则的违反。

裁判逻辑：与“海某案”不同，认为由目标公司现金补偿/股份（权）回购并不必然违反资本维持原则、损害公司债权人利益，协议并不当然无效。

在裁判处理上，“海某案”将此类协议效力判断与履行可能性相区隔：首先，对于协议效力，从《合同法》《公司法》出发，审查是否存在《合同法》第52条规定的无效情形以及是否违反《公司法》的强制性规定。从合同缔结时点出发，主要涉及《公司法》是否允许有限公司回购股份，以及回购是否会违反资本维持原则、损害债权人利益等问题。对此，江苏高院认为，《公司法》原则上允许有限公司回购股份（《公司法》第89条），同时有限责任公司在履行法定程序后回购本公司股份，不会损害公司股东及债权人利益，亦不会构成对公司资本维持原则的违反，股份回购条款系商业安排、真意表示；[①] 8%的年回报率与同期企业融资成本相比并不明显过高，不存在脱离目标公司正常经营下所应负担的经营成本及所能获得的经营业绩的企业正常经营规律，据此，江苏高院认定上述协议有效。其次，在认定效力后，需考量协议的履行可能性。法律上的履行可能性涉及的问题有：因回购触发时目标公司已改制，《公司法》是否允许股份公司回购股份？投资时计入资本公积的2000万元及收益，是否属于回购

① 参见余学文：《与目标公司对赌合同效力裁判的新突破》，载微信公众号“金杜研究院”2019年6月20日，https：//mp. weixin. qq. com/。

范围？对于前者，江苏高院认为，《公司法》原则上禁止股份公司回购股份，但同时亦规定了例外情形，其中包括了因减资而回购。对于后者，江苏高院认为，投资方在对赌协议中是目标公司债权人，公司对外承担债务的责任财产为全部财产，其中包括计入资本公积的2000万元。事实上的履行可能性主要考量如公司执行回购条款，是否会造成公司资产减损，进而影响公司债务清偿能力，从而损害其他债权人利益。江苏高院认为，扬州某某机床股份有限公司在持续正常经营，参考江苏华某创业投资有限公司在扬州某某机床股份有限公司所占股权比例及扬州某某机床股份有限公司历年分红情况，案涉对赌协议约定的股份回购款项的支付不会导致扬州某某机床股份有限公司资产的减损，亦不会损害该公司对其他债权人的清偿能力，不会因该义务的履行构成对其他债权人债权实现的障碍。同时会导致绝大多数对赌协议只要是双方真实的意思表示，履行了法定的减资程序则即为有效的后果。

4. 司法裁判趋势总结

总结“华某案”的司法裁判思路，其严格遵循合同行为（缔约）和合同履行行为（履约）相区分法理，将“合同行为违反禁止性规范与履行合同义务的行为违反禁止性规范严格区分开来”。

首先判断对赌协议是否违反《民法典》《公司法》的强制性规定，如未违反，则协议有效；在此基础上，判断其是否具有履行障碍，主要考量是否符合《公司法》关于回购的规定，以及公司执行回购条款是否会造成公司资产减损，进而影响公司债务清偿能力，从而损害其他债权人利益。这里，江苏高院实际上将是否损害债权人利益的判断标准建立在了资本维持原则和公司清偿能力两个维度之上。①

同时，根据《九民纪要》的规定，投资方与目标公司订立的对赌协议在不存在法定无效事由的情况下，目标公司仅以存在股权回购或者金钱补

① 参见清澄君：《从“海某”到“华某”：对赌的边界在哪里?》，载搜狐网2019年7月19日，https：//www. sohu. com/a/327924278_ 667897。

偿约定为由，主张对赌协议无效的，人民法院不予支持，但投资方主张实际履行的，人民法院应当审查是否符合《公司法》关于股东不得抽逃出资及股份回购的强制性规定，判决是否支持其诉讼请求。

因此，虽然“华某案”审理法院层级有限，且《九民纪要》并非现行有效的法律法规，尚不足以作为直接的裁判依据，但考虑到《九民纪要》的出台性质，可以预见未来公司回购的协议在不违反《民法典》《公司法》的强制性规定的前提下会大量地被认定为有效。但应当注意的是，按照“华某案”与《九民纪要》的逻辑，即使认定协议有效，法院仍需审查协议的履行可能，需要审查是否依法履行了减资程序。

三、回购条款实际执行情况

（一）江苏省内部分创投项目退出方式

根据向江苏省创业投资协会咨询获取的 2021 年科技部关于江苏省内创投项目退出情况统计，在包括境内外上市、并购、清算等众多退出方式之中，原股东回购或转售成为最普遍的退出方式，在 290 个退出项目中约占比 43%（见图 1）。

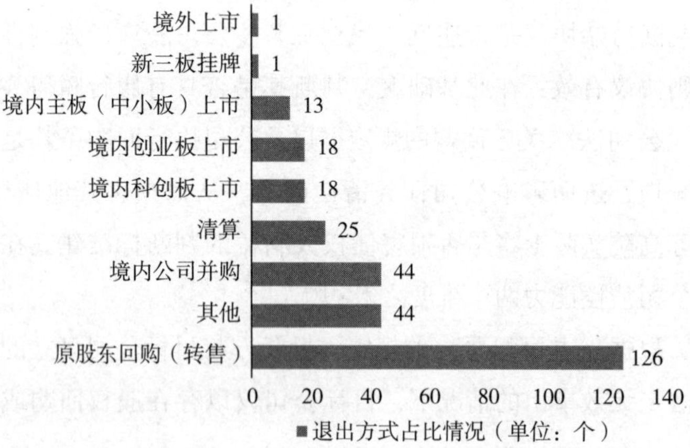

图 1　2021 年江苏省创投项目退出方式

（二）投资实务中关于回购主体的条款设计情况

回购作为当下主要的退出方式，在投资协议条款选择中尤其需要重视回购条款的设计，回购条款主要包括实控人回购、实控人与公司回购、实控人回购加公司担保、实控人以股权价值为限回购、仅公司回购或无回购。回购条款的选择有赖于投资方的谈判地位和项目的具体情况，也需要考虑回购主体的回购能力和程序上的执行可能性，条款设计是一个多因素影响下的博弈结果。

结合某投资机构A资本的实务情况，笔者对在管项目已签署回购协议中的回购主体进行了统计（见表2）。

表2　某投资机构A资本回购主体情况

序号	回购条款类型	所占比例
1	实控人回购（含公司回购或公司担保）	约80%
2	仅公司回购	约10%
3	无回购	约10%

（三）公司回购执行的成功案例

经过与A资本争议诉讼环节负责人的沟通，初步搜集了以下涉及公司回购的实际案例，A资本在实际投资中执行了公司回购的部分案例见表3。

表3　A资本部分公司回购案例执行情况

序号	项目名称	公司回购执行情况	回购金额或股数	备注
1	南京某环境技术股份有限公司	2022年10月15日已完成减资决议、减资公告	848万股	新三板上市企业

（续表）

序号	项目名称	公司回购执行情况	回购金额或股数	备注
2	苏州某光电科技股份有限公司	2023年1月已完成减资决议、回购协议签署，已收到回购款项	3200余万元	2021年4月投资，原协议为经营层股东回购，在回购执行中，公司自愿加入承担回购义务并执行回购
3	北京某医学诊断技术股份有限公司	已完成股权回购，收到回购款项	2048.25万元，共计75万股	回购相应股份并用于公司股权激励

根据实务，公司回购的法律效力得到了一定程度的司法认可，在部分项目退出执行过程中，在公司、股东及债权人充分配合的情况下，得到了履行。在没有其他选择的情况下，公司回购条款作为“聊胜于无”的选项，也可成为选择之一，避免在项目退出过程中没有任何抓手。

四、回购主体选择次序及建议

（一）回购条款设计指引

1. 尽可能避免由公司作为唯一回购主体

如前文所述，关于目标公司作为回购主体的协议效力虽已获认可，但协议履行还需受限于是否符合《公司法》关于股东不得抽逃出资及股份回购的强制性规定，故而从实操角度，现阶段仍应尽力避免将目标公司作为唯一的回购主体而引发协议履行上的不确定性。

2. 可由股东或实控人作为回购主体，同时由公司担保

从投资人利益最大化角度出发，可以选择由公司为股东回购提供担保的方式，从而间接实现公司回购的效果，但应注意履行《公司法》、公司章程规定的内部决策程序，投资人需要关注担保条款有效性背后的核查审慎性的形式核查原则。

另外，公司担保条款在企业IPO审查阶段需要进行清理解除，该条款

面临无法恢复的现实风险需要加以考量。

如由公司作为直接回购主体，尚需注意以下问题：（1）股东会决议明确同意公司签署回购协议，确保对公司生效；（2）约定实控人、公司原股东皆需事先同意减资事项以及减资程序一致行动，确保依法完成减资程序（包括决议、公告等）；（3）次轮融资中向新股东及时披露并在次轮融资中重述回购条款；（4）协议附带约定实控人兜底条款，若公司未能顺利通过减资决议或未能顺利实施回购，则实控人进行兜底。

因此，总结实践经验，在确定回购主体时按照谈判地位、回购主体财务实力、具体股东方配合情况、项目退出倾向等要素，建议按照表4所示的次序进行回购主体设计。

表4 回购主体设计顺位

顺位次序	回购主体	备注
1	原股东（含创始团队、经营层股东）回购+公司担保	公司履行担保责任较履行减资回购义务更便于执行，需关注决策程序的完备性
2	实控人回购+公司回购	该情形下投资方可要求两个回购主体履行回购义务
3	实控人回购	需考虑实控人个人资产的回购能力
4	实控人回购（以股权价值为限）+公司回购	二者是共同承担回购责任，任一主体都有回购义务
5	实控人回购（以股权价值为限）	在经营状况不佳的情形下无法保障权益
6	公司回购	尽量不约定仅公司回购
7	无回购	原则上不可无回购条款

（二）实际执行注意事项

1. 减资回购决议需经公司全体股东一致同意

根据《公司法》的规定，公司减资应当按照股东出资或者持有股份的比例相应减少出资额或者股份，但股权回购往往涉及定向减资，减资完成后其他全体股东所对应的公司权益减少，本质上属于其他股东向回购权人转移部分权益的行为。根据《公司法》，对于定向减资或非同比例减资，不同类型的公司有不同的要求，有限责任公司须经全体股东同意，股份有限公司则需在章程中进行明确约定。司法实践中，部分法院要求此种定向减资需经全体股东一致同意才能推进。据此，回购权的履行需先取得创始人等回购义务人及公司中小投资者的配合。尤其是股份有限公司中，要在公司章程中对公司履行回购责任涉及的非同比例减资事项进行约定。虽然公司作为回购义务人存在一定履约风险，但考虑到该等约定的有效性、回购情形触发时的不确定性及未来司法倾向变迁的可能性，建议将公司约定为回购义务人之一，并约定连带责任及其他股东的配合义务，以在一定程度上增强公司支付回购价款的可执行力。

2. 最好约定连带保证责任

除在投资方谈判能力较强的基础上尽可能扩大回购义务人主体范围外，建议在投资协议签署时进一步明确：（1）在约定回购义务人承担连带责任的前提下，投资人选择任一名或多名回购义务人承担回购责任的，其他回购义务人就回购条款的履行承担连带保证责任；（2）就公司承担该连带保证责任事项，在投资协议签署阶段即履行股东会审议等必要决议程序。在此基础上，考虑是否选择创始人为回购义务人，并要求公司承担连带保证责任，以此将公司股权回购义务转换为连带担保债务。

据此，关于回购条件触发时公司就回购价款承担连带保证责任（而非作为回购义务人）的约定在司法实践中有可能被裁判机构支持，且有可能据此规避公司直接承担回购义务时烦琐的减资程序要求，在执行层面更加便捷。但是需要提醒的是，公司为大股东提供担保，投资人应当注意以下事项。

（1）签署投资协议时，需审查增资时的股东会决议，并特别留意股东会的审议事项是否涵盖公司为大股东的回购提供担保与投资人签订增资协议时，未经股东会决议便添加了“承担履约连带责任”的条款（典型的越权担保）。公司对外担保行为，尤以关联担保为常见，在“瀚某案”中最高人民法院已认可公司对股东履行回购义务提供担保的效力。不过，公司担保并非可以随意作出。《公司法》明确了“应当经股东会决议”的法定限制。而在实践中，公司控股股东、实际控制人利用其控制公司印章的权利外观，违反公司章程，越权对外担保情况较为常见。投资人应予以谨慎留意，避免权利无效。①

（2）在决策程序上，鉴于投资中往往要求公司为股东的回购义务提供担保，此类担保属于关联担保，《公司法》又对关联担保的相对人的审查范围要求更高，因此投资人应当格外注意：对出具担保的公司的股东会决议进行审查，确认存在形式上的股东会决议；出席人数、表决权数应符合法律规定；决议上股东签章与章程记载的股东应一致。

3. 明确其他股东的配合义务

回购条款触发后，以公司作为回购义务人的，需要全体股东审议通过定向减资决议；以创始人或其他股东作为回购义务人的，亦需其他股东审议同意转让行为、全体股东放弃优先购买权（部分市场监督管理部门要求提供经全体股东签署的股权转让决议文件，否则仅能通过司法判决办理工商变更登记手续）。因此，其他股东的配合程度可能在很大程度上影响回购程序的推进。

据此，建议在回购条款中约定全体股东需要履行签署相关文件、办理工商登记手续等配合义务，并明确股东不协助配合时应当承担的违约责任。此外，如部分股东未参与签署投资协议，或为防止公司后续股权结构变更而新股东未加入签署回购条款的情形，建议在回购条款中明确回购义务人有义务促成该等新股东履行配合义务，避免责任划分不清再起纠纷。

---

① 参见蒋菲、苏可：《最高法判决回购担保无效，各打五十大板！——最高法判决公司为大股东提供回购担保，因未经股东会决议，投资人需承担审查义务不到位之责！》，载万商天勤律师事务所官网 2020 年 4 月 9 日，http：//www.vtlaw.cn/news/1944.html。

私募基金信息披露问题的实证研究

李阿敏[*] 孙丽娟[**] 盛伟荣[***] 蔡晓雨[****] 史一楠[*****] 蔡少芬[******]

摘要： 随着我国私募基金信息披露制度的不断完善，相关行政执法实践和司法实践也在根据新的要求及趋势不断适应调整。从行政执法实践来看，虽然证券监管部门对于私募基金信息披露违法违规行为的执法力度不断加强，但仍然存在处罚力度不足、处罚内容简单、重大事项标准不明、核心事项造假多发等问题。对此，建议进一步提高行政罚款上限、细化执法依据、明确重大事项标准、确立基金净值复核标准。从司法实践来看，人民法院往往基于法律规定及基金合同约定确定信息披露义务人、信息披露内容及方式等。但如果基金合同对此没有明确约定，那么应当由投资者承担信息披露必要性、可行性的举证义务。投资者应当充分关注基金合同相关约定，落实各方信息披露义务，同时注意关于管理人未勤勉尽责的证据收集以维护自身权益。

* 北京市通商律师事务所上海分所合伙人、律师，吉林大学民商法学硕士。
** 北京市通商律师事务所上海分所律师，华东政法大学国际法学硕士。
*** 北京市通商律师事务所上海分所律师，中国政法大学民商法学硕士。
**** 北京市通商律师事务所上海分所律师，华东政法大学宪法学与行政法学硕士。
***** 北京市通商律师事务所上海分所律师，华东政法大学民商法学硕士。
****** 北京市通商律师事务所上海分所律师，中国人民大学法理学硕士。

关键词：私募基金　信息披露　行政责任　民事赔偿责任

一、我国私募基金信息披露制度概述

（一）历史沿革

我国私募基金的发展开始于20世纪，而对于具体时点，不同学者有不同观点。侧重研究私募股权投资基金的学者认为应该从1985年起算，因为1985年1月《中共中央关于科学技术体制改革的决定》中明确指出："对于变化迅速、风险较大的高技术开发工作，可以设立创业投资给予支持。"这是创业投资最早被写进中央文件，标志着发展创业投资正式成为我国的重要政策。① 侧重研究私募证券投资基金的学者认为，我国私募证券投资基金与国内证券市场几乎同步发展，因而应从1993年起算。② 1997年11月，国务院证券委员会发布《证券投资基金管理暂行办法》，确立了公募基金行业制度和监管架构，拉开了行业规范发展的序幕。1999年，《中共中央、国务院关于加强技术创新、发展高科技、实现产业化的决定》及科技部等部门制定的《关于建立风险投资机制的若干意见》接连出台，国家开始全面推进发展风险投资公司和风险投资基金。

2003年10月，《证券投资基金法》正式发布，但该法第2条将其适用范围限于"通过公开发售基金份额募集证券投资基金"，不包括私募基金。2012年修订后的《证券投资基金法》将适用范围扩展至"公开或者非公开募集资金设立证券投资基金"，首次从法律层面明确了私募证券投资基金的法律地位，将私募证券投资基金纳入监管。该法首次规范私募基金信息披露问题，明确基金管理人、基金托管人为信息披露义务人，如果信息披露义务人不依法披露基金信息或者披露的信息有虚假记载、误导性陈述

① 参见王燕辉：《私人股权基金》，经济管理出版社2009年版，第278页。

② 参见德邦证券有限责任公司、上海证券报社：《中国阳光私募年度报告（2010）》，江苏人民出版社2010年版，第4页。

或者重大遗漏，证监会可以依法作出行政处罚。① 2013年6月27日，中央机构编制委员会办公室印发《关于私募股权基金管理职责分工的通知》，明确规定证监会负责私募股权投资基金的监督管理，实行适度监管。2014年1月，中国证券投资基金业协会（以下简称中基协）发布了《私募投资基金管理人登记和基金备案办法（试行）》等一系列自律规则，明确由中基协办理私募基金管理人登记及私募基金备案，对私募基金业务活动进行自律管理。

2014年5月，国务院发布《关于进一步促进资本市场健康发展的若干意见》（国发〔2014〕17号），提出发展私募投资基金，按照功能监管、适度监管的原则，完善各类私募投资产品的监管标准。2014年8月，证监会据此发布《私募投资基金监督管理暂行办法》，再次明确由证监会对私募基金业务活动实施监督管理，由中基协对私募基金业开展行业自律管理。《私募投资基金监督管理暂行办法》第24条在《证券投资基金法》（2012年修订）第96条的基础上，明确私募基金管理人、私募基金托管人应当按照合同约定，如实向投资者披露基金投资、资产负债、投资收益分配、基金承担的费用和业绩报酬、可能存在的利益冲突情况以及可能影响投资者合法权益的其他重大信息，并授权信息披露规则由中基协另行制定。2016年2月，中基协据此制定发布《私募投资基金信息披露管理办法》，规定"不对私募基金的内容和风险进行实质性判断，而是从基金募集、运作、事务管理、自律惩戒等角度，对信息披露是否达到法律规定或合同约定的披露标准进行制度性约束"，对信息披露义务人、信息披露内

---

① 《证券投资基金法》（2012年修订）第96条规定："基金管理人、基金托管人应当按照基金合同的约定，向基金份额持有人提供基金信息。"第132条规定："基金信息披露义务人不依法披露基金信息或者披露的信息有虚假记载、误导性陈述或者重大遗漏的，责令改正，没收违法所得，并处十万元以上一百万元以下罚款；对直接负责的主管人员和其他直接责任人员给予警告，暂停或者撤销基金从业资格，并处三万元以上三十万元以下罚款。"

容、信息披露方式和途径进行明确规定,[①] 初步构建起私募投资基金信息披露的自律监管框架。

2020 年 12 月，为进一步加强私募基金监管，严厉打击各类违法违规行为，证监会发布《关于加强私募投资基金监管的若干规定》。这是继 2014 年发布《私募投资基金监督管理暂行办法》之后，证监会首次以部门规范性文件的形式就私募基金行业监管的相关要求进行明确，明令禁止私募基金管理人存在“宣传推介材料有虚假记载、误导性陈述或者重大遗漏”“不按照合同约定进行投资运作或者向投资者进行信息披露”等行为。

2023 年 7 月，国务院发布《私募投资基金监督管理条例》。该条例从 2013 年启动立法工作，到 2017 年开始征求意见，再至 2023 年正式发布，历时十年，是健全私募基金监管基础性法规制度的标志，也是促进私募基金行业发展进入新阶段的标志。该条例进一步规范私募基金业务活动，强调私募基金管理人应当按照证监会的规定以及基金合同约定向投资者提供与私募基金管理业务活动相关的信息。

（二）私募基金信息披露总体监管要求

从上述历史沿革可见，我国私募基金行业已经形成证监会整体监管，中基协在证监会授权下作为行业自律组织实施自律监管的监管体系，并形成以《证券投资基金法》《私募投资基金监督管理条例》等法律法规以及

① 《私募投资基金信息披露管理办法》第 2 条规定：“本办法所称的信息披露义务人，指私募基金管理人、私募基金托管人，以及法律、行政法规、中国证券监督管理委员会（以下简称中国证监会）和中国证券投资基金业协会（以下简称中国基金业协会）规定的具有信息披露义务的法人和其他组织。同一私募基金存在多个信息披露义务人时，应在相关协议中约定信息披露相关事项和责任义务。信息披露义务人委托第三方机构代为披露信息的，不得免除信息披露义务人法定应承担的信息披露义务。”第 3 条规定：“信息披露义务人应当按照中国基金业协会的规定以及基金合同、公司章程或者合伙协议（以下统称基金合同）约定向投资者进行信息披露。”第 5 条规定：“私募基金管理人应当按照规定通过中国基金业协会指定的私募基金信息披露备份平台报送信息。私募基金管理人过往业绩以及私募基金运行情况将以私募基金管理人向私募基金信息披露备份平台报送的数据为准。”

《私募投资基金监督管理暂行办法》等部门规章为核心，辅以中基协制定的各类行业自律规则的监管制度。如果信息披露义务人未能按照相关规定或基金合同约定进行披露，那么其可能受到证监会的行政处罚或被采取行政监管措施以及受到中基协的纪律处分。

信息披露义务人方面，由最初的私募基金管理人、托管人扩展至“私募基金管理人、私募基金托管人，以及法律、行政法规、中国证券监督管理委员会和中国证券投资基金业协会规定的具有信息披露义务的法人和其他组织”。为了避免职责不清或发生推诿，《私募投资基金信息披露管理办法》在第 2 条第 2 款特别约定，“同一私募基金存在多个信息披露义务人时，应在相关协议中约定信息披露相关事项和责任义务”。

信息披露内容方面，相关信息披露义务人应当按照相关规定、基金合同约定进行披露，包括但不限于基金的投资情况、资产负债情况、投资收益分配情况、基金承担的费用和业绩报酬安排、可能存在的利益冲突、相关重大诉讼、仲裁情况以及证监会及中基协规定的影响投资者合法权益的其他重大信息。根据《证券投资基金法》第 92 条①规定，基金信息披露义务人提供的内容是私募基金合同必须包含的内容。因此，基金合同中已经明确约定的，信息披露义务人是必须披露的。在司法实践中，如果投资者要求披露基金合同约定以外的其他信息，且可以初步举证证明该等信息属于对投资者的合法权益有重大影响的信息，那么为了更好地保障投资者的

① 《证券投资基金法》第 92 条规定：“非公开募集基金，应当制定并签订基金合同。基金合同应当包括下列内容：（一）基金份额持有人、基金管理人、基金托管人的权利、义务；（二）基金的运作方式；（三）基金的出资方式、数额和认缴期限；（四）基金的投资范围、投资策略和投资限制；（五）基金收益分配原则、执行方式；（六）基金承担的有关费用；（七）基金信息提供的内容、方式；（八）基金份额的认购、赎回或者转让的程序和方式；（九）基金合同变更、解除和终止的事由、程序；（十）基金财产清算方式；（十一）当事人约定的其他事项。基金份额持有人转让基金份额的，应当符合本法第八十七条、第九十一条的规定。”

知情权，信息披露义务人也应当进行披露。①

信息披露的方式和途径方面，根据《证券投资基金法》第 92 条的规定，基金信息提供的方式也是基金合同必须约定的事项。结合《私募投资基金信息披露管理办法》第 5 条、第 6 条②的规定来看，中基协有指定的私募基金信息披露备份平台，并且投资者可以登录该平台进行信息查询。不过，基金合同还可以约定通过网站、电子邮件、邮寄、放置在经营场所备查等多种方式，向投资人提供基金信息。如果投资者与信息披露义务人就信息披露方式产生争议，那么信息披露义务人应对其已经按照法律及合同约定披露信息进行举证。如果信息披露义务人通过不同方式披露的信息存在不一致，那么应以其根据合同约定方式提供的信息为准。③

二、私募基金信息披露问题的行政执法实践

（一）行政执法趋势

据笔者统计，自 2021 年至 2024 年 6 月，证券监管部门针对私募基金管理人合计作出了 18 份行政处罚决定书，合计作出了 207 份行政监管措施；中基协针对私募基金管理人合计作出了 79 份自律监管措施。如图 1 所示，随着私募基金信息披露问题的重要性提升，证券监管部门及中基协的行政执法案例数量稳步增长。在强监管、保护中小投资者的背景下，未来证券监管部门及中基协大概率会进一步加强私募基金信息披露问题的

---

① 参见深圳国际仲裁院、中国国际仲裁研究院编著：《私募基金合同纠纷典型仲裁案例与实务精要》，北京大学出版社 2023 年版，第 175 页。

② 《私募投资基金信息披露管理办法》第 5 条规定："私募基金管理人应当按照规定通过中国基金业协会指定的私募基金信息披露备份平台报送信息。私募基金管理人过往业绩以及私募基金运行情况将以私募基金管理人向私募基金信息披露备份平台报送的数据为准。"第 6 条规定："投资者可以登录中国基金业协会指定的私募基金信息披露备份平台进行信息查询。"

③ 参见深圳国际仲裁院、中国国际仲裁研究院编著：《私募基金合同纠纷典型仲裁案例与实务精要》，北京大学出版社 2023 年版，第 156 页。

监管。

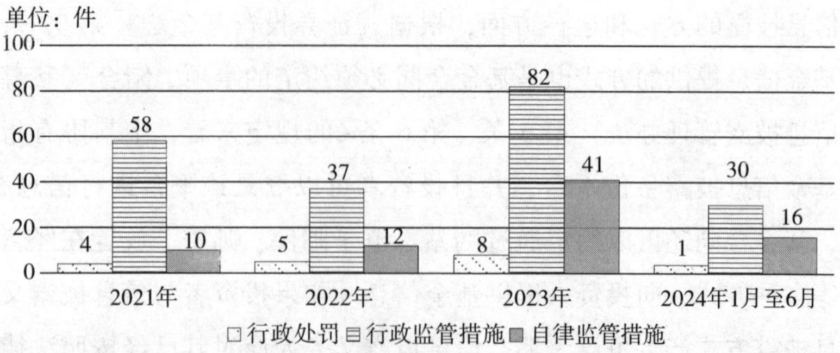

图1　2021年至2024年6月各年度私募基金违规案件数量①

整体而言，针对私募基金信息披露问题，证券监管部门最终作出行政处罚的案件数量较少，且该等案件往往涉及较为严重的违法违规行为。这一统计结果也与官方的口径一致。例如，上海证监局曾对外明确表示，"自2014年《私募投资基金监督管理暂行办法》实施以来，上海证监局共对23家私募基金管理人立案调查，特别是对5起涉'系'机构的严重违规行为进行处罚，有效促进了行业生态净化并持续向好"。

（二）信息披露违法的类型

在统计的2021年以来私募基金管理人监管案例中，私募基金管理人主要存在如下四种类型的信息披露违法行为。

1. 虚假记载

虚假记载，是指信息披露义务人披露的信息中对相关财务数据进行重大不实记载，或者对其他重要信息作出与真实情况不符的描述。如图2所示，在2021年以来的监管案例中，涉及虚假记载的监管案例共40件，信息披露违法或违规的情形主要包括未按照合同约定如实向投资者披露信息、私募基金管理人向投资者披露的信息存在虚假记载。

① 数据来源：见微数据、中基协网站。

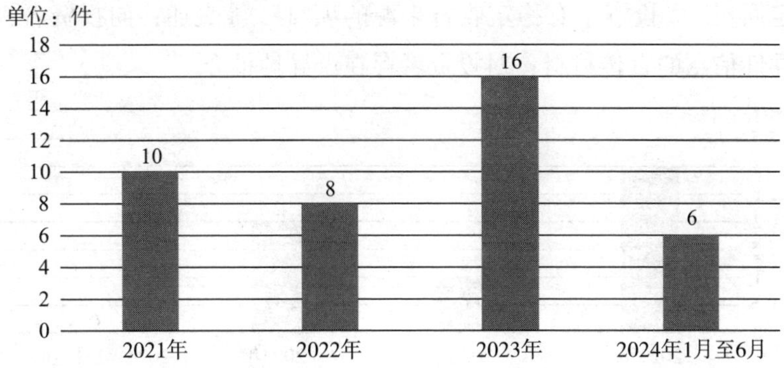

图 2　2021 年至 2024 年 6 月虚假记载类型的私募基金信息披露违法违规案件数量①

绝大多数情形中，证券监管部门在监管措施中认定私募基金管理人未按照合同约定如实向投资者披露信息，信息包括基金信息（基金净值、资产负债、投资收益分配、基金投资等）、基金底层投资标的情况、可能存在的利益冲突情况及可能影响投资者合法权益的其他重大信息（关联交易、关联关系、担保方信用风险等）。该种情形下，证券监管部门在其中部分案例中并未明确描述未如实披露的信息类型。少数情形下，证券监管部门在监管措施中明确认定私募基金管理人向投资者披露的信息存在虚假记载。例如，在前海长某基金管理有限公司一案中，深圳证监局明确认定其“向个别投资者披露部分私募证券投资基金的虚假净值”。

2. 误导性陈述

误导性陈述，是指信息披露义务人披露的信息隐瞒了与之相关的部分重要事实，或者未及时披露相关更正、确认信息，致使已经披露的信息因不完整、不准确而具有误导性。如图 3 所示，在 2021 年以来的监管案例中，涉及误导性陈述的监管案例共 6 件，信息披露违法或违规的情形主要包括：募集说明书使用“预期收益率”进行宣传且缺少风险提示有关内容，被认定为误导宣传；招募说明书中存在片面宣传，使用“为投资人带

① 数据来源：见微数据、中基协网站。

来稳定回报”“投资于有稳定收益来源的项目”等表述；向投资者提供包含误导性信息的宣传材料；对投资者存在误导性推介。

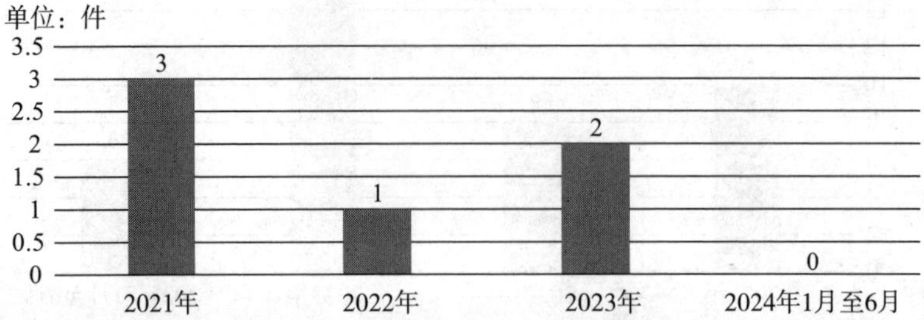

图3　2021年至2024年6月误导性陈述类型的私募基金信息披露违法违规案件数量①

结合上述统计看，该类信息披露违法违规行为主要出现在投资者认购阶段，部分私募基金管理人可能会在宣传推介材料中误导投资者的投资判断，进而实现募资的目的。例如，在珠海久某股权投资基金管理有限公司一案中，因该公司制作的私募基金宣传推介材料存在误导性陈述，广东证监局对其采取了责令改正的行政监管措施。

需要说明的是，由于在很多情形下，私募基金份额是由相关销售机构销售，而不是由私募基金管理人直接销售，私募基金管理人被认定为误导性陈述的情况相对有限，私募基金销售机构被认定为误导性陈述的案例则相对更多。例如，在中国中某财富证券有限公司厦门分公司一案中，中国中某财富证券有限公司厦门分公司在推介私募基金产品的过程中使用可能误导投资人进行风险判断的措辞，厦门证监局对其采取了警示函的行政监管措施。

3. 重大遗漏

重大遗漏，是指信息披露义务人违反关于信息披露的规定，对重大事件或者重要事项等应当披露的信息未予披露。如图4所示，在2021年以来的监管案例中，涉及重大遗漏的监管案例较少，仅有4件。其中，2件案

① 数据来源：见微数据、中基协网站。

件中证券监管部门认定私募基金管理人存在的重大遗漏情形是未在相关年度报告中披露预测假设数据与前一年不一致的原因，以及未在相关年度报告中披露投资标的的股权质押信息；另外2件案件中证券监管部门未具体描述遗漏信息的性质，仅认定“存在重大遗漏”或者“未全面履行信息披露义务”。

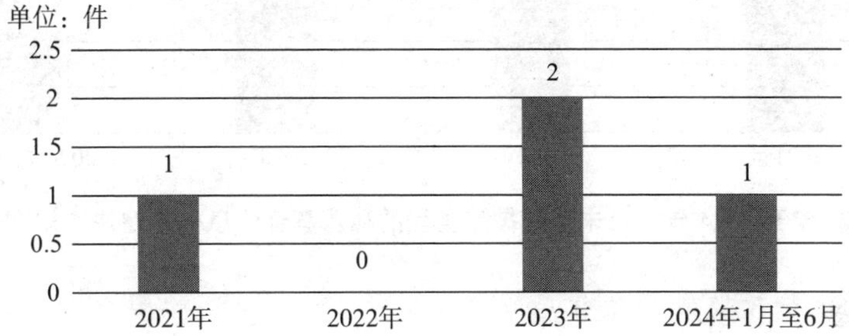

图4 2021年至2024年6月重大遗漏类型的私募基金信息披露违法违规案件数量①

在统计中注意到，私募基金信息披露的监管案例中，证券监管部门在多数案例中仅笼统地将信息披露违法违规情形描述为“未按照合同约定进行信息披露”等此类概括性表述，未明确信息披露违法违规的类型，导致在统计中无法进一步对数量庞大的“未按照合同约定进行信息披露”案例进行分类，这是重大遗漏类型案例仅有4件的主要原因。

4. 未及时披露

区别于重大遗漏，未及时披露是指信息披露人没有按照法定或合同约定的时间披露相关事项。如图5所示，在2021年以来的监管案例中，涉及未及时披露的监管案例共164件，信息披露违法或违规的情形主要包括未按照合同约定向投资者进行信息披露（包括未披露定期报告、估值报告或者其他信息，披露的时间、方式不符合合同约定），以及未及时更新私募基金管理人相关信息。

① 数据来源：见微数据、中基协网站。

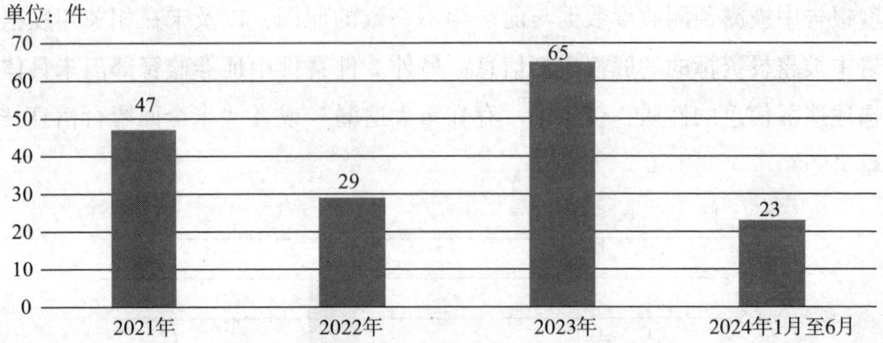

图 5　2021 年至 2024 年 6 月未及时披露类型的私募基金信息披露违法违规案件数量①

（三）行政监管的法律后果

从行政处罚的法律后果看，针对证券投资类私募基金，证券监管部门一般基于《证券投资基金法》第 131 条②的规定对私募基金管理人作出 10 万元至 100 万元的罚款。由于罚款上限仅为 100 万元，证券监管部门采取顶格罚款的情况较多。例如，在广州基某资产管理有限公司（以下简称广州基某）一案③中，在基金净值披露环节，广州基某通过篡改场外标的估值数据，经基金托管人复核后在净值公告、定期报告上披露，或者未经托管人复核直接在“私募排排网”上披露的方式，向投资者披露了虚假的产品净值信息。最终，广东证监局对广州基某作出了责令改正及 100 万元罚款的处罚。

针对股权类私募基金，证券监管部门一般基于《私募投资基金监督管

① 数据来源：见微数据、中基协网站。

② 《证券投资基金法》第 131 条规定：“基金信息披露义务人不依法披露基金信息或者披露的信息有虚假记载、误导性陈述或者重大遗漏的，责令改正，没收违法所得，并处十万元以上一百万元以下罚款；对直接负责的主管人员和其他直接责任人员给予警告，暂停或者撤销基金从业资格，并处三万元以上三十万元以下罚款。”

③ 《中国证券监督管理委员会广东监管局行政处罚决定书［（2021）3 号］》。

理暂行办法》第 38 条①对私募基金管理人作出 30 万元以下的罚款。由于罚款的上限仅为 30 万元，远低于《证券投资基金法》的罚款上限金额，证券监管部门基本采取了顶格罚款的做法。例如，在亿某投资管理扬州有限公司（以下简称亿某投资）一案中，亿某投资作为私募基金管理人，在公司网站上发布的基金净值与实际严重不符，严重损害了投资者的利益，然而，受限于罚款上限，江苏证监局仅对亿某投资作出了 30 万元顶格罚款的处罚。

从行政监管措施的法律后果看，证券监管部门一般基于《私募投资基金监督管理暂行办法》第 33 条对私募基金管理人采取责令改正、出具警示函等行政监管措施，部分案例中证券监管部门还会基于《关于加强私募投资基金监管的若干规定》第 13 条的规定，将私募基金管理人记入中国资本市场诚信信息数据库。

从自律监管措施的法律后果看，在 2022 年 12 月 30 日之前，中基协一般基于《中国证券投资基金业协会纪律处分实施办法（试行）》第 5 条②的规定作出纪律处分，最为常见的纪律处分措施为取消会员资格、暂停受理私募基金备案 3—12 个月；而在 2022 年 12 月 30 日后，中基协一般基于

① 《私募投资基金监督管理暂行办法》第 38 条规定：“私募基金管理人、私募基金托管人、私募基金销售机构及其他私募服务机构及其从业人员违反本办法第七条、第八条、第十一条、第十四条至第十七条、第二十四条至第二十六条规定的，以及有本办法第二十三条第一项至第七项和第九项所列行为之一的，责令改正，给予警告并处三万元以下罚款；对直接负责的主管人员和其他直接责任人员，给予警告并处三万元以下罚款；有本办法第二十三条第八项行为的，按照《证券法》和《期货交易管理条例》的有关规定处罚；构成犯罪的，依法移交司法机关追究刑事责任。”

② 《中国证券投资基金业协会纪律处分实施办法（试行）》第 5 条规定：“本办法规定的可以对会员、在基金业协会登记机构、产品备案机构实施的纪律处分包括：（一）谈话提醒；（二）书面警示；（三）要求限期改正；（四）缴纳违约金；（五）行业内谴责；（六）加入黑名单；（七）公开谴责；（八）暂停受理或办理相关业务；（九）要求其他会员暂停与其的业务；（十）暂停会员部分权利；（十一）暂停会员资格；（十二）撤销管理人登记；（十三）取消会员资格；（十四）基金业协会规定的其他纪律处分形式。”

《中国证券投资基金业协会自律管理和纪律处分措施实施办法》第8条①的规定作出相关纪律处分，最为常见的纪律处分措施为公开谴责、暂停受理私募基金备案6个月或者12个月、取消会员资格、撤销管理人登记。在自律监管措施中，限制相关业务活动、撤销登记、暂停或取消会员资格对私募基金管理人的威慑力较强。在统计的监管案例中，被采取前述自律监管措施的私募基金管理人高达63家，占比为79.74%。笔者认为导致这一现象的原因主要是中基协对私募基金管理人作出处分时往往涉及多个违法违规事由，处分结果无法单一体现中基协对信息披露违法违规问题的监管态度。

（四）存在的问题及建议

结合上述监管情况看，笔者认为，在目前执法实践中，证券监管部门对于私募基金管理人的信息披露违法行为的处理主要存在如下问题。

1. 处罚力度不足，难以对私募基金管理人形成有效威慑

如上文所述，证券监管部门一般仅对最为严重的信息披露违法行为，才会作出相关行政处罚。在《私募投资基金监督管理条例》于2023年9月实施前，证券监管部门主要基于《私募投资基金监督管理暂行办法》第38条及《证券投资基金法》第131条进行处罚，仅能作出责令改正，以及给予警告并处3万元以下罚款的处罚。在《私募投资基金监督管理条例》

① 《中国证券投资基金业协会自律管理和纪律处分措施实施办法》第8条规定："对机构实施的纪律处分措施包括：（一）警告，即协会在官方网站或者通过其他公开方式对违规机构予以警示批评；（二）行业内谴责，即协会在基金行业内对违规机构予以通报、谴责；（三）公开谴责，即协会在官方网站或者协会指定其他媒体上对违规机构予以谴责；（四）限制相关业务活动，即协会在一定期限内暂不受理或者办理违规机构相关业务，或者要求违规机构的在管产品不得新增募集规模、投资者，不得新增投资，但按照有关规定属于自律管理措施的除外；（五）撤销登记，即协会撤销违规机构的私募基金管理人或者基金服务机构的登记；（六）取消会员资格，即协会取消违规机构的协会会员资格；（七）协会规定的其他纪律处分措施。"

实施后，证券监管部门可以并处10万元以上100万元以下的罚款，使股权类和证券类私募基金的处罚规定保持一致。然而，相较于动辄几千万元甚至上亿元的基金管理规模而言，该等罚款金额依然较少，明显与相关信息披露违法行为的严重性不匹配。建议提高关于私募基金信息披露违法违规的行政罚款金额，对私募基金管理人起到有效的威慑作用。

2. 处罚内容简单，难以形成执法实践的统一和公示作用

限于私募基金非公开的特征，在私募基金信息披露的监管案例中，证券监管部门在多数案例中仅笼统地将信息披露违法违规情形描述为“未按照合同约定进行信息披露”等概括性表述，未明确信息披露违法违规的类型。即使行政处罚决定书公开，也较难对投资者或私募基金管理人产生参考价值，无法从中得出监管部门对于“未按照合同约定进行信息披露”的违法违规行为的判断标准。

三、私募基金信息披露问题的司法裁判尺度

实践中，投资者通常以信息披露义务人未按法律规定和合同约定披露与基金运作、管理、收益、风险相关重要信息为由，对基金管理人、托管人提起诉讼或申请仲裁。例如，信息披露义务人未依法披露撤销基金备案、补仓、平仓、投资标的风险等相关信息，导致投资者的投资决策错误、错失补仓机会、无法按时赎回基金份额等结果。在该等情况下，投资者的诉求不仅包括纠正信息披露行为，还可能包括赔偿投资损失。

从近几年法院判决和仲裁裁决可以看出，实践中涉及的私募基金信息披露争议已经非常具体、精细。随着私募基金投资结构的复杂化，还出现了关于穿透披露私募基金投资标的信息等问题的相关纠纷。从既往司法实践可以看出，基金合同是确定信息披露义务人和信息披露内容及方式的主要依据。虽然在案件审理过程中，司法机关可能结合法律、行政法规及行业规范对基金合同的信息披露条款作出解释，但是对于基金合同没有明确约定应由相关主体承担的信息披露义务，投资者往往需要承担关于信息披露必要性、可行性的举证义务。

（一）管理人及托管人信息披露义务的认定问题

根据《证券投资基金法》及相关行政法规、部门规章及行业规范，信息披露义务人不仅包括私募基金的管理人和托管人，还可能包括私募基金的推介者、销售者等主体。不过，由于管理人和托管人的法定信息披露义务较重，偿付能力较强，在司法实践中，投资者往往选择优先追究该二者的责任。

1. 管理人和托管人信息披露义务的界定和划分

《证券投资基金法》第 92 条和第 95 条规定，基金合同应对基金信息提供的内容、方式作出约定。基金管理人、基金托管人应当按照基金合同的约定，向基金份额持有人提供基金信息。《私募投资基金监督管理暂行办法》第 24 条进一步明确，私募基金管理人、私募基金托管人应当按照合同约定，如实向投资者披露基金投资、资产负债、投资收益分配、基金承担的费用和业绩报酬、可能存在的利益冲突情况以及可能影响投资者合法权益的其他重大信息，不得隐瞒或者提供虚假信息。中基协则通过《私募投资基金信息披露管理办法》及《私募投资基金合同指引》对私募基金募集及运作期间管理人和托管人的信息披露义务作出规定。

从上述规定可以看出，管理人承担的信息披露义务更高，信息披露是管理人的核心义务之一。并且，对于管理人信息披露义务的认定，不仅限于基金合同的明确约定，只要相关信息属于“可能影响投资者合法权益的其他重大信息”，那么管理人都负有相应的信息披露义务。不过，在司法实践中，对于信息披露的具体文件、披露范围、披露方式等，司法机关仍会结合相关信息披露的必要性、可行性等作出具体精细认定。

相比较而言，托管人的信息披露义务较轻，托管人主要负责办理与基金托管业务活动有关的信息披露事项，对基金财务会计报告、中期和年度基金报告出具意见，复核、审查基金管理人计算的基金资产净值和基金份额申购、赎回价格等职责。在司法实践中，如果基金合同未约定托管人负有直接向投资者进行信息披露的义务，那么司法机关一般不会要求托管人直接向投资者披露其出具的意见或复核的信息。例如，在深圳仲裁院审理的多起涉及托管人信息披露义务纠纷的案件中，最终均以托管人对投资人不负有信息披露为由，驳回了申请人对托管人的仲裁请求。①

在法院审理的案件中，也存在同类的裁判观点，例如，在南京中院审理的（2020）苏01民终5949号张某慧、江苏某某艺禾资本管理有限公司与某创业证券股份有限公司、王某斌等财产损害赔偿纠纷案中，法院认为，基金撤销备案事项显属明显影响投资者合法权益的重大信息，但管理人并未将该重大信息告知投资者，反而继续违规运作案涉基金，明显违反法律规定和合同约定，应当认定其作为基金管理人未履行诚实信用、谨慎勤勉义务，具有重大过错。如果管理人及时履行信息披露义务，那么不至于导致目前基金无法结算的后果，故管理人的过错行为与投资者的损失之间具有因果关系，管理人应当予以赔偿。关于托管人的责任认定问题，南京中院认为，基金托管人对于基金管理人撤销基金备案事项，不负有信息披露之法定及约定义务。投资者也未提交证据证明托管人知晓管理人撤销基金备案事项，故托管人对于投资者损失并无过错。

2. 管理人穿透披露投资标的信息披露义务

实践中私募基金的投资结构较为复杂，私募基金可能直接及间接投资其他股权、资管计划等，形成层层嵌套的间接投资模式。在此情况下，管理人及托管人应履行的信息披露义务，不仅限于对基金信息的披露，还可能包括对投资标的信息的披露。实践中，司法机关往往会基于相关信息披露的必要性、可行性等，对于相关主体的信息披露义务作出判断。

例如，在深圳国际仲裁院审理的一起涉及私募基金管理人是否应穿透披露投资标的财务资料的仲裁案件②中，根据基金合同的约定，D基金的投资标的为E公司的股权，E公司进而投资F公司的大厦更新项目。投资

---

① 参见深圳国际仲裁院、中国国际仲裁研究院编著：《私募基金合同纠纷典型仲裁案例与实务精要》，北京大学出版社2023年版，第118-184页。

② 参见深圳国际仲裁院、中国国际仲裁研究院编著：《私募基金合同纠纷典型仲裁案例与实务精要》，北京大学出版社2023年版，第148-154页。

者主张管理人应向其披露相关期间D基金的季度、年度基金运营报告，D基金的财务资料和经营资料，E公司与F公司项目的财务资料、经营资料。投资者还主张，托管人应向其披露相关期间D基金在C银行开立的托管账户的银行流水、划款指令，以及D基金投资于E公司后，进而投资于F公司的相关信息。

针对管理人的信息披露义务，仲裁庭认为，投资标的E公司、F公司项目的财务信息、经营信息直接关系基金投资的真实性、基金投资净值及基金管理人诚实信用、勤勉尽责的程度。因此，E公司、F公司相关的财务信息、经营信息，均在管理人应该穿透披露的基金投资信息范围之列。并且，管理人、E公司、F公司的法定代表人为同一主体，故要求管理人穿透披露基金投资E公司、E公司投资F公司以及F公司项目的相关信息不存在法律障碍。针对托管人的信息披露义务，仲裁庭以其在仲裁过程中已经履行该等义务为由，对投资者的相关请求不予支持。

从上述案件可以看出，基金管理人是否应穿透披露投资标的财务资料，属于仲裁机构或人民法院自由裁量的范围，主要裁量依据是投资者要求穿透披露的信息是否与"基金投资的真实性、基金投资净值及基金管理人诚实信用、勤勉尽责的程度"等情况相关。同时，司法机关也会考虑穿透信息披露的便利性和可行性，以免不当加重管理人及托管人的信息披露义务。

实际上，穿透信息披露的要求是在保护投资者权益的立场上，对基金合同作出的扩大解释。值得顺便一提的是，除了穿透信息披露以外，穿透追责也是近年来广受关注的投资者权利救济途径。对于存在嵌套关系的私募基金产品，例如资管计划与私募基金嵌套，如果投资者无法直接从私募基金管理人处获取救济，那么投资者也可以直接起诉私募基金所投资资管计划的（多级）管理人及托管人。穿透追责是在倾斜保护投资者立场上，对基金合同相对性的突破。

（二）投资者损失的认定问题

在司法实践中，如果投资者仅起诉要求管理人、托管人履行信息披露义务，那么说明相关私募基金可能还在正常运行中，暂时未出现投资本息损失的情况，投资者通常不会同时提出损害赔偿，司法机关也不需要对损失问题作出认定。

不过，如果私募基金已经赎回、出现亏损或者面临清算，投资者可能起诉要求管理人、托管人承担赔偿责任。在该类案件中，管理人和托管人往往可能同时存在比未履行信息披露义务更严重的未勤勉履职的问题，例如投资者适当性管理不到位、违规使用资金等。因此，人民法院在认定投资损失时，一般会对管理人和托管人的总体履职情况进行判断，进而对投资者损失作出认定。

1. 投资损失的计算方式

在既往司法实践中，如果法院认为私募基金管理人等主体应对投资者承担赔偿责任，那么对于投资者的赔偿范围存在两类认定方式：其一，按照一定期间基金份额净值之差额计算投资损失；其二，按照本金损失金额计算投资损失。在该等计算方式基础上，由于基金投资还具有不保证收益、受市场风险影响、投资者风险承受能力较高等特殊情况，因此，司法机关在认定赔偿范围时，一般不会支持预期收益或违约金，而可能支持按照银行同期贷款利率等较低的标准计算的利息损失。同时，司法机关还可能考虑投资者的过错程度，酌情调减相关主体（主要是管理人）的责任。

首先，如果由于信息披露义务人的原因导致基金份额净值下跌，那么应以一定期限内的基金份额净值差额作为投资损失的计算依据。例如，在北京三中院审理的（2018）京 03 民终 13862 号彭某与某某信托有限责任公司等营业信托纠纷上诉案中，由于管理人未履行补仓及平仓的通知义务，导致投资人无法及时补仓，进而导致基金份额遭到低价平仓。法院认为管理人构成违约，应对其违约之日至信托计划提前到期日期间信托计划净值减少总额承担赔偿责任。再如，如果信息披露义务人在基金封闭期内实施了违反信息披露义务的行为，导致投资者损失，那么考虑到封闭期内基金净值下跌部分属于投资者无法通过赎回操作而避免的损失，故应按照封闭期后第一个开放日的基金净值与止损后的基金净值之差额计算投资差额损失。

在（2019）粤01民终21112号谢某、广州市犇某投资管理有限公司委托理财合同纠纷案中，广州中院认为，虽然管理人在基金的募集和运营过程中存在未尽到投资者适当性管理义务、风险评估不规范、未披露基金相关信息、选用无资质人员参与募集等多项违约违规行为，应承担相应的赔偿责任，但管理人仅应对封闭期内的基金净值下跌、投资者无法通过赎回操作而避免的部分损失予以全部赔偿。结合证券投资基金受证券市场波动的影响较大、投资者应自行承担相应投资风险等因素，法院酌定管理人仅对投资者在基金存续期间的基金份额损失承担20%的赔偿责任。同时，广州中院认为，一审法院判决的1万元违约金与违约行为造成的损失不相当，故撤销了该部分判决结果。

其次，部分法院也可能将投资者的本金认定为投资损失。例如，在上海金融法院审理的潘某诉某资产管理有限公司私募基金合同纠纷案中，管理人在投资者潘某购买产品时，未向其披露持仓两只债券的评级，不符合合同约定，且最终潘某损失即由这两只债券引起，法院遂判决管理人向投资者赔偿本金及利息损失。此外，在南京中院审理的（2020）苏01民终5949号张某慧、江苏某某艺禾资本管理有限公司与某创业证券股份有限公司、王某斌等财产损害赔偿纠纷案中，原告要求管理人和托管人共同赔偿原告的本金及其承诺的10%预期收益。法院认为，因案涉基金到期后无法正常结算，张某慧不能收回投资本金，故其投资本金280万元应当认定为张某慧购买案涉基金遭受的损失。不过，投资者主张按年化收益率10%计算投资收益，缺乏合同依据。并且基金合同约定“本基金不承诺保本及最低收益”，故法院未支持其按照年化利率10%计算的投资收益，而是按照中国人民银行发布的同期同类存款基准利率计算投资者的利息损失。

最后，私募基金投资者属于合格投资者，该类投资者资金实力和抗风险能力较强。在既往司法实践中，法院可能综合考虑交易各方过错程度、市场风险等相关因素，酌情确定投资者与责任方（主要是管理人）的责任比例。例如，在前述（2019）粤01民终21112号谢某、广州市犇某投资管理有限公司委托理财合同纠纷案中，法院最终仅支持投资者损失的20%。此外，上海金融法院在（2022）沪74民终43号上海聚某资产管理有限公司等与戴某英等其他合同纠纷案中，法院以投资者系“具有丰富投资经验的金融投资者”等理由，认定其承担“买者自负”的部分责任，同时考虑到市场风险因素，基于公平原则，酌定投资者承担损失的30%，私募基金投资人的管理人、私募基金管理人连带承担损失的70%。

2. 私募基金清算对损失认定的影响

私募基金出现亏损后，往往需要经过清算才能确认相关损失金额，清算进度可能因刑事调查等原因而拖延或停滞。在既往司法实践中，托管人可能以私募基金尚未完成清算为由，请求法院先行驳回投资者诉请。不过，由于私募基金涉及损失金额往往较大，等到清算完成后才确认损失，不利于保护投资者利益。因此，如果法院经审理查明有其他证据（例如他案生效判决）足以证明投资损失的，那么仍可能依法认定原告存在投资损失。

例如，上海金融法院在（2021）沪74民终1309号钜某资产管理（上海）有限公司等与秦某其他合同纠纷民事二审判决书中认定：“基金的清算结果是认定投资损失的重要依据而非唯一依据，有其他证据足以证明投资损失情况的，人民法院可以依法认定损失。……募集的基金资产已经脱离管理人控制，清算小组也未接管基金财产。因此，考虑到基金清算处于停滞状态，无法预计继续清算的可能期限，且无证据证明清算小组实控任何可资清算的基金财产，如果坚持等待清算完成再行确认当事人损失，不具有现实可行性，本案亦无须以相关刑事案件的审理结果为依据。一审判决认定当事人损失已经固定，以投资款、资金占用利息作为两上诉人赔偿范围，并无不当。秦某之后在基金清算过程中获得的清偿部分，应当在赔偿金额中予以扣除。”

（三）对投资者及信息披露义务人的相关建议

1. 对私募基金投资者的建议

建议审慎投资，进行详细深入的基金合同条款谈判，尽可能通过明确的合同约定，落实管理人、托管人等各方的信息披露义务。对于投资架构较为复杂的私募基金，还应明确关于穿透披露投资标的及其关联方信息的范围、方式及期限，维护自身合法权益。

考虑到司法机关对于私募基金投资者的专业程度及风险承受能力具有较高预期，投资者在私募基金成立、运行至终止期间，应积极关注私募基金情况，对于不符合合同要求或投资者意愿的投资事项，应积极提出书面意见，同时注意留存相关的合同、信息披露文件、沟通记录等。如果发现私募基金亏损是由于相关主体未履行法定及约定信息披露义务所致，那么应积极维权。

2. 对信息披露义务人的建议

近几年由于经济下行、资本市场风险较高，私募基金进行证券投资、股权投资时面临较大风险。只要相关风险是由于市场因素导致的，投资者一般难以追究管理人等信息披露义务人的责任。不过，2023 年修订的《公司法》在 2024 年 7 月 1 日施行后，私募基金管理、运行的相关要求也出现了变化。建议管理人等主体加强对新规的了解和学习，强化私募基金规范运行，勤勉履行信息披露等义务，保护投资者权益。如果出现投资风险，那么应及时自查，积极代表投资者理性维权，从而降低自身潜在的行政监管及民事索赔风险。

以投资者为本
——论私募股权投资基金净值信息披露法律规制

▶卢国聪*

摘要：我国存续的私募股权、创业投资基金规模近15万亿元，占私募基金规模的比例超过七成，股权投资市场高速发展的同时，也面临着严峻的投资退出形势。目前我国资本市场对私募股权基金信息披露规范缺位，法律规制长期滞后于市场发展现实。遵循以投资者为本的价值理念，适应股权投资高质量发展要求，需要针对私募股权基金的特点，正确处理好尊重专业与保护投资者的关系、强制披露与自愿披露的关系、封闭运作与净值赎回的关系，以基金净值价格公允性为核心，构建私募股权基金信息披露规范体系，督促管理人勤勉尽责，提高透明度，保障基金投资信心和投资者的知情权及退出权，促进私募股权基金市场规范发展。

关键词：私募股权基金　估值　净值　信息披露　法律规制

私募股权投资作为促进企业创业初期资本形成的重要工具和资金渠道，在全球范围来看都是银行间接融资之外仅次于首次公开募股（Initial

* 西南政法大学博士研究生。

Public Offering，IPO）的直接融资形式。在建设中国式现代化进程中，私募股权投资对于促进新质生产力发展，推动实体经济新旧动能转换和实现高质量发展，具有重要的现实意义。私募股权投资基金（市场实践中亦称VC/PE，即 Venture Capital/Private Equity，以下简称私募股权基金）作为资本市场重要的投资工具，在服务实体经济、推动科技创新、促进资本形成、满足居民理财需求等方面发挥着独特作用。

近年来，我国私募股权基金行业取得了长足发展，基金管理人数量、基金数量、管理规模持续增长，商业模式逐步优化，规范运作水平不断提高。但目前私募股权基金行业还存在资金来源收窄、天使投资配套服务不成熟、投资者群体有待培育壮大、投资退出不畅通、市场信心欠缺等问题，在信息披露的制度体系、投资者保护水平等方面，还存在较多不足。经济社会高质量发展离不开私募股权基金业蓬勃发展，而私募股权基金高质量发展离不开理性、稳健、长期的投资者群体。尤其是在当前经济增速放缓、资本市场波动较大的环境下，私募股权投资行业受内外部形势变化影响出现了资金募集难、投后压力大、退出预期不稳定等现象，更加需要切实贯彻以投资者为本的理念，积极保护投资者利益，提振投资信心。在加强投资者保护、促进私募股权基金市场发展方面，既需要强化基金管理人准入监管和持续监管，也需要健全多层次资本市场体系，畅通基金退出渠道，更需要完善信息披露法律规制，确保在私募信息公开的局限性与投资者保护的公平性之间取得法治平衡，通过兼顾市场效率与实质公平两项法律价值促进私募股权投资市场健康持续发展。

一、我国私募股权基金业发展情况及其存在的投资者保护问题

截至 2024 年 3 月末，我国存续私募基金管理人 21098 家，管理基金数量 152659 只，管理基金规模 20. 29 万亿元。其中，存续私募股权、创业投资基金管理人 12526 家、占比 59. 4%，存续私募股权基金 31074 只、占比 20. 4%，存续规模 11. 05 万亿元、占比 54. 5%；存续创业投资基金 23996

只、占比15.7%，存续规模3.27万亿元、占比16.1%。[①] 私募股权基金的组织形式以合伙型为主，根据《中国证券投资基金业年报（2023）》，2023年备案的私募股权基金（不含母基金类）中，产品类型为并购基金的数量和规模占比分别为11.42%和13.45%，产品类型为基础设施基金的数量和规模占比分别为5.36%和14.00%，产品类型为上市公司定增基金的数量和规模占比分别为2.91%和1.68%，产品类型为房地产基金的数量和规模占比分别为0.80%和1.96%；从私募股权基金组织形式来看，截至2022年末，合伙型的数量和规模占比分别为83.64%和81.25%，契约型的数量和规模占比分别为14.67%和7.03%，公司型的数量和规模占比分别为1.66%和11.7%，其他类型私募股权基金的数量和规模占比分别为0.03%和0.02%；从私募股权基金的具体投资方向来看，截至2022年末，投资境内未上市公司、未挂牌企业股权的规模最大，总计5.79万亿元，占所持有各类资产规模的50.10%；投资资管计划的规模为2.56万亿元，占比22.16%；投资现金类资产的规模为8233.84亿元，占比7.13%。[②] 私募股权基金采用的外包服务主要是份额登记和估值核算服务，根据《中国证券投资基金业年报（2023）》，2022年备案的私募股权基金（不含母基金类）中，采用外包服务的基金数量和规模占比分别仅有15.94%和19.29%；截至2022年末，采用外包服务的基金数量和规模占比则仅有18.75%和7.84%，采用外包服务的私募股权基金平均规模为1.47亿元，未采用外包服务的平均规模则达4.00亿元；从托管情况来看，截至2022年末，已托管的私募股权基金数量和规模占比则仅有67.61%和82.95%。[③]

---

① 参见中国证券投资基金业协会网站，https：//www.amac.org.cn/sjtj/tjbg/smjj/202404/P020240425592497357609.pdf，2024年5月4日访问。

② 参见中国证券投资基金业协会编著：《中国证券投资基金业年报（2023）》，中国财政经济出版社2023年版，第197-198、206-207页。

③ 参见中国证券投资基金业协会编著：《中国证券投资基金业年报（2023）》，中国财政经济出版社2023年版，第199-200页。

上述数据一方面反映了我国私募股权基金行业取得的发展成就，另一方面也反映出若干值得思考和重视的问题。第一，合伙型与契约型私募股权基金的数量和规模截至2022年末占比分别为98.31%和88.28%，这两类基金组织形式高度依赖普通合伙人或基金管理人的规范运作，有限合伙人或投资者的权益主要依靠合伙协议或基金合同予以保障，形式高度格式化、内容高度宽泛化的合伙协议或基金合同确实能够有效保护投资者利益吗？第二，私募股权基金主要投向未上市公司、未挂牌企业股权，截至2022年末，占所持有各类资产规模的50.10%，此外投资资管计划的2.56万亿元（规模占比22.16%）中，很大部分的底层持仓资产仍然是股权。股权以及资管计划等非标准化的资产缺乏公允市场价，在估值合理性、可靠性方面存在天然的不足，估值政策的确定、估值程序的维护完全依赖普通合伙人或基金管理人的意志，投资者没有途径也没有能力实施必要的监督，如何保障投资者的知情权和财产安全权利？第三，采用份额登记和估值核算服务的私募股权基金的数量和规模截至2022年末占比仅有18.75%和7.84%，并且采用外包服务的私募股权基金平均规模远远小于未采用外包服务的平均规模，又如何通过专业第三方监督基金管理人规范运作，尤其是确保估值政策、估值程序的公允性和合理性？第四，托管是保护基金投资者利益的核心制度安排，已托管的私募股权基金数量和规模截至2022年末占比仅有67.61%和82.95%，托管率并不高，叠加托管机构在净值复核、信息披露履职、费用监督、保护投资者利益方面长期存在的不足，值得我们反思私募股权基金投资者保护制度的深层次缺陷。

一般来说，“一个私募股权基金的生命周期大概持续10—12年左右。一开始的1—2年是销售推广期，吸引LP投资者的认购后进入投资期，一般持续5年左右。投资期后的5年是退出期，即基金管理人通过基金投资标的IPO、出售等手段退出投资，拿回现金回报。为了持续发行第二个、第三个甚至更多的基金，基金管理人有十足的动力去提高对所持有公司的估值，以让自己的历史业绩更好看一些，增强下一个待发行基金的吸引力。”[①] 有学者专门收集统计了 2012 年至 2020 年共 410 个私募股权基金的历史净值，这些私募股权基金分布于美国、英国、法国、荷兰等 10 多个国家，一共投资了 1800 多家分布于全球各地的公司，平均每个基金的规模为 29 亿美元。该学者发现其中有不少基金，特别是那些规模比较小、历史比较短的基金，在销售推广期使用的估值倍数显著高于之前几年和推广期之后几年的估值倍数。同时，这些基金持有的公司，在基金销售推广期也呈现出明显的净利管理迹象，即其公司财务报表上体现出更高的应计收入和更低的一次性费用支出。[②] 这也表明，私募股权基金的净值准确性和披露规范性问题，即使在欧美等成熟资本市场也屡见不鲜，有必要完善基金净值的信息披露法律规制，强化投资者保护。

此外，目前我国私募股权基金面临严峻的投资退出形势，迫切需要增加基金的流动性。“当前（2023 年）处于退出期和延长期的基金数量超出 3.7 万家，规模大约 15 万亿元，且数字还在放大。市场对 S 基金、接续基金的需求在增长。”[③] S 基金主要是收购私募股权基金的份额、基金投资的底层资产或出资承诺的专业基金，接续基金则是同一基金管理人在私募股权基金进入退出期时新设的用于承接其退出份额或投资组合的专业基金，发展这两类基金对于增加私募股权基金市场的流动性具有重要意义。事实上，S 基金与接续基金都以获取折扣作为收购或接续的前提，发展这两类基金市场离不开私募股权基金净值信息的有效性，也只有在私募股权基金净值信息披露制度完备的情况下，收购价格的公允性以及被收购份额的基金持有人的合法权益才能更好地得到保障。

---

① 伍治坚：《私募股权基金的净值可信么?》，载雪球网，https：//xueqiu. com/3926587841/230521960，2024 年 5 月 6 日访问。

② Brian Baik，“Private Equity Fund Valuation Management During Fundraising，” *HBSWP*，2022.

③ 屈运栩：《私募市场冰冻 募投管退处处难》，载《财新周刊》2024 年第 6 期。

二、私募股权投资者保护的意义与核心举措

在传统经济学的理论体系里，一个重要的假定就是信息是完全的，行为人能够依据完全的信息作出理性的决策。但现实情况中，信息一般是不完全的；而完全的信息又不是免费的，获得信息要付出成本。信息的不完全性是指决策所依赖的信息在总量上不充分，或者在交易主体之间的分布不均匀，或者与客观事实存在偏差等情况，具体又可表现为信息不充分、信息不对称和信息不准确等情形。信息的不完全性及信息成本问题，会影响市场机制运行的结果，也影响市场均衡状态和经济效率，被视为市场缺陷或市场失灵的主要原因。① 信息不完全需要制度加以克服，“制度通过设定一系列规则能够减少环境的不确定性，提高人们认识环境的能力”②。

证券基金法律规制从根本上讲是保护交易时的投资者，目的是促进形成证券的公平定价机制，保障投资者在购买、持有或者出售证券时能够依赖有效的披露信息作出理性的决策，保证交易价格的公允性和证券价值不受代理人不当行为的影响，进而确保“卖者尽责、买者自负”的投资原则得以共同遵守，形成成熟的资本市场。“投资者易受两种类型的损失，包括以不公平的价格购买或出售证券，或者已经拥有的证券价值的贬损……如果投资者以完全反映管理不当行为风险的价格购买证券，投资者将不大可能以所有者的身份蒙受意外损失。然而，除非市场能完全预测未来事件，否则总会存在这样一个风险，即意外的公司不法行为将导致证券价值受损。因此，需要对这两种类型的投资者损害进行保护。”③ 芝加哥大学罗伯特·维什尼（Robert Vishny）教授与哈佛大学的三位经济学家拉泼塔（Rafael La Porta）、洛佩兹·斯兰斯（Florencio Lopez-de-Silanes）、施雷佛

---

① 参见盛学军：《信息不完全——对证券公开规制的一种经济分析》，载《现代法学》2002年第6期。

② 卢现祥：《西方新制度经济学》，中国发展出版社1996年版，第44页。

③ ［美］詹姆斯·J. 帕克：《重估公司法与证券法的相异性》，薛前强译，载蒋锋、卢文道主编：《证券法苑》（第27卷），法律出版社2019年版，第501页。

(Andrei Shleifer）自 1996 年以来合作发表了一系列在法律与金融领域开宗立派、影响至今的交叉研究著作，开拓了制度金融学的先河。制度金融学提出：法律保护水平深刻地影响了一国金融市场的发展状况，外部股东和债权人受到保护的程度（法律文本和执法质量）决定了股票和债券市场在各个国家不同的繁荣程度，过多的、不以投资者保护为导向的政府干预不利于经济和金融的发展；公司治理的目的在于提高对外部投资者的保护，法律对金融市场不能放任不管，而是应当积极作为。①

就私募股权基金投资者而言，其交易对象存在如下显著的特点：一是基金资产主要为未上市公司、未挂牌企业股权等非标准化底层资产，该等资产缺乏活跃报价的交易市场，流动性、定价公允性、监控有效性存在天然的不足；二是基金份额因其底层资产的特点相应产生了估值合理性、可靠性问题，缺乏市场竞价，流动性不足；三是基金管理人、基金托管人和持有份额较多的投资者以及管理人员工投资者在信息获取和使用方面处于优势地位，基金的投资运作、净值确定、费用计提和退出程序由基金管理人主导，投资者处于信息不对称地位，既没有途径也没有能力实施必要的监督；四是较长的持有期限且封闭运作，私募股权基金的运营周期通常在 5 年以上，投资者获取的信息主要是基金披露的定期报告，报告内容以财务报表信息为主，往往不涉及具体投资信息和基金估值、净值信息，基金透明度不足。此外，私募股权基金具有独特的私募性和市场竞争机制，导致其投资保密性要求非常高，基金管理人对于尽职调查和投资管理过程中获得的信息一般都以保密为由不会对投资者公开，基金投资者获取信息渠道有限且信息内容匮乏。

私募股权基金投资的特点决定了基金净值及交易价格的公允性是投资者保护的关键所在，而公允的基金净值又高度依赖基金管理人严格履行信义义务。事实上，如果投资者持有的基金份额长期没有市场活跃价格，也

---

① 参见缪因知：《维什尼和“法律与金融”学派研究》，载《法律和社会科学》2013 年第 2 期。

没有公允的净值价格，又如何确保基金财产的运用过程中不存在利益输送、不当交易、不公平费用支付甚至洗钱犯罪等损害投资者利益的行为？基金份额净值长期等同于 1 元面值，等到基金到期时因底层资产投资失败导致基金净值急剧下跌，进而导致投资者持有的基金份额大幅贬损价值甚至无法清算退出；或者在退出时被管理人通过苛刻的折扣、不透明的交易向 S 基金或接续基金出售，长此以往，又如何保障私募股权投资市场的信心，如何克服信任危机？私募市场具有较高的投资者适当性门槛，私募基金管理人本身并非典型的金融机构，未受到如持牌机构一般的严格行政监管。笔者认为，完全依赖管理人自觉严格履行信义义务是不科学的，必将导致市场失灵和投资者利益受损；将私募基金等同于公募基金进行严格监管也是不可行的，这不符合私募市场的特性也不符合行政监管的规律，更没有充足的行政资源能够满足对 21098 家管理人、152659 只基金、20.29 万亿元规模的全面监管需求。因此，信息披露规制是必要而又可行的现实选择。尤其是要抓住净值价格公允性这个私募股权基金投资者保护的“牛鼻子”，通过完善私募股权基金信息披露制度安排，督促管理人勤勉尽责，提高透明度，保障基金投资信心，促进私募股权基金市场规范发展。

三、我国现行私募股权基金净值信息披露规则及其执行情况

目前，我国有关私募股权基金净值信息披露的相关规则主要有以下三类。

一是在行政法规层面，《私募投资基金监督管理条例》第 31 条第 1 款规定：“私募基金管理人在资金募集、投资运作过程中，应当按照国务院证券监督管理机构的规定和基金合同约定，向投资者提供信息。”

二是在行政规章层面，《私募投资基金监督管理暂行办法》第 24 条规定：“私募基金管理人、私募基金托管人应当按照合同约定，如实向投资者披露基金投资、资产负债、投资收益分配、基金承担的费用和业绩报酬、可能存在的利益冲突情况以及可能影响投资者合法权益的其他重大信息，不得隐瞒或者提供虚假信息。信息披露规则由基金业协会另行制定。”

三是在自律规则层面，《私募投资基金信息披露管理办法》第2条第1款规定："本办法所称的信息披露义务人，指私募基金管理人、私募基金托管人，以及法律、行政法规、中国证券监督管理委员会（以下简称中国证监会）和中国证券投资基金业协会（以下简称中国基金业协会）规定的具有信息披露义务的法人和其他组织。"第3条规定："信息披露义务人应当按照中国基金业协会的规定以及基金合同、公司章程或者合伙协议（以下统称基金合同）约定向投资者进行信息披露。"第4条规定："信息披露义务人应当保证所披露信息的真实性、准确性和完整性。"第10条规定："私募基金进行托管的，私募基金托管人应当按照相关法律法规、中国证监会以及中国基金业协会的规定和基金合同的约定，对私募基金管理人编制的基金资产净值、基金份额净值、基金份额申购赎回价格、基金定期报告和定期更新的招募说明书等向投资者披露的基金相关信息进行复核确认。"第14条规定："私募基金募集期间，应当在宣传推介材料（如招募说明书）中向投资者披露如下信息：（一）基金的基本信息：基金名称、基金架构（是否为母子基金、是否有平行基金）、基金类型、基金注册地（如有）、基金募集规模、最低认缴出资额、基金运作方式（封闭式、开放式或者其他方式）、基金的存续期限、基金联系人和联系信息、基金托管人（如有）；（二）基金管理人基本信息：基金管理人名称、注册地/主要经营地址、成立时间、组织形式、基金管理人在中国基金业协会的登记备案情况；（三）基金的投资信息：基金的投资目标、投资策略、投资方向、业绩比较基准（如有）、风险收益特征等；（四）基金的募集期限：应载明基金首轮交割日以及最后交割日事项（如有）；（五）基金估值政策、程序和定价模式；（六）基金合同的主要条款：出资方式、收益分配和亏损分担方式、管理费标准及计提方式、基金费用承担方式、基金业务报告和财务报告提交制度等；（七）基金的申购与赎回安排；（八）基金管理人最近三年的诚信情况说明；（九）其他事项。"第15条规定："基金合同中应当明确信息披露义务人向投资者进行信息披露的内容、披露频度、披露方式、披露责任以及信息披露渠道等事项。"第16条规定："私募基金运行期间，信息披露义务人应当在每季度结束之日起10个工作日以内向投资者披露基金净值、主要财务指标以及投资组合情况等信息。单只私募证券投资基金管理规模金额达到5000万元以上的，应当持续在每月结束后5个工作日以内向投资者披露基金净值信息。”第17条规定：“私募基金运行期间，信息披露义务人应当在每年结束之日起4个月以内向投资者披露以下信息：（一）报告期末基金净值和基金份额总额；（二）基金的财务情况；（三）基金投资运作情况和运用杠杆情况；（四）投资者账户信息，包括实缴出资额、未缴出资额以及报告期末所持有基金份额总额等；（五）投资收益分配和损失承担情况；（六）基金管理人取得的管理费和业绩报酬，包括计提基准、计提方式和支付方式；（七）基金合同约定的其他信息。”第19条规定：“信息披露义务人应当建立健全信息披露管理制度，指定专人负责管理信息披露事务，并按要求在私募基金登记备案系统中上传信息披露相关制度文件。”《私募投资基金非上市股权投资估值指引（试行）》对私募基金持有的非上市股权规定了相应的估值原则和估值方法，不涉及基金本身的估值问题，且主要为选择性或者建议性规范，仅要求基金管理人参考该指引执行，不予以参照的在合同或协议中进行约定即可。《私募投资基金信息披露内容与格式指引2号——适用于私募股权（含创业）投资基金》规定“信息披露半年度报告应在当年9月底之前完成，信息披露年度报告应在次年6月底之前完成。协会鼓励私募基金管理人向投资者披露季度报告（含第一季度、第三季度），季度报告不做强制要求”，各类定期报告中仅要求披露期末总资产、期末净资产以及已投资项目的持股比例、投资认缴资本总额、浮盈浮亏情况、收益亏损情况等宽泛性信息，对于估值方法、基金业绩表现、基金估值程序、基金运作情况、投资收益分配和损失承担情况则允许管理人选填。

综合上述规则体系可以发现：国务院的条例、证监会的管理办法以及中国证券投资基金业协会的规定对于私募股权基金的净值信息披露均缺乏明确规定，主要依赖基金合同、公司章程或者合伙协议的约定向投资者进行信息披露，披露的法定要求主要限于季度和年度的期末基金净值，各类定期报告中仅要求披露宽泛性的财务类信息，并未对私募股权基金估值和净值信息披露问题作出具体规范。同时，相关规定具有矛盾之处：私募基金募集期间要求在宣传推介材料中向投资者披露基金估值政策、程序和定价模式等信息，私募基金运行期间则未作此要求。

值得注意的是，上述国务院的条例、证监会的管理办法中均对创业投资基金这类典型的私募股权基金进行了特别规定，从鼓励和引导创业投资基金发展、促进具有积极投资成长型和创新型创业企业的角度，对创业投资基金实施差异化、宽松化监督管理。中国证券投资基金业协会在《私募投资基金信息披露管理办法》起草说明中则明确指出："由于证券类私募基金与股权或其他类私募基金在流动性、估值、认购赎回等方面存在差异，本办法对二者披露的内容和频度也有一定区分。本办法中有关信息披露内容有些可能对于股权或其他类型私募基金来说确不适用的，此种情况下可以参照适用。"基于有关规定对于私募股权基金的净值信息披露要求的抽象性、宽松性乃至矛盾性，实践中，鲜有基金管理人切实履行了在基金合同、公司章程或者合伙协议中约定的向投资者充分进行信息披露的义务，在宣传推介材料中一般也不会向投资者披露基金估值政策、程序和定价模式等信息，普遍做不到在季度报告中披露具体净值信息，在年度报告中披露的期末基金净值也基本等同于基金净资产，基本不会对单位份额净值进行披露，私募基金信息披露对投资者的交易决策缺乏信息价值。同时，在差异化、宽松化监督管理政策背景下，对于私募股权基金管理人的选择性信息披露行为，以及投资者知情权、退出权受损行为，法律惩戒力度匮乏。

四、私募股权基金净值信息披露制度的利益平衡

客观而言，私募股权基金因其投资、运作的特点显著不同于私募证券投资基金，更迥异于公募证券投资基金。后两者的持仓资产主要是股票、债券等典型的证券品种，具有活跃的交易市场、透明的实时价格和相对充裕的流动性，私募股权基金的持仓股权则主要通过双方协议的方式进行交

易，往往难以估值、难以变现。同时，私募股权基金具有更高的投资门槛和投资者适当性要求，广泛采取有限合伙这种人合型组织形式，与私募证券投资基金相比显得更加隐秘。也正因此，长期以来，私募股权基金的估值、净值及其披露，是资本市场的一大难题，无论在估值技术上还是净值复核上，乃至披露程度、频率、效果等方面，都存在不少挑战，这可能正是上述相关监管规则对此语焉不详的根源。对此，笔者认为应当着重处理好以下关系，进而构建科学的披露规则以实现合理规制。

（一）处理好尊重专业与保护投资者的关系

私募股权基金持仓资产的交易方式、价格特征、流动性特点，决定了基金本身存在较高的估值困难，在估值政策的制定、估值程序的把控、估值模型的确定、估值方法的准确性、估值结果的应用等方面，也面临着挑战。也正因此，私募股权基金净值及其信息披露问题在市场实践中被选择性“遗忘”甚至不披露成为习惯和常态，乃至监管规则中也同样予以“豁免”。对此，笔者认为，对艰难而正确的问题更应当具备面对和解决的勇气与智慧，应当正视估值技术难题，在估值政策、估值模型、估值方法的选择方面尊重基金管理人的专业判断和职业行为，在估值程序、净值披露方面则应充分满足投资者保护需要，兼顾市场效率与实质公平，取得必要平衡。

（二）处理好强制披露与自愿披露的关系

私募股权基金相比私募证券投资基金具有更加鲜明的私募特点，投资者的准入门槛和风险承受能力相对更高。在信息披露规制方面，应当充分考虑私募股权基金的特点及其估值技术方面的困难，正确处理好强制披露与自愿披露的关系。笔者认为，遵循投资者保护的需要，应当要求管理人强制披露基金的持仓资产分类标准、估值程序、净值披露方式和频率，并就估值政策、估值方法的确定依据及其调整标准强制要求充分披露，同时明确规定管理人的估值主体责任、托管人的净值复核责任。事实上，此类披露内容属于投资者应有的知情权范畴，也是信息披露义务人应当做到也能够做到的专业受托事务。根据私募股权基金及其估值技术的特点，对于具有高度专业性、技术性或者保密性的强制披露要求之外的其他信息，如基金具体投资标的的估值模型、估值参数、估值时点选择及其核算结果等信息，鼓励信息披露义务人自愿披露。

（三）处理好封闭运作与净值赎回的关系

引入信息披露法律规制之后，随着投资者知情权的保障力度不断加大，一些黑箱操作、漠视投资者利益的行为将无所遁形，一些规范程度低、投资水平差的私募股权基金管理人将被投资者“用脚投票”并遭到市场出清。笔者认为，这种情况下的投资者净值赎回，属于正常的市场现象，正是投资者保护制度发挥实效、市场规律发挥作用的体现。与此同时，也应当充分关注私募股权基金投资周期长、封闭式运作、持仓资产变现难度大的特点，正视私募股权基金流动性管理难题，在投资者知情权保护、选择权保护与应对赎回难题之间取得平衡。对此，笔者认为，应当区别于私募证券投资基金，在私募股权基金净值信息披露的频率方面给予管理人适当的宽限，允许其仅按季度披露净值信息。同时，允许私募股权基金在基金合同或者合伙协议中约定更低的大额赎回熔断机制和巨额赎回清盘机制的触发标准，避免私募股权基金频繁出现因净值赎回导致的流动性风险，最终扰乱市场秩序。

五、以投资者为本强化私募股权基金净值信息披露法律规制

基于私募股权基金净值信息对于投资者保护的必要性和重要性，兼顾尊重专业与保护投资者双重法益，笔者认为，可以从以下三个方面强化信息披露法律规制。

（一）修订完善规则，明确披露原则和要求

根据前述《私募投资基金监督管理条例》第 31 条的授权规定，修订完善《私募投资基金监督管理暂行办法》及《私募投资基金信息披露管理

办法》《私募投资基金信息披露内容与格式指引 2 号——适用于私募股权（含创业）投资基金》等行政规章和自律规则，明确以下私募股权基金净值信息披露规则：一是规定私募股权基金实行净值化管理，基金管理人应当确定合理的估值方法和科学的估值程序，真实公允地计算私募股权基金净值。二是规定基金管理人负有依法确认和计量并披露私募股权基金净值、确定参与和退出价格的职责。三是规定基金托管人负有建立与管理人的对账机制的职责，负责复核、审查管理人计算的私募股权基金的净值和私募股权基金参与、退出价格，且该等职责不得通过合同约定、单方声明等方式予以排除。四是规定除了基金合同、合伙协议、计划说明书、风险揭示书、定期报告和临时报告之外，私募股权基金还应当向投资者提供净值、基金参与和退出价格等信息披露文件。五是规定私募股权基金在运作期间，基金管理人应当按照以下要求向投资者提供相关信息：（1）投资非标准化资产的至少每季度披露一次净值；（2）开放式私募股权基金净值的披露频率不得低于私募股权基金的开放频率；（3）每季度结束之日起一个月内披露季度报告，每年度结束之日起四个月内披露年度报告。六是规定私募股权基金的年度财务会计报告按规定或按约定如需会计师事务所审计的，审计机构应当对私募股权基金会计核算及净值计算等出具专业意见。七是明确相应的违规惩戒措施，确保信息披露义务人切实履行有关义务和职责。特别是对于未按规定进行合理估值、脱离实际投资收益进行分离定价的行为，或者未按规定进行合理估值、通过扩大募集规模向新参与投资者转移风险、亏损或者输送利益的情形，以及违规通过基金资产计提费用、转移负担的情形，既损害投资者合法权益，又严重破坏金融产品的价格体系和证券市场秩序，应当依法予以严惩。

（二）发展估值核算技术，完善非标资产估值指引

非上市股权等非标资产投资存在客观的估值困难，现有 12526 家私募股权、创业投资基金管理人也存在管理能力、运营水平参差不齐的情况，需要行业自律组织发挥规范、引导的职能，会同证券监管机构、财政管理

部门和会计师行业协会，成立专门的估值专业委员会，建立健全非标资产相关估值指引，推广成熟的估值模型和估值技术，积极推动私募股权基金净值化管理工作有序开展。

在估值指引的完善方面，应当注重可操作性，对于成熟的有利于投资者保护的估值技术尽可能赋予强制性，避免被选择性执行。在估值原则、估值时点、估值程序方面，估值指引的规定应当具体而明确。在估值方法、估值模型方面，应当针对不同类别的非标资产分类提出参照方法和模型，并明确投资者利益优先的适用原则，防范逆向选择和不当规避行为。在估值程序、复核要求方面，应当在切实发挥基金管理人、托管人专业主动性的同时，赋予必要的强制义务约束，确保其充分落实法定职责。

（三）适应净值管理需要，明确流动性管理原则和要求

基于私募股权基金的投资特点及其流动性管理难题，在实施净值化管理过程中，应当明确相应的流动性管理原则和要求。一是在监管规则中规定基金管理人应当确保在基金开放退出期内，其资产组合中 7 个工作日可变现资产的价值，不低于该基金资产净值的一定比例。二是由自律组织制定基金合同或者合伙协议参考模板，拟定示范条款，允许私募股权基金约定更低的大额赎回熔断机制和巨额赎回清盘机制的触发标准。三是在监管规则以及基金合同或者合伙协议中明确基金管理人应当定期对基金估值执行效果进行评估，必要时调整完善并向投资者披露，保证估值结果公平、合理；当有充足证据表明基金相关资产的计量方法已不能真实公允反映其价值时，基金管理人应当与托管人进行协商，及时采用公允价值计量方法对资产管理计划资产净值进行调整，并向投资者充分披露调整的必要性、依据及程序。

笔者注意到，2024 年 7 月 5 日，证监会就《私募投资基金信息披露和信息报送管理规定（征求意见稿）》向社会公开征求意见①。该征求意见

---

① 该征求意见稿共八章 43 条，公开征求意见的截止时间为 2024 年 8 月 5 日。载证监会网站，http：//www. csrc. gov. cn/csrc/c101981/c7491809/content. shtml，2024 年 7 月 5 日访问。

稿设立了“私募股权投资基金信息披露”专章，要求私募股权基金每季度向投资者披露季报、鼓励创业投资基金披露季报，季报要求披露期末基金投资标的数量、金额及最新估值等情况，以及基金投资标的名称、所属行业、投资阶段、投资路径、投资金额及持股比例、权属确认、风险控制措施及其变动情况；私募股权基金投资于其他私募基金或依法发行的资产管理产品的，或者通过特殊目的载体（SPV）进行投资的，应当在基金定期报告中穿透披露投资金额排名前十的底层投资标的投资路径、投资金额及持股比例、权属确认等情况。同时，该征求意见稿在“信息披露一般规定”一章中规定基金合同、销售合同等文件应当按照法律、行政法规和证监会规定，约定向投资者信息披露的主要内容、方式、频率，同时鼓励私募基金管理人自主增加披露内容，提升信息披露质量，为投资者决策提供有用信息；要求基金资产净值和基金份额申购、赎回价格相关信息应当经由私募基金管理人、私募基金服务机构、私募基金托管人按照《企业会计准则》及证监会规定分别估值核算、复核审查。该征求意见稿反映出监管机构开始重视私募股权基金净值信息披露难题，在考虑私募股权基金特点的基础上，从提高私募股权基金透明度、强化投资者保护的角度出发，着手实施差异化的定期报告、临时报告要求和底层资产披露的特定安排，明确对违反信息披露、信息报送、托管监督规定行为的处理处罚措施。笔者提出的上述信息披露法律规制建议与该征求意见稿在立法精神、起草原则和具体内容方面均是相互吻合的，但该征求意见稿单方面提出私募股权基金净值的估值核算、托管复核要求，未规定该等净值的确定方式和披露要求，仍有不少待决问题和实施障碍。《私募投资基金信息披露和信息报送管理规定》实施后，中国证券投资基金业协会等自律组织将进一步制定实施细化的自律规则。期待我国资本市场以投资者保护为中心的私募股权基金信息披露规制体系不断健全完善，充分适应私募股权基金市场高质量发展的现实需要。

信义义务角度下私募基金业务管理中的法律风险与防范

徐　睿*

摘要：私募基金管理人的信义义务虽然是概括、抽象的，但结合基金募集、投资、管理、退出全部业务过程来分析就比较具体。在基金募集过程中，管理人需要综合考量投资者的风险承受能力，及时进行动态风险评估，并在管理期间对资产管理产品的风险等级变化及时进行披露；随着打破刚性兑付相关监管政策实施，投资者无法要求按刚性兑付规定偿还本金和收益，导致就投资损失向管理人主张未尽信义义务要求赔偿的纠纷增多。在投资阶段，管理人需要积极开展对底层投资项目的全面尽职调查，确保投资决策符合商业判断原则，并及时采取有效措施处理风险事件，这需要管理人全面尽职调查、完善决策程序、健全风控制度等降低诉讼风险。在管理阶段，管理人应当及时披露与投资人利益相关的重要事项，加强对重要信息的识别，根据不同产品特性确定信息披露的重点内容，并做好留痕记录。在清算阶段，管理人应制订妥善的清算方案和处理计划，以避免长期未清算所引发的争端。

关键词：私募基金管理人　信义义务　风险防范　法律责任

---

* 江苏毅达股权投资基金管理有限公司合规与法律事务部投资总监。

私募基金是向特定投资者非公开募集资金并以特定目标为投资对象的投资基金。根据中国证券投资基金业协会公开数据显示，截至 2024 年 5 月末，我国经登记存续的私募基金管理人共有 20860 家，管理基金数量 152001 只，管理基金规模 19.89 万亿元。[①] 近年来，私募股权基金行业在飞速发展的同时，也涉及大量与私募股权基金管理人相关的争议事件，出现了各种各样的挑战。这些纠纷涉及基金的募集、投资、管理和退出全部业务过程，而这些业务都与私募基金管理人的信义义务有关。上海金融法院在《上海金融法院审判工作情况通报（2023 年）》中明确表明“资管纠纷聚焦管理人责任，管理人信义义务有待进一步落实”。[②]

下文将从信义义务角度对私募基金管理人的纠纷防范进行分析。

一、信义义务在私募基金业务管理中的体现

（一）信义义务的内涵

现代信义法是衡平法制度的重要组成部分，在英美法系中有着重要的影响。[③] 20 世纪以来，英美法院扩大了信义义务的适用范围，使其更加普遍和全面。[④] 现代信托被认为产生于英国的用益制度，[⑤] 旨在防止受托人滥用职权损害信托财产。在历史上，信义义务最初只是针对受托人的，但随着信义义务的逐渐普及，信义义务被广泛应用于各种信托关系中，并形

① 参见中国证券投资基金业协会网站，https：//www.amac.org.cn/sjtj/，2024 年 6 月 25 日访问。

② 《上海金融法院审判工作情况通报（2023 年）》，载微信公众号“上海金融法院” 2024 年 4 月 2 日。

③ 参见刘凯：《控制股东的信义义务及违信责任》，载《政法论坛》2009 年第 2 期。

④ 参见徐化耿：《信义义务的一般理论及其在中国法上的展开》，载《中外法学》2020 年第 6 期。

⑤ 参见徐化耿：《信托“双重所有权”问题之证伪》，载王保树主编：《商事法论集》（第 26 卷），法律出版社 2015 年版，第 29 页。

成了一套完整的行为规范。19 世纪 70 年代，信义义务开始在法律演变中发挥更重要作用，管理他人事务和财产的人被称为受托人，他们具有为他人利益行事的义务。

大陆法系的信义义务源于罗马法的遗产信托制度，[①] 随着罗马法逐渐演变为大陆法系的基础，信义义务作为其背后的核心精神，逐渐融入道德规范，并获得法律的认可。信义义务与大陆法系的善良家父义务、诚实信用原则等含义有相似之处。

大陆法系的信义义务与英美法系的信义义务相互作用，逐渐从传统的民事范畴扩展到更广泛的商事领域，形成了各自侧重的信义义务形式，不同学者对其内涵和特征也有不同的看法。比如：王保树教授从公司法的角度认为，信义义务主要涵盖了注意义务和忠实义务[②]；赖源河教授等学者指出，在传统信托关系中，信义义务包含了多个方面，如注意义务、分割管理义务、自己管理义务、书类设置义务和忠实义务五个方面[③]；一些学者认为，信义的义务还包括诚信义务[④]。信义义务是基于社会关系中的信任而产生的义务，发展成基金业务的本质和基础。基于信托属性，委托人与受托人之间建立了特定的信托关系。在这种关系中，因为双方的位置和权利存在差异，投资者需要依赖受托人的专业判断和投资管理知识，这使投资者处于固有的劣势。因此，基金管理人必须优先考虑投资者的利益，并将优化投资者利益作为基金活动的行为准则。

2023 年 2 月 24 日，中国证券投资基金业协会颁布《私募投资基金登记备案办法》，其中第 3 条明确私募基金管理人负有遵守诚实信用原则的义务，并在总则中对投资者利益优先、防止利益传导和冲突的原则作了详

---

① 参见江平、米健：《罗马法基础》，中国政法大学出版社 2004 年版，第 428 页。
② 参见王保树、杨继：《论股份公司控制股东的义务与责任》，载《法学》2002 年第 2 期。
③ 参见赖源河、王志诚：《现代信托法论》，中国政法大学出版社 2002 年版，第 124-137 页。
④ 参见朱羿锟、彭欣倩：《论董事诚信义务的法律地位》，载《法学杂志》2007 年第 4 期。

细规定，使私募基金管理人的信义义务的规定更加全面、详细。

（二）私募基金管理人的信义义务之表现

信义义务的内容包括忠实义务和勤勉义务：前者要求受托人忠实于受托目的和受益人的利益，通常表现为一种禁止性的消极义务；后者强调受托人为实现委托目的、提高受益人利益的能力和努力，通常表现为积极主动的管理义务。①

1. 忠实义务

忠实义务是信义义务的基础，受托人应当忠实履行职责，保证受益人的权益得到最大限度的保护，这是一种消极义务。概括地说，它要求受托人忠于委托任务，只得为委托人及受益人的最大利益行事，不得损害他们的利益。至于忠实义务的特征，有学者总结出不得追求私利、不得发生利益冲突、不得进行自我交易等规则②；也有的观点认为，忠实义务可以分为广义和狭义两类：广义指禁止利益冲突、禁止谋取私利、禁止为他人谋取利益；狭义指代理人为实现委托目的，避免受托人与自身利益冲突③。根据《私募投资基金监督管理暂行办法》第 23 条的规定，私募基金管理的忠实义务表现为禁止管理人资产与基金资产混同、禁止侵占或者挪用基金资产、禁止不公平对待基金、禁止利用职务之便谋取私利、禁止泄露或利用因职务便利获取的未公开信息牟利、禁止从事损害基金财产和投资者利益的投资活动、禁止玩忽职守等消极性义务方面。

2. 勤勉义务

勤勉义务又称注意义务，是受托人作为善良的管理人在管理和使用信

---

① 最高人民法院于 2023 年 1 月召开全国法院金融审判工作会议，对金融审判工作中一些疑难法律适用问题取得共识并形成《全国法院金融审判工作会议纪要（征求意见稿）》，其中第 63 条和第 64 条分别论述了私募投资基金管理人违反忠实义务和违反勤勉义务的事由及赔偿责任。

② 参见何宝玉：《英国信托法原理与判例》，法律出版社 2001 年版，第 188 页。

③ 参见徐国香：《信托法研究》，我国台湾地区五南图书出版公司 1988 年版，第 103-104 页。

托财产中应当履行的一项积极义务。《证券投资基金法》第 9 条第 1 款总括性地规定基金管理人、基金托管人管理、运用基金财产以及基金服务机构从事基金服务活动，均应当尽责，诚实守信、勤勉谨慎。《私募投资基金监督管理条例》第 3 条第 3 款规定私募基金管理人、私募基金托管人管理、运用、托管私募基金财产以及私募基金管理人从事私募基金服务业务，应当遵守法律、行政法规规定，恪尽职守，履行诚实守信、谨慎勤勉的义务。《私募投资基金监督管理暂行办法》第 4 条同样表述了“诚实信用、谨慎勤勉”的责任。2018 年《中国人民银行、中国银行保险监督管理委员会、中国证券监督管理委员会、国家外汇管理局关于规范金融机构资产管理业务的指导意见》（银发〔2018〕106 号）将“诚实信用、勤勉尽责”作为资产管理领域的总体要求。

尽管勤勉义务作为基金管理人的一项重要责任，在多项法规中有所体现，但规定通常较为原则、笼统和抽象，很难直接得出更多核心特征或标准。如果基金合同的条款中明确规定了基金管理人的勤勉义务的具体标准，那么任何违反都可能导致违约和侵权责任的竞合。

二、私募基金业务管理中面临的主要法律纠纷

从信义义务的角度观察，私募基金管理人如何规避法律风险、避免被投资人索赔，可以从正反两个方面同时进行探讨，即在什么情况下管理人应该为没有履行其应尽的义务负责，在什么情况下管理人无须承担责任。这两个方面往往是同一类法律纠纷的一体两面。以下针对私募基金管理人在基金的募集、投资、管理和清算退出四个阶段的义务展开分析。

（一）募集阶段

1. 未履行投资者适当性管理义务产生的纠纷

基金管理人负责履行投资者适当性管理义务的目标在于确保投资人具备充分了解相关金融产品和投资活动性质与风险的基础，以便作出独立决

策并自行承担所产生的收益与风险。[①] 在推广、销售高风险度金融产品以及提供高风险级别金融服务时，履行投资者适当性管理义务被认为是至关重要的，同时也是维护公平竞争和维护市场秩序的重要保障，投资者适当性管理义务的履行是“卖者尽责”的主要内容，也是“买者自负”的前提和基础。投资者适当性义务纠纷主要集中在以下几个方面：（1）因测评结果的真实性引发的纠纷，如双方对是否应定期开展动态风险评估或者通过临时增补的风险测评确定投资者当时的认知水平及风险承受能力产生争议。部分投资者甚至主张测评结果系卖方机构工作人员为达到销售目的而引导其作出的虚假适当性评估报告。（2）卖方机构未对基金产品开展有效风险评级，未合理审查推介资料的合规性，导致投资者购买的基金产品不适格。（3）由于基础资产的风险程度提升导致基金产品风险等级与投资者风险承受能力不再匹配，但投资者拒绝退出引发纠纷。[②]

例如，在上海金融法院（2022）沪74民终92号案中，法院认为：首先，关于适当性义务。基金管理人未与投资者签署《资管合同》《风险承受能力调查问卷》，也未按照合规审查意见书中作出的承诺要求进行风险承受能力测评，导致销售不规范，投资者未真正了解高风险金融产品的投资风险，基金管理人在销售产品时存在未充分了解客户、未将适当产品销售给适合的投资者的情况，未能完全履行投资者适当性管理义务。其次，关于谨慎勤勉义务。投资者提交的深圳证监局出具的《答复函》里明确指出，基金管理人在运用和管理基金的过程中存在资金管理工作内部控制不到位、尽职调查不充分的问题，基金管理人未能主动识别、防范和应对工作风险和勤勉责任。基于上述原因，法院认为基金管理人没有履行审慎勤

① 参见任宏达：《金融机构适当性义务的法律适用难题与路径抉择》，载《金融发展研究》2024年第3期。

② 参见上海市高级人民法院课题组：《私募基金纠纷法律适用问题研究》，载《法律适用》2023年第8期。

勉的管理义务。① 在北京金融法院（2021）京 74 民终 482 号案中，法院认为：首先，尽管投资者在测评时符合案涉基金产品所要求的合格投资者标准，但基金管理人未及时进行投资者适当性评估的疏忽难以嗣后弥补；其次，在基金管理人的介绍资料中看不到主要风险提示事项，基金管理人没有向法院提交在投资者募集基金前充分提示投资风险的证据，因此基金管理人在履行风险告知义务方面也存在一定的瑕疵。②

2. 承诺刚性兑付产生的纠纷

刚性兑付是指管理人向投资者作出了承诺，在资管产品到期时无论投资收益是盈利还是亏损，都会返还投资者本金并支付预先约定的收益，这种做法本质上是管理人对投资者投资本息返回的一种隐形担保。③《私募投资基金监督管理条例》第 20 条明确规定“私募基金……不得向投资者承诺投资本金不受损失或者承诺最低收益”。受托方无论是通过设定回购条款、提供差额补足、签订受益权转让协议还是其他任何方式，只要其终极目标是确保投资者获得固定收益且最终承担投资风险的是管理人，则都构成刚性兑付，均被视为无效。

在管理期限届满后如存在兑付承诺，应依据兑付的原因进行分类：若是管理人由于自身过错导致投资者损失并主动承担赔偿责任，则不符合刚性兑付规定；而无过错情况下的兑付承诺与事前刚性兑付并无差别，则应当否定其合法性。基金合同的有效性不受刚性兑付条款无效原则的影响，但在投资者实际损失范围内，管理人应根据过错程度承担相应的赔偿责任。④

---

① 参见包某等与某某信托有限责任公司金融委托理财合同纠纷案，上海金融法院（2022）沪 74 民终 92 号民事判决书。

② 参见董某远与北京某某鼎新投资管理有限公司委托理财合同纠纷案，北京金融法院（2021）京 74 民终 482 号民事判决书。

③ 参见汪志民：《刚性兑付视角下信托业务增信措施的合规性研究》，华东政法大学 2023 年硕士学位论文。

④ 参见上海市高级人民法院于 2022 年 8 月 4 日颁布的《2019—2021 年上海法院涉资产管理纠纷案件审判情况通报》。

（二）投资阶段

1. 利益冲突产生的纠纷

现行法律法规并没有明确定义利益冲突，但在资管行业中，它可被理解为受托人从事损害委托人利益的行为。

关联交易是最典型的利益冲突行为。关联交易根据交易对象的不同可以分为基金与管理人及其关联方的交易、基金与关联基金的交易以及基金与投资标的之间的交易。根据《私募投资基金监督管理暂行办法》的规定，当同一私募基金管理人负责管理不同种类私募基金时，可能存在利益输送或利益冲突的情况，必须设立防范机制。禁止管理人利用私募基金的财产或职务之便，为本人或投资者以外的人进行利益输送，同时不允许从事内幕交易、操纵交易价格或其他不当交易行为。在履行私募基金管理人的职责时，首要任务是规范关联交易，防止关联方之间进行不当交易或利益输送，避免可能产生的利益冲突。《私募投资基金监督管理条例》第28条规定，私募基金管理人应建立健全管理制度，不得以私募基金财产与关联方进行不当交易或者输送利益，也不得以多层嵌套或其他方式进行隐瞒。

2019年中国证券投资基金业协会公布的《私募投资基金备案须知》采用了实质重于形式的方式确定关联交易，将私募基金的关联交易界定为私募投资基金与管理人、投资者、管理人管理的私募投资基金、同一实际控制人下的其他管理人管理的私募投资基金或者与上述主体有其他重大利害关系的关联方发生的交易行为。《私募投资基金备案须知》对私募基金关联方范围采用“列举+兜底”的方式进行选取，除了规定的“管理人、投资者、管理人管理的私募投资基金、同一实际控制人下的其他管理人管理的私募投资基金”，还规定要实质性判断是否有构成重大利害关系的其他关联方。因此，在列举主体内发生的交易被认定为关联交易，而对于列举范围之外的交易是否构成关联交易，则根据特定案例进行实质性判断。

2. 未履行尽职调查义务产生的纠纷

在基金投资阶段，基金管理人不仅要根据与投资者的约定对特定项目进行投资，还要对该项目进行尽职调查，以防基金管理人未履行投前尽职调查义务导致基金产品亏损引发纠纷。

在基金合同明确约定标的公司前提下，法院审查重点在于约定的尽职调查义务范围及内容，相对容易查明。在上海金融法院（2021）沪74民终375号案中，基金合同规定了资金募集投资于一个普通合伙企业，该企业是由某某澳丰发起设立的。但当涉案基金进行投资时，某某澳丰并非该合伙企业的合伙人。法院最终认定，基金管理人忽视了合伙企业的特殊性质，未充分调查合伙人身份便将基金募集款项划至合伙企业，因此存在重大过失。

在没有明确约定的情况下，管理人是否履行尽职调查义务则需要进行全面评估，相对复杂，包括考虑管理人尽职调查范围是否充分，未调查事项是否属于直接影响项目投资收益的重大事项，管理人是否存在故意或重大过失等。在上海金融法院（2020）沪74民终1045号案中，投资人王某景于2017年7月签订了一份投资协议，其中涉及对常州久某通公司部分股权的投资，该投资最终用于支持常州九龙禅寺的新建工程计划。同时，常州市国土资源局于2017年7月发布了行政处罚决定书，理由是九龙禅寺在没有经批准的情况下在村委土地上兴建寺庙，涉嫌非法占用土地。项目的预期收益主要来源于新建寺庙项目，这就属于尽职调查中的一个关键事项。由于九龙禅寺项目被定为违建并被勒令拆除、恢复原状及禁止销售，且存在伪造审批文件等违法行为，法院最终认定基金管理人在对投资标的项目进行尽职调查时存在重大过失，违反了基金管理人的信义义务。

（三）管理阶段

1. 未履行信息披露义务产生的纠纷

在实践中，私募基金管理人未履行信息披露义务也是导致其承担赔偿责任的一种情形。通常情况下，私募基金管理人违反信息披露义务并不直接导致其在法律纠纷中承担民事责任，但基于私募基金管理人的其他违约行为，可能需要其对投资者承担违约责任。例如在广州中院（2019）粤01

民终 21112 号案中，法院认为，私募基金管理人在基金的募集和运营过程中未尽到投资者适当性管理义务，存在风险评估不规范、未向投资者披露基金相关信息、使用无资质人员参与募集等多项违约违规行为，应承担相应的赔偿责任。①

2. 未落实风控措施产生的纠纷

私募股权投资领域存在较高的风险，谨慎尽职调查和风险防范是管理人履行勤勉义务的组成部分。对于投资人而言，在基金合同、推介材料等文件中明确管理人需要落实的风控措施义务，这一点尤为重要。在北京金融法院（2022）京 74 民终 671 号案中，基金合同约定了一系列风控措施：将标的公司股权后置质押给委托贷款银行，标的公司实际控制人提供个人连带责任保证，以及开立资金监管专户作为接收融资贷款的账户等。结果基金合同约定的风控措施未实际落实。法院认为，尽管管理人已经进行了详细调查，但尽职调查报告中载明的相应风控措施并未充分落实就决定让受托的银行发放贷款，这增加了案涉私募基金的投资风险。因此，法院认定，基金管理人未能充分履行其尽职义务，构成严重违约，裁定基金管理人赔偿投资者的本金和利息损失。②

3. 未履行亲自管理义务产生的纠纷

违反亲自管理义务的争议主要涉及通道业务。在该业务中，管理人通过投资顾问协议将基金管理的实质权限委托给投资顾问，这也可能构成通道服务，故管理人不能因为这种委托行为而豁免责任。管理人在通道业务中仅从事事务性工作，而非主动管理职责，实质上是将部分管理责任让渡给委托人。通道业务并不使管理人免除信义义务，实际上，通道业务本身即违背了管理人不得转移管理责任的规定。如果管理人履行了通道业务合同中约定的职责，法院是否应进一步审查管理人的法定义务，对此，存在

---

① 参见谢某、广州市犇某投资管理有限公司委托理财合同纠纷案，广东省广州市中级人民法院（2019）粤 01 民终 21112 号民事判决书。

② 参见周某与北京某某资本管理有限公司等合同纠纷案，北京金融法院（2022）京 74 民终 671 号民事判决书。

不同的操作实践。在上海金融法院（2020）上海 74 民终 31 号案例中，法院认为通道业务属于事务管理类信托的性质，需要根据信托文件的规定确认委托人和受托人之间的权利义务关系。在进行通道类信托业务时，信托公司仅承担事务性管理责任，不涉及主动管理，但在经营中仍应遵循审慎原则，履行必要的注意义务。若信托公司发现委托人利用其金融机构背景进行资金募集而未采取必要的警示防范措施，或者提交虚假的调查文件导致外部投资者蒙受损失，就应根据其过失程度承担相应的侵权损害赔偿责任。考虑到法院除了审查约定义务外，仍然可以审查管理人的法定义务，管理人不一定能以按照合同约定只从事“转让管理职责的通道业务”为由进行全面免责。①

（四）清算退出阶段

基金管理人不仅负有管理资金和妥善收回投资款项的责任，还要按时将基金资产清算、完全变现并按比例分配给私募基金投资者。如管理人在产品到期后未按时履行清算义务且没有合理理由，将构成基金管理人违反信义义务的违约行为。

从当事人的诉争内容来看，此类案件的争议主要集中在几个方面：一是合同对清算退出的条件约定不明，投资者主张投资期限届满，应退出并清算投资资产，而管理人则以退出条件尚未成就进行抗辩；二是在合伙型私募基金等资管产品中，部分投资人主张退出，管理人则以《合伙企业法》第 45 条规定的未“经全体合伙人一致同意”为由进行抗辩；三是在“短贷长投”的资管产品中，管理人采取分期发行的方式募集资金，投资人要求对某一期产品进行清算，管理人以资管产品整体尚未到期无法单独清算为由进行抗辩；四是资管产品多层嵌套，交易链较长，第一层投资人要求管理人对底层资产予以清算，管理人则以无法直接控制和掌握底层资

---

① 参见顾某群诉某某国际信托有限公司财产损害赔偿纠纷案，上海金融法院（2020）沪 74 民终 31 号民事判决书。

产为由抗辩清算不能。[①]

三、信义义务视角下私募基金业务管理中的风险应对

（一）募集阶段

1. 严格履行投资者适当性管理义务并留痕

履行投资者适当性管理义务包括四个方面：一是了解客户，基金管理人必须了解投资人的个人身份、财务状况、投资经验、需求、期望收益与风险偏好，以及可以承受的损失范围等各方面信息，并在此基础上进行适当的评估。二是了解产品，基金管理人需要了解产品或服务的各种特征及相关风险因素，比如流动性、到期时间、杠杆情况、结构复杂性、投资方向范围、募集方式等。三是风险告知说明，基金管理人需要根据对产品的充分了解，向投资人交代产品或服务的风险与回报，履行相应的信息披露及告知义务。四是适当性匹配，基金管理人需要考虑消费者对流动性、投资期限等其他方面的需求，结合特定规则将产品或服务的风险与投资人个体的风险承受能力进行匹配；只有在合理判断两者之间的一致性后，才能向投资人推荐或销售。在基金管理人为客户推荐产品时，应保证产品的风险等级与客户的风险承受能力相匹配，同时需综合考虑投资人的主观需求，为投资者量身定制个性化的投资服务。例如，针对那些高龄、教育背景较差、投资经验有限的一般投资者，基金管理人有责任履行更重、更具个性化的信息披露义务，而不应仅仅依赖于标准化、格式化的文书来履行。

风险和收益的告知说明义务是投资者适当性管理义务履行的基础，是为解决信息不对称，提高信息透明度的要求，基金管理人在了解产品特征和风险因素后应向投资人履行对产品的风险提示义务。《全国法院民商事

---

① 参见上海市高级人民法院于2022年8月4日颁布的《2019—2021年上海法院涉资产管理纠纷案件审判情况通报》。

审判工作会议纪要》（以下简称《九民纪要》）第76条规定，告知说明义务的履行是投资人能够真正了解各类高风险等级金融产品或者高风险等级投资活动的投资风险和收益的关键，人民法院应当根据产品、投资活动的风险和投资人的实际情况，综合理性人能够理解的客观标准和投资人能够理解的主观标准来确定基金管理人是否已经履行了告知说明义务。当基金管理人单纯以“投资者明确知悉可能存在本金损失风险”这一点作为已履行告知义务的唯一依据，而缺乏其他可靠证据时，人民法院对其抗辩理由不予支持。

由于对投资者适当性管理义务的主张实行举证责任的倒置，即主要举证责任在基金管理人，因此基金管理人在履行对投资者适当性管理义务过程中要注意留痕并保留证据。《九民纪要》第75条规定，在案件审理过程中，投资人应当对产品购买（或接受服务）、遭受损失等事实承担举证责任，基金管理人有责任证明其是否履行了适当性义务。若基金管理人不能提供其已经建立了金融产品（或者服务）的风险评估及相应管理制度、对投资人的风险认知、风险偏好和风险承受能力进行了测试、向投资人告知产品（或者服务）的收益和主要风险因素等相关证据的，应当承担举证不能的法律后果。在过去，“谁主张，谁举证”曾是基金管理人的一项核心诉讼策略，但是《九民纪要》明确了举证责任的倒置，投资人仅需证明侵权事实和损失，而基金管理人则需要证明自身是否履行了投资者适当性管理义务，具体证据包括履行产品评级义务（建立金融产品或服务的风险评估及相应管理制度）、履行投资者评测义务（对投资者的风险认知、风险偏好和风险承受能力进行测试）以及履行告知说明义务（向投资者告知产品或服务的收益和主要风险因素等要素，并进行适当的推荐）。

2. 避免以任何形式承诺刚性兑付

若管理人承担了无论投资本身出现收益或损失均由其向投资者支付约定的本金加利息的义务，则使受托人的信义义务变得没有价值。刚性兑付导致了资产管理业务失去了其本质意义，投资者不必承担本应承担的市场风险，资产管理机构和投资者之间转变成了一种借贷关系，实际上偏离了资产管理行业的核心。在此情形下，受托人只需维护资金和回报，实际上并非承担信义义务，忠诚和注意义务也难以体现，这种关系不可持续且可能伤害其他投资者利益。基于此，基金管理人一方面应避免在募集文件、基金合同等书面文件里明示或者暗示保本保收益，另一方面应在募集过程中录音、录像，加强募集人员的岗位培训，避免在募集过程中口头表达了保本保收益的意思。

（二）投资阶段

投资涉及关联交易的，要注意完整履行披露、决策程序。根据证监会发布的《关于加强私募投资基金监管的若干规定》规定，管理人应当规范相关交易定价方式、交易审批流程等；进行交易时，需经全体投资者或投资者认可的决策机制同意；交易完成后，应及时向投资者充分披露交易信息。因此，合规的关联交易是允许的，规范管理人使用基金产品进行关联交易的行为，重点在于管理人应履行信息披露义务，并以信息披露作为监督关联交易公允性的前提。相关监管机构和行业协会的处罚案例显示，基金管理人有可能因未充分向投资者透露关联交易、未经公司内部投资决策委员会批准进行关联交易、未在募集文件和基金合同中清晰规定重大关联交易事由等行为被采取监管措施或受到行政处罚。因此，当私募基金管理人经过内部审批机制和评估机制的审查后，向投资者充分披露信息，便可在不违反法律范围内进行关联交易。这是因为信义义务的核心在于限制受托人涉足利益冲突行为，而非彻底阻止。只要确保实现受托目的并保护受益人的利益不受到损害，就没有必要对受托人施加严苛的限制。在（2021）粤 0304 民初 14059 号一案中，基金管理人关联方为标的公司，投资人起诉主张管理人涉嫌自融行为，未履行披露和风险告知责任，并要求解除合同。法院经审理认为，投资人已通过项目推介报告知晓基金管理人与投资标的公司存在关联关系，并无证据显示该关联交易未取得投资者的充分知情同意，故法院未支持投资者诉求。在判决书说理部分，法院表明：现代社会关联交易无处不在，公平合规的关联交易并不受禁止，相反，还可能提高经济效率、促进社会发展，需要规制的是不公平的、损害投资者利益的关联交易。因此，面对关联交易，应取得投资者充分知情同意，且交易应该公平。[①]

（三）管理阶段

为避免投后管理造成的纠纷，私募基金管理人应当对存在投资本金损失的项目倾注更多的管理资源。因为无论投后管理纠纷发生的诉由是什么，投资人的诉讼请求都是请求管理人就投资人的损失承担民事赔偿责任，最终的落脚点就是存在投资本金损失的项目投后管理是否到位。对于这类项目，除了履行日常投后管理义务外，要特别注意对投后管理过程和投后决策流程的留痕和档案归档工作，严格按照投资协议约定的投后管理措施执行，尽量挽回投资损失。

（四）清算退出阶段

《九民纪要》第75条规定，“投资人应当对购买产品（或者接受服务）、遭受的损失等事实承担举证责任……”，故原则上，投资人在请求退出并要求损失赔偿时，应对其损失承担举证责任。管理人则多抗辩自身无过错且要求损失的确定应以清算为前提，在未完成清算的情况下，不能确定损失与否和损失大小。在司法实践中，多数法院对投资者的赔偿也是以实际存在损失且损失金额可以确定为前提的。如果涉案基金未能完成清算、结算工作，投资人无法确定实际损失金额，从而无法支持其索赔，法院倾向于判决投资者应在确定损失后再起诉。特别是在基金存续期限尚未到期、管理人积极向被投资公司主张权益或基金正在清算的情况下，法院更倾向于驳回相关投资人诉请。[②] 然而自2021年以来，有部分法院判决已

① 参见李某安、中某某本（深圳）资产管理有限公司等委托理财合同纠纷案，广东省深圳市福田区人民法院（2021）粤0304民初14059号民事判决书。

② 参见潘娟、刘欢：《私募基金类案件的审理难点与裁判思路》，载《山东法官培训学院学报》2022年第1期。

突破基金清算的前提条件，在以下情形下可以认定投资者产生实际损失：(1) 基金无可供清算财产。基金已无任何财产，底层被投企业已破产且无价值，基金对底层项目义务方享有的债权经强制执行仍无法收回。(2) 基金客观上无法或难以清算。即使基金尚未启动清算和结算程序，但可以提供证据表明该基金由于管理人或实际控制人的停业、涉及刑事调查、私募基金管理人资格被注销等原因，或者管理人失联、经营管理失控、歇业、管理人资格丧失、管理人怠于履行清算义务或擅自将基金延期，导致没有通过结算、清算确认应支付投资人损失金额的可能的，可视为客观上无法或难以清算①。(3) 管理人存在重大过错。如管理人无法证明其已履行适当性义务且募资对象为非合格投资者，因管理人严重失职而导致基金遭受损失，包括基金并未实际取得底层资产的相关权利，或因管理人未及时主张权利而导致基金对底层项目方享有的回购权已过诉讼时效，基金资产已被诈骗或挪用等。在上述情况下，再次对基金清算已经是多余的，因此即使此时没有清算，投资人的损失也已经是固定的。如果法院认为管理人因故意或重大过失未能履行结算、清算义务导致损失金额难以确定，部分法院可能会根据之前描述的思路，认定管理人的行为构成了为自身利益而不当阻止条件成就，从而确认投资退出条件已完成。在考虑各个因素后，法院可能推断基金毫无底层资产，投资人权益已彻底贬值且难以变现，据此认定投资人已经遭受的实际损失并推定实际损失金额为损失的本金和利息，利息按照中国人民银行发布的同期同类存款基准利率计算。

① 参见上海市高级人民法院课题组：《私募基金纠纷法律适用问题研究》，载《法律适用》2023年第8期。

私募基金投资者保护的非监管法路径探讨

王　巍　赵　枫[*]　李晓燕　杜铭钊[**]

摘要： 我国目前的私募基金投资者保护体系是以信义义务为基底的监管法逻辑构建，这种保护体系在特殊情况下可能面临投资者在主动行使权利时缺乏实体法依据，或不同基金类型投资者被差别对待的困境。在监管法保护失灵的情况下，司法机关可以通过类推等法律漏洞填补方式在监管法外寻求解释资源对投资者进行保护。本文选取私募基金纠纷中颇具争议的基金损失推定、基金投资者穿透追索和契约型基金强制清算三个具体问题，给出监管法外的解释方案，以期完善私募基金投资者保护的司法路径。

关键词： 私募基金　投资者保护　监管法

截至 2023 年末，我国存续的私募基金数量 153079 只，规模达 20.58 万亿元。[①] 完善私募基金行业是我国健全资本市场功能和提高直接融资比

---

* 北京市竞天公诚律师事务所合伙人。

** 北京市竞天公诚律师事务所律师。

① 参见国新研究：《私募基金行业发展格局、政策走向及影响分析》，载新浪财经，https://finance.sina.com.cn/stock/stockzmt/2024-05-25/doc-inawmema4707677.shtml，2024 年 6 月 17 日访问。

重的重要内容。而有效的投资者保护机制是行业能够规范健康发展的基础。现行私募基金制度系以《信托法》和《证券投资基金法》为基础，通过监管规范进行填补和完善，在民事与行政两方面实现对投资者的保护。本文概括为监管法路径。但在特殊场景中，这种保护路径可能失灵，需要转向合同法、侵权法和公司法等外部法律资源寻求支持。故本文拟对此进行讨论，分析监管法外的其他路径能够为投资者保护提供哪些有益补充。

一、投资者保护的监管法路径

（一）围绕信托关系构建的监管法体系

关于私募基金的性质有不同观点：一种观点认为，私募基金应认定为信托关系，《信托法》系其私法层面的“基本法”①；另一种观点认为，包括私募基金在内的资管产品并无单一的上位法，其上位法由“民商法基础+监管法”构成，即“不采用‘信托关系’的标签”，“在资管行业推动‘信义义务’的共识更关键”②。在中国人民银行等部门发布的《关于规范金融机构资产管理业务的指导意见》（以下简称《资管新规》）和《全国法院民商事审判工作会议纪要》（以下简称《九民纪要》）③ 颁布后，司

① 参见赵廉慧：《“资管新规”的信托法基础》，https：//mp. weixin. qq. com/s/fduOJ-coHPrqIWMLeTbxWaA，2024年6月17日访问。

② 参见刘燕：《大资管“上位法”之究问》，载《清华金融评论》2018年第4期。

③ 《资管新规》第2条第3款规定：“私募投资基金适用私募投资基金专门法律、行政法规，私募投资基金专门法律、行政法规中没有明确规定的适用本意见，创业投资基金、政府出资产业投资基金的相关规定另行制定。”《九民纪要》第88条第2款规定：“根据《关于规范金融机构资产管理业务的指导意见》的规定，其他金融机构开展的资产管理业务构成信托关系的，当事人之间的纠纷适用信托法及其他有关规定处理。”

法实践开始转向私募基金本质是信托法律关系的意见①。从监管规范角度，《信托法》《证券投资基金法》亦成为各私募基金监管法援引的最上位法②，各监管规范事实上也起到了民事责任裁判规范保护投资者的作用。③故本文认为，私募基金投资者的保护，是通过《信托法》的私法底色，叠加监管层面的特别规制，形成了民事、行政责任的有机整体。本文将基于《信托法》构建的这一系列制度统称为监管法路径。私募基金核心法律规

① 以北京、上海为代表的法院基本认为私募基金受信托法律关系调整，部分案例中虽然私募基金的形式系合伙企业，但是亦不影响信托法律关系成立的结论。参见恒某证券股份有限公司与某某顺安基金管理有限公司证券交易合同纠纷案，北京市高级人民法院（2021）京民终532号民事判决书。北京高院在该案中认定："案涉某某顺安长江1号资产管理计划和某某顺安东海2号资产管理计划是根据委托人的委托，由某某基金公司对委托人委托设立的基金独立管理的需要而设立，委托人与某某基金公司构成信托法律关系。"华某莳等与王某樑等其他合同纠纷案，上海金融法院（2022）沪74民终194号民事判决书。上海金融法院在该案中认定："本案所涉为契约型私募基金，王某樑与嘉禾某某公司间的法律关系符合信托法律关系的基本特征。……上述约定，体现了信托法律关系中，信托财产独立、受托人以自己名义管理信托财产、投资人承担有限责任等基本特点，故可参照信托法的原则和相关规定确定当事人间的权利义务关系。"张某寒、某某汇盈（武汉）私募基金管理有限公司等委托理财合同纠纷、委托理财合同纠纷执行复议案，湖北省武汉市中级人民法院（2023）鄂01执复181号执行裁定书。法院认为合伙型基金中，委托人、管理人、合伙企业本身三者亦构成信托法律关系。

② 私募基金相关监管法律规范通常会援引《信托法》作为制定依据或补充规范。例如，《证券投资基金法》第2条规定："在中华人民共和国境内，公开或者非公开募集资金设立证券投资基金（以下简称基金），由基金管理人管理，基金托管人托管，为基金份额持有人的利益，进行证券投资活动，适用本法；本法未规定的，适用《中华人民共和国信托法》、《中华人民共和国证券法》和其他有关法律、行政法规的规定。"《私募投资基金监督管理条例》第1条规定："为了规范私募投资基金（以下简称私募基金）业务活动，保护投资者以及相关当事人的合法权益，促进私募基金行业规范健康发展，根据《中华人民共和国证券投资基金法》（以下简称《证券投资基法》）、《中华人民共和国信托法》、《中华人民共和国公司法》、《中华人民共和国合伙企业法》等法律，制定本条例。"

③ 在威科先行法律信息库检索，援引《私募投资基金监督管理暂行办法》说理的裁判文书有623件，https：//law. wkinfo. com. cn/judgment - documents/list? mode = advanced&rdt = 1719195152671&viewType = list，2024年6月24日访问。

范体系见表1。

表1 私募基金核心法律规范体系

<table>
<tr><th>规范层级</th><th colspan="2">规范名称</th></tr>
<tr><td>法律</td><td colspan="2">《证券投资基金法》
《信托法》</td></tr>
<tr><td>行政法规</td><td colspan="2">《私募投资基金监督管理条例》</td></tr>
<tr><td>部门规章及部门其他文件</td><td colspan="2">《私募投资基金监督管理暂行办法》
《证券期货经营机构私募资产管理业务管理办法》
《资管新规》
《政府出资产业投资基金管理暂行办法》
《政府投资基金暂行管理办法》
《关于加强私募投资基金监管的若干规定》
《证券期货经营机构私募资产管理计划运作管理规定》
《证券期货经营机构私募资产管理业务运作管理暂行规定》</td></tr>
<tr><td rowspan="4">自律监管规则</td><td>基金登记备案类规则</td><td>《证券期货经营机构私募资产管理计划备案办法》
《关于发布私募基金管理人登记业务流程图的通知》
《关于进一步规范私募基金管理人登记若干事项的公告》
《关于私募基金管理人在异常经营情形下提交专项法律意见书的公告》
《私募投资基金登记备案办法》</td></tr>
<tr><td>基金募集类规则</td><td>《私募投资基金募集行为管理办法》
《关于发布私募投资基金合同指引的通知》
《基金募集机构投资者适当性管理实施指引（试行）》</td></tr>
<tr><td>基金运作及运营管理类规则</td><td>《私募投资基金管理人内部控制指引》
《私募投资基金信息披露管理办法》
《基金从业人员管理规则》</td></tr>
<tr><td>特殊情形风险处置规则</td><td>《私募基金管理人失联处理指引》</td></tr>
</table>

（二）管理人信义义务是监管法路径下投资者民事保护的核心

在私募基金募集、投资、管理和退出四阶段中，对投资者民事权益的保护主要是通过贯穿四阶段的管理人责任（亦称管理人信义义务）实现的。① 作为信托关系的核心特征，信义义务涵盖了基金运作的各个方面，包括信息披露、投资者适当性管理、审慎投资等。监管法下投资者保护路径见图1。

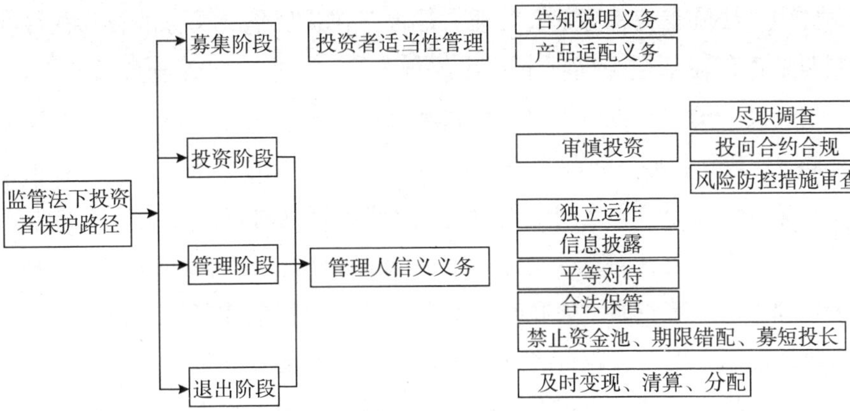

图1　监管法下投资者保护路径

（三）监管法路径和信义义务在特定情境下的不足

管理人的信义义务在保护投资者方面发挥了重要作用。但司法实践也注意到，管理人责任在实践中面临诸多问题。“认定私募基金法律关系的性质、法律适用及管理人责任边界”②，“妥善认定管理人是否善尽信义义务”③，几乎成为法院审理私募基金类案件的共性问题。一个重要原因是，信义义务的范围本身具有模糊性。信托作为根植于英美法律制度的舶来

① 需特别指出，虽然《九民纪要》对适当性义务及其责任进行了单独规定，但学理一般认为，适当性义务是管理人信义义务在募集阶段的表现，本质也是信义义务，故本文对此不作区分。

② 上海市高级人民法院课题组：《私募基金纠纷法律适用问题研究》，https：//mp. weixin. qq. com/s/fsbP9kgl8Jl1V88S1u-bKA，2024年6月17日访问。

③ 上海浦东法院：《上海市浦东新区人民法院金融资产管理类案件审判情况通报》，https：//mp. weixin. qq. com/s/XlBMQYbVp80uOc-Jx2WVtQ，2024年6月17日访问。

品，“普通法系以司法判决推衍形成市场普遍信任，更有利于培育信义义务共识”[①]。Meinhard v. Salmon 案的审理法官指出，“受托人的行为标准是最严格意义上的忠信”[②]，信义义务的具体内涵亦在判例法中不断明晰。但信义义务与我国传统的大陆法系制度嵌入还未成熟。例如，在现行私募基金案件中，法院审查私募基金管理人是否存在违反信义义务的行为往往在于判断是否存在基金合同项下的违约行为[③]，而非按照普通法系的思路，对于信义义务的判断更多指向的是超越合同约定外关于经济、伦理意义上的合同[④]，裁判者亦“不仅考虑当事人‘约定’中的文字内容，而且根据信义义务观念和当事人之间的其他因素，来解释其内容”[⑤]。另一个重要原因是，信义义务仅针对基金管理人，能够涵摄的范围有最大边界。例如，基金管理人涉刑事犯罪、失联时，信义义务的保护就成了纸面权利，对真正有价值的基金财产，投资者又缺少接管、控制的合法依据。又如，若管理人迟迟不推进清算，投资者理论上可以诉请管理人承担怠于履职造成的损失，但实践中此种损失往往需要等到基金清算完成后才能确定，[⑥] 投资者只能坐视管理人怠于推进清算甚至转移财产。概要言之，在现行的监管法体系和信义义务路径下，对投资者的保护是被动和事后的。更宏观的角

---

① 许多奇：《论全周期视野下私募基金管理人的信义义务》，载《武汉大学学报（哲学社会科学版）》2022年第5期。

② Robert B. Thompson, *The Story of Meinhard v. Salmon: Fiduciary Duty's Punctilio*, *Corporate Law Stories*, Ramseyer: Foundation Press, 2009，转引自许多奇：《论全周期视野下私募基金管理人的信义义务》，载《武汉大学学报（哲学社会科学版）》2022年第5期。

③ 参见上海市高级人民法院课题组：《私募基金纠纷法律适用问题研究》，https://mp.weixin.qq.com/s/fsbP9kgl8Jl1V88S1u-bKA，2024年6月17日访问。

④ 参见许德风：《道德与合同之间的信义义务——基于法教义学与社科法学的观察》，载《中国法律评论》2021年第5期。

⑤ 许多奇：《论全周期视野下私募基金管理人的信义义务》，载《武汉大学学报（哲学社会科学版）》2022年第5期。

⑥《全国法院金融审判工作会议纪要（征求意见稿）》第66条规定：“管理人给基金财产和投资者造成的损失未经清算难以确定，投资者请求管理人赔偿损失的，因其诉讼请求不能确定，人民法院应当裁定不予受理；已经受理的，裁定驳回起诉。”

度上，“当监管法侧重于防范系统性风险或者促进市场公平竞争的目的时，其视野超出了个案层面的交易，可能会与伸张当事人意思自治的信托法之间发生冲突”①，故需引入监管法外的其他法律规则填补。

二、推定全损裁判规则在民法上的证成

（一）司法实践发展出的推定全损裁判规则

投资者权利保护的重要手段之一，是以管理人未尽信义义务主张损害赔偿。但因为投资项目存在退出周期、基金财产不方便变现甚至管理人有意拖延等原因，私募基金可能长期处于清算甚至“僵尸”状态，管理人多以此为由，抗辩投资者的损失暂未确定，不应赔偿。在此前的司法实践中，确有法院严格遵循侵权责任的形式逻辑，认定只有在基金清算结束后投资者的损失才能确定。例如，（2018）最高法民终173号案、（2021）京02民终5569号案、（2021）京74民终482号案、（2020）沪74民初480号案中，法院均认为，案涉基金尚未触发基金开展清算的条件或清算尚未完毕，故投资者所受损失无法确定，并据此驳回投资者诉讼请求。

但前述裁判观点可能带来投资者保护机制被架空的问题。因为此时管理人显然有足够的动机拖延、阻挠基金清算的推进。如果管理人因为涉刑事犯罪等原因“失联”，投资者继续被动等待基金清算完成显然不切实际。故2021年后，上海法院开始探索推定全损的裁判规则，以弥补前述思路的不足。推定全损规则的主要内容可以概括为：第一，出现底层资产已经预期不可能追回，或清算已无法进行时，法院可以“推定”投资者的损失已经发生，范围是投资者全部投资本金及预期收益。第二，管理人向投资者赔偿，基金后续如有可分配财产，应按管理人担责的比例相应分配给管理

① 刘燕：《大资管“上位法”之究问》，载《清华金融评论》2018年第4期。

人。[①]（2021）沪 74 民终 1743 号案、（2020）沪 74 民终 1045 号案是该思路的典型案例。仲裁机构在该问题上与法院保持了一致的立场，《北京仲裁委员会/北京国际仲裁中心私募基金纠纷案件裁判指引（2021 版）》规定了类似的裁判规则。

（二）缺少法理依据是推定全损裁判规则的现实障碍

推定全损裁判规则是司法机关在监管法之外通过自由裁量权创造的规则，是对投资者权利保护的有益补充，受到较为一致的肯定。但面临的困境是，推定全损裁判规则在形式上与侵权责任“实际损失”的原理有一定矛盾，缺少法理支持。上海金融法院在报告中亦承认：“……推定投资者损失这个前提缺少足够的理论支撑，在实践中也存在较大争议。”[②] 本文总结，目前对推定全损裁判规则的解释有以下几种，但都面临一定问题。

1. 债权让与

债权让与的解释来源于北京仲裁委员会发布的《北京仲裁委员会/北京国际仲裁中心私募基金纠纷案件裁判指引（2021 版）》。该指引认为在特定情境下，基金财产贴现到当前的价值极为有限，与投资遭受全损类似，故无须让投资者等待清算确定具体损失金额后再支持投资者的损害赔偿请求，管理人可在投资人获得完全清偿后，就投资者应予分配的剩余部分财产，依据债权让与或无因管理等制度主张权利。[③] 以债权让与的解释推定全损，在技术上是可行的。一方面，这可避免结果上投资者双重受偿；另一方面，管理人所付款项的性质是债权转让款，数额等值于该债权

---

① 参见上海金融法院综合审判一庭课题组：《涉契约型私募基金案件法律适用疑难问题研究——以 115 篇类案数据分析报告为基础》，https：//m. thepaper. cn/baijiahao_ 16595941，2024 年 6 月 27 日访问。

② 上海金融法院综合审判一庭课题组：《涉契约型私募基金案件法律适用疑难问题研究——以 115 篇类案数据分析报告为基础》，https：//m. thepaper. cn/baijiahao_ 16595941，2024 年 6 月 27 日访问。

③ 参见《北京仲裁委员会/北京国际仲裁中心私募基金纠纷案件裁判指引（2021 版）》，https：//www. shangyexinzhi. com/article/5255439. html。

的应有价值（投资者投资本金加预期收益），也有合理性。

但债权让与的解释可能面临的障碍是：第一，变更了投资者的请求权基础。实践中，投资者向管理人索赔，或是主张违背信义义务的赔偿责任（依据《信托法》第22条和第25条，以及《证券投资基金法》第9条和第145条），或是主张管理人没有尽到基金合同约定的勤勉尽责义务的违约责任。将管理人的赔偿解释为债权让与，淡化了管理人过错是担责的基础，而且可能有超过诉讼请求或仲裁请求的风险。第二，有强加当事人意思表示之虞。该解释相当于强行在当事人之间建立了债权让与的合意。第三，可能引发追偿争议。如果是债权让与，管理人应有权行使原本由投资人享有的全部权利，包括继续向基金托管人（如有过错）、投资顾问追偿的权利，这似乎有悖于一般认知。

2. 第三人代为履行

第三人代为履行的解释，是指在管理人以自有财产赔偿了投资人的全部损失后，如果发现基金财产尚有一定的价值，应认为管理人实质上是代替基金财产完成了向投资人的返还，是清偿了基金财产的相关债务，管理人可以基于与投资者事后订立的清偿协议或基于法律关于代偿他人之债的规定，要求投资人支付相应费用，或将其对基金享有的财产分配请求权转移给管理人。①

这种解释可能面临的障碍是：第一，不存在被代为履行的债务。从主体资格、基金投资性质角度，都难以认定私募基金本身对投资者负有还本付息的基金债务。管理人向投资者承担赔偿责任，系因管理人自身违反法定义务或约定义务，将其解释为管理人代私募基金偿还基金债务，与私募基金的基本结构冲突。第二，根据《民法典》第524条的规定，第三人有权代为履行的前提是“第三人对履行该债务具有合法利益”，但管理人担责的前提系管理人自身存在过错，可能也难以解读出管理人对给付所谓基

① 参见《北京仲裁委员会/北京国际仲裁中心私募基金纠纷案件裁判指引（2021版）》，https://www.shangyexinzhi.com/article/5255439.html。

金债务具有合法利益、有权代为履行的结论。

3. 无因管理

无因管理是对推定全损的另一种解释。① 但无因管理面临的障碍可能更大。第一，根据《民法典》第121条、第979条的规定，无因管理的前提是“管理人没有法定的或者约定的义务”而管理他人事务，而私募基金管理人向投资者承担赔偿责任的前提是管理人违反了法定的信义义务或约定的勤勉尽责义务。二者存在天然冲突。第二，在成立无因管理的情境下，管理人既可以请求受益人偿还因管理事务而支出的必要费用，还可以在受到损失时请求受益人给予适当补偿。如是，则私募基金管理人在向投资人承担赔偿责任后，不仅有权获得基金财产的剩余价值（如有），甚至还能请求投资人给予一定“补偿”，这显然也不符合朴素认知。

4. 海事保险领域的推定全损

海商保险下有推定全损（Constructive Total Loss）的概念，与实际全损（Actual Total Loss）的概念相对应，是指如果保险标的因其全部损失看起来不可避免，或者为避免实际全损所需的费用将超过其本身价值的原因而被合理放弃，则推定其损失已全部发生。《海商法》第249条规定，被保险人主张推定全损后，应当向保险人委付保险标的。这与私募基金资管领域的推定全损裁判规则极为类似。故有实务讨论认为，私募基金的推定全损裁判规则可以被解释为参照海事保险领域的规则。② 但该种解释仍然没有说明“参照”的法理依据。

---

① 参见《北京仲裁委员会/北京国际仲裁中心私募基金纠纷案件裁判指引（2021版）》，https://www.shangyexinzhi.com/article/5255439.html。

② 参见余学文、蒋艾：《法院能否用“推定全损”的方式先定损后清算》，https://mp.weixin.qq.com/s/O4TAbOwsufMYt-bjef8pmg，2024年6月27日访问。

（三）回溯民法理论的探讨：私募基金投资者损失应是纯粹经济损失

1. 管理人赔偿责任对象的特殊性：基金财产还是投资者

主流观点都认可，私募基金可以视为一种信托法律关系。私募基金管理人未尽管理人义务的赔偿责任，可追溯到信托受托人的信义义务。受托人违背信义义务时的赔偿责任，学理上有侵权责任、[①] 合同责任（包括缔约过失或违约责任）[②] 或独立的第三类责任的不同观点。[③] 本文并不对前述学术争议进行分析，但私募基金管理人的赔偿责任确实具有特殊性。《信托法》第 22 条规定，受托人违背管理职责致使信托财产受到损失的，受托人应当恢复信托财产原状或予以赔偿。学理上认为，该赔偿责任“系以信托财产为承担对象”。《信托法》第 22 条授权委托人提起诉讼，是因为信托不具有独立人格，确保受托人的赔偿责任在事实上能够真正承担，此时予以赔偿的对象仍然是信托财产而非直接向信托当事人赔偿。[④] 从信托的基本结构来看，信托设立后，信托财产已然独立于委托人（受益人）的自有财产，前一解释符合《信托法》的基本逻辑。但《证券投资基金法》在该问题上与《信托法》的规定略有不同。该法第 145 条规定：“违反本法规定，给基金财产、基金份额持有人或者投资人造成损害的，依法承担赔偿责任。”即管理人违背管理人职责的致害对象，可以是基金财产，

① 参见张保军：《过错责任还是无过错责任——论我国〈信托法〉受托人赔偿责任的规则原则》，载《当代法学》2003 年第 9 期。

② 参见［日］四宫和夫：《信托法》，日本有斐阁株式会社 1979 年版，第 133 页；《北京仲裁委员会/北京国际仲裁中心私募基金纠纷案件裁判指引（2021 版）》，https：//www. shangyexinzhi. com/article/5255439. html。

③ 参见张淳：《试论受托人违反信托的赔偿责任——来自信托法适用角度的审视》，载《华东政法学院学报》2005 年第 5 期。

④ 有观点认为：“尽管受益人与委托人对受托人享有损害赔偿请求权，然他们在行使这一权利时却只能够要求受托人向信托财产赔偿，而决不能要求其向他们赔偿。”参见张淳：《试论受托人违反信托的赔偿责任——来自信托法适用角度的审视》，载《华东政法学院学报》2005 年第 5 期。

也可以直接是投资者自身，投资者可以自身利益直接受损为由主张索赔。

本文尝试以下列解释兼容《信托法》与《证券投资基金法》：管理人未勤勉尽责的赔偿责任，实际上包括两层含义：第一层，管理人对基金财产负有信义义务，其未尽管理职责行为的直接致害对象是基金财产，故管理人应向基金财产承担直接损害责任。[①] 第二层，就基金投资者而言，投资者民事权利是基金财产分配请求以及监督受托人等共益权。在管理人未勤勉尽责的场合，投资者的基金“权利”本身并未被管理人直接损害，而是基金财产价值下降间接引起的投资者经济上的不利益，《证券投资基金法》为保护投资者而例外授予投资者直接索赔权。

2. 前述特殊性符合纯粹经济损失的特征

王泽鉴教授首先采用了“纯粹经济损失”的表述，以对应英美法上的pure economic loss。纯粹经济损失的定义在学理上有不同观点，但最大共识是，纯粹经济损失指“非因人身或所有权等权利受侵害而引发的经济或财产损失”[②]。首先，纯粹经济损失的场合下，加害行为除了直接导致被侵犯对象的人身、财产权利损失之外，还导致了不同范围内的第三人损失；但这些第三人并没有因加害行为受到直接人身或有形财产的损害，其受到损失是因为与其存在特定关系（亲属、合同）的对象受到损害而产生的衍生性后果。[③] 其次，基于前述情况，纯粹经济损失的核心特征是，受侵害对象不是当事人的“权利”，而是权利之外的“利益”，即受害人因特定事由而遭受的纯粹金钱上的不利益。[④] 本文认为，在私募基金的场景下，管理人未尽善良管理义务，其加害对象并非投资者本身，而是具有独立性的

① 以《美国信托法第二次重述》为参考，其中规定，违反信托义务的人应当返还因为违反信托而取得的任何利益，或者把信托财产或者可分配利益的价值恢复到若信托得到适当的管控所应处于的状态。

② 王泽鉴：《侵权行为》，法律出版社2016年版，第362页。

③ 参见姜战军：《论纯粹经济损失的概念》，载《法律科学（西北政法大学学报）》2012年第5期。

④ 参见张新宝、张小义：《论纯粹经济损失的几个基本问题》，载《法学杂志》2007年第4期。

基金财产，投资者的投资者权利（如基金财产分配请求权）本身并未受到侵害。投资者作为该加害行为的外部第三人，系因其与基金财产之间的特定联系而遭受经济上的不利益，即基金财产贬值会经由基金财产分配转化为投资者的经济损失。故本文认为，基金投资者损失具有“纯粹的经济上的不利益”的特点，可认定为纯粹经济损失。

3. 将投资者损失界定为纯粹经济损失的法理可行性

纯粹经济损失索赔受到限制的原因，是此类损失与加害行为的因果关系可能过于宽泛，如不加以控制，可能导致“诉讼洪水”，加害人承担难以预见的索赔。但即便是在对纯粹经济损失采取较为严格限制的德国①，《德国民法典》第 823 条第 2 款同样对单纯的“利益”受到侵害时纯粹经济损失的可赔偿性，规定了一个例外，即“违反以保护他人为目的之法律”。在我国的司法实践中，如（2019）最高法民终 1534 号、（2019）津民终 145 号案例，审理法院均认为只有法律、司法解释有明确规定，或因果关系较近时，才有赔偿纯粹经济损失的可能。本文认为，《证券投资基金法》第 9 条规定了基金管理人的忠实义务和勤勉义务，该条可以被视为是保护投资者利益的强制性规定。管理人因违反该保护他人之法规，需对投资者的纯粹经济损失进行赔偿，这与大陆法系的立法例及我国司法实践是一致的。

（四）以纯粹经济损失为基点解释推定全损的裁判规则

1. 司法机关有权对纯粹经济损失进行酌定

《侵权责任法》第 2 条（现《民法典》第 1165 条）规定，行为人因过错侵害他人民事权益造成损害的，应当承担侵权责任。一般认为，前述规定使用的“权益”，将人身权、财产权等绝对权以外的“财产利益”纳入被保护的范围，这是纯粹经济损失的法律依据。但《民法典》并未规定单

① 相比于法国，德国在立法和实践中对合同外利益的保护，原则上排除在侵权法保护之外。参见姜战军：《论纯粹经济损失的概念》，载《法律科学（西北政法大学学报）》2012 年第 5 期。

纯侵犯“利益”时损失应当如何计算。有学理讨论认为，《民法典》第 1184 条规定，侵害他人财产的，财产损失按照损失发生时的市场价格或者“其他合理方式”计算，可以将纯粹经济损失视为一种财产性损失，参照该条由法院自行确定“其他合理方式”。① 从司法实践的角度，（2019）最高法民终 1534 号判决是比较全面论述人民法院对纯粹经济损失态度的判决。该案判决强调，纯粹经济损失的公示性及权利界限均不够明晰，司法实践应当综合考虑各项因素并确定适当的赔偿范围，事实上也是采取司法酌定的态度。从比较法的角度，《瑞士债法典》（2017 年修订）第 42 条第 2 款规定：“损害的准确金额无法确定的，法官考量事件的常规进程以及受损方所采取的措施而公正判定。”第 43 条第 1 款规定：“关于赔偿的方式和范围，由法官按照具体情形和过错严重性予以确定。”结合前述分析，本文认为，纯粹经济损失的赔偿更多属于价值规范问题，法院拥有自由裁量权，只要其裁量有内在合理逻辑即可。

2. 引入纯粹经济损失计算的差额法，或可解释推定全损裁判规则

差额法是大陆法系损害赔偿理论的重要底层逻辑。该理论源于德国学者毛姆森的利益说，具体是指损害可以被界定为被害人总财产额于侵害事故发生时与无该侵害事故时所生的差额。以差额法框定损害，是通过损害事实发生前之状况，与损害事实发生后之情形，两相比较以确定被害人所受之损失，旨在实现全部赔偿原则。该理论对德国、日本等国家的侵权责任法理论与实务影响深远，② 也是确定纯粹经济损失赔偿范围的重要方式。私募基金投资者的损失，实际上是管理人对基金财产的不当管理，导致基金财产发生贬值，由此间接给基金投资者带来的经济不利益。在差额法下：首先，应当确定基金财产的应有价值。此时可以直接按照投资者本金及预期收益率计算，因为虽然预期收益率并非刚性兑付承诺，但可以作为投资者与管理人共同预期的、无其他因素干扰时基金财产理论上的应有价

① 参见张瀚：《纯粹经济损失的法经济学分析》，载《政法论坛》2020 年第 3 期。

② 参见王泽鉴：《损害赔偿》，北京大学出版社 2017 年版，第 64-65 页。

值。这亦不会超出管理人的可预测范围。其次，基金财产目前的价值，应以生效判决确定管理人应承担赔偿义务之日为时间点，以届时的基金财产现值确定。二者之差，即投资者损失。

事实上，用差额法来计算投资者损失，亦有信托法领域的学者表示赞同。例如，有观点认为，在确定受托人赔偿义务时，损害赔偿的标准应当是“如果信托被适当履行，信托的原物和收益的价值”与“因受托人不当行为造成目前的信托原物和收益的价值”之间的差额。① 在差额法下，投资者损失在性质上已经确定，并不需要待清算完成后才能确定，只是基金财产在赔偿义务日的现值需要通过证据显示。此时问题就从实体法转化为程序法的举证责任问题。由于私募基金管理人控制、掌握私募基金投资存续过程中的全部资料，此时可以适用《最高人民法院关于适用〈中华人民共和国民事诉讼法〉的解释》第112条，由管理人对基金财产在赔偿义务日的现值负举证责任，如果管理人拒绝举证，或举证无法使法官形成内心确信，举证不能的后果由基金管理人承担，视为基金财产现值为0。这其实就是推定全损裁判思路的结果。

3. 管理人取得基金后续回款的法理基础

在差额法下，投资者的损失=基金财产期待值-基金财产在赔偿义务日的现值。后者是按照程序法的证明责任规则，在特定情况下确定为0，按照证据规则，自然也可以通过新证据加以推翻。如果管理人承担赔偿责任后，基金财产出现了新的回款，相当于原先确定的基金财产在赔偿义务日的现值与客观事实不符，应当修正。管理人应承担的赔偿额自然应调整。此时，严格遵循形式逻辑的处理，应由投资者将管理人“超赔”的部分返还给管理人，管理人将基金财产后续回款分配给投资者。但为了减轻诉累，可视为基金投资者在诉讼中已经按照《民法典》第568条提前作出了抵销的意思表示，同意将管理人应付款项与自身应返还管理人的“超赔”

---

① 参见高凌云：《被误读的信托——信托法原论》，复旦大学出版社2021年版，第121页。

加以抵销，故管理人有权收取基金后续回款。推定全损裁判规则的这一部分处理可以被合理解释。

4. 纯粹经济损失的解释能否涵盖投资者以违约责任起诉的情况

由于基金合同中大多会约定管理人负有勤勉尽责义务，因此，实践中私募基金投资者起诉管理人可能并不是依据《信托法》《证券投资基金法》的法定信义义务提出索赔，而是以违约责任作为请求权基础。本文认为，合同法下违约责任采取完全赔偿原则，其范围较侵权责任法更加广泛。以德国法为例，德国法主要把纯粹经济损失的保护责任留给了合同法领域。① 因此，即便投资者以违约责任追究管理人责任，违约损失的性质也是纯粹经济损失，前述通过纯粹经济损失解释推定全损裁判规则的逻辑还是可以适用的。这事实上也是纯粹经济损失解释带来的优势之一。

三、通过非监管法路径解释投资者穿透追索规则

（一）投资者追索底层资产在现行监管法下的困境

基金产品可以分为资金端（基金法律关系）与资产端（外部交易关系）两部分。投资者仅是基金（信托）法律关系当事人，而在外部交易关系中，系由管理人代表基金产品进行活动。在正常情况下，投资者无权直接向外部交易关系中的交易相对方或者说底层资产的相对方主张相关权益。其原因是，信托设立后，信托财产就和委托人未设立信托的其他财产区别开来而成为独立的财产整体。② 投资者不享有对基金财产的所有权、管理权，无权直接就基金财产运用形成的法律关系主张权利。委托人将信托财产委托给受托人后，对信托财产没有直接控制权，受托人完全以自己的名义对信托财产进行管理或者处分，不需要借助于委托人、受益人的名

① 参见陈磊：《普通法视角的纯粹经济损失》，载《清华法学》2010 年第 5 期。

② 参见最高人民法院民法典贯彻实施工作领导小组编著：《中国民法典适用大全·商事卷》，人民法院出版社 2022 年版，第 118-119 页。

义，这是信托的一个重要特征。[①] 就此，《信托法》第2条明确规定，“由受托人按委托人的意愿以自己的名义”对信托财产进行管理或者处分，《证券投资基金法》第19条[②]、《资管新规》第8条[③]更进一步明确了管理人以自己名义进行诉讼的权利。

囿于信托法律制度的上述限制，受益人通常不能越过信托机构直接向第三方主张权利。如有学者指出：“公司中存在公司法人的面纱，该面纱不能轻易被刺破。信托特别是在商事信托中，信托本身不存在法人资格，但是也应存在一个‘信托面纱’，委托人（受益人）不能直接越过信托（受托人）向第三人主张权利。”[④] 实践中，（2020）皖01民初2380号、（2021）吉01民初31号、（2020）粤民申7642号等案件中，法院均认为信托受益人不能以自己的名义就信托财产管理、运用中形成的法律关系主张权利。但实践的客观需要是，在某些特殊情形下（如管理人失联、怠于履行管理职责等），如果仍然坚持信托关系的一般架构，禁止投资者向底层资产追索，可能产生严重的实体不公。故此时需要借助合同法、侵权责任法的一般规则，尝试突破信托法律关系的束缚，加以平衡。

（二）合同法的视角：引入债权人代位权加以平衡

通过债权人代位权制度允许投资者在特定情况下直接向底层交易方的债务人追索，是实践中已经出现的一种投资者穿透追索的路径。如（2020）粤0304民初13194号案中，法院认为因基金产品已经到期，但管

---

① 参见最高人民法院民法典贯彻实施工作领导小组编著：《中国民法典适用大全·商事卷》，人民法院出版社2022年版，第14页。

② 《证券投资基金法》第19条规定：“公开募集基金的基金管理人应当履行下列职责：……（十一）以基金管理人名义，代表基金份额持有人利益行使诉讼权利或者实施其他法律行为；……”

③ 《资管新规》第8条第2款规定：“金融机构应当履行以下管理人职责：……（九）以管理人名义，代表投资者利益行使诉讼权利或者实施其他法律行为。……”

④ 赵廉慧：《受益人能否代位行使信托受托人对第三人之债权?》，https：//mp. weixin. qq. com/s/Rni2-c8wn4n0UF7MsHIjmQ，2024年6月26日访问。

理人并未依约向原告支付投资本金及利息收益，其行为已构成违约，原告已取得对基金管理人的债权，在基金管理人怠于向底层交易方主张权利的情况下，投资人有权依据《合同法》第 73 条（现《民法典》第 535 条）规定提起代位权之诉。（2019）粤 03 民终 27975 号至 27977 号案中法院亦持相同观点。

当然，代位权的路径在解释论上存在一定困境。最高人民法院认为，代位权的成立需要满足：（1）债权人对债务人存在合法有效的到期债权（债权具有合法性、已届履行期、具备确定性）；（2）债务人对次债务人存在合法有效的到期债权（债权具有合法性、已届履行期、具备确定性）；（3）债务人怠于行使权利影响债权人债权的实现；（4）债务人怠于行使与其债权有关的从权利；（5）代位标的为非专属于债务人自身的权利。[①] 而在私募基金的场景中，第一，投资者享有的基金权利可以界定为信托受益权，基于“卖者尽责、买者自负”的理念，投资者需要自担投资风险。投资者对基金财产或管理人享有的权利是否能界定为债权，尚有争议。在司法实践中，不少法院也正是基于这一顾虑，认为相关基金尚未完成清算，投资者损失并不确定，其权利可能尚未转化为现实的、确定的债权，故对其请求不予支持，如（2022）京 03 民终 10389 号、（2020）京 0102 民初 153 号等案件。第二，基金产品对底层交易方的债权，理论上应当归入基金财产，由所有基金投资者公平分配，这是不同于一般债权的特殊性，但如果允许行使代位权，可能产生前述基金财产全部归于某一特定投资者的情况，产生对投资者不公平对待的问题。

前述困境如何解释，还有赖于学理研究的进一步支持。但从司法实践的角度，可以通过限制投资者行使代位权的门槛在个案中加以平衡。例如，投资者行使代位权必须以不损害其他投资者利益为前提；又如，应当仅在管理人客观上已经不能履责或管理人怠于履责已经给投资者利益带来

---

① 参见最高人民法院民法典贯彻实施工作领导小组主编：《中华人民共和国民法典合同编理解与适用》，人民法院出版社 2020 年版，第 499-502 页。

现实、紧迫危险的情况下，才允许投资者行使代位权。

（三）侵权法视角：第三人侵害债权理念的引入

如前所述，投资者的损失并非其基金权利直接被侵害，而是基金财产贬值引发的投资者蒙受间接的经济不利益，故其损失实为纯粹经济损失。基于这一出发点可以构建起另一裁判规则：投资者主张的投资、利息、预期收益损失可以视为一种广义的债权；在大陆法系的一般观点中，债权具有相对权属性，不能成为侵权行为的对象；但无论德国民法还是法国民法，都允许在特定情况下通过侵权制度保护债权。而我国司法实践也从诚实信用、维护交易安全、行为自由等角度灵活解释法律，对第三人侵害债权制度进行了合理的吸收，从而形成符合客观实际的判决。① 具体到私募基金场景中，如果基金关系外的第三人（如多层嵌套基金产品中的次级管理人，或底层资产的交易相对方）的行为客观上可能导致投资者的不利益，在满足相应限制的情况下，可以允许基金投资者以“第三人侵害债权”为由，直接向基金关系外的第三人追索。例如，2022 年度上海金融法院十大典型案例之一戴某诉中某招商投资管理集团股份有限公司等其他侵权责任纠纷案中，戴某作为上层资管计划的投资人，对资管计划管理人及所投向基金的管理人提起诉讼请求承担连带赔偿责任，经上海市虹口区人民法院、上海金融法院两级法院审理后认为，受益权属于侵权责任法所保护的合法财产权益，可比照侵害债权的规则予以保护，并认定底层基金管理人未勤勉尽责应承担侵权赔偿责任，判令资管计划管理人、基金管理人承担连带赔偿责任。

当然，“第三人侵害债权”属于极端的例外，因此应当对其进行格外的限制。《德国民法典》第 826 条、第 823 条将其限定在为故意背俗或违反以保护他人为目的之法律。最高人民法院认为，投资者主张第三人侵害债权，应当符合相应的构成要件：（1）债权合法有效存在；（2）行为人明

---

① 参见赵红主编：《金融审判前沿》（第 4 辑），法律出版社 2023 年版，第 402 页。

知该债权存在；（3）行为人实施了侵害债权的行为；（4）该行为造成了债权部分或者全部不能实现的后果。[①] 在私募基金的场景中，本文认为，只有投资者无法寻求合同法及其他特别法的救济，且第三人能够预见到其行为可能损害该特定投资者，且该穿透不会额外增加第三人的责任负担时，才能允许基金投资者的穿透追索。[②]

（四）公司法路径：投资者代表诉讼制度的类推适用探讨

1. 投资者代表诉讼制度的必要性和实践不确定性

投资者（受益人）代表诉讼能解决投资者维权的现实困难。该诉讼是指，由满足条件的投资者以自己的名义直接提起诉讼，代表基金产品向基金产品的相对方直接主张权利，所获利益归于基金产品。一方面，在代表诉讼中，投资者无须再论证或证明债权的存在及金额；另一方面，该诉讼下，所获利益归于基金财产，再经财产分配程序归于基金投资者，相比于投资者代表自己利益提起的债权代位权诉讼或第三人侵害债权之诉，受益人代表诉讼不必面临诸多法解释论上的困难。现行基金制度和《信托法》均未规定投资者（受益人）代表诉讼制度，直接认可受益人代表诉讼缺乏法律依据，需要进行法律解释。但司法实践对此态度不一。如（2020）京 0105 民初 9387 号案裁判，在私募基金维权诉讼中借由基金份额持有人大会制度，肯定了投资者的代表诉讼权利，认定："基金管理人的职责为代表基金份额持有人利益行使诉讼权利或者实施其他法律行为，在私募基金管理人无法履行职责的情形下，可参照适用上述公募基金关于基金份额持有人大会的规定，允许基金份额持有人大会代行基金管理人的责任。"但相反，在（2020）京 02 民终 11251 号案中，法院认定：在目前信托法和基金法法律框架下，尚没有明确的受益人代表诉讼的机制。即使有，受益人亦不能要求相对方直接向自己履行义务。

---

① 参见最高人民法院民法典贯彻实施工作领导小组主编：《中华人民共和国民法典侵权责任编理解与适用》，人民法院出版社 2020 年版，第 18 页。

② 参见赵红主编：《金融审判前沿》（第 4 辑），法律出版社 2023 年版，第 402 页。

但本文认为，从必要性而言，限制受益人代表诉讼的主要理由是维护信托结构的稳定性。但在现行法律制度中，具有独立法人资格的公司、作为非法人组织的合伙企业尚可通过代表诉讼越过公司、合伙企业的组织形式，由股东、合伙人刺破公司、合伙企业的面纱直接向第三方主张权利，对于并不具备法定组织形式的信托而言，为了守护信托的面纱而严格禁止受益人提起代表诉讼，并无法理正当性，关于三种基金形式应统一适用法律的论证详见后述。

2. 投资者代位诉讼的域外法检视

参照公司代位诉讼制度，允许信托受益人提起代表诉讼（或称受益人派生诉讼）在英美法下已有实践基础。例如，在 Roberts 诉 Gill & Co & Anor 案中，判决指出："股东派生诉讼本质上是一种代位诉讼，其代位的前提是作为诉权实质意义的享有者——公司不行使其诉权。信托法律关系下，受托人拥有信托财产的所有权。在信托财产受到侵害时，受托人有义务行使诉权以保护信托财产，但在特殊情况下（如受托人怠于履行义务），则受益人享有诉权。"① 受益人派生诉讼规则也见于美国的成文法中。美国特拉华州 1998 年修订《特拉华州法典》时，在契约型投资基金中建立了派生诉讼制度，根据该法第 3816 条的规定，在经受益人促请但受托人怠于起诉的情形下，受益人可以为了信托的利益提起诉讼。②

3. 参照公司法，投资者代位诉讼制度的具体细节探讨

如前所述，《特拉华州法典》第 3816 条规定了受益人派生诉讼制度，其制度设计类似于公司法上的股东代表诉讼，包括对提起派生诉讼的前置程序、原告主体资格的限制、被告的范围、其他基金持有人在派生诉讼中

---

① 柏高原：《信托受益人对第三人的诉权研究》，载《金融市场研究》2022 年第 5 期。

② 参见林越坚、李俊：《投资基金持有人派生诉讼制度比较法研究》，载《西南政法大学学报》2011 年第 5 期。文中对《特拉华州法典》第 3816 条"派生诉讼"(derivative actions) 进行了全文翻译。其中第 1 款规定：如果有责任提起诉讼的受托人拒绝提起诉讼，或促使受托人提起诉讼的努力难以奏效时，信托财产受益权人有权为了企业信托的利益，依据企业信托自然享有之权利（in the right of business trust），在衡平法院提起诉讼，以获得有利于本企业信托的判决。

的地位等。[①] 我国《公司法》及其司法解释已经建立了完善的股东代表诉讼制度，可以作为构建受益人代表诉讼的参考依据。

第一，受益人代表诉讼的前置程序。基于维护信托结构及交易秩序稳定的需要，可以参照《公司法》第189条规定，要求受益人履行相应前置程序，规定受益人应书面请求管理人提起诉讼，管理人拒绝起诉或自收到请求后未提起诉讼的，或者情况紧急、不立即提起诉讼将会使基金利益受到难以弥补的损害的，受益人可以自己的名义直接提起诉讼。第二，受益人代表诉讼的原告资格。基金产品的投资者数量、资合性特征更类似于股份有限公司而非有限责任公司，为了避免投资者滥诉，可参照《公司法》第189条规定，对有权起诉的投资者所持份额作出限制性规定。同时，由于个人投资者持有的份额通常较小，应当允许投资者通过联合起诉或类似代表权征集制度的方式满足对份额的要求。第三，受益人代表诉讼的被告。参照《公司法》第189条规定及实践案例，任何损害基金财产利益的主体都可以成为受益人代表诉讼的被告，包括受托人、托管人、损害基金财产合法权益的第三方，也包括在基金财产因合同遭受损失时受托人不积极主张合同权利的情形。[②] 第四，基金管理人在代表诉讼中的地位。虽然契约制私募基金本身不具有诉讼主体资格，但基于查明基金财产管理、运用相关事实等的需要，有必要将其加入诉讼当中，故参照《最高人民法院关于适用〈中华人民共和国公司法〉若干问题的规定（四）》［以下简称《公司法解释（四）》］第24条的规定，可由私募基金管理人代表私募基金作为第三人参与诉讼。第五，其他投资者在代表诉讼中的地位。参照《公司法解释（四）》第24条的规定，一审法庭辩论终结前符合起诉条件

① 参见林越坚、李俊：《投资基金持有人派生诉讼制度比较法研究》，载《西南政法大学学报》2011年第5期。

② 参见中某国际信托有限公司、广西某某燃料有限责任公司买卖合同纠纷案，最高人民法院（2020）最高法民终208号民事裁定书。最高人民法院认定："股东代表诉讼的对象既包括公司董事、监事、高级管理人员，也包括侵犯公司合法权益的他人。关于股东代表诉讼的诉因范围问题，从条文文义看，上述规定并未排除合同之诉，不能当然认为股东代表诉讼的诉因仅限于侵权之诉。"

的其他受益人以相同的诉讼请求申请参加诉讼的，应当列为共同原告。第六，受益人代表诉讼的利益归属。代表诉讼本质上是为了维护信托计划的整体利益而提起的，参照《公司法解释（四）》第25条的规定，诉讼利益应归属于基金产品。

四、类推适用公司法构建契约型基金的强制清算制度

（一）契约型私募基金清算的实践困境

《证券投资基金法》①、《私募投资基金监督管理条例》②和《证券期货经营机构私募资产管理业务管理办法》③等监管规范仅就基金清算作出概括性规定，并未规定清算期限、未履行清算义务的法律后果。目前，私募基金可以分为契约型基金、公司型基金、合伙型基金三类，就公司型基金及合伙型基金而言，其外在具备公司及合伙企业的组织形态，可适用

---

① 《证券投资基金法》第81条规定："基金合同终止时，基金管理人应当组织清算组对基金财产进行清算。清算组由基金管理人、基金托管人以及相关的中介服务机构组成。清算组作出的清算报告经会计师事务所审计，律师事务所出具法律意见书后，报国务院证券监督管理机构备案并公告。"

② 《私募投资基金监督管理条例》第34条规定："因私募基金管理人无法正常履行职责或者出现重大风险等情形，导致私募基金无法正常运作、终止的，由基金合同约定或者有关规定确定的其他专业机构，行使更换私募基金管理人、修改或者提前终止基金合同、组织私募基金清算等职权。"

③ 《证券期货经营机构私募资产管理业务管理办法》第57条规定："资产管理计划终止的，证券期货经营机构应当在发生终止情形之日起五个工作日内开始组织清算资产管理计划财产。清算后的剩余财产，集合资产管理计划应当按照投资者持有份额占总份额的比例，原则上以货币资金形式分配给投资者；资产管理合同另有约定的，从其约定；但不得违反中国证监会规定。单一资产管理计划应当按照合同约定的形式将全部财产交还投资者自行管理。证券期货经营机构应当在资产管理计划清算结束后五个工作日内将清算报告报证券投资基金业协会。资产管理计划因受托财产流动性受限等原因延期清算的，证券期货经营机构应当及时向中国证监会相关派出机构报告。"

《公司法》及《合伙企业法》关于清算的规则。① 但规模最大的契约型基金，在基金陷入僵局时缺少可填补的制度规则。“很多情况下，明明基金已经‘烂尾’，但投资人只能眼睁睁看着管理人收拾烂摊子，而长期无法退出。甚至有些管理人希望基金长期陷入待清算状态，避免清算后水落石出反被追责。”②

（二）填补法律漏洞：参照公司强制清算制度的正当性

“填补开放的漏洞，通常是以类推适用，或恢复法律所包含的原则之方法行之。”③ 契约型基金准用《公司法》关于公司强制清算之规定，应以法律漏洞存在为前提。具体而言：“法律漏洞是一种法律‘违反计划的不圆满性’。”“内存于任何法律中的原则是：同类事务同等处遇。”④

本文认为，从规范层面看，三种私募基金的共同上位法对三类基金的清算程序未作不同的规定⑤，并明确清算的立法目的是保护投资者的财产收益与分配权，对投资者而言是“最重要的一环”⑥，因此三类基金的清算对投资者而言不应有所差别。从实践层面看，私募基金组织体选择的核心考量因素是组织体的灵活性、投资者自身责任范围的确定性及不同组织形

---

① 参见上海金融法院综合审判一庭课题组：《涉契约型私募基金案件法律适用疑难问题研究——以115篇类案数据分析报告为基础》，载上海市法学会编：《上海法学研究》（2021年第8卷），上海人民出版社2022年版，第198页；刘俊海：《论合伙型私募基金有限合伙人的退伙财产请求权——合伙企业法和投资基金法的不同维度》，载《政治与法律》2021年第6期。

② 李寿双：《私募基金投资者保护待解难题及思路探讨》，https://mp.weixin.qq.com/s/c2uXNopCFOOa4ZiRapKXRQ，2020年10月13日访问。

③ ［德］卡尔·拉伦茨：《法学方法论》，陈爱娥译，商务印书馆2003年版，第258页。

④ ［德］卡尔·拉伦茨：《法学方法论》，陈爱娥译，商务印书馆2003年版，第252页。

⑤ 事实上，《证券投资者基金法》在制定时就已考虑三类基金的法律统一适用问题。《证券投资基金法》第153条规定：“公开或者非公开募集资金，以进行证券投资活动为目的设立的公司或者合伙企业，资产由基金管理人或者普通合伙人管理的，其证券投资活动适用本法。”

⑥ 参见最高人民法院民法典贯彻实施工作领导小组主编：《中国民法典适用大全·商事卷》，人民法院出版社2022年版，第278页。

式的税费成本,[①] 也不应该因此对基金管理人的清算义务差别对待。从域外法层面看，域外法同样给私募基金提供了多种可选择的组织体形式，但其同样确保不同组织形式在规制效果上趋同。例如，在美国，对于依据《马里兰州公司法》设立的公司型基金可以简化关于该股东年会等方面的程序规制,《特拉华州商业信托法》则规定了信托受益人与公司股东相同的有限责任，以确保信托受托人不因组织形式的差异而对信托财产承担个人责任。

如有学者所指出的，公司法、信托法、代理法、合伙法等法律领域均属于英美法所称信义法律关系。在这些法律关系中，由于存在一方对另外一方的信赖关系并承受后者的商业决策或投资决策的结果，受信赖一方应承担信义义务。换言之，无论是哪种组织形态，资产管理机构、基金管理人、托管人作为受信人都需要为作为委托人兼受益人的投资者之最大利益服务，而投资者则承担投资失败的市场风险。[②] 对投资者的权利保护不应当因组织形态差异而降低。契约型基金缺少强制清算规则事实上构成一种需填补的法律漏洞。

（三）契约型基金强制清算具体制度的探讨

结合 2023 年修订的《公司法》的规定，公司的清算制度与基金的清算制度简要对比见表 2。

“类推的过程并非直接从特殊到特殊，而应是先从特殊到一般，再从一般到特殊。”[③] 契约型基金对公司清算制度的类推适用，主要需考虑契约型基金与公司的主体性差异。特别是，基金财产的独立性相较于具有法人主体资格的公司是一种有限的独立性[④]，“不能直接适用民事主体的清算制

---

① 参见黄辉:《资产管理的法理基础与运行模式——美国经验及对中国的启示》，载《环球法律评论》2019 年第 5 期。

② 参见刘燕:《大资管“上位法”之究问》，载《清华金融评论》2018 年第 4 期。

③ 张青卫:《类推适用的法理基础与具体步骤》，载《南大法学》2022 年第 5 期。

④ 参见谢哲胜:《信托法》，我国台湾地区元照出版公司 2009 年版，第 203 页。

度，但原理可以互参”①。

表 2 公司清算与现行契约型基金清算制度对比

清算阶段	具体事项	公司清算制度	现行契约型基金清算制度
清算事由发生	清算义务人及清算组组成时间	清算义务人应在 15 日内组成清算组	私募基金管理人应在 5 日内组织清算
	未按期清算的法律后果	(1) 股东、债权人、董事等请求人民法院指定清算组清算 (2) 如未清算导致无法清算等情形，清算义务人承担赔偿责任	无
清算中	清算组违规清算、拖延清算	(1) 股东、债权人、董事等请求人民法院指定清算组清算 (2) 如违规清算造成股东、债权人损失，清算组承担赔偿责任	无明确规定
	涉清算诉讼权利行使	以公司名义参加诉讼，清算组负责人代表公司参加诉讼	无
	清算组成员存在违规或丧失清算能力	请求法院更换清算组成员	无
	司法清算最长时限	自清算组成立 6 个月内清算完毕，特殊情况经法院批准延长	无
清算方案通过	清算确认程序	(1) 自行清算报股东会决议确认 (2) 司法清算报人民法院确认	无确认程序但报中国证券投资基金业协会进行形式核查

① 吴弘、陆瑶：《论契约型私募基金强制清算的制度建构》，载《金融发展研究》2022 年第 6 期。

1. 程序主体

公司法下，有权申请强制清算的主体包括“债权人、公司股东、董事或其他利害关系人”。由此类推，以下主体应当有权作为基金强制清算的申请人：（1）基金投资人。基金投资人类似于公司股东的身份，有权申请自无异议。（2）基金托管人。其作为《证券投资基金法》规定的基金受托人及清算组组成成员，亦应有权申请强制清算。

有争议的申请人有两类：（1）基金管理人。本文认为，基金管理人作为基金清算义务人，其清算义务不得通过强制清算程序移转，在其无力承担清算义务时请求司法救济的权利应留给基金托管人及投资人。（2）基金债权人。本文认为，相较于公司、合伙企业而言，契约型基金诉讼权利及法律行为以基金管理人的名义行使和实施。债权人可直接向基金管理人主张债权，其债权实现并不会因为基金是否清算而受到影响，不应授予其申请强制清算的权利。至于被申请人，由于契约型基金系由管理人从事相关民事活动，因此，在基金清算时可列基金管理人作为被申请人。在其他纠纷中，管理人代表契约型基金参与诉讼活动时，部分法院会列基金管理人为诉讼当事人，但会刻意区分其与基金管理人本身的主体性差异，如“××基金管理有限公司（代表××基金）”，此做法可作为契约型基金强制清算时的参考。

2. 强制清算的条件

关于强制清算程序的启动条件可直接参照《最高人民法院关于适用〈中华人民共和国公司法〉若干问题的规定（二）》［以下简称《公司法解释（二）》］第7条，包括“逾期不成立清算组进行清算”“成立清算组但其故意拖延清算”“清算组违法清算可能严重损害基金或基金投资者利益”。其中，逾期不成立清算组的判断标准，参考《证券期货经营机构私募资产管理业务管理办法》第57条，如清算义务人在基金合同终止事由发生后5日内未组成清算组清算，或者未在基金合同约定的组成清算组时间内启动清算，则基金托管人、投资人可向法院提起强制清算之诉。有观点认为，契约型基金的清算应当为“当事人磋商合意的形成留出充足空间”，因此法院在受理清算案件前应当调解先行且增加先期自行清算程序。[1] 我们对此有所保留：考虑到司法作为终局性手段的必要性等原因，对司法介入基金清算设置更高门槛是有必要的，因此，可以在司法实践中适当给予宽限期，即在法定或约定的清算期届满后再经过一定合理期限，如基金仍未启动清算时再由司法介入。但是，司法强制清算要解决的就是基金内部程序已经不足以解决纠纷的问题，再增加调解或限期自行清算可能只是徒增当事人负累。

3. 强制清算的清算组成员与清算期限

《证券投资基金法》第81条第2款规定，“清算组由基金管理人、基金托管人以及相关的中介服务机构组成”。因此，契约制基金强制清算时参考《公司法解释（二）》等规定，由主要投资者或托管机构担任清算组成员，或由法院选定中介机构担任，均有法律依据。人民法院亦可以参考《公司法解释（二）》第9条的规定，在必要时更换清算组成员。

需要特别考虑的是清算期限。私募基金需要考虑底层资产的退出可能性问题，原则上不应直接类推《公司法解释（二）》第16条设置6个月的固定清算期限。本文倾向于认为，人民法院可以参照基金合同约定的清算期限确定清算期，如无约定期限则根据底层资产不同在3个月至12个月范围内酌定（如底层资产是有价证券等流动性强的资产则可指定较短期限，如是股权、不动产或其他难以变现的资产则可指定较长期限，具体亦可建议中国证券投资基金业协会根据基金类型不同制定清算期间指引）。此外，可增加“因特殊情况无法在指定期限内完成清算的，清算组应当向人民法院申请延长”作为兜底条款以备不时之需。

4. 清算组的代表权限与职责

因公司、合伙企业均为独立实体，因此其在清算阶段仍能以自身名义进行诉讼等法律活动，而针对契约型基金，其诉讼权利的行使需借助基金

---

① 参见吴弘、陆瑶：《论契约型私募基金强制清算的制度建构》，载《金融发展研究》2022年第6期。

管理人配合。因此，在基金管理人拒绝或无法配合的情形下，可借助司法裁判文书赋予清算组成员对基金管理人就特定基金清算事宜的代表权限，对内要求基金管理人向清算组成员移交基金财务账册，对外司法公示清算组成员的代表权限，以实现基金退出清算。至于清算组成员的法定职责，《公司法》及相关司法解释已有明确规定，各地区基本也有地方性的强制清算案件工作指引，类比适用并无技术性困难。

概要言之，“司法审查权的适度干预可以弥补自行清算制度的固有不足，避免信息、资金优势方对投资者合法利益的侵蚀，这正是实现私募基金有序退出的应有之义”①，亦可填补监管法路径的不足。

综上所述，我国目前私募基金投资者主要依靠以《信托法》为基础构建的监管法体系，但是信托关系不足以应对实践面临的所有问题。在某些特定情境下，如何拓宽边界，适当结合监管法外的其他法律资源，共同形成投资者保护的立体体系，是司法实践值得关注的问题。

① 吴弘、陆瑶：《论契约型私募基金强制清算的制度建构》，载《金融发展研究》2022年第6期。

私募基金多层嵌套下的投资者保护探究

孙　显*　李哲远**

摘要： 私募基金多层嵌套下投资者权益受损时，囿于嵌套结构复杂以及现有规则、裁判依据不足等因素，投资者很难确定具体责任主体、诉请内容以及追偿依据，同时受到合同相对性限制，更难以向下层产品的责任主体直接追偿，维权之路举步维艰。对于上述投资者的保护，应当基于多层嵌套的历史原因和监管背景，总结投资者维权的难点和痛点：在立法层面，参考成熟的证券市场侵权赔偿制度体系，逐步建立私募基金投资者损害赔偿制度体系；在司法层面，应充分利用好目前司法机关在有关管理人与托管人责任认定、投资者对下层产品责任主体诉权等方面的有益探索，在个案中结合管理人和托管人的实际履职情况依法认定其责任，保障投资者对下层产品相关责任主体的基本诉权，确保投资者的维权路径通畅，通过典型案例的宣传等方式为投资者维权提供指引，逐步实现对私募基金多层嵌套下投资者的保护。

关键词： 私募基金多层嵌套　投资者保护　管理人和托管人责任　诉权保障

---

* 北京安坤律师事务所合伙人。

** 北京安坤律师事务所律师。

一、私募基金多层嵌套问题的背景及制度现状

嵌套问题曾普遍存在于资管产品，诱发的根本原因是在我国分业监管机制下，市场为了实现规避监管进行套利。分业监管模式下，原有证监、银监、保监乃至地方金融办等监管机构各自的规则体系并未形成体系化的立法，基于本行业各自情况所出台的监管规则也无法相互协调，这种制度规则的割裂诱发了市场通过嵌套模式规避监管。

嵌套问题投射在私募基金领域，所要规避的内容正与私募基金诸多限制性规则相对应，具体体现为四个方面。

（1）绕开合格投资者的限制。《私募投资基金监督管理暂行办法》2014 年 8 月颁布，后续逐步建立了统一的合格投资者制度，私募基金认购起点均为 100 万元。① 为了突破认购起点为人民币 100 万元的私募投资基金合格投资者制度，部分套利资管产品直接购买理财产品。

（2）规避不同私募基金的投资范围和限制。私募基金通常分为证券类、股权类、创投类及其他类，各种私募基金的投资范围和监管要求均存在差异，通过层层嵌套模式，往往可以形成不同私募投资基金种类的变化，其所面临的投资范围和监管要求也会截然不同，例如，华某新动力母基金案中就是通过层层嵌套的方式，从私募证券投资基金变成了私募股权投资基金，② 而私募股权投资基金受到的限制远比私募证券投资基金少。

（3）加大投资杠杆。按照《证券期货经营机构私募资产管理业务运作

① 证监会发布的《私募投资基金监督管理暂行办法》（证监会令第 105 号）第 12 条规定："私募基金的合格投资者是指具备相应风险识别能力和风险承担能力，投资于单只私募基金的金额不低于 100 万元且符合下列相关标准的单位和个人：（一）净资产不低于 1000 万元的单位；（二）金融资产不低于 300 万元或者最近三年个人年均收入不低于 50 万元的个人。前款所称金融资产包括银行存款、股票、债券、基金份额、资产管理计划、银行理财产品、信托计划、保险产品、期货权益等。"

② 参见王宇露、张舒琳：《多家机构"踩雷" 拷问底层资产真实性》，载《中国证券报》2023 年 11 月 20 日。

管理暂行规定》的要求，[①] 股票类和混合类结构化产品杠杆率不得超过1倍，即便是固定收益类产品最高杠杆率亦不得超过3倍。但是通过设置嵌套，以并不违反上述规定杠杆率的券商资管计划，进行结构化设计，其杠杆率往往远超规定。

（4）以私募产品的名义掩盖集资诈骗、非吸等违法犯罪行为。当前市场上大部分投资者选择私募基金产品时缺乏对产品底层的细致关注，对管理人宣传的产品信息认知停留在较为宏观的层面，如管理人较为理想的历史业绩、较有发展前景的投资领域、交易主体或增信主体较为强大的股东背景（如大型国企央企）等。[②] 在嵌套的模式下，投资者接触和关注到的往往是上层产品。上层产品通过合法化的手段包装成正规的私募基金产品，以此取得投资者信任，对于更为下层产品而可以随意转移，实现犯罪意图。在华某新动力母基金案中，在层层嵌套之后，投资者的资金被下层产品的实控人转移，相关人员也涉及刑事犯罪，如果在产品设计之初就存在上层产品与下层产品之间的相互串通、勾结，即构成以私募产品的名义掩盖违法犯罪行为。

《中国人民银行、中国银行保险监督管理委员会、中国证券监督管理委员会、国家外汇管理局关于规范金融机构资产管理业务的指导意见》（银发〔2018〕106号，以下简称《资管新规》）第22条明确，不能为规避投资范围、杠杆约束等监管要求进行多层嵌套，一层资管产品至多只能再投资一层资管产品，且被投资的资管产品不得再投资公募基金以外的其

---

① 证监会发布的《证券期货经营机构私募资产管理业务运作管理暂行规定》第4条规定："证券期货经营机构设立结构化资产管理计划，不得违背利益共享、风险共担、风险与收益相匹配的原则，不得存在以下情形：……（四）股票类、混合类结构化资产管理计划的杠杆倍数超过1倍，固定收益类结构化资产管理计划的杠杆倍数超过3倍，其他类结构化资产管理计划的杠杆倍数超过2倍……"

② 参见王沥平、张震宇、洪苗：《新时期私募维权现状评述》，载《投资者》2020年第3期。

他资管产品，换言之，金融机构资管产品最多只能嵌套两层。①

上述规则对于金融机构资产管理业务足够清晰，但私募基金能否适用《资管新规》关于嵌套层级的规定在之前存在较大争议，监管机关及行业组织协会也未予以释明。《资管新规》所述“资产管理业务”和“资产管理产品”中并未明确列举私募基金产品，因为普遍认为私募基金不属于“金融机构”。在 2019 年 12 月 23 日中国证券投资基金业协会发布新版《私募投资基金备案须知》中，《资管新规》也不在私募基金募集和投资运作的法律规则依据之列，部分从业人员也据此认为《资管新规》不适用于私募基金。《资管新规》第 2 条第 3 款中也规定，私募基金适用私募基金专门法律、行政法规，私募基金专门法律、行政法规中没有明确规定的适用《资管新规》，创业投资基金、政府出资产业投资基金的相关规定另行制定。上述争议也给了嵌套私募基金生存的空间，即使是《资管新规》在 2018 年实施后，实务中私募基金嵌套三层及以上的情况也并不少见。

2019 年 10 月 19 日，国家发改委等部门联合发布《关于进一步明确规范金融机构资产管理产品投资创业投资基金和政府出资产业投资基金有关事项的通知》（发改财金规〔2019〕1638 号），针对部分创业投资基金和政府出资产业基金接受其他私募基金投资时不视为一层产品，间接性提出豁免一层嵌套层级规则。② 换言之，对于不存在豁免的其他私募基金类型，则可能理解为直接适用《资管新规》，但是以上规则传递的信息仍旧不够

---

① 《资管新规》第 22 条第 1 款、第 2 款规定：“金融机构不得为其他金融机构的资产管理产品提供规避投资范围、杠杆约束等监管要求的通道服务。资产管理产品可以再投资一层资产管理产品，但所投资的资产管理产品不得再投资公募证券投资基金以外的资产管理产品。”

② 《国家发展和改革委员会、中国人民银行、财政部、中国银行保险监督管理委员会、中国证券监督管理委员会、国家外汇管理局关于进一步明确规范金融机构资产管理产品投资创业投资基金和政府出资产业投资基金有关事项的通知》（发改财金规〔2019〕1638 号）第 6 条规定：“符合本通知规定要求的两类基金接受资产管理产品及其他私募投资基金投资时，该两类基金不视为一层资产管理产品。”

明确。2023年7月3日，国务院公布《私募投资基金监督管理条例》（国务院第762号令），第25条第一次明确私募基金的投资层级应当遵守国务院金融管理部门的规定。[①] 2023年12月8日，证监会就《私募投资基金监督管理办法（征求意见稿）》公开征求意见，针对私募基金嵌套层级问题作出明确规定。[②] 按照“新老划断”的基本原则，修订后该办法适用于新申请登记备案的私募基金管理人和私募基金。私募基金嵌套层级应当在两年内完成整改，对存量私募基金不符合其他规定的，完成整改前不允许新增募集规模或新增投资者、不得展期，到期予以清算。

另外，关于母基金的特殊制度安排，《私募投资基金监督管理条例》第25条也明确，符合国务院证券监督管理机构规定条件，将主要基金财产投资于其他私募基金的私募基金不计入投资层级。司法部、证监会负责人就《私募投资基金监督管理条例》答记者问中明确，对母基金、创业投资基金、政府性基金等具有合理展业需求的私募基金，《私募投资基金监督管理条例》在已有规则基础上豁免一层嵌套限制。根据上述《资管新规》以及答记者问中明确的内容，私募基金原则上禁止多层嵌套，投资层级不得超过两层，由于母基金本身可以豁免一层嵌套限制，该层基金不计入投资层级。但是，母基金即使允许豁免嵌套，也只能豁免一层嵌套，即本基金不计入投资层级，本基金距离底层资产中间不得嵌套超过两层资管

① 《私募投资基金监督管理条例》第25条规定：“私募基金的投资层级应当遵守国务院金融管理部门的规定。但符合国务院证券监督管理机构规定条件，将主要基金财产投资于其他私募基金的私募基金不计入投资层级。创业投资基金、本条例第五条第二款规定私募基金的投资层级，由国务院有关部门规定。”

② 证监会发布的《私募投资基金监督管理办法（征求意见稿）》第54条规定：“私募基金可以再投资一层资产管理产品或者私募基金，所投产品不得再投资公募证券投资基金以外的其他的资产管理产品或者私募基金，法律、行政法规和国家另有规定的除外。母基金不计入投资层级，具体办法由中国证监会另行规定。私募基金管理人不得违反关于嵌套的规定，规避或者变相规避法律、行政法规以及国务院金融监督管理机构规定的登记备案、合格投资者标准、人数限制、投资范围、关联交易规范等监管要求。”

产品。

可以看出，对于私募基金的嵌套是否应当受到限制，现有规则经历了从争议到逐渐明确的过程，在上述过程中仍有一些私募基金嵌套模式存续，甚至在持续新设，从监管到市场，对于私募基金嵌套的风险意识与控制显然不足。这也是市场出现诸如华某新动力母基金事件的主要原因。可以预见，未来基于私募基金嵌套模式造成投资者损失并引发投资者起诉的案件仍会持续出现。目前，司法实践中也已经对此类案件的裁判作出了诸多有益探索。

二、私募基金嵌套下投资者面临的维权困境

由于私募基金嵌套模式本身结构的复杂性和规避监管的特点，一旦基金出现重大风险造成投资者损失，投资者所面临的维权路径远比非嵌套模式的私募基金更多。本文结合实践中涉及嵌套的案例认为投资者在实践中维权的突出困境①主要体现为以下几个层面。

（一）投资者主张不同层级基金管理人与托管人责任难度大

虽然私募基金多层嵌套已经逐渐被监管规则所明令禁止，但正如前文所述，现存私募基金嵌套多为已经存续的私募基金，在设立之初就已经存在嵌套模式，彼时尚未出台明确的规则限制，从法定职责上并不足以认定基金管理人与托管人对于多层嵌套本身存在信义义务的缺失。同时，关于嵌套模式与造成投资者投资损失之间是否存在必然的关联，也是投资者维权过程中基金管理人和托管人必然选择抗辩的关键。基于上述分析，对于投资者而言，主张嵌套私募基金不同层级产品管理人和托管人的责任更为困难。

首先，在监管规则已经对私募基金嵌套设置一定过渡期的情形下，

---

① 嵌套私募基金与非嵌套私募基金投资者维权难点部分重合，本文对于私募基金投资者维权普遍困境问题不再赘述。

很难简单基于嵌套模式本身主张基金管理人和托管人存在法定职责的缺失，即使私募基金的嵌套情况客观存在，基金管理人与托管人对于嵌套是否应当承担责任仍然充满不确定性，仍要基于监管规则和政策变化具体认定。

其次，在无法直接基于嵌套主张管理人与托管人职责的情况下，对于基金管理人与托管人的责任通常要结合其履职状态认定是否存在损害投资者利益的行为。对于上层基金产品管理人、托管人，其较为容易证明已经按照规则及合同约定履行对上层产品的信义义务，已经勤勉尽责。对于下层产品的管理人、托管人，其在整个嵌套体系中的角色和履职内容是与投资者隔绝的，对于不参与基金管理事务的外部投资者而言，上层基金产品管理人、托管人与下层产品管理人、托管人之间存在的利益关联以及串通内容难以知情，更无法掌握具体信息与资料，这也导致对于嵌套模式中下层产品管理人、托管人与投资者损失之间存在何种关联，投资者很难说明和举证。

因此，基金管理人、托管人对嵌套本身负有哪种职责，投资者的投资损失与基金管理人、托管人未履行信义义务之间的关联将会一直是投资者维权的首要难题。

（二）投资者对下层产品责任主体直接追偿路径尚不通畅

在私募基金层层嵌套的模式下，投资者资金的最终流向是下层产品，实践中出现产品运作问题导致投资者发生损失的情形主要存在于下层产品，下层产品的责任主体应当对投资者负责，更为重要的是由于资金流向下层产品，径行追究下层产品的责任主体，更利于锁定资产去向，保证后续偿付的可行性。但是投资者在投资私募基金之初，是与上层私募基金产品的管理人和托管人签署协议，上层私募基金产品与下层产品之间签署协议，投资者与下层产品之间并不存在合同关系。

基于合同相对性的限制，如果投资者以违约之诉起诉相关责任主体，则责任主体的范围也限于存在合同关系的上层私募基金产品的管理人与托管人。当然，对于私募股权投资基金而言，尚可运用股东代位权诉讼，但对于私募证券投资基金则难以主张。对投资者能否径行行使代位权也存在两种思路：一是投资者有权向基金的用资方行权，二是投资者无权向基金的用资方及关联方行权。① 即使提起股东代位权诉讼，仍需要以上层私募基金管理人怠于行使权利为前提，此时大部分上层私募基金管理人能否再代表投资者利益，或者全力维护投资者权益等具有极大不确定性，代位诉讼并不能解决投资者向下层产品相关责任主体直接追偿的问题。

如果投资者以侵权之诉起诉相关责任主体，关于下层产品的管理人、托管人的履职行为是否能视为对上层产品投资者的侵权行为，似乎无法建立起直接的关联，投资者对下层产品的管理人和托管人起诉则依据严重不足。在合同相对性的限制下，多层嵌套私募基金产品的投资者可以直接追偿的主体范围受到了严重限制。

（三）私募基金层层嵌套加大清算难度，投资损失更难以确定

涉及多层嵌套的上层私募基金产品的清算需要以下层产品的清算为前提，而在层层嵌套的构架中清算很难完成，投资者的损失也很难基于清算确定。因此核心问题是，在投资者提起的损失赔偿案件中投资者主张损失是否以完成清算为前提。投资者的损失一般以清算确定为原则，在非嵌套私募基金投资者维权中清算难也一直是困扰投资者诉讼的难题。正因为相应的制度不完善或存在漏洞，众多的投资者无论通过何种方式维护自身权益而启动清算都存在路径受阻的问题。②

司法实践中，在投资者起诉主张投资损失，私募基金未能完成清算的情况下，大部分司法裁判在受理阶段直接驳回起诉，或者在审理阶段驳回

---

① 参见程立武、马娇：《契约型封闭式基金中投资者个别救济的路径》，载《人民司法》2023 年第 28 期。

② 参见郭善甲：《私募基金清算中投资者权益保护的困境与对策》，载《齐鲁金融法律评论（2020 年卷）》，中国人民公安大学出版社 2021 年版，第 151-171 页。

原告的诉讼请求，目前仅有少部分司法裁判如在上海钜某投资集团有限公司等与杨某其他合同纠纷①中，上海金融法院在清算未完成的情况下实体上支持投资者的诉请，但是前提是存在清算不具有现实可行性且基金财产价值极为有限的特定情形。这意味着，多层嵌套下的投资者可能需要一直等到多层嵌套的产品完全清算，案件才能在实体上审理并确认损失能否成立。嵌套私募基金清算难题无疑也会成为投资者维权之中的重大障碍。

（四）在刑民、行民交叉背景下，投资者维权工作和流程更为复杂

私募基金的多层嵌套本身是为规避监管，通过底层产品侵占、转移资产而涉嫌刑事犯罪更为常见，涉及集资诈骗罪、非法吸收公众存款罪、侵占罪等。与此同时，2013年6月，中央机构编制委员会办公室在相关通知中就明确了由证监会负责私募股权投资基金的监督管理，私募基金多层嵌套也受到证监会的行政监管。如果相关案件引发投资者诉讼，刑民、行民交叉将成为常态。

根据《全国法院民商事审判工作会议纪要》（法〔2019〕254号）第129条规定的涉众型犯罪的办案处理思路，对涉嫌集资诈骗、非法吸收公众存款等涉众型经济犯罪，如果被认定构成“同一事实”，应按照“先刑后民”的原则，人民法院对受害人以犯罪嫌疑人或者刑事被告人为被告提起的民事诉讼不予受理，如果是正在审理的民商事案件发现上述违法线索的，人民法院应将违法线索移送侦查机关，如侦查机关作出立案决定的，民商事案件裁定驳回起诉。受害人的民事权利保护通过刑事追赃或者退赔

① 参见上海金融法院（2021）沪74民终1113号民事二审案件判决书。

的方式解决。[1] 当然，以上“先刑后民”原则更多是针对涉及犯罪的犯罪嫌疑人或者刑事被告人，对于负有信义义务的管理人、托管人是否应当承担民事责任，仍有主张的空间。对于投资者而言，刑民、行民交叉背景下如何合理高效维权，也是投资者普遍面临的困境之一。

综上所述，私募基金多层嵌套模式下投资者所面临维权困境更为突出：一是嵌套构架下主体众多、法律关系复杂，导致案情复杂，维权需要建立在理清事实、举证和明确主张等基础工作之上；二是多层嵌套本身监管规范不足，此类案件缺少裁判依据。以上问题均对投资者维权工作提出了更高的要求。

三、私募基金嵌套下投资者维权路径

在投资者遭受损失时应为其维权提供司法保障和支持。从私募基金的多层嵌套的典型构架上看，不但应当积极保障投资者的横向维权路径，即合理认定管理人、托管人的责任，并且，也应当积极保障投资者的纵向维权路径，即实现投资者对下层产品责任主体直接追偿。

---

① 参见《全国法院民商事审判工作会议纪要》第129条规定：“2014年颁布实施的《最高人民法院最高人民检察院公安部关于办理非法集资刑事案件适用法律若干问题的意见》和2019年1月颁布实施的《最高人民法院最高人民检察院公安部关于办理非法集资刑事案件若干问题的意见》规定的涉嫌集资诈骗、非法吸收公众存款等涉众型经济犯罪，所涉人数众多、当事人分布地域广、标的额特别巨大、影响范围广，严重影响社会稳定，对于受害人就同一事实提起的以犯罪嫌疑人或者刑事被告人为被告的民事诉讼，人民法院应当裁定不予受理，并将有关材料移送侦查机关、检察机关或者正在审理该刑事案件的人民法院。受害人的民事权利保护应当通过刑事追赃、退赔的方式解决。正在审理民商事案件的人民法院发现有上述涉众型经济犯罪线索的，应当及时将犯罪线索和有关材料移送侦查机关。侦查机关作出立案决定前，人民法院应当中止审理；作出立案决定后，应当裁定驳回起诉；侦查机关未及时立案的，人民法院必要时可以将案件报请党委政法委协调处理。除上述情形人民法院不予受理外，要防止通过刑事手段干预民商事审判，搞地方保护，影响营商环境。”

（一）多层嵌套下维权横向路径——基金管理人和托管人的责任认定

1. 基金管理人

私募基金管理人作为通俗意义上的基金“大管家”，基于《私募投资基金监督管理条例》第11条的规定，对募资备案、投资、风控、收益分配、信息披露、资料保存等基金设立与运行行为负有全面责任,① 对基金管理和运作负有诚实信用、审慎勤勉的义务。多层嵌套下追究管理人的责任主要是基于上述嵌套模式下管理人存在违约或者过错行为，具体可以分为以下几方面。

（1）关于多层嵌套构架。

根据《证券投资基金法》第9条、《私募投资基金监督管理暂行办法》第24条的规定②，基金管理人、基金托管人从事基金服务活动，应当恪尽职守，履行诚实信用、谨慎勤勉的义务。根据《私募投资基金监督管理条

---

① 《私募投资基金监督管理条例》第11条规定：“私募基金管理人应当履行下列职责：（一）依法募集资金，办理私募基金备案；（二）对所管理的不同私募基金财产分别管理、分别记账，进行投资；（三）按照基金合同约定管理私募基金并进行投资，建立有效的风险控制制度；（四）按照基金合同约定确定私募基金收益分配方案，向投资者分配收益；（五）按照基金合同约定向投资者提供与私募基金管理业务活动相关的信息；（六）保存私募基金财产管理业务活动的记录、账册、报表和其他有关资料；（七）国务院证券监督管理机构规定和基金合同约定的其他职责。以非公开方式募集资金设立投资基金的，私募基金管理人还应当以自己的名义，为私募基金财产利益行使诉讼权利或者实施其他法律行为。”

② 《证券投资基金法》第9条第1款和第2款规定：“基金管理人、基金托管人管理、运用基金财产，基金服务机构从事基金服务活动，应当恪尽职守，履行诚实信用、谨慎勤勉的义务。基金管理人运用基金财产进行证券投资，应当遵守审慎经营规则，制定科学合理的投资策略和风险管理制度，有效防范和控制风险。”《私募投资基金监督管理暂行办法》第4条第1款规定：“私募基金管理人和从事私募基金托管业务的机构（以下简称私募基金托管人）管理、运用私募基金财产，从事私募基金销售业务的机构（以下简称私募基金销售机构）及其他私募服务机构从事私募基金服务活动，应当恪尽职守，履行诚实信用、谨慎勤勉的义务。”

例》第 30 条的规定[1]，基金管理人、基金托管人不得实施法律、行政法规和国务院证券监督管理机构规定禁止的其他行为。对于多层嵌套模式被监管禁止目前已经非常明确，但是嵌套模式的形成是一个过程，目前证监会公开征求意见的《私募投资基金监督管理办法（征求意见稿）》按照“新老划断”的基本原则对存量机构和产品设置了过渡期，规定私募基金嵌套层级应当在 2 年内完成整改，对存量私募基金不符合其他规定的，完成整改前不允许新增募集规模或新增投资者，不得展期，到期予以清算。当然，行政监管整改过渡期间安排不影响对于管理人就嵌套层级民事层面的过错认定。

按照现有规则，私募基金嵌套层级限制有两个关键时间节点：一是 2018 年《资管新规》出台，对于资管产品的嵌套作出规范，但监管机关并未明确《资管新规》适用于私募基金，市场层面亦有不同程度的解读；二是 2023 年 9 月 1 日出台的《私募投资基金监督管理条例》明确，私募基金的投资层级应当遵守国务院金融管理部门的规定。[2] 这在规范层面进一步明确私募基金投资层面应当受到《资管新规》的限制。

因此，在 2018 年《资管新规》之前，认定管理人对于私募基金多层嵌套是否违反禁止性规范，可能存在一定争议，但在 2023 年《私募投资基金监督管理条例》出台后设立的基金产品如果存在嵌套问题，应当一律认为违反了禁止性规范，必然存在民事层面的过错。对于在 2018 年《资

---

① 《私募投资基金监督管理条例》第 30 条规定：“私募基金管理人、私募基金托管人及其从业人员不得有下列行为：（一）将其固有财产或者他人财产混同于私募基金财产；（二）利用私募基金财产或者职务便利，为投资者以外的人牟取利益；（三）侵占、挪用私募基金财产；（四）泄露因职务便利获取的未公开信息，利用该信息从事或者明示、暗示他人从事相关的证券、期货交易活动；（五）法律、行政法规和国务院证券监督管理机构规定禁止的其他行为。”

② 《私募投资基金监督管理条例》第 25 条规定：“私募基金的投资层级应当遵守国务院金融管理部门的规定。但符合国务院证券监督管理机构规定条件，将主要基金财产投资于其他私募基金的私募基金不计入投资层级。创业投资基金、本条例第五条第二款规定私募基金的投资层级，由国务院有关部门规定。”

管新规》出台至 2023 年《私募投资基金监督管理条例》出台期间的私募基金如果存在嵌套问题，虽然无法认定其违反了禁止性规范，但是依然要从管理人是否存在主动排查、告知、整改嵌套模式以及嵌套与损失之间的关联等层面，考虑管理人是否本着勤勉审慎的原则履行管理职责，综合各种因素认定管理人是否存在过错。

（2）关于投资范围、策略、比例。

私募基金的多层嵌套重要的目的之一是隐瞒投资资金的去向，规避对于投资范围的要求。公开信息显示，在华某新动力母基金案件中，投资人的资金在层层嵌套下，原本投资于私募证券投资基金却变成投资于私募股权投资基金。① 显然，资金投向发生重大变化，在案人员利用私募股权投资基金灵活及缺少监管的情况，将资金对外转出，造成投资人的损失。基金产品的投资范围、策略、比例通常是投资者与基金约定的事项，管理人对此负有的职责应当是严格基于合同约定，保障基金投向符合约定的投资范围、策略、比例。

实践中对基金投向约定可能存在两个问题：第一，基金合同中对于投资范围、策略、比例的约定限于上层基金产品，上层基金产品管理人也主张其核查范畴限于上层产品的投向，只要保证上层产品的投向符合约定的投资范围、策略以及比例，即认为管理人是勤勉审慎的。管理人对基金的信义义务应当达到勤勉审慎的程度，对于产品的最终投向，管理人应当进行穿透性核查，尤其在《资管新规》出台背景下，所谓嵌套模式已经被监管政策所禁止，单纯核查合同中约定的上层基金产品投向不能免除其勤勉审慎义务，如果其没有尽到基本的穿透核查职责，仍可以认定其构成违约或者存在侵权意义上的过错。第二，基金合同中对于投资范围、策略、比例的约定过于笼统，导致投资者无法主张管理人存在违约或者侵权。所谓投资范围、策略、比例等方面的约定或者限制，最终映射的是投资者与基

① 参见耿长宝：《百亿 FOF 基金华某新动力“踩雷”，谁来保证底层资产真实性?》，载凤凰财经网，https：//finance. ifeng. com/c/8UoqOAQLoif，2024 年 6 月 15 日访问。

金就投资风险控制的合意。而管理人对于基金投资风险负有极大的提示与控制义务，当基金合同中对于投资范围、策略、比例的约定过于笼统，又试图通过嵌套模式规避违约可能时，应当依据基金合同及产品设立、推介过程中各方对于基金投资风险的认识，认定管理人是否存在违约或者侵权意义上的过错。

（3）关于信息披露。

根据《证券投资基金法》《私募投资基金监督管理暂行办法》的规定①，私募基金管理人、私募基金托管人应当按照合同约定，如实向投资者披露基金投资、资产负债、投资收益分配、基金承担的费用和业绩报酬、可能存在的利益冲突情况以及可能影响投资者合法权益的其他重大信息，不得隐瞒或者提供虚假信息。在多层嵌套下，对于基金的投资运作中相关信息披露也存在出现巨大失真性的可能。在华某新动力母基金案件中，公开报道显示涉案母基金投资的基金产品估值表造假，直接影响基金披露净值的准确性，结合底层资金被下层产品直接挪用，证监会认定下层产品存在报送虚假信息、违规披露信息的情形，该案母基金投资基金产品的估值表存在造假的高度可能性。② 信息的虚假导致投资者一直被“蒙在鼓里”，并不清楚基金的真实状况，直至案发才引起了各方关注。

《私募投资基金监督管理办法（征求意见稿）》第60条明确私募基金管理人、私募基金托管人、私募基金销售机构及其从业人员提供的信息应当真实、及时、准确、完整，明确基金管理人应当披露私募基金资产净值、份额变动、申购赎回情况以及投资者权益、私募基金投资运作等其他

---

① 《证券投资基金法》第95条规定：“基金管理人、基金托管人应当按照基金合同的约定，向基金份额持有人提供基金信息。”《私募投资基金监督管理暂行办法》第24条规定：“私募基金管理人、私募基金托管人应当按照合同约定，如实向投资者披露基金投资、资产负债、投资收益分配、基金承担的费用和业绩报酬、可能存在的利益冲突情况以及可能影响投资者合法权益的其他重大信息，不得隐瞒或者提供虚假信息。信息披露规则由基金业协会另行制定。”

② 参见耿长宝：《百亿FOF基金华某新动力“踩雷”，谁来保证底层资产真实性?》，载凤凰财经网，https：//finance. ifeng. com/c/8UoqOAQLoif，2024年6月15日访问。

信息。其中特别提到，对于私募基金底层资产情况，通过公募证券投资基金以外的资产管理产品或者其他私募基金投资的，应当穿透披露最终底层资产。基金管理人对于基金底层资产的信息负有不可推卸的披露职责。①

但是，管理人对于私募基金产品的信息披露与投资者损失之间是否存在关联、虚假陈述所致损失如何认定，在规范层面并未确立，司法实践中也对此问题进行过深入探索。在股票及债券市场中的证券虚假陈述责任纠纷在过错、交易因果关系、损失因果关系认定等方面较为成熟，私募基金也可以参照其中的基本原理，为投资者维权以及追究真正责任方提供更多的可能性。

（4）关于投后管理、内控。

一般情况下，相关基金合同中会体现关于管理人投后管理、内控的详细约定。根据中国证券投资基金业协会《私募投资基金管理人内部控制指引》第20条的规定，私募基金管理人应当建立健全投资业务控制，保证投资决策严格按照法律法规规定，符合基金合同所规定的投资目标、投资范围、投资策略、投资组合和投资限制等要求。《私募投资基金监督管理

---

① 《私募投资基金监督管理办法（征求意见稿）》第60条规定："私募基金管理人、私募基金托管人、私募基金服务机构应当按照规定和基金合同约定，向投资者披露信息，向中国证监会及其派出机构、基金业协会报送信息，并保证所披露和报送的信息的真实、准确、完整、及时。私募基金管理人应当建立健全信息披露管理制度，按照规定和基金合同约定向投资者披露下列信息：（一）私募基金资产净值、份额变动、申购赎回情况以及投资者权益；（二）私募基金投资运作情况；（三）私募基金底层资产情况，通过公募证券投资基金以外的资产管理产品或者其他私募基金投资的，应当穿透披露最终底层资产；（四）私募基金财务状况；（五）投资收益分配情况；（六）私募基金承担的费用和业绩报酬，业绩报酬的提取频次；（七）关联交易及其他可能存在的利益冲突情况；（八）中国证监会规定和基金合同约定的可能影响投资者合法权益的其他信息。私募基金管理人发生重大事项变更，私募基金发生清盘、清算、重大诉讼或者仲裁，出现重大风险事件以及基金合同约定的其他可能影响投资者利益的重大事项的，私募基金管理人应当在2个工作日内向投资者披露有关信息。"

办法（征求意见稿）》关于管理人的职责规范中明确，管理人按照规定和基金合同约定管理私募基金并进行投资，建立有效的风险控制和隔离制度，防范利益冲突。[①] 基金管理人应当建立健全投资业务控制制度，保证投资决策符合法律规定和基金合同的约定，同时应该提供尽职调查报告、投资决策流程等投研资料证明其已经尽到了审慎注意义务。管理人对基金的风险控制负有法定职责，基金产品因多层嵌套规避投资限制引发风险，亦说明管理人在投后管理和内控层面违约或者存在侵权意义上的过错。

2. 基金托管人

虽然基金托管人的职责范围远比管理人窄，但是由于托管人的偿付能力远高于管理人，基金托管人往往成为嵌套模式下投资者主张追偿的重点对象。此处需要特别注意对于托管人责任的考量，判断特定案件中私募基金托管人托管职责的具体标准，通常应当尊重基金合同的约定。实践中，部分基金合同可能会豁免托管人对于嵌套层级的审核义务，即约定对于基金管理人违反嵌套层级规定的，托管人不承担相应责任。对于这种托管人责任豁免条款的有效性判断，应当重点考察是否有违托管人的法定职责。

根据《证券投资基金法》第 37 条第 1 款的规定，基金托管人发现基金管理人的投资指令违反法律、行政法规和其他有关规定，或者违反基金合同约定的，应当拒绝执行，立即通知基金管理人，并及时向国务院证券监督管理机构报告。根据《证券投资基金托管业务管理办法》（2020 年 7 月 10 日生效）第 21 条第 1 款的规定，基金托管人应当根据基金合同及托管协议约定，制定基金投资监督标准与监督流程，对基金合同生效之后所托管基金的投资范围、投资比例、投资风格、投资限制、关联方交易等进

---

① 《私募投资基金监督管理办法（征求意见稿）》第 11 条规定："私募基金管理人应当履行下列职责……（三）按照规定和基金合同约定管理私募基金并进行投资，建立有效的风险控制和隔离制度，防范利益冲突……"

行严格监督，及时提示基金管理人违规风险。[①]

《私募投资基金监督管理办法（征求意见稿）》第60条强调管理人应当披露“私募基金底层资产情况，通过公募证券投资基金以外的资产管理产品或者其他私募基金投资的，应当穿透披露最终底层资产”，所针对的对象仅限于管理人，并未涵盖托管人。[②]

基于上述监管规则，通常认为托管人对于管理人的投资决定是否合理仅负有形式审核义务，没有实质判断的义务，但对于多层嵌套的问题，结合托管人对于资金托管的特殊职责，本文理解，如果基金托管人明知投资对象为私募基金产品，在划款时亦明知收款方为私募基金产品，显然连形式审核义务都未能履行。

关于基金托管人的职责，根据《证券投资基金法》第36条[③]的规定，基金托管人的职责主要为安全保管基金财产、开立证券和资金账户、确保基金财产的完整与独立、根据投资指令及时办理清算和交割等，托管人职

① 《证券投资基金托管业务管理办法》第21条规定：“基金托管人应当根据基金合同及托管协议约定，制定基金投资监督标准与监督流程，对基金合同生效之后所托管基金的投资范围、投资比例、投资风格、投资限制、关联方交易等进行严格监督，及时提示基金管理人违规风险。当发现基金管理人发出但未执行的投资指令或者已经生效的投资指令违反法律、行政法规和其他有关规定，或者基金合同约定，应当依法履行通知基金管理人等程序，并及时报告中国证监会，持续跟进基金管理人的后续处理，督促基金管理人依法履行披露义务。基金管理人的上述违规失信行为给基金财产或者基金份额持有人造成损害的，基金托管人应当督促基金管理人及时予以赔偿。”

② 《私募投资基金监督管理办法（征求意见稿）》第11条规定：“私募基金管理人应当履行下列职责……（三）按照规定和基金合同约定管理私募基金并进行投资，建立有效的风险控制和隔离制度，防范利益冲突……”

③ 《证券投资基金法》第36条规定：“基金托管人应当履行下列职责：（一）安全保管基金财产；（二）按照规定开设基金财产的资金账户和证券账户；（三）对所托管的不同基金财产分别设置账户，确保基金财产的完整与独立；（四）保存基金托管业务活动的记录、账册、报表和其他相关资料；（五）按照基金合同的约定，根据基金管理人的投资指令，及时办理清算、交割事宜；（六）办理与基金托管业务活动有关的信息披露事项；（七）对基金财务会计报告、中期和年度基金报告出具意见；（八）复核、审查基金管理人计算的基金资产净值和基金份额申购、赎回价格；（九）按照规定召集基金份额持有人大会；（十）按照规定监督基金管理人的投资运作；（十一）国务院证券监督管理机构规定的其他职责。”

责范围决定了其对于资金的来源与去向较为清楚和了解。基于对资金来源和投向信息的掌握，托管人应当负有基本的勤勉审慎义务，注意对托管基金的投资范围、投资比例、投资风格、投资限制、关联方交易等进行严格监督。

在多层嵌套模式下，如果多个层级产品均为私募基金且具备托管人，理论上，中间层级托管人（B）掌握了上层资金来源和下层资金去向，若托管人在收款及划款过程中知悉上层投资人（A）和下层收款方均为私募基金产品（C），明知或应知基金管理人的投资指令违反了禁止多层嵌套的规定而未予制止，违反了托管人的法定监督职责，基金合同中关于豁免其对于嵌套层级审核义务的约定不能作为其免责的依据。

（二）多层嵌套下维权纵向路径——对下层产品责任主体的直接追偿

私募基金多层嵌套下，上层基金产品是下层产品的外在掩盖形式，真正导致基金运作出现重大风险并造成投资损失的往往是下层产品；同时，通常状况下，私募基金一旦面临兑付危机，众多投资人必然蜂拥而起向上层基金主张权利，即使通过民事诉讼或仲裁追究相关主体责任，上层基金产品的基金管理人、托管人的实际偿付能力也极为有限。因此，投资者在维权中提起的民事诉讼或仲裁应当重点围绕下层产品的管理人、托管人。基于合同相对性原则，投资者就投资损失提起违约诉讼或仲裁的对象范围仅限于基金合同签署方，对于下层产品的基金管理人、托管人，投资者无法直接提起违约之诉，但仍可以考虑通过侵权之诉，向上述主体主张侵权责任。

2023年12月4日，上海证监局联合上海金融法院发布十件涉私募基金典型案例，在案例之一戴某英诉中某投资管理公司等侵权责任纠纷案（以下简称“中某公司案”）① 中，投资者系通过资管计划投资私募基金

① 参见上海金融法院（2022）沪74民终43号二审判决书。

产品的有限合伙份额，资管计划存续期间，资管计划管理人和私募基金的管理人存在投资不符合约定、擅自挪用投资款用于购买基金产品等行为，投资者直接对资管计划管理人、私募基金管理人和产品托管人提起侵权之诉，要求各方对其本金及收益损失承担赔偿责任。最终，上海金融法院根据当时有效的《侵权责任法》第 8 条关于共同侵权的规定，判决资管计划管理人、私募基金管理人对投资者的损失承担连带赔偿责任。

上海金融法院在判决中指出，一般情况下，根据合同相对性原则，投资者无权为自己的利益直接起诉次级管理人。本案参照第三人侵害债权制度，从可预见性、正当性和社会效果三个层面对嵌套资管合同中投资者对次级管理人的侵权索赔予以考量：其一，本案投资者及次级管理人对各自职责均有清晰的认识，最终的受害主体及损害金额均具有可预见性。其二，投资者享有的信托受益权受到《信托法》的保护，次级管理人负有勤勉尽责的义务，投资者对次级管理人侵权索赔具有正当性。其三，本案中投资者的利益与《合伙协议》下私募基金的利益存在一致性，投资者突破合同相对性直接向终局责任人求偿，不会导致其承担额外的赔偿责任。①

同时，上海金融法院也在裁判中强调，对于存在嵌套关系的私募基金产品，在投资者对管理人索赔无法实现救济的情形下，可以直接起诉次级投资项目的管理人、托管人。一般情况下，投资者主张受益权应基于违约的请求权基础，但是本案的特殊之处在于：一是违约救济对投资者利益的保护并不完整。管理人、次级管理人在两份合同中的权利义务存在一定的区别，可能存在次级管理人造成的损失无法通过合同获得救济的情形。二是投资者对次级管理人没有其他适当的债权救济途径。管理人与次级管理人约定互不追究责任，投资者无法通过管理人追究次级管理人的违约责任；且由于资管计划已注销，投资者亦无法参照《公司法》（2018 年修正）第 151 条的股东派生诉讼制度行使归入权。因此，在投资者遵循债权

① 参见《上海证监局、上海金融法院在国家宪法日联合发布十件涉私募基金典型案例》，载证监会网站，http://www.csrc.gov.cn/shanghai/c100581/c7447326/content.shtml，2024 年 6 月 15 日访问。

相对性的现有途径无法实现救济的情形下，直接起诉次级投资项目的管理人，符合侵权责任介入债权保护的补充性要求。

上述案件最大的特点在于运用第三人侵害债权理论突破了合同相对性。根据案件裁判依据，能否运用第三人侵害债权理论对次级管理人提起侵权之诉，本文认为，主要应当符合两个层面的要求：一是次级管理人对于受害主体及损失金额具有可预见性，即符合第三人债权侵害主观故意；二是投资者对下层产品责任主体没有其他适当的权利救济路径，需要以侵权诉讼实现对债权的补充救济。

1. 关于符合第三人侵害债权制度的故意要件

首先，第三人侵害债权是指债关系以外的第三人故意实施的或与债务人恶意串通实施的，旨在妨害债权人债权的实现，造成债权人因此遭受财产利益的损害，而应当承担损害赔偿等民事责任的行为。由于我国《民法典》等现行法律对于该问题并没有特别明确的规定，第三人侵害债权在学界和实务中观点不一，参考王泽鉴先生的观点，基于利益衡量及价值判断，宜将债权作为一般法益保护。因此，须故意以悖于善良风俗方法加害于债权人者，始负赔偿责任。① 主客观上的核心要件为“故意+悖于善良风俗方法”，由于下层产品的相关责任主体如管理人、托管人本身即对产品负有信义义务，如果对于产品存在未勤勉尽责情形，已经违反了法律设定的基本义务，“悖于善良风俗方法”无须再行讨论。

对于下层产品责任主体的故意，“中某公司案”二审判决中指出，受益权可准用债权的相关规则，债权债务关系之外的第三人知道或者应当知道债权债务关系存在，且存在违反以保护该债权为目的的法律法规及其他规范性法律文件，或违背公序良俗的侵害行为，造成债权人合法权益受到损害的，行为人自当承担相应的侵权责任。该二审判决又进一步指出，行为人无需要达到知悉具体权利受损对象的程度，只需要达到知悉确实存在

① 参见王泽鉴：《侵权行为法》（第一册），中国政法大学出版社2001年版，第176-177页。

特定受损权利人，即产品投资者群体的程度，就足以建立起基本的注意义务。

因此，嵌套中下层产品的侵权主体的故意达到认识到自身的行为会对上层产品特定投资者造成相关损害的程度即可。

2. 关于需要以侵权诉讼实现对债权的补充救济

第三人侵害债权的问题较为复杂，原因在于如果对第三人侵害债权适用范围不当，该规则很容易泛化，进而冲击正常的交易秩序乃至社会秩序。因此，对于能够通过债务不履行规则解决的问题，应在准确界定相应法律关系的前提下，首先适用债务不履行的规则，而适当将第三人侵害债权作为例外规则，才能保证权利保护与行为自由维护相协调。① 原则上，私募基金投资者与基金之间以收益权为代表的债权属于合同法调整范围，而不属于侵权责任法调整范围，应坚持受合同法保护，而不应支持合同当事人寻求侵权责任救济。

在私募基金嵌套体系下，投资者与上层私募基金存在合同关系，上层私募基金与下层产品之间存在合同关系，而债权的救济可以通过合同相对主体分层主张的方式解决或者投资者行使代位权的派生诉讼解决。以上原则既符合现有法律体系构建的基本要求，也避免了因多重主张导致责任承担出现混乱。

但是，现实中往往会出现一些人为或者客观因素导致下层产品责任主体因合同相对性限制无法被追责，现有法律体系无法完成对债权损害的救济，正如“中某公司案”存在第一层资管产品已清算、管理人之间存在互不追究责任的约定，导致投资者难以向次级产品管理人主张权利。在这种情况下，应当积极发挥侵权诉讼对债权保护的补充作用，通过参照第三人债权侵害制度，允许投资者通过侵权诉讼实现救济。

因此，“中某公司案”对于突破合同相对性，为投资者向下层产品责任主体维权进行了有益探索。但需要注意的是，“中某公司案”的情况不

① 参见向亮：《第三人侵害债权行为构成侵权》，载《人民司法》2015年第10期。

能简单套用于多层嵌套模式下私募基金中，如果直接对下层产品的基金管理人、托管人提起侵权之诉，仍然需要结合下层产品责任主体的主观故意状态和投资者对下层产品责任的救济路径综合判定。

四、关于私募基金嵌套模式下加强投资者保护的建议

有关私募基金投资者权益保护议题在学界和实务中一直在持续讨论，但在我国成熟的股票市场和债券市场中投资者保护近年来才得到关注。对于私募基金的投资者而言，对自身权益的维护更是充满不确定性，多层嵌套模式下的投资者在维权中所面临的困难更是进一步被放大。本文就加强投资者保护提出以下几个方面的建议。

（一）在立法层面对私募基金投资者权利保护建立体系化规则与制度安排

随着近年来私募基金纳入监管的视野，对于私募基金的行政监管规范和要求才逐渐开始形成体系化的规则和制度安排。2023 年 7 月 3 日，国务院发布《私募投资基金监督管理条例》，2023 年 12 月 8 日，证监会就《私募投资基金监督管理办法（征求意见稿）》公开征求意见，上述针对私募基金的监管体系仍持续建设和完善中。但是应当注意的是，以上系统化规则和制度安排也仅仅停留在行政监管层面，对于私募基金投资者维权诉讼案件，裁判机关也主要是基于现行法律法规关于违约、侵权的基本制度安排裁判。由此出现的问题是，在出现多层嵌套的私募基金时，运用基本的违约、侵权制度并不足解决投资者维权诉讼中的问题，如果不借鉴学理上的一些制度理念，依靠现有的基本争议解决制度体系越来越难以解决诉讼中出现的诸多问题，也就会出现基于合同相对性而无法起诉下层产品责任主体的现象。

借鉴证券虚假陈述责任纠纷的制度安排，《证券法》第 85 条规定信息披露义务人虚假陈述致使投资者在证券交易中遭受损失的，信息披露义务人应当承担赔偿责任，同时对于发行人的控股股东、实际控制人、董事、

监事、高级管理人员和其他直接责任人员等主体的连带赔偿责任形式以及过错认定作出了基本规定。在上述规定的基础上，最高人民法院出台《关于审理证券市场虚假陈述侵权民事赔偿案件的若干规定》，对于虚假陈述诉讼中的实施日、揭露日、基准日、交易因果关系、损失因果关系以及董事、监事、高级管理人员、中介机构勤勉履职认定等作出更为详细的规定，对于涉债券虚假陈述的部分特别问题，在《全国法院审理债券纠纷案件座谈会纪要》中予以体现，最终形成以《证券法》规定为核心，以《最高人民法院关于审理证券市场虚假陈述侵权民事赔偿案件的若干规定》《全国法院审理债券纠纷案件座谈会纪要》为实务操作指引的法律规范体系。

司法体制对金融体系有较强的支撑作用，作为金融法律规则的重要供给者，在保护投资者、增强市场信心等方面具有重要参考价值。①

本文认为，在对私募基金的行政监管体系不断完善的同时，应当对投资者权益作出系统化的安排，可以充分参考证券虚假陈述责任纠纷的制度安排，在《证券法》中确立原则性的私募基金损害投资者利益的赔偿规则，最高人民法院以司法解释的形式出台具体的实务操作指引，为投资者权利保护建立体系化规则与制度安排。

（二）在司法裁判中应充分结合实际履职情况认定基金管理人和托管人责任

在多层嵌套的私募基金构架中，基金管理人和托管人的责任认定更趋于复杂，原因在于两个层面。其一，在于嵌套结构本身。基于目前关于多层嵌套监管的规定和政策，对于嵌套结构本身管理人与托管人负有一定责任，同时，嵌套结构本就是用于规避私募基金的一系列监管要求，管理人与托管人不可避免对投资范围、策略、比例、信息披露以及投后管理、内

① 参见黄韬：《“全国”金融市场与“地方”法院——中国金融司法的央、地关系视角》，载《法学评论》2016 年第 3 期。

控均负有责任，这决定了考察管理人、托管人是否充分尽到信义义务的角度更加多维，相应地，认定基金管理人和托管人的责任也就更为复杂。其二，在于嵌套不同层级管理人和托管人的勤勉审慎标准。目前，关于管理人和托管人的勤勉审慎标准规则较为模糊，实务中，管理人、托管人往往在合同中也设定了大量免责性条款，不同层级的管理人和托管人的勤勉审慎标准也存在较大差异。如果单纯依据现有管理人和托管人履职规则难以准确认定其责任。

在近期公开的一起私募基金诉讼案例①中，北京金融法院明确基金管理人的义务范围依实际履职情况而定。该案中投资者认购了母基金 100 万元份额，用于认购子基金的有限合伙份额，子基金投资 A 公司、B 公司、C 公司三家公司股权，母基金到期未清算，投资者主张母基金在资金管理使用中未勤勉尽责，未如实披露子基金底层标的风险等，据此向管理人主张投资损失。北京金融法院并未拘泥于母基金的专门性规定，而是从信息披露、母基金募集和推介过程以及资金投资和管理过程方面，基于母基金管理人实际参与了子基金的投资决策和底层投资标的的管理，综合认定虽然案涉基金为母基金机构，但母基金管理人的义务范围应当包括子基金及其管理人和底层投资标的。

本文认为，应当充分参考北京金融法院的做法，对于基金管理人和托管人是否应当担责以及承担何种责任，应基于个案基本情况，充分结合相关责任主体的实际履职情况予以认定。

（三）在程序上保障投资者在诉讼中的基本诉权

嵌套模式在规避行政监管的同时，也对投资者在遭受损失时主张权利造成了客观障碍。正如前文所述，基于合同的相对性限制，最大障碍在于投资者无法直接向下层产品管理人、托管人等责任主体主张权利。在目前

---

① 参见《投资者保护 FOF 基金不再神秘》，载北京金融法院微信公众号，https://mp.weixin.qq.com/，2024 年 6 月 15 日访问。

已经出现的诸如华某新动力母基金事件等多层嵌套私募基金爆雷案件中，造成投资者损失最直接原因是资金投向的底层资产出现问题，对此直接负责的是下层产品的管理人和托管人等责任主体，从对投资者权益损害的关联层面看，无论是以层层责任追究的方式，还是以直接可以提起诉讼的方式，都应当保障投资者向下层产品相关责任主体主张损失的路径。

然而在实务中，层层责任追究的方式运用并不顺畅，原因可能为上层基金管理人与下层产品管理人之间相互串通恶意损害投资者权益。例如，在“中某公司案”中，管理人与次级管理人约定互不追究责任，导致投资者无法通过管理人追究次级管理人的违约责任。

本文认为，在涉及嵌套的私募基金纠纷案件中，应当综合全案情况考虑投资者的维权路径是否畅通，赋予投资者对下层产品相关责任主体主张损失的路径，保证其基本的诉权。这样才能更好支持投资者积极向对其财产权益造成损害的主体追责，也能充分在个案中全面查明案件事实，依法、准确、合理地认定各方责任。

（四）通过公开典型案例的方式为投资者维权提供指引

关于私募基金的制度体系尚不完整和健全，投资者在遭受损失维权过程中的诉讼主张和诉讼依据也不明确，涉多层嵌套的私募基金案例更是实务中少见的纠纷案件类型，因而投资者如何维权更是少有先例可循。

作为法治进步常见的形式，典型个案对推动司法体制改良具有引鉴价值。① 目前，司法机关和行政机关均就加强投资者保护进行了积极探索，2023 年 12 月 4 日国家宪法日，上海金融法院联合上海证监局发布十件涉私募基金典型案例；2024 年 5 月 15 日全国投资者保护宣传日，北京金融法院也对外公开了一则涉母基金的典型案例。本文认为，典型案例的发布不仅可以在个案中对具体法律问题表达裁判意见，更为重要的是通过案例

---

① 参见汤唯、雷振斌：《典型个案与法律制度变迁》，载《中国政法大学学报》2008 年第 2 期。

的方式加强投资者对维权方式和依据的认识。

五、结论

私募基金多层嵌套下投资者的维权难点在于规则不明确、裁判案例有限，导致投资者的权利主张受到多方面的限制。多层嵌套的形成有其特殊的历史原因和监管背景，对于私募基金嵌套模式下加强投资者保护，更多需要从历史原因、监管背景出发，以解决实务中投资者面临的维权痛点为根本目标。当然，最重要的在于立法和司法应保障投资者在多个维度享有主张权利的可能。由于立法具有一定滞后性，司法可以在个案审判中发挥更多能动性，对于多层嵌套模式下私募基金诉讼案件，司法机关应当紧紧围绕投资者维权中的横向和纵向路径，准确、合理剖析、认定各层产品的基金管理人和托管人责任，保证投资者向下层产品责任主体直接追偿路径的畅通，从而在现有法律体系框架下实现对投资者的真正保护。

私募基金保底条款的认定

▶吴剑铭*

摘要： 我国私募基金行业发展迅速，但也存在刚性兑付等诸多违规情形。尽管私募基金领域保底条款受到金融监管层一致性的否定评价，但司法机关在坚持协同规制保底条款的同时，并未全面认可金融监管部门意见。不同主体、不同时间提供的保底以及不同内容的保底条款所构成的实际法律关系会否扰乱金融市场秩序进而危害社会公共利益等并不完全相同。人民法院在认定私募基金保底条款效力时，要加强依职权调查，全面查清提供保底的时间、保底义务承担者与私募基金的关系、保底条款的内容等事实，判断保底条款的效力，并在全面查清私募基金“募集、投资、管理和退出”事实的基础上，准确认定各方的法律责任，为私募基金管理人、投资者及相关中介机构提供稳定的法律预期。

关键词： 私募基金　刚性兑付　保底条款　合同效力

近十年来，我国私募基金行业发展迅速，截至2024年一季度末，我国存续私募基金管理人21098家，管理基金数量152659只，基金管理规模

---

* 江苏省高级人民法院四级高级法官，法学硕士。

20.29万亿元，占资产管理业务总规模的29.20%。[①] 私募基金从一个小众行业发展为金融体系的重要组成部分，但私募基金在快速发展的同时，也暴露出许多风险和问题。实践中，规避合格投资者要求、变相资金池运作、刚性兑付等违规情形频繁见诸报端，其中约定保证投资者本金不受损失或保证本息固定回报等涉及刚性兑付的保底条款问题尤为突出。

一、私募基金领域有关保底条款的规定

2012年12月，全国人大常委会在修订《证券投资基金法》时，第一次将私募基金纳入法律和监管框架，在立法层面上明确了私募基金的合法性。2015年修正的《证券投资基金法》第20条规定，公开募集基金的基金管理人及其董事、监事、高级管理人员和其他从业人员不得“向基金份额持有人违规承诺收益或者承担损失”；第103条规定，基金投资顾问机构及其从业人员提供基金投资顾问服务，不得以任何方式承诺或者保证投资收益。《证券投资基金法》中虽然对公募基金管理人、基金投资顾问及其从业人员等不得向投资者承诺收益或者承担损失作出规定，但对私募基金中的保底条款并未作出明确规定，而仅在第31条[②]中授权国务院金融监督管理机构制定规范的具体办法。

2013年6月，中央机构编制委员会办公室印发《关于私募股权基金管理职责分工的通知》明确，证监会负责私募基金的监督管理。证监会接手私募基金监管职能后，于2014年8月发布的《私募投资基金监督管理暂行办法》（证监会令第105号，以下简称《私募监管办法》）中第15条规定“私募基金管理人、私募基金代销机构不得向投资者承诺投资本金不受损失或者承诺最低收益”；于2020年12月发布的《关于加强私募投资基金监管的若干规定》（证监会公告〔2020〕71号，以下简称《私募监管规

---

① 参见中国证券投资基金业协会：《资产管理业务统计数据（2024年一季度）》，https://www.amac.org.cn/，2024年6月15日访问。

② 《证券投资基金法》第31条规定：“对非公开募集基金的基金管理人进行规范的具体办法，由国务院金融监督管理机构依照本章的原则制定。”

定》）中第 6 条规定，私募基金管理人、私募基金代销机构及其从业人员在私募基金募集过程中不得直接或者间接以“口头、书面或者通过短信、即时通讯工具等方式直接或者间接向投资者承诺保本保收益，包括投资本金不受损失、固定比例损失或者承诺最低收益等”。2020 年《私募监管规定》较 2014 年《私募监管办法》，不仅扩大了禁止提供保底条款的主体范围，也增加了相应保底条款的类型。

证监会还在《私募监管办法》第 6 条①中授权中国证券投资基金业协会（以下简称中基协）具体负责私募基金管理人登记和私募基金备案等工作，履行行业自律监管职能。中基协于 2019 年 12 月颁布的《私募投资基金备案须知》中第 13 条规定，管理人及其实际控制人、股东、关联方以及募集机构不得向投资者承诺最低收益、承诺本金不受损失，或限定损失金额和比例。投资者获得的收益应当与投资标的实际收益相匹配，管理人不得按照类似存款计息的方法计提并支付投资者收益。管理人或募集机构使用“业绩比较基准”或“业绩报酬计提基准”等概念，应当与其合理内涵一致，不得将上述概念用于明示或者暗示基金预期收益，使投资者产生刚性兑付预期。私募证券投资基金管理人不得通过设置增强资金、费用返还等方式调节基金收益或亏损，不得以自有资金认购的基金份额先行承担亏损的形式提供风险补偿，变相保本保收益。

直至 2023 年 7 月，国务院制定《私募投资基金监督管理条例》（国务院令第 762 号，以下简称《私募条例》），才在行政法规层面进一步确认私募基金的法律地位，解决了私募基金行业面临法律法规供给不足、制度建设相对薄弱的问题。《私募条例》首次以行政法规方式明确“私募基金管理人、私募基金托管人及其从业人员不得向投资者承诺投资本金不受损失或者承诺最低收益”。

---

① 《私募监管办法》第 6 条规定：“中国证券投资基金业协会（以下简称基金业协会）依照《证券投资基金法》、本办法、中国证监会其他有关规定和基金业协会自律规则，对私募基金业开展行业自律，协调行业关系，提供行业服务，促进行业发展。”

此外，中国人民银行等部门发布的《关于规范金融机构资产管理业务的指导意见》（银发〔2018〕106 号，以下简称《资管新规》）第 2 条规定，私募投资基金适用私募投资基金专门法律、行政法规，私募投资基金专门法律、行政法规中没有明确规定的适用该意见。第 19 条规定，经金融管理部门认定，存在以下行为的视为刚性兑付：（1）资产管理产品的发行人或者管理人违反真实公允确定净值原则，对产品进行保本保收益。（2）采取滚动发行等方式，使得资产管理产品的本金、收益、风险在不同投资者之间发生转移，实现产品保本保收益。（3）资产管理产品不能如期兑付或者兑付困难时，发行或者管理该产品的金融机构自行筹集资金偿付或者委托其他机构代为偿付。（4）金融管理部门认定的其他情形。《资管新规》中，不同金融监管机关首次统一了对保底条款等刚性兑付的监管态度。由此，私募基金领域保底条款受到金融监管一致的否定性评价。

司法机关并未就私募基金领域保底条款专门作出规定。可资参考的有，最高人民法院倾向性观点认为，保底条款是当事人双方以意思自治的形式对受托行为所设定的一种激励和制约机制，尽管现行民商法律体系中尚无明确否定该保底条款效力的规定，但依然倾向于认定保底条款无效。[①] 最高法院在《全国法院民商事审判工作会议纪要》（以下简称《九民纪要》）第七部分"关于营业信托纠纷案件的审理"中第 90 条[②]、第 91 条[③]、

---

① 参见高民尚：《审理证券、期货、国债市场中委托理财案件的若干法律问题》，载《人民司法》2006 年第 6 期。

② 《九民纪要》第 90 条第 1 款规定："信托文件及相关合同将受益人区分为优先级受益人和劣后级受益人等不同类别，约定优先级受益人以其财产认购信托计划份额，在信托到期后，劣后级受益人负有对优先级受益人从信托财产获得利益与其投资本金及约定收益之间的差额承担补足义务，优先级受益人请求劣后级受益人按照约定承担责任的，人民法院依法予以支持。"

③ 《九民纪要》第 91 条规定："信托合同之外的当事人提供第三方差额补足、代为履行到期回购义务、流动性支持等类似承诺文件作为增信措施，其内容符合法律关于保证的规定的，人民法院应当认定当事人之间成立保证合同关系。其内容不符合法律关于保证的规定的，依据承诺文件的具体内容确定相应的权利义务关系，并根据案件事实情况确定相应的民事责任。"

第92条①对信托保底条款的效力作出了相应规定。但针对保底条款的态度问题，最高人民法院在与金融监管协同规制的同时，也并未全盘接受《资管新规》全面否定保底条款效力的立场。对此，有观点认为，既然金融监管部门允许分级资管产品存在，就不应当禁止当事人在其中配置保本保收益条款。因此，最高人民法院在处理分级基金时选择了尊重当事人意思自治。②

二、私募基金保底条款的分类

私募基金保底条款是指私募基金管理人、代销机构及其从业人员、私募基金管理人实际控制人或其他关联主体等，在私募基金募集、投资、管理和退出中的任一阶段，通过在募集说明书或者基金合同中约定预期收益率，或者通过签订基金份额受让协议、回购协议、补充协议等“抽屉协议”，或者以单方出具保证函、承诺函、差额补足函等形式，与私募基金投资者直接或者间接约定保证本金或保证收益内容的条款。私募基金保底条款可以分为以下几类。

（一）以提供保底的时间为标准

以提供保底的时间为标准，保底条款可划分为事前保底条款和事后风险处置条款。事前保底条款，即在私募基金产品募集、投资、管理阶段通过私募基金募集说明书、“抽屉协议”等各种形式向投资者提供保证支付本金或收益的条款。事后风险处置条款，即在私募基金产品募集、投资、

---

① 《九民纪要》第92条规定：“信托公司、商业银行等金融机构作为资产管理产品的受托人与受益人订立的含有保证本息固定回报、保证本金不受损失等保底或者刚兑条款的合同，人民法院应当认定该条款无效。受益人请求受托人对其损失承担与其过错相适应的赔偿责任的，人民法院依法予以支持。实践中，保底或者刚兑条款通常不在资产管理产品合同中明确约定，而是以‘抽屉协议’或者其他方式约定，不管形式如何，均应认定无效。”

② 参见李志刚、陈克、吕强等：《〈全国法院民商事审判工作会议纪要〉专题解读与实务指引》，法律出版社2020年版，第423页。

管理等过程中未向投资者保证本金或收益，而是在私募基金投资期限届满后未能按约向投资者分配投资收益时才向投资者提供保证支付本金或收益的条款。

（二）以保底义务承担者为标准

以保底义务承担者为标准，保底条款可划分为内部保底条款、关联保底条款、外部保底条款。内部保底条款，即私募基金管理人、代销机构、托管人及其从业人员向其所管理私募基金的投资者提供保证支付本金或收益的条款。关联保底条款，即私募基金管理人、代销机构、托管人的股东、实际控制人或其指定的其他关联主体等向该管理人所管理私募基金的投资者提供保证支付本金或收益的条款。外部保底条款，即非私募基金关联方向投资者提供保证支付本金或收益的条款，包括私募基金管理人所管理私募基金的劣后级投资人向其他优先级投资人提供保证支付本金或收益的条款，私募基金产品投资的标的企业或其股东、实际控制人、其他关联方等主体向该私募基金的投资人保证支付本金或收益的条款，其他非私募基金关联方向投资者提供保证支付本金或收益的条款。

（三）以投资者享有的权利为标准

以投资者享有的权利为标准，保底条款可划分为保证本息固定回报条款、保证本息最低回报条款和保证本金不受损失条款等。保证本息固定回报条款，即无论私募基金产品运行情况如何，均保证投资者的本金不受损失，并保证向投资者支付约定的利息。保证本息最低回报条款，即无论私募基金产品运行情况如何，均保证投资者除本金不受损失外还可以获得一定比例的固定收益，如果私募基金产品取得超额收益，对超额收益按比例进行分成。保证本金不受损失条款，即无论私募基金产品运行情况如何，均保证投资者的本金不受任何损失，对于收益部分，按比例进行分成。

三、否定私募基金保底条款效力的正当性

在私募基金等高风险的金融市场中，投资风险无法避免，不存在绝对

“稳赚不赔”的情形。保底条款通过所谓意思自治的法律安排将投资风险完全分配给私募基金或其关联人等，固然属于当事人意思自治的范畴，但在经济层面上具有明显的信用投机色彩。否定私募基金领域保底条款效力的理由包括四点。

一是保底条款将扭曲资金价格，违背金融服务实体经济根本宗旨。私募基金领域中或明或暗的保底条款，往往会使投资人依据保底义务承担者的偿债能力及预期的收益率水平作出投资决策，而非融资项目的真实违约风险以及真实的融资利率。这种将金融产品发行募集资金与隐性担保保底条款相结合的经营策略，使私募基金产品的性质由资产管理业务变为私募基金管理人变相进行银行存贷业务。① 这无疑将扭曲、干扰直接融资市场中的利率定价及风险承担机制，进而抬高无风险收益率，甚至导致政府债券利率也不得不提高成本，减少了实体经济的资金可获得性。金融产品存款化的倾向只会积累金融的风险，而只有让风险暴露，才能降低无风险收益率水平，让资金流向希望流向的地方。②

二是保底条款将破坏金融市场管理秩序，影响私募基金行业健康发展。高收益往往意味着高风险。投资者通过在私募基金产品上叠加保底条款等方式，无须承担与之相对的投资风险，却可以获得远高于银行存款的收益。由此，带有保底条款的私募基金将挤压金融市场其他金融产品的生存发展空间，扭曲市场正常的资源配置功能，破坏资本市场直接融资和间接融资之间所形成的合理格局。③ 保底条款将使私募基金成为无法实现资产风险定价功能的资产管理业务。与此同时，长期刚性兑付会导致投资者低估企业真实的平均违约率，甚至把私募基金产品视为无风险资产来对待，难以提高投资人的风险识别能力和定价能力，亦不利于理性投资者的

---

① 参见唐彦斌、谢识予：《刚性兑付问题的经济学本质探究及影响分析》，载《商业经济研究》2015年第4期。

② 参见《吴晓灵：打破刚性兑付让资金流向实体》，载《金融博览》2014年第7期。

③ 参见高民尚：《审理证券、期货、国债市场中委托理财案件的若干法律问题》，载《人民司法》2006年第6期。

培养。①

三是保底条款将导致风险错配，进而埋下系统性金融风险隐患。系统性风险是在次贷危机后受到全球学术界和金融监管层广泛关注的概念，主要通过资产负债表渠道传染，反映出金融机构破产给金融市场造成的负外部性。② 保底刚性兑付正是系统性风险传染的渠道之一。考虑到系统性风险有积累、爆发、扩散三个阶段，所以需要防患于未然。③ 私募基金不属于金融机构的表内业务，在资金的运用上限制较少，金融机构一方面通过资管产品的高收益变相揽存，另一方面通过购买信托、基金的形式，将理财资金或表内资产指定投向信贷等高风险的非标资产，通过环环相扣的保底条款或刚性兑付形成严密的利益保障，由此构成了监管体系之外的“影子银行”。④ 尽管现阶段暂未明确私募基金管理人是否属于金融机构，但私募基金有金融业务和金融产品属性。私募基金合同叠加保底条款的交易模式将诱导投资者非理性地将资金投入金融市场，个体理性和集体非理性推高金融机构的隐形负债水平，使私募基金业务出现“过度繁荣”，以及直接融资市场和资产管理行业的发展出现“泡沫”。但刚性兑付使部分甚至全部的信用风险敞口仍然留存于私募基金内部，金融业务一旦无法通过市场本身有效化解和分散金融风险，必将扭曲发展。当信贷风险不断积累而最终爆发成为债务问题后，大量出现的坏账必将侵蚀私募基金或投资者的本金。若资本实力较弱的私募基金无法完成刚性兑付，处理不好就会面临

---

① 参见唐彦斌、谢识予：《刚性兑付问题的经济学本质探究及影响分析》，载《商业经济研究》2015 年第 2 期。

② John Armour & Jeffrey N. Gordon, “Systemic Harms and Shareholder Value,” 6 *Journal of Legal Analysis* 35, 40 - 44 (2014). 转引自吴至诚：《保底信托效力认定的类型化》，载《法学研究》2022 年第 6 期。

③ 参见张晓朴：《系统性金融风险研究：演进、成因与监管》，载《国际金融研究》2010 年第 7 期，转引自吴至诚：《保底信托效力认定的类型化》，载《法学研究》2022 年第 6 期。

④ 参见上海金融法院综合审判二庭课题组：《涉金融合同保底条款的判定与效力》，载上海市法学会编：《上海法学研究》（2021 年第 8 卷），上海人民出版社 2022 年版，第 81 页。

破产重组的局面，并不断放大二级市场的波动风险，甚至演变成更大范围内的债务问题，引致局部风险向整个金融系统扩散。

四是保底条款违背公平原则，破坏金融市场法治环境。当事人之间围绕保底条款所配置的民事权利义务严重不对等，私募基金向部分投资者保本保收益也不利于基金投资者内部的利益公平分配，客观上致使保底条款从根本上大多难以实际履行。① 司法实践也表明，保底条款非但不能从根本上改变资本市场中风险与利益共存的基本客观规律，难以真正发挥激励和制约功效，而且会助长非理性或者非法行为之产生，成为引发当事人之间诸多纷争的重要原因。② 上海金融法院发布的《私募基金纠纷之法律风险防范报告》显示，上海法院 2016 年至 2021 年审结的 542 件涉私募基金案件中，本金收益承诺较为常见，占比 28.41%。③ 此外，承诺给付最后无法兑现的高收益率的保底条款，通常会演变为受托人获取资金和交易报酬的一种非法手段，并染上非法集资色彩，④ 严重破坏金融市场法治环境。

四、私募基金保底条款的认定

当私募基金产品因亏损而引发纠纷时，私募基金等主体向投资者提供对私募基金产品风险进行重新分配的本金收益承诺等是否构成刚性兑付的保底承诺，该等承诺是否有效，往往成为案件的主要争议焦点。但不同主体、不同时间提供的保底以及不同保底条款所构成的实际法律关系会否扰乱金融市场秩序进而危害社会公共利益等并不完全相同。对此，笔者认为可以按照提供保底的时间、保底义务承担者的身份、保底条款的类型依次

---

① 参见高民尚：《审理证券、期货、国债市场中委托理财案件的若干法律问题》，载《人民司法》2006 年第 6 期。

② 参见高民尚：《审理证券、期货、国债市场中委托理财案件的若干法律问题》，载《人民司法》2006 年第 6 期。

③ 参见上海金融法院：《私募基金纠纷之法律风险防范报告》，载上海市法学会编：《上海法学研究》（2022 年第 8 卷），上海人民出版社 2023 年版，第 84 页。

④ 参见高民尚：《审理证券、期货、国债市场中委托理财案件的若干法律问题》，载《人民司法》2006 年第 6 期。

递进，认定私募基金保底条款的效力。

（一）不同时期提供的保底条款的认定

如前文所述，以提供保底的时间为标准，保底条款可划分为事前保底条款和事后风险处置条款。因事前保底发生于私募基金募集、投资、管理等阶段，其行为往往会对金融市场秩序造成影响，因此，关于事前保底条款的效力，应当结合投资者享有的权利、保底义务的承担者进行确定，对此将在下文中予以详述。

对于事后风险处置条款的认定，尽管《资管新规》第19条规定，“资产管理产品不能如期兑付或者兑付困难时，发行或者管理该产品的金融机构自行筹集资金偿付或者委托其他机构代为偿付基金实际亏损”经金融管理部门认定，视为刚性兑付，但司法实践中，事后风险处置中的保底条款效力认定存在争议。在王某宇诉西藏某投资管理有限公司委托理财合同纠纷案①中，北京三中院认为，基金管理人在基金发生亏损后，约定对投资者全部亏损承赔偿责任，不是为了向投资者募集资金而承诺保本，而是在亏损发生后出于自身对责任的认识，自愿弥补投资人损失的事后保底协议，不构成保底或刚性兑付。而在赖某静诉广州某投资管理有限公司委托理财合同纠纷案②中，广州中院则认为，投资者授权私募基金管理人和托管人进行涉案财产的投资管理和托管业务，属于委托代理关系，代理人只承担因自己的过错造成被代理人损失的责任，而不承担因不可归责于代理人的事由所造成的被代理人损失的责任。保底条款中的民事权利义务配置极不对等，双方的权利义务严重失衡，违背了市场经济基本规律和资本市场规则，也违背了民法的公平原则。此外，如果认定认可事后风险处置中保底条款的效力将导致私募基金的存续性、其他理财产品的投资本金和利润等受到影响，造成实质不公。因此，事后保底条款仍属于当事人合意对

---

① 参见北京市第三中级人民法院（2020）京03民终5181号民事判决书。

② 参见广东省广州市中级人民法院（2019）粤01民终23878号民事判决书。

委托理财行为所设定的受托人保证委托人本金不受损失的保底条款，应属无效。

应当注意的是，私募基金及其关联方对投资者提供保底的原因多种多样。一方面，事前保底条款中，私募基金提供保底的目的在于通过该等交易安排吸引、招募投资者以销售私募基金产品。保底义务承担者在提供承诺时投资者的损失往往尚未确定，而事后风险处置条款是在私募基金出现风险、投资者损失固定的情况下提供的，私募基金向投资者提供的保底属于风险处置行为，并不导致风险错配。另一方面，私募基金管理人因其不当履行义务对投资者权益造成损害而提供的保底更多是作为一种制衡信息不对称和代理风险的手段而存在，将其认定为保底条款将使投资者的实际救济手段进一步受限。因此，对私募基金管理人或其关联方提供的保底应当区分提供保底的时间以确定是否属于法律、行政法规所禁止的保底条款。在私募基金投资期限届满后未能按约向投资者分配投资收益时，私募基金管理人或其关联方与投资者签署保证支付投资本金及收益的合同，或向投资者出具保证支付投资本金及收益的承诺，如无其他违反法律强制性规定的情形，应认定该约定有效。

（二）不同主体作出保底条款的认定

1. 内部保底条款的认定

如前文所述，禁止私募基金管理人、代销机构、托管人及其从业人员向投资者承诺保本保收益的原理在于：保底条款将扭曲资金价格，抬高无风险收益率，减少实体经济的资金可获得性，违背金融服务实体经济根本宗旨；破坏金融市场管理秩序，对市场竞争的有序进行与金融市场的健康稳定发展造成不利影响，影响私募基金行业健康发展；导致投资风险配置发生变化，打破投资基金关系“卖者尽责、买者自负”的底层逻辑，导致风险过度集中于资产管理一方，引发利益冲突、风险积聚，进而埋下系统性金融风险隐患；违背公平原则，助长非理性或非法行为的产生，成为引发当事人之间诸多纷争的重要原因，继而破坏金融市场法治环境。2023 年

9月起施行的《私募条例》以行政法规形式规定私募基金不得向投资者承诺投资本金不受损失或者承诺最低收益，因而对于私募基金内部保底条款作无效认定并无争议。

需要特别说明的是，前文所述最高人民法院倾向性观点认为，委托理财中的保证本息固定收益条款应当依照通谋虚伪意思表示的有关规定按照民间借贷处理。尽管该等内部保底中私募基金与投资者的真意可能为民间借贷，但该等保底义务承担者是私募基金管理人、代销机构、托管人，仍是由私募基金以其自身资产向其所管理的投资者提供差额补足，风险仍留存于私募基金内部。尽管私募基金管理人是否属于金融机构尚无定论，但私募基金有金融业务和金融产品属性。因此，该等保底条款亦因违背法律法规的禁止性规定而属无效。

2. 关联保底条款的认定

由私募基金的关联方提供保底，通常是为了达到规避法律、行政法规等监管规定的目的而不得已采取的做法。私募基金与其关联方具有非常密切的联系，属于天然的利益共同体。如果认定私募基金关联方提供的保底有效，无疑将产生私募基金管理人利用制度漏洞，通过向其他私募基金管理人管理的私募基金产品保本保收益，达到规避私募基金保本保收益的目的。例如，在苏州中某光伏新材股份有限公司（以下简称中某公司）诉李某萍、李某等合同纠纷①案中，李某萍、李某向投资者中某公司提供差额补足承诺，而就提供差额补足的原因，李某萍称，其与私募基金管理人的法定代表人黄某杰系朋友，黄某杰承诺即便私募基金亏损也不会让其承担。该案中，江苏高院依职权调取相关证据，查明李某萍、李某均系私募基金从业人员，且均为相应私募基金管理人的高级管理人员，李某萍、李某因向中某公司承诺保本保收益等事项被取消基金从业资格，李某萍、李某所在私募基金管理人均被中基协注销等事实。尽管该案中并无黄某杰为李某萍、李某所在私募基金管理人提供保底的事实，但因该案中存在私募

① 参见江苏省高级人民法院（2022）苏民终614号民事判决书。

基金管理人出借私募基金通道等违法违规事实，故最终认定李某萍、李某提供的差额补足承诺无效。

因此，私募基金关联方向投资者提供保底，同样违反了市场基本规律和资本市场规则，破坏资本市场的合理格局，扰乱金融市场秩序，不利于金融市场的风险防范，故私募基金关联方等提供的保底亦属无效。对此，《私募监管规定》第 6 条第 2 款亦规定，私募基金管理人的出资人、实际控制人、关联方不得从事私募基金募集宣传推介，不得从事或者变相从事“向投资者承诺保本保收益”等行为。

需要注意的是，在此类案件中，各方当事人往往就保底义务承担者与私募基金管理人之间的关系避重就轻、避而不谈。此时，人民法院应当在查明是否私募基金管理人、代销机构、托管人的关联方或其指定的其他主体提供保底的基础上，正确认定合同效力，切实避免与国家防范化解风险的监管政策背离的不当做法。

3. 外部保底条款的认定

禁止私募基金保底条款的根本原因在于此类行为可能产生系统性金融风险。但对劣后级投资人、被投标的企业或其关联方等非私募基金关联方提供的保底，法律、行政法规、规章无明确禁止性规定，同时，该等行为既未损害其他第三方利益，也不会导致金融风险积聚或增加。因此，对非私募基金关联方通过意思自治作出的风险和利益分配条款应当予以尊重，以维护商事交易的稳定性和促进商事活动的开展。在范某诉深圳市前海融某实业发展集团有限公司（以下简称融某实业公司）合同纠纷案①中，尽管融某实业公司辩称各方同时签订预约受让协议与私募基金合同的目的是变相保本保息，违反相关规定，应属无效，但深圳前海法院认为预约受让协议系双方的真实意思表示，未违反法律法规规定，合法有效。对此，《九民纪要》第 91 条、《最高人民法院关于适用〈中华人民共和国民法典〉

① 参见广东省深圳前海合作区人民法院（2019）粤 0391 初 2938 号民事判决书。

有关担保制度的解释》（法释〔2020〕28号）第36条①均有类似规定。根据这一审判适用规则，一般不应当单独否定非私募基金关联方提供的保底条款效力，但随之而来的问题是非私募基金管理方提供的保底条款是否会影响合同的性质。

（三）投资者享有权利不同的保底条款的认定

1. 保证本息固定回报条款的认定

非私募基金关联方与投资者约定保证本息固定回报条款情形中，双方均已通过相应渠道充分明确地表明投资者追求资产固定本息回报的缔约目的和合同预期，而对于资产管理行为及收益后的分成并无合同预期，即就联立合同的缔约目的而言，投资者除期待委托资产本金的安全外，还期待固定收益回报率。应当说，如果没有保证本息固定回报条款的存在，投资者通常不会签订所谓私募基金合同，非私募基金关联方亦不会提供保证本息固定回报条款。因此，双方虽然签订所谓私募基金合同，但双方的真意是以签订所谓私募基金合同及非私募基金关联方提供的保证本息固定回报条款方式达到借贷资金的目的，符合《民法典》关于通谋虚伪意思表示的规定，② 应当依照《民法典》第146条之规定处理。

---

① 《最高人民法院关于适用〈中华人民共和国民法典〉有关担保制度的解释》第36条规定："第三人向债权人提供差额补足、流动性支持等类似承诺文件作为增信措施，具有提供担保的意思表示，债权人请求第三人承担保证责任的，人民法院应当依照保证的有关规定处理。第三人向债权人提供的承诺文件，具有加入债务或者与债务人共同承担债务等意思表示的，人民法院应当认定为民法典第五百五十二条规定的债务加入。前两款中第三人提供的承诺文件难以确定是保证还是债务加入的，人民法院应当将其认定为保证。第三人向债权人提供的承诺文件不符合前三款规定的情形，债权人请求第三人承担保证责任或者连带责任的，人民法院不予支持，但是不影响其依据承诺文件请求第三人履行约定的义务或者承担相应的民事责任。"

② 参见高民尚：《审理证券、期货、国债市场中委托理财案件的若干法律问题》，载《人民司法》2006年第6期。

2. 保证本金不受损失或本息最低回报条款的认定

在保证本金不受损失或保证本息最低回报的保底条款这两类情形中，尽管亦存在类似保证本息固定回报的内容，但该两类保底条款中亦存在关于收益的其他约定，与纯粹的借贷合同并不完全相同，而具有混合合同的特征，因此对于该两种情形则不宜认定为借贷合同。对此，《九民纪要》第91条、《最高人民法院关于适用〈中华人民共和国民法典〉有关担保制度的解释》第31条均有明确规定。因此，保证本息最低回报条款、保证本金不受损失条款的具体法律性质应根据实际情况存在差别而被认定为债务加入、保证或独立的无名合同。

五、私募基金保底条款无效的处理

（一）私募基金保底条款无效的认定路径

《私募条例》施行后，依据《民法典》第153条之规定，违反法律、行政法规的强制性规定的民事法律行为无效，故违反《私募条例》第20条关于严禁保本保收益禁止性规定的，人民法院应当认定私募基金保底条款无效。

但实践中有大量私募基金纠纷中的争议事实发生于《私募条例》施行之前。《私募条例》出台前，我国私募基金监管制度体系长期存在法律位阶较低问题。无论是《私募监管办法》还是《私募监管规定》都是部门规章。《合同法》实施以来，已经形成一个基本共识，即不以地方法规和规章作为认定合同无效的直接依据。尽管有学者认为，以《九民纪要》第31条①明确违反金融规章属于违反公序良俗而应当认定合同无效为标志，金

① 《九民纪要》第31条规定："违反规章一般情况下不影响合同效力，但该规章的内容涉及金融安全、市场秩序、国家宏观政策等公序良俗的，应当认定合同无效。人民法院在认定规章是否涉及公序良俗时，要在考察规范对象基础上，兼顾监管强度、交易安全保护以及社会影响等方面进行慎重考量，并在裁判文书中进行充分说理。"

融规章借由公序良俗成为否定合同效力的依据，实现了“司法监管化”，其背后的逻辑，存在着“司法要与行政保持一致”的“正确”，但商事审判在事实上以金融规章为据借由公序良俗否定合同效力，未必足够“正当”，至少从立法层面，《民法总则》《民法典》的起草者始终未将金融规章作为合同效力的评价依据。① 但应当注意的是，关于金融民商事审判中对金融监管规章的适用，最高人民法院刘贵祥专委认为，“在民法典、金融行政法律、行政法规没有规定的情况下，人民法院审理金融民商事案件，原则上可以适用或参考金融监管规章的规定判定合同效力”②。最高人民法院民二庭编写的著作中亦认为，“人民法院在审理合同纠纷案件时，要坚持鼓励交易原则，充分尊重当事人的意思自治，要依法审慎认定合同效力……尽可能地限制无效合同的范围”③。这也与《九民纪要》第 73 条④提出的相关部门在部门规章、规范性文件中作出的监管规定与法律和国务院发布的规范性文件的规定不相抵触的，可以参照适用的精神相契合。

我国私募基金监管制度体系长期存在法律位阶较低问题，人民法院在判断相关监管规定对民事法律行为效力的影响时，应结合立法现状、立法目的、保护法益综合考量。《私募监管办法》虽为部门规章，但依据《九民纪要》第 31 条的规定，《私募监管办法》系证监会在其权限范围内根据《证券投资基金法》制定的，其中第 15 条规制的承诺保本保收益行为影响

① 参见李志刚、陈克、吕强等：《〈全国法院民商事审判工作会议纪要〉专题解读与实务指引》，法律出版社 2020 年版，第 22-33 页。

② 刘贵祥：《关于金融民商事审判工作中的理念、机制和法律适用问题》，载《法律适用》2023 年第 1 期。

③ 最高人民法院民事审判第二庭编著：《〈全国法院民商事审判工作会议纪要〉理解与适用》，人民法院出版社 2019 年版，第 240 页。

④ 《九民纪要》第 73 条规定：“在确定卖方机构适当性义务的内容时，应当以合同法、证券法、证券投资基金法、信托法等法律规定的基本原则和国务院发布的规范性文件作为主要依据。相关部门在部门规章、规范性文件中对高风险等级金融产品的推介、销售，以及为金融消费者参与高风险等级投资活动提供服务作出的监管规定，与法律和国务院发布的规范性文件的规定不相抵触的，可以参照适用。”

金融市场稳定、市场秩序，故私募基金向投资者提供的保底因违背公序良俗而无效。

（二）私募基金保底条款无效的责任分担

虽然非私募基金关联方与投资者约定保底条款不应单独被否定效力，但当事人之间采用保底条款与私募基金合同这种订立联立合同的交易模式，实际上符合《民法典》关于通谋虚伪意思表示的规定，应当按照《民法典》第146条的规定，认定相应保底条款无效，并依照当事人之间的真实意思表示作出处理。

而对于其他保底条款无效的情形，因符合《民法典》第153条规定的合同无效情形，故应当按照《民法典》第157条之规定，各自承担相应的责任。因此，差额补足承诺无效后，应当综合考量保底义务承担者与投资者对合同无效和损失形成的过错程度进行分责，依法确定各自应当承担的赔偿责任。保底义务承担者往往是合同无效和损失形成的主要过错方。加之，私募基金行业发展中欺诈销售、变相公开发行、挪用基金财产、假借私募基金产品违规非法占用资金等违法违规行为甚至严重犯罪行为，严重损害基金投资者的合法利益。因此，人民法院在该类案件中确定保底义务承担者赔偿责任时，要把个案处理纳入防范化解风险的大局以及实现社会效果和政治效果统一中去考量，坚持穿透式审判思维，加强依职权调查，全面查清私募基金产品的产品推介、合同签订、资金募集、登记备案、投资管理、信息披露、清算退出等事实，并综合考量保底义务承担者对私募基金合同成立的促进作用、与私募基金管理人的关系密切程度、是否存在违法违规行为等因素。

六、结语

任何金融交易都存在相应的风险。私募基金保底条款有着深刻的本土制度成因，是困扰我国金融市场的重要问题。私募基金保底条款实际上是将实践中的借贷、委托、投资等诸多内容统合在一起的交易模式，具有混合合同的特点。人民法院在审理涉私募基金保底条款纠纷时，应当全面查清基金产品募集、投资、管理和退出等事实，正确认定相关行为效力，在保护金融消费者的同时，更要引导金融机构不断提升资产管理能力、价值发现能力，为私募基金管理人、投资者及相关中介机构提供稳定的法律预期，促进私募基金行业规范健康发展。

私募基金投资中名股实债的司法认定规则与投资者保护研究

秦 韬[*] 徐 钲[**]

摘要：随着监管趋严，私募基金的名股实债交易安排被逐渐禁止，导致司法实践中对基金投资中的股债性质认定和法律效果出现一些分歧。本文结合最新典型案例分析名股实债类基金投资的司法认定规则和法律效果，包括名义股权行为无效、实际债权效力不确定等，探讨司法实践中区分股债的裁量标准，如固定收益承诺、到期无条件回购以及股东责任的约定与履行。结合2023年修订的《公司法》，从交易和运营层面及争议解决角度提出了此类争议的风险防范和投资者保护若干建议，如明确股权投资意图、赋予退出条件不确定性、充分履行股东责任等。

关键词：基金投资 名股实债 固定收益承诺 投资者保护

一、引言

在我国经济转型升级、迈向高质量发展阶段的宏观背景下，作为资本

---

* 德恒上海律师事务所合伙人、律师。

** 华东政法大学法学硕士研究生。

市场多层次结构的关键一环，私募基金通过促进创业与创新、增加直接融资的比例、助力实体经济的发展以及优化居民的财富管理，为国家经济的持续健康发展提供了有力支撑。数据统计显示，截至2024年4月末，我国存续私募基金管理人21032家，管理基金数量152794只，管理基金规模19.9万亿元。①

私募基金投资争议中的股债之分，是指在名股实债类纠纷中各方当事人对投资性质的分歧和争议。这类分歧和争议之所以在私募基金案件中多发，是因为名股实债这一投资模式颇受青睐。然而，名股实债不是严格的法律概念，而是对实务中存在的某种创新型投资模式的总称，是指投资人将资金以股权投资的方式投入目标公司，并约定在一定期限届满或者满足一定条件情况下收回投资本金和获得固定的利益回报的投资模式。② 就融资方而言，名股实债有助于避免占用授信额度、优化项目公司资产负债率。对投资方与私募基金来讲，“实债”则源于对于稳健收益的需求；而对私募机构而言，这既可以规避“禁止刚性兑付”的监管规则，也有助于满足投资人的实际需求。

但随着监管态势的不断趋严，名股实债的交易安排被金融监管部门与基金业协会所禁止。2016年国家发展和改革委员会发布的《政府出资产业投资基金管理暂行办法》第26条、2017年中国证券投资基金业协会发布的《证券期货经营机构私募资产管理计划备案管理规范第4号——私募资产管理计划投资房地产开发企业、项目》第1条第4项、2019年中国证券投资基金业协会发布的《私募投资基金备案须知》、2020年证监会发布的《关于加强私募投资基金监管的若干规定》第8条、第9条均对私募基金通过名股实债安排开展债权投资作出禁止性规定。2023年9月1日起施行

① 参见中国证券投资基金业协会：《私募基金管理人登记及产品备案月报》（2024年4月），https：//www.amac.org.cn/sjtj/tjbg/smjj/202405/P020240524616012331453.pdf，2024年6月25日访问。

② 参见贺小荣主编：《最高人民法院民事审判第二庭法官会议纪要》，人民法院出版社2018年版，第158页。

的《私募投资基金监督管理条例》第 24 条第 2 款规定：“私募基金财产不得用于经营或者变相经营资金拆借、贷款等业务。”这是行业监管首次在行政法规层面宣告私募基金作债权投资的违法性。

行业监管趋严要求与投资活动实际需要之间的矛盾催生了争议解决场景下股债性质的讨论与研究。总体而言，现行私募基金法规更多着力于金融监管，而忽略了对于民商事主体权利义务的关注与平衡，人民法院与仲裁机构也就此发展出不尽相同的裁判规则。本文梳理总结此类案件中我国司法实践中区分“股”“债”的考量因素，探讨高质量发展和 2023 年《公司法》修订背景下私募基金交易与争议解决的趋势与规律，并尝试为相关企业提供风险防治的意见与建议，供理论研究与从业人员借鉴参考。

二、名股实债的法律效果与裁量标准

（一）区分股债的法律效果

研究股债之分之所以有价值，是因为认定不同的投资性质在股权回购争议场景中将发生相异的法律后果，从而直接影响到投资方、融资方在交易或争议解决阶段的权益分配。因此，股债定性所产生的法律效果的差异，以及名股实债类交易在司法程序中被认定为债权投资所产生的影响，是本文首要研究的问题。

名股实债案件中的基金投资若被最终认定为债权投资，一般将产生以下法律效果。

1. 名义上的股权投资行为和交易无效

如上所言，名股实债是一种交易模式而非法律概念。名股实债类交易在审判中被认定为债权投资，即构成所谓的“名为投资实为借贷”。作为用以掩盖真实借贷意图的虚假意思表示，股权投资行为应依据《民法典》第 143 条、第 146 条第 1 款归于无效。《最高人民法院民事审判第二庭法官会议纪要》（以下简称《会议纪要》）同样认为：“一旦确定投资人的真实意思是取得固定收益而非成为真正股东，则往往存在名为股权转让（或增资扩股）实为借贷的问题，构成虚伪意思表示中的隐藏行为。即此时存在两个行为，名义上的股权转让（或增资扩股）属于虚伪意思表示，根据《民法总则》第 146 条第 1 款有关‘行为人与相对人以虚假的意思表示实施的民事法律行为无效’的规定，该行为无效。”

2. 实际上的债权投资行为效力存在不确定性

首先，债权投资行为不因构成企业间借贷而无效。1990 年《最高人民法院关于审理联营合同纠纷案件若干问题的解答》第 4 条第 2 项明确规定：“企业法人、事业法人作为联营一方向联营体投资，但不参加共同经营，也不承担联营的风险责任，不论盈亏均按期收回本息，或者按期收取固定利润的，是明为联营，实为借贷，违反了有关金融法规，应当确认合同无效。”在相当长的一段时间内，企业间的相互资金融通不具有合法性，[①] 名股实债类交易往往会被倾向性地认定为《合同法》第 52 条第 3 项规定的“以合法形式掩盖非法目的”情形。2015 年 9 月 1 日施行的《最高人民法院关于审理民间借贷案件适用法律若干问题的规定》第 1 条第 1 款规定：“本规定所称的民间借贷，是指自然人、法人和非法人组织之间进行资金融通的行为。”换言之，除非构成该解释第 14 条所规定的无效情形，企业法人作为适格主体进行合法民间借贷活动应受司法保护。在相关政策的指导下，人民法院倾向于从对交易方意思表示的文义解释出发，不再单纯基于借贷关系的定性判决投资行为无效。

其次，债权投资行为可能因违反规章而无效。从《私募投资基金备案须知》《中国证券监督管理委员会关于加强私募投资基金监管的若干规定》关于底层标的不得为债权性质资产以及设置无条件刚性回购安排的相关规定可知，监管部门显然正在对私募基金的债权投资行为进行收紧。司法机关不可能无视相关监管规定，应将其作为考虑因素加强名股实债类交易中

---

① 参见《最高人民法院关于人民法院审理借贷案件的若干意见》（法民〔1991〕21 号），1991 年 8 月 13 日发布，现已失效；中国人民银行《贷款通则》（中国人民银行令〔1996〕2 号），1996 年 6 月 28 日发布；国务院《非法金融机构和非法金融业务活动取缔办法》（国务院令第 247 号），1998 年 7 月 13 日发布。

债权投资效力的裁判尺度。当然，单纯违反部门规章并非法定的合同无效事由，但部分观点认为，私募基金投资活动对于部门规章的违反，将破坏金融秩序、危害金融安全，因违背公序良俗而无效。这种观点在学理层面受到一定批评，反对观点认为，私募基金监管体系效力层级较低，相关规章的制定相对不够严谨，尚不足以构成否定私募基金的债权投资行为效力的直接依据。有观点认为，对于侵害公共利益、违背公序良俗的解释应从严把握，不宜将违反规章、政策的行为一概认定为侵害公共利益或违背公序良俗。总之，私募基金的债权投资行为会否因违反部门规章、监管政策归于无效，有待司法实践的进一步明确。

再次，债权投资行为可能因违反行政法规的强制性禁止性规定而无效。私募基金在没有备案情况下违规进行债权投资，违反《证券投资基金法》关于私募基金投资必须备案的规定，可能涉嫌违反强制性法规而无效。更为重要的是，《私募投资基金监督管理条例》第 24 条第 2 款明确禁止私募基金财产用于经营资金拆借、贷款业务，意味着私募基金的债权投资行为将构成对行政法规禁止性规定的违反。

最后，债权投资行为可能因构成职业放贷而无效。根据《最高人民法院关于审理民间借贷案件适用法律若干问题的规定》（2020 年第二次修正）第 13 条的规定，未依法取得放贷资格的出借人，以营利为目的向社会不特定对象提供借款的，应认定其缔结的民间借贷合同无效。《全国法院民商事审判工作会议纪要》（法〔2019〕254 号）第 53 条同样规定，未依法取得放贷资格的以民间借贷为业的法人从事的民间借贷行为，应当依法认定无效。根据上述司法解释及司法解释性文件，地方各级人民法院已通过制定“职业放贷人”认定标准来为类似案件的审理提供参考，对于没有放贷资质的私募基金而言，过多进行“名股实债”类交易或将触发职业放贷这一无效事由，具体应根据不同地区法院制定的裁判标准而定。

虽然上述理由均存在一定的不确定性，但投资合同一旦被司法机关认定为无效，各方就案涉交易所取得的财产将予返还，投资人也就无法按照合同约定获得固定收益，仅能主张缔约过失导致实际损失的赔偿责任以及按照中国人民银行授权全国银行间同业拆借中心公布的一年期贷款市场报价利率计算的资金占用费。总之，人民法院将根据各方当事人的过错情况分担损失，因此，在交易模式被认定为无效的情况下，投资人将面临无法实现投资目标和被判处赔偿对方损失的风险。

3. 债权投资回报的收益率超限部分不受司法保护

根据《最高人民法院关于审理民间借贷案件适用法律若干问题的规定》第25条的规定，如果名股实债投资行为被认定为债权投资，交易文件约定投资回报的司法保护上限将受到一年期贷款市场报价利率四倍的限制，从而对投资人的预期收益造成重大影响。在湖南某房地产开发有限公司项目转让合同纠纷案中，最高人民法院认定，“只享受固定投资回报收益，不负责项目盈亏，这种资金入股的收益模式显然不符合投资款的性质，而属于借款的性质”，进而认为利率超过法律保护的借款利率上限的部分不应保护。①

4. 债权投资一般不产生抽逃出资的问题

《会议纪要》对名股实债讨论的终点是，若交易合同中要求的到期无条件回购系由目标公司向投资人作出，上述安排是否构成抽逃出资。通说认为，抽逃出资是一种股东在公司成立后，未经法定程序无偿或未支付合理对价便抽回出资，以致公司资本减少的行为。《会议纪要》最终采取区分情形说，即如认定为股权投资，在一定条件下可能构成抽逃出资；若系债权投资，则一般不产生抽逃出资的问题。

综合监管趋势与司法审判实践来看，对于股债的区分及后果多基于当事人的合同约定，个别案件甚至不进行区分而直接认定合同效力②，而即便被认定为债权投资，合同约定所追求的效果意思也不会轻易受到影响。

---

① 参见湖南某房地产开发有限公司项目转让合同纠纷案，最高人民法院（2018）最高法民再154号民事判决书。

② 参见某科技股份有限公司等与北京某基金管理有限公司合同、无因管理、不当得利纠纷案，北京市高级人民法院（2019）京民终236号民事判决书。

（二）区分股债的裁量标准

近期司法实践中，部分裁判案例在说理中明确认为“股权转让+逐年退出+回购”的交易安排是私募基金的通常模式或商业惯例，但区分股与债的界限对于投资合同的法律性质判定依然至关重要。这种区分不仅关系合同当事人的权利义务，还涉及风险与收益的分配。然而，现行法律法规、司法解释与司法解释性文件并未确定名股实债类案件中股与债的区分要件或构成要件，但司法实践中对此已经有一定的裁判标准。

监管层面，参照《证券期货经营机构私募资产管理计划备案管理规范第4号——私募资产管理计划投资房地产开发企业、项目》的相关规定，我们也可以认为将名股实债中的债权投资定义为“投资回报不与被投资企业的经营业绩挂钩，不是根据企业的投资收益或亏损进行分配，而是向投资者提供保本保收益承诺，根据约定定期向投资者支付固定收益，并在满足特定条件后由被投资企业赎回股权或者偿还本息的投资方式，常见形式包括回购、第三方收购、对赌、定期分红等”。

审判层面，《最高人民法院关于审理联营合同纠纷案件若干问题的解答》（已失效）规定，不参加共同经营，也不承担联营的风险责任，无论盈亏均按期收回本息，或者按期收取固定利润的，是名为联营，实为借贷。而2005年《最高人民法院关于审理涉及国有土地使用权合同纠纷案件适用法律问题的解释》（已失效）第26条同样规定：“合作开发房地产合同约定提供资金的当事人不承担经营风险，只收取固定数额货币的，应当认定为借款合同。”

目前，对于揭示名股实债中债权投资内涵与构成的解释源于《会议纪要》。该纪要明确指出：“名股实债并无统一的交易模式，应根据当事人的投资目的、实际权利义务等因素综合认定其性质。投资人目的的在于取得目标公司股权，且享有参与公司的经营管理权利的，应认定为股权投资。”“反之，投资人目的并非取得目标公司股权，而仅是为了获取固定收益，且不享有参与公司经营管理权利的，应认定为债权投资，投资人是目标公司或有回购义务的股权的债权人。”

尽管司法实践对私募基金投资的股债之分已有一定的判断标准，但由于不存在统一的交易模式，人民法院与仲裁机构也会酌情以个案为基础给出裁判意见。总结一般性的裁判规律，在人民法院与仲裁机构对名股实债的情况进行认定时，往往将固定收益承诺、到期无条件回购、投资方的股东责任与义务、是否存在规避监管意图等作为核心考量因素。

三、区分股债的核心考量因素

（一）固定收益承诺

固定收益承诺，是指交易文件中对投资方的资金投入承诺以固定数额或固定收益率回报的条款设计。对于此种交易安排，司法实践中的通行观点是：典型股权投资的主要目的应当是参与或者控制目标公司的经营活动，以实现最大化的投资收益。固定收益的表现形式主要包括固定收益金额、固定收益率以及固定收益计算公式等。

考虑到投资活动中收益与风险的相称性，股权投资的投资人与目标公司利益应当深度绑定，股权投资人应承受公司经营状况的不确定性，从而在总体上保持“共担风险、共享收益”。私募基金投资文件中承诺投资方获得固定收益的设计是将风险从股权投资中剥离，导致交易行为不符合股权交易的特征，因此，构成司法实践中区分股权投资与债权投资的核心考量因素。

在北京某悦投资发展有限公司（以下简称某悦公司）与安某信托股份有限公司（以下简称安某公司）等合同纠纷案中，案涉《股权收益权转让及回购协议》约定投资方向出卖人返售的标的股权收益权对价系直接在其支付的买入对价基础上增加固定比例的溢价款，结合案涉《股权收益权转让及回购协议》约定投资方既无直接就所持股权对目标公司进行经营管理、要求分配利润的权利，也不存在通过处置、转让标的股权产生收益的可能。最高人民法院就此认定投资方并不承担买入标的股权收益权期间的风险：根据《股权收益权转让及回购协议》的具体约定，并结合某域公司、王某瑛、黄某海为天某公司履行协议提供担保的事实，某悦公司的主要合同目的在于向安某公司融通资金，安某公司的主要合同目的在于向某悦公司收取相对固定的资金收益，一审法院认定双方当事人的真实交易目的在于通过出卖而后回购的方式以价金名义融通资金，具有事实和法律依据。因案涉《股权收益权转让及回购协议》不属于《合同法》规定的有名合同，一审判决根据协议性质参照《合同法》分则中最相类似的借款合同的相关规定处理，适用法律正确。①

一般认为，固定收益承诺与债权投资属性的本质联系是资金收益回报情况与融资方的实际经营业绩脱钩。易言之，如果固定收益承诺对双方权利义务的设计并不过分偏离目标公司的经营状况，人民法院与仲裁机构也可能结合其他因素将系争法律关系认定为股权投资。

在通某资本管理有限公司与中国农某重点建设基金有限公司（以下简称农某公司）等股权转让纠纷案中，投资人以增资形式取得目标公司股权，《投资协议》约定投资人就其对目标公司的增资享有1.2%的年投资收益率，且约定由回购义务人同时就年固定收益率向投资人承担差额补足义务，后投资人以目标公司进入破产程序对回购义务人启动回购程序。陕西省高级人民法院一审认为，1.2%的年投资收益率收益为固定收益，但该收益是基于投资者人所持目标公司股权而获得的收益，因此性质为股权收益，本案中投资人向目标公司进行增资且根据交易文件享有并实际履行股东权利，投资人请求回购义务人以本金价格回购其股权，同时请求年固定收益的差额补足义务人履行相应义务，这与借款法律关系显然不同。二审中，最高人民法院进一步认为：虽然案涉协议有固定收益、逐年退出及股权回购等条款，但这仅是股东之间及股东与目标公司之间就投资收益和风险分担所作的内部约定，并不影响交易目的和投资模式。并且在投资期限

① 参见北京某悦投资发展有限公司与安某信托股份有限公司等合同纠纷案，最高人民法院（2017）最高法民终907号民事判决书。

内，农某公司作为实际股东之一，对外仍是承担相应责任和风险的。农某公司根据协议约定获得了固定收益，但该固定收益率仅为1.2%的年投资收益率，远低于一般借款利息，明显不属于通过借贷获取利息收益的情形。其本质仍是农某公司以股权投资方式注入资金帮助企业脱困的投资行为，只有这样汉某公司及其股东通某资本管理有限公司才能以极低的成本获取巨额资金。①

该案对于处理固定收益承诺提供了丰富的启示。在交易内容的设计上，该案将固定收益的性质设置为由目标公司向投资人支付，并由差额补足方承担类似担保的义务。而差额补足方同时为案涉股权的回购义务人，以上安排给回购义务人支付固定收益的义务加上了为目标公司支付股权收益提供差额补足的外观。更重要的是，约定投资收益率的高低会影响法院对真实交易目的的判断，该案中1.2%的年投资收益率“明显不属于通过借贷获取利息收益的情形”，这为私募基金及其他投资方在相关交易的固定收益率设置上提供了一定的参考。该案体现了司法机关对于整体交易目的与投资模式的关注，最高人民法院的论述充分考虑了该案中投资“帮助企业脱困”的政策属性以及对投资人已经成为目标公司实际股东的认定，反映出司法机关对于“资金收益回报情况与融资方的实际经营业绩脱钩”的理解是：投资人已经成为目标公司的实际股东，结合1.2%的年投资收益率，其要求回购与固定收益的行为并不影响投资人以股东身份对外承担相应责任和风险。

（二）到期无条件回购

如果认为固定收益承诺消除了投资收益与风险的不确定性，那么到期无条件回购的相关约定则进一步确立了投资收益实现的时间。相较于股权投资，债权投资人更加注重债权本金及收益收回的期限，以股权投资中的

---

① 参见通某资本管理有限公司与中国某重点建设基金有限公司等股权转让纠纷案，最高人民法院（2019）最高法民终355号民事判决书。

对赌协议为例，更加关注公司经营状况的股权投资人会将目标公司未来的经营效益与业绩指标作为回购条件，而非与债权债务关系中的到期还款类似，必然于某一个确定的时点触发。

以扬州某电子有限公司、某财源实业投资有限责任公司企业借贷纠纷案为例，当事人在《投资协议》中约定：投资方所投入的资金不占目标公司股权但享有目标公司的收益分配权，投资方不参与日常管理，双方约定年固定收益率为6%，一年到期目标公司归还投资方所投资资金本金及当期收益。最高人民法院基于固定收益、投资方不享有目标公司股权以及不参与日常经营管理，认定本案“名为投资实为借款”并判令目标公司承担偿还5000万元借款本息的义务。①

而在（2021）京民终499号案中，“案涉《股权远期收购协议》约定，《股权转让协议》签署完毕及某基金公司向某城建公司出资13000万元之日起满12个月后的6个月内，即2019年10月31日前，某和实公司收购转让方持有的目标单位20%的标的股权。收购价款计算方法为：收购价款=13000万元×［1+11.8%×（实缴天数/365）］……根据案涉《股权转让协议》的履行情况看，某和实公司在收取部分款项后，按照约定的年利率11.8%，每半年向某基金公司支付固定利息。”北京市高级人民法院同样根据投资人行使股东权利的合同安排与实际情况、系争股权的回购义务人按期支付固定收益、在约定期限完成保本保收益回购的因素将本案当事人的法律关系认定为借贷法律关系。

值得注意的是，对于名股实债类纠纷语境下的到期无条件回购，司法机关常作实质解释，即按照民法上的“附期限的法律行为”理解回购条件触发的确定性。换言之，即使交易文件中约定的不是融资方在某个具体时点以一定的价格进行回购的义务，而是约定了一项虽发生时间不确定但必然发生的事件作为股权回购的成就条件，同样构成到期无条件回购。北京

① 参见扬州某电子有限公司、某财源实业投资有限责任公司企业借贷纠纷案，最高人民法院（2019）最高法民申3206号民事裁定书。

市高级人民法院在（2021）京民申 3841 号民事裁定书中就认为："根据《补充协议》，中小企协对某集团并非享有纯粹意义的普通债权，而是《补充协议》所明确约定的'可转债性质的股权投资'。是否转化视中小企协是否看好某集团是否具有投资价值而定，该条件明显区别于附期限的法律行为，或所谓'名股实债'。根据《全国法院民商事审判工作会议纪要》（法〔2019〕254 号）中关于对赌协议所确定的'投资方与融资方在达成股权性融资协议时，为解决交易双方对目标公司未来发展的不确定性、信息不对称以及代理成本而设计的包含了股权回购、金钱补偿等对未来目标公司的估值进行调整的协议'的内容，本案《增资扩股协议》及《补充协议》应当定性为对赌协议。"

笔者认为，如果在更广义以上理解所谓的"到期无条件"以及司法实践提出的"附期限的法律行为"，那么名股实债类债权投资与对赌协议的核心区分就在于，对赌协议条款为公司经营发展的不确定性设置了空间，而前者消除了此种不确定性。正如 2020 年《广西壮族自治区高级人民法院民二庭关于审理公司纠纷案件若干问题的裁判指引》所指出，若对赌目标在客观上不可能或几乎不可能达成，则实质上消除了所附条件的"不确定性"，其约定的违约责任就成为必然发生的结果，该部分收益即投资方获得的固定收益，该内容已不再符合"对赌"的性质，对此人民法院可以根据个案情况认定为借贷关系。

综上所述，笔者认为各方宜尽可能在交易中避免对到期日的明确约定，如果确定的到期日不可或缺，则应充分评估被认定为借贷法律关系的风险，或考虑以条件与到期日结合的方式进行约定，例如，约定若条件触发则到期日由不确定转为确定，或者约定若条件触发则到期日由确定转为不确定。

（三）投资方的股东权利与义务

如上所述，司法实践认为股权投资与债权投资目的存在显著不同，这种不同很大程度上将在交易文件中对于投资人作为股东的权利义务上得到反映，换言之，投资人作为股东的权利义务将作为当事人意思表示的一部分被司法机关检视与解读。例如，交易合同约定投资人作为股东享有经营管理权、在目标公司股东会乃至董事会层面享有表决权、有权向公司派出董事或其他关键部门的高级管理人员、控制目标公司财务章甚至公章等。

此外，司法实践同样认为，当事人是否切实享有、履行了法定或约定的权利义务也在行为层面上反映了其真实意图。也就是说，投资方的股东权利与义务，包括交易文件约定的详细程度、股东资格的工商登记程序及股东权利义务的实际履行，对于认定股权投资几乎是缺一不可。在这三点内容中，投资人承担法定或约定股东责任的事实情况最为重要。

从法定责任的履行上讲，根据现行《公司法》第 34 条第 2 款，公司登记事项未经登记或者未经变更登记，不得对抗善意相对人。对于不存在受让股权意思的债权投资人而言，是否切实履行股权登记变更手续并非至关重要，因为变更与否均不影响其到期无条件收取固定收益这一核心利益。相反，对于和目标公司利益深度捆绑的股权投资人而言，其势必依据《公司法》对股东身份的规定进入公司日常管理经营之中，由此，人民法院与仲裁机构在名股实债类纠纷的审判中，亦会从股权转让的工商变更登记履行上对交易双方的交易目的进行分析。具体而言，股权投资的投资人需要经过股东会决议、修改公司章程、载入股东名册、变更工商登记等法定程序进入公司并作为目标公司登记公示的股东从而享有股东权益，承担股东责任。在四川天府某农产品流通股权投资基金合伙企业（以下简称某基金公司）与深圳市某实业有限公司（以下简称某实业公司）、许某章合同纠纷案中，虽然某基金公司及目标公司股东某实业公司双方追求的合同目的更倾向于融资，但从实际履行情况看，目标公司召开股东会同意吸纳某基金公司为新股东且办理了工商变更登记，增资程序已完成，四川省成都市中级人民法院认为《远期股权回购协议》系具有融资性质的公司增资合同，合法有效。①

① 参见四川天府某农产品流通股权投资基金合伙企业与深圳市某实业有限公司、许某章合同纠纷案，四川省成都市中级人民法院（2019）川 01 民初 4899 号民事判决书。

约定责任的履行往往涉及投资人基于股东身份对于公司经营决策的参与，对于债权投资人而言，不承担目标公司任何的经营风险和投资亏损的实质约定使其不存在掌握公司经营管理权的动机，即便其在工商层面登记为股东并产生不得对抗善意第三人的法律效果，在内部关系认定上，也极有可能会被认定为债权投资。如果受让方在取得股权后并未实际参与标的公司的经营管理，未实际行使作为股东的权利，而是追求以固定收益返售股权。实际表决权与管理权的缺位，表明双方的关系可能是债权债务关系。① 而股权投资人将更加全面深入地介入公司的经营管理，例如，向公司委派董事或其他高级管理人员，在股东会、董事会层面对重大事项作出表决，要求公司定期向股东披露财务报表或年度报告。在湖北某投资控股有限公司等与新疆某健康产业股份有限公司合同纠纷案中，虽然投资方通过增资扩股已成为目标公司的股东，但投资方并未行使股东权利，亦未实际参与目标公司的经营管理，北京市高级人民法院就此将案涉法律关系认定为债权投资关系。② 一个更为细节的问题是，投资人股东对于目标公司经营管理权限的行使须达到何种程度才能够被认为“实际参与”，武汉某置业有限公司、某信托有限责任公司借款合同纠纷案同样提供了较为明确的参考：“目标公司修改了章程并办理工商变更登记，某基金取得股东资格后虽不参与公司日常经营，但仍通过审查通知等方式参与管理，是某基金作为投资者的正常操作，不能以此否定其股东身份。”

因此，在真实的股权投资交易中，即使投资人所持股权比例尚不足以实际影响公司日常经营的决定，也应行使与投资人所持股权比例匹配的表决权、分红权、知情权等股东权利；并以审查、审批、通知等方式参与公司治理。对于工商变更与实际行使股东权利之间的关系，法院倾向于要求二者均需满足。根据四川天府某农产品流通股权投资基金合伙企业与深圳

---

① 参见武汉某置业有限公司、某信托有限责任公司借款合同纠纷案，最高人民法院（2019）最高法民终1532号民事判决书。

② 参见湖北某投资控股有限公司等与新疆某健康产业股份有限公司合同纠纷案，北京市高级人民法院（2021）京民终724号民事判决书。

市某实业有限公司、许某章合同纠纷案裁定书，此处股东权利的行使要看投资人是否参与了目标公司的实质性经营活动，需要投资人举证证明参与公司的经营管理；进行工商变更与否不是实质性依据。①

四、风险防范与投资者保护

（一）交易和运营层面的实操要点

广义上讲，名股实债交易会在会计、税务、金融监管、刑事等各方面产生待解决的问题。就本文着重讨论的民商事法律关系而言，从《会议纪要》传达的司法裁判精神出发，总结前文所评析的司法案例，笔者认为，若交易方希望名股实债安排被认定为股权投资，可着重在投资条款设计与被投目标公司运营上明确并注意以下要点。

1. 明确体现股权投资的意思表示

解释当事人的真实意思是从裁判视角区分股债的根本依托。因此，股权投资人宜在投资协议中明确股权投资这一属性，明确投资金额、持股比例等基本要素。例如，可以约定目标公司向第三人增发新股时，投资人享有认购新增注册资本的优先权，体现投资人存在视情增持股份，维持与原持股比例相当股东地位的意愿。在磋商的过程性文件、交易的后续文件以及涉及逐年分配收益的各项文件中，股权投资人都应明确投资的真实意图，并通过书面形式留痕。这些文件的表现形式包括但不限于交易方之间、交易方与目标公司之间的往来函件、备忘录、会议纪要，目标公司产生的决议、财务账册、银行单据、收款收据、纳税申报、出资证明等，投资人应尽可能保持这些文件关于投资性质的一致性，以免就该问题产生不必要的争议。

---

① 参见四川天府某农产品流通股权投资基金合伙企业与深圳市某实业有限公司、许某章合同纠纷案，四川省成都市中级人民法院（2019）川01民初4899号民事判决书。

2. 赋予退出条件充分的不确定性

明确退出期限或刚性退出条件是债权投资区别于对赌协议的显著特征。投资人对公司设定的经营指标应符合目标公司的实际情况从而具有实现的可能性，从而使固定收益在形式上表现为投资收益。如上文所述，投资人对回购价格和退出条件的设计应体现在重大不利事项发生时对投资人合法权益的保护，而非获取确定的高昂收益。如果投资人希望以相对固定的期限退出，可以考虑以条件与到期日结合的方式进行约定，或在约定固定期限退出的同时约定业绩指标、债务违约等多项平行的退出条件，以降低被认定为债权投资的风险。

收益方面，投资人应尽量避免约定固定收益率，要依据目标公司的实际经营情况设定相匹配的回购价格，即业绩补偿。换言之，投资收益宜同目标公司在投资期限内实现的财务指标、经营性业绩指标、非经营性目标相联系，作为目标公司的估值调整。若确有设置固定收益率的需要，也应基于权威司法案例设置明显低于一般借款利息的利率。除刚性兑付外，需特别注意的是，在交易涉及国资等特殊情况时，还应当履行审计评估、进场交易等合规程序。

3. 充分履行股东责任，行使股东权利

投资人应在目标公司股东会、董事会等各个层面积极行使股东权利，关切目标公司的经营状况。投资人宜通过各种方式参与公司的经营管理，包括但不限于控制公司的公章、营业执照、财务章、银行账户、行政许可等，向公司派出董事或其他关键岗位的高级管理人员，对重大交易事项的决策发表意见，定期行使知情权清查交易及资金的使用情况，以接受通知、审批、审查等方式介入公司的经营活动，即便投资人所持股权比例尚不足以实际影响相关决策。此外，考虑到股权投资的要求和对善意第三人产生对抗效力，投资人宜在交割完成后的适当时间要求修订公司章程、载入股东名册、完成股东变更的工商登记，在外观上成为目标公司的股东。

（二）争议解决角度的破局思路

在争议解决的视角上，投资的性质并非完全由前文重点梳理的三大核心认定要素决定，《会议纪要》同样也不排斥纳入其他的事实情况以“综合认定其性质”。换言之，凡是对能举证和佐证投资性质有作用的内容均可以纳入考量范围，在基于三大核心要素不能得出明确结论时对法庭或仲裁庭的判断产生影响。综合考虑作用大小与情况发生的普遍性，笔者认为，交易对价、设置担保的情况、善意第三人的存在均会对投资性质的界定产生影响。

1. 是否存在真实交易：股权交易对价与股权本身价值的相符性

如果投资人的真实意思是进行债权投资，投资款项是融资方在该笔交易项下所需的资金数额，而不必然与受让股权的市场价值相当。依此逻辑，除在形式上作为名义价金掩盖真实目的以外，债权投资进行股权转让工商登记的理由是作让与担保，投资款项与标的股权的客观价值存在较大差异。在北京某悦投资发展有限公司与安某信托股份有限公司等合同纠纷案中，最高人民法院认为：“《股权收益权转让及回购协议》第二条约定的标的股权收益权转让对价并无符合市场价值的证明，协议第六条又约定安某公司向某悦公司返售的标的股权收益权对价系直接在其支付的买入对价基础上增加固定比例的溢价款，安某公司并不承担买入标的股权收益权期间的风险。”① 可见，如果股权在交易中仅充当担保物的角色，双方并不会像所有权交易那样关注股权的实际价值，甚至不会安排对股权价格进行资产评估。

2. 是否存在担保：佐证主债权的存在

一般认为，担保须依赖于主债权存在并在借贷法律关系中发挥保障债务履行的功能，尽管股权回购请求权本质上也是债权，但一些名股实债交易却笼统地为《股权转让协议》或《股权收益权转让协议》设置了不动产抵押等担保物权。在北京某悦投资发展有限公司与安某信托股份有限公司等合同纠纷案中，“为确保安某公司取得股权收益权后不会受到任何风险，

---

① 北京某悦投资发展有限公司与安某信托股份有限公司等合同纠纷案，最高人民法院（2017）最高法民终907号民事判决书。

出让人某悦公司提供了质押担保，某域公司、王某瑛、黄某海则提供抵押和保证作为增信措施”①，最高人民法院结合此项情况认为原审法院适用借款合同的规定处理本案是正确的。

3. 是否存在需被保护的善意第三人：强化外观主义的效应

考虑到投资性质将导致受偿顺位的优劣，而目标公司进入破产程序往往构成投资人的退出条件之一，案件当事人可以考虑通过向法院展现案涉外部债权人利益影响对于投资性质的认定。例如，在郭某星、张某等股东出资纠纷案中，最高人民法院明确，在判断名股实债属于股权投资还是债权投资时，应当区分内外部法律关系，如果案涉争议牵涉第三方，则在考察双方真实意思表示的基础上还应考虑合法合理的外部利益。② 退一步而言，即便投资性质被认定为债权投资，善意第三人仍基于工商登记的外观对债权投资人作为目标公司股东存在合理信赖。在（2019）最高法民终1532号案中，最高人民法院认为，在债权投资人未通过法定程序完成股权退出之前，因内部约定并不具有外部效力，如存在善意第三人基于信赖目标公司对外公示的股权结构、工商登记信息而导致利益受损情形，可以通过诉讼另案解决。③

（三）《公司法》修订后的一些可能影响

2023年12月29日修订的《公司法》（以下简称2023年修订《公司法》）于2024年7月1日起正式施行。作为市场运行的基本法律制度，2023年修订《公司法》将从多个角度深度影响私募基金本身的商业运营及其投资活动，本文仅就2023年修订《公司法》对名股实债投资问题及投

① 北京某悦投资发展有限公司与安某信托股份有限公司等合同纠纷案，最高人民法院（2017）最高法民终907号民事判决书。

② 参见郭某星、张某等股东出资纠纷案，最高人民法院（2021）最高法民终35号民事判决书。

③ 参见武汉某置业有限公司、某信托有限责任公司借款合同纠纷案，最高人民法院（2019）最高法民终1532号民事判决书。

资者权益保护的影响简要评述。

第一，私募基金受让股权是除增资外的另一种投资方式。根据2023年修订《公司法》第88条的规定，瑕疵出资的股权转让存在连带责任的问题。若私募基金受让未届出资期限的股权，则应承担实缴出资义务；若私募基金由于未募足资金而转让未实缴股权，则应重点考虑受让方的出资能力或在转让前先进行减资。若私募基金受让未按照公司章程规定的出资日期缴纳出资的股权，转让方与受让方对出资不足的部分承担连带责任。

第二，私募基金投资后往往会在向目标公司投资后委派董事，以了解公司的日常运营、财务状况、传达股东对目标公司重大决策的意见。整体上，董事的主要责任是忠实义务与勤勉义务两类，具体涵盖关联交易、抽逃出资、职务行为致损、违规减资、违法分配利润、违规财务资助等。2023年修订《公司法》带来的变化是法律明确了董事的核查、催缴出资义务与清算义务。2023年修订《公司法》中董事责任的设计不仅给相关企业和个人带来更大的合规压力，且与委派董事更换频繁的现实情况不相适配。有鉴于此，笔者认为，可以考虑将一些重要事项的表决由董事会上升到股东会层面并配置一票否决权，或考虑委派监事并争取在章程中扩大监事的权力（如监事未列席不得召开董事会、股东会），或在公司的治理架构中设立由投资人控制的咨询委员会作为董事会审议事项的前置审查机关，规定经该机关同意的事项方可提交董事会审议。

第三，2023年修订《公司法》除了进一步规制公司治理、落实各方责任以外，还对中小股东权益进行了充分的保护，因公司经营决策表决机制为资本多数决，控股股东或大股东亦更加便于对少数股东的权利进行侵害，滥用股东权利、严重损害公司或者其他股东利益。根据2023年修订《公司法》第89条的规定，中小股东在控股股东滥用权利的情况下有权退出公司，实质增加了中小股东权益受损时的救济渠道。此外，2023年修订《公司法》第161条将异议股东股权回购请求权拓展至非上市股份公司，为受侵害的小股东提供更多的救济手段，方便其退出公司并获得合理收益。因此，2023 年修订《公司法》拓宽了私募基金作为目标公司中小股东依法维权的路径。

五、结语

对于私募基金投资中“名股实债”问题，尽管监管政策趋严，但在当前司法认定规则和环境下，投资者仍可通过明确股权投资意图、设置合理的退出条件、积极行使股东权利等方式，有效防范法律风险，保护自身投资利益。同时，结合 2023 年修订《公司法》，投资者通过合理设计交易结构并充分行使中小股东法定权利等，有效实现投资目标，维护投资合法权益。

基金“老鼠仓”的认定标准

秦 辉*

摘要：基金“老鼠仓”的认定标准，受不同时期多重因素影响，曾出现定性、量罚向内幕交易靠拢的现象，易产生对立法价值、执法合规和法条含义的误解。本文围绕打击基金“老鼠仓”的历史和行政、刑事案例，从文义解释、体系解释和法律稳定性等角度，客观评价“运动式”执法意义，厘清“老鼠仓”与内幕交易区别，主张“老鼠仓”侵害法益多元化，精细设置跟风交易与抢先交易不同的法律责任，认同公募、私募“老鼠仓”在一定条件下处罚差异性，阐述在发挥证监部门、司法机关能动作用的同时，必要时修改《刑法》《证券法》《证券投资基金法》（以下简称《基金法》）等，真正实现认定标准的体系化，助力我国全球资管中心建设。

关键词：基金 “老鼠仓” 认定标准 法律价值 体系化

一、引言

2022 年 9 月 21 日，上海资产管理协会成立；截至 2021 年底，公募基

* 北京德和衡（上海）律师事务所合伙人。

金规模接近25万亿元,[①] 证券类私募基金规模为6.12万亿元。[②] 法治是最好的营商环境，打击基金“老鼠仓”[③] 一直是监管工作重点。基金“老鼠仓”的认定标准是证监会推动下的产物。从早期的证监会对公募基金的突击检查，到推动“老鼠仓”入刑，进而在具体的刑事案件中出具性质认定函，都与证监会的能动作用密切相关。而在马乐案审理过程中，则更多地体现了司法机关对认定标准的解释功能。

讨论基金“老鼠仓”的认定标准十分重要。一是关乎行为人是否要遭受巨额罚款，或是否身陷囹圄；二是关乎“老鼠仓”不同于内幕交易的独立价值；三是关乎打击基金“老鼠仓”的经验总结和传承。四是关乎基金“老鼠仓”的类型化处理。

基金“老鼠仓”的认定标准，在理论界探讨还不够深入。之前的文章，或者否定证监会的能动执法,[④] 或者将“老鼠仓”等同于内幕交易，混淆未公开信息与内幕信息的本质区别,[⑤] 如“新《证券法》对本条的修订使禁止利用未公开信息交易的法理基础可能统一回归到禁止‘内幕交易’体系之下，这也应当成为今后行政执法实践与刑事制裁实践弥合的契机”[⑥]；或者不注意法条之间的体系解释，将只能适用于公募基金“老鼠

---

① 参见曹泉伟、陈卓等：《2022年中国公募基金研究报告》，经济科学出版社2022年版，第16页。

② 参见曹泉伟、陈卓等：《2022年中国公募基金研究报告》，经济科学出版社2022年版，第20页。

③ 包括公募基金、私募基金工作人员“老鼠仓”，又称“利用未公开信息交易”。

④ 参见彭冰：《重新定性“老鼠仓”——运动式证券监管反思》，载《清华法学》2018年第6期。

⑤ 参见王元鹏：《“老鼠仓”行为该如何认定 内幕交易罪中推定原则的应用》，载《检察日报》2022年6月14日。

⑥ 吴明晖、杨芸：《再论利用未公开信息交易行为——行政执法与刑事司法的冲突及其弥合》，载蔡建春、刘绍统主编：《证券法苑》（第33卷），法律出版社2021年版，第272页。

仓”的法律规范适用于私募基金“老鼠仓”。① 当然，理论界对马乐案“情节特别严重”量刑档次的适用场景进行了讨论和评析；据统计，此类文章从2015年到2020年，至少有10余篇。②

本文所称的“老鼠仓”认定标准，区别于某一方面的认定标准［如《最高人民检察院、公安部关于公安机关管辖的刑事案件立案追诉标准的规定（二）》］，既包括法律法规，又包括司法解释；既包括定性意见，又包括定量意见；既站在行政执法之可行性角度，又站在维护当事人合法权益之必要性角度。概言之，认定标准即决定当事人是否构成“老鼠仓”，在构成“老鼠仓”的前提下，应对当事人进行何种量罚及量罚轻重的因素。

基于以上原因，本文围绕以下四个核心问题展开研究，着重阐述如下问题：一是影响认定标准的关键事件、法律法规及有关研究；二是对基金“老鼠仓”认定标准存在争议的原因；三是基金“老鼠仓”认定标准应遵循的原则及思路；四是完善基金“老鼠仓”认定标准的有关建议。

二、影响基金“老鼠仓”认定标准的关键事件、法律法规及有关研究

（一）关键事件梳理

“老鼠仓”的认定标准不是一蹴而就的，而是从认定公募基金“老鼠仓”开始的，在前期刑事案件侦办过程中，证监会根据司法机关要求出具性质认定函，为案件推进发挥不可或缺的作用。循着基金“老鼠仓”有关的法律法规、行政执法行为和司法判决等关键事件发生时点，我们更能管中窥豹，一探究竟（见表1）。

① 参见巩海滨、赵涛：《私募基金“老鼠仓”行政处罚研究》，载《证券法苑》（第24卷），法律出版社2018年版，第75页。

② 参见孙谦：《援引法定刑的刑法解释——以马乐利用未公开信息交易案为例》，载《法学研究》2016年第1期。

表1　基金“老鼠仓”有关问题梳理

名称	实施时间	存在争议或评价
证监会发布检查	2007年	有学者称其为“运动式执法”
首起公募基金行政处罚案件	2009年	因《基金法》未明确规定“老鼠仓”的法律责任，故处罚决定书同时适用《证券法》和《基金法》的条款，易导致过罚相当
入刑时间	2009年	明确规定“老鼠仓”行为
首例刑事判决	2011年	由证监会出具性质认定函
私募基金由证监会监管	2013年	监管刚开始，需积累和总结经验
《基金法》修改（规定私募基金由证监会监管）	2013年	规定公募基金“老鼠仓”法律责任，但私募基金“老鼠仓”是否适用，存在不同意见
《私募投资基金监督管理暂行办法》	2014年	属于部门规章，明确规定私募基金“老鼠仓”应承担的法律责任
私募基金因“老鼠仓”被处罚3万元	2017年	罚款金额小，没有争议
私募基金因“老鼠仓”被处罚100万元	2018年	证监会处罚决定认为应当适用《基金法》，被处罚人认为不应适用
涉及私募基金“老鼠仓”入刑判决	2018年	对登记结算机构能否作为犯罪主体，存在不同意见

（二）初步建立覆盖民事、行政和刑事法律责任的法律规则

规范基金“老鼠仓”的法律法规数量繁多，部分条款之间规定不一致，体系化还不强，这也使探讨认定标准的统一很有必要（见表2）。

表 2 相关法律法规梳理

名称	实施时间	条文内容
《基金法》	2003 年（第 18 条明确规定只适用于公募基金）	第 18 条 基金管理人的董事、监事、经理和其他从业人员，不得担任基金托管人或者其他基金管理人的任何职务，不得从事损害基金财产和基金份额持有人利益的证券交易及其他活动。 第 97 条 基金管理人、基金托管人的专门基金托管部门的从业人员违反本法第十八条规定，给基金财产或者基金份额持有人造成损害的，依法承担赔偿责任；情节严重的，取消基金从业资格；构成犯罪的，依法追究刑事责任。
《基金法》	2013 年（明确规定利用未公开信息责任条款，是否适用于私募基金“老鼠仓”有争议）	第 124 条 基金管理人、基金托管人及其董事、监事、高级管理人员和其他从业人员有本法第二十条所列行为之一的，责令改正，没收违法所得，并处违法所得一倍以上五倍以下罚款；没有违法所得或者违法所得不足一百万元的，并处十万元以上一百万元以下罚款；基金管理人、基金托管人有上述行为的，还应当对其直接负责的主管人员和其他直接责任人员给予警告，暂停或者撤销基金从业资格，并处三万元以上三十万元以下罚款。 基金管理人、基金托管人及其董事、监事、高级管理人员和其他从业人员侵占、挪用基金财产而取得的财产和收益，归入基金财产。但是，法律、行政法规另有规定的，依照其规定。

（续表）

名称	实施时间	条文内容
《证券法》	2005年	第43条　证券交易所、证券公司和证券登记结算机构的从业人员、证券监督管理机构的工作人员以及法律、行政法规禁止参与股票交易的其他人员，在任期或者法定限期内，不得直接或者以化名、借他人名义持有、买卖股票，也不得收受他人赠送的股票。任何人在成为前款所列人员时，其原已持有的股票，必须依法转让。 第199条　法律、行政法规规定禁止参与股票交易的人员，直接或者以化名、借他人名义持有、买卖股票的，责令依法处理非法持有的股票，没收违法所得，并处以买卖股票等值以下的罚款；属于国家工作人员的，还应当依法给予行政处分。
《刑法》	2009年（对私募基金“老鼠仓”不适用）	第180条第4款　证券交易所、期货交易所、证券公司、期货经纪公司、基金管理公司、商业银行、保险公司等金融机构的从业人员以及有关监管部门或者行业协会的工作人员，利用因职务便利获取内幕信息以外的其他未公开的信息，违反规定，从事与该信息相关的证券、期货交易活动，或者明示、暗示他人从事相关交易活动，情节严重的，依照第一款的规定处罚。

(续表)

名称	实施时间	条文内容
《私募投资基金监督管理暂行办法》	2014 年	第 23 条　私募基金管理人、私募基金托管人、私募基金销售机构及其他私募服务机构及其从业人员从事私募基金业务，不得有以下行为：…… (五) 泄露因职务便利获取的未公开信息，利用该信息从事或者明示、暗示他人从事相关的交易活动； 第 38 条　私募基金管理人、私募基金托管人、私募基金销售机构及其他私募服务机构及其从业人员违反本办法第七条、第八条、第十一条、第十四条至第十七条、第二十四条至第二十六条规定的，以及有本办法第二十三条第一项至第七项和第九项所列行为之一的，责令改正，给予警告并处 3 万元以下罚款；对直接负责的主管人员和其他直接责任人员，给予警告并处 3 万元以下罚款；有本办法第二十三条第八项行为的，按照《证券法》和《期货交易管理条例》的有关规定处罚；构成犯罪的，依法移交司法机关追究刑事责任。

（续表）

名称	实施时间	条文内容
《证券法》	2020年（对私募基金“老鼠仓”不适用）	第54条　禁止证券交易场所、证券公司、证券登记结算机构、证券服务机构和其他金融机构的从业人员、有关监管部门或者行业协会的工作人员，利用因职务便利获取的内幕信息以外的其他未公开的信息，违反规定，从事与该信息相关的证券交易活动，或者明示、暗示他人从事相关交易活动。利用未公开信息进行交易给投资者造成损失的，应当依法承担赔偿责任。 第191条　证券交易内幕信息的知情人或者非法获取内幕信息的人违反本法第五十三条的规定从事内幕交易的，责令依法处理非法持有的证券，没收违法所得，并处以违法所得一倍以上十倍以下的罚款；没有违法所得或者违法所得不足五十万元的，处以五十万元以上五百万元以下的罚款。单位从事内幕交易的，还应当对直接负责的主管人员和其他直接责任人员给予警告，并处以二十万元以上二百万元以下的罚款。国务院证券监督管理机构工作人员从事内幕交易的，从重处罚。 违反本法第五十四条的规定，利用未公开信息进行交易的，依照前款的规定处罚。

（三）研究现状

我国学者对“老鼠仓”行为性质、法理基础、未公开信息特征、主体身份和私募基金从业人员能否入刑等进行了研究，但基本侧重于一两个问题，而《重新定性“老鼠仓”——运动式证券监管反思》① 《利用未公开

① 参见彭冰：《重新定性“老鼠仓”——运动式证券监管反思》，载《清华法学》2018年第6期。

信息交易犯罪疑难问题研析：基于理论和实践的双重坐标》① 和《利用未公开信息交易罪的认定标准》② 等文章研究范围较广；在马乐案由最高人民检察院抗诉后，对该案应否适用内幕交易罪中情节特别严重，陆续有10余篇文章对此集中研究。总体来看，对“老鼠仓”的研究数量不多，尚未有专门著作，有一本书，虽名称为《老鼠仓》③，但属于长篇小说，且该“老鼠仓”是指“庄家拉升股价之前，先个人在低位建仓，待股价到高位后，个人仓位率先卖出获利”，不是我们通常所讨论的“老鼠仓”——利用未公开信息交易。相比较而言，内幕交易则有多本书籍出版。④ 这也说明，对“老鼠仓”的研究还大有可为。

三、对基金“老鼠仓”认定标准存在争议的原因

对“老鼠仓”认定标准存在争议的原因多种多样，既有内幕交易与“老鼠仓”放在同一法条的原因，也有国外一些国家无“老鼠仓”单独立法的情形，还受我国“老鼠仓”主体规定较多，且相关法律之间规定不一致等因素影响，具体原因如下。

（一）对立法价值的误解

我国《刑法》和《证券法》都将“老鼠仓”和内幕交易置于同一条款，有观点可能认为这两种行为差异不大，甚至将“老鼠仓”等同于内幕

① 参见陈晨：《利用未公开信息交易犯罪疑难问题研析：基于理论和实践的双重坐标》，载蔡建春、刘绍统主编：《证券法苑》（第26卷），法律出版社2019年版，第300页。

② 参见王涛、汤琳琳：《利用未公开信息交易罪的认定标准》，载《法学》2013年第2期。

③ 参见黎言：《老鼠仓》，江苏文艺出版社2014年版，第211页。

④ 参见宁荣：《内幕交易的多副面孔——中国的监管标准和执法实践》，经济科学出版社2019年版，第59页；张祥宇：《内幕交易罪客观构成要件要素研究》，中国政法大学出版社2018年版，第295页；李金峰、高峰、陈向飞：《上市公司内幕交易的行为识别和监管机制》，冶金工业出版社2017年版，第322页；张小宁：《证券内幕交易罪研究》，中国人民公安大学出版社2011年版，第125页。

交易。另外，我国《刑法》中最先出现“老鼠仓”的罪名——利用未公开信息交易罪,[①] 2009年《刑法修正案（七）》规定“老鼠仓”的犯罪主体比《基金法》规定得多,[②] 如将保险资产管理公司、交易所都归为犯罪主体，也就是说，如果保险资产管理公司、交易所等工作人员达不到利用未公开信息交易罪的追诉标准，则不用受到行政责任追究；而对于抢先交易与跟风交易则没有规定差异性量罚标准，只要从事“老鼠仓”，理论上都可以追究刑事责任，在有些情形下可能造成打击过重的结果。

（二）对行政执法、刑事司法的误解

《重新定性“老鼠仓”——运动式证券监管反思》一文提出：“但随着打击的深入，执法活动运动式地展开，各种不同类型的违规违法行为也都被纳入‘老鼠仓’的打击范围，很多案件已经突破了传统对‘老鼠仓’性质的认识”。作者为此引用某登记结算公司员工案例，来说明其交易虽晚于基金交易，但也和其他“老鼠仓”案件一样被定罪。运动式执法一般是在特定时间内就特定问题采取集中整治、专项治理、严厉打击、清理整顿等非常规方式的短期行为模式，具有应急性、临时性、集中性和反复性等特征。[③] 笔者认为，执法活动和审判活动一样，都有其自身规律，一段时间对某类案件打击得多一点，与这段时间采取的执法行动密切相关。2006年12月12日，国务院办公厅发布《关于严厉打击非法发行股票和非法经营证券业务有关问题的通知》。2021年7月6日，中共中央办公厅、国务院办公厅印发了《关于依法从严打击证券违法活动的意见》。以上都是集中多种资源打击证券违法行为的文件。而正是这些文件的出台，才使打击过程中的障碍迎刃而解，如由证监会出具性质认定函就是明证。但这种打击方式并不等同于贬义上的运动式执法。如果非要说这种方式有不妥

---

① 当然这也与法律的修改程序有关，《刑法》当时正好有修改需求，而《基金法》则不会仅因为规制“老鼠仓”需要而启动修法程序。

② 当时，《证券法》尚未修改。

③ 参见胡伟强：《运动式执法的社会效果》，载《法律和社会科学》2017年第1期。

之处，则是对认定标准把握过宽及适用不当，而与运动式执法无关。

（三）对法律适用依据的误解

1. 2019年修订的《证券法》（以下简称新《证券法》）实施前行政处罚适用依据不同导致处罚金额的差异化

在胡某平案件中，胡某平担任某私募基金总经理、投资总监，因负责投资决策知悉该私募基金交易信息。2015年3月至12月，胡某平使用其控制的账户买入41只股票，获利538.66万元。2017年5月2日，某证监局根据《私募投资基金监督管理暂行办法》第23条第5项及第38条，责令胡某平改正，给予警告，并处以3万元罚款。①

文某案是由证监会适用《基金法》的第一起私募基金“老鼠仓”案。2018年3月26日，证监会决定：对文某责令改正，没收违法所得251.44万元，并处251.44万元罚款。② 在另一起私募基金“老鼠仓”案件中，未适用《私募投资基金监督管理暂行办法》，而适用《基金法》的罚则，责令当事人改正，没收违法所得1333.12万元，并处以1333.12万元罚款。当事人提出其行为不应适用《基金法》第123条，应依据证监会第105令即《私募投资基金监督管理暂行办法》处罚。③

上述案例中，一个罚款3万元，适用依据为《私募投资基金监督管理暂行办法》第23条第5项及第38条；另两个“没一罚一”，适用依据为《基金法》第20条第6项、第123条。

这样一来，导致证监会及其派出机构行政处罚时适用的法律依据不统一，引起争议。

2. 新《证券法》实施后被处罚主体和幅度的差异化

2020年3月1日，新《证券法》正式实施，在第54条增加了利用未公开信息交易的禁止条款及法律责任，主要表现在两个方面的变化。

---

① 《中国证监会福建监管局行政处罚决定书［（2017）3号］》。

② 《中国证监会行政处罚决定书［（2018）11号］》。

③ 《中国证监会行政处罚决定书［（2020）6号］》。

一是责任主体的变化，从基金公司扩展到证券交易场所、证券公司、证券登记结算机构、证券服务机构和其他金融机构，这些主体与《刑法》规定的主体基本保持一致，但范围比《刑法》规定更广，如增加了证券登记结算机构、证券服务机构。同时，沿袭《刑法》规定，没有包括私募基金工作人员。

二是罚款幅度的变化。在有违法所得情形下，罚款从《基金法》的1到5倍增加至1倍至10倍；没有违法所得或违法所得不到“固定金额”（《基金法》规定“固定金额”为50万元、新《证券法》规定“固定金额”为100万元），罚款从10—100万元提高到50—500万元。由此引发一个问题，私募基金能否适用该条文？从字面含义可以看出，私募基金“老鼠仓”不能适用新《证券法》该条文。另外，值得一提的是，公募基金“老鼠仓”是适用《基金法》还是新《证券法》的规定？

新《证券法》对责任主体作出如此修改，是有客观原因的。一是《刑法》第180条已对证券交易所、证券公司、金融机构的从业人员、有关监管部门或者行业协会的工作人员作了规定；二是司法实践中有涉及证券登记结算机构工作人员“老鼠仓”案件，证券登记结算机构工作人员是否为责任主体，需要法律对此进行明确；三是根据发生“老鼠仓”的可能性，需要将证券服务机构人员包括在内。新《证券法》第54条在证券服务机构后面有其他金融机构之表述，从上下文含义看，证券服务机构很容易被误认为是金融机构，但根据新《证券法》第160条的规定，会计师事务所、律师事务所以及从事证券投资咨询、资产评估、资信评级、财务顾问、信息技术系统服务机构属于证券服务机构。新《证券法》第54条忽视了证券服务机构不属于金融机构的规定和惯例，进而引发一个问题，即证券服务机构工作人员“老鼠仓”是否涉刑，因为《刑法》要求构成利用未公开信息交易罪的主体是金融机构工作人员。

可以说，新《证券法》这样规定是结合行政执法和刑事司法事件，将证券登记结算机构、证券服务机构和其他金融机构工作人员纳入“老鼠仓”的行为主体范围，但还没有成体系化，即私募基金工作人员“老鼠仓”并不能适用新《证券法》该条款。换言之，在新《证券法》颁布后，规制“老鼠仓”的法律规范有《刑法》《证券法》《基金法》《私募投资基金监督管理暂行办法》，但规制的主体存在差异，处罚幅度不一，容易造成法律适用上的争议。因此，关于基金“老鼠仓”，法律之间存在冲突，体系化建设还不够，尚未形成衔接密切的综合法律适用体系。目前，已有证监会派出机构适用新《证券法》对“老鼠仓”进行处罚，值得关注。

3. 刑事、行政责任适用主体的差异化

一是《刑法》和《证券法》中对“老鼠仓”的适用主体存在差异。新《证券法》在《刑法》第 180 条规定“老鼠仓”犯罪主体的基础上增加证券登记结算机构、证券服务机构。将证券登记结算机构作为金融机构从而适用《刑法》第 180 条并无实质性的障碍，但还是会引发一个问题，即证券服务机构工作人员“老鼠仓”是否涉刑？

二是司法实践中存在将非私募基金工作人员知悉未公开信息定罪量刑的个案。例如，在涂某案中，《中国证监会关于涂某涉嫌利用未公开信息交易案有关问题的认定函》认定，涂某在中某公司工作期间，通过查询知悉相关私募基金、券商资管计划账户的交易情况等非公开信息。累计趋同交易 21.37 亿元，盈利 347.54 万元。法院据此判处涂某有期徒刑三年，并处罚金人民币 200 万元。①

另经查询，私募基金经理等人员并未因私募基金“老鼠仓”而被追究刑事责任，而在涂某案中涂某却因为知悉私募基金和资管计划未公开信息被追究刑事责任，法院追责的逻辑为何，值得思考。

四、基金“老鼠仓”认定标准应遵循的原则及思路

由上可知，虽然自 2008 年起我国即对基金“老鼠仓”进行打击，后续又分别于 2012 年、2019 年对《基金法》《证券法》等进行了修改，但“老鼠仓”的认定标准始终存在争议。有鉴于此，需要考虑不同于传统

---

① 参见广东省高级人民法院（2018）粤刑终 479 号刑事裁定书。

"老鼠仓"单一主体情形，并遵循一定原则，按照"老鼠仓"和内幕交易分开规制，"老鼠仓"侵害法益的多元化，跟风交易与抢先交易不同的法律责任，公募、私募"老鼠仓"在一定条件下处罚的差异性等思路，形成一个适用性较强、争议又较小的认定标准。

（一）应遵循的原则

"老鼠过街，人人喊打"。"老鼠仓"固然可恶，但一定要依法，否则前功尽弃，恐违背依法行政原则和罪刑法定原则。

一是"老鼠仓"与内幕交易有不同的认定标准。应当明确，"老鼠仓"与内幕交易在《刑法》《证券法》虽置于同一条款，但"老鼠仓"不等同于内幕交易，有其独特的认定标准。

二是未公开信息与内幕信息的本质特征不一样。未公开信息与内幕信息虽然都是没有公开的信息，但信息种类不一样，内幕信息与上市公司有关，要遵循上市公司信息披露规则，而未公开信息则是基金的持仓信息等，不可能遵循上市公司信息披露规则，即便要披露，在披露的内容和及时性等方面也不可与内幕信息相提并论。另外，内幕信息的重大性，主要是指对上市公司股价或其经营情况的重大性，其程度明显强于未公开信息的价格敏感性。也正是基于这种差异，最高人民法院发布的相关司法解释在情节严重、情节特别严重的量罚标准上对内幕交易和"老鼠仓"作了不同规定。

三是对法律依据不宜作扩大解释。众所周知，证券监管因涉及保护投资者合法权益，实施强监管、严监管，当事人很可能要承受巨额罚款或不低刑期。但如果认定标准稍有宽松，则可能差之毫厘，谬以千里。要坚持《刑法》罪刑法定原则和《证券法》依法行政原则，有明确法律依据的，要按照法条的字面含义和逻辑体系进行量罚，不宜作扩大解释，避免伤及无辜。

四是抢先交易与跟风交易的行政责任应区别对待。一般来说，抢先交易价值比跟风交易价值高。实践中，证监会对跟风交易和抢先交易实施无差别的处罚，司法部门对跟风交易的行为也以利用未公开信息交易罪处刑。

考虑到跟风交易在交易时机、交易价值等方面都要次于抢先交易，为体现上述的区别，对跟风交易，在行政责任、刑事责任上宜从轻或减轻处罚。

除上述原则外，以下思路殊为重要。鉴于“老鼠仓”民事责任所涉司法解释尚未发布，实践中亦无因“老鼠仓”引发的民事索赔判决，故此处对民事责任暂不讨论，只讨论行政责任和刑事责任；而关于行政责任与刑事责任的认定标准，还存在各种争议，更有必要在下文展开阐述。

（二）“老鼠仓”是否属于内幕交易

有观点的认为，美国等国家将“老鼠仓”等同于内幕交易，而我国内幕交易制度是舶来品，故应采“内幕交易说”。“内幕交易说”认为，“老鼠仓”行为本身就是内幕交易的一种。[①] 笔者认为，从“老鼠仓”和内幕交易的信息内容、违法行为主体和立法规制现状来看，两者还是存在非常明显的差异的，将“老鼠仓”视同为内幕交易的必要性不大，理由如下：一是“老鼠仓”中利用的未公开信息不如内幕交易中的内幕信息对股价的影响大；二是从理论上讲，内幕交易的主体不是特定主体，而“老鼠仓”的主体肯定是特定主体；三是从我国立法规定、司法解释来看，一直都是分开进行规制的，置于同一法条也是立法技术等多种因素的影响，改变不了两者不能互相替代的事实。

（三）“老鼠仓”侵害的法益仅按“背信行为说”是否可行

笔者认为，“背信行为说”脱胎于基金公司的信义义务，但对于非基金公司的证券公司自营部门[②]、监管部门与行业协会工作人员，则显然不是信义义务，而是一种侵占行为，损害了涉案公司的财产权。当然，对证

① 参见巩海滨、赵涛：《私募基金“老鼠仓”行政处罚研究》，载蔡建春、刘绍统主编：《证券法苑》（第 24 卷），法律出版社 2018 年版，第 273 页。

② 不属于基金“老鼠仓”研究范围，为论述方便，这里附带提及。

券公司自营部门，该未公开信息属于证券公司财产，对未公开信息的侵占构成职务侵占，而对于监管部门与行业协会工作人员，由于未公开信息并不属于监管部门与行业协会的财产，因而此种侵占只是一般的侵占，并不构成职务侵占；同时，这种侵占也损害了其履职行为的廉洁性和公正性。因此，要探究“老鼠仓”侵害的法益，只依“背信行为说”是行不通的，而是要按照实事求是的原则，从违法行为主体等角度去考虑，由此侵害的法益，既可能涉及“背信行为说”，又可能涉及“侵占财产说”，还有可能涉及“以权谋私说”，否则得出的结论适得其反。

（四）未公开信息的特征

内幕信息的两个特征是重大性和未公开性。① 那么，未公开信息的特征是什么？前已提及，“老鼠仓”不属于内幕交易，因为未公开信息不等同于内幕信息，因而必须为未公开信息的特征另寻他路。交易股票时，投资者之所以倾向于利用基金等机构的未公开信息，是因为预期基金的未公开信息对股票涨幅有帮助，这也是因为未公开信息的价格敏感性，但这种价格敏感性在程度上还达不到内幕信息的重大性，但从长期来看，确实很可能给相应股票带来增值。因此，笔者将未公开信息的特征归纳为价格敏感性和非公开性。

（五）是否一定要抢先交易才会被追究行政责任

通说认为，“老鼠仓”获利的关键是先于基金财产交易，即所谓的抢先交易。② 这是“老鼠仓”获利概率更大的一种模式。在利益面前，也衍生出其他模式，如跟风交易，由于跟风交易的股票毕竟是基金公司等研究

---

① 参见吴明晖、杨芸：《成某娴、顾某佳、顾某内幕交易案》，载中国证券监督管理委员会行政处罚委员会编：《证券期货行政处罚案例解析》（第二辑），法律出版社2019年版，第31页。

② 参见彭冰：《重新定性“老鼠仓”——运动式证券监管反思》，载《清华法学》2018年第6期。

得出的，且基金公司实施长期的持仓策略，因而跟风交易的股票从长期来看是有价值的。涉案行为人交易的时间晚于基金等机构，不影响“老鼠仓”的成立。完全按照抢先交易模式规范所有的“老鼠仓”，既不符合目前的法律规定，又不符合证券执法实践。但跟风交易的股票信息毕竟滞后于抢先交易的股票信息，一般而言，跟风交易的股票信息价值低于抢先交易的股票信息价值，有时还可能会产生亏损，[①] 在均需受到行政处罚或刑责追究的前提下，在量罚幅度上还是要区分才较为合适。

（六）私募基金“老鼠仓”处罚的幅度是否要与公募基金一致

私募基金和公募基金，其本质区别是募集方式不同；当然，还有可能存在其他区别，比如私募基金持有人信息更为灵通、投资知识和经验更多、与管理人关系更为密切。为此，有人主张对私募基金应采取与公募基金不一样的“老鼠仓”监管政策。笔者认为，私募基金和公募基金，乃至其他资产管理行业，都是大资管行业的一部分，它们之间可能有一些细小的差异，但没有本质区别。在我国，对公募、私募和其他资管主体，均应实施同等的保护和规范，否则资产管理行业忠人之事、受人之托的职责无从谈起，又当如何履行？

（七）如果需要同等处罚，私募基金“老鼠仓”能否适用《基金法》

由此引发一个问题，既然公募、私募都应受到同样处罚，公募基金能适用《基金法》，私募基金同样能适用《基金法》。其实，这是应然与实然的两种状态。证监会已对私募基金“老鼠仓”适用《基金法》，其理由如下[②]：首先，根据《基金法》第2条的规定，该法的适用范围包括公募和私募基金。《私募投资基金监督管理暂行办法》第40条明确规定，私募基

① 参见朱维、葛康：《钟某婧利用未公开信息案》，载中国证券监督管理委员会行政处罚委员会编：《证券期货行政处罚案例解析》（第1辑），法律出版社2017年版，第344页。

② 《中国证监会行政处罚决定书［（2020）6号］》。

金管理人及其从业人员违反《基金法》有关规定的，按照《基金法》有关规定处罚。其次，从上述《基金法》的调整范围看，《基金法》第 123 条中规定的“基金管理人”包括公募和私募基金管理人。最后，《基金法》第 123 条罚则指向的是基金管理人及其从业人员有该法第 20 条所列的行为，而非指违反该法第 20 条的规定，因此无论是公募基金及其从业人员还是私募基金及其从业人员，只要实施了该法第 20 条所列行为之一的，就应当适用第 123 条罚则。

笔者认为，这是扩张解释的结果，理由较为牵强，与立法原意并不相符。私募基金“老鼠仓”不能适用《基金法》，其理由如下。

一是《基金法》第 2 条关于该法的适用范围包括公募、私募基金的规定并不适用于每一个条款。

二是从《基金法》上下文含义看，《基金法》第 123 条中规定的“基金管理人”只包括公募基金管理人，不包括私募基金管理人。

三是认为《基金法》第 123 条罚则指向的是基金管理人及其从业人员有该法第 20 条所列的行为，而非指违反该法第 20 条的规定，与法律逻辑不相吻合，不能自圆其说。承担法律责任的前提是不得为某项行为，在法律对某项行为是否违法作出规范前提下，直接在法律责任的条款中规定其法律责任，是违背立法逻辑的，不能让人信服。因此，在《基金法》未对私募基金“老鼠仓”进行明确禁止情形下，直接在《基金法》第 123 条规定私募基金“老鼠仓”，是非常唐突的。

四是 2013 年《基金法》修改时，证监会尚未对私募基金进行监管，私募基金“老鼠仓”有何特点，是否应追究法律责任，都尚无定论，此时即在法律条款中预先规定私募基金“老鼠仓”的法律责任，是否可能，是否科学，都值得探讨。

五是《私募投资基金监督管理暂行办法》已规定私募基金“老鼠仓”的法律责任，如果《基金法》中已规定私募基金“老鼠仓”法律责任，作为位阶更低的行政规章，根本没有必要重复规定私募基金“老鼠仓”的法律责任。这也进一步证实 2013 年的《基金法》对私募基金“老鼠仓”没有规范。

（八）私募基金“老鼠仓”是否需要追究刑事责任

有人认为，私募基金的投资者专门知识和经验更丰富，保护的程度应低于公募基金，甚至可以不追究私募“老鼠仓”的行政责任和刑事责任。① 笔者认为，私募基金和公募基金只是募集方式不同，并无本质区别，不能因为私募基金投资者更有投资经验和知识，就对其不保护。私募基金“老鼠仓”应当入刑的另一个原因在于：“老鼠仓”入刑时间是 2009 年 2 月 28 日。2013 年 7 月，中央机构编制委员会办公室发布《关于私募股权基金管理职责分工的通知》，证监会负责对私募基金监管，国家发改委负责组织拟订促进私募基金发展的政策措施。② 目前，私募基金发展不可小觑，“老鼠仓”亦受证监会高度关注，此时入刑，既有监管经验，又契合私募基金行业规范发展。

（九）依目前的《刑法》规定是否能追究私募基金“老鼠仓”行为的刑事责任

私募基金“老鼠仓”行为能否被追究刑事责任，取决于私募基金是否为金融机构。2009 年 11 月 30 日实施的《金融机构编码规范》第 3.18 条将证券投资基金管理公司列为金融机构，但并未将私募基金规定为金融机构。这从逻辑上也讲得通，因为当时私募基金由国家发改委管理，不由证监会监管，自然不会被证监会列为金融机构。由国家税务总局、财政部、中国人民银行、中国银行业监督管理委员会、中国证券监督管理委员会、中国保险监督管理委员会联合发布并于 2017 年 7 月 1 日实施的《非居民金融账户涉税信息尽职调查管理办法》第 7 条则将私募基金列为金融机构。

---

① 参见巩海滨、赵涛：《私募基金“老鼠仓”行政处罚研究》，载蔡建春、刘绍统主编：《证券法苑》（第 24 卷），法律出版社 2018 年版，第 274 页。

② 《中央编办发文明确私募股权基金管理职责分工》，载中国机构编制网，http://www.scopsr.gov.cn/zlzx/bbwj/201811/t20181120_326701.html。

根据上述两个规章规定，私募基金在 2017 年 7 月 1 日前，不属于金融机构，而自 2017 年 7 月 1 日起，则符合利用未公开信息交易罪的主体身份。换言之，对于私募基金 2017 年 7 月 1 日前的“老鼠仓”行为，只能予以行政处罚，而 2017 年 7 月 1 日当天或之后的“老鼠仓”行为，则需要追究刑事责任。

（十）非私募基金工作人员能否因获悉私募基金未公开信息而入罪

2017 年 7 月 1 日前，非私募基金工作人员获悉私募基金未公开信息入罪不符合罪刑法定原则。利用未公开信息交易罪的主体是特殊主体，不满足主体要件，《刑法》第 3 条规定，法律明文规定为犯罪行为的，依照法律定罪处刑；法律没有明文规定为犯罪行为的，不得定罪处刑。此即罪刑法定原则的《刑法》规定。根据《刑法》第 180 条第 4 款，私募基金工作人员并不符合利用未公开信息交易罪的主体资格。那么结算登记公司能否因为结算登记查询到私募基金的持仓等交易信息进而买卖相应股票而具有该罪的主体资格呢？不能。因为，结算登记公司虽然表面上符合金融机构特征，其工作人员具有该罪的主体资格，但是不能忽略的事实就是，结算登记公司如果通过查询公募基金公司持仓等信息买卖股票，被认定为“老鼠仓”进而被追究刑事责任，没有一点疑问，因为公募基金“老鼠仓”情节严重的可构成犯罪。但在私募基金“老鼠仓”中，私募基金工作人员依法若不构成犯罪，只构成行政违法，非私募基金工作人员获悉私募基金未公开信息反而构成犯罪，则有失法律的严肃性，既不公平，也不符合罪刑法定原则。因此，深圳市中级人民法院作出的涂某 1 在某登记结算公司工作期间（2011 年 6 月至 2014 年 3 月），利用其证券账户查询权限，在知悉相关信托产品、金融机构资管产品（包括私募基金）的股票拥有及变动情况等未公开信息后，以电话短信等方式告知其弟涂某 2 交易相关股票，进而处刑的判决，① 忽略了私募基金工作人员当时尚不符合利用未公开信息

---

① 参见广东省高级人民法院（2018）粤刑终 479 号刑事裁定书。

交易罪的主体要件。

五、完善基金“老鼠仓”认定标准的有关建议

基金“老鼠仓”的认定标准，是证监部门、司法机关通过不断实践获得的，来之不易。虽然会存在一些争议，但我们要坚持发挥证监部门、司法机关能动作用，及时调整不符合基金行业发展的惯常做法，充分重视不当执法、司法给当事人造成的后果，在立法时机成熟时，适时修改相关法律法规，构建理念、制度、行动和谐统一、逻辑严密的基金“老鼠仓”认定标准。

（一）加强基金“老鼠仓”认定标准的研究

千里之行始于足下。基金“老鼠仓”法律责任追究的过程，是从0到1的过程，是从法律未明确规定“老鼠仓”走向多部法律同时调整完善的过程，随着行政处罚和司法判决的公布，人们对“老鼠仓”的关注度日渐提高，但关注点更多集中于马乐案是否适用内幕交易罪情节特别严重的条款，而对违法、犯罪主体的范围、未公开信息的本质特征和侵害的法益、私募基金“老鼠仓”能否适用《基金法》等事关认定标准的诸多问题，关注度较低。可以说，“老鼠仓”认定标准的很多问题，值得深入研究，期待有更多专家学者投入“老鼠仓”认定标准的研究中来。

（二）修改《刑法》关于“老鼠仓”犯罪的条文

关于私募基金“老鼠仓”能否入刑，《非居民金融账户涉税信息尽职调查管理办法》明确私募基金属于金融机构，解决了之前私募基金不属于金融机构从而不具有“老鼠仓”犯罪主体资格的问题，但由于目前尚无私募基金工作人员因此而被判刑的案例，私募基金从业人员对私募基金“老鼠仓”构成犯罪尚无清晰认识。同时，《证券法》首次将证券服务机构工作人员当作“老鼠仓”行政违法主体。从理论上讲，构成行政违法的，也可能构成刑事犯罪。我国古代奉行刑不可知、威不可测的理念，但现代社

会日渐重视法律的可视性，努力让人民群众在每一个司法案件中感受到公平正义。为更好地发挥法律的教育和震慑功能，使《刑法》有一定的前瞻性，建议《刑法》将私募基金、证券服务机构乃至其他掌握未公开信息机构的工作人员作为“老鼠仓”的犯罪主体。

（三）建议在司法解释中增加跟风交易的追诉标准和量刑标准

跟风交易利用的未公开信息“含金量”低于抢先交易，在行政责任和刑事责任的承担上应当与抢先交易有所区别。但由于之前的涉“老鼠仓”相关司法解释并未关注这一点，将跟风交易等同于抢先交易，导致实务中过分加重跟风交易的法律责任，个别当事人还被判处有期徒刑。为保证刑罚的宽严有度，建议修改与“老鼠仓”有关的司法解释，增加跟风交易的追诉标准和量刑标准。

（四）修改《基金法》，统一《证券法》和《基金法》关于“老鼠仓”的相关条款

《基金法》近年较大的修改是在 2012 年，当时证监会尚未对私募基金进行监管，监管经验缺乏，仅在原来《基金法》关于公募基金规范基础上适当增加私募基金的条款，再加上当时不太可能预测到私募基金也会存在“老鼠仓”，故包括“老鼠仓”在内的条款能否适用于私募基金，在《基金法》修订时可能还存在疑问。但后来私募基金“老鼠仓”发生后，证监会没有适用《私募投资基金监督管理暂行办法》，而适用《基金法》，引发争议。有鉴于此，待下次《基金法》修改时，建议全面梳理法条，将部分条款能否适用于私募基金的进一步明确；同时，将《基金法》和《证券法》关于“老鼠仓”不同的处罚幅度予以统一。

六、结语

基金“老鼠仓”和内幕交易有本质上的不同。近年来，公募基金与私募基金同步发展，打击违法犯罪与保护合法投资不可偏废。探索执法部

门、司法机关的创新性法律适用与追求法律的文义解释和体系解释，同样不冲突。应遵循这些理念和价值，从多个层面完善“老鼠仓”认定标准，使侵害法益的理论基础多元而又坚实，未公开信息的特征鲜明且易把握，认定标准的统一性、逻辑性、包容性、稳定性、前瞻性、震慑性将更强，为中国迈向全球资管中心建设奉献更多公共法律产品。遗憾的是，本文未对“老鼠仓”趋同交易，情节特别严重情形适用场景，证据认定标准，如何推定知悉、传递和利用未公开信息，与内幕交易应否同等处罚量刑等进行探讨，期待后续进一步研究。

基金经理“老鼠仓”行为的民事责任：以信托受托人归入责任为视角

樊　健*

摘要：在我国，证券投资基金的法律结构为信托，虽然《证券投资基金法》没有明确基金经理的法律地位，但是从立法目的、证监会意见以及投资者预期等方面来看，基金经理也应当被认为是基金的受托人，对投资者负有忠实义务。“老鼠仓”行为是一种典型的违反受托人忠实义务的行为，基金经理应将从中获得的违法收益归入到基金财产中，即承担归入责任。归入责任的构成要件包括了利用未公开信息行为、获得收益以及两者之间具有因果关系。归入责任的范围包括了违法收益和利息。由于归入责任之诉类似于股东派生诉讼，所以投资者需要满足一定的条件。基金管理人和基金托管机构无须承担归入责任。

关键词：基金经理　“老鼠仓”行为　信托受托人　忠实义务　归入责任

一、问题的提出

我国《证券投资基金法》（以下简称《基金法》）第20条第6项明确

* 上海财经大学法学院副教授，法学博士。

规定，公开募集基金的基金管理人及其董事、监事、高级管理人员和其他从业人员不得泄露因职务便利获取的未公开信息、利用该信息从事或者明示、暗示他人从事相关的交易活动。"① 可见，我国明确禁止基金经理②利用未公开信息，即所谓的“老鼠仓”行为。然而，基金经理违反前述规定，从事“老鼠仓”行为的情况却屡见不鲜，甚至有调查显示，“高达92.61%的人认为，基金‘老鼠仓’是业内普遍现象”③。

实务中，典型的“老鼠仓”行为通常是，“一些证券投资基金管理公司、证券公司等金融机构的从业人员，在使用本机构资金拉升某股票以前，先用个人资金在低位买入该股票，或通知亲戚、朋友在低位买入该股票，等待用本机构资金将股票价格推到高位后，先卖出个人股票来获利的

① 同时，《基金法》第18条也规定：“公开募集基金的基金管理人的董事、监事、高级管理人员和其他从业人员，不得担任基金托管人或者其他基金管理人的任何职务，不得从事损害基金财产和基金份额持有人利益的证券交易及其他活动。”令人遗憾的是，上述条文并没有规定行为主体违反该禁止性规定的私法效果。相应地，基金经理“老鼠仓”行为民事责任的构成要件、赔偿范围以及适格原告等规定也付之阙如。

② 本文所指的基金经理是一个广义的概念，指基金经理和基金经理助理（参见《基金管理公司投资管理人员管理指导意见》第2条第4项）。因为这些人员在履行职务的过程中掌握了大量的由基金本身所产生的未公开信息，并且有机会通过职务的便利，运用基金财产从事证券交易或者建议他人从事证券交易，从而为自己或者他人谋取违法收益。实务中，从证监会行政处罚或者法院刑事判决的情况来看，基本上都是这两类公募基金人员从事“老鼠仓”行为。

③ 周芬棉：《老鼠仓猖獗引发信任危机，基民维权遭遇制度性缺陷》，载《法制日报》2009年11月12日。

行为。[①] 某基金经理马某供称“我利用控制的金某、严某进和严某雯[②]三个证券账户交易的股票数量大约有七八十只，与我管理的基金相关，操作方式都是先于基金账户买入，基金账户再买，先于基金账户卖出，基金账户再卖。一般是在基金账户买入前五个交易日之内，我用控制的证券账户先买，在我控制的证券账户卖出的两个交易日之内，基金账户再卖。这样交易主要是为了让金某、严某进和严某雯三个账户获得稳定的较高的收益……”[③] 可见，基金经理“老鼠仓”行为的实质是基金经理直接利用未公开信息从事交易活动，或者明示、暗示他人从事相关的交易活动，从中获得违法收益，其损害了基金财产和投资人利益，因此违反前述《基金法》的相关规定。[④]

在我国，基金经理由于从事“老鼠仓”行为被行政处罚的事件屡见不

---

① 陈予燕：《解密“老鼠仓”》，载《理财》2014 年第 10 期。实务中，其他理财产品的经理等也能够从事类似的活动，例如，投资于证券市场的集合资金信托计划、银行理财产品、基金子公司的资管产品以及保险资管产品等。其中保险资管产品已经出现资管经理从事“老鼠仓”行为的事例，例如，平安资产管理有限责任公司原投资经理夏侯某浩利用未公开信息交易股票行为被立案调查。此外，证券公司的自营部门等也可以在为客户从事经纪业务交易之前，以自有资金从事“老鼠仓”行为。上述专业人士，是否也对投资者负有受托人义务，值得深入研究，限于篇幅，本文对此不展开讨论。

② 金某为马某妻子的大学同学，严某进是马某妻子的舅舅，严某雯是严某进的女儿。

③ 参见广东省高级人民法院（2014）粤高法刑二终字第 137 号刑事裁定书。

④ 《基金法》第 17 条规定：“公开募集基金的基金管理人的董事、监事、高级管理人员和其他从业人员，其本人、配偶、利害关系人进行证券投资，应当事先向基金管理人申报，并不得与基金份额持有人发生利益冲突。公开募集基金的基金管理人应当建立前款规定人员进行证券投资的申报、登记、审查、处置等管理制度，并报国务院证券监督管理机构备案。”因此，基金经理可以从事证券交易活动，但是令人遗憾的是，在实务中还是有不少基金经理试图通过“老鼠仓”行为来获得违法收益。

鲜,[①] 被判处刑罚的案件也逐渐增多,[②] 然而被投资者起诉，承担相应民事赔偿责任的案件，在实务中却未出现过。[③]

在被誉为是“老鼠仓”民间维权第一案中，受投资者委托的代理人张某忠请求基金托管人向基金管理公司行使追偿权的仲裁请求被中国国际经济贸易仲裁委员会（以下简称委员会）驳回。该案中，时任案涉基金管理公司经理助理的唐某利用职务之便，控制其父亲和第三人账户先于基金建仓前买入案涉股票，为自己和他人非法获利152.72万元。对这种行为，证监会于2008年5月对唐某进行了行政处罚。[④] 然而，对于投资者的请求，仲裁庭却予以驳回，其主要理由是：首先，本案基金管理人不是本案仲裁的当事人，不属于仲裁审理事项；其次，唐某个人违法并非职务行为，申请人没有任何证据证明唐某个人违法行为是以企业法人名义所从事的经营活动，或事先得到企业法人的授权，因此仲裁庭对投资者关于唐某个人违法行为是职务行为的主张不予采信；最后，难以证明基金财产损失。由于证券市场上并非只有该基金投资，个人“老鼠仓”不法行为损害的是全体投资人的利益，违法所得不能解释为某个单一投资者的具体损失，也不能

---

① 参见彭冰：《重新定性“老鼠仓”——运动式证券监管反思》，载《清华法学》2018年第6期。

② 《刑法修正案（七）》在《刑法》第180条中增加了第4款，其规定为“金融机构的从业人员利用因职务便利获取的内幕信息以外的其他未公开的信息，违反规定，从事与该信息相关的交易活动，情节严重的，处五年以下有期徒刑或者拘役，并处或者单处违法所得一倍以上五倍以下罚金；情节特别严重的，处五年以上十年以下有期徒刑，并处违法所得一倍以上五倍以下罚金”。某基金管理公司某金经理韩某成为因“老鼠仓”行为被判刑第一人。参见苏楠：《基金“老鼠仓”首获刑罚》，载《国际金融报》2011年5月24日。

③ 参见韦夏怡：《老鼠仓案维权难，基金消费者保护路途漫漫》，载《经济参考报》2014年3月14日。实务中，没有出现民事诉讼的一个重要原因是几乎所有的基金合同都约定了仲裁条款，仲裁条款在一定程度上限制了投资者诉讼的权利。

④ 证监会的行政处罚决定为：（1）取消唐某基金从业资格；（2）没收唐某违法所得152.72万元，并处50万元罚款。关于唐某的违法过程和处罚内容，参见《中国证监会行政处罚决定书［（2008）第22号］》。

解释为所提及的基金财产的实际损失。另外，投资者在本案未能提供相关证据及可信的损失计算方式，说明个人的实际损失，或证明该不法行为产生的违法所得等同于基金财产损失，而该损失又是因基金管理人的过错或违约行为所导致的。

仲裁庭的裁定及其理由，存在诸多可商榷之处。主要的问题在于，仲裁庭没有准确地厘清基金经理"老鼠仓"行为的同时构成了两种民事责任，一种是侵权责任，另一种是归入责任。两者在构成要件、赔偿范围以及举证责任等多方面存在不同。例如，对于基金管理人是否要承担民事责任的问题，就侵权责任而言，由于基金经理是利用职务之便侵害投资者的权益，属于职务侵权行为，该责任由基金管理人承担；就归入责任而言，基金管理人并没有获利，其本身不需要承担责任。因此，只有当投资者要求基金管理人承担侵权责任时，仲裁庭才需要分析基金经理的行为是否属于职务行为。此外，如果投资者要求基金管理人承担归入责任，仲裁庭只须分析基金管理人本身是否获利即可，如果基金管理人没有获利，则其无须承担归入责任；只有在投资者要求基金管理人承担侵权责任的时候，投资者才需要证明自己的损失。从该案有限的披露情况来看，投资者提出的是归入责任的请求，因此，从法理上说，其针对的应当是基金经理，而不是基金管理人，因为基金管理人本身没有获利。从这个意义上说，仲裁庭不支持投资者的请求是有道理的。只有当投资者提出侵权责任的请求时，作为基金经理的雇主的基金管理人才需要承担责任，但也不是归入责任。因此，准确地定性基金经理的法律地位，分析"老鼠仓"行为民事责任的性质及其构成要件和赔偿范围等，将有助于激活私人诉讼的监督和"惩戒"作用，[①] 提升责任机制在阻却"老鼠仓"行为方面的效率。

我国证券投资基金的法律结构为信托，因此本文以信托为视角，分析基金经理的法律地位、"老鼠仓"行为的法律性质、归入责任的构成要件

① 关于私人诉讼在证券执法中的重要作用，参见汤欣：《私人诉讼与证券执法》，载《清华法学》2007 年第 3 期。

和赔偿范围以及如何实现基金经理的归入责任，希望能厘清前述实务中的混乱状况。需要强调的是，本文的分析，无论是在仲裁的情况下，还是在法院审判的情况下都能够适用，为方便起见，本文以法院审判作为分析的“场景”。

二、基金经理是基金受托人

按照《基金法》的规定，我国证券投资基金的法律结构为信托。[①] 初始投资者为信托关系中的委托人兼受益人，属于自益信托。[②] 在封闭式证券投资基金中，当初始投资者将其基金份额转让时，买受人即成为新的受益人；在开放式证券投资基金中，当初始投资者要求基金管理人回赎基金份额时，投资者解除与基金管理人之间的信托关系。基金管理人为信托关系中的受托人，除应当履行《基金法》所规定的义务之外，尚须履行《信托法》所规定的受托人义务。[③] 与一般信托结构不同，《基金法》[④] 在信托关系中还增加了基金托管人，其主要职能是保管基金财产，监督受托人管理和处分基金财产。[⑤] 投资者的资金和登记于基金名下的证券等其他基金财产共同构成信托财产。

就与本文相关的受托人义务而言，《信托法》禁止受托人利用信托财产以谋取私利。《信托法》第26条规定：“受托人除依照本法规定取得报

---

① 参见李飞主编：《中华人民共和国证券投资基金法释义》，法律出版社2013年版，第4页；吴弘、徐振：《投资基金的法理基础》，载吴晓灵主编：《投资基金法的理论与实践——兼论投资基金法的修订与完善》，上海三联书店2014年版，第18-19页。

② “凡享受信托利益的受益人是委托人本人的信托，称为自益信托。”参见徐孟洲主编：《信托法》，法律出版社2006年版，第49页。

③ 《基金法》第2条后半句规定，“本法未规定的，适用《中华人民共和国信托法》、《中华人民共和国证券法》和其他有关法律、行政法规的规定”。《信托法》第25条至第33条规定了受托人的诸多义务。

④ 《基金法》第36条和第37条。

⑤ 参见洪艳蓉：《论基金托管人的治理功能与独立责任》，载《中国法学》2019年第6期。

酬外，不得利用信托财产为自己谋取利益。受托人违反前款规定，利用信托财产为自己谋取利益的，所得利益归入信托财产。”该条所规定的受托人归入责任是其违反受托人忠实义务所要承担的一种特殊责任形式，显示出极强的衡平法特色。从受益人的角度来说，其具有归入权，即受益人有权要求受托人将其违法收益归入信托财产。① 归入责任的目的在于“避免受托人为获取不正当的利益，而破坏信托制度的根本精神”② 和激励受托人将可能违反忠实义务的情况披露给受益人，获得受益人的同意。受益人通过同意受托人从事原本禁止的违反忠实义务的行为，其可从受托人的收益中也获得部分利益。③ 该条所指的信托财产，应当作广义解释，除了信托财产本身之外，尚包括源于信托财产而产生的财产性信息等，“比如，因信托财产包含公司股票，受托人借受托人身份参加该公司的会议，获得了有关公司资产构成和经营状况的保密信息，得知购买该公司股票有利可图；或者，受托人借其身份获得了以优惠价格购买某项财产的机会，受托人于是购买了公司股票或财产，那么，依英美信托法，法院认为，受托人是为了信托的利益而购买，因为受托人只能为信托的利益行事，他依凭受托人身份获得了信息或机会，由此购买的财产应属于信托财产。”④ 因此，基金受托人在管理运用基金财产的过程中，所获得的未公开信息等也属于基金财产，受托人不得擅自利用，谋取私利，违反者应将该收益归入基金财产。在基金管理人以单位名义利用信托财产获得收益，并将收益作为单

---

① 归入责任与不当得利返还义务有些类似。两者都是义务人（责任人）获得不当利益，主观上不要求义务人（责任人）具有主观上过错，功能上都有在客观上维持公平的作用。但是，与不当得利返还义务不同的是，归入责任不要求权利人有损失，相比之下，不当得利返还义务必须是权利人有损失，当得利大于损失，则以损失为限返还；当损失大于得利时，则以得利为限返还。参见郑玉波：《民法债编总论》，中国政法大学出版社 2006 年版，第 92-102 页。

② 王志诚：《信托法》，我国台湾地区五南图书出版股份有限公司 2009 年版，第 254 页。

③ Robert H. Sitkof, “The Economic Structure of Fiduciary Law”, 91 *B. U. L. REV.* 1039, 1049 (2011).

④ 何宝玉：《信托法原理研究》，中国政法大学出版社 2005 年版，第 213 页。

位收益的情况下，基金管理人作为受托人显然违反该条规定，投资者当然可以要求基金管理人将该收益归入基金财产。

但是，关键问题在于，当基金经理利用基金财产获得违法收益时，是否仍受《信托法》第 26 条之规范？即基金经理是否也应当被认为是基金受托人？本文认为基金经理与基金管理人一样，也是受托人，对投资者同样负有忠实义务，不得利用信托财产谋取私利。如有违反，则应承担相应的归入责任。当然，这种义务并非来自投资者与基金经理的信托合同，①事实上两者之间也不存在合同关系，而是一种法定义务。这种法定义务源于后面所提到的《基金法》的规定②、证监会意见以及投资者期待。

（一）符合立法目的

《基金法》第 123 条第 2 款规定："基金管理人、基金托管人及其董事、监事、高级管理人员和其他从业人员侵占、挪用基金财产而取得的财产和收益，归入基金财产。但是，法律、行政法规另有规定的，依照其规定。"由此可见，就不得侵占、挪用基金财产而言，基金经理与基金管理人履行相同的义务，承担同样的责任。《信托法》第 26 条规定的归入责任，是一种较为典型的受托人责任，在我国现行的法律体系下，只有处于

① 基金合同的当事人仅为基金管理人、基金托管人和投资者。

② 关于此点，已有学者正确地指出，基金管理人与基金的法律关系为信赖关系，但这并不必然推出作为基金雇员的经理就一定也对基金承担信赖义务。毕竟在商业信托的模式下，信托契约存在于受益人与基金管理人之间，并非与基金经理发生信托关系。从此点而言，基金经理与基金以及基金受益人（或持有人）并不具有直接的法律关系。然而，基金经理处于直接负责基金资产的运营和管理地位又使其行为能够直接对基金以及基金受益人产生影响。此种情况，许多规定直接以法律明确规定基金经理对基金承担信义义务的方式，来对基金经理图利行为进行防范和规制。参见彭插三：《信托受托人法律地位比较研究——商业信托的发展及其在大陆法系的应用》，北京大学出版社 2008 年版，第 285-286 页。

受托人地位的义务人才会承担该责任。① 因此，从本条规定来看，《基金法》也把基金经理视为受托人。遗憾的是，本条仅规定了基金经理侵占、挪用基金财产的违法后果，没有完全涵盖其他利用基金财产谋取私利的违法行为，例如本文所研究的“老鼠仓”行为，应当根据“相同情形，相同处理”的原则，予以漏洞填补。② 因此，基金经理通过“老鼠仓”行为获得的违法收益，应当归入基金财产。

(二) 证监会意见

证监会在多份行政处罚书中，都认为基金经理是基金受托人。例如，证监会认为“基金从业人员的‘老鼠仓’行为是将自身利益置于基金财产和基金份额持有人的利益之上，在执行职务或办理业务过程中利用所处地位或优势谋取私利。这种行为违背了防止利益冲突的原则，违背了基金从

---

① 例如，《证券法》第 44 条第 1 款规定：“上市公司、股票在国务院批准的其他全国性证券交易场所交易的公司持有百分之五以上股份的股东、董事、监事、高级管理人员，将其持有的该公司的股票或者其他具有股权性质的证券在买入后六个月内卖出，或者在卖出后六个月内又买入，由此所得收益归该公司所有，公司董事会应当收回其所得收益。但是，证券公司因购入包销售后剩余股票而持有百分之五以上股份，以及有国务院证券监督管理机构规定的其他情形的除外。”这是关于短线交易的归入责任。此外，《公司法》第 186 条也规定：董事、高级管理人员违反本法第 181 条至第 184 条规定（忠实义务）所得的收入应当归公司所有。公司董事、高管等对公司和股东所负担的义务为“受信义务”，其历史根源是信托法中受托人义务。See David Kershaw, “The Path of Corporate Fiduciary Law”, 8 *N. Y. U. J. L. & Bus.* 395 (2012).

② 法律漏洞是指法律体系上之违反计划的不圆满状态，在法学方法上应当根据“相同之案件，应为相同处理”的原则进行类推适用。关于法律漏洞及其填补规则，参见黄茂荣：《法学方法与现代民法》，法律出版社 2007 年版，第六章。德国学者齐佩利乌斯指出，用类比推理的方法从事漏洞填补，是因为“以在法律上作出规定的情形与法律上尚未作出规定的情形之间的区别并未重要到这样的程度，以至于可以成为区别对待的理由”。[德] 齐佩利乌斯：《法学方法论》，金振豹译，法律出版社 2009 年版，第 99 页。侵占、挪用基金财产与利用基金财产实施的利用未公开信息谋取私利的行为，并没有重要的不同，以至于需要将两者区别对待。实际上，这几种行为都是受托人违反其忠实义务的行为。

业人员所负有的受托义务，是损害基金财产和基金份额持有人利益的行为，而且也会危害到投资者对于基金行业的信赖基础。”① “唐某利用其在基金管理人所任职务的便利，利用非公开的基金投资信息，先于有关基金买入同一公司股票，为自己及其亲属谋取私利，违背了基金从业人员对受托管理的基金及基金份额持有人应负有的忠实、勤勉义务，是明显的利益冲突的行为，是严重的背信行为。”② “在证券投资基金活动中，基金管理人受人之托，为基金份额持有人的利益管理、运用基金财产，基金管理人与基金份额持有人之间是一种信托关系，基金管理人及其基金从业人员对基金和基金份额持有人负有忠实、避免利益冲突的法定义务。”③ 总之，从证监会的角度出发，基金管理人和基金经理都是受托人，对投资者负有忠实勤勉的受托人义务，不得从事包括“老鼠仓”行为在内的利用基金财产的行为。

（三）投资者信赖

就证券投资基金而言，基金经理的作用至为关键。基金经理基于其出色的投资能力为投资者带来稳定的回报，因而受到投资者的密切关注。④对于投资者而言，与其说其是在选择基金管理人，倒不如说是在选择基金

① 此处基金经理受托义务的对象（权利主体）应当是指基金和投资者，后面的行政处罚亦同。《中国证监会行政处罚决定书（张某）[（2009）21号]》。

② 《中国证监会行政处罚决定书（唐某）[（2008）22号]》。

③ 《中国证监会行政处罚决定书（王某敏）[（2008）15号]》。

④ 参见熊焱：《王亚伟华夏大盘5年涨幅900%，11只股基收益翻倍》，载《北京晚报》2009年11月19日。

经理。[①] 就此而论，投资者真正重视的是基金经理而非基金管理人能否完成其忠实勤勉的义务。[②] 所以，将基金经理视为受托人，是符合投资者预期的。正如有学者所言，“基金经理的决策是整个投资决策过程中最重要的一环，基金经理在基金财产投资的证券品种、时机和价格的选择上享有较大的自由裁量权，同时也对基金资产的流向、流量、时间等信息十分清楚。在基金管理人内部，实际上是基金经理负责基金资产的管理和运作，因此，基金经理是一种特殊的关联人士，已事实上处于受托人地位。”[③]

综上所述，基金经理应当被认为是基金受托人，对投资者负有忠实义务，不得从事包括“老鼠仓”行为在内的利用基金财产以谋取私利的行为。违反该义务的后果是，其应当将违法收益归入基金财产，即承担归入责任。

三、基金经理归入责任的构成要件

《信托法》第 26 条规定，受托人利用信托财产为自己谋取利益的，所得利益应当归入信托财产。因此，基金经理的归入责任构成要件主要包括：基金经理利用基金财产，基金经理自己获得收益，基金经理利用基金财产与获得收益之间存在因果关系。基金经理主观上是否具有过错，非属构成要件之一。因为，《信托法》第 26 条规定是从客观的角度来调整受托

---

① “在选择基金时，基民的考虑因素中，‘基金经理的过往投资业绩’是得票最高的，占 46.18%，另外选择‘基金本身投资范围及选股理念’的有 33.94%，选择‘基金管理人知名度’的为 19.88%，这与基金经理的投资收益差距大有直接关系，即便是同一个基金管理人，同样是股票型基金，有些基金能够跑入前三分之一，而有些只能保持中游甚至下游，因此基民更关心的是基金经理个人的品牌，其次才是基金管理人的品牌。”参见江沂：《过半基民对新基金经理考察期限仅为半年》，载《中国证券报—中证网》2010 年 3 月 1 日，http：//finance. ifeng. com/roll/20100301/1869177. shtml，2023 年 5 月 30 日访问。

② 当然，这并不是说基金管理人本身的信誉和实力不重要。例如，完善的基金管理人治理能够在一定程度上杜绝或者减少基金经理“老鼠仓”行为的发生。

③ 胡鹏翔、谢琛：《证券投资基金“老鼠仓”的民事责任研究》，载《仲裁研究》2013 年第 2 期。

人和受益人之间的利益状态，主观过错在所不问。因此，即使基金经理没有过错，如有所得，仍须归还；反过来，即使基金经理具有过错，如没有所得，则无须归还。

（一）基金经理利用基金财产

如前所述，基金经理的“老鼠仓”行为主要是违反了《基金法》第 20 条第 6 项规定的“禁止利用非公开信息从事或者明示、暗示他人从事相关的交易活动”和第 18 条规定的禁止从事有损于投资者利益的证券交易行为。实务中，就典型“老鼠仓”行为而言，基金经理的利用行为主要表现为以下四种类型。

第一，直接利用。基金经理自己通过开设实名账户（证券账户和资金账户），在基金买入相关证券之前，抢先“建仓”，买入相关证券；在基金卖出相关证券之前，抢先将自己“仓库”中的证券卖出，从而获利。或者基金经理已经持有某只或某些证券（通过继承、夫妻财产分割、获赠等方式），为了使证券升值，基金经理使用基金资金拉升证券价格，之后再出售获利。按照《基金法》的规定，基金经理如果要从事证券交易应当进行申报，基金管理人通过内部监控措施保证基金经理不违反法律的规定。所以，实务中，基金经理通过实名账户从事“老鼠仓”行为时，其应该没有向基金管理人申报自己的账户。否则，很难想象基金管理人会放任自己的基金经理从事有损于公司自身利益的“老鼠仓”行为。由于监管的日益严格，实务中基金经理通过实名账户从事“老鼠仓”行为的事例日趋罕见。①

第二，间接控制。基金经理不通过自己的账户从事证券交易活动，而

① 例如，钟某婧在担任某基金的基金经理及备岗期间，使用自己证券账户同步或者略晚于该基金买入同一公司股票。参见《中国证监会上海监管局行政处罚决定书［沪（2014）1 号］》。

是借用他人（以亲戚朋友居多）的名义①来开立账户，并通过该账户从事“老鼠仓”行为。被控制账户的资金源于基金经理，实际控制权也掌握在基金经理手中，全部或者绝大部分收益为基金经理所获得。此种违法行为在实务中最为常见。

第三，代为交易。基金经理利用自己掌握的非公开信息，代他人从事证券交易，主要收益由他人获得，自己仅从中获得好处费。

第四，建议/暗示交易。基金经理不代他人从事证券交易，仅仅是依据自己掌握的未公开信息，建议或者暗示他人购买相关证券。主要收益由他人获得。

间接控制与代为交易和建议/暗示交易的主要区别在于：就前者而言，基金经理处于绝对主导地位，资金、信息和交易等都由基金经理提供和控制，只是利用了他人的账号，类似于雇主和受雇人的关系；而后者常常是基金经理代为交易，有时也仅提供信息，而资金则由他人提供，并且账户也由他人控制。

（二）基金经理自己获得收益

实务中，基金经理利用自己的实名账户从事“老鼠仓”行为的情形并不多见，所以基金经理获得收益的情形主要包括：第一，在间接控制的情况下，利用亲朋好友的账户从事交易获得收益。在形式上，虽然该收益为基金经理的亲朋好友所得，但实际上为基金经理所获得。当然，此点在实务中可能较难证明，监管部门行政处罚或者法院刑事判决中对于该部分的认定，可能会减轻原告的举证责任。第二，在代为交易和建议/暗示交易

---

① 按照《基金经理注册登记规则》的规定，基金经理需要向基金管理人申报自己主要社会关系的信息，“主要社会关系包括但不限于本人父母、配偶、兄弟姐妹和配偶父母、兄弟姐妹以及与本人关系密切或有重大利益关系的人士”，因此，在实务中，基金经理利用自己配偶、父母等名义开立账户从事“老鼠仓”的情形并不多见，但是实务中确实存在。

的情况下，基金经理所获得的分红、好处费等，也属于收益。[①] 归入的收益不仅仅是指现存的收益，即使基金经理将从“老鼠仓”行为中获得的收益全部花完，其仍旧需要以自己的其他财产来承担不能履行归入责任的责任。非财产性收益，例如，基金经理暗示他人进行证券交易，而他方欠基金经理“人情”，不属于此处的收益。此外，只有当基金经理利用“老鼠仓”行为获得收益时，其才需要承担归入责任，如果其自己也遭受损失，则无须承担归入责任。基金经理从事“老鼠仓”行为遭受损失的情形虽然并不多见，但在我国实务中确实发生过。例如，2009 年 7 月 20 日至 2012 年 1 月 3 日，钟某婧在担任某基金的基金经理及备岗期间，使用自己证券账户以及其具有部分控制权的张某的证券账户，同步或者略晚于某基金买入同一公司股票，共交易股票 12 只，累计买入成交金额 3248511 元，亏损 84511.94 元。[②]

（三）基金经理利用基金财产的行为与获利之间存在因果关系

就归入责任中的因果关系而言，分为责任成立的因果关系和责任范围的因果关系。前者主要指利用行为是否导致了收益，换句话说没有利用行为的话，收益是否会产生；后者主要指收益在多大程度上来自利用行为，或者说是否有其他因素增加了收益。前者主要解决责任“定性”的问题，后者主要解决责任“定量”的问题。[③] 就归入责任中的责任成立因果关系

① 值得讨论的是，他人因基金经理代为交易或者建议/暗示交易而获得的收益是否属于《信托法》第 26 条所规定的收益，从而该他人也应当将之归入到基金财产。“虽然《信托法》并未明确规定，但利用信托财产，以违背信托目的的方式为第三人谋取不正当利益也是被禁止的。”周小明：《信托制度：法理与实务》，中国法制出版社 2013 年版，第 277 页。因此，本文认为，无论是从贯彻《基金法》的立法目的，阻却基金经理的“老鼠仓”行为，还是保护投资者的权益的角度看，都应当要求该他人将所得归入基金财产，从而该第三人与投资者（受益人）之间成立拟制信托。

② 《参见中国证监会上海监管局行政处罚决定书［沪（2014）1 号］》。

③ 参见韩世远：《合同法总论》，法律出版社 2011 年版，第 627 页。

而言，实务中并不是特别的重要，[①] 因为法律对于受托人的忠实义务规定得较为明确，是否违反忠实义务并据此获得收益相对而言直接明了。[②] 由于投资者已经证明了基金经理的利用行为和收益，因此在责任成立的因果关系的证明上，基本不成为问题。就责任范围的因果关系而言，在投资者已经证明基金经理的违法行为和获得收益的情况下，基金经理应当就不存在责任范围上的因果关系承担举证责任。因为在这种情况下，基金经理的信息优势要大于投资者，其证明能力要远远强于投资者。这与内幕交易民事责任中的因果关系举证责任倒置的法理相同，"由于内幕交易涉及面广、手段隐蔽，信息处于末端且资金实力和操作能力都欠缺的中小投资人难以发现和确认内幕交易的存在，更难直接证明其交易行为、投资损失与内幕交易之间具有因果关系。正因如此，世界各国……对投资人损失与内幕交易之间的因果关系采用推定原则。"[③] 例如，在间接控制的情况下，基金经理可以证明，收益中的部分来自购买证券后市场整体的上涨，与利用行为无关。

四、基金经理归入责任的实现

（一）基金经理归入责任的范围

基金经理归入责任的范围应当包括其违法收益，再加上同期存款利息（至实际归入之日为止），才能完全剥夺基金经理的违法所得。如果他人因基金经理的"老鼠仓"行为获益，其也应将收益及其利息归入基金财产，

---

① "but-for causation is not dispositive of restitutionary liability", Deborah A. DeMott, "Causation in the Fiduciary Realm," 91 *B. U. L. REV.* 851, 853 (2011).

② "The causal link between the fiduciary's breach and the benefit in question is straightforward because the fiduciary obtained the benefit by misappropriating either the beneficiary's property or an asset to which the beneficiary is entitled, often because the fiduciary has control over the beneficiary's assets as a trustee or otherwise." Ibid, at 855.

③ 苑多然：《内幕交易的认定及其民事责任》，载《人民司法·应用》2007年第17期。

已如前所述。

（二）适格原告所需具备的条件

基金经理利用基金财产所获得的违法收益应当属于基金财产，因此，如果投资者提起诉讼,① 则该诉讼的结果应当归属于基金财产，此种诉讼的性质类似于《公司法》所规定的股东派生诉讼。② 就此而言，投资者需要满足一定的条件，方可提出诉讼。本文建议可参考《公司法》的规定，单独或合计持有基金份额1%以上并且持有时间超过180日的投资者才能够起诉基金经理，要求其承担归入责任，以维护基金正常管理秩序和防止恶意诉讼的发生。并且，如果投资者起诉基金经理承担归入责任，其首先应当要求基金管理人起诉基金经理将收益归入基金财产,③ 基金管理人明确拒绝，或者自收到请求之日起30日内未提起诉讼，或者情况紧急、不立即提起诉讼将会使基金受到难以弥补的损害的，满足条件的投资者才可以直接以自己的名义提起诉讼。

（三）基金管理人无须承担归入责任

如果投资者以归入责任起诉基金经理，同时要求基金管理人承担连带责任，由于基金管理人本身并没有获得收益，所以，并不用承担归入责任，法院应不予支持。当然，如果基金管理人自身内控机制、监督机制不健全，基金经理等工作人员的证券交易备案制度不完善，以至于基金经理能够从容地利用职务便利从事“老鼠仓”行为，此时基金管理人可能会被

① 《基金法》第46条规定了基金份额持有人的权利，其中第6项规定“对基金管理人、基金托管人、基金服务机构损害其合法权益的行为依法提起诉讼”，但没有规定对基金经理等的诉讼，显然构成法律上的漏洞，应当予以填补。

② 《公司法》第151条第1款、第2款的规定。

③ 《基金法》第19条规定了基金管理人的职责，其中第11项规定，“以基金管理人名义，代表基金份额持有人利益行使诉讼权利或者实施其他法律行为”。因此，无论是从法律规定的角度还是从诉讼经济成本的角度考虑，首先应当先由基金管理人提出诉讼。

认为违反其自身的受托人义务，从而承担相应的违信责任,[①] 例如，减少报酬或者被更换等。

（四）基金托管机构无须承担归入责任

基金托管机构的主要职责是保管基金财产，但具有一定的监督义务。《基金法》第 37 条规定："基金托管人发现基金管理人的投资指令违反法律、行政法规和其他有关规定，或者违反基金合同约定的，应当拒绝执行，立即通知基金管理人，并及时向国务院证券监督管理机构报告。基金托管人发现基金管理人依据交易程序已经生效的投资指令违反法律、行政法规和其他有关规定，或者违反基金合同约定的，应当立即通知基金管理人，并及时向国务院证券监督管理机构报告。"因此，除非基金托管机构明知或者因重大过失而不知基金经理从事了"老鼠仓"行为，而执行其投资指令，才应承担相应的民事责任，该责任也属于其自身的违信责任。就归入责任而言，由于基金托管机构自身没有获得收益，如同基金管理人一样，其不用承担归入责任。

五、结论

恰如《诗经》所言"三岁贯女，莫我肯顾"，受投资者信赖，使用投资者资金从事证券投资的基金经理，监守自盗，以权谋私，辜负了投资者的信赖。其"专食我黍"的"老鼠仓"行为不仅损害了投资者利益，同时也影响了整个基金业在投资者心目中的形象，最终导致投资者"逝将去女，适彼乐土"，从事其他的投资活动。这样的结果无疑会对整个基金业

---

① 有论者指出，"自信托法的历史发展过程及特质来看，事实上，信托违反乃与契约违反及侵权行为并列，而成为个别的民事责任体系。民法上的债务不履行与侵权行为，虽系损害赔偿债权的最主要发生原因，但信托法上的信托违反不仅其构成要件与债务不履行及侵权行为不同，且在法律效果上亦有差异，因此未必勉强套用民法上的制度，而为统一性说明。"赖源河、王志诚：《现代信托法论》，中国政法大学出版社 2002 年版，第 147-148 页。

产生巨大的负面影响，这也正是证监会在对基金经理科以行政处罚时所再三强调的危害性。例如，在对王某敏的行政处罚中，证监会认为王某敏的“老鼠仓”行为“损害了其所管理的基金及所在基金管理人的市场声誉，损害了投资者对有关基金及基金管理人的信赖和信心，对有关基金的长期运作和基金份额持有人利益也造成了损害”①。实务中，虽然基金经理由于从事“老鼠仓”行为被行政处罚或者被刑事判决的案例并不鲜见，但是其承担民事责任的案例却没有，令人颇感意外和遗憾。

我国证券投资基金的法律结构为信托，因此本文从《信托法》中受托人归入责任的角度，讨论基金经理“老鼠仓”行为的民事责任。本文认为从立法目的、证监会意见以及投资者预期等方面来看，基金经理同样也应当被认为是基金的受托人，其对投资者负有忠实义务，不得利用基金财产谋取不当利益。如果违反该义务，按照《信托法》第 26 条的规定，基金经理应当将该违法收益归入基金财产。“老鼠仓”行为正是一种典型的违反基金经理忠实义务的行为，因此，基金经理应当将从中获得的违法收益归入基金财产，即承担归入责任。

基金经理归入责任的构成要件包括基金经理从事了利用基金财产的行为，基金经理获得违法收益以及利用行为与违法收益之间存在因果关系。至于基金经理主观上是否具有获利的意图，并不属于构成要件。基金经理归入责任的范围包括违法收益本身和自获得收益之日起至归还之日止的同期存款利息。此外，他人基于基金经理“老鼠仓”行为而获得的违法收益，也应当归入基金财产。由于投资者请求基金经理承担归入责任的诉讼，类似于股东的派生诉讼，因此需要满足一定的条件，例如持份比例要求和先行向基金管理人请求的要求。基金管理人和基金托管机构并不需要承担归入责任。但是，如果其自身违反了基金合同中所约定的义务，需要承担相应的违信责任。

---

① 《中国证监会行政处罚决定书（王某敏）［（2008）15 号］》。

中国私募基金份额质押的设立障碍及解决思路

▶赵明昕[*]

摘要：私募基金份额质押担保是增强基金份额流动性，增进基金持有人利益，增强基金市场活力的有效途径之一。我国实体法并未禁止私募基金份额质押，但程序法为私募基金份额质押登记设置了障碍。为了破解该障碍，实务界通过变通基金份额为合伙财产份额进行质押登记的方式解决了部分问题。横向对比来看，其他国家有不以登记作为质权设立要件的美国模式，也有将基金托管人作为质押登记机构的德国模式，还有将基金管理人作为质押登记机构的日本模式。从我国的实际情况来看，借鉴日本模式将基金管理人作为私募基金份额质押登记机构更为适宜。

关键词：私募基金份额　质押　登记

私募基金，法律上的正式名称是“非公开募集基金”，是指以非公开方式向数量有限制的特定投资者募集资金并以特定目标为投资对象的投资基金。①这种基金是通过大众传播以外的手段招募投资者，发起人集合非

---

* 深圳大学法学院副教授，法学博士，经济学博士后。

① 参见刘乃进：《私募基金实务精要》，法律出版社2017年版，第5页。

公众性特定主体的资金设立基金进行投资。其投资范围相当广泛，既包括在一级市场投资于未上市或者非流通的公司股权，也包括在二级市场买卖上市公司股票、债券、期货、期权、基金份额及投资合同约定的其他投资标的。作为资本市场的一个重要分支，经过多年的发展，我国的私募基金已经具备了一定的市场规模。根据中国证券投资基金业协会（以下简称中基协）数据显示，截至2024年2月末，我国共有基金管理公司146家，存续私募基金管理人21151家，管理基金数量1153288只，管理基金规模20.28万亿元。相对应的，我国目前公募基金总额大约为29.30万亿元。可见，私募基金存续资金规模并不比公募基金的存续规模少多少。中基协的数据还显示，与2020年相比，当前的私募基金存续规模增加了近50%，远超同期GDP的增长率。这表明，私募基金已经成为金融领域一支不可忽视的力量，在吸引社会闲散资金、优化资金配置效率、活跃资本市场方面起到了重要作用。随着私募基金市场的发展，私募基金份额的流动性问题逐渐受到投资者和市场的关注。

私募基金份额是表明持有人享有收入分配权、清算后剩余财产分配权及其他相关权利的凭证。它明确了私募基金份额持有人的权利与义务，体现了私募基金份额作为投资者与私募基金之间的法律关系基础。私募基金份额的流动性是指私募基金份额在市场上的交易便利程度和融资能力。与公募基金相比，私募基金份额的交易市场相对较小，交易活跃度较低。这主要是因为私募基金的非公开性质和投资门槛较高，限制了投资者的数量和交易规模。因此，在流动性较差的市场环境下，私募基金份额的融资能力受到一定程度的限制。针对私募基金份额流动性不足的问题，构建和完善私募基金份额质押融资机制是一个有效的解决办法，它可以为投资者提供更多的融资渠道和更低的融资成本，在增加私募基金份额的流动性、优化资源配置等方面具有重要意义。

一、我国私募基金份额质押的法律障碍

（一）立法层面的现状

从我国的现行立法来看，私募基金份额质押并不存在实体法上的障碍。无论是2007年施行的《物权法》还是2021年施行的《民法典》都在“权利质权”一节中规定“可以转让的基金份额”可以出质。这里的“基金份额”显然并未排斥私募基金份额。虽然《物权法》施行时，我国的私募基金实务尚处于发展的萌芽期，但立法者是不可能不知道私募基金这个概念的。而且，按照“法无禁止皆自由”的私法理念，只要相应的民事法律没有禁止私募基金份额出质，那么它就是可以拿来质押的，因此那种认为私募基金份额可否质押法律并未明确的观点是不准确的。但在实践中，对私募基金份额质押构成法律障碍的并不是实体法，而是程序法。这主要体现在私募基金份额质押登记、公示程序的模糊和缺失。《民法典》规定，以基金份额设立权利质权的，采取登记生效主义。① 这意味着未经登记的基金份额权利质权也就是无法设立的。当前，《股权出质登记办法》（以下简称《办法》）和《中国证券登记结算有限责任公司证券登记规则》（以下简称《规则》）系股权质押登记和证券质押登记的具体规范。但《办法》的适用对象是股权质押，《规则》适用对象是证券权利质押，都不能直接适用于私募基金份额质押。所以严格地讲，私募股权投资基金和私募证券投资基金都不属于《办法》和《规则》的调整范围。因此对于私募基金份额质押登记，尚没有相应的程序性规范，这导致私募基金份额质押登记仍处于无法可依状态。

（二）实践中的变通

在实践中，私募基金作为一种投资工具，其份额具有明确的财产性

---

① 《民法典》第443条第1款规定：“以基金份额、股权出质的，质权自办理出质登记时设立。”

质，它代表了投资者在私募基金中的财产权益。类似于动产物权，私募基金份额持有者享有对其份额的所有权，包括占有、使用、收益和处分的权利。它属于私法上的财产权，可以依法转让给他人。虽然私募基金份额在转让上需买受人符合合格投资者的条件，但这并不妨碍其可转让性。在符合法律规定和基金合同约定的前提下，投资者可以将其持有的私募基金份额转让给其他合格投资者。依照我国《民法典》的规定，可转让的基金份额是可以进行质押的。这意味着私募基金份额持有人可以通过质押其份额获得融资，从而大大增加私募基金份额的流动性，提高资源利用率，并增进持有人的利益。因此，私募基金份额持有人有质押基金份额融资的动机。这种动机是基于市场需求产生的，即使存在制度上的障碍也必然会寻求突破。

有关私募基金份额的质押，基金行业是通过变通适用其他相关规则进行登记并设立质权的。私募基金按照组织形式来划分，可以分为契约型私募基金、合伙型私募基金和公司型私募基金，不同组织形式采取了不同的变通方法进行质押融资。为了解决私募基金份额的质押登记问题，合伙型私募基金将基金份额视为“合伙财产”，依据《办法》的规定在市场监督管理部门办理工商登记。但其实该《办法》是针对公司股权质押登记进行规定的，而并未对合伙财产质押登记进行规定，所以该《办法》其实并不能作为合伙型私募基金份额质押的适格法律依据。而各地市场监督管理部门的做法也并不一致，既有对《办法》进行变通接受合伙型私募基金份额质押登记的，也有不接受当事人的申请拒绝进行登记的。在接受申请给予登记的情形，多数也只是登记为“合伙财产”质押，而不是名正言顺地登记为“基金份额”质押。为了解决这种困境，一些地方通过制定地方法规和政策试图探索解决问题的路径。例如，2021 年，北京市地方金融监督管理局等七部门联合发布了《北京市关于推进股权投资和创业投资份额转让试点工作的指导意见》，规定北京股权交易中心作为股权投资基金份额出质的登记场所，可以为包括私募股权投资基金份额在内的投资基金份额办理质押登记。上海市也在 2022 年出台了《上海市浦东新区绿色金融发展若干规定》，规定上海市股权托管交易中心可以办理私募股权投资基金份额质押登记业务。这些地方法规和政策为私募股权投资基金份额的登记设立提供了区域性的法律依据，但全国适用的统一登记规则还处于缺位状态，且私募证券投资基金份额和资产配置类私募投资基金份额并不适用上述地方法规和政策。

此外，一些当事人早些年在中国人民银行征信中心进行合伙份额质押登记，并获得了一些司法机关的肯定。例如，2019 年最高人民法院作出的最高院（2019）民终 2025 号判决书认为，由于当事人某投资中心有限合伙企业（合伙型私募基金）的财产份额质押，在中国人民银行征信中心办理了动产权属统一登记，所以质权已经设立。不过，在 2021 年，中国人民银行发布了《动产和权利担保统一登记办法》，规定“基金份额、股权质押”不属于中国人民银行的权利登记范畴，从而否定了中国人民银行作为我国私募基金份额质押登记机关的尝试。可见，实践中合伙型私募基金的基金份额以“合伙财产”的方式进行质押登记的法律依据不仅级别低，而且存在直接法律依据缺位的情况，尚不能以“私募基金份额”的名义直接进行质押登记。

如果说合伙型私募基金还可以通过地方立法和变通其他规则进行基金份额质押登记的话，那么契约型私募基金就连这点机会都没有了。因为契约型私募基金是投资人、管理人、托管人以合同的方式来设立基金，基金管理人对外代表基金进行投资。这种基金不设立公司、合伙企业等经营性组织，基金本身更没有法人、合伙组织的法律地位，所以基金份额也无法套用“公司财产”“合伙财产”等名义进行质押登记。这就导致契约型私募基金份额的质押登记无法变通适用其他财产的质押登记规则，处境更为艰难。

二、解决我国私募基金份额质押设立障碍的思路

（一）可资借鉴的域外立法

私募基金和很多现代市场经济的产物一样，都是舶来品。私募基金起源于美国，因为最早是用于进行股权投资的，所以一开始只有“私募股权投资基金”这种类型。后来随着投资领域的扩展和组织形式的丰富，又衍生了私募证券投资基金和资产配置类私募投资基金。这样，私募基金以投资对象和组织形式为标准进行的分类更为丰富。相应地，发达国家有关私募基金的规则体系也逐渐建立健全。例如，美国早在 20 世纪 40 年代就通过《投资公司法案》（Investment Company Act），初步建立了公募基金和私募基金的注册和监管规则。到了 20 世纪 80 年代，美国证券交易委员会制定了《D 条例》（Regulation D），规定了关于私募证券发售的规则，对私募证券发售过程中的各种行为及资格作了详细规定。2008 年金融危机后，美国又于 2010 年制定了《多德—弗兰克华尔街改革和消费者保护法》（the Dodd-Frank Wall Street Reform and Consumer Protection Act of 2010），加强了对私募基金的监管和对金融消费者的保护。

我国的私募基金发展始于改革开放后，随着我国市场经济的发展逐步发展起来。不过，时至今日，我国的私募基金发展仍然在路上，尤其是相关规则的制定和完善更是如此。虽然我们已经有了《证券投资基金法》《私募投资基金监督管理条例》《私募投资基金监督管理暂行办法》等法律、法规和规章，但还有很多方面缺乏规范或者是规范不统一、不协调，需要向发达国家学习和借鉴，私募基金份额权利质权的设立就是其中的一项。

1. 无须登记即可设立私募基金份额权利质权的立法模式

这种立法模式以美国法为典型。因为美国法律在物权变动上采取的是登记对抗主义，早在 1952 年颁布的《美国统一商法典》（Uniform Commercial Code，以下简称 UCC）第九章，美国就确立了物权变动登记对抗主义

的基本原则，所以登记并非物权变动的生效要件。UCC 第 9-203 条就规定了担保权的创设和优先等级规则，其中包括了担保权生效的规则。在第 9-308 条和第 9-309 条中，规定了各种不同类型担保权利的设立规则，其中包括了权利质权登记的要件和程序，但并没有针对私募基金份额质押登记的特别规定。这就意味着，私募基金份额质押登记的效力应当贯彻 UCC 的物权变动登记对抗主义原则，质权的设立也不以登记为要件，登记仅仅是基金管理人基于业务操作流程而产生物权的法定义务。可见，在私募基金份额权利质权的设定上，美国并未规定一定要进行登记。

2. 在统一的特定机构进行登记设立权利质权的立法模式

大陆法系国家的德国和日本等国采取这种模式。不同的是，德国以基金托管人为登记机构；而日本以基金管理人为登记机构。德国规范私募基金的立法主要是《德国证券投资法》和《德国私募基金法》等法律。其中，《德国私募基金法》是专门针对私募基金的法律，其第 285 条第 2 款规定私募基金份额可以出质，并在基金托管人处办理质押登记。在私募基金的运作流程中，基金管理人负责基金的管理和运营，而基金托管人则负责监督管理人的操作是否符合合同约定或法律规定。因此由承担监督义务的托管人负责私募基金份额质押登记，有利于更好地保护投资者权益。日本并无以“私募基金”命名的法律法规，而是将私募基金定义为一种“投资信托”，主要以信托法及配套法规作为法律渊源。《日本信托法》确认了私募基金份额的可质押性，并规定由信托的受托人，即基金管理人负责办理质押登记事务。①

综合美国、德国、日本等国的相关立法可知，这些国家都有统一的证券登记机构，如美国的证券交易委员会、德国的中央证券登记公司、日本的证券登记所。但这些登记机构并不负责私募基金份额质押登记事项。究其原因，一方面，私募基金份额是否属于证券目前尚存争论，一般认为公

① 参见《日本信托法》第 201 条。

募基金属于证券，而私募基金份额并未有定论。[①] 所以私募基金份额并不适合在国家的证券登记机构进行登记。另一方面，私募基金具有非公开募集、非公开信息披露的私募特征。因此对于私募基金份额的登记事项，也不能简单地采用向国家统一证券登记机构进行登记并向不特定公众公示的做法，其登记和公示应当限制在一定的范围内。因此，私募基金份额质押登记宜采取由基金托管人或其委托的专门基金份额登记机构负责登记，并采用基金管理人在适当的范围内进行信息披露与公示的做法。

（二）解决我国私募基金份额质押设立障碍的一些思考

如前所述，私募基金份额设立质押担保并进行融资是提高私募基金流动性的有效手段。在金融市场中，私募基金份额的流动性是评价其市场表现和投资价值的重要指标之一。提高私募基金份额的流动性，意味着投资者能够更加便捷地将持有的基金份额转化为现金资产，从而更好地实现资金的有效配置。这对于需要灵活调整投资策略、把握市场机会的投资者来说尤为重要。流动性好的私募基金份额，使投资者在面临市场波动或突发事件时，能够迅速撤离市场，避免损失扩大，从而提高投资安全性。同时，良好的流动性也有助于投资者在需要时快速筹集资金，以应对可能的投资机会。从宏观层面，提高私募基金份额的流动性，有助于优化金融市场的结构，提高市场的稳定性，并提升金融市场的运行效率。由于我国《民法典》在物权编中采取了承认物权行为独立性的原则，所以有必要对私募基金份额质押登记规则进行完善，破除当前私募基金份额权利质权设立的制度障碍。

从前文的分析可以看出，目前我国私募基金份额质押合同的生效并无法律障碍，问题出在登记这个程序上。私募基金份额质押属于权利质押，一个重要的公示方法是登记。按照我国现行法律，登记不仅具有公示作

---

① 参见吕成龙：《我国〈证券法〉需要什么样的证券定义》，载《政治与法律》2017年第2期。

用，也是很多权利质权设立的要件。由于长期形成的传统思维，我国权利质权的当事人倾向于信赖国家的公信力，所以登记机关一般是国家机构或者国家授权的机构，如市场监督管理部门。这种情况也会在立法上有所体现，例如，我国上市公司及公开发行股票或股东在200人以上的股份有限公司的股权质押就是在国家设立的国有独资公司——中国证券登记结算有限公司（以下简称中证登）进行登记，股权质权自中证登办理出质登记时设立。对于其他股权质权自市场监督管理部门办理出质登记时设立。这种由国家来最终承担登记的责任，是以国家行为的权威性作为保障，使权利质权的登记取得社会一体信服的效果。这种效果就是权利质权登记的国家公信力。①

但是，在我国市场经济发展到较高阶段的现在，具有高度社会公信力的机构并不一定只有国家机构。这里就需要搞清楚为什么一些权利质权需要登记公示的问题。事实上，《民法典》对权利质权的产生，首先还是以权利凭证的交付为质权设定标志的。只有没有权利凭证的，质权才是自办理出质登记时设立。② 不过由于在现代技术条件下，很多权利凭证都已经电子化了，在实践中已经很少能看到纸质的股票、债券等权利凭证了，所以在具有社会公信力的权威机构登记，就成为主要的权利质权设定的标志。登记的意义主要体现在：第一，通过登记，可以明确权利质权的设立、变更、转让和消灭等法律事实，确保权利质权的法律效力得到确认和保障。第二，登记具有公示作用，公示可以产生公信力，使权利质权的设立和状态对相关主体公开透明。这有助于防止重复质押和欺诈行为，保护交易安全。第三，登记有助于降低交易成本。因为通过登记，交易双方可以更加清晰地了解权利质权的状况，减少因信息不对称而引发的纠纷和损

---

① 参见孙宪忠：《中国物权法原理》，法律出版社2004年版，第204页。

② 《民法典》第441条规定："以汇票、本票、支票、债券、存款单、仓单、提单出质的，质权自权利凭证交付质权人时设立；没有权利凭证的，质权自办理出质登记时设立。法律另有规定的，依照其规定。"

失，提高交易的效率。第四，在权利质权发生转让或变更时，登记可以确保权利质权的连续性和有效性。从登记的上述意义可以看出，只要能够保障登记机构的公信力，并不一定需要国家的信用进行背书。在现代市场经济中，社会机构同样可以获得社会高度认可的公信力，同样可以承担权利质权设定登记的职责。从私募基金运作的实际情况来看，以基金管理人作为登记机构比较适合。原因有以下几方面。

一是私募基金管理人对其管理的私募基金非常了解。对于基金份额是否存在转让、质押等情况了如指掌。按照《私募投资基金监督管理条例》（以下简称《条例》）的规定，基金管理人负责筹集、管理、投资、确定权益分配方案等职责。因此基金管理人熟悉基金的所有信息和全流程情况。有能力审核申请质押的私募基金份额是否属于可质押份额，甚至能更加具体地对基金份额的质押率进行把控。

二是私募基金管理人负有记录基金份额持有人份额情况的法定义务。在基金管理人的日常工作中，有一项义务是将所有基金份额持有人的份额情况以电子介质的形式登记成册，即制作份额持有人名册。在这个名册中应记录基金名称、基金登记账号、销售商、交易账号、持有人可用基金份额、份额余额等事项。若进行基金份额质押，只需在该名册中增加“质押状况”一栏，对质押信息进行记录即可，基本上不会增加多少成本，有利于提高基金管理的效益性。

三是私募基金管理人负有向基金持有人和相关投资者披露基金信息的法定义务。按照《条例》的规定，基金管理人有义务依照法律规定或者依照合同约定向投资者披露私募基金管理业务活动的相关信息，即基金管理人负有信息披露义务。这种信息披露与证券法上的信息披露颇为相似，都是以定期报告和临时报告的方式向特定主体披露有关基金的经营管理情况和财务情况的信息。因此，如果基金管理人作为基金份额质押登记机构，其信息披露义务中就可以加入基金份额的质押登记情况，完成基金份额质押物权公示程序。

四是以私募基金管理人作为质押登记机构存在比较法上的基础。如前所述，日本的私募基金份额质押即以基金管理人作为登记机构。该国《投资信托与投资公司法》不仅规定私募基金份额可以质押，还规定基金份额质押担保应通过书面协议进行，私募基金份额持有人应向信托法人提出质押登记申请并同时提供基金份额质押协议书，信托法人即基金管理人在收到申请后负责实施该质押登记，并将质押情况记录在“投资者名册”中。日本模式中以信托公司这种市场主体作为私募基金份额质押登记机构的做法值得我们借鉴。

还有一个问题需要讨论，即一些地方通过制定地方法规和规范性文件的方式规定由当地的区域性股权交易市场进行部分种类私募基金份额质押登记的情况。如前所述，上海市人大常委会已通过立法方式明确上海市股权托管交易中心可以办理私募股权和创业投资基金份额质押登记工作。而北京股权交易中心获得合伙企业财产份额出质登记试点资质。这种方式无疑也是破解我国私募基金份额质押登记困局的路径之一，并且也是以市场主体作为登记机构的一种尝试。可见，以非官方的市场主体、社会主体作为私募基金份额质押登记机构的思路是完全可行的。不过，以地方股权交易市场作为私募基金份额质押登记机构仍然存在一系列缺陷：第一，我国地方股权交易市场分布并不均衡，很难形成全国性的覆盖网络。从区域分布上看，我国地方股权交易市场在不同地区呈现出不同分布。一线城市和经济发达地区，如长三角、珠三角等，由于企业众多，股权交易市场较多，如广东股权交易中心、浙江股权服务集团等，还有前述的北京、上海等地的股权交易中心。而西部内陆地区虽然也有一些股权交易市场，但整体活跃度相对较低。所以并不是哪里都有股权交易市场，但哪里都会有私募基金份额质押登记的需求。第二，地方股权交易市场的主要业务是股权交易及其附属服务，所以对私募股权投资基金份额、合伙企业财产份额质押业务还比较熟悉，但对私募证券投资基金份额、资产配置类私募投资基金份额质押业务就不那么熟悉了。如果让不熟悉相关业务的机构承担登记职责，恐怕实在力有不逮。如果不让区域性股权交易市场承担私募证券投资基金份额、资产配置类私募投资基金份额质押登记职责，那么就会出现制度上的漏洞、实务上的空白。第三，区域性股权交易市场并不了解私募基金份额的基本情况，例如，该基金份额是否属于可转让、可质押份额，该基金份额此前的转让和质押情况等。如果由其承担私募基金份额质押登记职责，那么该股权交易市场只能根据私募基金持有人的申请和证明文件进行形式审查进而判断是否应当给予登记，而无能力对申请人提交的证明文件进行实质审查，这就难免会出现错误登记的情况，增加市场风险。综上所述，让地方区域性股权交易市场作为私募基金份额质押登记机构不如让基金管理人担任这一角色更为合适。

私募基金份额作为一种有经济价值的财产权，具备可质押的基本条件。然而，在实际操作中，存在登记障碍、质权设立受阻等法律风险。实践中，私募基金实务界和法律界都在积极探索和完善私募基金份额质押登记制度，以增强私募基金份额的流动性，从而更好地服务于私募基金市场的发展。

私募股权投资基金退出阶段相关法律问题研究

胥语嘉*

摘要：私募股权投资基金为科技创新提供金融支持，是专精特新企业的“孵化器”，在助力培育发展新质生产力方面具有重要作用。然而，私募股权投资基金一直存在“退出难”的问题，而能否顺利退出直接影响投资者的投资决定。因此，必须优化退出机制，畅通退出渠道，才能实现“募投管退”良性循环，推动行业健康发展。私募股权投资基金的退出包括项目退出和基金退出双重含义，项目退出指基金通过IPO、并购、回购等方式退出项目公司；基金退出则指投资者通过份额转让、解除基金合同、清算等方式退出基金。退出虽然是基金的最后阶段，但贯穿基金全过程，募资、投资和管理都是为了更好地退出、获取更高的收益。由于该阶段涉及项目公司、基金管理人、投资者等多个主体，且该阶段主要处理收益分配问题，极易引发纠纷。本文结合现有裁判，对该阶段可能产生的法律问题进行系统梳理，深入研究法律适用难点，为缓解退出难题提供司法支持。

关键词：私募股权投资基金　退出方式　刚性兑付　对赌协议

---

* 江苏省高级人民法院民事审判第五庭法官助理，法学硕士。

一、引言

2023年底召开的中央经济工作会议系统部署2024年经济工作，围绕高质量发展提出九项重点任务，“以科技创新引领现代化产业体系建设”被排在首位。推动科技创新、发展新质生产力必然离不开金融的支持和孵化，中央经济工作会议提出要鼓励发展创业投资、股权投资。这是因为科技创新企业通常具有高投入、长周期、经营不确定性大等特征，私募股权投资①作为中长期资金，其投资特点与科创企业的融资需求相契合，因此，要围绕“募投管退”全链条优化支持政策，引导私募股权投资更好投早、投小、投长期、投硬科技，促进“科技—产业—金融”良性循环。

二、私募股权投资基金退出现状

（一）退出的双重含义

私募股权投资基金的退出有双重含义：一是管理人将私募股权投资基金的股权从已投企业中退出，即项目退出；二是基金持有人对私募股权投资基金的退出，即基金退出。项目退出是基金退出的前提，基金退出计划则为项目退出设定时间框架，两者相辅相成，共同构成私募股权投资基金的退出阶段。退出看似是基金的最后阶段，实际贯穿于“募投管退”全流程，在募资阶段就应考虑基金退出计划，募资结束时，投资者和管理人往往会在协议中约定基金退出期的时间跨度、投资规则，管理人在退出期的权利义务及超额收益分配等内容。而在投资阶段则需考虑项目退出计划，通常包括项目退出时间、方式、收益、风险等各方面，经投委会审批后，项目投资团队应根据基金退出计划履行相应义务。同时，由于私募股权投资基金所投资项目周期长、不确定性大，管理阶段还需要根据项目情况、市场环境等因素，适时对项目退出计划进行调整，以期获得最大收益。

---

① 本文所称私募股权投资采广义概念，包含企业首次公开发行前各阶段的权益性投资。

（二）退出现状

通过对近十年私募股权投资基金发展历程的分析可以看出，2014 年至 2017 年，私募股权投资基金在国家政策支持下迅猛发展，投资事件数量和投资金额逐年攀升；2017 年起，在市场“去杠杆”的宏观背景下，资金面趋向紧缩，管理人的投资趋于谨慎；2021 年虽有所回暖，但疫情冲击使投资再一次收紧（见图 1）。与此同时，随着大量私募股权投资基金进入退出期，基金退出数量及项目退出数量总体呈上升趋势，但项目退出方式有所变化。受 IPO 审核趋严的影响，自 2021 年起，IPO 虽仍是项目退出的主要方式，但以此方式退出的项目数量及占比逐年递减；而以并购、股权转让及回购方式退出的项目数量及占比则逐年递增（见图 2 至图 6）。

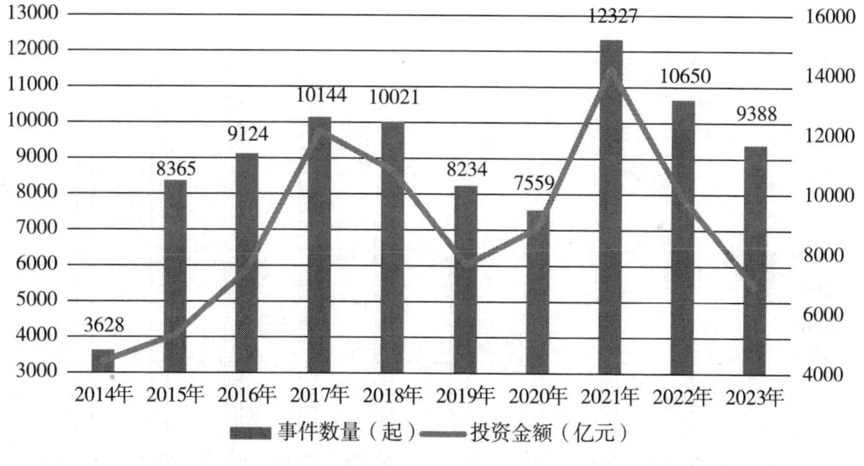

图 1　2014 年至 2023 年中国私募股权投资基金投资事件数量及投资金额[①]

① 如无特别说明，文中图表数据均来自清科私募通数据库。

图 2　2014 年至 2023 年中国私募股权投资基金退出事件数量及退出金额

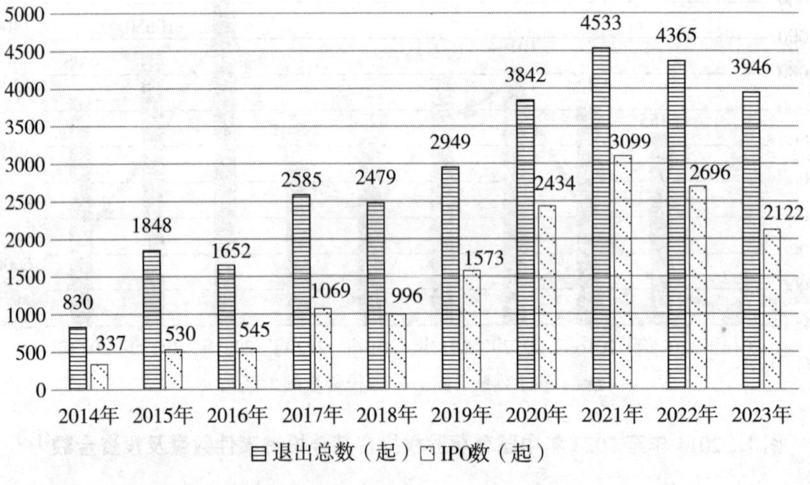

图 3　2014 年至 2023 年中国私募股权投资基金项目退出数量及以 IPO 方式退出数量

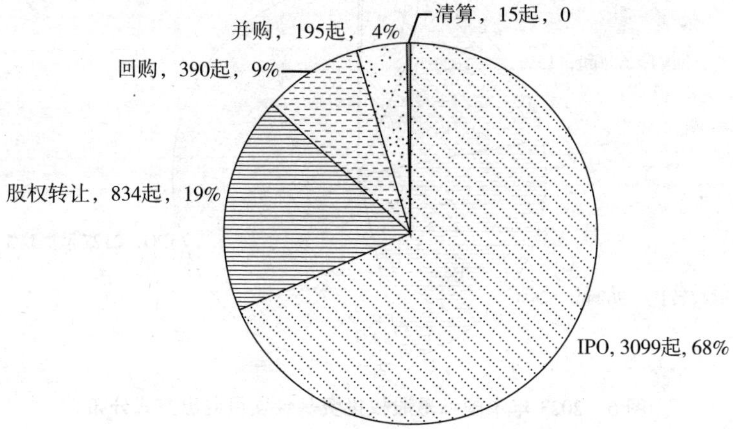

图 4　2021 年中国私募股权投资基金项目退出方式分布

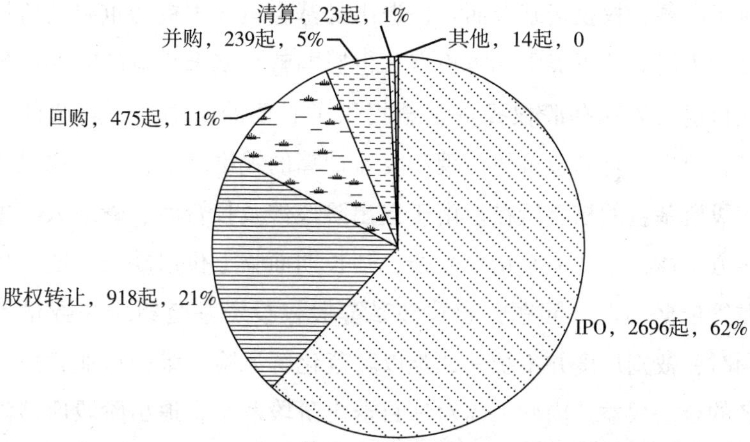

图 5　2022 年中国私募股权投资基金项目退出方式分布

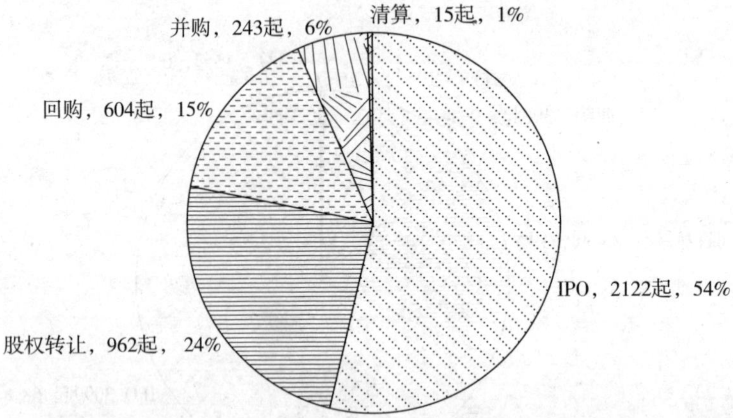

图6 2023年中国私募股权投资基金项目退出方式分布

（三）退出的重要性

对于私募股权投资基金而言，退出是基金运作中极为重要的阶段，既关系管理人后期的再募集和再投资，也影响整个基金行业的有序、健康发展。项目退出为私募股权投资基金提供了必要的流动性、连续性和稳定性，基金退出则是基金价值体现和收益计算的关键环节，可以说退出是私募股权投资基金的核心所在。由于退出阶段涉及投资者、管理人、项目公司等多方主体，法律关系错综复杂，却长期面临上位法缺失、统一规范缺乏、监管依据不足等问题，导致涉私募股权投资基金纠纷在数量不断上升，同时，裁判尺度并不统一，难以防范化解风险、维护行业秩序、保护投资者的合法权益。因此，需对项目退出阶段及基金退出阶段所涉法律问题进行梳理，分析法律适用难点，优化现有审理路径。

三、项目退出所涉法律问题

就项目退出而言，最重要的是选择退出方式，退出方式既决定了投资收益高低，也关系投资风险大小，是管理人需要重点研判的问题。我国常见的项目退出方式包括上市、并购、股权转让、回购、清算等，其中，清算退出是管理人及投资者最不愿意看到的退出方式，因为项目公司如果只能通过清算退出，基本可以宣告该笔投资已经失败。但因《公司法》《企业破产法》等法律均对清算有着较为全面的规定，项目公司清算也不会因为股东之中有私募基金而有所不同，因此下文不对以清算方式退出项目展开讨论。

（一）上市退出规则限制

私募股权投资基金投资于非上市公司股权，IPO 是项目退出的主要手段，当项目公司成功上市、股东锁定期届满时，私募基金即可适时减持。在我国，IPO 一度被管理人视作最理想的项目退出方式，既可获得高额收益又能获得行业肯定。但在投资领域从来没有稳赚不赔的“买卖”，上市退出固然有诸多优点，其也面临许多限制：一方面，项目公司要想上市需满足严格条件，包括财务要求、信息披露等，并履行较为烦琐的手续；另一方面，即使项目公司已经上市，受限于持股时间、比例，私募基金不能立刻减持，而须在锁定期届满后按照减持规则进行减持。

1. 锁定期规则

2023 年修订的《公司法》第 160 条保留原 1 年锁定期的规定，同时新增股份在限售期内出质时质权人不得行使质权的规定。这一规定是关于锁定期规则的原则性规定，既有利于打击以“上市圈钱”行为，也有利于提振投资者信心。若私募基金是项目公司的控股股东、实际控制人或与实际控制人存在关联关系、一致行动关系，根据相关规定，此时的锁定期为 36 个月；若项目公司无控股股东、实际控制人，私募基金作为股东按照规定承诺自股票上市之日起 36 个月内不转让所持股份的，也需遵守锁定期规则。① 针对“突击入股”行为，即私募基金系项目公司提交首发上市申请

① 参见《首次公开发行股票注册管理办法》第 45 条；《上海证券交易所股票上市规则》（2024 年 4 月修订）第 3.1.10 条；《深圳证券交易所股票上市规则》（2024 年 4 月修订）第 3.1.10 条；《上海证券交易所科创板股票上市规则》（2024 年 4 月修订）第 2.4.4 条。

前 12 个月内的新增股东，亦不得在取得新增股份之日起 36 个月内转让。①上述规定是对上市公司股东的一般性规定，但对于私募股权投资基金，特别是其中的创业投资基金，证监会另作了特别规定。

证监会在《关于深化科创板改革 服务科技创新和新质生产力发展的八条措施》第 7 条中规定，对于科创板上市公司，既要引导创始团队、核心技术骨干等自愿延长股份锁定期限；也要优化私募股权创投基金退出反向挂钩制度，对合理减持诉求予以支持。所谓“反向挂钩”，即将锁定期长短与创投基金上市前投资项目公司的期限长短反向挂钩，投资期限越长，减持限制越少，具体可划分为“三线四区”。② 反向挂钩政策是在保持现行锁定期、减持规则不变的基础上，结合创投基金运作实际所作的特别规定，有利于实现基金的市场化退出，既能提高资金周转效率，又能引导资金投早、投中小、投高新。

2. 减持规则

减持制度是资本市场的基础性制度。近年来，上市公司减持乱象频发，严重影响投资者信心。2024 年 4 月，国务院印发《关于加强监管防范风险推动资本市场高质量发展的若干意见》，要求全面完善减持规则体系，按照实质重于形式的原则坚决防范绕道减持，严厉打击违规减持，证监会在《关于加强上市公司监管的意见（试行）》中也强调了这一观点。为落实上述要求，规范减持行为，维护市场秩序，《上市公司股东减持股份管理暂行办法》于 2024 年 5 月出台，根据办法规定，若私募股权投资基金是项目公司大股东，其在通过集中竞价、大宗交易减持前，需履行报告、披露义务；并遵守通过集中竞价、大宗交易减持时相应的减持比例规定以及通过协议转让时相

---

① 参见《监管规则适用指引——关于申请首发上市企业股东信息披露》第 3 条。

② 参见《上市公司创业投资基金股东减持股份的特别规定》第 2 条，具体可概括为：（1）投资期限不满 36 个月，在 3 个月内减持股份总数不超过公司股份总数的 1%；（2）投资期限在 36 个月以上但不满 48 个月，在 2 个月内减持股份总数不超过公司股份总数的 1%；（3）投资期限在 48 个月以上但不满 60 个月，在 1 个月内减持股份总数不超过公司股份总数的 1%；（4）投资期限在 60 个月以上，减持股份总数不再受比例限制。

应的义务；若其是控股股东、实际控制人及其一致行动人，不得在破发、破净、分红不达标的情况下，通过集中竞价、大宗交易减持。①

（二）对外转让注意事项

正因为上市退出存在诸多限制，加之近年来上市门槛提高，通过转让方式退出的比例逐渐提升。转让可分为对外转让和对内转让，就对外转让而言，目前在我国最常见的是股权转让，但在欧美国家，并购则是私募股权投资基金退出的主要方式，退出事件数量及退出金额远高于其他方式。②相较于发达国家，中国的市场经济体系仍处在不断完善的过程中，由于前期粗放的经济发展方式，许多行业处于高度分散、低效率同质化恶性竞争状态；并购退出有利于整合产业资源、提高行业集中度、推动产业转型升级，从而推进高质量发展。

并购退出虽然流程简单、灵活度高，但也存在一定限制。首先，在“反垄断、强监管”的背景下，并购退出可能面临反垄断审查，应判断相关并购行为是否属于经营者集中行为、是否达到申报规模标准、是否具有排除、限制竞争效果，从而判断是否须向反垄断部门进行申报。其次，如果并购涉及国有资产，须履行报批程序，若涉及控股权变动，还须经相关部门审批，并满足国有资产转让及定价的形式要求。最后，如果并购存在涉外因素，一方面，根据《外商投资法》《外商投资准入特别管理措施（负面清单）（2021 年版）》规定，须判断项目公司所属行业是否为外国投资者禁止或限制投资的领域；另一方面，根据项目公司的性质，涉外并购可能还须办理相关核准、备案。

股权转让与并购不同，其无须转让项目公司控制权，私募基金可通过转让部分股权，在获得收益的同时分享后期发展红利。由于此种转让多为非公开进行，所涉主体较少，法律限制相对也较少，故不再赘述。

---

① 参见《上市公司股东减持股份管理暂行办法》第 9 条至第 14 条。

② 参见于淼：《中国私募股权投资基金退出决策模型研究》，中国社会科学院大学 2021 年博士学位论文。

（三）对内转让所涉争议

对内转让最常见的目的是回购退出，指私募股权投资基金通过要求项目公司收购其所持有的股份实现退出。《公司法》对公司回购作了更为详尽的规定，[①] 在保留股份有限公司可在特定情形下回购股份的规定的同时，新增规定股份有限公司股东也享有异议股东回购请求权，同时根据回购原因不同，规定公司转让、注销相应回购股份的时间。从上述法律规定可以看出，股东要求公司回购股份仅发生在极其特殊的情形下，正常经营的公司并不会触发回购条款。然而，私募股权投资基金的投资以退出为目的，在上市、并购等方式无法实现退出时，基金难免会通过回购实现退出。虽然投资者应当认识到投资有风险，私募股权投资更是高风险投资，但趋利避害是人的本能，为尽量减少风险，私募股权投资基金会在投资时与项目公司签订“对赌协议”，约定若项目公司将来未达到协议所约定的业绩等方面要求，须向私募基金补偿。“对赌协议”既能保证投资安全，又能激励项目公司提高业绩，是实践中较为普遍的交易模式。

《全国法院民商事审判工作会议纪要》（以下简称《九民纪要》）出台后，对赌协议的效力问题基本已不存在争议，如果不存在法定无效事由，应认定协议有效。对赌协议的履行成为审查重难点，《九民纪要》规定，对于股权回购型对赌协议，应审查目标公司是否完成减资程序；对于金钱补偿型对赌协议，应审查目标公司是否有利润、是否足以补偿投资方。然而，由于减资决议须经代表三分之二以上表决权的股东通过，审议批准利润分配方案也须经代表过半数表决权的股东通过，对赌协议实际履行难度较大。加之私募股权投资基金要求股权回购、金钱补偿又多发生在项目公司经营不善之时，此时基金通过约定对赌协议保障投资安全的意图存在较高落空可能。

《私募投资基金监督管理条例》第24条第2款规定，私募基金财产不

---

① 《公司法》第89条、第161条、第162条。

得用于经营或者变相经营资金拆借、贷款等业务。《中国证券监督管理委员会关于加强私募基金监管的若干规定》第 8 条也规定，私募基金管理人不得直接或者间接将私募基金财产用于借（存）贷、担保、明股实债等非私募基金投资活动，但是私募基金以股权投资为目的，按照合同约定为被投企业提供 1 年期限以内借款、担保除外。这是因为股权投资的本质是利益共享、风险共担，若将私募基金财产直接或间接用于资金拆借，不但起不到提高直接融资比重、服务实体经济、促进科技创新的作用，反而变相拉高实体企业融资成本、破坏市场秩序、阻碍经济发展。对赌协议由于存在补偿承诺、到期回购等约定，与名股实债协议具有相似性，法院在认定协议性质时，应从协议内容出发，探求交易本质。首先，应审查协议是否存在类似定期支付固定收益、到期偿还本息等约定，以及固定收益的比例。其次，应审查私募基金是否取得项目公司股东资格并实际行使股东权利，即私募基金是否被登记为股东、是否参与项目公司日常经营管理。最后，还应结合缔约背景、磋商过程、履行行为等事实综合认定协议签订目的，判断案涉投资系股权投资还是债权投资，进而认定协议效力。

（四）管理人设计退出决策时的义务

由于项目公司经营情况不一，私募股权投资基金的退出方式自然不同，但不同退出方式必然导致不同投资回报，基金投资者面对不及预期的收益可能会与管理人产生纠纷，进而诉至法院，此时如何判断管理人是否履职尽责成为亟待法院解决的问题。具体而言，可能产生如下争议。

1. 退出时点选择争议

市场瞬息万变，退出时点的选择直接影响退出方式的选择，进而影响投资收益的高低，正如上文所述，上市退出是回报率最高的退出方式，但伴随较长的周期与较大的不确定性，很多基金可能等不到项目公司上市就已期限届满，此时基金可能会通过其他方式退出，但若项目公司在基金退出后上市，管理人将面对投资者的质疑。在王某某与某财富理财管理有限公司等私募基金合同纠纷案中，管理人在退出期内同意了其他主体的收购邀约，以股权转让的方式提前退出项目公司，并向投资者分配收益，后项目公司上市，投资者主张管理人的提前退出使其损失相应收益。法院认为，市场环境与监管政策等不可控因素会给私募股权投资带来极大风险与不确定性，如果拒绝收购邀约，可能错过稳健退出机会，无法获得利益最大化的退出方案。且目前的退出方式并未造成投资者的实际损失，反而使其获得可观投资收益，投资者假设未提前退出所取得的更多收益实质是期待性利益，并非投资损失。因此，该退出决策未侵犯投资者的权利。① 而在顾某某与上海某资产管理有限公司等私募基金纠纷案中，管理人在项目公司已经触发回购条件的情况下，未及时要求项目公司履行回购义务，也未积极向担保人主张权利。法院则认为，管理人怠于行使权利，未尽到勤勉尽责的管理义务，严重损害投资者利益。②

2. 退出方式选择争议

实践中，管理人还可能同时管理多只私募股权投资基金，若多只基金投资于同一项目公司，但管理人采取不同退出方式，导致投资者获得不等收益，显然也会造成投资者的不满，进而引发纠纷。在郭某某与深圳前海某资产管理有限公司合伙协议纠纷案中，管理人同时管理两只基金，均约定由投决会对投资项目的退出进行审议表决，并投资同一项目公司。案涉基金经投决会表决后，先行通过协议转让减持项目公司全部股份，另一基金则未退出，后项目公司上市，投资者主张管理人不公平对待其管理的不同基金，未尽忠实勤勉义务。法院认为，两只基金是否退出、如何退出项目公司系由投决会审议表决，管理人并无最终决定权，两只基金的投决会运作机制不一，存在作出不同方案的可能性，不能以决策差异认定管理人差别对待；且另一基金的投资者未因案涉基金的减持获得额外利益，同一管理人管理不同基金投资同一项目公司也不必然构成利益冲突，不能以此认定管理人有违信义义务。③

① 参见上海市浦东新区人民法院（2022）沪0115民初50460号民事判决书。
② 参见上海市浦东新区人民法院（2021）沪0115民初97875号民事判决书。
③ 参见广东省深圳市前海合作区人民法院（2020）粤0391民初2174号民事判决书。

《私募投资基金监督管理条例》第3条第3款规定，私募基金管理人应当履行诚实守信、谨慎勤勉的义务。诚实守信即忠实义务，要求管理人忠于投资者的利益；谨慎勤勉即勤勉义务，要求管理人充分运用专业知识审慎决策，促使投资利益最大化。然而，从上述案件可以看出，受限于知识、经验等因素，管理人对市场走向的判断未必精准，其设计的退出决策并不能确保投资利益最大化；加之不同基金内部机制不同、不同投资者风险承受能力有别，管理人不能也不应就其管理的每只基金设计相同退出决策。在此情况下，如何判断管理人是否尽到忠实、勤勉义务？应当明确，忠实、勤勉义务是过程性义务而非结果性义务，① 不能仅因退出收益未达投资者预期就认定管理人未尽义务，而应从管理人在退出阶段的行为出发加以评价。首先，管理人应充分研判市场走向，积极运用专业知识，审慎选择当下对投资者而言的最佳退出决策。其次，管理人应严格遵守合同约定，严格履行合同约定的退出决策程序，及时把握退出时机，防止因自身疏忽导致投资者损失。最后，管理人应公平对待所管理的各只基金，根据每只基金的不同特点设计与之相适应的退出决策，在相应投资者可承受的风险范围内努力实现投资收益最大化，切忌差别对待，甚至攫取一只基金的商业计划为另一只牟利。②

（五）投资者能否直接向项目公司主张权利

若管理人怠于向项目公司主张权利，投资者可能会提起债权人代位权诉讼，直接向项目公司主张权利。司法实践中，对于投资者提起的代位权诉讼，否定投资者行使代位权的理由主要包括：（1）基金尚未进行清算、分配，投资者对管理人是否享有主债权、享有的主债权数额尚不能确定，自然不能代位行使管理人对项目公司的次债权；（2）投资者无法证明管理人对项目公司享有合法有效的到期债权。肯定投资者行使代位权的理由则

① 参见广东省深圳市前海合作区人民法院（2020）粤0391民初2174号民事判决书。

② 参见肖宇、许可：《私募股权基金管理人信义义务研究》，载《现代法学》2015年第6期。

是基金产品已经到期，管理人怠于向投资者分配收益，其行为构成违约，主债权已经成立且合法有效；而根据管理人和项目公司的约定（通常表现为对赌协议），管理人对项目公司的次债权也已到期，故投资者有权在管理人怠于主张已到期债权的情况下，直接向项目公司主张权利。

上述观点实质都是围绕代位权的成立条件展开的，代位权要想得到支持需满足主债权、次债权均合法有效，债权到期且金额确定的条件。就投资者对管理人的主债权而言，由于投资者提起代位权诉讼时，基金大多未经清算，如果此时基金已到期，但管理人怠于履行清算义务，可以认定主债权已经到期，否则难以认定，甚至无法确认主债权存在；即使认定主债权已到期，由于未进行清算，主债权金额也难以确定。就管理人对项目公司的次债权而言，由于基金的投资、管理均由管理人负责，如果管理人未及时充分披露对外投资文件，投资者将难以掌握基金对外投资情况，也就难以证明次债权存在且到期；即使投资者了解投资情况，除非管理人在投资之时即与项目公司明确约定退出事宜，并订立对赌协议，否则也难以认定次债权金额。因此，司法实践的主流观点是驳回投资者对项目公司的代位权诉讼。对于公司型、合伙型私募股权投资基金，投资者还可能会提起股东、合伙人派生诉讼，但投资者提起派生诉讼须为私募基金利益，且即使胜诉，所获收益也属于私募基金，后续收益分配仍须按照基金合同的约定，向管理人主张。

四、基金退出所涉法律问题

（一）基金退出方式

基金退出既可能是部分投资者单独退出，也可能是所有投资者均须退出。就前者而言，不同类型的私募股权投资基金存在不同退出方式；就后者而言，则多为基金合同出现终止情形，须由管理人组织清算后退出。对于公司型私募股权投资基金，由于《公司法》《企业破产法》建立了一套较为完善的股权转让、减资、清算的法律体系，投资者可据此退出基金，因此，除私募股权投资基金退出中的共性问题外，仅因公司这一组织形式引发的退出争议相对较少。对于契约型私募股权投资基金，由于其不具备法人主体资格，运作主要依据基金合同，法律限制较少，具有较高的灵活度与自由度，其退出争议相对也较少，故本文不单独就上述两种私募股权投资基金的退出展开讨论。

对于合伙型私募股权投资基金，由于有限合伙制中各合伙人权利义务明确，契合私募股权投资基金的运作逻辑，且能避免双重征税，发展至今已成为运用最为广泛的组织形式，由此产生的退出争议相对较多。首先，投资者可通过转让财产份额退出基金，转让分为对内转让及对外转让。就对外转让而言，在合伙协议没有约定的情况下，除须经其他合伙人一致同意且不损害其他合伙人的优先购买权外，还须满足向合格投资者转让的规定。就对内转让而言，在合伙协议没有特别约定的情况下，仅须转让双方达成合意；但若合伙协议约定对内转让也须其他合伙人一致同意，该约定是否有效？对此，应从合伙的性质出发加以判断，合伙的人合性与公司的资合性存在本质区别，合伙人系基于对彼此的人身信赖才成立合伙企业，因此应尊重合伙人的意思自治，在合伙协议不存在法定无效事由的情况下，应认定合法有效，全体合伙人均应遵守，既然合伙协议约定对内转让也须其他合伙人一致同意，说明合伙人在成立合伙企业时对合伙财产份额转让十分慎重，该约定理应约束全体合伙人，最高人民法院的生效判决也表明了这一观点。[①] 其次，投资者可以通过退伙退出基金。《合伙企业法》第 45 条对于合伙期限未届满时，合伙人可以退伙的情形作出规定，若投资者系基于该条第 2 项、第 3 项退伙，一般不会引发争议；若系基于第 1 项、第 4 项退伙，往往争议较大。具体而言，第 45 条第 1 项规定，合伙人可以根据合伙协议约定的退伙事由退伙。实践中，合伙型私募股权投资基金可能会在合伙协议中约定，合伙人在不给合伙企业事务执行造成不利影响的情况下，可以退伙，但应当提前 30 日通知其他合伙人。由于私募股权投资

① 参见最高人民法院（2020）最高法民终 904 号民事判决书。

基金在资金募集完成后会运用私募基金财产进行投资，若请求退伙的合伙人系认购金额占比较高的投资者，其在项目未退出的阶段退伙，势必会对合伙企业的架构、项目公司的经营、私募基金的运作等产生重大影响、引发连锁反应，此时不应支持其退伙请求；但若请求退伙的合伙人本身认购金额较少，其退伙不会产生重大影响，在履行通知程序的前提下，其可以退伙。第 45 条第 4 项规定，合伙人可在其他合伙人严重违反合伙协议约定的义务时退伙，对于私募股权投资基金而言，该项主要适用于作为普通合伙人的管理人，若管理人在“募投管退”环节存在严重违反忠实义务、勤勉义务及其他法定、约定义务的情形，投资者可以此为由要求退伙并要求管理人承担赔偿责任。

对于所有类型的私募股权投资基金，投资者均可通过解除基金合同退出基金。《民法典》规定当事人可通过行使约定或法定解除权解除合同。实践中，投资者可能会主张由于管理人的过错致使基金合同目的不能实现，进而要求解除合同、退出基金。但是，一方面，基金合同的目的不能等同于获取收益，在管理人已经按照基金合同约定管理基金并对外投资的情况下，投资者不能仅以暂未获得收益、收益较低甚至出现亏损为由，要求解除合同，因为投资风险是投资者在签订合同时可以预见的风险，收益不及预期并非基金合同目的不能实现；另一方面，解除基金合同的后果系返还投资款本金并支付相应资金占用费，与退伙类似，在投资款已经对外投资的情况下，解除合同返还投资款将会引发连锁反应。因此，投资者在基金合同期限尚未届满时，起诉请求解除基金合同的，法院应审慎处理，综合考量管理人过错及基金运行状态。如果管理人确实存在未按合同约定进行备案、未履行投资义务、未按合同约定范围投资等重大过错，导致基金合同目的不能实现、基金已经产生亏损的，可以支持投资者解除基金合同的诉讼请求，并判决管理人向投资者返还投资款及资金占用费。

清算则是私募股权投资基金最为常见的退出方式。《证券投资基金法》第 80 条、第 81 条是对基金合同终止和清算的规定，但这两条所针对的是公募基金，[①] 私募基金不能直接适用。对于公司型、合伙型私募股权投资基金，《公司法》《合伙企业法》对清算有相应规定，若基金未及时清算，投资者可通过诉讼要求法院指令强制清算。对于契约型私募股权投资基金，证监会制定的《证券投资基金信息披露内容与格式准则第 6 号》规定管理人和托管人应按准则要求订立基金合同，并在第 44 条规定基金合同应具体订明基金财产清算的有关事项，但未规定管理人的及时清算义务。中基协制定的《私募投资基金登记备案办法》第 57 条、第 58 条以及《私募投资基金备案指引第 2 号——私募股权、创业投资基金及其材料清单》第 28 条、第 29 条虽然规定了管理人的及时清算义务，但这仅是行业规定，不具有强制约束力。换言之，在现有法律框架内，若基金合同未约定清算事宜，管理人怠于清算时，契约型私募基金的投资者请求强制清算将面临"无法可依"的窘境，造成清算僵局。因此，须由更高层级的法律法规对该问题作出规范，规定管理人的及时清算义务，建立强制清算制度，明确清算人职责，保护投资者的合法权益。

值得注意的是，实践中还会出现私募股权投资基金已符合退出条件，但因管理人的不当行为，退出条件不成就，如投资者已向第三方转让其持有的基金份额，该转让行为符合基金合同约定，但基金管理人未办理变更登记手续；[②] 又或者基金已到期，基金管理人未按合同约定履行决议程序，单方决定延长基金期限[③]；等等，此时，法院应适用《民法典》第 159 条的规定，认定退出条件已成就。

（二）认定投资者损失是否以清算为前提

如上所述，清算是私募股权投资基金最常见的退出方式，管理人负有清算义务，但司法实践中，基金未经清算、投资者径行起诉管理人赔偿损失的

---

① 该两个条文所在的《证券投资基金法》第八章系关于公开募集基金的基金合同的变更、终止与基金财产清算的规定。

② 参见江西省南昌市东湖区人民法院（2020）赣 0102 民初 697 号民事判决书。

③ 参见北京市朝阳区人民法院（2020）京 0105 民初 31359 号民事判决书。

纠纷频发。一方面是因为不同于私募证券投资基金，私募股权投资基金主要投资于非上市企业股权，投资标的流动性差、无明确定价，项目难以在短时间内退出，基金清算也就难以完成；另一方面是因为部分管理人怠于履行清算义务，即使已经启动清算程序，清算过程也较为漫长，难以及时形成清算报告并向投资者分配收益。在此情况下，法院将面临如下问题。

1. 认定投资者损失是否以基金完成清算为前提

一般来说，法院认定投资者损失以基金清算为前提，因为在清算完成后，剩余基金财产会分配给投资者，完成分配后，投资者的损失才能最终确定。所以，在投资者没有证据证明管理人未履行清算义务构成违法、违约时，法院通常会驳回投资者的诉讼请求，告知其在清算完成后另行起诉。但投资者可能会主张基金未经清算系因管理人怠于履行清算义务或基金实际已不能清算，管理人如果存在以下情形可能被认定为怠于履行清算义务：（1）基金合同存续期已经届满，且未通过合法有效的程序展期，管理人未进行清算；（2）发生基金合同约定的合同终止情形，管理人仍不清算，例如，合同约定管理人被依法取消私募投资基金管理业务资格时合同终止，管理人确实被注销资质但不履行清算义务；①（3）投资者、管理人已经协商一致决定终止基金合同，但管理人未依约启动清算程序。②

基金存在以下情形则可能被认定为清算不能：（1）基金财产已被侵占、恶意挪用，例如，基金系“伪私募”，管理人涉嫌刑事犯罪，或管理人未按约定管理和运用基金财产，将资金投资于基金合同约定之外的项目且无法收回；（2）基金已无可供清算的财产，例如，项目公司将基金对其投资挪作他用，基金对项目公司享有的债权经强制执行仍无法收回；（3）基金已无法启动清算程序，例如，管理人已失联或存在其他无法正常履职情形，基金清算已不具备现实可行性。

在投资者举证证明存在上述情形导致基金未经清算时，应由管理人对

① 参见济南铁路运输法院（2021）鲁71民初127号民事判决书。

② 参见四川省成都市中级人民法院（2021）川01民终13071号民事判决书。

此作出合理解释，若其无法举证证明存在未完成清算的正当事由，法院不应简单以基金尚未清算、投资者损失无法确定为由简单驳回投资者的诉讼请求，而应进行实质审查认定。

2. 基金未完成清算如何确定损失数额

在基金未完成清算的情况下，如何确定损失数额成为法院需要解决的难题。司法实践中，主要存在下述两种认定损失的方式，一种是“一劳永逸”型，即判决管理人赔偿投资人申请赎回时持有的基金份额对应的现金价值，管理人进行赔偿后，按照赔偿情况获取投资人对应的私募基金份额，避免投资者重复获利。[①] 管理人在基金运行期间，应当向投资者披露报告期末基金净值和基金份额总额，[②] 即使基金未清算，投资者所持基金份额对应的现金价值也可计算，法院可以此确定投资者损失金额。但此种方式仅适用于管理人依法依规计算并披露私募基金净值等信息的情形。

对于管理并不规范甚至已无财产、管理人也已失联的基金，则可适用第二种方式“先行判决”型，即先判决管理人就投资者已经产生的损失承担赔偿责任，同时明确如果投资者在后续清算过程中获得清偿，需在管理人赔偿金额中扣除；[③] 或在管理人承担责任后，由其继受投资者在基金中所享有的相应权益，避免投资者重复获益。

此外，当投资者与管理人及其关联主体签订合法有效的差额补足协议时，投资者的损失还可依据差额补足协议认定。在庞某与汉某控股有限公司合同纠纷一案中，法院认为，虽然基金尚未清算，投资人的损失数额尚未确定，但综合考虑基金到期时间、管理人的实际情况及差额补足责任人与管理人之间的关系，为减少当事人的诉累，保护投资人的合法权益，差额补足责任人应当按照协议约定承担差额补足责任；其承担责任后，如果未来基金经过清算，对应基金财产归其所有，投资者无权主张。[④]

---

① 参见四川省成都市中级人民法院（2021）川01民终13071号民事判决书。

② 《私募投资基金信息披露管理办法》第17条。

③ 参见上海金融法院（2021）沪74民终1743号民事判决书。

④ 参见北京市朝阳区人民法院（2020）京0105民初4884号民事判决书。

综上所述，基金未经清算，投资者的损失虽无法准确认定，但可就现有损失先行作出判决，让有过错的管理人承担责任；如果将来基金完成清算，该部分的基金财产归管理人所有。这样既可避免投资者的合法权益长期悬空，又能防止投资者重复获利、造成新的不公。

（三）保底约定效力

上文提及，可以根据合法有效的差额补足协议认定投资者损失，但什么样的差额补足协议能被认定为合法有效？这就需要对刚性兑付、差额补足等保底条款的效力展开研究。《中国人民银行、银保监会、证监会、外汇局关于规范金融机构资产管理业务的指导意见》（以下简称《资管新规》）及《九民纪要》的出台，使司法实践对常见保底条款的效力认定趋于统一。所谓常见保底条款，即金融机构在发行资管产品时向投资者承诺保本保收益。对于信托、银行等金融机构的保底承诺，由于《资管新规》《九民纪要》不能作为裁判依据，法院仅在说理部分援引，而在法律适用时转介《民法典》公序良俗条款认定合同无效。对于私募基金，《私募投资基金监督管理条例》第 20 条明确规定不得向投资者承诺投资本金不受损失或者承诺最低收益，法院可直接援引该条作为认定保底条款无效的依据，但对于特殊情形下的保底条款效力，不能适用该条一概而论。

1. 事后签订的保底条款效力

《私募投资基金监督管理条例》第 20 条是第三章“资金募集和投资运作”中的规定，换言之，此处的私募基金不得承诺保本保收益仅针对管理人在募资阶段的行为；《九民纪要》第 92 条从文义上解读也指资管产品发行阶段不得签订保底条款。但《资管新规》第 2 条、第 19 条则将禁止保底扩充至资产管理各阶段，两条均明确规定资管产品出现兑付问题时，发行人或管理人不得以任何形式垫资兑付。由此产生的问题是，投资者与管理人事后签订，尤其是损失产生后签订的保底条款效力如何认定。

事实上，事后保底条款已不具有刚性兑付属性，因为此时投资者的损失已从或然状态转为必然状态，管理人之所以愿意在事后承诺保底，多是因为其在投资决策中存在一定过错，为维护自身商誉主动向投资者偿付。《资管新规》之所以对保底条款“一刀切”，是因为当时金融机构通过承诺保底吸引投资的现象泛滥，严重偏离资管产品“受人之托、代人理财”的本质，形成监管不足的“影子银行”，加剧风险的跨行业、跨市场传递。①但《资管新规》是监管层面的规定，目的是弥补监管短板、肃清行业风气。司法处理的是当事人之间的纠纷，就事后保底条款而言，其既未被法律、行政法规所禁止，也不违反投资中的风险自担原则，不会像事前保底条款一样导致投资者的非理性投机，增加市场无序性，引发系统性风险。因此，应认定损失发生后签订的保底条款有效。

值得注意的是，即使事后保底条款有效，管理人也仅能以自身财产为限偿付投资者，否则将违反基金财产独立这一《证券投资基金法》的基本原则。同时，所谓“事后”必须是损失发生后，如果在募资时管理人即通过口头承诺等方式暗示投资者，只是在损失发生后才签订合同，仍属于事前承诺，需否定该承诺效力。

2. 投资者和不同主体签订的保底条款效力

《私募投资基金监督管理条例》第20条适用的主体是私募基金，对其显然应扩大解释，至少管理人、托管人及销售机构应被涵盖在内，因其所代表的本身就是私募基金。《证券投资基金法》第20条规定，公募基金的管理人及其董事、监事、高级管理人员和其他从业人员不得向投资者违规承诺收益或承担损失，虽然该条当时主要规制公募基金，但随着对私募基金、保底条款监管力度的升级，司法实践中，私募基金的董事、监事、高级管理人员及其他从业人员所作保底承诺无效基本也不存在争议。因上述主体与管理人实质是利益共同体，其所作保底承诺使风险仍在金融体系内部传导，破坏金融秩序，危害金融安全；即使其不适用《私募投资基金监督管理条例》第20条，也应从违反公序良俗角度认定保底条款无效。此

---

① 参见《中国人民银行有关负责人就〈关于规范金融机构资产管理业务的指导意见〉答记者问》，载中国人民银行网站，http：//www. pbc. gov. cn/jinrongwendingju/146766/146770/3529603/index. html，2024年6月30日访问。

外，《证券投资基金法》第103条还规定，基金投资顾问机构及其从业人员也不得以任何方式承诺或者保证投资收益，基金投资顾问机构应为投资者的投资决策提供建议，其建议应建立在对基金投资真实情况的研究分析之上；其如果承诺保底，将无法起到向投资者提示投资风险的作用，易放大投资者的非理性。

对于非管理人关联主体的第三方与投资者所签订保底条款，由于该约定系当事人的真实意思表示，内容不违反法律、行政法规的强制性规定；且其承担责任不涉及基金财产，其也非金融机构，不会放大金融体系的风险，因此，应认定该保底条款有效。

五、多措并举缓解私募股权投资基金“退出难”

（一）完善私募股权投资基金规范体系

在中国金融业的发展过程中，主管部门会根据行业发展成熟度“自下而上”立法，即先部门规章，再行政法规，进而是法律。2003年10月通过的《证券投资基金法》仅规范公募基金，2012年修订《证券投资基金法》时，将私募证券投资基金纳入监管范围，但因私募股权投资基金当时仍处于发展初期，故未被明确纳入。[①] 此后制定过多部关于私募股权投资基金的部门规章、规范性文件，2023年还颁布了《私募投资基金监督管理条例》这一专门规范私募基金的行政法规，但该条例更侧重于监管部门对私募基金业务的监督管理，对相关主体之间可能产生的民事纠纷涉及不多。这就导致法院在审理涉私募股权投资基金的民事纠纷时，经常面临法律依据不足、效力层级过低的问题。同时，对于诸如契约型私募股权投资基金的清算、刚性兑付条款效力等项目退出、基金退出时的突出问题，法律、行政法规层面目前也无明确规定。

---

① 参见巴曙松：《监管与发展并重的私募新篇章——〈私募投资基金监督管理条例〉解读》，载司法部网站，https://www.moj.gov.cn/pub/sfbgw/zcjd/202307/t20230711_482425.html。

金融行业的特点注定对其规范须以监管规章为主，法律、行政法规无法完全适应金融行业的快速变化，监管规章则可以及时填补制度漏洞。金融审判原则上可以适用或参考金融监管规章的规定，这种适用、参考是有限度的，可以据此判断民事权利义务及相应责任，但不能轻易据此认定合同效力等重要问题，① 对于实践中的共性问题，也需要通过法律法规进行针对性回应。因此，应建立起上位法规定原则性问题、监管规章对原则性规定进行细化的完善规范体系，将私募股权投资基金纳入法治化轨道，才能缓解退出难题、推动行业健康有序发展。

（二）促进多层次资本市场共同发展

我国私募股权投资基金项目退出现状与欧美等国差异明显，就上市退出而言，要进一步完善主板、科创板、创业板及北交所四大板块，设置与各板块定位相适应的上市门槛，既要严把 IPO 入口关、提高上市公司质量；又要突出各板块的定位差异，满足创新型中小企业上市要求；还应发挥创投基金股份减持和投资期限反向挂钩机制的作用，优化上市退出机制。

同时，应积极尝试拓宽退出渠道，目前正在开展的私募股权创投基金实物分配股票试点，以及在七个地区②的区域性股权市场开展私募基金的份额转让试点工作均有利于丰富退出方式、畅通退出渠道。未来应进一步对并购、股权转让等场外市场给予政策支持与规范，推动并购基金、S 基金等新型退出方式发展，促进多层次资本市场共同发展。

（三）构建宽严相济的监管体系

私募股权投资基金是私募性质的资管产品，过于严格的监管可能会抑制行业发展，我国私募股权投资基金发展初期，对其监管以行业自律为主。然而，随着 2016 年初“中晋系”等私募基金“跑路”事件发生，对

---

① 参见刘贵祥：《关于金融民商事审判工作中的理念、机制和法律适用问题》，载《法律适用》2023 年第 1 期。

② 包括北京、上海、广东、浙江、宁波、江苏、安徽。

私募基金的监管开始升级。中基协发布《私募投资基金募集行为管理办法》《私募投资基金信息披露管理办法》《私募投资基金管理人内部控制指引》《私募投资基金备案须知》等一系列文件，建立起全方位自律监管机制；证监会也发布了《关于加强私募投资基金监管的若干规定》，加强对私募投资基金的监管，严厉打击违法违规行为。

对于私募股权投资基金的监管应当坚持宽严相济：一方面，对涉嫌犯罪的“伪私募”等非法金融活动必须从严处理，对可能出现的私募风险要及时防范化解，为投资者合法权益提供法律保障；另一方面，应做到规范与发展并重，鼓励私募基金在依法依规的前提下创新，激发行业活力，助力经济高质量发展。

（四）加强投资者教育

我国私募股权投资基金的自然人投资者占比较大，投资者盲目追求高收益、忽略高风险的现状并未改变。一方面，投资者对投资风险缺乏理性认识，投资时不注意甄别风险，轻信保本保收益等承诺；另一方面，投资者未树立起“卖者尽责、买者自负”的投资理念，退出时无法形成合理预期，只要收益不及预期便认为管理人存在过错，进而引发纠纷。

应加强投资者教育，引导投资者在充分了解私募股权投资基金投资特点、市场形势等基本情况的基础上，形成理性预期；重点关注基金合同的关键条款，要求管理人履行说明义务，综合评判、审慎投资。此外，私募股权投资基金的最终收益通过退出实现，投资者投资时应特别注意基金合同有关退出清算的约定，包括基金期限、清算启动条件、清算程序、清算义务人以及清算不能及时的救济等，确保在因退出产生纠纷时，可以依据合同约定保护自身合法权益。

私募股权基金退出环节的利益冲突与法律调整

张　浩*

摘要： 私募股权基金的退出纠纷并非一个固定化的案件类型，而是投资者与管理人在投资活动所有发展阶段产生的利益冲突的集中爆发，本质上涉及基金的法律性质、投资者与管理人的法律关系、私募基金管理人信义义务的划界等问题。就退出环节而言，基金管理人的受信义务可以细化为有效退出义务和信息披露义务。同时，投资者的权利与管理人的义务是镜像对应的，投资者在退出环节的权利可以细化为退出权和对退出信息的知情权。由于单纯的合同协商机制不足以实现投资者保护的目的，法律应当介入，保障投资者退出权和知情权的有效行使。

关键词： 私募股权基金　退出纠纷　利益冲突　受信义务　投资者知情权

一、问题的提出

得益于我国资本市场的快速发展以及政策红利的释放，近十年来我国私募股权基金的产品数量和存续规模扩增数百倍，成为中小科技型企业的

* 华东政法大学国际金融法律学院硕士研究生。

重要融资来源。① 顾名思义，私募股权基金同时具备“私募”和“股权”的特征，是各方通过私下谈判开展的高风险、高收益的权益性投资。与有限公司持续性的股权投资不同，私募股权投资追求及时变现，获利了结。具言之，我国私募股权基金的投资者多为金融投资者，其最终目的不是获取被投资企业的经营控制权，而是股权获得增值、顺利撤出资金进而获得高额利润。他们更为关心的是投入的资本可否在退出时由权益形态转化为等价的资金形态。私募股权投资向来是“投得好不如退得好、退得好才能募得好”，职是之故，退出是取得投资回报、达成投资目的的核心环节，直接关系私募股权基金“投资—管理—退出—再投资”的闭环生态能否顺畅实现。

私募股权基金退出的本质是基金投资者在被投资的企业发展相对成熟之后，将持有的权益资本在市场上出售从而进行资本变现的过程。通常情况下，私募股权基金整体退出时，如果底层被投资企业的权益资本顺利变现，投资者取得相应回报后顺利退出基金，就能形成一次良好的资金循环。在此过程中，私募股权基金的退出往往主要包含两层含义：第一个层面是基金整体的退出，主要方式是基金份额转让、基金延期和基金强制清算；第二个层面是基金底层被投资企业的退出，主要方式是公开上市、企业并购、股份回购、股权转让、破产清算等。第一个层面直接关乎投资者能否取得投资回报，但实践中往往是第二个层面发生退出时点争议、底层资产难以变现、投资标的违约、基金出现亏损等投资者无法顺利退出基金的情况，继而传导到第一个层面，引发投资者与管理人之间的大量纠纷。根据上海法院裁判文书库的数据，在募集、投资、管理和退出各阶段中，

---

① 私募股权（private equity）可作广义和狭义两种解释。狭义私募股权的投资对象是稳定发展的公司或者处于增长阶段的企业，广义的私募股权还包括风险投资（venture capital）或创投基金，投资对象包括高新技术企业或者处于初创阶段的企业。本文采用广义的理解。参见［德］马提亚斯·君德尔、［德］布庸·卡佐克：《私募股权：融资工具与投资方式》，吕巧平译，中信出版社2011年版，第10、11页。

有将近六成的纠纷发生于基金产品的退出阶段。①

细察之，这一现象背后的原因多种多样，私募基金关涉主体众多、法律架构纷繁复杂、内在法律关系模糊难辨自是应有之义，基金退出环节的固有风险也难辞其咎。一方面，我国一直积极推动多层次资本市场体系，但尚未建立成熟的私募股权二级市场和中小企业并购市场，导致私募股权基金的退出渠道极为单一；另一方面，退出承继于募集、投资、管理之后，前端累积的利益冲突与未决矛盾容易在一时间内集中爆发，退出环节成为投资者能否顺利收回本金、管理人应否承担赔偿责任的“决胜时刻”。因此，专门研究基金投资者与基金管理人在退出环节的利益冲突和纠纷解决对于私募股权基金的持续发展具有重要意义。

私募股权基金的域外研究较为充分。国际证券事务监察委员会组织（IOSCO）曾发布关于私募股权基金利益冲突和救济途径的研究报告；② 作为私募股权基金诞生地的美国，私募股权基金退出机制的法律和经济特征以及其最新发展都有学者进行详尽的论述。③ 由于我国私募股权基金行业发展较晚，国内法学学者的理论研究尚在起步阶段，有个别学者详细阐述了私募股权基金的治理机制和私募股权基金管理人的信义义务，指出私募股权基金的治理机制包含配置基金管理人与投资人的权力与责任、保护投

① 参见上海金融法院：《私募基金纠纷之法律风险防范报告》，载上海市法学会编：《上海法学研究》（2022 年第 8 卷），上海人民出版社 2023 年版，第 90 页。以上海法院法官智能办案辅助系统及上海法院裁判文书库收录的 2016 年至 2021 年审结的 542 件涉私募基金案件为样本，涉私募基金纠纷可发生于基金产品募集、投资、管理和退出各阶段，而发生于基金产品退出阶段的纠纷更为集中，涉及退出阶段的案件 332 件，占比 61.25%。

② Technical Committee of the International Organization of Securit Ies Commissions, *Private Equity Conflicts of Interest: Final Report*, FR11/10.

③ 国外学者对私募股权基金退出机制的研究，参见 Gordon D. Smith, “The Exit Structure of Venture Capital,” 53 *UCLA Law Review* 315 (2005); Darian M. Ibrahim, “The New Exit in Venture Capital,” 65 *Vanderbilt Law Review* 1 (2012); Mark A. Lemley & Andrew McCreary, “Exit Strategy,” 101 *Boston University Law Review* 1 (2021).

资人利益、实现对基金管理人的激励和约束三个方面。[①] 与此同时，国内学者对基金退出环节的讨论也很少，多是利用经济学实证方法分析私募股权基金的退出效率，[②] 现有的法学类研究主要是针对不同类型的私募基金提出退出路径的制度设计建议。[③]

目前，国内的大部分研究对私募股权基金退出纠纷的特殊性缺乏专门论述，未能明确私募股权基金在退出环节中管理人的激励和约束机制以及投资者的保护机制。鉴于此，本文聚焦于私募股权基金退出端利益冲突的表象和动因，阐述其中的症结在于基金管理人在退出环节的义务不够明确，以此明晰法律对于退出纠纷中的投资者应有特别的保护机制，从而为私募股权基金的退出困局提供法律方案。

二、私募股权基金退出环节的利益冲突

私募股权基金涉及基金投资者、私募股权基金投资机构、被投资企业等多方主体，其核心在于将基金投资者的投资升值需求与基金管理人的专业投资技术相互匹配，共同构成被投资企业融资的资金池。不同的退出方式可能会对投资活动相关的利益分配产生重要影响。对于投资者而言，投资收益的多少和投资回报率的高低将取决于能否顺利退出基金、在何种时点退出以及通过何种渠道退出；对于被投资企业而言，基金的退出意味着与私募股权基金的合作关系就此终结；对于管理人而言，顺利退出基金使

---

① 关于股权投资基金治理机制的研究，参见肖宇：《股权投资基金治理机制研究——以有限合伙制基金为中心》，载《社会科学研究》2010年第3期；关于私募股权基金管理人信义义务的研究，参见肖宇、许可：《私募股权基金管理人信义义务研究》，载《现代法学》2015年第6期。

② 关于私募股权基金退出效率的经济学研究，参见方红艳、付军：《我国风险投资及私募股权基金退出方式选择及其动因》，载《投资研究》2014年第1期。

③ 关于公司型私募股权投资基金退出机制的研究，参见赵吟：《论我国公司型私募股权投资基金的退出机制》，载《上海金融》2013年第1期；关于契约型私募基金强制清算制度的研究，参见吴弘、陆瑶：《论契约型私募基金强制清算的制度建构》，载《金融发展研究》2022年第6期。

其至少可以收取2%的管理费，甚至可能存在20%的基金收益作为额外的业绩报酬。[①] 由此可见，各方参与该项活动的动机不完全一致，一旦触及退出清算环节，利益冲突的“火药桶”将就此爆发。例如，戈登·史密斯就指出，基金投资者可能更倾向于通过首次公开募股（IPO）或收购退出以实现最大回报，而被投资企业可能更愿意维持私有化，二者之间的代理成本问题促使法律采取必要手段规范退出。[②] 在我国，由于私募股权基金投资者教育不足、投资者保护较弱，基金投资者将资本管理的权力几乎全部委托给基金管理人行使，相关的利益冲突和连锁效应更为尖锐，应当受到特别的关注和调整。在底层资产变现难、展期与否决策难、清算程序启动难三重实践因素的作用下，私募股权基金的退出纠纷相较于其他环节的纠纷呈现出明显的集中特征。

（一）底层资产变现难

由于私募股权基金的投资对象是未上市企业，其底层资产未在公开市场上交易作价，难免存在变现困难的问题，其常被视为非传统的融资方式，又称为另类投资。从这个角度而言，活跃的私募股权行业能否存在，取决于其退出方式，即是否有机会向第三方出手其投资项目。因此，除了对金融产品常见的“风险—收益率”的权衡之外，私募市场还增加了另外一个维度，也就是“时间/流动性”。[③]

---

① 私募基金管理人的主要收入来源于管理费和业绩报酬，“2+20”是常见的收费模式。其中，“2”是指基金管理人每年度收取基金规模2%的管理费，“20”是指基金管理人提取基金收益的20%作为绩效收益。这一收费模式起源于私募基金行业最为发达的美国，现在已经成为国际私募基金行业广泛遵循的管理和传统。参见李建伟、李欢：《私募投资者知情权的路径、内容与完善建议》，载《经贸法律评论》2022年第2期。

② See Gordon D. Smith, “The Exit Structure of Venture Capital,” 53 *UCLA Law Review* 318 (2005).

③ 参见［法］西瑞尔·德马里亚：《私募股权：从风险投资到杠杆收购》，桂曙光、黄嵩译，机械工业出版社2021年版，第135页。

一般而言，私募股权基金的退出渠道包括公开上市、并购、股权转让、回购、清算等。其中，普遍认为公开上市是最成功的退出渠道之一，同时也是我国私募市场最受青睐的退出方式。公开上市的内部激励效应最强，不仅能获得高额的投资回报，还能将企业的控制权归还给企业家，避免投资者和企业家之间的道德风险。同时，其缺点也相当明显，IPO前期准备工作繁多，上市的手续和程序又比较烦琐，深受宏观经济环境和时下监管政策的控制，尤其是上市前的股市行情对投资回报率的高低和项目退出的成败影响甚大。由于我国中小企业并购市场和私募股权二级市场正在建设中，并购、股权转让、回购等选项的接受度相对落后，目前包括创投基金在内的私募基金有高达90%的比例选择IPO退出，出现千军万马排队过IPO独木桥的怪象。[①] 即使有幸获得IPO上市的机会，后续还将面临一系列难关：企业透明度提高，需要定期披露财务报表；受到解禁期限制，需要承担公司经营风险。考虑到这些因素，私募股权基金管理人在选择退出渠道时已是相当掣肘，有时并不能看如何使投资者获得高额回报，反而是看怎样才能够全身而退。

退出“梗阻”的直接原因是我国私募股权基金的退出渠道较为单一，想要发展其他灵活的退出渠道又缺乏“硬件设施”，根本原因是中国资本市场发展时间历史还较短。反观美国及欧洲等成熟市场，早期也曾经历过IPO退出占比高达80%的局面，但随着经济周期变化和市场行情波动，IPO退出带来的回报率逐渐走弱。恰逢美国进入降息周期后资金成本降低，新兴行业进入成熟期涌现大量产业协同机会，杠杆收购逐渐成为主流的退出方式。以史为鉴，可以预见以并购为代表的多元化退出方式也将成为中国私募股权市场发展的必然趋势。[②] 事实上，我国近年来也在探索私募股

① 参见王梦静、王青艳：《建立私募股权基金二级市场拓宽私募基金退出路径研究报告》，载上海市法学会编：《上海法学研究》（2023年第2卷），上海人民出版社2023年版，第108页。

② 参见方红艳、付军：《我国风险投资及私募股权基金退出方式选择及其动因》，载《投资研究》2014年第1期。

权退出的新路径，以基金份额转让为主要方式的 S 基金（Secondary Fund）成为一个重要方向。与传统的私募股权基金不同，S 基金是从机构投资者（包括 GP 或 LP）手中收购企业股权或基金份额，在实现溢价后出售获利，其底层逻辑是借助市场机制解决未上市股权没有公允价格的难题。① 不过，尽管 2020 年以来国内 S 基金交易爆发式增长，但相较于域外成熟市场仍然缺乏充分的交易量数据和可靠的资产定价机制，导致这一退出方式未能成为主流。

私募市场的“流动性”特质更加凸显了投资者保护的重要性。有时投资者和管理人具有同向的利益诉求，都期待在投资活动中分得资本市场的红利，但管理人对于退出方式和退出时点的选定受限于瞬息万变的经济形势，稍有迟疑就可能导致基金退出失败。千钧一发之际，管理人只能依赖自己的经验作出商业判断，无法保证自己的选择能否为投资者获取“最佳利益”，难免滋生利益冲突。

例如，在上海聚某资产管理有限公司等诉戴某某等其他侵权责任纠纷案（见图 1）中，案涉情形是“资管合同+私募基金”双层嵌套型的资产管理产品，其底层资产是“四家拟上市公司”。在项目公司上市失败后，基金管理人及时选择将合伙企业份额转让以实现资管计划变现退出，继而与投资者就退出时点和退出方式是否妥当发生纠纷。二审法院最终认定被告就有限合伙份额转让退出的行为没有侵害投资者的权益。因为被告在资管计划财产有变现机会的情况下已经按照合同约定及时变现，履行了自身义务，价格经第三方评估也属于行业惯常做法，实质上是帮助投资者减少了损失而非造成了损失；并且，“如投资者坚持认为受托人的商业决策、行为存在明显不当，应举证证明另外存在使全体投资人能够获取较为显著的更大利益的现实可行方案”②。该案就是典型的因底层资产变现困难产生

① See Darian M. Ibrahim, “The New Exit in Venture Capital,” 65 *Vanderbilt Law Review* 2 (2012).

② 参见上海聚某资产管理有限公司等诉戴某英等侵权合同纠纷案，上海金融法院（2022）沪 74 民终 43 号民事判决书。

的利益冲突，处理结果表明法院对该利益冲突的审查基本上秉持司法谦抑的态度，尊重管理人根据交易具体情形作出的专业判断，避免司法对商业逻辑的过度干预。

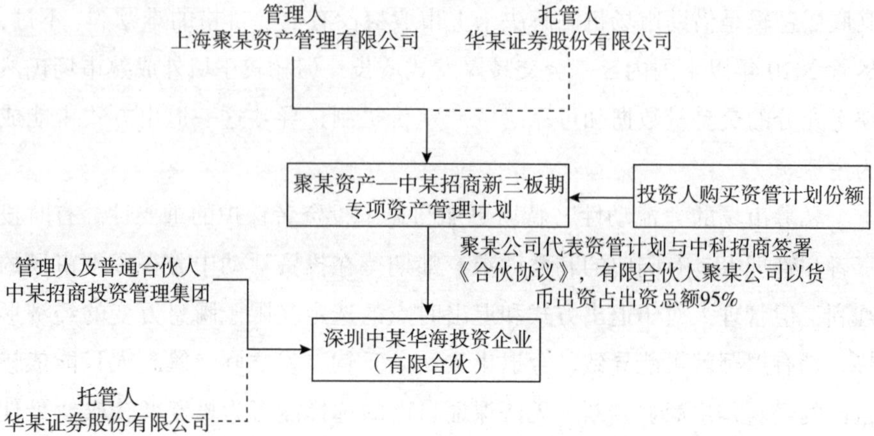

图 1　上海聚某资产管理有限公司等诉戴某英等侵权合同纠纷案涉交易结构

（二）展期与否决策难

法律没有明确规定私募股权基金的存续期限，短则 3 年到 5 年，6 年到 8 年是常态。私募股权市场的业绩特征体现为“J 型曲线”，解释了基金在较短的投资期内如何实现收支平衡。“J 型曲线”分为三个阶段：在第一阶段，基金的现金流为负，因为基金必须在没有任何收入的情况下负担费用支出和初期投资；在第二阶段，随着投资取得成果，曲线趋势反转，基金逐渐趋于收支平衡；在第三阶段到达收支平衡点，此时初期投资的退出收益从理论上足以补偿投资成本，而后续退出收益则能够补偿基金清算及剩余退出相关的费用和成本。从收支平衡点到基金全部退出的过程是现金流管理和退出管理的阶段，该阶段的风险并不在于收益的水平，而在于实现流动性所需的时间不确定。因此，基金管理人需要不断清算旧基金、发展新基金来维持运作，积累业绩（见图 2）。

如果一只基金在其存续期结束时还没有出售其所有资产，国际实践有

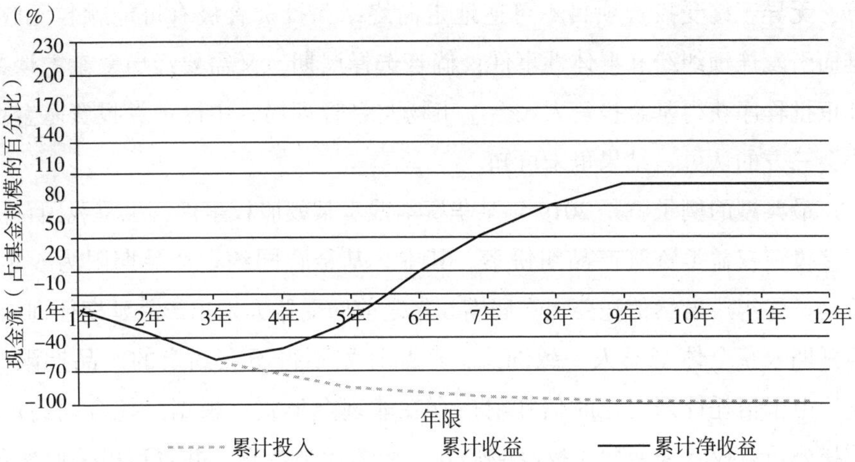

图 2　私募股权市场业绩特征曲线①

三种主要的选择可供尝试：第一，大多数基金约定可以展期，私募股权基金通常可以展期两次，一次一年，展期有时由基金管理人决定，有时由基金投资者投票决定；第二，可能不惜一切代价直接在二级市场上出售基金的剩余资产，甚至象征性低价出售给管理层；第三，由普通合伙人领导对基金进行重组，以将其资产转移到新的基金。

然而，反观我国，尽管私募股权基金合同中往往会白纸黑字地写明基金的存续期间分为“投资期”“退出期”“延长期”，但真正到了清算事由发生、不得不进行利益分配的时候，私募股权基金管理人手中往往只剩下展期或清盘两个选项。一方面，我国私募投资者在基金的投资管理中多持消极态度，资产能否变现完全依赖管理人的操作；另一方面，我国私募股权二级市场上买方机构数量少，资金规模较小，未形成公允的估值定价方式，也难以为私募股权基金的退出提供坚实的保障。在资管行业从严监管和经济环境剧烈变化的大背景下，管理人面临两难窘境：一味等待强制清

① 参见［法］西瑞尔·德马里亚：《私募股权：从风险投资到杠杆收购》，桂曙光、黄嵩译，机械工业出版社2021年版，第161页。

算，无异于接受投资项目不可逆地走向终结，投资者极有可能颗粒无收，继而引发连锁纠纷和群体性事件；倘若选择展期，又需要经历复杂的谈判和审批程序获得基金投资人大会、市场监督管理局、中国证券投资基金业协会三方的认可，结果也未可知。

最典型的例子就是 2019 年某华资本贱卖某蚁股权事件，也是我国首例间接投资权益类资管产品纠纷案。其中，基金合同约定产品期限为 6 年，可延长 2 年。虽然信托公司在届满 6 年之前向受益人发出产品延期征询函，但延期未获全体受益人一致同意，产品计划不得不在约定的产品期限终止。由于信托计划终止时信托财产存在非现金形式，根据信托合同约定，信托公司有权将未变现股权以保管方式继续代为持有，并将积极采取各种方式将未变现股权处置变现。然而，信托公司后在投资者不知情的情况下将该股权低价转让给关联人，引发投资者追责起诉。可见，即使事前基金合同对能否展期、如何退出曾有明确约定，但直至管理人身处当时的市场环境，才发现退出计划必须进行相应的调整，管理人与投资者之间的利益分配冲突、诸多投资者之间的利益异质性使得私募股权基金的结局摇摆不定。

（三）清算程序启动难

私募股权基金的清算是一段“委托—代理”链条的正式终结，虽然是基金关系各方主体最不愿采用的退出渠道，但却是投资失败后最好的止损方式。清算的举动注定了收益率为负的败局，而且涉及烦琐的法律程序，往往是整个退出环节中最易产生利益冲突的焦点。尽管《私募投资基金备案指引第 2 号》第 28 条规定了三项清算事由和一项兜底事由，但“经投资者、私募基金管理人协商一致决定”的高标准仍然在无形中为清算程序的利益冲突埋下了导火索。

首先，投资者和管理人的利益冲突主要表现为二者存在较大争议、基金严重亏损、底层投资退出困难、管理人失联或涉嫌刑事犯罪等情形。其次，即使管理人积极推动清算程序的启动，投资者群体内部也会发生利益冲突，主要表现为非现金资产的分配分割问题。《私募投资基金备案指引第2号》规定中明确，在投资者同意的情况下可以以实物的方式向其进行分配。① 但是，现实和规范之间存在巨大的鸿沟，对于大多数投资者而言，在经历了漫长的投资期和退出期后最终仍然只能取得流动性较差的实物资产，投资者作出接受分配的决定缺乏激励。最后，从被投资企业的角度而言，处于萌芽期的中小型科创企业大多不希望其股权过于分散，否则不利于后续融资和规模扩张，实物分配有可能导致投资者过度干扰被投资企业的股权结构，导致清算程序推进受阻。

清算僵局为投资者寻求司法救济增加了难度。私募股权基金未经清算，便无法确认基金财产与投资者所持基金份额对应的权益价值，也无法判断管理人行为或清算程序滞后对投资者损失的影响程度，因此投资者在向基金管理人提出索赔请求时，往往因基金尚未完成清算、损失数额无法确定而被法院驳回。此类退出纠纷的问题主要在于损失计算的障碍。实际上，只要有证据证明损失已确实发生，就可以认定金融机构承担相应的赔偿责任，定损与定责可以采纳不同的证据要求。目前，司法裁判也遵循这一趋势，认为“清算结果只是投资损失确认的重要依据而非唯一依据”，在有其他证据可证明损失的情况下，可以据其确定损失数额。② 不过，上述裁判逻辑对投资者提供定损证据的证明力度提出了更高的要求。

司法强制清算虽然可以成为破解清算僵局的“救命稻草”，但也并非一个完美兜底的救济方案。目前，针对私募股权基金的监管要求集中体现为国务院颁布的《私募投资基金监督管理条例》，其上位法依据包括《公司法》《合伙企业法》《证券法》《证券投资基金法》《信托法》等。根据私募股权基金组织运作形式的不同，实践中将其区分为公司型和有限合伙型。对于公司型基金的清算僵局，投资者可以依据《最高人民法院关于适用〈中华人民共和国公司法〉若干问题的规定（二）》第7条的规定，提

① 参见《私募投资基金备案指引第2号》第28条。

② 参见某洲资产管理（上海）有限公司等与秦某义合同纠纷民事纠纷案，上海金融法院（2020）沪0115民初14902号民事判决书。

供证据证明基金管理人逾期不成立清算组或存在故意拖延清算的情形，向法院提出强制清算申请，由法院指定清算组，根据该条规定中“六个月”的法定强制清算期限打破清算僵局。对于有限合伙型基金的清算僵局，《合伙企业法》第86条规定法院可以依申请指定清算组，《民法典》第108条还规定合伙型基金参照适用公司法规范。由此可见，私募股权基金的法律规范存在缺位和错位的现象：相比于契约型和合伙型，实践中公司型基金的数量和纠纷都要少很多，但公司强制清算的法律规范和实践却都很成熟，导致化解合伙型基金清算纠纷的主要手段是事先嵌入合同条款。同时，司法强制清算是一种程序制度，目的是推动清算工作，这种思路比较适用于管理人正常存续但投资人对其专业能力不够信任的情形，制度本身不具有解决实体民事权利义务纠纷的功能，双方对于解散事由、权利义务、利益分配等问题的争议仍要采取其他方式解决。

三、化解私募股权基金退出纠纷的法理基础

私募股权基金的退出纠纷并非一个固定化的案件类型，应该将其理解为投资者与管理人在投资活动的所有发展阶段产生的利益冲突的集合。从金融的角度来看，私募股权基金作为一种投融资工具，一般存在投资人退出基金和基金退出其投资标的两层退出关系，有关退出机制和清算程序产生纠纷的核心原因是私募股权基金持有资产的流动性不足，私募股权基金的产品期限与底层资产退出周期错配，加之基金管理人的资产管理和处置能力较弱导致退出决策不专业，进而导致私募股权基金在存续期满后难以完成获利了结的预期目标。从法律的角度来看，表面上是私募股权基金在退出阶段的争议，实际上是投资者与管理人就退出时点、退出方式、利益分配等事项的矛盾产物，更进一步地分析，这些纠纷本质上涉及基金的法律性质、投资者与管理人的法律关系、私募基金管理人信义义务的划界等问题。因此，化解私募股权基金退出纠纷的治理方案必须从私募股权基金产品本身的法律性质出发，重点对基金管理人在退出阶段特有的信义义务展开场景化分析。

（一）私募股权基金是特殊的信任品

迈克尔·D. 达比等法经济学学者认为，根据消费者对商品质量信息的认知程度，可以将商品分为三种质量属性：搜寻属性，即事前可以确认其质量；经验属性，即购买使用之后才能确认其质量；信任属性，即消费使用之后仍无法确认其质量或需要付出极大的额外成本去了解其质量。① 正是因为某些商品具有明显的信任属性，买卖双方不可能具有相同的信息与概率置信，导致消费者购买该类商品并非完全出于对商品质量的正确认识，而是对商品背后的销售者或经营者“人品”的信赖和认可，故可称之为信任品。医疗、教育、法律、金融等服务产品都属于信任品，相互对应的市场参加者存在信息拥有量的差别，由此导致的风险是，信息劣势者不得不使自己面临交易中的“不利选择”，而信息优势者容易作出诸如欺诈等“败德行为”。②

私募股权市场上的“消费者”是合格投资者。其中，机构（如银行、保险公司、养老基金）、公司、其他营利或非营利组织（如基金会）是主要的资本来源，非机构投资者则是一些高净值人士，基于其个人财富，他们被认为是对私募市场有所了解并且能意识到相应的风险。然而，“私募”本身就意味着信息的持续匮乏，一是非上市公司没有提供信息的监管义务，二是收集整理细节信息耗费资金成本和时间成本。私募市场投资者的目标是中小企业或资产，与其体量和收入规模相比，提供信息的成本有时高得不成比例。在购买私募股权基金产品之前，基金管理人作为专业人士更清楚地知道底层资产的商业价值，故而私募股权基金是典型的信任品。

私募股权基金存在信任风险的根源是资本市场的专业化分工，“在专

---

① Michael R. Darby & Edi Karni, “Free Competition and the Optimal Amount of Fraud,” 16 *Journal of Law & Economics* 68-69 (1973).

② 参见冯玉军主编：《新编法经济学：原理·图解·案例》，法律出版社 2018 年版，第 68、69 页。

业和产业之间存在更深的紧张关系”①。专业化产生了委托人与代理人的分化，塑造了控制权与所有权的分离。可以说，基金投资者在私募市场中是一个受限制的角色，他们将管理权委托给基金管理人，只是对后者进行控制和最终约束，投资者享有形式上的控制权，而管理人却享有实质上的控制权，由此将衍生出代理冲突成本的问题。例如，在有限合伙型基金的场合下，部分有限合伙人退出基金后，管理人可能事实上主导了缺乏公开交易的有限合伙人份额的二级市场转让。② 进一步地，基金管理人的专业水平甚至也是不稳定的，更多体现为一种“老手”经验判断，管理人难以使一只基金的业绩在另一只基金上重现，投资者难以依赖管理人过去的业绩完全预示将来的业绩。佐哈·戈申等学者将这种代理人囿于自身能力、专业水平不足而导致的“诚实的错误”称为代理能力成本。③ 因此，鉴于私募股权基金的代理冲突成本和代理能力成本尤为高昂，加深了投资者与管理人之间的信任风险，理应成为思考私募股权基金监管政策的出发点。

（二）私募股权基金管理人义务的核心内容

私募股权基金建立在基金管理人的专业服务之上。委托人与代理人角色的分化，以及控制权与所有权权能的分离催生了潜在的利益冲突，投资者对专业人士的依赖性越强，委托代理风险就越高，这种信赖就越容易被滥用，这就是私募股权投资的“委托—代理问题”。不过，私募股权基金中投资者与管理人的法律关系不仅限于民商事领域的代理关系，而应该诉

① ［美］塔玛·弗兰科：《信义法原理》，肖宇译，法律出版社 2021 年版，第 133 页。

② Nathaniel G. Hilger, “Why Don't People Trust Experts,”59 *Journal of Law and Economics* 293-294 (2016).

③ 佐哈·戈申和理查德·斯奎尔将代理成本分为四类：代理冲突成本、代理能力成本、被代理人冲突成本、被代理人能力成本。Zohar Goshen & Richard Squire, “Principal Costs: A New Theory for Corporate Law and Governance,” 117 *Columbia Law Review* 771 (2017).

诸信义法所调整的信义关系。[①] 西蒙·加德纳直言，为了解决多种类型的关系，“代理人”一词包含了各种各样的“受信人”。[②]

“私募市场必须被视为一个生态系统，它建立在基金投资者与基金管理人的互动之上，后者负责将资本配置给具体的公司……聚焦私募股权，其核心是人际关系和信任。”[③] 根据塔玛·弗兰科教授对信义关系的理解，基金管理人以受信人的身份提供社会所需要且专业性较强的资产管理服务，并由投资者以本人的身份出于对其专业能力的信任授予财产和权力，其间基金管理人可能会滥用受托财产和权力，使投资者不能获得预期的服务。[④] 当本人不能保护自己免遭信任风险、市场也不必然能减少信任风险时，受信人就需要付出远超信义关系收益的成本试图建立起这种关系，由信义法原则提供一定的约束机制以减少双方当事人间的交易成本。[⑤] 与普通的代理关系相比，信义关系在委托财产或权力的性质、委托人所面临的受信人滥用权力的风险程度以及委托人对权力滥用的控制程度等方面都更具有特殊性，“处理信托财产的专业经验可以为施加更严格的义务提供理论基础”[⑥]。

因循英国衡平法的基本精神，受信人的主要义务是忠实义务，分为

---

① 参见王涌：《信义义务是私募基金业发展的“牛鼻子”》，载《清华金融评论》2019 年第 3 期。

② 参见［英］西蒙·加德纳：《信托法导论》，付然译，法律出版社 2018 年版，第 18 页。

③ 参见［法］西瑞尔·德马里亚：《私募股权：从风险投资到杠杆收购》，桂曙光、黄嵩译，机械工业出版社 2021 年版，第 107 页。

④ 参见肖宇、许可：《私募股权基金管理人信义义务研究》，载《现代法学》2015 年第 6 期。

⑤ 代理关系的双方当事人称为委托人和代理人，信托关系的双方当事人称为受益人和受托人。本文为区分信义关系与代理关系、信托关系的差异，沿用塔玛·弗兰科教授对信义关系双方当事人的称谓，即本人和受信人。Tamar Frankel, “Toward Universal Fiduciary Principles,” 39 *Queen's Law Journal* 396 (2014).

⑥ Roberta Romano, “Comment on Easterbrook ad Fischel: Contract and Fiduciary Duty,” 36 *Journal of Law & Economics* 447 (1993).

"避免冲突"和"不得谋利"两项子义务。前者是指受信人"无权谋取利益，除非取得明示的授权"，后者是指受信人"不能使他自己的利益与义务产生冲突"。[①] 职是之故，早期的受信义务主要是"对人义务"，用于调整本人与受信人之间的利益冲突。但随着时间的推移，信任可能牵涉巨额财产，法律逐渐认为受信义务需要具有财产性。[②] 从中可以总结出，私募股权基金管理人承担的受信义务具有两个基本特征：第一，受信义务是特定的法定义务，而不仅是道德义务，尤其是基金作为财产的集合使受信人必须严格根据法律持有财产；第二，受信义务通常被认为是一种禁止性义务，而受信人并不需要对其全部行为负有受信义务，这取决于具体的行为是否要求受信人对本人保持忠实。

在私募股权投资的场合下，由于专业受信人的定型化和行业化，投资者对管理人往往期待更高标准的受信义务，此时单纯采用既有的合同主义路径并不足以保护投资者在基金投资关系中的利益。合同法路径与信义法路径的区别在于当事人向他方进行信息披露的义务不同。倘若受到信义法原则的规制，就算本人并没有主动要求其解释，受信人仍然必须向本人提供利益冲突的信息；并且，受信人必须对其所有行为作出解释。而在合同法中，除非存在意定或法定的约束，否则合同当事人一方不需要提供信息，因为不存在免费的信息。将信义义务强行向合同义务转换可能会减少受信人的义务，削弱规范对受信人的约束力，减轻违反信义关系行为的影响。[③]

（三）私募股权基金管理人义务在退出环节的独特性

私募股权基金几乎可以在公司发展的每个阶段参与投资，具体分为创

---

① 参见［英］格雷厄姆·弗戈：《衡平法与信托的原理》，葛伟军、李攀、方懿译，法律出版社2018年版，第648页。

② 参见［英］西蒙·加德纳：《信托法导论》，付然译，法律出版社2018年版，第242、243页。

③ 参见［美］塔玛·弗兰科：《信义法原理》，肖宇译，法律出版社2021年版，第232页。

业投资（为公司创立提供融资）、成长资本（为公司扩张提供融资）、杠杆收购（为公司所有权转让提供融资）和重振资本（特别机会）。同时，在私募股权基金募集、投资、管理、退出等各个阶段，基金现金流管理和风险管理也呈现出不同的特征，这在“J型曲线”理论中得到了充分的阐释。因此，投资者与管理人之间的利益冲突存在更为细致的差异化表现。而受信义务本身具有灵活性和流动性，受信义务的界限和解释可能随着受信关系的性质不同而有所区别，使基金管理人的受信义务具有“框架性”和“场景性”的特点，需要结合具体的情势加以分析和延展。①

私募股权的退出是私募股权投资操作流程的最后一个环节，也是最为重要的一个环节。对于关涉投资者利益的退出计划，一般在私募股权基金确定投资目标之时就已经有所约定。不过，为了实现高经济效益回报的战略投资目标，基金管理人在退出环节将根据投资目标企业或市场环境的变化作出不同程度的调整。这一原因导致投资者常常主张合同目的落空，进而要求解除合同，与管理人发生退出争议。② 法院认为，投资者的资金确已投向合同约定事项，且投资者对投资存在的风险知道或应当知道的，其仅以未能获取所投资金增值收益为由主张合同目的不能实现的，因此类风险属于固有投资风险，不予支持投资者的索赔请求。从司法实践中可以推导出，处理私募股权基金退出纠纷的关键在于，明确基金管理人是否违反其受信义务，以及违反受信义务的行为在多大程度上能够成为投资损失的原因。

有学者认为，根据退出方式是否存在交易对手，可以将退出方式分为两类：其一是以IPO、清算为代表的“无交易对手的退出”，管理人主要负有合法行事的义务；其二是以股权转让为代表的“有交易对手的退出”，

① 参见肖宇、许可：《私募股权基金管理人信义义务研究》，载《现代法学》2015年第6期。

② 参见白某、四川省某资产管理有限公司、深圳某股权投资基金管理中心等合伙企业纠纷案，四川省成都市高新技术产业开发区人民法院（2018）川0191民初14969号民事判决书。

管理人主要负有公平交易的义务。[①] 然而，这一区分并没有充分考虑到退出环节的特殊性：第一，合法行事的义务类似于《公司法》中董事的合规义务，[②] 强调行为主体应当遵守法律规范、自律规则、合同约定，但私募股权基金管理人身为受监管的专业受信人，这些义务是应有之义，其在私募股权投资的各个阶段均须秉持这一职业道德；第二，将公平交易的义务局限于股权转让的退出方式，忽视了域外私募市场最受青睐的收购兼并，在并购的场合下仍然可能出现多个交易对手方竞争性购买的情形。[③] 因此，需要对私募股权基金管理人在退出环节的受信义务作进一步的细分。

抛开那些引发私募股权基金退出纠纷的金融因素，投资者与管理人的诸多争议是就退出方式和退出时点展开的。高风险、高收益是私募股权投资的显著特征，也是商业冒险化为商业成功的构成因素。私募股权基金的本质仍然是金融投资的工具，法律的调整需要遵循“卖者尽责、买者自负”的行业铁律。倘若在基金管理人已经尽到了勤勉尽责，而投资者只是以退出节点未获取预期回报为由请求管理人承担责任，法律也实无倾斜保护的必要。私募股权基金的退出涉及巨额财产分配，多方主体之间的利益具有异质性，基金管理人由此负有不同层级的义务：第一，受信义务产生于一方主动承担为另一方的利益行事，维护本人的利益是其行事的基本立场，而时至退出环节投资者的唯一诉求就是获利了结，此时实现有效退出是其首要义务，也是忠实义务在退出环节的具体体现；[④] 第二，私募股权基金容易形成多层嵌套的复杂结构，管理人作为利益的枢纽应当尽可能避免信任风险在退出环节集中爆发，促进信息在上下游投资结构中的流动性，纠偏信息劣势的天平，这是其次要义务。

---

① 参见肖宇、许可：《私募股权基金管理人信义义务研究》，载《现代法学》2015年第6期。

② 参见楼秋然：《董事合规义务：责任限缩与助推型公司法规则的构建》，载《法学研究》2024年第3期。

③ Xchanging PLC Case, Takeover Appeal Board Case No. 2016/1.

④ 参见许多奇：《论全周期视野下私募基金管理人的信义义务》，载《武汉大学学报（哲学社会科学版）》2022年第5期。

对于私募股权基金中的利益冲突，美国证券交易委员会主要监管私募股权基金管理人是否像“投资顾问”一样遵守《多得—弗兰克法案》。具体到退出环节，罗伯特·鲍威尔认为主要有两个问题：基金经理是否努力延长成熟基金的正常寿命？当基金将所投资公司出售给关联基金时，如何处理利益冲突？[①] 问题一考察管理人对于基金展期与否的决策是否正确，以检视其有效退出义务的履行，问题二则考察管理人是否在利益冲突的场合下恪守忠实义务。现实中管理人的退出决策常常受到投资者的质疑，投资者担心管理人利用信息优势从中牟利，判断标准在于受信人的行为是否在实际上有利于本人。“当受信人为了本人的最大利益而行事时，对个人利益和义务之间的冲突的严格禁止，应当得到缓和。”信义法没有阻止受信人达成一项与其对本人的义务相冲突的交易，也没有阻止其以受信人的地位获益，只要受信人已经取得本人事先的“知情同意”。[②] 因此，事实上信息披露义务是对有效退出义务的补充义务，在投资者因管理人是否履行有效退出义务发生争议时，信息披露义务的履行能够成为管理人承担赔偿责任的豁免条件。

四、法律为私募股权基金投资者在退出环节提供的保护

一直以来，相较于其他资本市场上的金融工具，私募股权基金都被认为是受到最为宽松的监管。[③] 这是因为，私募基金的“合格投资者制度”限制了一些承受能力与产品风险不匹配的普通投资者进入市场，只允许对金融和商业具有相关的知识和经验、能够衡量投资价值和风险的“获许投

---

① Howard Sobel, Robert Burwell & Latham, “SEC Enforcement to Focus on Private Equity Insider Trading and Conflicts of Interest,” https://corpgov.law.harvard.edu/2012/04/01/sec-enforcement-to-focus-on-private-equity-insider-trading-and-conflicts-of-interest/.

② John H. Langbein, “Questioning the Trust Law Duty of Loyalty: Sole Interest or Best Interest,” 114 *Yale Law Journal* 929 (2005).

③ 参见［法］西瑞尔·德马里亚：《私募股权：从风险投资到杠杆收购》，桂曙光、黄嵩译，机械工业出版社2021年版，第30页。

资者”或“成熟投资者”购买私募产品，从而为私募市场过滤了许多潜在的非理性行为。① 尤其是，对于私募股权基金的退出结构，具有投资经验的投资者与管理人往往在私下协商的基础上将清算权、赎回权、注册权、转换权等保护性条款定入基金合同之中，体现了二者利益在市场机制下达成的动态平衡。② 问题在于，若合同手段对于化解纠纷已是得心应手，例如，管理人的受信义务均可以通过嵌入合同条款的方式施加约束，法律是否还需要为私募股权基金的投资者提供更多的保护？回答这一问题，可能要回归资本市场中投资者倾斜保护的基本原则。“法律存在的目的就在于调和各种利益冲突并提供规则支持。”③ 即使私募股权基金的投资者对投资风险具有较强的判断能力和承受能力，他仍然难以完全控制基金管理人对基金财产的处置行为，也无法在投资关系中获得对等的交易信息，2008年美国麦道夫案高达600亿美元的骗局就说明了这一问题。④ 因此，法律应当提供特殊的保护机制保障私募股权投资的退出权和知情权。

（一）法律调整的必要性

私募股权市场的有效运行依赖于声誉机制和合同机制。由于基金管理人难以使一只基金的业绩在另一只基金上重现，既往业绩就是投资者判断管理人专业能力的基础。良好的声誉使得基金管理人可以吸引更好的投资机会，并获得与投资者和被投资企业谈判的筹码，以期在投资合同中定入有利条款。然而，声誉机制和合同机制的不完备性导致本人对受信人的行为约束完全有可能失灵，或者付出巨大的成本才能维护自己的利益。

例如，私募股权基金在组建时，为了给投资者相对确切的退出预期，

---

① 参见郭雳：《金融危机后美国私募基金监管的制度更新与观念迭代》，载《比较法研究》2021年第6期。

② Gordon D. Smith, “The Exit Structure of Venture Capital,” 53 *UCLA Law Review* 315 (2005).

③ 梁上上：《利益衡量论》，法律出版社2021年版，第76页。

④ 参见肖宇、许可：《私募股权基金管理人信义义务研究》，载《现代法学》2015年第6期。

基金合同中往往会将基金的存续期间分为“投资期”“退出期”“延长期”。激励管理人在退出期内积极推进退出工作常见的方式有两种：一是约定管理人可以获得基于项目投资收益的业绩分成，而投资收益需要在清算完成后才能确定，这是正向的激励措施；二是约定投资期满后管理人的管理费逐期递减，这是反向的激励措施。基于这些激励方式，基金管理人往往会在与被投资企业签订的投资协议中约定“对赌条款”，根据基金的退出期来要求被投资企业需要在固定期限内上市成功或被兼并收购，促使基金溢价退出，否则被投资企业或创始股东有义务按照约定价格回购基金所持股权。还有不少基金选择更为简便的方式，直接与被投资企业约定私募股权基金投资期届满后享有要求其回购股权的权利。即便如此，退出事项仍然有相当概率因回购义务人无清偿能力而无法实现，纠纷继而传导到投资者与管理人之间，形成退出“梗阻”。①

在私募股权基金的场合下，还有一些特有的因素加剧了市场手段的失灵，集中体现为受信人滥用财产或权力的可能性随着本人的数量和委托资产的增加而增加。② 第一，服务于不特定本人的受信人比单个受信人拥有更多的资源。受信人控制的资产越多，受让渡的委托权力就越大，增加了道德风险发生的概率。第二，本人数量越多，其对受信人的控制力就越弱。本人之间是松散的利益结合体，利益异质性削弱了本人对受信人的约束能力和问责能力。例如，为数不多的投资者还有可能私下向管理人询问资产的相关信息，但随着投资者数量的增加，成本的骤增和程序的繁复使得这一做法的可行性减弱。信任品市场的有效运行不仅依赖于同业竞争、品牌建设、客户关系等市场机制，也依赖于有效的监管制度和公众对监管

① 参见株洲市某建设发展集团有限公司、湖南某投资控股（集团）有限公司等股权转让纠纷案，湖南省株洲市中级人民法院（2021）湘民终960号民事判决书。

② 参见［美］塔玛·弗兰科：《信义法原理》，肖宇译，法律出版社2021年版，第17页。

制度的信任程度。[①] 因此，化解私募股权基金纠纷应当同时采用市场机制和法律机制。

（二）私募股权基金投资者退出权的行使

退出权是市场主体从某种经济行动中自由退出的权利，[②] 肇始于投资基金中控制权与所有权的分离。与公司制企业中的股东相比，非公司制企业的所有者拥有取走现金并从投资中全身而退的权利，这种退出权本质上是一种强力的控制机制，弱化了管理人控制资产的权利。[③] 约翰·莫莱从投资基金独特的组织结构入手说明了这一道理。他认为，设立投资基金需要经历如下步骤：管理公司作为与管理人不同的法人实体组织基金，管理公司设立基金并与之成立合同关系，管理公司向外部征求投资。由于基金和管理公司是两个不同的实体，基金将拥有“投资性”资产和负债，管理公司将拥有“管理性”资产和负债。在这种组织结构下，投资者是以一种相当矛盾的方式获得回报的，因为投资者控制基金经理以及分享基金经理“管理性”利润的权利受到了限制。而之所以基金投资者接受这些权利的限制，是因为投资者强大的退出权替代了控制权的作用。[④]

由于私募股权基金的投资对象是未上市公司的股权，底层资产变现存在一定的困难，投资者无法赎回，想要退出基金必须等待清算。因此，与开放式共同基金和对冲基金相比，私募股权基金的退出权作为投资者控制权的替代品发挥的作用相当有限。相应地，私募股权基金采用一系列合同机制增强投资者的控制权，以补足退出权的短板。例如，私募股权基金对管理人通过经营多只基金处理利益冲突的能力施加了比对冲基金更为严格

---

① 参见王永钦、刘思远、杜巨澜：《信任品市场的竞争效应与传染效应：理论和基于中国食品行业的事件研究》，载《经济研究》2014年第2期。

② 参见李厚廷：《“退出权”及其制度功能》，载《社会科学研究》2013年第5期。

③ 参见［美］拉里·E. 利伯斯坦：《非公司制组织的兴起》，罗培新译，法律出版社2018年版，第7、14页。

④ John Morley, “The Separation of Funds and Managers: A Theory of Investment Fund Structure and Regulation,” 123 *Yale Law Journal* 1240 (2014).

的限制，即“平行基金”的特殊监管。要处理这一利益冲突，可以对先设立的基金赋予优先权，或者对同年份基金按比例分配机会。[①] 此外，私募股权基金还会配置给投资者一些有限的投票权，通过咨询委员会向基金管理人就资产估值及解决利益冲突等议题提供简单意见。只不过这是理论上的设计，现实生活中的大多数情况是投资者在签署有限合伙协议（LPA）之后就没有再行使话语权了，投资基金的组织结构退化为“无意识的合伙”。[②] 同时，有些基金管理人对投资者名单保密，这限制了投资者之间信息的交换，从而也限制了投票权的实际行使。这些现象导致的结果是，在私募股权基金的退出环节，基金投资者的退出权和控制权均受到一定的削弱，基金份额持有人大会形同虚设。法律需要为基金投资者行使退出权提供充分的制度保障，例如为退出方式或退出时点的决策设置程序上的限制条件，以避免退出策略的选择成为基金管理人的“一言堂”。

（三）私募股权基金投资者对退出信息的知情权

根据“利益理论”，信义关系中本人的利益镜像地反映受信人的义务，与义务有关的信息可以解读为权利。[③] 前文将私募股权基金管理人在退出阶段的受信义务细化为信息披露义务，反面则是基金投资者对退出信息享有的知情权。私人约定的保密性、机构方作为协议拟定方等因素凸显了私募基金投资者知情权的重要作用。[④] 为了作出是否继续参与下一期基金的投资决定，私募股权基金投资者需要严密监控基金的运作情况，获得更好的私募股权内部信息，以便他们与管理人进行谈判达成可能的最佳条款。

---

① John Morley, “The Separation of Funds and Managers: A Theory of Investment Fund Structure and Regulation,” 123 *Yale Law Journal* 1255 (2014).

② Lary E. Ribstein, “The Deregulation of Limited Liability and the Death of Partnership,” 70 *Washington University Law Quartely* 417 (1992).

③ 参见［英］西蒙·加德纳：《信托法导论》，付然译，法律出版社 2018 年版，第 248、249 页。

④ 参见李建伟、李欢：《私募投资者知情权的路径、内容与完善建议》，载《经贸法律评论》2022 年第 2 期。

针对利益冲突问题，《欧洲另类投资基金经理指令》原则上要求另类投资基金管理人采取一切手段加以避免，如果此类冲突无法避免，就应当识别、管理和监控并在适用的情况下披露这些利益冲突，以防止其对基金及其投资者的利益产生不利影响。美国对投资者知情权的保护更为细致，例如《圣荷西水星报》要求公共养老金公布其私募股权基金投资业绩的细节，法院命令这些公共养老金，如加利福尼亚州公共雇员养老金和马萨诸塞州退休金储备投资管理委员会遵守《信息自由法》，履行信息披露责任。① 2024年4月，中国证券投资基金业协会发布的《私募证券投资基金运作指引》第36条也原则性地规定了私募股权基金管理人的信息披露义务，并且要求管理人实现“引导投资者关注基金长期业绩，强化对投资者短期投资行为的管理”的目的。② 因此，私募股权基金投资者对退出信息的知情权应当受到法律的保障。

然而，透明度与保密性存在张力。私募股权基金管理人在设计合同文本时，一般仅体现最低限度的法定信息披露范围，包括《私募投资基金信息披露管理办法》第9条规定的常规事项，并不会纳入投资者知情权条款为自己增添义务。虽然《私募投资基金信息披露管理办法》第9条第8项明确规定“可能的利益冲突”也属于私募股权基金管理人应当向投资者披露的信息，但利益冲突“可能与否”完全取决于管理人的商业判断。这些问题直接导致的结果是，投资者无法从私募基金管理人及其他卖方机构处获得关于底层项目完整、真实、有效的信息，管理人甚至还经常以初创企业商业秘密保护为由抗辩。③ 这一现象在退出环节更为明显，底层项目信息的模糊使投资者退出时对应的权益价值难以评估，引发连锁纠纷。

根据《私募投资基金监督管理暂行办法》第24条，基金管理人应当

---

① 参见［法］西瑞尔·德马里亚：《私募股权：从风险投资到杠杆收购》，桂曙光、黄嵩译，机械工业出版社2021年版，第148页。

② 参见《私募证券投资基金运作指引》第7条。

③ 参见钟建、邓达：《不同私募基金组织形式下投资者知情权的行使》，载德衡商法网，http://deheng.com.cn/about/info/20473。

如实向投资者披露基金投资情况“以及可能影响投资者合法权益的其他重大信息”，可见法律对基金管理人的信息披露要求是宽泛且灵活的。底层投资文件（如原始底稿文件等）和底层财务文件（如财务账簿、会计凭证、会计账簿、会计报表等）在退出清算的时点具有验证基金管理人退出决策是否正确的关键作用，直接影响基金管理人是否履行忠实义务的认定，应当包含在“其他重大信息”的范畴之内，成为基金投资者行使知情权的对象。同时，对于基金管理人的商业秘密保护抗辩，也应当作为基金投资者知情权的“反向边界”。若投资者欲对私募基金投资者名录、私募基金持仓明细等敏感内容、托管人报告、管理人报告、基金经审计财务报告、有管理人签章的信息披露报告等附件信息行使知情权，其请求权基础必须是公司章程、合伙协议、基金合同等约定条款。① 法律只是投资者维权的“救命稻草”，需要与市场机制配合发挥作用。为准确评估被投资公司的发展情况，防止利益冲突聚集在退出环节一次性爆发，私募股权基金投资者与管理人之间应当充分对话，在互动中确定投资者知情权条款是否定入和知情权行使的范围为何。

五、结语

私募股权投资古而有之，在现代更是作为充满活力的金融工具而兴起。有利的社会、法律和税收环境、足够的人力资源、充足的资本都是私募股权市场专业化、规范化发展的重要因素。私募股权投资在带来更多预期收益机会的同时，也存在流动性水平降低的硬伤，使退出纠纷呈现出独特的金融原因和法律原因。即便如此，私募股权退出纠纷的本质问题没有变，仍然在于如何化解投资者与管理人围绕基金合同所形成的利益冲突问题。换言之，就是如何看待投资者与管理人之间的法律关系？如何看待投资者所享有的权利和管理人所负担的义务？又如何看待市场手段和法律手

① 参见李建伟、李欢：《私募投资者知情权的路径、内容与完善建议》，载《经贸法律评论》2022 年第 2 期。

段对确定权利义务的作用？利益冲突案件的频发，提醒监管者不得不关注因巨额资本大量涌入导致违反受信义务行为的突然变化。从法律层面对基金管理人课以受信义务、对基金投资者赋予退出权利都不是最完美的解决方案，只有制约和平衡才能协调私募市场对灵活性的需求。私募股权基金退出纠纷的化解有赖于职业道德、合同谈判、自律监管、法律保障等综合作用。

私募基金未完成清算时的推定损失与先行损害赔偿

张保生 [*]　周　伟 [**]　李瑞轩 [***]

摘要： 在私募基金未完成清算时，投资者的实际损失数额无法确定，部分裁判以损失不确定为由驳回投资者的索赔请求。但在私募基金退出难、清算难的大背景下，为充分保护私募基金投资者，近年来有相当数量的裁判在基金未完成清算时推定损失发生、判令基金管理人等责任方先行损害赔偿。这种推定损失与先行损害赔偿的救济安排，颇具现实意义与实效。其与先行赔付、责令回购、推定全损与委付等制度既有联系又有区别，本质是一种特殊的基于过错的损害赔偿责任。因其法律效果是将基金的清算风险与成本转至管理人等责任方，故应严格限定其构成要件与责任范围，明确基金清算回款后责任方的合理抵偿权与投资者基于基金份额的超额收益请求权，合理平衡各方利益。

关键词： 私募基金　清算　推定损失　先行损害赔偿　过错

---

[*] 北京市中伦律师事务所合伙人。
[**] 北京市中伦律师事务所合伙人。
[***] 北京市中伦律师事务所非权益合伙人。

一、问题的提出：私募基金清算困局下的投资者保护

截至 2023 年 9 月，我国登记备案的私募股权投资基金和创业投资基金管理规模已达 14.34 万亿元。① 私募基金行业高速发展的同时，有大量的私募产品迟迟不能完成清算。② 据上海金融法院统计，私募基金纠纷案件数量近年来增长迅速，其中涉及基金退出环节的案件数量占 61.25%。③ 当私募基金陷入清算困局，投资者则面临投资损失风险。但在投资者起诉基金管理人、销售机构等责任方（以下合称责任方）存在过错、要求赔偿时，又因基金未完成清算、损失不确定，④ 而面临相当的诉讼障碍。这反映出现有形势下金融审判领域面对“损失不确定”情形时的裁判困境。⑤ 原因在于，基金财产具有独立性，只能在基金整体清算退出后方可进行基金财产的清算和分配，进而明确损失数额。这无疑成为投资者个别救济的障碍。⑥

在相对早期的案件中，法院通常以投资者损失不确定为由驳回其诉讼请求。典型案例如最高人民法院审理的李某伟诉某华信托案⑦、曹某诉吉

---

① 参见普华永道：《中国私募股权基金调研报告 2023》，载普华永道网站，https://www.pwccn.com/zh/industries/private-equity/publications/china-private-equity-fund-research-report-dec2023.html，2024 年 6 月 24 日访问。

② 参见郭雳：《金融危机后美国私募基金监管的制度更新与观念迭代》，载《比较法研究》2021 年第 6 期。

③ 参见上海金融法院：《私募基金纠纷之法律风险防范报告》，载《上海法学研究》集刊 2022 年第 8 卷。

④ 不仅私募基金未清算时面临损失不确定的问题，信托产品、资管产品等私募发行的资管类产品，都面临类似问题。本文虽以私募基金为切入点，但讨论范围亦包括信托产品、资管产品等其他类型的金融产品。

⑤ 参见张萌萌：《私募基金尚未清算完毕的违约可得利益损害赔偿研究》，载《经济法论坛》（第 30 卷）2023 年第 1 期。

⑥ 参见程立武、马娇：《契约型封闭式基金中投资者个别救济的路径》，载《人民司法》2023 年第 28 期。

⑦ 参见最高人民法院（2018）最高法民终 173 号民事判决书。

某信托案①等，一度成为各地法院处理类案的普遍参考。但由此可能带来的问题是，私募基金退出难、清算难是普遍现象，甚至久拖不决，导致投资者无法获得及时的救济。随着时间的推移，管理人等责任方也有可能陷入破产，无力向投资者承担应尽的过错损害赔偿责任。有观点指出，当基金财产已脱离管理人控制、清算处于停滞状态、无法预计继续清算的可能期限时，如坚持等待清算完成再行确认当事人损失，无异于缘木求鱼。②

可见，简单以私募基金未完成清算、投资者损失不确定而驳回投资者诉请，忽视个案中责任方的过错程度、基金后续清算的困难程度等具体问题，有违“精细化审查”金融纠纷的司法理念，有“一刀切”之嫌，且不利于投资者的保护。

司法实践中，针对私募基金未完成清算时的投资者保护难题，北京、上海、山东、广东等地法院在多个案例中有所突破。判决认定，由于私募基金管理人等责任方存在过错，造成投资者面临较大的投资损失风险，应推定损失已经发生，并由责任方根据过错大小对投资者的损失承担全部或一定比例的先行损害赔偿责任。同时，责任方在基金后续清算回款后，有权抵偿其赔付责任。③

但是，这种推定损失与先行损害赔偿的特殊救济安排与责任承担方式，是我国司法实践中逐步发展出的“现实路径”，并无专门的立法或司法解释作为依据。有观点认为，尽管它能够使投资者得到及时救济，也能够达成投资者、管理人、用资人利益的平衡，但推定损失这个前提缺少足

---

① 参见最高人民法院（2019）最高法民终1594号民事判决书。

② 参见孔燕萍：《私募基金管理人及控股股东违反信义义务之赔偿责任》，载《人民司法》2023年第2期。

③ 较为典型的案例包括：陈某鑫诉某资产管理公司合同纠纷案，上海金融法院（2021）沪74民终1743号民事判决书；广州某商业银行诉四川某信托纠纷案，广东省高级人民法院（2021）粤民终1747号民事判决书；吴某红诉某投资基金公司合同纠纷案，北京金融法院（2022）京74民终809号民事判决书；赵某洪诉北京某资产管理公司金融委托理财合同纠纷案，山东省高级人民法院（2023）鲁民终163号民事判决书。

够的理论支撑，属于一种法律拟制，[①] 实践中存在争议，[②] 理论界的系统研究与回应亦付诸阙如。[③]

因此，本文旨在全面梳理相关司法裁判，总结“推定损失与先行损害赔偿”这一救济安排与责任承担方式的法律特征，进而探讨与检验其正当性，并在与其他部门法下类似救济制度的对比中锚定其在我国民商事救济体系中的坐标，最后提炼出该推定损失与先行损害赔偿责任的特殊构成要件、责任范围与适用建议。

二、现实的路径：基于裁判的总结

在缺乏明确法律、法规与司法解释规范的情况下，推定损失与先行损害赔偿责任在私募基金有关司法审判活动中逐步发展而来，是我国司法机关专业审判经验积累的产物，体现出裁判者为解决现实困难所作出的不懈努力。所以，若要厘清这一特殊救济安排的构成要件与法律效果，仍需回到有关私募基金纠纷的裁判文书中去梳理和总结。

（一）构成要件

根据民法基本理论，不法行为、损失、因果关系、过错四个要件齐

① 参见竺常贇、范黎红、王珊：《违约潮背景下资管产品受托人违反信义义务的责任界定》，载《上海金融》2021 年第 6 期。

② 参见上海金融法院综合审判一庭课题组：《涉契约型私募基金案件法律适用疑难问题研究——以 115 篇类案数据分析报告为基础》，载上海市法学会编：《上海法学研究》（2021 年第 8 卷），上海人民出版社 2023 年版，第 198 页；沈竹莺、杨晖、黄佩蕾、徐佳云：《私募基金纠纷的裁判逻辑与法律适用——基于上海法院 2014~2020 年案件审理情况分析》，载蔡建春、刘绍统主编：《证券法苑》（第 36 卷），法律出版社 2022 年版，第 89 页。

③ “学界对于私募基金清算的探讨只及于皮毛”；“理论研究对私募基金，尤其是契约型私募基金清算问题缺乏关切，现有基础成果极度匮乏，未对司法实践中以私募基金清算僵局为代表的、广泛存在的疑难矛盾给予足够关注”。参见吴弘、陆瑶：《论契约型私募基金强制清算的制度建构》，载《金融发展研究》2022 年第 6 期。

备，共同推导出损害赔偿责任。[①] 但在私募基金未完成清算时推定损失的案例中，笔者注意到，损失要件实质上成为逻辑顺序上相对后置的构成要件。即法院通常首要关注责任方有无不法行为、有无过错，以及过错行为与潜在损失之间有无因果关系。这些要件是法院决定是否推定损失的前提性因素。换言之，如果责任方并无过错，或者责任方的过错行为与潜在损失之间没有因果关系，即便私募基金确实陷入清算困局，法院也不会推定损失成立。

1. 不法行为

私募基金纠纷中常见的不法行为包括缔约过失行为（违反适当性义务）[②]、违约行为、侵权行为、违反信义义务行为等。实践中，私募基金从设立到终结，通常被概括为募集、投资、管理、退出四大阶段。不同阶段，基金管理人及有关责任方负有不同的法定义务或约定义务。比如，在私募基金募集阶段的适当性义务，募资完成后具体投资与投后管理的诚实信用、谨慎勤勉的管理义务，以及基金到期后的清算与分配义务等。违反这些前置义务均可能造成基金财产与投资者的损失。

值得关注的是，虽然违反清算义务是导致投资者损失难以挽回，或长期无法确认的直接原因，但在法院推定损失的相关案例中，不法行为要件并不仅仅局限于违反清算义务的行为，而是涵盖了基金管理人与销售机构等责任方违反适当性义务、投资尽调义务、管理义务，以及信义义务等多种情形。

---

① 参见王泽鉴：《损害赔偿》，北京大学出版社 2017 年版，第 54-57 页。

② 关于违反适当性义务，是构成缔约过失行为，还是构成侵权行为，理论界与实务界争议较大。最高人民法院倾向性观点认为，违反适当性义务属于缔约过失行为，应承担缔约过失责任。参见最高人民法院民事审判第二庭编著：《〈全国法院民商事审判工作会议纪要〉理解与适用》，人民法院出版社 2019 年版，第 411-415 页。但也有观点认为，违反适当性义务应直接认定为侵权行为，引发侵权责任。参见陈广辉、张琳琳：《“歧路”并轨：银行机构违反适当性义务民事责任路径优化》，载《经贸法律评论》2023 年第 1 期；李游：《金融机构适当性义务的履行判断和责任承担》，载《政治与法律》2022 年第 11 期。

2. 过错

私募基金管理人、销售机构等责任方存在过错以及过错的程度，不仅是私募基金未清算时推定损失成立、判令责任方承担先行赔偿责任的必要前提，也是法院判决责任方承担多大比例赔偿责任的重要量化因素。该先行损害赔偿责任的法律性质与定位仍是基于过错导致的损害赔偿责任。仅因责任方所违反的前置义务类型的不同——适当性义务、管理义务、清算义务等，而使投资者的损害赔偿的请求权基础相应有所区别——类似契约上的损害赔偿请求权、契约上的损害赔偿请求权、侵权行为损害赔偿请求权等。①

在具体的过错类型与程度方面，相关推定损失的案例中，责任方的过错均达到了相当的严重程度，基本属于故意或重大过失。例如，在违反适当性义务的案例中，有关风险告知书、风险承受能力测试文件上的签名并非投资者本人所签②，或者管理人及销售机构明知风险承受能力问卷被篡改而未向投资者核实③。又如，在违反管理义务的案例中，管理人未将资金投向约定的投资标的；④ 或者管理人将基金财产投向终止时间晚于基金终止时间的信托产品，基金终止时信托计划尚未到期，直接导致不能清算的结果；⑤ 或者管理人未能妥善管理基金财产而被案外人侵占转移。⑥ 再

① 参见王泽鉴：《损害赔偿》，北京大学出版社2017年版，第50-54页。

② 参见易某诉某某公司委托理财合同纠纷案，上海市浦东新区人民法院（2023）沪0115民初80257号民事判决书；山东省高级人民法院（2023）鲁民终163号民事判决书。

③ 参见沈某诉联某证券公司、北京某某大通基金销售公司金融委托理财合同纠纷案，上海市浦东新区人民法院（2020）沪0115民初22726号民事判决书。

④ 参见王某景诉上海新某股权投资基金管理公司等合同纠纷案，上海金融法院（2020）沪74民终1045号民事判决书；广东省高级人民法院（2021）粤民终1747号民事判决书。

⑤ 参见北京金融法院（2022）京74民终809号民事判决书。

⑥ 参见上海金融法院（2021）沪74民终1743号民事判决书。

如，在违反清算义务的案例中，管理人长期怠于履行清算义务，[①] 或者管理人在未征询投资人意见的情况下径行延长基金存续期限。[②] 有个别判决更是明确认定责任方存在重大过错。[③] 但大部分判决并未明确认定责任方的过错程度。对于到底何种程度的过错足以引发推定损失与先行损害赔偿责任，从考察的判决看，尚难得出一致意见。

3. 因果关系

相较不法行为要件与过错要件，在支持推定损失的判决中，法院对于因果关系要件着墨不多。主要原因或在于相关责任方的过错与损失之间因果关系较为显著。反倒是在拒绝推定损失的判决中，有的法院会关注责任方过失行为与损失之间的因果关系问题。例如，管理人仅在基金存续期的信息披露方面存在瑕疵，但该瑕疵与投资者现有损失不具有直接因果关系。[④] 又如，异地推介信托计划未向当地监管机构报告，产生的法律后果系行业监管机构对信托公司的行政监管处理，与信托公司未履行法律规定及合同约定义务产生的民事责任并无必然因果关系。[⑤]

（二）可抗辩的损失推定与举证责任倒置

私募基金未完成清算时，基金财产与投资者的损失数额客观上均无法确定，所以只能“推定”损失发生，而无法“认定”损失金额。在我国证券虚假陈述诉讼中的推定信赖原则和侵权责任法上的推定过错归责原则中，相关推定都是可抗辩、可推翻的。同理，私募基金未完成清算时对投资者损失的推定，也应是一项可抗辩、可推翻的推定。即如果责任方有证

---

① 参见杜某诉深圳市金某木棉投资管理公司等金融委托理财合同纠纷案，济南铁路运输中级法院（2021）鲁71民初62号民事判决书。

② 参见北京金融法院（2022）京74民终809号民事判决书。

③ 参见王某祥诉贺某资产管理有限公司合同纠纷案，天津市第二中级人民法院（2022）津02民终1733号民事判决书。

④ 参见欧某杰诉上海长某资产管理公司等金融委托理财合同纠纷案，山东省高级人民法院（2022）鲁民终579号民事判决书。

⑤ 最高人民法院（2019）最高法民终1594号民事判决书。

据证明清算即将完成，或者最终发生实际损失的可能性较小，则法院应认定损失未产生，并驳回投资者的诉讼请求。推定损失的法律效果在于损失要件举证责任的倒置，即由责任方证明基金清算无障碍、有较大可能实现回款。

相关司法裁判亦支持上述观点。在责任方有较充分证据证明有清算回款的可能性时，法院认定损失不确定。例如，基金管理人制作了基金退出方案与说明，并如期将第一阶段退出款支付给投资者，法院判决后续损失是否产生具有不确定性；① 又如，当事人双方在审理过程中均确认基金尚未清算，基金到期后原告陆续收到了管理人支付款项，故法院认定原告损失尚无法确定；② 再如，基金投向的底层资产中有两家公司拟在主板、新三板上市，未来发展前景向好，尚无法推定投资损失已经实际产生。③ 但在相关判决中，法院并未明确足以反驳推定损失的证明标准，即责任方关于损失可以避免或挽回的举证达到何种程度时，法院将拒绝推定损失，标准并不明确。从裁判看，法院在这一问题的认定上具有一定的自由裁量权。

（三）责任的范围与比例

1. 先行损害赔偿的责任范围

对于先行损害赔偿的责任范围，不同判决认定的范围差异较大。整体上看，法院认定以实际损失为原则，很少支持以基金约定的预期收益率或业绩比较基准计算预期收益。原因在于，私募基金募集文件普遍约定管理人不承诺保证本金不受损失或预期收益，刚性兑付也被监管机关三令五申

---

① 参见冯某芬诉广某银行衡阳分行金融委托理财合同纠纷案，湖南省衡阳市雁峰区人民法院（2021）湘0406民初788号民事判决书。

② 参见李某文诉东某新华投资管理公司委托理财合同纠纷案，上海市黄浦区人民法院（2021）沪0101民初4625号民事判决书。

③ 参见曹某军诉广某银行上海金山支行委托理财合同纠纷案，上海金融法院（2021）沪74民终1258号民事判决书。

所禁止。①

就投资者的实际损失，相关判决主要以本金损失作为赔偿范围的基础，未考虑利息或资金占用费。② 有的案件中，法院则以本金、同期银行存款利率计算的利息认定责任范围。③ 还有的案件中，法院以本金、同期银行贷款利率计算的利息认定责任范围。④ 对此，有解释认为，若因管理人怠于履行清算义务导致损失金额无法确定，其行为属于“为自己的利益不正当阻止条件成就”，推定损失的金额应为投资者的投资本金损失及预期收益或同期贷款利率等。⑤ 所以，在到底要不要将利息纳入先行损害赔偿范围，以及应该以何种标准计算利息的问题上，相关司法裁判尚未形成统一意见，论理并不充分。

另外，先行损害赔偿的范围是否当然排除投资者基于私募基金可能获得的履行利益，相关司法裁判尚无明确的认定或否定意见。仅在王某景诉上海新某基金案中，因第三方承诺按照基金合同约定的预期收益利率向投资者承担兑付义务，法院最终判令该第三方按照预期收益利率承担先行赔偿责任。⑥

---

① 参见潘娟、刘欢：《私募基金类案件的审理难点与裁判思路》，载《山东法官培训学院学报》2022 年第 1 期。

② 参见占某星诉联某证券财产损害赔偿案，上海金融法院（2021）沪 74 民终 1586 号民事判决书；上海市浦东新区人民法院（2020）沪 0115 民初 22726 号民事判决书、上海市浦东新区人民法院（2023）沪 0115 民初 80257 号民事判决书。

③ 参见常某人诉华某资产管理公司、平某银行某某分行证券投资基金交易纠纷案，上海金融法院（2020）沪 74 民终 461 号民事判决书。另外，我国《全国法院民商事审判工作会议》第 77 条规定，应以同期存款利率计算违反适当性义务之赔偿责任的利息。另参见潘娟、刘欢：《私募基金类案件的审理难点与裁判思路》，载《山东法官培训学院学报》2022 年第 1 期。

④ 参见北京金融法院（2022）京 74 民终 809 号民事判决书、上海金融法院（2021）沪 74 民终 1743 号民事判决书、上海金融法院（2020）沪 74 民终 1045 号民事判决书。

⑤ 参见黄伟峰、程俊杰：《私募基金涉诉纠纷疑难问题研究》，载《法律适用》2023 年第 4 期。

⑥ 参见上海金融法院（2020）沪 74 民终 1045 号民事判决书。

2. 先行损害赔偿责任的比例

相关裁判显示，在推定投资者的损失发生后，法院并不是“一刀切”地认定责任方应就推定的损失承担 100% 的赔偿责任，而是综合责任方的过错程度、原因力大小等多方面因素，认定责任方的责任比例。一方面，认定责任方应就推定的投资者损失承担全部赔偿责任的判决比例占大多数；另一方面，也有判决进行了更为精细化的处理与认定，分别判令责任方就推定的投资者损失承担 70%①、50%②、30%③的赔偿责任。

（四）清算回款后的权利分配与利益平衡

由于私募基金管理人等责任方是在基金未完成清算时先行承担损害赔偿责任，所以必然面临后续基金清算完成、实现回款（如有）之后的进一步分配问题。分配的问题包括两个层面：一是责任方能否请求以清算回款合理抵偿其先行赔偿的金额；二是在基金清算回款金额高于责任方实际先行赔偿的金额时，投资者能否就这部分超额收益请求进一步的分配。

1. 责任方的合理抵偿请求权

绝大多数司法裁判认定，在基金清算回款后，管理人等责任方有权直接以受偿投资者基金份额对应的分配款项，抵偿自身已赔付的金额。④ 但北京地区法院对这个问题持保守态度，部分司法裁判并不认可责任方对清算回款的合理抵偿权。例如，在吴某红诉华某国信案中，审理法院认定，投资者在责任方履行赔偿责任后不能再通过基金合同获取收益并赎回本金，其持有份额可以与责任方协商转让，如有争议另行解决。⑤ 又如，在董某远诉中某鼎新案中，审理法院判令管理人赔偿投资者 20% 的认购款，

① 参见上海市浦东新区人民法院（2023）沪 0115 民初 80257 号民事判决书。
② 参见上海市浦东新区人民法院（2020）沪 0115 民初 22726 号民事判决书。
③ 参见上海金融法院（2021）沪 74 民终 1586 号民事判决书。
④ 典型案例如上海金融法院（2021）沪 74 民终 1743 号民事判决书。同时，可参阅本案一审承办法官就本案的解读文章，孔燕萍：《私募基金管理人及控股股东违反信义义务之赔偿责任》，载《人民司法》2023 年第 2 期。
⑤ 参见北京金融法院（2022）京 74 民终 809 号民事判决书。

但没有认定管理人有权以清算回款抵偿自身的实际赔偿金额。①

2. 投资者的超额收益请求权

承前述，特殊情况下，尽管有些基金一度陷入清算困局，但不排除在特殊情况下，这些基金由于投资标的价值的大幅提升，而最终在清算中实现了全额回款，甚至实现了预期收益或超额收益。假设而言，某证券投资基金在投资了大量港股市场股票后，相关股票价格一路走低，甚至沦为“仙股”。个别投资者怒而起诉管理人未尽适当性义务。法院认定，管理人对该特定投资者确实未尽适当性义务，且过错严重，进而推定投资者本金损失，判令管理人先行赔偿全部本金。但随后，该基金投资的上市公司因重大资产重组而受到资本市场追捧，股价连续飙涨，基金管理人在基金延期到期后果断卖出全部股票变现，实现了超额收益。此时的问题是，那位已经获得本金先行全额赔偿的投资者，还能否基于其原持有基金份额请求相应的超额收益分配？

“否定说”认为，投资者在实际获赔后，则对相应的基金份额不再享有权利。② 换言之，投资者已不再享有基于基金份额的收益分配请求权。“肯定说”则认为，责任方只能以其实际赔偿的金额为限，从基金清算回款中获得合理的抵偿。③ 换言之，对于超出责任方实际赔偿金额的超额收益部分，仍应分配给投资者，投资者继续享有基金清算分配后的收益分配请求权。

两相比较，“否定说”观点有待商榷。如果在投资者获得先行损害赔偿之后否定基于其基金份额的超额收益请求权，则实质上等同于认可责任

① 参见北京金融法院（2021）京74民终482号民事判决书。

② 参见山东省高级人民法院（2023）鲁民终163号民事判决书、济南铁路运输中级法院（2021）鲁71民初62号民事判决书。

③ 参见上海金融法院（2021）沪74民终1586号民事判决书、上海市浦东新区人民法院（2020）沪0115民初22726号民事判决书、上海市浦东新区人民法院（2023）沪0115民初80257号民事判决书；某元基金诉某泰证券合同纠纷案，北京金融法院（2021）京74民终254号民事判决书；张某力诉汉某控股合同纠纷案，北京市朝阳区人民法院（2020）京0105民初65456号民事判决书。

方因自身过错行为而最终获得了更高额的收益，显然违背“任何人不得从其不法行为中获利”的基本原则。①

三、正当性检验：投资者保护、公平与效率

通过上述对当前司法裁判的分析可以观察到，法院在私募基金未完成清算时推定损失、判令责任方先行损害赔偿，实质是将过错方本应在损失数额完全确定之后承担的损害赔偿责任，提前至损失金额尚未完全确定之时由过错方先行承担。如此裁判的司法逻辑工具是“推定损失”与“先行责任”。裁判的目的是保护投资者，但相对地“牺牲”了管理人等责任方的期限利益。需要检视的是，这样一种安排，以及损害赔偿责任“穿越时空”的“先行”，是否具有充分的法理依据与司法政策性依据？这一特殊的救济安排与责任承担方式，又能否真正解决基金清算困局下的投资者保护难题？

（一）基于投资者保护的推定制度

有观点认为，推定损失的审判思路存在合理性与合法性的问题。② 包括审理此类案件的法官也认为，推定投资者损失这个前提缺少足够的理论

① 有关这一原则，早在1870年的英国判例中就有体现，参见 Jegon v Vivian, (1871) LR 6 Ch Ap 742, “[T] his court will never allow a man to make profit by a wrong”。在德沃金的著作《法律帝国》中，开篇即对此原则进行了详细的阐述与讨论，“No one should profit from his own wrong.” Dworkin, *Law's Empire*, Harvard University Press (1986) p. 20，美国《不当得利与返还法第三次重述》第3条也指出“任何人都不被允许从其不法行为中获得利益”。American Law Institute, *Restatement Third: Restitution and Unjust Enrichment*, St Paul, MN, American Law Institute Publishers (2011), § 3.

② 参见吴弘、陆瑶：《论契约型私募基金强制清算的制度建构》，载《金融发展研究》2022年第6期。

支撑，在实践中也存在较大争议。① 但事实上，推定制度在金融审判领域并不鲜见。在证券虚假陈述损害赔偿责任制度中，就有“推定过错”与“推定信赖”两种特殊安排。其中，推定过错可以在《民法典》与《证券法》中找到依据，而推定信赖则属于司法解释的创设。②

就过错推定，因现代社会许多损害事故涉及专业的知识和技术，要求被害人证明责任方有过错，不仅旷日费时，而且极端困难。③ 在我国，过错推定责任曾得到《侵权责任法》立法者非常的偏爱，性质上属于可推翻的法律上的事实推定。④ 在证券法领域，最高人民法院于 2003 年颁行的《关于审理证券市场因虚假陈述引发的民事赔偿案件的若干规定》第 21 条、第 23 条、第 24 条规定了特定责任主体的过错推定归责原则。随后，2005 年修订的《证券法》明确规定了保荐机构、承销机构与证券服务机构虚假陈述责任的过错推定原则。这些规定甚至早于《侵权责任法》。根据最高人民法院的解读，设置对特定责任主体的过错推定归责原则，目的在于保护投资者，解决投资者就特定主体过错举证难的问题，⑤

就信赖推定，根据最高人民法院的解读，该制度是为了解决投资者因果关系举证难的问题，因为这对投资者而言是“一种不公正的负担”和

---

① 参见上海金融法院综合审判一庭课题组：《涉契约型私募基金案件法律适用疑难问题研究——以 115 篇类案数据分析报告为基础》，载上海市法学会编：《上海法学研究》（2021 年第 8 卷），上海人民出版社 2022 年版，第 101 页。

② 参见李国光主编、最高人民法院民事审判第二庭编著：《最高人民法院关于审理证券市场虚假陈述案件司法解释的理解与适用》，人民法院出版社 2015 年版，第 242、250 页。

③ 参见邱聪智：《民法研究》（一）（增订版），中国人民大学出版社 2002 年版，第 271 页。

④ 参见程啸：《侵权责任法》，法律出版社 2015 年版，第 95-96 页。

⑤ 参见李国光主编、最高人民法院民事审判第二庭编著：《最高人民法院关于审理证券市场虚假陈述案件司法解释的理解与适用》，人民法院出版社 2015 年版，第 281 页。

“一个近乎荒谬的命题”。[①] 因此，推定信赖的实质是推定因果关系，[②] 目的在于合理分配举证责任，妥善保护投资者。但注意，推定信赖的前提是司法解释规定的基础事实得到证明，[③] 而且这项推定也是可抗辩的。[④]

由此可见，在证券金融领域涉及投资者权益保护的相关民事责任制度中，出于保护投资者权益、消弭投资者与专业机构之间信息不对称的弱势地位、解决投资者举证难等司法政策性考量，出现了类型丰富的推定制度。前有证券虚假陈述责任构成要件中的因果关系推定与过错推定，今有私募基金损害赔偿责任的损失推定。私募基金纠纷中的推定损失安排，实质是对私募基金清算风险与成本的二次分配与二次安排。“卖者尽责、买者自负”的大原则没有问题，但现在的具体情境是，已知卖者未尽责——存在重大过错，而买者不应自负损失。因此，问题就变成了卖方的责任、买方的救济应于何时到来，以及能否提前到来。

毋庸置疑，在私募基金未完成清算时推定损失，由过错方承担举证责任，并在举证不能时承担先行损害赔偿责任，有助于保护私募基金投资者。否则，私募基金长期难以清算甚至实质上已无法清算的风险，将均由不存在过错的投资者承担。就此，多位法官均强调了对投资者保护、减少讼累、维护金融市场秩序等实质正义目标的关注——“金融领域金融产品种类繁多，金融消费者人数众多的情况下，在违约方违约造成守约方损失的前提下，依旧以损失不确定为由不予裁判，显然不利于社会金融秩序稳

---

① 参见李国光主编、最高人民法院民事审判第二庭编著：《最高人民法院关于审理证券市场虚假陈述案件司法解释的理解与适用》，人民法院出版社2015年版，第245页。

② 参见李国光主编、最高人民法院民事审判第二庭编著：《最高人民法院关于审理证券市场虚假陈述案件司法解释的理解与适用》，人民法院出版社2015年版，第251页。

③ 此处所谓基础事实应指《最高人民法院关于审理证券市场虚假陈述侵权民事赔偿案件的若干规定》第11条所规定的基础事实。李国光主编、最高人民法院民事审判第二庭编著：《最高人民法院关于审理证券市场虚假陈述案件司法解释的理解与适用》，人民法院出版社2015年版，第250页。

④ 参见《最高人民法院关于审理证券市场虚假陈述侵权民事赔偿案件的若干规定》第12条的规定。

定，防范化解系统性金融风险”[1]，“减少诉累，使投资者可以及时得到救济，从实际运用效果达成投资者、管理人、用资人利益的平衡”[2]。因此，基于投资者保护这一资本市场的宏大命题，推定损失具有相当的正当性，彰显司法公平理念。

（二）推定损失的法律效果

推定损失最直接的法律效果是举证责任的倒置，即原本应由投资者就其损失承担举证责任，转变为由过错方就基金财产运作良好、损失可能性低或清算回款确定性高等事项承担举证责任。举证责任倒置的安排，符合私募基金的特殊法律结构，能够实现法律效果与商业效果的协调统一。

普遍认为，契约型私募基金的基础法律关系是信托法律关系。这意味着契约型基金财产与信托财产、资管财产相同，均具有法律上的独立性，名义上由管理人所有。而公司型、合伙型私募基金财产则直接由管理人管理、控制。因此，当私募基金出现重大投资风险、投资者起诉索赔时，投资者并不直接所有、管理或者控制私募基金财产，也就难以了解、掌握基金财产的具体情况，更难说明后续清算、退出的可能性与可行性。换言之，投资者距离基金财产的损失是否确定“更远”，而管理人等责任方距离基金财产的损失是否确定则“更近”。这是私募基金财产法律上的独立性与私募基金的天然法律结构所共同造成的投资者与底层投资财产（损失）之间的隔离，这也是私募基金清算纠纷案件显著区别于传统违约、侵权纠纷中原告证明其损失并无困难的原因之所在。在普通的损害赔偿纠纷中，受害人通常均直接所有、掌控并处分财产，如在相关民商事活动中遭受损失，能够较为轻松地举证。即在普通的损害赔偿纠纷中，受害人距离自身财产的损失“更近”，而责任方距离“更远”，理应由受害人证明其损

---

① 参见张萌萌：《私募基金尚未清算完毕的违约可得利益损害赔偿研究》，载岳彩申、盛学军主编：《经济法论坛》（第30卷），中国民主法制出版社2023年版，第180页。

② 参见沈竹莺等：《私募基金纠纷的裁判逻辑与法律适用》，载蔡建春、刘绍统主编：《证券法苑》（第36卷），法律出版社2022年版，第103页。

失。这一基本架构与私募基金纠纷恰好相反。

这一解释的进路，也遵循了前述信赖推定与过错推定的立法解释逻辑：之所以推定信赖，是因为证券市场消息瞬息万变、金融证券知识高度专业化，理应由距离这些信息更近、更具有专业优势的发行人、上市公司来举证反驳；之所以推定过错，是因为证券中介机构承担工作的专业性、工作底稿的保密性，理应由距离相关专业工作过程、工作底稿更近的中介机构来自证勤勉尽责。而这两种特殊的推定制度，并不是“天生”的规则，也是在司法实践中因应金融实践与投资者保护要求而逐步发展出来的“例外”。

当下，我们正处在私募基金蓬勃发展与投资者保护要求的又一十字路口，如何突破旧有制度的藩篱并发展出新的救济安排正是当代法律人的使命。相关司法案例的突破与创新——推定损失与先行损害赔偿，理应得到我们的肯定与研究上的充分重视。[①] 不宜简单以“没有法理依据”或“法无明文规定则不得推定”为由，机械地否定这种颇具现实意义与价值的司法创新。

（三）先行损害赔偿的商业效果

当私募基金面临损失风险、进入清算阶段时，管理人等责任方距离基金财产及其潜在损失更近，更具专业能力与资源，更有能力实质影响清算的进度、效率以及回款的可能性。判令负有重大过错的责任方承担先行损害赔偿责任，同时赋予其清算回款后的合理抵偿请求权，有助于激励管理人等责任方更好地履行清算义务。因为管理人等责任方以固有财产先行赔

① 参见余学文、蒋艾：《法院能否用“推定全损”的方式先定损后清算？》，载“百宸律师事务所”微信公众号2023年4月29日，https://mp.weixin.qq.com/s/O4TAbOwsufMYt-bjef8pmg。

偿了投资者的损失,[①] 这部分固有财产的支出后续能否得以弥补，直接取决于管理人能否尽可能多地实现清算回款。故先行赔偿的判决相当于将责任方的切身利益与基金的清算结果绑定，使责任方更有动力妥善处理清算工作。这一安排，在商业上看，对各方而言均更为高效。

反过来看，如果法院坚持以具体损失金额不确定为由驳回投资者的诉讼请求，反而会负向“激励”基金管理人怠于履行清算义务，产生严重的负面效应。因为对基金管理人等责任方而言，在其存在过错、迟早要承担损害赔偿责任的前提下，清算得过快，投资者的损失确定得就越快，责任方承担损害赔偿责任的时间也就越早到来。如此裁判，将无疑“鼓励”基金清算的低效率，“助长”管理人等责任方的道德风险。固然，怠于清算本身是一种不法行为，以合伙型私募基金为例，若普通合伙人无故拒绝或怠于启动结算程序，应根据其过错程度对退伙人因迟延结算而遭受的损失承担相应赔偿责任。[②] 但是，如果再让投资者就管理人的怠于清算行为再行起诉，或者等到基金清算完成后再履行赔偿责任,[③] 等同于陷入了损失不确定的“循环论证”——“可能造成违约方一直不履行义务却可一直不承担责任的不公局面”。[④] 因此，即使私募基金未经清算，法院也应当结合私募基金的具体情况、管理人的过错程度等因素综合认定投资者损失是否客观发生。“采用管理人先赔付后清算再结算的方式处理，既能让有过错的管理人承担相应的赔偿责任，又能引导管理人继续有效履行清算职责，

---

① 需要注意的是，基金管理人先行损害赔偿，应当以固有责任财产来赔偿，而不能使用基金财产（如账户内的现金）；否则可能引发个别投资者救济与基金清算的冲突问题。关于这一问题，可参考《案例 30·基金份额赎回权与基金清算的冲突处理》，载深圳国际仲裁院编著：《私募基金合同纠纷典型仲裁案例与实务精要》，北京大学出版社 2023 年版，第 361-374 页。

② 参见刘俊海：《论合伙型私募基金有限合伙人的退伙财产请求权——合伙企业法和投资基金法的不同维度》，载《政治与法律》2021 年第 6 期。

③ 上海金融法院（2020）沪 74 民终 461 号民事判决书。

④ 潘娟、刘欢：《私募基金类案件的审理难点与裁判思路》，载《山东法官培训学院学报》2022 年第 1 期。

并合理平衡各方当事人的利益。"①

另有观点认为，应建立、健全私募基金的强制清算制度，通过司法介入、法院裁判等方式督促管理人履责，加速私募基金的清算与回款。② 但这种观点忽略了私募基金清算退出的客观现实——绝大多数私募基金退出难、清算难的核心原因在于底层投资标的客观上的变现困难，而不仅仅是基金管理人主观上的怠惰。所以，即便加入了法院的司法干预，仍解决不了现实中私募基金财产的变现难题。如果以司法强制清算作为投资者获赔的又一前置条件，反而徒增烦琐、增加了讼累。投资者的合法权益仍将处于长期悬空的状态。该建议难言具有商业上的合理性，也有违效率原则。

(四) 过错责任的底色与合法性：绝非刚性兑付

有批判的观点认为，推定损失并要求责任方先行损害赔偿，背离了私募基金"受人之托、代人理财"的内核，存在刚性兑付之嫌。③ 这种错误观点之所以出现，是因为没有全面地把握先行损害赔偿责任的过错责任底色与法律特征。

先行损害赔偿责任的本质是基于过错的损害赔偿责任。该赔偿责任的发生，必须以责任方存在过错为前提。只不过这种损害赔偿责任的发生时点，由传统上的损失金额完全确定之时，提前到了损失金额尚不能完全确

① 赵廉慧：《中国信托法》，高等教育出版社2024年版，第327页。

② 参见吴弘、陆瑶：《论契约型私募基金强制清算的制度建构》，载《金融发展研究》2022年第6期；洪泽华：《商业银行理财业务中适当性义务司法适用问题研究》，华东政法大学2023年硕士学位论文。

③ 持这种观点的文献不在少数。参见王潇、余甬帆、王瑜、任一：《资产管理投资者侵权诉讼的司法审查路径探微》，载《证券法律评论》（2022年卷），人民法院出版社2022年版，第610页；竺常赟等：《违约潮背景下资管产品受托人违反信义义务的责任界定》，载《上海金融》2021年第6期；吴弘、陆瑶：《论契约型私募基金强制清算的制度建构》，载《金融发展研究》2022年第6期；洪泽华：《商业银行理财业务中适当性义务司法适用问题研究》，华东政法大学2023年硕士学位论文。

定之时。换言之，这实质上打破了基金财产、管理人固有财产、投资者财产之间相互隔离的独立性界限，而这一基金财产独立性的例外，只能以管理人等责任方存在重大过错为其特殊构成条件来赋予正当性。这也与《信托法》第22条的规定相符。同时，责任方先行损害赔偿责任的具体比例，也是根据过错大小来认定，而非简单的刚性兑付投资者全部损失。

而且，如果严格遵循“损害赔偿责任的成立”与“损害赔偿责任的范围”的二分逻辑，① 则本文所讨论的先行损害赔偿责任即便是“提前”了，也仍然在损害赔偿责任成立之后，② 而只是在具体的原告损失金额、责任方赔偿金额得以完全计算清楚之前。③ 有法官指出，是否存在损失是定性问题，损失数额是否确定则是计算问题。若不存在损失则不需要赔偿，若仅是损失数额不确定则不能作为不予裁判赔偿的理由。④

特别是在过错责任的大前提之下，责任方在个案中的具体赔偿责任比例是由法院根据过错程度、原因力大小综合确定的，未必是100%，还有可能是70%、50%，甚至是30%。具体判决情况前已述及。既然先行损害赔偿的责任比例并不都是100%，何来刚性兑付一说？因此，务必注意先行损害赔偿责任的过错责任底色。正是管理人等责任方的重大过错，为损害赔偿责任在时间上的提前、清算风险与成本二次分配给责任方，提供了正当性依据，也为精准认定责任方的具体赔偿责任比例提供了量化依据。

---

① 参见王泽鉴：《损害赔偿》，北京大学出版社2017年版，第54-56页。

② 此时，投资者基本可以就损害确定性作初步举证，证明内容包括损害的种类、范围和大小或程度。参见张新宝：《侵权责任法》，中国人民大学出版社2016年版，第27页。

③ 域外法有观点认为，“一个人所遭受的损害和他从责任人那里获得的赔偿是两个截然不同的问题”。参见［德］克雷斯蒂安·冯·巴尔：《欧洲比较侵权行为法》，焦美华译，法律出版社2001年版，第156页。

④ 参见张萌萌：《私募基金尚未清算完毕的违约可得利益损害赔偿研究》，载《经济法论坛》（第30卷），法律出版社2023年版，第177页。

四、坐标的校准：损害赔偿责任的司法创新

在私募基金纠纷中出现推定损失与先行损害赔偿责任之前，我国其他部门法项下已经出现了类似的制度安排。比如《证券法》规定的先行赔付、责令回购制度，以及《海商法》规定的推定全损与委付制度。这些制度的关键词囊括了“先行”“推定”“回购”“赔付”等，看上去与本文讨论的推定损失与先行损害赔偿问题颇具相似性。部分观点因受到这些制度特征与法律效果的影响，主张不同制度之间可以相互借鉴，或者反嫁接过来据以指责私募基金纠纷中的先行损害赔偿责任安排欠妥。笔者认为，对这些观点确有集中澄清之必要。

（一）区别于先行赔付制度

我国《证券法》第93条规定的先行赔付制度，是指发行人因欺诈发行、虚假陈述等重大违法行为造成投资者损失，其控股股东、实际控制人、相关的证券公司先于司法裁判，就赔偿事宜与受到损失的投资者达成协议，赔偿投资者损失，事后再向其他责任主体进行追偿的机制。①

仔细对比可知，一方面，《证券法》规定的先行赔付制度中，所谓的“先行”，是“先”司法裁判而行。在先行赔付之时，投资者的损失均是明确、具体、可计算的。而在私募基金纠纷中的先行损害赔偿，是“先”损失金额完全确定而行，是由于投资者损失金额不能完全计算确定，而需要推定损失发生，并由责任方先行赔偿。另一方面，《证券法》下先行赔付的发起，更多在于责任主体的自愿与主动赔付，确定具体的先行赔付金额

---

① 参见汤欣：《证券投资者保护新规中的先行赔付》，载《中国金融》2020年第8期。

时亦不会根据过错程度扣减责任比例;① 而私募基金纠纷则是基于投资者的起诉、法院的审慎审查，最终认定能否推定损失、应否判令责任方先行损害赔偿，并根据责任方的过错程度、原因力大小来精准认定责任比例。因此，两种特殊的救济安排虽都带有“先行”二字，但适用的前提与具体的过程差异较大，难以互相借鉴。②

（二）区别于责令回购制度

我国《证券法》第24条规定的责令回购制度，是指股票的发行人在招股说明书等证券发行文件中隐瞒重要事实或者编造重大虚假内容，已经发行并上市的，证监会可以责令发行人回购，或者责令负有责任的控股股东、实际控制人买回股票。立法目的在于保护投资者合法权益，预防和惩处股票欺诈发行行为。③ 普遍认为，责令回购制度的法理本质是恢复原状,④ 该制度是恢复原状规则在证券市场的运用，即以证券撤销发行注册后的恢复原状为基本逻辑，辅之以对行为人的惩戒及对受害者的救济。⑤根据我国《民法典》第179条，恢复原状、赔偿损失均是承担民事责任的主要方式。

就私募基金未完成清算时的先行损害赔偿责任而言，有观点认为，其

---

① 截至目前，我国已经发生的先行赔付案例，均是有关责任主体自愿、主动赔付投资者，且不会根据赔付主体的过错程度而扣减一定比例的先行赔付责任。有关案例包括万某生科先行赔付案、欣某电气先行赔付案、紫某存储案先行赔付案等。参见曾斌、方荣杰:《证券市场先行赔付激励模式的反思与新解——基于执法和司法的双重视域》，载《多层次资本市场研究》2023年第2期。

② 有观点认为，私募基金纠纷中的先行损害赔偿制度建立，可以借鉴《证券法》上的先行赔偿制度，参见彭丽华:《我国私募基金适当性义务规则的法律问题研究》，西北大学2022年硕士学位论文。但这一观点缺乏对两种制度的细致甄别。

③ 参见王瑞贺主编:《中华人民共和国证券法释义》，法律出版社2020年版，第49页。

④ 参见彭雨晨:《欺诈发行责令回购制度的法理误区与制度构建》，载蔡建春、刘绍统主编:《证券法苑》(第30卷)，法律出版社2021年版，第454页。

⑤ 参见郭锋等:《中华人民共和国证券法制度精义与条文评注》，中国法制出版社2020年版，第195页。

实质是强制责任方回购了投资者的基金份额，或是投资者将收益权转让给责任方从而获取全额投资款。① 对此，不同司法裁判对这个问题的理解存在差异。有的判决认为，在责任方先行赔偿之后，投资者不能再就相应的基金份额享有权利，② 这实质认定了投资者基于基金份额的请求权消灭，无限接近责令回购的恢复原状之法律效果。在上海金融司法沙龙活动中，亦曾专门提出并讨论"在清算完成之前，投资者要求受托人先行赔付的，能否采用赔付以后获得的信托权益归受托人所有的处理方式"问题，但并未形成一致意见。③

与强制回购的观点相反，有的司法裁判则认为，责任方只能在实际先行赔偿的范围内行使抵偿请求权，④ 这实质认可投资者基于基金份额仍保有收益分配请求权。没有发生所谓基金份额强制回购或强制转让的恢复原状之法律效果。

笔者认为，私募基金未完成清算时的先行损害赔偿责任，本质是损害赔偿责任，而非恢复原状责任，这与《证券法》下的责令回购制度存在根本差别。私募基金纠纷中，投资者的主要诉讼请求是赔偿损失，仅在例外的情况下基于责任方的欺诈而主张撤销基金合同，或基于责任方的严重违约而主张解除基金合同。尽管在撤销或解除基金合同的情况下，有恢复原

---

① 参见陆瑶：《私募基金纠纷仲裁难题的法律进路研究》，载《河南财政税务高等专科学校学报》2022年第2期。

② 参见山东省高级人民法院（2023）鲁民终163号民事判决书、济南铁路运输中级法院（2021）鲁71民初62号民事判决书。

③ 该沙龙活动由上海市高级人民法院、中国法学会审判理论研究会金融审判理论专业委员会、上海司法智库学会金融研究分会联合主办。详见上海高院研究室：《首期上海金融司法沙龙"金融资管纠纷中的热点法律问题"综述》，载"中国上海司法智库"微信公众号2021年8月10日，https://mp.weixin.qq.com/s/tVsaWt5htkG4XVfAL5lTeg。

④ 参见上海金融法院（2021）沪74民终1586号民事判决书、上海市浦东新区人民法院（2020）沪0115民初22726号民事判决书、上海市浦东新区人民法院（2023）沪0115民初80257号民事判决书、北京金融法院（2021）京74民终254号民事判决书、北京市朝阳区人民法院（2020）京0105民初65456号民事判决书。

状的可能性，但因私募基金所涉信托、合伙、公司等法律关系的特殊性，一旦私募基金募集设立完成、投资底层标的后，再行撤销或解除法律障碍多、成本高、操作难度大。投资者诉请撤销或解除基金合同，得到法院支持的概率低。在投资者诉请损害赔偿的情况下，将责任方的先行损害赔偿责任认定为类似于基金合同撤销或解除后的恢复原状责任，甚至认为投资者的基金份额据此已强制转让给管理人等责任方，均缺乏依据，并不妥当。应认识到，责任方在承担先行损害赔偿责任后，基金合同仍然有效存续，管理人仍应根据约定继续妥善履行清算义务和清算回款后的分配义务，以及其他信义义务。管理人等责任方只是基于先行赔偿了投资者而得以在实际赔偿金额范围内就基金的清算回款请求合理抵销，并非直接取得了投资者相应的基金份额。投资者在获得责任方的先行损害赔偿之后，仍然保有基于自身基金份额的收益请求权。

（三）区别于推定全损与委付制度

我国《海商法》第 246 条规定的推定全损制度，是指船舶、货物等保险标的发生保险事故后，认为实际全损已经不可避免，或者为避免发生实际全损所需支付的费用与继续将货物运抵目的地的费用（如有）之和超过保险价值的，为推定全损。与之相对应，《海商法》第 249 条、第 250 条规定的委付制度，是指保险标的发生推定全损，被保险人要求保险人按照全部损失赔偿的，应当向保险人委付保险标的。保险人可以接受委付，也可以不接受委付。保险人接受委付的，被保险人对委付财产的全部权利和义务转移给保险人。

颇多观点认为，私募基金未清算时的推定损失，其法理来源是《海商法》的推定全损与委付制度。[①] 不可否认，私募基金纠纷中在基金尚未清

---

① 参见吴弘、陆瑶：《论契约型私募基金强制清算的制度建构》，余学文、蒋艾：《法院能否用“推定全损”的方式先定损后清算?》，黄丽铭：《私募基金清算与投资者定损之法律风险分析》，载“轴之承法融”微信公众号 2022 年 10 月 28 日，https://mp.weixin.qq.com/s/9b-6rQ068fdp6ZjK0byzbQ。

算完毕时推定投资者损失，与船舶、货物等保险标的尚未核损时即推定全损的制度类似。有的观点亦认为，私募基金管理人在先行赔偿投资者后有权以基金清算回款合理抵偿，属于基金份额的强制回购或转让，这又与保险标的推定全损后可委付给保险人处理的制度相类似。

但二者之间仍存在根本性差别。其一，在责任性质上，《海商法》下保险人基于推定全损的赔偿责任，是一种保险责任和无过错责任，只要保险标的实际全损不可避免，或者避免全损的成本高于保险价值，保险人就应当履行赔偿责任。① 但私募基金纠纷中的推定损失与先行损害赔偿责任，则是典型的过错责任，责任方无过错则无责任。其二，在责任范围上，推定全损后，保险人应向投资者承担保险约定的赔偿责任，不存在承担比例责任的可能性。② 唯在保险人接受委付后，保险人可进一步处置保险标的，或有可能在一定程度上挽回部分损失。但私募基金纠纷中责任方的先行损害赔偿责任范围，应根据其过错程度、行为原因力大小审慎认定。其三，在被保险人与投资者的权利方面，一旦保险人选择接受委付，则被保险人对委付财产的全部权利和义务均转移给保险人，即便保险标的在后续处置中因意外原因实现了超额收益，也与被保险人无关。但在私募基金纠纷中，投资者获得先行损害赔偿后，仍保有基于基金份额的收益请求权。

综上所述，从司法实践中发展出来的私募基金未完成清算时的推定损失与先行损害赔偿救济制度，既区别于《证券法》下的先行赔付、责令回购制度，也区别于《海商法》下的推定全损与委付制度。在我国民商事救济体系中，应将其定位为一种特殊的基于过错的损害赔偿责任。这是私募基金纠纷中的司法创新，彰显出我国司法机关的审判专业性与丰富经验。后续如条件成熟，应考虑以司法解释或全国法院民商事审判工作会议纪要等形式予以要件化、规范化，以指导后续的私募基金纠纷审判活动。

---

① 参见伍截阳、陈映仁：《论海上保险中的推定全损与委付制度》，载《西南政法大学学报》2000年第1期。

② 参见樊启荣：《保险损害补偿原则研究——兼论我国保险合同立法分类之重构》，载《中国法学》2005年第1期。

五、结论：妥善化解私募基金清算纠纷的建议

私募基金清算纠纷是一类非常复杂、多元的专业金融纠纷，涉及基金清算回款的现实困难、管理人等责任方有无过错、过错行为与潜在损失之间是否具有因果关系等多重法律问题。因此，既不能简单以基金未完成清算、损失不确定为由，一概驳回投资者的索赔请求；也不能泛化推定损失与先行损害赔偿责任的适用，走向另一个极端。笔者建议，还是应当基于实事求是的原则，针对个案的具体情况，因应作出与案件事实相符、与各方权责利相一致的精细化裁判。具体建议包括以下几个方面。

第一，原则上，应继续坚持损失确定的损害赔偿责任构成要件——如果投资者的损失数额无法确定，应判决驳回投资者的诉讼请求，投资者应在损失确定后再行起诉。① 私募基金是风险投资，投资者理应承担相关投资风险。裁判者应当尊重商事判断原则，重视商业风险规则，认识到私募股权投资不是投保，也不是担保。② “司法判断应使得利益相关人权利能够得到救济确保商事自由，否则导致不当干预商事自由的局面。”③

第二，仅在满足特定构成要件的例外情形下，可以推定损失产生，并判令私募基金管理人等责任方承担先行损害赔偿责任。由于该损害赔偿责任在时间上从基金清算完毕、损失数额确定之时，提前到了基金未完成清算、损失数额尚不确定之时，应当通过构成要件的特殊化与严格化，来为损害赔偿责任的“先行”提供正当化依据。

---

① 参见黄伟峰、程俊杰：《私募基金涉诉纠纷疑难问题研究》，载《法律适用》2023年第4期；竺常贇等：《违约潮背景下资管产品受托人违反信义义务的责任界定》，载《上海金融》2021年第6期；王潇等：《资产管理投资者侵权诉讼的司法审查路径探微》，载《证券法律评论》（2022年卷），人民法院出版社2022年版，第609-610页。

② 参见某信托有限公司诉朱某等合同纠纷案，北京市第二中级人民法院（2019）京02民初100号民事判决书。

③ 陈景善：《商事自由中的行政监管与司法判断界分》，载《行政法学研究》2021年第4期。

这种构成要件的特殊化与严格化应体现在两方面：一方面，在过错要件上，应以责任方存在故意或重大过失为标准，排除一般过失或轻微过失。① 尽管在相关司法裁判中，审理法院并未明认定先行损害赔偿责任的过错要件为故意或重大过失，但从相关事实认定上看，被判决先行损害赔偿的责任方均存在较为严重的违反适当性义务、基金合同义务、信义义务或清算义务的过错行为。与之相反，如果法院认定责任方不存在过错，则会驳回投资者的诉请。② 另一方面，在损失要件上，应至少满足基金损失确定性较高、即便清算完成损失也较难挽回的基本条件。类似的情形例如，基金客观上已经清算不能、陷入清算僵局（如管理人怠于履职、基金管理人资格被吊销而无法履职，或者基金财产损失基本无法避免）投资的标的企业破产、基金财产被挪用、投资的标的证券价格大幅下跌，或者基金短期内难以完成清算（投资标的锁定期较长、短时间内禁止退出等）。从反面来看，如果责任方能够举证证明基金短期内有望完成清算，且基金财产损失可能性较低，则应认定责任方举出的反证足以推翻关于损失的推定。

第三，应精细化审查、认定责任方承担先行损害赔偿责任的具体比例，而非一概赔偿推定的全部损失。私募基金管理人等责任方系因自身过错而承担损害赔偿责任，故裁判者应全面查明责任方的不法行为、过错程度，以及其过错行为与投资者潜在损失之间的因果关系。进而，综合责任方的过错程度与原因力大小，审慎、精准地认定其先行损害赔偿责任的具体比例。

---

① 关于私募基金纠纷中先行损害赔偿责任的过错要件标准，尚无文献述及。参见吴国喆、长文昕娉：《违约获益交出责任的正当性与独立性》，载《法学研究》2021年第4期。

② 类似司法裁判还有：上海金某百利诉深圳吾某基金合伙协议纠纷案，最高人民法院（2018）最高法民终539号民事判决书；申某集团诉上海陆某基金财产损害赔偿纠纷案，上海金融院（2022）沪74民终976号民事判决书；陈某诉上海云某基金、华某证券等财产损害赔偿纠纷案，广东省深圳市福田区人民法院（2018）粤0304民初31073号民事判决书。

第四，应根据责任方违反具体义务类型的不同，结合具体案情，合理认定责任方先行损害赔偿的责任范围，不应径行排除赔偿投资者履行利益的可能性。举例而言，基金合同原本明确约定，基金应通过合格境内机构投资者买入美国标普 500 指数基金，但管理人却严重违约，将基金财产挪去投资了其关联方某非上市公司的股权，导致基金到期难以退出、无法清算。如果基金如约买入美国标普 500 指数基金，基金到期时的收益率应超过 50%。就此，如投资者起诉基金管理人先行损害赔偿，则应以该基金买入美国标普 500 指数基金的履行利益来认定责任方的赔偿范围。这也是合同违约损害赔偿责任的题中应有之意。对于违反信义义务的损害赔偿范围，在王某平诉某信托公司营业信托纠纷案中，该案因涉及对蚂蚁金服的股权投资退出价格不公允而备受市场关注，审理法院以某信托公司违反信义义务为由，判令某信托公司赔偿投资者的履行利益损失。①

第五，应分别认可基金清算回款后责任方的合理抵偿请求权与投资者的超额收益请求权，合理平衡各方利益，激励责任方高效、妥善地履行清算义务。一方面，应当认可责任方在先行损害赔偿后，有权就基金清算回款请求合理抵偿其实际赔付的金额。此前在个别案例中没有认可责任方的合理抵偿请求权，② 不利于激励责任方妥善履行清算义务。另一方面，则应明确责任方的合理抵偿权须以其实际赔付的金额为限，对于基金清算回款实现的超额收益部分，投资者仍基于自身的基金份额享有收益分配请求权。

综上所述，针对私募基金清算困局中的投资者损失不确定与投资者保护难题，司法实践中的诸多司法裁判案例已经给出了较为明确且有效的解决方案——推定损失与先行损害赔偿。但这种司法实践的创新，既需要正当性的论证，也需理论上的系统梳理与反思，并在与不同部门法下类似制度的对比中，锚定其在我国民商事救济与责任体系中的坐标。针对该制度

---

① 该案因涉及相关信托计划、私募基金低价出让其所持的蚂某金服股权而备受市场关注。参见广东省深圳市中级人民法院（2022）粤 03 民终 1549 号民事判决书。

② 参见北京金融法院（2021）京 74 民终 482 号民事判决书。

适用过程中的关键问题，应在既有的裁判与法学理论中找到合法、合理的解决进路，在肯定创新意义与实际效果的同时，统一司法裁判的尺度与标准，助力我国私募基金行业行稳致远。

穿透式思维下私募基金合同代位请求权问题研究[*]

薛智胜[**]　韩　玫[***]

摘要： 保护投资者是基金立法宗旨，在多层嵌套私募基金投资模式中，如何为受侵害的投资者提供快捷高效的救济途径成为现实司法难题。穿透式思维和民法代位权制度为受困于多层嵌套牢笼、突破合同相关性的投资者打开了一条快捷通道，其在理论上具有正当性和合理性，在司法实践中具有优越性和可行性，但需要进一步明确其适用条件，将代位权制度限定在特定的合理适用范围之内，以便衡平投资者、基金管理人、基金托管人在多层嵌套结构私募基金中的法律责任承担，维护法律正义。

关键词： 私募基金合同　多层嵌套　代位权　穿透式思维　投资者保护

私募基金以其灵活性强、保密性高、投资领域广的融资特性满足了广大投资者个性化的金融需求成为资本市场的宠儿，但近年来随着国际宏观

---

* 本文系国家社科基金重大项目“社会主义核心价值观与我国商事立法完善”（项目编号：17VHJ001）阶段性研究成果。

** 天津工业大学法学院教授，法学博士。

*** 天津工业大学法学院2022级民商法学研究生。

经济形势下行，国内私募基金兑付高峰的到来，我国私募基金屡屡出现“爆雷”事件，涉案金额动辄几十亿元甚至上百亿元，私募基金管理人再现“跑路”除给投资者造成了巨额经济损失，还影响整个金融市场的安全。其中，多层嵌套结构的私募基金通过设立多层交易架构隐藏资金流向带来的风险问题成为金融监管和投资者权益保护的一大难题。虽然《私募投资基金监督管理条例》（以下简称《私募条例》）和《私募证券投资基金运作指引（征求意见稿）》（以下简称《运作指引》）均对多层嵌套私募基金进行层数限制，但在现实中仍存在双层嵌套结构以及经豁免的多层嵌套结构基金，仍不能完全消除其所带来的金融风险，也无法解决私募基金合同中投资者求偿困难的现实问题。因此，本文将以相关实证案例作为切入点，运用金融商事穿透性思维探讨成立私募基金合同代位请求权的救济新思路，以求教于学者同仁。

一、问题提出——私募基金合同代位请求权的实证分析

根据中国证券投资基金协会官网公布的数据，截至 2024 年 3 月末，国内存续私募基金管理人 21098 家，私募基金产品数量 152659 只，基金规模达 20.29 万亿元，对比 2023 年 4 月末的数据，管理人存量减少 1172 家，产品数量减少 1104 只，总私募基金规模缩减 0.46 万亿元。整体看来，在金融去杠杆政策要求下，我国私募基金市场管理人数量总体呈减少形势（具体数据见图 1），但通过与 2020 年末私募基金规模数据相较，四年间规模数量总计增长 4.32 万亿元，因此管理人数量减少并不意味着我国私募基金市场低迷，反而从侧面看出近年来监管部门持续完善相关法律法规，实行相对严格的等级备案准入制度以淘汰许多“小乱散差”的基金管理人，即我国私募基金仍具备坚实的发展基础以及未来的发展空间。

值得注意的是，《运作指引》为存量私募基金设置了合理的过渡期，可以预见在未来私募基金监管力度收紧，穿透合格投资者思维与相对严厉的运作要求下，近年又将会迎来一波私募基金兑付出清高峰，因此在风险多发的私募基金合同中保障私募基金投资者的合法权益在实务上具备研究

价值。

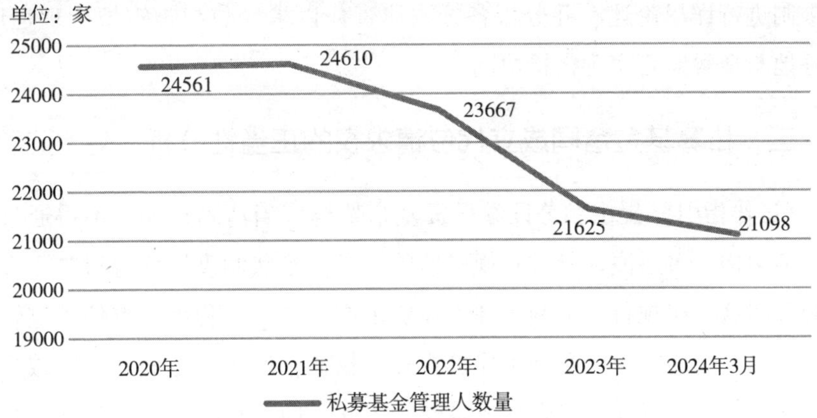

图 1　近五年私募基金管理人数量变化

继 2019 年《全国法院民商事审判工作会议纪要》首次提出“穿透式审判思维”后，2023 年全国法院金融审判工作会议再次强调了处理金融案件必须坚持实质重于形式原则，即将辩证唯物主义中“透过现象看本质”的思维方式运用到审判中。因此，金融领域的穿透式思维就是通过否定商事外观主义，探求当事人之间的真实意思表示，并且据此认定合同性质和效力的新型思维方式。而在私募基金领域，常会发生诸如基金管理人失联、基金违规“爆雷”等无法向投资者支付本金、收益的情况。一般来说，投资者为最大程度维护自身权益通常也会向用资方（目标公司）索赔，但又因投资者与用资方不存在合同关系通常导致投资者维权陷入僵局，从而影响市场对私募基金的积极性。从实质性化解纠纷，避免程序空转，有效控制金融风险的角度来看，私募基金合同领域投资者代位权的适用与当下提倡的穿透式金融审判思维不谋而合。

笔者认为，应当在私募基金嵌套合同这一特定的背景下贯彻穿透式思维要求，以关联合同债权债务关系与基金信托的信义义务为突破口，突破私募基金合同双层结构下的合同相对性，但投资者代位权的突破必然会冲击传统商事领域中契约自由、意思自治、外观主义等基本原则。因此，在探索私募基金合同投资者代位请求权正当性的同时仍须对其实现路径和前提限制进行详尽论述，并分析各方法律责任以求代位权被审慎合理运用，更好地与金融监管实现衔接协同。

二、私募基金合同成立代位请求权的正当性分析

《运作指引》提出私募证券投资基金架构应当清晰透明，不得通过设置复杂架构、多层嵌套等方式规避监管要求。虽然制度层面通过禁止多层嵌套合同这一违规行为限制管理人投资范围，在一定程度上方便了监管部门、法院的穿透审查，有利于保护投资者权益，但实际上嵌套层数减少并不意味着必然可以向次级管理人求偿。因此，即便是在双重嵌套基金合同中，投资者救济路径的重点还是应当放在突破嵌套合同的相对性上，即投资者有权对次级管理人、托管人行使代位请求权。

（一）代位请求权的理论基础分析

1. 现代合同法价值扩张至第三人利益

合同相对性是传统民商契约理论的基础，使合同双方的交易获得稳定的履约效果，但随着经济社会的发展，双方交易行为不可避免地会影响第三人的利益。以多重嵌套私募基金为例，次级管理人与底层管理人之间签订的框架协议是否属于为第三人利益合同？答案是肯定的，债权行为之所以有效，往往具备“债因”这一正当化基础。有观点认为，利益第三人享有利益的原因是其与约定人之间存在某种或赠与、或抵债等财产或非财产利益关系，这就是利益第三人与约定人的债因。① 为方便讨论，可假定该嵌套私募基金为“资管计划+有限合伙”的双层嵌套模式，在投资者与资管计划签订《资管合同》后，资管计划的管理人（底层管理人）当然就该资管计划对投资者履行信义义务，即勤勉、忠实地为投资者的利益服务，

① 参见李永军：《〈民法典〉涉他合同中第三人利益的实现途径》，载《苏州大学学报（法学版）》2021年第1期。

为投资者的财产利益为一定行为。由此可以推断底层管理人与次级管理人签订的诸如合伙协议等投融资协议的行为属于其为投资者的利益行为的范围，而次级管理人作为实际用资方虽不明知自己使用的资金最终来源于何人，但在融资环节中应当知道其资金来源属于合同外第三人，即可以认定双方均明知签订的协议为第三人利益作出的约定。因此，次级管理人与投资者之间存在“债因”，投资者在法理上享有对次级管理人的请求权。

2. 信托受益人诉权保护要求

以契约型私募基金合同为例，契约型基金作为资产的集合体没有法人资格，也并非法律实体，因此投资者不存在代位诉讼的基础，在实践中往往成为被法院排除代位权适用的重灾区。值得注意的是，契约型私募基金合同中基金管理人与投资者存在信托关系，信托财产投资者作为基金财产的最终所有人，也就是信托关系的受益人。信托的概念根植于英美法系，英美法下的信托受托人通常系通过外部投资顾问（托管人）来完成对信托财产的管理。虽然英美法亦规定信托受益人无权以自己的名义就信托财产提起诉讼，但在 Vandepitte v. Preferred Accident Insurance Corporation of New York［1933］1 AC 70（PC）案中，英美法系确立了范德佩特程序：在该程序规则下，如果受托人拒绝向第三人提出索赔，受益人有权起诉侵权第三人，受托人通常作为第三人参加诉讼。甚至在一些案件中，如果受益人是能够从信托中收回信托财产的人，受益人有权以受托人的名义为自己提起诉讼。[①] 实际上，范德佩特程序就是信托受益人的代位请求权，我国《民法典》第 537 条规定了“简易债券回收+限制入库规则”的代位权法律效果模式，可以使债权人直接终局地接受次级债务人的履行。

3. 债权债务的扩张性解释

我国《民法典》第 535 条第 1 款规定，债权人可以突破合同相对性代位向债务人追偿债权的权利，但在司法实践中，许多法院并不把私募基金

---

① 参见柏高原：《信托受益人对第三人的诉权研究》，载《金融市场研究》2022 年第 5 期。

合同中投资者的损失认定为债权，因而认定其不适用代位请求权的规定。因此，是否能将财产性权益认定为债这一论断是投资者通过合同关系代位请求次级管理人、托管人承担责任的另一关键。实际上通过梳理《民法典》第535条的定稿过程，《最高人民法院关于适用〈中华人民共和国民法典〉合同编通则若干问题的解释》第33条将“具有金钱给付内容的到期债权”修改为“债权或者与该债权有关的从权利”这一变动，以及理论、实践中关于担保物权适用代位权的肯定，就可以推出我国代位权指向的客体并不是一个封闭的范围，即债权以外的其他财产性权利可以成为代位权的客体。在此立法意旨的引导下，判断一项财产性的权利能否成为代位权的客体应当考虑三个因素：一是该财产性权利有无确定的相对人，二是该财产性的权利对债权人实现债权是否有实质意义，三是债权人是否有其他更便捷的救济方式对该财产性权利进行处置以实现其债权。① 这完全符合私募基金合同中投资者对次级管理人、托管人就其投资损失寻求救济的内在动因和现实情况。因此，在私募基金合同纠纷中，投资者就其损失向次级管理人、托管人主张权利的，虽在原则上受合同相对性原则的约束，但次级管理人明知或应知资金来源于第三人（投资者），且有且仅有诉讼途径能够解决双方纠纷的，即便债权未经清算法院亦应当支持投资者对次级项目管理人、托管人行使代位权。

（二）代位请求权的现实要求分析

1. 金融改革背景下私募基金合同的穿透性要求

防范化解金融风险，特别是防止金融领域系统性风险是金融工作的永恒主题和根本性任务。由于私募基金投资项目非公开性高等原因，针对私募基金的监管相对较为松散，加上事涉多方当事人和多个投融资环节，管理人通常采用多层嵌套、循环交易等融资模式以节省投资成本，并规避监管，即由于融资结构的复杂多重性导致现存监管手段难以穿透每一层产品

① 参见韩耀斌：《代位权客体范围的司法认定》，载《人民法院报》2024年3月14日。

的资金流向使监管部门难以有效管理投资风险敞口，甚至从封闭场内流向场外，其资金流向不知所踪，但凡其中一层管理人、托管人出现违反信义义务的行为都极易造成投资者的巨大亏损。现实中私募基金“爆雷”事件通常与私募基金合同多层嵌套结构相关，因此《中国人民银行、中国银行保险监督管理委员会、中国证券监督管理委员会、国家外汇管理局关于规范金融机构资产管理业务的指导意见》第22条与《私募条例》第25条共同限制了私募基金的投资层级，将私募基金投资架构限制在两层资管产品以内，但实际上仍存在多层嵌套豁免的情况，如不属于金融产品的有限合伙企业、资产支持证券资管计划、符合要求的创业投资基金、私募母基金等。因此，法院在解决私募基金合同纠纷时应当树立穿透式审判思维，以合同关联性、合同群规模性的角度穿透联通私募基金各层级合同的实质，通过突破合同相对性将外在的各层级合同转化视为投资者在一个投资行为产生的一连串内部合同，探究管理人（实际用资方）与投资者的融资关系认定双方真实的权利义务关系。

2. 投资者代位权可提升司法效率，避免程序空转

从法律经济学的角度来看，效率原则是法律得以建立的基础，也是法律唯一的出发点和归宿点。在如今“法理情相统一”的审判观念下必须考虑的就是提高有限司法资源的使用效率，即在拒绝程序空转，坚持案结事了的要求下对司法实践的要求进一步提高。因此，司法的功能不仅在保障合同交易安全，更要减少程序的复杂性，降低诉讼成本。如果固守合同相对性，那么只能分别通过多个诉讼形成法律关系链条外观来实现求偿，必然导致诉讼成本的倍增，甚至可能错过最佳求偿时机导致诉求落空。代位权作为合同相对性的例外，赋予合同第三人基于法定或约定的权利义务，一方面可以减少因债权人请求权不符而径行驳回的鲁莽，另一方面还可以简化债权人求偿路径，减少司法纠纷数量、减轻司法执行压力。

3. 保护金融投资者的现实需要

在私募基金融资领域，投资者因市场信息不对称、持有者权力分散等固有劣势的存在而在对基金管理人的监督问题上处于相对劣势的地位。尤

其是金融市场的经济活动交换频繁而使交易风险陡增。如杭州某瑶基金案，通过虚假宣传、报送虚假信息等手段将账面优化以显示其投资能力好、产品净值高，投资者很难在违规的信息披露当中判断金融产品的风控，更无法掌握投资资金的流向。当管理人放弃诚信基础“跑路”时，投资者的亏损本就难以追回，若仍旧僵化坚持合同相对性原则对母基金项下的多层嵌套合同分别认定赔偿责任，不仅造成司法程序上的沉冗，更加剧投资者求偿的困难。我国新一轮的金融机构改革坚持的金融双峰监管模式将金融消费者、投资者的保护提高至前所未有的角度。从法律层面来说，一方面，要在立法上推陈出新完善金融消费者权益保护制度；另一方面，司法上应当坚持实质重于形式原则，刺破如多层嵌套、“抽屉协议”等金融违规行为的面纱。因此，为优化金融投资者债权的实现，突破合同相对性正确认定多层嵌套交易合同下的真实交易关系是必要的。

三、私募基金投资者代位请求权的适用条件分析

在金融领域穿透式审判思维的视阈下，判断合同关联性，把握真实交易目的是判断法律关系的关键，也不可避免地成为金融投资者行使代位请求权的要点，因此在将其运用至私募基金合同代为请求权时，应当更加审慎地对合同目的与主体的关联性进行判断，避免代位权的滥用。

（一）私募基金投资存在多重嵌套结构

如前所述，无论是公司型、合伙型还是契约型的私募基金类型，私募基金管理人、托管人都当然对投资者财产利益承担诚实、信用、谨慎、有效管理的义务。在多层嵌套结构私募基金合同中，次级项目管理人、托管人又基于另一协议或另一信托协议等投资条款对实际由投资者提供的资金享有管理使用权。此时底层项目与次级项目之间不仅在客观上存在资金池的重叠，主观上更是构成了为投资者利益而行为的共同目的，具备了经济上的整体一致性和合同利益的一致性，当然符合关联合同的特性。除此之外，由于嵌套结构的存在，投资者无法判断投资资金的流向，嵌套投资系

底层项目统筹管理资金的方式，实际上对于投资者而言具备一定强制交易性，有损投资者的知情权和选择权。而除了嵌套结构的私募基金外，其余私募基金管理人均系直接使用投资者资金对被投公司进行投资，而被投公司系为本公司经济效益而作出行为，不存在合同目的的一致性，更不存在一以贯之的债权债务链条，因此投资者求偿时应当尊重私募基金原有的运行机制，将除管理人、托管人之外的任意第三人或金融产品所属机构排除在代位权行使范围之外，应当遵循“卖者尽责，买者自负”的金融风险自担原则进行纠纷的处理。在目前已“爆雷”的私募基金案例中，不少私募基金管理人因违规或不履行应尽管理职责、基金估值中断而被中国证券投资基金业协会注销基金管理人资格，当投资者起诉时，这些基金管理人往往人去楼空，法律文书送达都成问题，不得不采用公告送达方式，不仅拉长诉讼时间，投资者即使胜诉，也无法执行。因此，在此情形下允许投资者对次级基金管理人以及底层资产管理人享有代位请求权提起诉讼显得更为必要。

由于《私募条例》明确了关于私募基金嵌套层级的规定，而《运作指引》也遵循去多层嵌套的立场细化嵌套规则，那么在双重嵌套之外的多层嵌套私募基金结构中，投资者是否能够再向次级管理人乃至更深入层级的管理人行使代位请求权呢？答案是肯定的。第一，监管部门、金融市场要求“禁止多层嵌套结构”的最终目的是降低金融市场风险以保护投资者利益，因此不宜因为多重嵌套违反法律、行政法规而限制投资者的权益追索路径；第二，虽然多重嵌套基金合同无效，但是无效并不等于没有法律后果，签订多重嵌套基金合同的各方仍对投资者负有财产返还义务、损害赔偿责任等；第三，金融市场风险系双方无法预料、无法掌控，穷尽所有手段仍无法有效识别和规避的风险，但管理人、受托人系金融市场的专业人士，明知应知订立多层嵌套私募基金合同系违反法律、法规的行为，该行为所造成的合同无效、投资者损害或损害风险不属于金融市场正常运行的风险，当然不受风险自担原则的限制。因此，投资者不承担该恶意违法行为所带来的损失，但投资者明知通谋的情况除外。

（二）私募基金投资者的损失数额已确定

根据《民法典》第535条的规定，投资者行使代位权通常需要证明债权到期或确定其债权数额这一前提条件才能打破投资者与债务人的合同桎梏以及突破债务人与次债务人的合同封闭性向次债务人主张债权人代位权，但私募基金领域的现实情况是因为基金财产的独立性，投资者并不直接享有基金所有权，只要基金未经过清算退出就无法确定最终的盈亏，也就无法确定基金的给付金额，而法院往往也以该理由驳回投资者的代位请求。对此，有学者从基金财产人格独立的角度，类比股东对公司享有的权利探讨问题解决的方式，[①] 笔者认为此系理论上的一大突破值得研究，但是由于理论发展仍需要时间，为即刻解决目前私募基金领域投资者求偿难的问题应当由司法先行，积极主动发挥法院职权，在诉讼程序法上给予投资者便利。

投资者的投资损失数额认定应当以《证券投资基金法》规定的清算原则为一般处理原则，但在私募基金管理人无法清算的情况下应当按照基金合同约定或由法院指定相关人员组成清算小组对基金进行清算。若仍存在无法清算的情况，则应当认定投资者已就此产生损失，并且明确管理人应当向投资者承担赔偿责任，为后续诉讼保留追偿路径。值得注意的是，对于存在多重嵌套结构的私募基金合同，投资者代位向次级管理人追偿时也同样适用上述做法，但须由投资者证明存在无法向底层管理人寻求救济的这一必要前提。

---

① 参见程立武、马娇：《契约型封闭式基金中投资者个别救济的路径》，载《人民司法》2023年第28期。

（三）私募基金代位权行使的必要限制

1. 私募基金合同的法律性质的限制

一般来说，契约型私募基金合同在投资者和管理人之间形成信托关系，① 即投资者基于对管理人资质能力的信任，将部分财产独立交由管理人，由管理人以自己的名义为投资者的利益管理、处分该独立财产的行为符合《信托法》关于信托的定义。加之《证券投资基金法》第2条明确将《信托法》作为处理私募基金纠纷的规范依据，私募基金合同的法律性质界定是处理私募基金各环节主体之间的纠纷的前提基础，在投资者寻求法院救济时亦起到决定性作用。除信托关系外，司法实践通常还会将私募基金合同认定为委托理财关系、合伙关系和借贷关系三种。首先，委托理财关系认定通常发生在契约型私募基金领域，在实践中，如果私募基金合同项下的基金及管理人未登记备案，法院倾向于否定基金性质，认定当事人间构成"名为私募基金投资，实为有偿的民间委托理财合同"的金融委托理财关系。② 根据《最高人民法院民事案件案由适用要点与请求权规范指引》一书的观点，金融委托理财是指委托人将资产交给金融机构，由其作为受托人的委托理财形式，投资者与管理人之间形成委托法律关系，即可以根据《民法典》第925条、第926条之规定，突破投融资协议的合同相对性直接起诉次级管理人、受托人，而无须在私募基金合同范围内进行投资者代位行权的特殊考量，也不宜适用私募基金合同项下求偿的特殊路径。同理，在穿透式实质审查思维下，法院往往会根据合同条款内容，如刚性兑付条款、保本收益条款来分辨该合同是否"名为基金，实为借款"

---

① 参见上海金融法院（2019）沪74民初2841号民事判决书、北京市第二中级人民法院（2020）京02民终11251号民事判决书。

② 参见浙江省宁波市中级人民法院（2019）浙02民终3430号民事判决书、北京金融法院（2022）京74民终458号民事判决书。

的借贷合同①或合伙协议②，一般来说此类投资项目中往往会明确约定对赌回购期限或相关到期条款，不符合私募基金投资语境下要求“投资者交付财产具备独立性”这一特征，可以直接行使相应的代位权，但投资者在诉讼中存在的不符合代位权行使条件或其他阻碍权利实现的情况为普通的代位权之诉，应当尽量尊重传统商法中的契约自由、意思自治、外观主义等原则保证商事秩序。

2. 投资者资格存在瑕疵的限制

私募基金合格投资者是指达到规定资产规模或者收入水平，并且具备相应的风险识别能力和风险承担能力、其基金份额认购金额不低于规定限额的单位和个人。在具体合规募集流程中，不同类别的投资者需要向管理人提交不同的证明文件，以个人投资者为例，其金融资产应当不低于300万元或最近三年个人年均收入不低于50万元。但实践中往往存在规避合格投资者要求的现象，如虚构资产证明文件或用他人名义进行隐名投资交易，次级管理人使用资金池时很难分辨、穿透投资者提供的信息材料，在一定程度上系前合同（如资管合同）缔约过失的受害者，即投资者由于自身伪造信息的欺瞒行为导致底层合同效力瑕疵，非因底层管理人对投资者的信义义务减损利益，当然影响信义义务传导至次级项目管理人。因此，投资者在财产利益追索合理性上存在瑕疵，理应阻却债权债务利益的代位链条，遵循合同相对性原则按照传统民商法合同损害赔偿的路径分步骤进行投资者权益的追偿，但能够证明次级管理人明知投资者不合格的情况除外。

3. 现行法律法规冲突的限制

第一，底层资管计划到期清退，按合同法路径救济无门。在资管计划作为底层产品的私募基金嵌套结构中，资管计划的到期清退要求很容易产生投资者陷入求诉无门的情况，即由于资管计划到期清退，投资者根据案

① 参见广东省深圳前海合作区人民法院（2019）粤0391民初2285号民事判决书。

② 参见上海市第一中级人民法院（2019）沪01民初219号民事判决书。

涉资管计划起诉的请求权基础已经不复存在，其与次级基金项目的完整债权债务链条被阻却，投资者当然失去了在合同违约情况下向次级管理人行使代位权的法理基础。对此问题上海金融法院的做法是比照第三人侵害①，以侵权之诉作为补充保障投资者利益。也就是说，在多重嵌套结构私募基金合同中，法院偏向在投资者无法通过合同违约途径寻求合理的救济才以侵权责任方式作为保障投资者权益的补充救济途径。第二，有限合伙企业进入破产程序，破产法阻却代位诉讼。有限合伙型私募基金虽然具备基金的属性，但其组织形式仍属于合伙企业，其在适用法律时以《合伙企业法》的相关规定作为补充。虽然目前法律对于合伙企业破产方面的规定比较笼统，但是《合伙企业法》规定，合伙企业不能清偿到期债务的，债权人可以向人民法院提出破产清算申请。因此，合伙企业具备了适用《企业破产法》的立法基础，而根据《最高人民法院关于适用〈中华人民共和国企业破产法〉若干问题的规定（二）》第 23 条的规定，破产受理后债权人提起代位权诉讼以清偿个别债务的，法院不予受理，即从法律上阻却了投资者代位权的行使，只能适用《企业破产法》及其司法解释的相关规定维护自身权益。

四、私募基金投资者代位请求权的法律后果分析

在《民法典》的规制下，违约责任通常保护履行利益与可得利益，侵权责任救济是将人身、财产受损状态还原至受侵害之前，而为维护经济有序进行，避免破坏原有交易秩序，在二者竞合的情况下法院通常偏向适用违约责任，即选择适用合同编调整经济关系。在私募基金领域内，为方便投资者的权利救济，在司法实践中应作出其径行行使代位权的特殊规定，一方面，投资者无须在违约责任与侵权责任竞合的情况下选择救济途径，更方便处于弱势的投资者向各层级项目管理人、托管人求偿；另一方面，在代位权制度统一限定下能够更快速明晰认定管理人、托管人，底层项目

---

① 参见上海金融法院（2022）沪 74 民终 43 号民事判决书。

与次级项目的法律责任，提升司法程序运行效率。

（一）同层管理人、托管人法律责任分配

《证券投资基金法》要求基金从业人员尊法合规、恪守职业道德和行为规范，即管理人与托管人都不得有利用基金财产为投资者之外的人牟利的违背信义义务的行为。因此，托管人拒绝或怠于履行托管职责同样也违反了《证券投资基金法》第9条以及《私募投资基金监督管理暂行办法》第4条关于管理人和基金托管人相关法定义务的规定，并且根据《证券投资基金法》第145条第1款①的规定，管理人与托管人应当对投资者承担赔偿责任。在现有法条规定下，管理人与托管人的责任承担分为连带责任与分别责任两种，即在管理行为与托管行为存在交集并且构成共同行为时对投资者承担连带责任。可能存在以下三种情况：第一种是管理人与托管人共同谋划侵害投资者权益；第二种是管理人与托管人共同以不作为的方式任由第三方侵害投资者权益；第三种是混合行为，即管理人或托管人一方采取积极侵害行为，而另一方采取明知且无视的态度。② 实际上，私募基金投资者与受托人构成基金信托关系，这就要求管理人与托管人作为共同受托人时应当构建相互监督、彼此制约的制衡机制。加之在多重嵌套结构私募基金的运行中，管理行为和托管行为运作的复杂性要求双方配合、协商更为密切，难以通过主观认定是否构成可分割的分别责任。因此，在混合行为侵害投资者利益时应当从制衡机制失灵与行为划分模糊不清两个角度追究消极行为方的连带责任。

（二）底层项目与次级项目的法律责任分配

在多重嵌套私募基金合同领域内，虽然各层项目管理人与托管人之间的角色定位不尽相同，但从信义义务与利益一致性等关联合同必备因素来

① 《证券投资基金法》第145条规定："违反本法规定，给基金财产、基金份额持有人或者投资人造成损害的，依法承担赔偿责任。"

② 参见刘俊海：《私募管理人与托管人的连带责任》，载《中国金融》2022年第21期。

看，次级项目管理人、托管人与底层项目管理人与托管人构成共同受托人，即使次级项目管理人非投资者的合同相对方，也应当将其为投资者利益之行为评价为与底层管理人、托管人共同的行为，对各方行为一起造成了投资者损失这一事实承担连带责任。但值得考虑的是，私募基金嵌套合同的资金流向具备一定的隐蔽性，即在底层、次级项目双方也天然存在信息差，因此在倾向性保护投资者的情况下，也要考虑实际各级项目中信息不对称受到虚假陈述欺骗的情况。以双重嵌套结构私募基金为例，在底层项目管理人忠实、勤勉地履行信义义务的情况下，仍不可避免地因次级项目管理人的虚假陈述行为造成了投资者基金财产受损时，底层管理人作为资金池的提供者一定程度上也为受害者。在考虑法律责任，尤其是考量混合行为构成的共同连带责任时，应当在推定双方构成共同行为这一前提下，在举证责任方面为底层项目管理人提供举反证推翻存在共同行为的机会，将其剔除承担连带责任的范围。但值得注意的是，底层管理人仅完成约定投资策略的投资不能认定为履行了相应的管理义务。

在多重嵌套结构的私募基金合同中，同一项目产品的管理人与托管人因合同的紧密性与基金信托信义义务的直接性对投资者承担连带赔偿责任，而不同层级项目的责任承担则因嵌套结构的信息复杂性与信义义务传递的间接性在举证责任方面给予推翻推定的机会，但并不意味着底层管理人、托管人就无须承担任何责任，即底层项目具有监督次级项目管理人与托管人的管理行为、查阅相应资料的权利，具有控制次级产品风险的能力，因此仍需要在次级项目导致投资者损失时承担部分单独风险责任。

综上所述，私募基金合同代位权研究的本质是穿透式金融审判思维在特定背景下的应用，针对金融市场的动态复杂性，通过私募基金合同之间的关联性辨明多重嵌套基金合同中存在的权利义务链条，比照循环贸易类案件的穿透审查方式，打通合同群的关联通道，追加投资者投资协议的上下游管理人、托管人作为第三人，以减少讼累保障金融投资者权益，维护社会交易秩序和弥补金融监管空白缝隙。值得注意的是，穿透式思维在一定程度上会对传统商法中的契约自由、意思自治、外观主义等原则造成冲击，所以在讨论投资者行使代位权问题时应当在多重嵌套私募基金结构下，精准识别上下游合同之间的债权债务链条，审慎判断是否存在阻却利益的事由出现，合理衡量不同层级项目间托管人与管理人的法律责任，以维护法律公平正义。

私募基金风险规制思路研究：基于刑法“金融机构论”的展开

▶陈　晨*

摘要： 针对近年来私募基金领域暴露的违法犯罪风险，在研究个罪罪名适用的同时，需要研究风险防控的整体防控和监管优化路径。对照前置金融法对“金融机构”形式要件和实质要件的规定，私募基金不属于规范意义上的“金融机构”；而刑法欲作出与前置法不一致的立法规定，现阶段尚缺乏具有法律漏洞导致重大犯罪黑数存在的正当性支持，而且可能造成刑法涉及“金融机构”众多罪名的体系混乱。因此，防范私募基金金融风险并非刑事法律特别是司法机关单独可以回应和完成的任务，需要从强化刑事追责的同时，进一步完善注册等监管制度、加强风险监管、强化投资者保护等各方面优化监管效能。

关键词： 私募基金　金融机构　法秩序统一　刑事　监管　解释

* 上海市人民检察院第四检察部三级高级检察官，经济学博士、博士后。

私募基金①作为我国多层次资本市场的重要组成部分，在促进实体经济发展、服务国家战略、为投资者提供多样化的投资方式、推动新兴产业发展和加强资本市场韧性等方面发挥了重要作用。然而，伴随着行业的发展，私募基金领域也逐渐暴露出一些风险和问题，需要在关注犯罪风险、分析犯罪趋势特点、研究具体罪名适用的基础上，讨论犯罪风险防控和监管优化的路径和思路。

一、问题的提出

近年来，我国私募基金行业发展较快，机构数量一度呈现爆发式增长态势，从2014年的5388家大幅增加至2015年的2.5万家，至2018年底，全国有近100万家机构中含有“投资”“资产管理”“基金”等字样，真私募与“伪私募”“类私募”“乱私募”并存，甚至一些高风险机构以私募基金之名，行违法犯罪之实。私募基金领域的违法犯罪多发情况引起国家监管机关和刑事司法机关的高度关注。

2021年，中共中央办公厅、国务院办公厅印发《关于依法从严打击证券违法活动的意见》，强调要“强化私募违法行为的法律责任”。2022年3月25日，证监会召开私募基金与区域性股权市场监管、打非与清整工作会议强调，完善私募基金监管规则，优化私募基金监管和服务，稳妥化解行业风险，推动行业健康发展。② 2023年12月，最高人民法院、最高人民检察院联合发布《依法从严打击私募基金犯罪典型案例》，以进一步明确依法惩治涉私募基金犯罪中的法律适用和证据审查标准，切实提高涉私募基

① 根据证监会的定义，私募基金是指在中国境内，以非公开方式向投资者募集资金设立的投资基金。参见中国证监会编著：《中国资本市场三十年》，中国金融出版社2021年版，第116页。

② 参见《中国证监会召开2022年私募基金与区域性股权市场监管、打非与清整工作会议》，载中国证券监督管理委员会网站，http：//www.csrc.gov.cn/csrc/c100028/c2275357/content.shtml，2024年6月30日访问。

金犯罪案件办理质效。[①]

二、私募基金违法犯罪的主要类型分析

从违法犯罪的风险环节和犯罪手法来看，私募基金涉及的刑事犯罪主要可以分成两大类：一是前端吸收资金违法，主要是私募基金突破合格投资者标准，直接或变相向社会公众公开宣传推介，直接或变相承诺固定收益或保本收益，人数超过法律规定限制，对此司法实践主要以非法集资犯罪定罪处罚；二是后端使用违法，主要是前述私募基金管理人侵占、挪用基金资产，如投资人资金直接进入基金管理人实际控制账户，或设立控制大量关联企业，甚至采取欺诈手段，从基金托管人处套取资金的情况。针对违法犯罪，不少学者和实务界人士强调刑法手段规制具有必要性，但作为规制的关键罪名——背信运用受托财产罪却较少适用，主要原因在于私募基金管理公司是否属于刑法上的金融机构存在争议，[②] 由此提出了将私募基金视为刑法上“金融机构”的观点。

司法实践中，私募基金是否为“金融机构”的罪名主要为背信运用受托财产和利用未公开信息交易。本文先对此两类犯罪形式和手法作出简要分析。

案件中私募基金管理人侵占、挪用所管理的基金资产，主要手法包括：一是投资人资金直接进入基金管理人实际控制账户，使大量资金处于无人监管、被管理人肆意挪用或侵占的高风险之中。二是设立控制大量关联企业。在“某兴系”私募机构案件中，“某兴系”私募基金通过注册并控制大量关联企业，产品约定投资绝大多数为“某兴系”关联公司，利用管理公司或关联自然人账户统一划转私募机构募集资金，资金运作具有明

① 参见《“两高”联合发布依法从严打击私募基金犯罪典型案例 进一步明确司法标准 强化办案指导》，载最高人民检察院网站，https：//www. spp. gov. cn/xwfbh/wsf-bt/202312/t20231226_ 638110. shtml#1，2024 年 6 月 30 日访问。

② 参见李勇、唐洁：《私募基金管理公司可成为背信运用受托财产罪主体》，载《检察日报》2024 年 1 月 23 日。

显的资金池特征。三是采取欺诈手段，从基金托管人处套取资金。在上海市浦东新区人民检察院办理的一起涉私募基金案件中，私募基金机构实际控制人授意公司内部人员，在票据黄牛群中寻找票据照片，虚构《银行承兑汇票收益权转让与服务协议》，从证券公司的托管账户套取投资人的资金。

此外，私募基金涉及利用未公开信息交易的案件逐渐浮出水面，私募基金管理人利用管理的私募基金为其从事相关股票交易"抬轿子"的违法现象为监管机关所关注，已有作出相关的行政处罚案例。

由于上述两种违法犯罪案件多发，近年来私募基金"金融机构论"的观点得到越来越多讨论，也为不少科研院校研讨会所涉及，① 更有专家学者专门撰文讨论私募基金公司应认定为刑法意义上的"其他"金融机构，从而适用背信运用受托财产罪、利用未公开信息罪等刑事罪名予以规制。

三、"金融机构论"的正反意见之争

私募基金"金融机构论"的争议不仅涉及背信运用受托财产罪、利用未公开信息交易罪的罪名适用，还折射出刑事法律对私募基金行业整体规制路径的影响，乃至涉及该领域金融监管和风险防控的整体思路，颇具研究和讨论的价值。

---

① 2019年11月24日，复旦大学法学院刑法学科主办、华东政法大学金融监管与刑事治理研究中心协办"私募基金领域的刑民交叉问题"研讨会。主旨发言中，上海某律师事务所高级合伙人裴长利认为，基金管理人属于类金融机构主体，鉴于私募基金领域案件的涉众性，应当适用背信运用受托财产罪予以加强监管。2019年12月7日，北京大学法学院、中国行为法学会金融法律行为研究会和北京某律师事务所联合举办"私募基金刑事法律风险防控"高端论坛。与谈环节中，南京市建邺区人民检察院副检察长李勇指出，作为基金管理人的私募基金公司属于背信运用受托财产罪法条中的"其他金融机构"，基金管理人违背信义义务之忠实义务可能构成本罪。其后，北京某律师事务所高级合伙人李寿双指出，本罪设立时间相对较早，结合当下金融市场发展情况，应当考虑将本罪行为主体扩展至包括私募基金管理人在内。

（一）支持私募基金“金融机构论”的观点和理据①

支持私募基金“金融机构论”观点的论据主要有三点：其一，虽然从平义解释路径看来，私募基金不属于金融机构，但可对刑法意义上的“金融机构”进行扩大解释，该观点认为，私募基金管理人所从事的资金管理业务具有金融属性，并列举了相关监管法律文件中将私募基金管理人纳入“金融机构”的例子，② 且由此认为，将私募基金管理人解释为“金融机构”并未超出刑法条文的可能语义范围，也不会超出一般公民的预测可能范围。其二，从目的解释出发，根据法定犯的原理与法益保护目的多重分析，私募基金管理人违背受托义务运用客户资金的行为符合背信运用受托财产罪构成要件之客观行为。其三，认为背信运用受托财产罪的犯罪主体只需具有金融机构属性即可。③

（二）反对私募基金“金融机构论”的观点和理据

反对观点认为，“金融机构”是法定概念，不能作随意扩张解释，在

---

① 上述观点可参见付云飞、何长春：《背信运用受托财产罪在私募基金犯罪中的适用性研究》，载蔡建春、刘绍统主编：《证券法苑》（第33卷），法律出版社2022年版，第25页；汪明亮、安汇玉：《私募基金经理管理人之背信运用受托财产罪规制》，载《上海政法学院学报》2020年第3期。

② 如国家税务总局等颁布的《居民金融账户涉税信息尽职调查管理办法》将私募基金管理人纳入“金融机构”范围，中国人民银行发布的《金融机构大额交易和可疑交易报告管理办法》中列举的金融机构范围涵盖“基金管理公司”而未限定于公募基金，2018年，中国人民银行等为规范金融机构资产管理将资管业务的监管在私募基金领域对基金管理人已有覆盖之势，加上援引证券投资基金行业专业人士观点。

③ 该观点认为，立法本意是为了处罚违背受托义务的资产管理行为，保护忠实信义的朴素价值观，因此“该罪的犯罪主体不能简单、浅显地理解为金融机构，而只需具有金融机构属性即可”。而私募基金业务属于资产管理业务范围，私募机构具有金融机构属性，符合“金融机构”特征，可纳入背信运用受托财产罪予以处罚。参见付云飞、何长春：《背信运用受托财产罪在私募基金犯罪中的适用性研究》，载蔡建春、刘绍统主编：《证券法苑》（第33卷），法律出版社2022年版，第25页。

刑法未对“金融机构”作出明确规定的情况下，基于法秩序统一原理，刑法解释文义内涵应当与前置行政管理法规相统一，刑法条文之间同一用语应当保持统一。而私募基金管理人未作为金融机构纳入现有的金融管理规范体系内，这一点是明确的。特别是不能以“金融业务”“金融属性”“金融机构属性”等含义相对宽泛的概念代替刑法法律条文中的“金融机构”构成要件，这将严重违背罪刑法定原则。

四、金融法和刑法视阈中的“金融机构”之辩

（一）私募基金不是前置法规范意义的“金融机构”

法秩序统一性原理要求在处理某一件事情时，所有的规范秩序不能相互矛盾。①刑法和民法等其他部门法的关系，是后置法与前置法的关系，②在司法实践中，关注前置法就是在贯彻法秩序统一性原理，必须要关注前置法对“金融机构”的定义。

“金融机构”是一个法定概念，虽然会随着经济社会的不断发展和金融服务产品的不断创新而变化，但在我国的法律体系和金融监管语境中，仍有相对稳定和严格的判断标准。虽然没有任何一部法律或行政法规完整、清晰地定义“金融机构”的概念，但通过法律梳理、监管实践、法律比较等方式，仍可得出关于“金融机构”的判断标准：形式要素+实质要素。形式要素即获得监管机关批准（许可），实质要素即从事金融业务。“金融机构”需从事金融业务应该毋庸置疑，在此不再赘述，本文主要论证认定“金融机构”形式要素的具体路径。

1. 金融监管法律法规回溯

1998 年国务院颁布的《非法金融机构和非法金融业务活动取缔办法》（以下简称《办法》）中明确，从事吸收存款、发放贷款、办理结算等金

① 参见周光权：《法秩序统一性原理的实践展开》，载《法治社会》2021 年第 4 期。

② 参见陈兴良：《民法对刑法的影响与刑法对民法的回应》，载《法商研究》2021 年第 2 期。

融业务，需要经过金融监管部门批准，具体表现形式就是金融业务许可证。虽然《办法》已经为《防范和处置非法集资条例》所取代，但是体现出金融法律和监管机关对规范意义上“金融机构”的认定思路和标准，即金融机构是指获得金融监管机关批准，从事相关金融业务活动的机构。

从监管领域来看，虽然不同金融监管机关对“金融机构”的定义方式不同，但金融机构需要得到监管机关的许可，此观点都是统一的。如《银行业监督管理法》第 2 条规定，银行金融机构均是批准设立，① 第 16 条明确规定，国务院银行业监督管理机构依照法律、行政法规规定的条件和程序，审查批准银行业金融机构的设立、变更、终止以及业务范围。与此同时，2007 年由当时保监会颁布的《保险许可证管理办法》亦明确，经营保险业务的保险控股公司和保险集团公司，保险公司及其分支机构等保险类机构，应当依法取得保险许可证。之后，由于银行和保险业的监管机关进行了合并，2021 年，当时的中国银保监会颁布了《银行保险机构许可证管理办法》，修订了银行保险业金融机构许可证的概念、列举了金融机构的范围，再次强调“银行保险机构开展金融业务，应当依法取得许可证和市场监督管理部门颁发的营业执照”。同样，证券期货领域的金融法律法规和监管机关规范均明确，对证券公司设立、收购分支机构、公募基金管理公司等金融机构均是需要审批的。

由此可见，营业执照是金融机构的身份要件，也是其合法开展相应金融业务的法定许可法律文件，是前置法认定金融机构的形式要件。

---

① 《银行业监督管理法》第 2 条规定：“国务院银行业监督管理机构负责对全国银行业金融机构及其业务活动监督管理的工作。本法所称银行业金融机构，是指在中华人民共和国境内设立的商业银行、城市信用合作社、农村信用合作社等吸收公众存款的金融机构以及政策性银行。对在中华人民共和国境内设立的金融资产管理公司、信托投资公司、财务公司、金融租赁公司以及经国务院银行业监督管理机构批准设立的其他金融机构的监督管理，适用本法对银行业金融机构监督管理的规定。国务院银行业监督管理机构依照本法有关规定，对经其批准在境外设立的金融机构以及前二款金融机构在境外的业务活动实施监督管理。”

2. 金融机构审批和私募基金注册程序的区别

我国金融机构的行政审批程序在相关法律中均有明确规定，在此不再赘述。而私募基金则迥然不同，2014年《私募投资基金监督管理暂行办法》明确，设立私募基金管理机构和发行私募基金不设行政审批，第9条明确："基金业协会为私募基金管理人和私募基金办理登记备案不构成对私募基金管理人投资能力、持续合规情况的认可；不作为对基金财产安全的保证。"这一备案规定被2023年9月正式实施的《私募投资基金监督管理条例》（以下简称《管理条例》）所继承。同时，私募基金的备案不等于行政许可这一观点，也为最高司法机关所认同，在2023年12月最高人民检察院、最高人民法院联合发布的《依法从严打击私募基金犯罪典型案例》中有明确的阐释。①

3. 不能以特定监管领域法律规定代替金融机构认定要素标准

持"金融机构论"观点的重要理据之一，是在特定监管法律文件中将私募基金纳入该语境中的"金融机构"。本文认为，这种情况出现是因为在一些特殊的监管领域中，出于监管政策目标考虑，"非金融机构"主体也会被临时定义为"金融机构"，要求承担如"金融机构"一样的监管义务。实务中常见的情况主要有五种，包括涉税信息调查、资产管理计划②、同业业务合作以及银行理财的合作机构等。这些情况系基于监管政策的权宜性安排，不宜推而广之适用于其他的监管政策和法律规范文件中，更不能作为刑法解释的依据。本文现以涉及的监管法律文件为例进行探讨。

例1：国家税务总局等发布的《非居民金融账户涉税信息尽职调查管理办法》。该办法第7条将私募基金管理公司、从事私募基金管理业务的

① 参见《"两高"联合发布依法从严打击私募基金犯罪典型案例 进一步明确司法标准 强化办案指导》，载最高人民检察院网站，https://www.spp.gov.cn/xwfbh/wsfbt/202312/t20231226_638110.shtml#1，2024年3月1日访问。

② 《信托公司集合资金信托计划管理办法》第8条规定："信托公司推介信托计划时，不得有以下行为：……（三）委托非金融机构进行推介"；《商业银行代销管理办法》明确银行只能代销持牌金融机构发行的产品，因此私募基金产品可能不能直接代销。

合伙企业列入应当提供非居民金融账户涉税信息的“金融机构”。相关机关之所以这样规定，主要是为了履行《多边税收征管互助公约》和《金融账户涉税信息自动交换多边主管当局间协议》，为推进加强国际税收合作、扩大国际税收征收网络和提高对跨境纳税人的税收征管与服务水平作出的监管政策安排。

例 2：2018 年中国人民银行等部门发布的《关于规范金融机构资产管理业务的指导意见》（以下简称《指导意见》）。《指导意见》规定中涉及私募基金，因此有观点认为这也是监管机关将私募基金纳入“金融机构”范围的有力佐证。① 本文认为，此观点系对《指导意见》的误读，因为《指导意见》是针对的金融机构发布的资管产品，而且原则上也只有金融机构才能从事资管业务，② 而私募基金不属于金融机构。因此，《指导意见》以例外规定的方式，允许私募基金从事资管业务，③ 在规则适用上也和持牌金融机构资管业务有所区别。概言之，虽然《指导意见》涉及私募基金，但私募基金是属于非金融机构资产管业务，是法律授权的例外。根据中国人民银行负责同志就《指导意见》答记者问的内容，《指导意见》按照“未经批准不得从事金融业务，金融业务必须接受金融监管”的理念，明确提出除国家另有规定外，非金融机构不得发行、销售资管产品。“除国家另有规定外”主要指私募投资基金的发行和销售。④ 私募投资基金的发行和销售适用规则的路径如图 1 所示。

---

① 参见汪明亮、安汇玉：《私募基金经理管理人之背信运用受托财产罪规制》，载《上海政法学院学报》2020 年第 3 期。

② 《指导意见》第 30 条第 1 款规定：“资产管理业务作为金融业务，属于特许经营行业，必须纳入金融监管。非金融机构不得发行、销售资产管理产品，国家另有规定的除外。”

③ 《指导意见》第 2 条第 3 款规定：“私募投资基金适用私募投资基金专门法律、行政法规，私募投资基金专门法律、行政法规中没有明确规定的适用本意见，创业投资基金、政府出资产业投资基金的相关规定另行制定。”

④ 参见《中国人民银行有关负责人就〈关于规范金融机构资产管理业务的指导意见〉答记者问》，载中国人民银行网站，http://www.pbc.gov.cn/jinrongwendingju/146766/146770/3529603/index.html，2024 年 6 月 30 日访问。

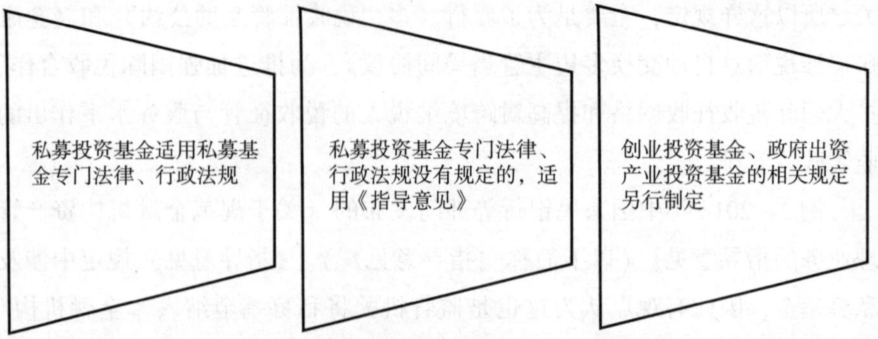

图1　私募投资基金的发行和销售适用规则的路径

另有观点认为，可以比照对小额贷款公司刑事规制的思路，对私募基金进行规制。这个观点存在两个问题：一是严格来讲，部分司法案例认定小额贷款公司为刑法意义上的金融机构，所持理据主要是2014年人民银行发布的《金融机构编码规范》，但金融编码中的所有机构并非均为金融机构，比如编码A开头的货币当局（包括中国人民银行、国家外汇管理局）和B开头的监管当局（中国银行业监督管理委员会、中国证券监督管理委员会、中国保险监督管理委员会）显然都不是金融机构。即使以编码+金融业务来判断金融机构，小额贷款公司是明确列举在“Z—其他”项中，二是即使认为金融编码规范可以作为认定金融机构的依据，私募基金因未在明示的编码机构其中，因此未满足这一要求。

综上讨论，形式要素和实质要素是金融机构认定的基本要素，形式要素主要表现为金融业务许可证，是对金融机构主体身份的认定，是对其从事相关金融业务的许可，也是要求其履行相关义务和追究法律责任的基础。因此，私募基金不属于前置法规范意义上的金融机构。

（二）刑法是否要作出与前置法不一致的解释

前置法未将私募基金纳入金融机构当然不能决定刑法立场，研究前置金融法的规定并不意味着刑法要唯金融法“马首是瞻”。正如清华大学周光权教授指出，应当在坚持刑法和前置法都必须共同维护法秩序统一的前提下，承认刑法上的违法性有其自身的特点，不宜主张犯罪认定必须绝对地从属于前置法，或者在“质”上从属于前置法。的确，刑法具有独立的解释原理和解释方法，在满足“合乎刑法目的性”与“符合国民可预测性”的前提条件下，刑法可以作出与前置法不同的解释，① 如《刑法》中的“信用卡”与金融法中的“信用卡”意义不同。② 具体到本文主题，即刑法是否要对私募基金的性质作出区别于前置法的不同规定？本文从以下三方面讨论。

一是作为例外情况，刑法可以作出与前置法不同的解释，但有违法秩序统一，因而只有为更重要的价值目标，方可突破金融监管法规的性质认定，将私募基金管理人解释为金融机构，换言之，突破法律条文文义进行目的性解释的基础主要是根据现有刑法规制出现了难以弥合的法律漏洞，甚至出现了难以接受的犯罪黑数。那私募基金领域是否如此呢？是否有充分的实证数据基础得以支持呢？

如前所述，当前私募基金违法犯罪主要分成前端吸收资金违法和后端使用违法两大主要形式。现有行政司法实践中较为多见的是非法集资违法犯罪。例如，在一起案件中，被告与投资人签订的合伙协议未约定投资风险，协议条款所体现的是固定的高年化收益、按月付息和到期还本，属于还本付息的存款性质，而非高风险无固定收益的私募基金。因此，被告单位上海睿某公司及其直接负责的主管人员被告人王某的行为构成非法吸收

---

① 参见张绍谦：《试论行政犯中行政法规与刑事法规的关系——从著作权犯罪的“复制发行”说起》，载《政治与法律》2011 年第 8 期。

② 2004 年，全国人民代表大会常务委员会在《关于〈中华人民共和国刑法〉有关信用卡规定的解释》中明确了《刑法》规定的“信用卡”含义，是指由商业银行或者其他金融机构发行的具有消费支付、信用贷款、转账结算、存取现金等全部功能或者部分功能的电子支付卡。而根据相关信用卡业务管理办法，信用卡主要是指信用支付工具，并不包括通常意义的借记卡。

公众存款罪。[①] 对于此类案件情况，如果私募基金背离了本应遵循的以非公开方式向投资者募集资金的行为本质，违反了国家关于非法集资的禁止性规定，司法机关应适用非法吸收公众存款罪、集资诈骗罪等罪名对其追究刑事责任，而且在前端资金募集阶段违法犯罪，逾越了私募基金募集资金的合法边界，构成违法集资的前提下，后续的资金使用不存在合法合规的可能性，应作为非法集资犯罪的一部分予以统一评价。因此，对于有观点指出的“当涉及私募基金的刑事案件多被定义为非法集资犯罪、后阶段的资金使用行为不予评价显然会违背罪责刑相适应原则，造成私募基金行业违法成本较低、刑事震慑效果不足”的观点，本文持保留意见，[②] 相反，司法实践的认定是基于案件行为人主观意图和客观行为的全面评价。

对私募基金管理人及其相关人员违背信义义务运用基金受托财产的行为，刑事规制也非完全的规制空白，相关案件可能直接适用刑法关于挪用资金和职务侵占的规定，司法实践中也有不少已经判决生效的案例。此外，还有基金募集时存在非法收受贿赂等职务犯罪行为，如私募基金管理人的工作人员在私募基金的设立、募集、投资人洽谈和引进、基金运行和管理的过程中，存在利用职务便利，收受相关人员的贿赂款，为其谋取不法利益的情况，对其适用非国家工作人员受贿罪也有司法案例支持。

在现有法律体系下，针对私募基金管理人犯罪可能无法覆盖的“法律

---

① 该案基本案情：上海睿某公司及其法定代表人王某合伙成立睿某投资管理中心（有限合伙，以下简称湘潭睿某，系私募基金），后以委托理财公司推广、拨打电话、口口相传等方式向不特定公众宣传湘潭睿某的“移城建郊”项目，招揽不特定投资人入伙湘潭睿某成为有限合伙人，并向上述投资人承诺10.5%至12%保本付息的高额回报。2014年1月至2015年7月，湘潭睿某通过委托贷款的方式将所募集的钱款出借给湖南某地产开发有限公司用于房地产开发项目。案发后经审计，上海睿某吸收投资款共计人民币4000余万元，未兑付金额共计人民币3900余万元。参见上海市虹口区法院（2017）沪0109刑初685号刑事判决书。

② 参见付云飞、何长春：《背信运用受托财产罪在私募基金犯罪中的适用性研究》，载蔡建春、刘绍统主编：《证券法苑》（第33卷），法律出版社2022年版，第58页。

漏洞”主要有两种情况：一是以私募基金管理人实施的违背受托义务管理资金的单位犯罪；二是私募基金经理“老鼠仓”行为暂时无法入刑。[①] 对于第一种情况，如果私募基金管理人系为违法犯罪而成立，或成立后主要实施违法犯罪活动，则可能存在刺破单位犯罪的面纱认定个人犯罪的情况。而对于第二种情况，证监会近年来已予以关注，自2018年以来，证券监管机关改变了根据《私募投资基金监督管理暂行办法》第38条之规定，对私募基金“老鼠仓”行为顶格只能罚3万元的通常标准，明显加大了行政处罚力度。对此主流观点认为应适用《证券投资基金法》罚则，严惩私募“老鼠仓”行为，并尽快完善行政立法，统一公私募行政量罚尺度。[②] 虽然对私募基金经理“老鼠仓”行为的行政罚则存在一定争议，但认定其违法并予以行政处罚并无法律障碍。从刑事处罚的角度，虽然对私募基金“老鼠仓”涉刑却无法处罚的犯罪黑数难以精确计算，但可以根据证监会作出涉及私募基金“老鼠仓”的行政处罚案件进行估算，初步得出结论。此类案件为数并不算多。

二是刑法作出例外解释的可能负面后果。在讨论是否将私募基金视为刑法上的“金融机构”时，除了对现有“法律漏洞”的存在进行评估外，还需考虑这种扩大解释可能的负面影响。在我国《刑法》中，除了背信运用受托财产罪，在《刑法》中以“金融机构”和“金融机构工作人员”

① 参见陈晨：《利用未公开信息交易犯罪疑难问题研析：基于理论和实践的双重坐标》，载蔡建春、刘绍统主编：《证券法苑》（第26卷），法律出版社2019年版，第75页。

② 2018年4月，证监会对上海某投资总监文某“老鼠仓”行为进行处罚，而文某为私募基金经理“享受”公募基金经理处罚“待遇”的第一人，证监会根据《证券投资基金法》第123条第1款、《私募投资基金监督管理暂行办法》第23条第5项的相关规定，认定其构成利用未公开信息交易，对其没收违法所得251.44万元，并处251.44万元罚款。参见《中国证监会行政处罚决定书（文某）［（2018）11号］》。

作为构罪主体身份要件的罪名至少还有 11 个①，此外还有将其作为加重情节要件的罪名②。上述罪名大部分与金融机构的行政审批程序和许可所获的资质关系紧密，如擅自设立金融机构罪，伪造、变造、转让金融机构许可证、批准文件罪，因此，在对《刑法》中“金融机构”作出解释时，需要具有体系思维，不宜仅对其中的部分罪名“金融机构”作扩大解释，影响刑法体系的协调，产生价值判断上的失衡。

三是作出例外解释宜采取立法解释的方式。金融机构是金融市场的基本主体，金融机构的定义和范围是金融体系制度中的基础性问题，无论是前置金融法抑或刑法，关于“金融机构”的定义和范围的规定都是牵一发而动全身的。基于此概念在法律中的基石地位，以司法解释对刑法适用中的金融机构的定义作出扩大解释，法律依据不足。即使要对私募基金认定为刑法意义上的“金融机构”，也应当以立法解释的形式慎重作出。

因此，本文认为，在现阶段，支撑刑法作出与前置法不同的“金融机构”规定而将私募基金纳入其中的法理依据不足，因此，在司法实践中，还是应坚持以私募基金违法犯罪是否符合相应罪名的构成要件，是否具有刑事处罚必要性来考虑是否适用罪名，而不是以该罪名的保护法益、立法背景、规制核心要义等作为逻辑起点来论证其对私募基金具有适用的必要性和可行性，否则会有“有罪预设”之嫌。

---

① 《刑法》第 171 条金融工作人员购买假币、以假币换取货币罪，第 174 条擅自设立金融机构罪，伪造、变造、转让金融机构经营许可证、批准文件罪，第 175 条高利转贷罪，第 175 条之一骗取贷款、票据承兑、金融票证罪，第 180 条利用未公开信息交易罪，第 185 条之一背信运用受托财产罪，第 186 条违法发放贷款罪，第 187 条吸收客户资金不入账罪，第 188 条违规出具金融票证罪，第 189 条对违法票据承兑、付款、保证罪，第 193 条贷款诈骗罪等罪名，以“金融机构”和“金融机构工作人员”作为构罪主体身份要件。

② 《刑法》如第 177 条之一第 2 款规定：“窃取、收买、非法提供信用卡信息罪规定，银行或者其他金融机构的工作人员利用职务上的便利，窃取、收买或者非法提供他人信用卡信息资料的，依照前款规定从重处罚。”

（三）回溯法理：为什么不对私募基金采用许可制监管

文至于此不难看出，仅从刑法的角度考察是否应将私募基金视为刑法上“金融机构”难以寻求到问题的本源，用司法解释和刑事裁判的形式确定也是不合适的，因此需要回溯问题的本源，从证券监管的角度讨论是否应将私募基金作为金融机构进行监管。

从世界主要国家的发展实践来看，各国的金融监管法都是一个由原则、规则和指引等法律规范共同构成的体系。① 资本市场作为金融监管的重要领域，也需要遵循“三公”原则、适度原则、倾斜保护等重要监管原则。② 具体到私募基金领域，监管需要平衡资本市场便利融资与投资者保护之间的关系，主要体现在两个方面：一是从融资效率角度而言，私募基金存在的价值正在于其较高的融资效率和较低的融资成本。如果为了保护投资者而对私募基金课以较重义务，会导致以私募进行融资的方式举步维艰。因此，与公募基金相比，私募基金管理人的注册程序应当是简化和集约的。二是从维护市场秩序和金融安全角度而言，私募基金对投资者利益和金融稳定产生的负外部性相对小于公募基金。③ 与公募基金相比，私募基金投资者人数较少且为特定对象，这些特定对象又有一定的资产和投资

---

① 原则是较为稳定的基本行为准则，不预先确定具体的事实状态，也不规定具体的权利和义务，而是通过“公平”“合理”“适当”等定性的标准约束金融机构的经营活动，要求其在提供金融服务的过程中做到“诚实守信”“勤勉尽责”“合理注意”；规则是针对特定监管事项，以具体权利义务为内容的监管规范；指引是对原则或者规则涉及的有关问题进行解释和说明并提升其可操作性的监管规范，包括监管机构或者行业组织制定的正式指引，以及监管机构的声明、典型案例说明、监管处罚案例等非正式指引。参见刘轶：《金融监管模式的新发展及启示——从规则到原则》，载中国法学创新网，http://www.lawinnovation.com/html/cxwx/1484016.shtml，2016 年 2 月 27 日访问。

② 参见丁邦开、周仲飞主编：《金融监管学原理》，北京大学出版社 2004 年版，第 102-104 页。

③ 此处论及的都是合法合规经营的私募基金，而非以私募基金之名行违法犯罪之实的“伪私募”“类私募”等。

经验要求，能够有效获取信息并作出投资决策，因此私募涉及更多的是投资者个人利益而非公共利益，投资者范围可控。特定类型的私募基金可能对金融市场产生外部影响，但威胁整个金融市场稳定的可能性小于公募基金，因此整体上对私募基金注册的监管也相对宽松。

因此，基于金融监管原则和私募基金特点，在世界主要资本市场的监管实践中，相比于公募基金严格监管理念，私募基金准入的监管理念应是适度监管，既不能放任不管，这有违金融安全性的考虑，也不能实行等同于公募基金的严格监管，严苛的注册制度压制融资渠道，有悖私募基金的本质，而应在管理金融风险与促进市场发展、监管效率与金融安全之间寻求恰当的平衡。

五、我国防控私募基金犯罪风险路径

防范金融风险并不是单纯的刑事打击，治理私募基金领域风险也不能过度依赖刑事打击这一单一路径，而应发挥行政监管、刑事司法和自律组织等多方作用，构建更加优化的风险治理体系。

（一）依法惩治犯罪、发挥刑事法律的震慑功能

如前所述，适用现有刑事法律罪名规制违法犯罪可能存在不足，但“空档”很小，在最高人民法院、最高人民检察院联合发布的《依法从严打击私募基金犯罪典型案例》中，除了涉及常见的非法集资犯罪之外，相关罪名还包括挪用资金、职务侵占、非国家工作人员受贿等罪名。

2023 年，《管理条例》正式生效实施，作为我国私募投资基金行业首部行政法规，补充了私募基金监管序列上的缺环，为规范私募基金提供了行政法规层面的依据，也为检察机关准确认定私募基金违法犯罪提供了法律基础。刑事司法机关在案件审查中应做好两方面工作：一是应当准确把握犯罪嫌疑人的主观故意、区分行为性质以及造成投资人损失的原因。二是与证监会、中国证券投资基金业协会等监管机构建立线索双向移送机制，对于不构成犯罪但可能违反《管理条例》规定的，应当及时反向移送

相关行政部门作出处理；同样，监管机构在行政执法过程中若发现可能构成犯罪的情形，也应当及时移送司法机关处理。

（二）推动私募基金法律法规和监管优化

2023年对我国私募基金行业而言是具有里程碑意义的一年，私募基金行业在稳健前行的同时，经历了监管体系的一系列重大变革，私募基金行业在监管专业化、规范化和体系化方面迈出了重要步伐。

私募基金的一大优势在于其体制、机制的市场化和灵活性，但监管不足也可能诱发风险。私募基金注册作为行业机构的“入口端”，在加强监管效能方面发挥不可替代的重要作用。私募基金注册制度是私募基金管理人按照有关规定，向国务院证券监督管理机构委托的机构进行登记备案的制度。① 自2014年开始，我国将私募证券基金、私募股权基金、创业投资基金等各类型的私募基金统一纳入注册制②，2023年9月1日生效的《管理条例》明确规定，私募基金管理人须向中国证券投资基金业协会申请登记，私募基金募集完毕后应向基金业协会备案，创业投资基金实施差异化监管，加大对规避登记备案义务的惩处打击力度。这与稍早前出台的《私募投资基金登记备案办法》共同组成私募基金注册的基础性制度文件。虽然私募基金监管日趋规范、全面，但还存在尚需完善之处。

一是建议建立统一的注册标准和监管主体。建议进一步统合协调对私募基金行业的监管主体，构建私募基金注册统一的法律适用。进一步加强私募基金机构在市场准入、投资者资质、投资运作、风险管控、投资者权益保护等方面的监管规则。建议证监会、中国证券投资基金业协会与人民银行等部门及地方政府加强沟通协调和信息共享，形成监管合力。二是根

① 参见梁清华、高奇：《我国私募基金注册制度的监管理念及路径选择》，载《经贸法律评论》2023年第5期。

② 对于私募基金类型的划分，最初见于《私募投资基金管理人登记和基金备案办法（试行）》（中基协发〔2014〕1号，已废止）第5章第19条、第20条、第21条。《私募投资基金登记备案办法》中也秉承了该种划分方式。

据基金规模、风险特点进行区分监管，在适度监管的同时优化监管效能。注册标准的统一要求对管理人进行更为科学的分类。基于私募基金管理人在投资标的、投资规模、管理能力、风险识别与控制等方面存在的巨大差异，在统一注册标准要求的同时更应对管理人进行更为科学的分类，以突出监管重点，优化监管效能。建议借鉴国际经营，可以从管理人管理基金的规模①和管理基金的类型两方面进行区分，从而设计出不同的注册要求和豁免注册制度②，从而在适度监管的同时保持有效监管。可以探索根据中央与地方金融监管体制改革进程和职能安排，进一步充实证监会及行业协会的监管力量，优化监管资源配置，由其负责制定统一的私募基金监管规则，统一全口径登记备案，对达到一定规模、相对较大的私募基金实施机构监管，加强对全国私募基金监管工作的统筹协调和指导。省级金融监管部门在统一规则下制定实施细则，对规模相对较小的私募基金实施属地

① 依据中国证券投资基金业协会网站的分类，我国目前将管理人划分为私募证券管理人、私募股权或创业投资管理人、其他私募投资管理人以及私募资产配置类管理人四类，这种以投资标的为主要依据的划分方式清晰明了，但差异化与精准化程度有待提高。我国可以借鉴美国 PF 表中对于投资顾问的类型划分，以投资标的为基础，结合投资规模对管理人进行分类。在 PF 表中，对于管理规模超过 1.5 亿美元，但是未达到大型私募投资顾问门槛的，实行统一的监管标准，注册时申报有限信息；对于达到大型私募投资顾问门槛的，则提高监管精度，以规模和投资标的为依据，区分大型对冲基金顾问、大型私募股权基金顾问、大型流动性基金顾问，并分别设置了单独的更为严格的监管要求。我国可在投资标的基础上更加重视规模上的分类，以此设定符合我国国情的更为集约统一的注册指引。

② 在美国，依据管理人的类型和管理的资金规模规定了豁免注册的管理人，即“豁免报告投资顾问”。依据类型划分，豁免投资顾问包含客户仅为保险公司、外国私人投资顾问、慈善机构的职员或其行政人员等，风险投资基金顾问，以及为家族基金服务的投资顾问也免予注册。除特定类型的投资顾问享受豁免待遇外，特定规模的私募投资顾问也可豁免注册。这包括《投资顾问法》中设定的小型投资顾问：客户全部居住在与投资顾问相同的州内，未向客户提供跨州交易建议；在过去 12 个月内客户数量少于 15 个，并且未向投资公司以及“业务发展公司”提供投资建议。《注册法案》中则规定“任何投资顾问的服务对象如仅限于私募基金，且在美国境内资管金额低于 1.5 亿美元，证券交易委员会应当向该等投资顾问授予豁免，不必遵守本条规定的注册要求”。See The Investment Advisers Act of 1940 and Private Fund Investment Advisers Registration Act of 2010.

监管，牵头处置本地区私募基金风险。在全口径登记备案、监管部门掌握必要信息的基础上，探索根据规模、类型和规范性程度等标准，分类实施差异化的监管，如适当简化中小私募基金和合规性良好基金的监管要求，加强对大型基金和合规性较差基金的监管，并对合规表现优秀的各类基金提供创新业务准入等方面的便利，实现奖优罚劣。

此外，建议拓宽私募基金信息公开披露渠道，除现有的中基协网站等公示平台外，逐步打通手机客户端、微信公众号等便捷查询渠道，便于投资人随时查询、核实、监测基金信息和变动情况。

（三）以数据赋能监管打造风险监测预警体系

扎实推进监管科技是资本市场完善监管体制机制的一项重要任务，近年来，证监会稳步推进监管科技基础能力建设，加快构建新型监管模式，进一步增强监管效能，努力实现“数据让监管更加智慧”的愿景。当前，监管科技正处于3.0时代，工作核心是建设一个运转高效的监管大数据平台，① 对私募基金的监管也可以成为其重要组成部分。

对私募基金监管的核心之一在于对募集资金安全的监管，从而维护投资人合法权益。为督促基金管理人在募集资金托管、投资运作等环节规范使用资金，建议进一步强化丰富金融监管手段，提升金融监管能力。一是建议证监会及地方证监局、中国证券投资基金业协会等行政机关和行业协会强化大数据的互通共享，对私募基金管理人等机构开展私募基金业务情况进行统计分析和风险监测；二是建议由地方派出机构负责辖区私募基金的负面舆情监测，利用现有信息系统等综合手段，对规模较大、杠杆率较

① 监管科技3.0工作的核心是建设一个运转高效的监管大数据平台，综合运用电子预警、统计分析、数据挖掘等数据分析技术，围绕资本市场的主要生产和业务活动，进行实时监控和历史分析调查，辅助监管人员对市场主体进行全景式分析、实时对市场总体情况进行监控监测，及时发现涉嫌内幕交易、市场操纵等违法违规行为，履行监管职责，维护市场交易秩序。参见中国证监会编著：《中国资本市场三十年》，中国金融出版社2021年版，第231页。

高、可能存在高风险的私募基金进行重点监测，关注其投资运作及风险状况，必要时进行风险评估和预警；三是建议对派出机构、中国证券投资基金业协会、受理的投诉举报信息进行监测，分析私募基金违法违规的原因、类型和趋势，有针对性地制定监管对策，从而构建立体化、信息化、社会化的监测预警体系，进一步提高事前预防和事后打击的效果。

（四）加强投资者合法权益保护和理性投资文化环境培育

我国拥有全球规模最大、交易最活跃的投资者群体，私募基金本应针对的是具有一定风险识别能力和承受能力的合格投资者，但随着私募基金行业金融犯罪案件不断升级，犯罪手法的欺骗性和隐蔽性越来越强，部分投资人尤其是年长人士，缺乏投资知识和经验，且获取信息渠道较为单一，还有部分投资人逐利心切，风险防范意识薄弱，容易受到不法分子的诱导进行盲目投资。私募投资领域是规范投资者适当性管理的重点领域之一，[①] 经营机构需落实从了解投资者到纠纷处理等各个环节应当履行的适当性义务外，监管机关也应对经营机构履行适当性义务进行监督管理，中国证券投资基金业协会等自律组织对经营机构履行适当性义务进行自律管理。

需进一步培育理性投资文化。会同证券监管机构、行业协会开展形式多样的金融知识宣讲活动，让更多的投资人了解私募基金运行规则以及可查询基金管理人和基金信息披露的公开渠道；以案释法开展多渠道的投资者教育互动，通过现场普法、法治进社区等方式，充分发挥多媒体渠道，开展以案释法宣传活动，增强群众的金融投资法律意识、风险意识，提高金融违法犯罪风险的识别、防范能力，加强投资风险教育，引导社会大众理性理财。

---

① 《证券期货投资者适当性管理办法》（2022年修正）第2条规定："向投资者销售公开或者非公开发行的证券、公开或者非公开募集的证券投资基金和股权投资基金（包括创业投资基金，以下简称基金）、公开或者非公开转让的期货及其他衍生产品，或者为投资者提供相关业务服务的，适用本办法。"

监管视角下私募股权投资机构上市问题研究*

▶高振翔**

摘要： 私募股权投资机构上市是各方期待突破，但境内尚无成功经验且监管机构相对谨慎的课题。美国私募股权投资机构上市有管理人上市、基金上市和整体上市三种模式，三种模式的利益冲突问题有所不同。我国私募股权投资机构也曾有挂牌新三板的探索，但出现了“野蛮生长”等发展不规范的问题。在监管视角下，上市后的私募股权投资机构兼具公众公司和私募机构双重性质，容易出现私募投资风险外溢至公众投资者，私募机构治理不适应上市公司治理，公开市场信息披露与私募运作冲突等问题。构建我国私募股权投资机构上市制度，应坚守私募股权投资机构的管理职能，坚持管理人上市模式，严格监管募集资金流向。同时，鼓励和保障投资者积极参与私募股权投资机构的内部治理，强化管理人的信义义务约束。针对私募股权投资机构特点，对信息披露制度作出差异化安排，平衡好投资者和机构方利益。

关键词： 私募股权投资　公募私募化　私募基金　管理人　上市制度

---

* 本文仅代表作者个人观点，与所任职单位无关。

** 法学博士，供职于深圳证券交易所。

作为从事私募股权投资的市场主体，私募股权投资机构在发现、培育和支持科技创新、促进经济高质量发展过程中发挥重要作用。近年来，以黑石、KKR、凯雷等为代表的头部私募股权投资机构陆续通过首次公开募股（Initial Public Offering，IPO）方式登陆境外资本市场，但境内尚无成功案例。从实践上来看，上市对私募股权投资机构拓宽融资渠道、优化内部治理、便利投资人退出、实施核心员工激励等具有重要意义。上市私募股权投资机构在募资能力上持续与非上市机构拉开差距，在投资持续性方面获得更长久安排。2021 年 1 月，深圳市地方金融管理局发布《关于促进深圳风投创投持续高质量发展的若干措施（征求意见稿）》，首次明确提出“探索优秀风投创投企业上市安排”。目前，已有广州、苏州等地的政策文件支持符合条件的私募股权投资机构通过上市做大做强。①

私募股权投资机构上市，突破了私募股权投资机构通过非公开方式，面向合格投资者募集资金的传统。这一方面丰富了普通投资者的投资途径，使公众投资者可以分享私募股权投资所带来的超额收益，另一方面也给监管带来挑战。上市后的私募股权投资机构成为私募股权（Private Equity）与上市公司（Public Company）的混合体，私募股权的私人性、封闭性、灵活性与上市公司的涉众性、公开性、规范性产生冲突。例如，私募股权投资机构采取以基金管理人为中心的治理模式，这与上市公司以股东会或董事会为中心的治理模式显著不同，可能带来治理方式的冲突。又如，作为上市主体，私募股权投资机构应当向公众投资者充分披露投资策略、持仓组合和收益情况等对投资者利益产生重大影响的信息，但作为私募股权投资的实体，披露上述信息将使私募机构难以保持竞争优势，获取

① 例如，《广州市人民政府办公厅关于新时期进一步促进科技金融与产业融合发展的实施意见》（穗府办规〔2021〕12 号）提出“鼓励和支持创业投资机构创新募资手段，通过上市，发行企业债、公司债等固定收益产品，以及募集保险资金等方式，形成市场化、多元化的资金来源”。《关于促进苏州股权投资持续高质量发展的若干措施》（苏府〔2021〕41 号）提出“支持符合条件的股权投资机构利用资本市场做优做强”。

超额收益。本文梳理了境外私募股权投资机构上市的基本模式和我国私募股权投资机构挂牌新三板的相关实践。在此基础上，从监管视角出发，探讨了私募股权投资机构上市所面临的私募公募化、治理结构弱化、信息披露要求冲突等问题。结合现行法律法规，提出我国私募股权投资机构上市的可行路径和相应制度安排。

一、私募股权投资机构上市的模式与实践

（一）私募股权投资机构上市的类型化分析

私募股权投资是通过非公开发行方式向特定投资者募集基金，投资于非上市公司股权的集合投资行为。[①] 私募股权投资机构具有以非公开方式募集股权投资资本、以财务投资为策略、以未上市公司股权为主要投资对象、由专家专门负责投资管理等特征，实际运作中涉及基金投资人、基金管理人和基金三方主体。基金投资人向基金投入资金，是基金份额的所有者，承担基金风险和收益。基金管理人是基金的实际管理者，为投资人提供专业的基金管理服务。基金则是实际开展私募股权投资的法律主体，其治理结构取决于投资人和管理人的协商安排。此外，为避免道德风险，实现利益深度绑定，基金管理人又往往是基金的投资人，持有一定比例的基金份额（通常不超过 20%）。

近年来，境外私募股权投资机构纷纷通过 IPO 上市，利用资本市场做大做强，但至今我国仍未有私募股权投资机构通过 IPO 在境内上市。美国是私募股权投资机构上市最为活跃的国家之一，截至 2017 年 1 月，已有 42 家私募股权投资机构在美国上市。[②] 从美国实践看，以上市主体为划分

① 参见王荣芳：《论我国私募股权投资基金监管制度之构建》，载《比较法研究》2012 年第 1 期。

② Sung Eun Kim, "Typology of Public-Private Equity", 44 *Florida State University Law Review* 1435, 1446 (2017).

标准，私募股权投资机构上市有管理人上市、基金上市、整体上市三种模式。

1. 管理人上市模式

管理人上市模式，即私募股权投资机构的上市主体为管理人，由管理人向不特定公众发行股份募集资金并上市交易。在管理人上市模式下，公众投资者不直接持有私募股权投资机构管理人所管理的私募基金份额，相关基金仍保持非公开募集属性。管理人收入来源于基金管理活动，包括管理费和收益提成（Carried Interest）。前者由管理人根据基金规模按一定比例收取，① 或者在基金的不同阶段按照不同的比例收取。后者由管理人从基金扣除本金和各项管理服务费用后的剩余收益中按比例收取。因此，公众投资者作为管理人股份持有者，不直接分享私募股权投资收益，而是从管理人的股权投资管理活动中分享管理费、收益提成等间接收益。42家美股上市私募股权投资机构中，11家采取了管理人上市模式。

在管理人上市模式下，私募股权投资机构的创始人团队为确保对管理人的控制权，往往对上市主体的治理结构作出特别安排。一是严格控制公开发行股份数量。为确保创始人团队在上市主体中的持股比例不因公开发行股份而被大幅度稀释，创始人团队往往对上市主体公开发行股份的数量作出限制。二是创设双层股权结构。若创始人团队预计在上市主体中的持股比例较低，通常在IPO前为上市主体创设“同股不同权”的类别股，确保IPO后创始人团队依然拥有较大比例的表决权。例如，在上市私募股权投资机构Oaktree Capital Group案例中，管理人上市前专门创设了双层股份结构，公众投资者持有A类股份，创始人团队持有B类股份，B类股份拥有上市主体约98.23%的表决权。创始人团队仅须持有一定的B类股份即可实现对上市主体的控制。② 三是设置专门的限制程序。创始人团队可以

---

① 私募股权投资基金管理费通常为基金规模的1.5%~2%。

② Oaktree Capital Group, LLC, Registration Statement (Form S-1) (June 17, 2011), p. 57.

在上市主体的章程文件中，对新进外部股东行使表决权作出限制，如规定新进外部股东行使表决权的专门程序，确保创始人团队对上市主体的重大事项享有决策权。此外，创始人团队还可以设置回购权，规定当公众持股比例低于一定阈值时，上市主体有权以通知方式，从公众手中回购剩余股份。[①] 因此，在管理人上市模式中，应关注控股股东（创始人团队）和中小股东（公众投资者）的利益冲突问题。在创始人团队保留对私募股权投资机构决策权的情况下，公众投资者面对纠纷往往缺乏必要的制衡手段和救济途径。

2. 基金上市模式

在基金上市模式下，私募股权投资基金（或者母基金）[②] 成为公开发行股份的上市主体。公众投资者通过直接持有私募股权投资基金发行的股份，享有基金投资标的组合权益，获得直接参与私募股权投资的机会。美国大部分上市私募股权投资机构采取了基金上市模式。42 家美股上市私募股权投资机构中，25 家采取了基金上市模式。

作为上市主体的私募股权投资基金，存在三种组织形式。一是公司模式。公司制的私募股权投资基金按照法律要求设置公司治理机构，董事会受股东委托，负责公司经营管理事务，选任并监督经营管理层实现私募股权投资收益的最大化。二是有限合伙模式。有限合伙制的私募股权投资基金由普通合伙人和有限合伙人构成。普通合伙人负责基金日常经营管理，就基金债务承担无限责任。有限合伙人作为财务投资者出资，不参与基金运营管理，承担有限责任。合伙份额属于美国 1933 年《证券法》规定的证券范围，有限合伙企业可以成为美股上市主体。美国上市公司中存在公开上市有限合伙企业（Publicly Traded Partnership）的组织形态，其公开发行的权益性证券不称为股票而称为普通单位（Common Units），公众投资者

---

① Oaktree Capital Group, LLC, Registration Statement (Form S-1) (June 17, 2011), p. 189.

② 母基金以基金为投资标的，被称为基金中的基金。

是普通单位的持有人。三是有限责任企业（Limited Liability Company，简称LLC）模式。美国法上的有限合伙企业与我国《公司法》上的有限责任公司不同，是一种新的商业模式，目的在于确保投资者有限责任的情况下，同步享有合伙企业的“好处”，例如，美国税务透明①、更灵活的公司治理安排等。有限责任企业的出资份额属于美国1933年《证券法》规定的证券范围，出资人按照出资额比例享有表决权、分红收益权等权利，享有证券法对出资人的保护。②

值得关注的是，在基金上市模式下，虽然公众投资者直接持有私募股权投资基金股份，基金收益却取决于管理人的投资表现，造成权责利不对等。例如，在上市私募股权投资机构黑石集团案例中，上市主体黑石集团有限责任企业（LLC）的普通合伙人（兼管理人）由黑石实控人控制。公众投资者是上市主体的普通单位持有人，无权选择普通合伙人或其董事，仅在业务方面享有有限投票权。这样的内部治理安排使公众投资者除了“用脚投票”卖出股份以外，并无可以抗衡内部人的机制。③

3. 整体上市模式

整体上市模式是指管理人和基金同时成为上市主体，公众投资者同时持有管理人和私募基金主体股份。④ 管理人和基金均面向社会公众发行股份募集资金，管理人往往将募集资金投向基金管理活动，如激励核心员工、提升基金投研能力等。基金则通常将募集资金用于私募股权投资。公众投资者可以在同一私募股权投资机构中自由选择投资于管理人层面或是基金层面，有助于实现投资者收益的多元化。42家美股上市私募股权投资

① 美国税法规定税务机关不单独课征LLC层面的所得税，避免了企业层面和股东层面双重课征所得税。

② 参见邢会强：《私募股权基金上市的组织形式选择》，载《南都学刊》2010年第3期。

③ BlackRock Capital Investment Corporation, Registration Statement of Small Business Investment Companies (Form N-2 Pre-Effective Amendment No. 2) (June 14. 2007), pp. 71-72.

④ 公众投资者也可以直接持有由管理人和基金组成的新设机构股份。

机构中，有6家（3对组合）采取了整体上市模式。

在整体上市模式下，公众投资者同时在管理人层面和基金层面持有股份，这使不同层面的投资者利益保护存在冲突。首先，管理人的获利模式与基金并不一致，管理人的收入来源于基金管理费和收益提成，基金的收入则来自扣除支付管理人费用后，被投项目的股权增值。理论上，管理人更关注所管理的基金规模，而基金则更关注所投资项目的实际收益。但基金投资活动由管理人控制，为扩大资金募集规模，管理人有动机粉饰被投企业报表，以证明其优异的投资管理能力。此外，为增加基金向管理人支付的激励费用，管理人也有可能不当操纵被投企业的当期收入和费用。其次，管理人可能同时管理包括上市基金和非上市基金在内的多只基金，容易产生基金间的同业竞争、利益输送等问题，不利于上市基金的投资者保护。例如，在私募股权投资基金管理人 Ares Management，L. P.（以下简称 ARES）及其管理基金 Ares Capital Corporation（以下简称 ARCC）上市案例中，美国证券交易委员会（SEC）规则严格限制 ARCC 与 ARES 旗下的其他基金开展共同投资活动（除非获得 SEC 豁免），避免同一管理人下不同基金间的不当内部交易，保护 ARCC 投资者利益。①

需要指出的是，在整体上市模式下，管理人和基金均为上市主体，其他上市模式中存在的创始人团队与公众投资者间、管理人与基金投资者间、上市基金与非上市基金间的利益冲突问题，在整体上市模式中同时存在。例如，在 ARES 和 ARCC 整体上市案例中，无论管理人还是基金实体均由创始人团队控制。其中，管理人 ARES 的组织形式为有限合伙，基金实体 AECC 的组织形式为公司。创始人团队通过控制 ARES 的普通合伙人，并在合伙协议中加入限制外部投资者表决权条款等方式（公众投资者持有 ARES 份额超 20%部分没有表决权），实现了对 ARES 的控制。而根据基金实体 ARCC 所在州的法律规定，除非获得 2/3 表决

① Sung Eun Kim, “Typology of Public-Private Equity”, 44 *Florida State University Law Review* 1435, 1463 (2017).

权同意，多数股东对基金事项没有表决权，管理人实质上拥有了对基金实体 ARCC 的控制权。①

（二）我国私募股权投资机构的新三板挂牌实践

我国也有新三板的探索，2015 年前后还曾出现私募股权投资机构挂牌新三板热潮。但部分机构挂牌后，存在大额融资、炒作估值、募集资金使用不规范等问题，造成各方对私募股权投资机构“野蛮生长”和“脱实向虚”的担忧。最终，证券监管部门暂停了私募股权投资机构在新三板的挂牌及融资。监管“急刹车”后，新三板再无新增挂牌的私募股权投资机构。

1. 我国私募股权投资机构挂牌新三板的历程

2014 年 4 月，九鼎集团成为首家挂牌新三板的私募股权投资机构。随后，思考投资、中科招商、同创伟业等 20 余家私募股权投资机构陆续挂牌新三板。2015 年挂牌热高潮时，超过 100 家私募股权投资机构“排队”等待挂牌新三板。② 2015 年 12 月证监会“叫停”挂牌前，成功挂牌的私募股权投资机构达到 26 家。③ 因只有经过股份制改造的公司制私募股权投资管理机构才满足挂牌条件，我国私募股权投资机构在新三板挂牌均采取了管理人挂牌模式。

挂牌新三板对私募股权投资机构拓宽投融资渠道、提升专业能力、提高品牌知名度具有积极作用，但也产生了较大的市场风险。一是超额募资。2015 年挂牌热时，13 家私募股权投资机构在新三板成功募集资金，募

---

① Sung Eun Kim, “Typology of Public-Private Equity”, 44 *Florida State University Law Review* 1435, 1460-1465 (2017).

② 参见敖瑾：《PE/VC 上市重启 最早挂牌新三板的股权投资机构现在都怎样了》，载腾讯新闻，https：//new. qq. com/rain/a/20220529A01IRO00，2023 年 12 月 9 日访问。

③ 参见《新三板已挂牌 26 家私募机构 须重新对标“新八条”》，载东方财富网，https：//finance. eastmoney. com/a/20160530628369551. html，2023 年 12 月 9 日访问。

资规模高达 310.12 亿元，而当年新三板市场整体募集资金规模只有 1216.17 亿元，仅 13 家挂牌公司的募集资金占比就高达 25%，被市场形容为“暴力融资”。[①] 二是估值过高。彼时，私募股权投资机构“抄估值”氛围浓厚，相关私募股权投资机构的估值远超市场合理水平，例如，九鼎集团挂牌后市值一度高达 1024 亿元，高居新三板市值榜首。2015 年底，市值排名前 10 的新三板挂牌企业中，私募股权投资机构占据 6 席，高达上百倍的市盈率给市场带来较大风险。[②] 三是募集资金使用不规范。部分私募股权投资机构将募集资金用于投资沪深交易所二级市场上市公司股票及相关私募证券类基金，造成资金“脱实向虚”。例如，九鼎集团 2014 年和 2015 年在新三板先后进行了三次定向大额募资，累计金额高达 157.87 亿元，而募资对象为各类资管产品。九鼎集团利用募集资金先后设立或并购了九泰基金、九州证券和九信金融，意在打造全牌照金控集团。2015 年 5 月，九鼎集团更是以 41.5 亿元购得上市公司中江地产控股权，同年 11 月将控股子公司注入上市公司，实现私募股权投资业务的借壳上市。[③] 大量资金通过高估值的挂牌私募股权投资机构流入证券二级市场，偏离了新三板市场为创新型、创业型、成长型中小企业发展服务的定位。

针对挂牌乱象，2015 年 12 月，证监会紧急叫停了私募股权投资机构在新三板挂牌及融资。2016 年 5 月，新三板发布《关于金融类企业挂牌融资有关事项的通知》(股转系统公告〔2016〕36 号)，对私募股权投资机构挂牌增加“管理费收入与业绩报酬之和须占收入来源的 80%以上”“募集

---

① 参见《新三板已挂牌 26 家私募机构 须重新对标“新八条”》，载东方财富网，https://finance.eastmoney.com/a/201605306283695551.html，2023 年 12 月 9 日访问。

② 参见《清科观察：10 余家 PE 挂牌新三板吸金超 350 亿，证监会紧急叫停的背后逻辑》，载搜狐网，https://www.sohu.com/a/71863007_384993，2023 年 12 月 9 日访问。

③ 参见张桐源：《九鼎上市始末》，载北京大学金融法研究中心官网，https://www.finlaw.pku.edu.cn/zxzx/zxwz/239617.htm，2023 年 12 月 9 日访问。

资金不得投向沪深交易所二级市场上市公司”等八个挂牌条件。① 已挂牌的私募股权投资机构进入为期一年的整改期，不符合挂牌要求的私募股权投资机构面临摘牌风险。2017年10月，新三板进一步出台《关于挂牌私募机构自查整改相关问题的通知》（股转系统发〔2017〕1394号），细化了相关规定并要求已挂牌私募股权投资机构提交自查报告。经过整改，中科招商等一批不符合要求的私募股权投资机构被摘牌。截至目前，新三板挂牌的私募股权投资机构仅剩18家。②

2. 对我国私募股权投资机构挂牌新三板实践的反思

我国私募股权投资机构挂牌新三板实践中出现的问题，是发展过程中的问题，可以通过制度调整加以解决。但不可否认，私募股权投资仍是我国金融体系的一块短板，相关机构挂牌融资后，业务模式发生变异、功能定位出现偏差、市场风险交织叠加。私募股权投资机构在新三板所募集的

---

① 《关于金融类企业挂牌融资有关事项的通知》（股转系统公告〔2016〕36号）规定：“全国股转公司在现行挂牌条件的基础上，对私募基金管理机构（以下简称私募机构）新增8个方面的挂牌条件：1. 管理费收入与业绩报酬之和须占收入来源的80%以上；2. 私募机构持续运营5年以上，且至少存在一支管理基金已实现退出；3. 私募机构作为基金管理人在其管理基金中的出资额不得高于20%；4. 私募机构及其股东、董事、监事、高级管理人员最近三年不存在重大违法违规行为，不属于中国证券基金业协会‘黑名单’成员，不存在‘诚信类公示’列示情形；5. 创业投资类私募机构最近三年年均实缴资产管理规模在20亿元以上，私募股权类私募机构最近三年年均实缴资产管理规模在50亿元以上；6. 已在中国证券基金业协会登记为管理机构，并合规运作、信息填报和更新及时准确；7. 挂牌之前不存在以基金份额认购私募机构发行的股份或股票的情形；募集资金不存在投资沪深交易所二级市场上市公司股票及相关私募证券类基金的情形，但因投资对象上市被动持有的股票除外；8. 全国股转公司要求的其他条件。”

② 18家新三板挂牌的私募股权投资机构分别是：九鼎集团（430719）、思考股份（831896. OC）、方元资产（833565. OC）、同创伟业（832793. OC）、硅谷天堂（833044. OC）、联创集团（833502. OC）、架桥资本（833689. OC）、方富资本（833962. OC）、美世创投（833838. OC）、菁英时代（833899. OC）、信中利（833858. OC）、浙商创投（834089. OC）、天图投资（833979. OC）、久银控股（833998. OC）、博信资产（834395. OC）、麦高控股（834795. OC）、金雨茂物（834960. OC）、清源投资（835075. OC）。

资金，并未用于支持实体经济和科技创新，而是流向金融产品和证券二级市场，造成资金在金融领域的“空转”。特别是相关机构利用不合理的市场估值大额融资，资金使用又未能受到严格约束，造成了资本的无序扩张和市场风险的快速累积。此外，私募股权投资机构将发行股份募集而来的大额资金用于股权投资，相当于使用自有权益性资金开展股权投资，但又从事着原有私募客户的资产管理活动，在监管和制度体系尚未完善情况下，容易产生不当内部交易的风险。

故此，探索我国私募股权投资机构上市制度，有必要采取稳慎态度，妥善处理好私募股权投资机构上市后私募公募化、公司治理弱化、信息披露不适应等问题。在借鉴域外经验基础上，通过防范私募股权投资业务模式变异，隔离公募和私募风险传导，严控募集资金投向等手段，真正发挥私募股权投资在支持实体企业发展、鼓励科技创新方面的作用。

二、私募公募化的隐忧与疏解

以非公开发行方式向特定合格投资者募集基金、将所募资金投资于非公开交易的企业股权，是私募股权投资机构的两大传统特征。从域外经验看，上市使私募股权投资机构可以通过资本市场公开融资，所募集资金直接用于股权投资，私募股权投资机构成为公开募集资金的“公募投资机构”。然而，公募和私募在投资者准入、信息披露、监管要求等方面适用不同标准。上市一定程度上改变了私募股权投资机构的私募性质，给证券监管和公众投资者保护带来挑战。

（一）私募股权投资机构的私募性特征

1. 资金募集采取私募方式

在我国，私募不是严格意义上的法律术语。《证券投资基金法》第十章专章规定了“非公开募基金”，但全文未提到私募概念。《私募投资基金监督管理条例》将私募与非公开发行等同，明确私募股权投资是“以非公开方式募集资金，设立投资基金或者以进行投资活动为目的依法设立公司、合伙企业，由私募基金管理人或者普通合伙人管理，为投资者的利益进行投资”的活动。美国私募发行（Private Placement）概念来自美国1933 年《证券法》，但该法并未对私募进行明确定义，而是在第 4（2）节以及第 506 条中规定了不涉及公开发行的证券豁免注册义务。非公开发行不采取公开劝诱或者广告方式募集资金，发行对象为无须通过注册制度获得保护的合格投资者（Accredited Investor）①或者成熟投资者（Sophisticated purchaser）②，与公众利益无关，可归入豁免注册之列。因此，从性质上看，私募是一种向特定对象募集资金的集资方式，核心在于发行行为的“私人性”。从保护投资者角度，公募面向大量不特定的社会公众，私募仅针对有限的特定资格投资人，各国基于维护市场秩序，对公募行为采取严格监管，而对私募行为采取更宽松的监管措施。

2. 投资对象限于非上市股权

第一，私募股权投资属于权益性投资。与收取固定利息的债券投资不同，股权投资与被投企业的经营情况深度绑定，属于风险等级较高的投资行为，收益主要为被投企业分红和公允价值提升。第二，私募股权投资主要针对未上市公司股权。相较于投资对象为公开上市交易股权的私募证券投资机构，私募股权投资机构主要投资于未公开上市的公司股权，信息不对称特点突出，潜在风险和收益不确定性更大。从投资者保护角度，私募股权投资的募资对象限定在具有风险识别能力和风险承受能力的特定投资者范畴内，避免将高风险的非上市公司投资行为外溢至普通投资者，引发系统性风险。③

---

① 根据 SEC 在 1982 年颁布的 D 条例，合格投资者包括银行、证券经纪商或自营商等八类投资者。

② 成熟投资者是具有商业知识经验或财务投资背景的投资者，能够评估投资价值和风险，一次私募发行中成熟投资者人数不超过 35 人，而合格投资者则人数不限。

③ 参见王荣芳：《论我国私募股权投资基金监管制度之构建》，载《比较法研究》2012 年第 1 期。

（二）私募股权投资机构上市的公募化表现

1. 融资端公开募资

在基金上市和整体上市模式下，私募股权投资机构向公众投资者募集资金，所募集资金直接用于股权投资，改变了私募股权投资机构的私募特征。一是募资人数突破私募上限。根据我国法律规定，私募股权投资基金向特定对象募集资金累计不得超过 200 人。[①] 但在基金上市或整体上市模式下，私募股权投资基金的投资者数量远超 200 人限制。二是募资对象为公众投资者。私募股权投资属于高风险投资品种，私募股权投资基金面向合格投资者募集资金。但在基金上市或整体上市模式下，私募股权投资基金直接面向不特定社会公众募集资金。三是募资形式涉及公开推介。传统上，私募股权投资基金不得通过报刊等公众传播媒体或者讲座、报告会、分析会等方式向不特定对象宣传推介。但私募股权投资机构 IPO 上市，不可避免涉及披露招股说明书、公开路演询价等公开推介环节。[②] 四是承担公开信息披露义务。由于私募股权投资机构面向社会公众发行证券，根据证券法规，须承担公开市场上的强制信息披露义务。这与传统上私募股权投资机构仅向投资者提供特定信息存在不同，对私募股权投资机构运营带来挑战。

除募资方式存在差异外，公募和私募背后的监管逻辑也存在不同。公募面向大量不特定社会公众进行，风险性和潜在欺诈性显著高于私募。因此，各国监管机构对公募行为设置较高门槛条件，并采取登记注册或审批核准、保荐承销（如股票债券发行）、强制托管（如公募基金发行）、信息

---

① 参见《证券投资基金法》第 50 条、第 87 条规定。

② 美国证券非公开发行允许有限度的劝诱或广告，所谓有限度的劝诱或广告，是指发行人借由与投资者事先建立起来的实质关系，提供相关信息给投资者。实质关系是指发行人已取得有关投资者的信息，且该信息可以衡量投资者的相关背景。就此而言，有限度的劝诱或广告相当于募集资金前的准备行为，不构成证券公开招募。参见伍坚：《我国证券私募制度之检讨》，载《浙江金融》2009 年第 6 期。

披露等严格监管措施。私募仅针对有限的特定资格投资者，融资条件宽松，绕开了烦琐发行手续和行政监管，更好地满足中小企业和创业投资的融资需求。但私募股权投资机构上市，使原本泾渭分明的公募和私募监管边界变得模糊，带来监管上的两难选择。若采取公募标准监管上市私募股权投资机构，私募所具有的募投便利、程序简洁优势将大为减损。若继续按照私募标准监管上市私募股权投资机构，又将私募风险（如融资条件更低、信息不透明、投资者保护措施较少）外溢至风险识别能力和风险承受能力较弱的普通投资者，不利于投资者保护。

2. 交易端自由转售

各国对私募发行证券（含基金份额）进入交易环节后的转售大多设有一定限制。① 如果私募发行对象购买证券后再转手卖给公众投资者，就会出现“公众持有”现象，甚至达到与公开发行相同或相似效果。因此，转售限制是私募发行的后端控制措施，客观上起到降低证券流动性的效果。例如，美国 D 条例规定，投资人应以投资而非销售为目的认购私募证券，在没有注册或者不具备其他豁免情形时，不得出售其所持有的私募证券。② 我国《证券投资基金法》也对私募基金不得向合格投资者之外的单位和个人转让基金份额，不得通过公开向不特定对象宣传推介作出规定。③ 但私募股权投资机构采取基金上市或整体上市模式，上市意味着基金份额的公开发行和转让，除证券减持规则外，无法再对私募基金份额的转售方式、转让对象、持有人数等作出限制。相比公开市场股票投资，私募股权投资

---

① 美国 1933 年《证券法》所规定的证券，涵盖金融票证（Note）和投资合同（Investment Contract）。投资者持有的私募股权投资基金份额，本质上为投资合同，属于美国 1933 年《证券法》所规定的证券。此外，我国《证券法》也将“证券投资基金合同”纳入证券范围内。

② 美国 D 条例还要求发行人转售证券前，合理询问认购人转售意图、告知转售注册义务、在证券上载明转让限制等，使认购人注意。参见伍坚：《我国证券私募制度之检讨》，载《浙江金融》2009 年第 6 期。

③ 参见《证券投资基金法》第 91 条、第 135 条规定。

标的是风险更高、信息披露更不透明的非上市股权。因此，私募股权投资基金份额的自由转售，会将私募股权投资风险传导至证券公开市场的普通公众投资者承担，给证券监管带来挑战。

3. 投资端募集资金使用不规范

各国鼓励发展私募股权投资，原因在于私募股权投资直接形成创新资本，其高素质的投资团队能够精准而直接地甄别有效创新、支持优秀科技企业发展。但从我国私募股权投资机构挂牌新三板实践看，募集资金如果被用于投资上市公司股票和证券类基金，就偏离了非上市公司股权投资的定位，无法发挥私募股权投资机构识别、支持早期科技创新的作用。

4. 私募基金份额“上翻”为上市主体股票

所谓私募基金份额“上翻”为上市主体股票，是指在私募股权投资机构上市过程中，持有私募股权投资基金份额的投资者，通过以基金份额认购私募股权投资机构发行的股票方式，将原有通过非公开募集的基金份额转换为可以公开交易的上市主体股票（见图 1）。长期以来，私募基金份额转让存在流动性差、交易成本高等问题，份额持有人一般通过对外广泛寻找投资者并对转让价格进行谈判实现转让退出。而私募基金份额“上翻”为上市交易股票后，基金份额持有人则可以通过交易股票实现获利退出，退出的便捷性大幅提高。从目前挂牌新三板的 20 多家私募股权投资管理机构情况看，大多数挂牌时都存在基金投资者以基金份额认购私募机构发行的股份或股票的情形。①

---

① 例如，天图投资 2015 年 9 月挂牌新三板时，发行股份的对象全部为公司管理的基金份额持有人，对价也全部为基金份额，不涉及募集现金。参见《深圳市天图投资管理股份有限公司公开转让说明书（申报稿）》第 153-175 页。

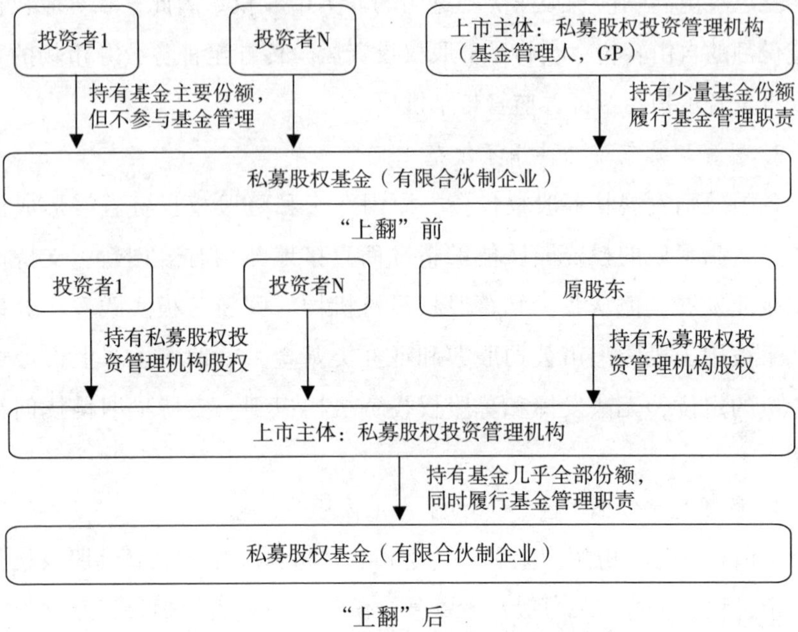

图 1　私募基金份额“上翻”为上市主体股票

但私募基金份额“上翻”也带来“私募公募化”的问题：一是变相导致私募基金份额的公开交易。私募基金份额转股，本质上是私募股权投资管理机构发行股票，向基金份额持有人购买基金份额，这导致私募股权投资管理机构从私募基金的间接“管理人”变为直接“持有人”。虽然私募基金份额转股后，二级市场公开交易的是私募管理机构的股票，而非基金份额，但上市主体直接持有私募基金的几乎全部份额，上市主体所发行的股票实质上反映了私募基金的份额价值，变相导致私募基金份额的公开交易，造成私募股权投资风险外溢至公众投资者。二是改变了私募股权投资机构的管理职能。从性质上，私募股权投资机构是受投资者所托开展投资理财活动的基金管理人。作为私募股权投资基金产品的发行人和管理者，私募股权投资机构按照基金合同约定，开展资金募集、投资运作、收益分配等活动，在有效控制风险的基础上为基金投资者争取最大的投资收益。

但基金份额“上翻”为股票后，私募股权投资机构成为旗下私募基金份额的直接持有人，变成了以自有资金开展股权投资的投资管理公司，偏离了其作为基金管理人的管理人职责。

（三）私募公募化问题的疏解

1. 坚持管理人上市而非基金上市

坚持管理人上市而非基金上市，是指私募股权投资机构的上市主体应为管理机构，而非旗下的私募基金。首先，管理人上市符合当前法律法规规定。根据《公司法》第 120 条的规定，上市公司是指其股票在证券交易所上市交易的股份有限公司。根据《证券法》第 2 条的规定，可在证券交易所上市交易的品种仅限于股票、债券、存托凭证、投资基金份额、证券衍生品种和国务院依法认定的其他证券。我国私募股权投资基金的组织形式主要为有限合伙制，而私募股权投资管理机构的组织形式则可能为公司制或者有限合伙制。由于有限合伙企业的财产份额不属于我国《证券法》规定的证券范围，无法上市交易，有限合伙制的私募股权投资基金上市存在法律障碍。经过股份制改造的公司制私募股权投资管理机构则可以成为上市主体。2023 年 11 月，天图投资在港交所上市，上市主体即为成立于境内的公司制基金管理机构。其次，管理人上市可以更好地隔离私募基金的公募化风险。从组织结构看，基金是募集私募资金并具体开展股权投资的实体，管理机构受基金投资人委托，履行基金日常投资决策、管理职责。因此，管理机构上市不会直接产生公募化问题。此外，根据《合伙企业法》第 3 条关于上市公司不得成为普通合伙人的规定，上市后的私募股权投资管理机构，应当另行设置法律实体，担任旗下有限合伙制的私募股权投资基金的普通合伙人，以避免私募股权投资基金的无限责任对管理机构产生影响。

2. 坚守私募股权投资机构的管理职能

私募股权投资机构的运作模式是发行私募基金产品获得资金，通过基金产品开展股权投资活动。私募股权投资机构上市后，募集资金应当主要用于完善治理结构、充实管理团队、强化管理职能。如果IPO募集资金直接用于股权投资，相当于用私募股权投资机构的自有资金开展投资，与其受托开展资金管理的职能相背离。特别是，如果自有资金用于投资的比例过高，容易产生与所管理的私募基金利益冲突问题，不利于私募股权投资机构忠实履行对投资者的信义义务。因此，我国私募股权投资机构上市应朝着强化管理职能的方向进行制度设计，要求私募机构建立健全不同资金之间的隔离机制，规范募集资金的使用管理。对此，可借鉴《关于金融类企业挂牌融资有关事项的通知》规定，要求私募股权投资机构建立受托管理资产和自有资金投资之间的风险隔离、防范利益冲突等制度，基金管理人在其挂牌后新设立的基金中出资额不得高于20%。

3. 严控募集资金投向防范“脱实向虚”

严格规范私募股权投资机构上市募集资金的用途，可降低公募化潜在风险。从防范资金嵌套、压降杠杆风险的角度，有必要以专户方式严格区分私募股权投资机构IPO募集资金、在管的私募资金和原自有资金。原自有资金和私募资金主要用于股权投资。募集资金主要用于提升公司管理能力、投资分析能力、投资后管理能力等方面，例如，信息系统建设、专业投资团队建设、项目渠道建设、固定资产投资等。此外，可借鉴新三板实践经验，明确投资者不得以基金份额认购私募基金发行的股份或股票，机构的募集资金不得用于投资沪深交易所二级市场上市公司股票及证券类基金（因投资对象上市被动持有的股票除外），① 引导募集资金真正流入私募创投行业而非证券二级市场，防范资金“脱实向虚”。

三、机构治理结构的弱化与应对

私募股权投资机构是投资者货币资本与管理者人力资本的结合。② 投资者投入了基金的主要资本，承担了基金的运作风险，却不参与经营管

① 参见全国中小企业股份转让系统有限责任公司印发的《关于金融类企业挂牌融资有关事项的通知》（股转系统公告〔2016〕36号）。

② 参见邢会强：《私募股权基金上市的组织形式选择》，载《南都学坛》2010年第3期。

理，处于相对弱势地位。而管理人作为基金管理者，投入较少资本，却在基金运作中处于主导地位。因此，良好的私募股权投资机构治理结构，就是最大限度降低投资者与管理人间的代理成本，实现内部成本最小化和收益最大化。[①] 私募股权投资机构上市，应当按照上市公司的公司治理要求改造私募股权投资机构的内部治理，合理配置私募股权投资各参与方的权利责任和利益，建立起投资者和管理人之间的良性制衡关系。然而，从美国实践看，上市私募股权投资机构出现了创始人团队或管理人权利过于集中，公众投资者无法发挥制衡作用等内部治理失效现象。

（一）私募股权投资机构治理结构的弱化表现

1. 所有者权利的内容

（1）重大事项决策权。在公司治理中，董事负责公司日常经营管理事务，股东则通常保留了对公司清算解散、合并分立、变更形式、资产处置等重大事项的决策权。为防范多数股东利用表决权优势不当侵害中小股东利益，各国还规定异议股东的股份回购请求权，当公司结构发生重大变化时，异议股东有权要求公司以合理价格回购所持公司股份，实现退出。因此，评判公司是否具有良好治理结构，重要维度之一是股东与董事的职权划分是否合理，股东对公司重大事项是否有决策权，特别是异议股东是否享有回购请求权。但在上市私募股权投资机构的治理结构中，私募股权投资机构会对股东（或份额持有人）的权利内容作出限制，以确保创始人团队对机构的控制权。例如，美国上市私募股权投资机构 Apollo Global Management 规定，当内部人（主要是创始人团队）持有上市主体股份比例超10%以上时，由创始人团队选任或直接担任的公司管理层有权决定公司的所有重大事项，[②] 而在 Fortress Investment Group 案例中，触发这一状态的

---

① 参见宋晓燕：《私募股权投资基金组织模式分析——一个治理结构的视角》，载《上海财经大学学报》2008 年第 5 期。

② Apollo Global Management, Registration Statement (Form N-2) (March 21, 2011).

内部人持股比例为40%。[①] 又如，美国上市的42家私募股权投资机构中，4家明确拒绝了异议股东享有回购请求权，8家规定异议股东回购请求权只能在董事同意情况下才能行使。22家因适用注册地州法的原因，股东回购请求权仅限于股东拒绝公司并购决议等有限情形。[②]

（2）管理人员选任权。在公司治理中，选举或罢免董事等管理人员是股东的一项重要权利。该权利涉及两个关键问题：一是谁能够提名董事人选？二是选举或罢免董事须履行什么样的程序、满足什么样的标准？在良好的公司治理结构下，股东能够依据章程规定的程序提名符合任职资格的董事。在股东会中，选举或罢免董事的议案经出席会议的过半数股东表决同意即可通过。为更好保障中小股东权益，公司还可规定累积投票制，确保代表中小股东利益的被提名人当选董事。[③] 但在私募股权投资机构的治理结构中，新进股东（或份额持有人）选举或罢免机构董事（或主要经营管理人员）的权利往往受到限制。例如，42家美股上市的私募股权投资机构中，仅有1家机构采取累积投票制选任董事。25家机构设置了交错任期董事会制度，对新进外部股东取得私募股权投资机构的控制权构成限制。[④] 此外，部分私募股权投资机构还将董事分为留任董事（Continuing Director）和普通董事（Ordinary Director）两类。留任董事由创始人团队等内部人提名和选任，相较由新进外部股东提名和选任的普通董事，拥有对经营管理

---

① Fortress Investment Group, Registration Statement (Form S-1) (February 2, 2007).

② Sung Eun Kim, "De-Democratization of Firms: A Case Study of Publicly-Listed Private Equity Firms", 9 *Harvard Business Law Review* 323, 350-353 (2019).

③ 累积投票制是指股东所持的每一股份拥有与待选董事总人数相等的投票权，中小股东可以将所有的投票权集中于其提名的候选人。

④ 交错董事会是指董事会由不同任期的董事组成，每年只有任期届满的董事才能改选。交错董事会被认为是上市公司抵御恶意收购的重要工具。Sung Eun Kim, "De-Democratization of Firms: A Case Study of Publicly-Listed Private Equity Firms", 9 *Harvard Business Law Review* 323, 353-355 (2019).

事务更大的决策权。[①] 而在罢免董事方面，22 家美股上市的私募股权投资机构仅允许股东在董事有过错情况下罢免其职务，3 家美股上市的私募股权投资机构甚至规定，就算董事存在过错，股东也不能罢免其职务，目的是确保由创始人团队等内部人提名和选任的董事不受外部股东的影响。[②]

（3）信息知情权。知情权是股东依法行使其他各项权利的基础，股东只有充分知悉公司经营管理情况，才能有效行使权利。治理结构良好的公司在章程文件中规定股东享有检查权，允许股东依程序检查公司经营决策和财务文件。例如，股东可以向公司提出书面申请，说明目的后，查阅公司会计账簿。但如果公司有合理根据认为股东查阅会计账簿有不正当目的，损害公司合法利益，也可以拒绝提供查阅。但不少上市私募股权投资机构为防范商业秘密遭泄露，对股东（或份额持有人）的知情权作出限制。例如，42 家美股上市的私募股权投资机构中有 13 家规定，无论股东（或份额持有人）是否具有正当事由，只有在事先征得董事（或管理人）同意情况下，才能查询机构信息。[③] 此外，在个别案例中，股东查阅信息的目的是提起针对机构的诉讼，私募股权投资机构以目的不正当为由拒绝提供查询。[④]

（4）章程制定和修改权。章程是公司的根本性文件，规定了股东的基本权利和义务。股东在多大程度拥有对章程的制定和修改权，反映了公司治理的健全程度。在良好的公司治理结构下，股东有权制定和修改公司章

---

① 例如，一项原本须超过 80%股东表决同意才能实施的公司经营事项，如果该事项经过了持续董事的事先同意，则可能只须 50%股东表决同意即可实施。Sung Eun Kim, "De-Democratization of Firms: A Case Study of Publicly-Listed Private Equity Firms", 9 *Harvard Business Law Review* 323, 354 (2019).

② Sung Eun Kim, "De-Democratization of Firms: A Case Study of Publicly-Listed Private Equity Firms", 9 *Harvard Business Law Review* 323, 354 (2019).

③ Sung Eun Kim, "De-Democratization of Firms: A Case Study of Publicly-Listed Private Equity Firms", 9 *Harvard Business Law Review* 323, 357 (2019).

④ E. g., Ares Management, L. P., Bylaws, Section 3.4 (Rights of Limited Partners) (2014).

程。但在私募股权投资机构的治理结构中，股东（或份额持有人）制定或修改公司章程、合伙协议或其他文件的权利普遍受到限制。例如，有 18 家美股上市的私募股权投资机构仅允许公司管理层对章程（或合伙协议等文件）作出修改。这意味公司管理层可在股东不知情的情况下修改章程，加入对股东不利的条款。另外，4 家美股上市的私募股权机构规定章程修改须同时得到股东和公司管理层的同意，管理层对章程具体条款有一票否决权。①

2. 所有者权利的行使

在公司治理中，股东会是股东行使权利的重要平台。股东会分为年度股东会和临时股东会，年度股东会每年召开一次，临时股东会不定期召开。股东在股东会上行使权利，涉及三个关键问题：一是谁召集会议？二是谁参加会议？三是如何设置会议议程？从平衡成本与收益角度，通常只有持有一定比例股份的股东才有权召集股东会或者向股东会提出议案。但所有股东均有权参与股东会，会议召集人应当履行会议通知义务。不过，在上市私募股权投资机构中，股东（或份额持有人）召集、参与股东会（或份额持有人会议）的权利受到了较大限制。例如，15 家美股上市的私募股权投资机构规定只有董事或管理人有权召集股东会或份额持有人会议，14 家美股上市的私募股权机构规定只有多数股东或份额持有人有权召集，10 家美股上市的私募股权机构规定只有持股或持份超过一定比例的股东或份额持有人有权召集（其中，4 家美股上市的私募权机构规定持股或持份须超 50%，1 家美股上市的私募股权机构规定持股或持份须超 25%，2 家美股上市的私募股权机构规定持股或持份须超 20%，3 家美股上市的私募股权机构规定持股或持份须超 10%）。② 此外，大部分私募股权投资机构规定，股东或份额持有人自行召集临时股东会或份额持有人会议须承担会议费用。私募股权投资机构有权认定会议召集人资格（例如，确定股东或

① Sung Eun Kim, "De-Democratization of Firms: A Case Study of Publicly-Listed Private Equity Firms", 9 *Harvard Business Law Review* 323, 358 (2019).

② Sung Eun Kim, "De-Democratization of Firms: A Case Study of Publicly-Listed Private Equity Firms", 9 *Harvard Business Law Review* 323, 348 (2019).

份额持有人持股或持份比例的计算方法)。[①] 更有上市私募股权投资机构规定，无须召开一年一度的股东会，直接剥夺了股东通过股东会行使权利的机会。[②]

3. 管理者的职责与义务

所有权与经营权分离是现代公司治理的基本要求，股东作为公司所有者将公司资产交给管理层运营，在投资者和管理者之间形成了委托代理关系。良好的公司治理结构要求尽可能降低代理成本，使所有者与经营者的利益相一致。董事应当对公司负有信义义务，包括注意义务和忠实义务两方面，前者强调董事的努力和注意程度，指董事应当经常对公司事务加以注意，尽可能多将时间和精力用于公司事务，不得故意违反法律；后者强调尽忠尽职的品德，指董事不得使个人利益和公司利益发生冲突。[③] 当董事违反信义义务时，公司或股东有权通过诉讼途径获得救济。而为了防范股东滥诉，不少公司规定股东提起董事违反信义义务之诉应满足一定的持股比例门槛（一般为3%）。尽管投资者和管理人可在公司章程等文件中，协商确定董事信义义务的具体范围，部分信义义务内容如董事不得故意违反法律规定、不得私下获取不当利益等不可豁免或减损。

在私募股权投资机构的治理结构中，管理人享有管理投资者财产的高度授权，应当承担信义义务。但上市私募股权投资机构往往对董事等管理人员的信义义务作出限缩，目的是确保管理者能够依靠独立判断和经验作出投资决策，免受外部干扰。例如，有31家美股上市的私募股权投资机构在章程等文件中规定了董事等管理人员的信义义务的豁免条款，除非董事

---

① E. g., Triangle Capital Corporation, Amended and Restated Bylaws, Section 2. 3(b)(3) (December 29, 2006).

② 例如，全球知名私募股权投资机构黑石和KKR上市时，就取得了关于召开年度股东会的豁免。Trevor M. Gomberg, "After the Storm: Unmasking Publicly-Traded Private Equity Firms to Create Value Through Shareholder Democracy", 73 *Albany Law Review* 575, 593-594 (2010).

③ 参见梁爽：《董事信义义务结构重组及对中国模式的反思——以美、日商业判断规则的运用为借镜》，载《中外法学》2016年第1期。

等管理人员行为涉及恶意损害公司利益、故意违反法律、谋取个人不正当利益等，否则将免除因决策行为造成公司经济利益受损的责任。同时，这些机构还规定，若法律修改增加了董事等管理人员可豁免的信义义务范围，相关修改内容将直接适用，无须经由机构另行规定生效。① 此外，在董事等管理人员设置上，上市私募股权投资机构也与其他上市公司存在差别。例如，在上市私募股权投资机构黑石集团中，独立董事人数无须超过董事会人数的多数，董事会也不必设立薪酬委员会以及完全由独立董事组成的提名委员会。管理团队牢牢掌握了黑石集团的控制权。②

（二）私募股权投资机构治理结构的优化路径

私募股权投资是一门专业性、实践性和挑战性很强的学问，要求管理人员具有较高的专业技能和素质。只有赋予私募股权投资机构管理人较大的管理权限，并设置超强度的激励和约束机制，才能促使其努力工作，为私募股权投资机构创造最大收益。这种强调内部人控制的治理结构安排，是私募股权投资行业发展过程中组织机构创新的产物。有限合伙制模式是大部分私募股权投资机构采用的模式，在该模式中，管理人作为普通合伙人具有相对集中的管理权限，无须担心基金规模扩大后，其决策权受到影响。采取契约形式的私募股权投资机构，往往在基金合同中明确管理人的地位，后续加入的投资者须按合同约定接受管理人的管理。而采取公司制的私募股权投资机构，则普遍通过双层股权结构、特别表决权安排等方式突破资本多数决原则，确保出资比例较少的管理团队能够取得对私募股权投资机构的控制权。

私募股权投资机构无论采取何种上市模式，其既要遵守资本市场关于上市公司治理的规范要求，又要保有私募股权投资机构特征，充分激励管

---

① Sung Eun Kim, "De-Democratization of Firms: A Case Study of Publicly-Listed Private Equity Firms", 9 *Harvard Business Law Review* 323, 355-366 (2019).

② Blackstone Group L. P., Registration Statement (Form S-1, amend. No. 9) (June 21, 2007), p. 54.

理团队积极性，避免决策低效。一方面，传统的上市公司治理规则无法适应私募股权投资需要。例如，在决策效率方面，上市公司作出决策时往往需要经过股东会、董事会等公司治理机构同意，而股东、董事又未必深谙投资技巧，会从自身利益出发，影响投资决策的通过实施。又如，在激励机制方面，公司制企业的利润分成原则往往是“同股同权”，如果管理团队不是股东，则难以充分享有企业利润增长的收益，激励效果有限。[①] 另一方面，良好的上市公司治理结构又有力地保障了公众投资者利益。例如，“三会一层”的制衡约束机制有助于减少经营管理人员冒险决策。完善的关联交易决策流程有助于规范和约束董事及高管的经营管理行为，避免“自我交易”“监守自盗”。从实证来看，公司治理优良的上市公司，其业绩表现也普遍优于公司治理欠佳的公司。[②] 构建我国私募股权投资机构上市制度，破解上市私募股权投资机构治理结构弱化难题，有必要在确保私募股权投资操作私密性和管理灵活性同时，在具体机制中落实上市公司治理精神，让公众投资者利益得到切实保障。

1. 鼓励和保障投资者参与私募股权投资机构内部治理，以“所有人参与”矫正“管理人独裁”

针对上市私募股权投资机构内部治理弱化，难以符合公开市场投资者保护要求的问题，美国法学界提出了“股东民主（Shareholder Democracy）”的应对策略，其本质就是保障私募股权投资机构所有者的知情权和管理权，鼓励其积极行使所有者权利，改善私募股权投资机构治理绩效。[③] 作为私募股权投资机构的所有者，投资人的利益与机构的利益深度绑定，有动机及时制止管理人的不当行为。允许投资者代表私募股权投资机构的

---

① 参见邢会强：《私募股权基金上市的组织形式选择》，载《南都学坛》2010 年第 3 期。

② Paul A. Gompers, Joy L. Ishii & Andrew Metrick., “Corporate Governance and Equity Prices”, 118 *Quarterly Journal of Economics* 108, 108–109 (2003).

③ Trevor M. Gomberg, “After the Storm: Unmasking Publicly-Traded Private Equity Firms to Create Value Through Shareholder Democracy”, 73 *Albany Law Review* 575, 577 (2010).

整体利益参与决策，可以起到“安全阀”（Safety Valve）的作用。但客观上，投资者日常不参与私募股权投资机构管理，不掌握决策所需要的信息，同时专业能力也逊于管理人，因此，投资者不能取代管理人的决策角色，而是起到辅助、纠偏作用，及时制止管理人的损害行为和冒险决策行径。

实现所有人参与，程序上，要保障投资者有固定渠道以股东或者所有者身份，按照程序参与决策。例如，公司制的私募股权投资机构应定期召开股东会，合伙制的私募股权投资机构应定期召开合伙人大会，召集人应按规定履行通知程序。又如，管理人应向投资者及时披露私募股权投资机构运营情况、被投企业经营情况等关键信息，投资者有权根据法律规定或者协议约定查看私募股权投资机构的财务资料，并通过检查会计账簿实施监督，减少信息不对称。内容上，要确保投资者拥有相关重大事项的决策权。例如，在公司章程文件、合伙协议等文件中明确股东、合伙人等所有人在任免董事等管理人员、更换管理人和决定一定金额以上的投资项目等方面具有决策权。私募股权投资机构不得在未经法定程序并征得所有人同意情况下，限制所有人行使决策权。

2. 确保管理人勤勉尽责履行管理职责，以“信义义务”降低“道德风险”

私募股权投资法律关系本质上属于信义关系范畴。私募股权投资机构的管理人作为受托人承载着所有人的信任，享有管理财产的高度授权。但由于信息不对称，如果管理人滥用信任、谋取私利，所有人将受到极大损害。实务中，相当比例的私募股权投资机构风险事件由管理人恶意欺诈或重大过失行为所致。构建我国私募股权投资机构上市制度，应强调管理人行为忠实于所有者的道德要求和规则取向，明确管理人在私募股权投资基金募集、投资、管理和退出的全生命周期环节，都必须恪尽职守，履行诚实、信用、谨慎和有效管理的义务。①

① 参见许多奇：《论全周期视野下私募股权基金管理人的信义义务》，载《武汉大学学报（哲学社会科学版）》2022年第5期。

一是要设计适当协议条款。无论私募股权投资机构采取契约、合伙还是公司形式，都应该在基金合同、公司章程或者合伙协议等文件中进行适当的条款设计，清晰界定管理人权利义务的内涵和外延，确保其切实承担信义义务。例如，可在条款中规定管理人应定期披露基金运行情况、强制分配投资所得利润等条款，特别是要明确管理人违约责任和违约后的损害赔偿计算以及争端解决方式。

二是要增强信义义务的法律供给。我国私募股权投资机构的法律体系以机构类型为标准进行划分，相关规定散见于《合伙企业法》《公司法》《证券投资基金法》《信托法》等法律中，管理人的信义义务来源较为分散。因此，应在立法层面统合不同组织形式的私募基金和私募基金管理人的信义义务内涵。在当事人不违反法定标准情况下，允许其对审慎勤勉义务作出安排。同时，法律法规应为审慎谨慎义务标准确立合理的外部边界，避免出现管理人不恰当加重或减轻自身注意义务标准的情况。

三是建立信义义务的司法审查机制。英美法系的信义义务标准由司法裁判沉淀而成，司法机关在推动信义义务强化和发展过程中发挥重要作用。例如，美国特拉华州法律允许私募管理人限缩其信义义务，但当信义义务实际减少时，法院对相关纠纷将采取更严格的审查态度，确保股东、合伙人等投资者权利不受侵害。① 我国应坚持对管理人课以相对较高的道德义务来厘定司法裁量规则标准。

四是提高对上市私募股权投资机构管理人员的资质要求。上市私募股权投资机构具有较强的公开性，若管理人员出现严重疏忽和故意加害等有背信义义务的行为，会对市场秩序和公共利益产生严重危害。有必要提升上市私募股权投资机构管理人员在管理年限、历史业绩、执业操守等方面的资质要求，确保管理人员有能力为投资者的最大利益行使权利、履行义务。

---

① Gotham Partners v. Hallwood Realty Partners, 817 A. 2d 160, 167-168 (Del. 2002).

四、信息披露制度的冲突与调整

证券公开市场以信息披露和保障投资者决策为核心，有效的信息披露机制能够起到增加市场透明度，阻却欺诈和其他违法行为的作用。私募股权投资机构上市后，需要按照《证券法》的规定履行信息披露义务，但过多的信息披露又不可避免会削弱私募股权投资机构特有的私密性和灵活性优势。如何在保护公众投资者与保护商业秘密和个人隐私之间取得平衡，是私募股权投资机构上市面临的重要挑战。

（一）私募股权投资机构信息披露的特点

传统上，以合格投资者和非公开发行为核心的私募股权投资机构，适用在《证券法》和《证券投资基金法》规定下相应的豁免注册和信息披露制度。各国监管者一般认为私募股权投资机构的投资者可以保护自己，因此长期以来采取了放松监管态度。在美国，私募基金本身可以豁免《投资公司法》下的注册义务，免于履行注册基金的各类报告和披露义务。同时，私募基金的管理人也可以豁免《投资顾问法》下的注册义务，免于适用有关基金管理人投资和经营行为的强制规范。各项豁免注册制度使私募股权投资机构的运营成本，特别是合规披露成本较低，可以更私密和灵活地为少数投资者提供服务。

但随着全球私募股权投资规模的不断扩大，私募股权投资机构出现了更透明趋势。早在2007年，英国私募股权和风险投资协会发布了不具有约束力的《私募股权信息披露与透明度指引》。为帮助投资者更好作出投资选择，该指引建议私募机构向投资者披露被投企业的下列信息：管理层中私募机构的代表情况，发展战略、行业地位、营业表现、影响公司发展的外部环境和因素、雇员、重大合同、风险管理等。① 2008年金融危机后，

① 参见邢会强：《有限合伙制私募股权基金上市的法律问题》，载《中外法学》2010年第1期。

美国国会颁布实施了《多德—弗兰克法案》。该法案旨在增强金融系统的透明度和可追责性，收紧了此前关于私募基金管理人豁免注册的要求，授权 SEC 收集豁免注册的管理人信息。具体而言，豁免注册的私募基金管理人需要与经注册的基金管理人一样通过 Form ADV 报告和披露资产规模、杠杆使用情况、风险敞口、交易头寸、估值政策、资产类型和交易实践等信息，并及时更新相关信息的重大变化。SEC 认为，相关披露信息一方面使管理人更为透明接受投资者监督；另一方面也有助于监管部门识别管理人的不当行为，更有的放矢开展监管。① 尽管私募股权投资机构的透明度不断提升，信息披露还是体现出有限和必要特点。

一是披露内容主要与防范金融系统性风险相关。2008 年金融危机之后，各国监管者开始转变对私募基金放松监管的理念，更多关注私募基金行业运作情况和可能带来的系统性风险。SEC 认识到私募股权投资机构的投融资行为及其与其他金融机构的密切联系可能产生威胁整个金融市场的风险，在信息披露问题上进行了针对性规定。例如，基于私募基金管理人的特点，SEC 在 Form ADV 中要求管理人提供客户类型、雇员和管理活动的相关信息以及存在严重利益冲突的情况。管理人还应当披露基金管理之外的活动，以及它们与其他金融实体的关联情况。② 这些信息聚焦私募基金管理人的道德风险和利益冲突问题，背后的逻辑在于面对复杂的投资交易行为，即便是合格投资者也往往难以充分保护自身权益，监管有必要要求管理人披露信息，使投资者能够将管理人披露的信息与其尽职调查的信息相互印证，进而发挥监督作用。我国《私募投资基金监督管理条例》第 33 条也规定，私募基金管理人、私募基金托管人、私募基金服务机构应当按照国务院证券监督管理机构的规定，向登记备案机构报送私募基金投资

---

① 参见郭雳：《金融危机后美国私募基金监管的制度更新与观念迭代》，载《比较法研究》2021 年第 6 期。

② 参见郭雳：《金融危机后美国私募基金监管的制度更新与观念迭代》，载《比较法研究》2021 年第 6 期。

运作等信息。登记备案机构发现可能存在重大风险的，应当及时采取措施并向国务院证券监督管理机构报告。

二是披露方式主要为面向监管机构和基金投资者的分层、定向披露。私募股权投资机构运作过程中产生大量属于商业秘密的敏感信息，例如，基金的持仓情况、杠杆情况、投资策略等信息，这些信息一旦被竞争对手知悉，将严重损害机构竞争力，甚至损害被投企业和基金投资者利益。因此，私募股权投资机构通常会以保密协议安排、隔离墙设置、商业秘密侵权诉讼等方式防范内部泄露敏感信息。而为确保自身的商业秘密得到妥善保护，同时满足信息披露要求，私募股权投资机构会以不公开报告的方式向监管机构报送情况，并严格控制向投资者披露的信息内容。例如，SEC要求监管的受管理资产（Regulatory Asset under Management）超1.5亿美元的私募基金管理人定期向金融稳定监督委员会报告其所经营的私募基金情况，Form PF是以保密的电子形式提交的，其中包含的信息被用于评估美国金融系统的系统性风险。而向基金投资者公开的文件（Form ADV）主要适用于注册申请阶段，包括每只基金的名称、注册地、规模、投资特征等基础信息，基金投资者相关的有限信息和基金的专业服务机构信息等，信息内容遵循必要、有限原则。① 管理人应通过保密的Form PF报告其所管理的私募基金总资产和净资产，但只需要通过公开的Form ADV披露其总资产，避免因公开杠杆情况而影响了基金的竞争力。② 中国证券投资基金业协会出台的《私募投资基金信息披露管理办法》也规定，信息披露义务人应当按照协会规定和基金合同约定，通过指定平台向投资者进行信息披露。对于私募基金非公开披露的全部信息，各方都负有保密义务，除法

---

① 参见燕艳：《美国证交会对于私募基金注册监管的法律逻辑》，载《金融理论与实践》2020年第4期。

② Rules Implementing Amendments to the Investment Advisers Act of 1940, SEC Website (September 19, 2011), pp. 60-62.

律另有规定外，不得对外披露。[①]

（二）现有信息披露机制的不适应性

1. 难以满足私募股权投资机构保护商业秘密和个人隐私的需要

证券市场监管着眼于投资者保护，以信息披露和保障投资者有效决策为核心，凡是对投资者作出价值判断和投资决策有重大影响的信息，均以披露为原则，不披露为例外。例外情形如依据国家有关保密的法律法规、涉及商业机密以及存在确实无法按规定披露情形等特殊事项，可以豁免披露、暂缓披露，但应当同时在信息披露公告中说明原因和影响，并提出解决方案。对于私募股权投资机构而言，许多对投资者决策具有重要影响的信息，如私募基金的投资组合、投资策略，都可能属于商业秘密的范畴，是私募股权投资机构取得超额收益的核心竞争力所在。例如，美国上市私募股权投资机构黑石集团和KKR，都采取了模糊化方式描述其投资策略及业绩，特别是在财务杠杆、投资组合、收益预测等敏感指标上均未提供详细数据。[②] 强制性信息披露与保护商业秘密和个人隐私的冲突在私募股权投资机构中体现明显。传统上，证券监管机构协调这一问题的典型方式是由信息披露主体向证券交易所申请暂缓披露、豁免披露或者秘密递交文件，同时作出不披露的解释。考虑符合例外情形的信息相对较少，监管机构可以通过“一事一议”方式核准信息披露主体的不公开申请。例如，上市公司并购事项并非其日常业务，证券交易所可以根据具体收购情况核准

---

① 《私募投资基金信息披露管理办法》第5条第1款规定：“私募基金管理人应当按照规定通过中国基金业协会指定的私募基金信息披露备份平台报送信息。”第7条规定：“信息披露义务人、投资者及其他相关机构应当依法对所获取的私募基金非公开披露的全部信息、商业秘密、个人隐私等信息负有保密义务。中国基金业协会应当对私募基金管理人和私募基金信息严格保密。除法律法规另有规定外，不得对外披露。”

② Trevor M. Gomberg, “After the Storm: Unmasking Publicly-Traded Private Equity Firms to Create Value Through Shareholder Democracy”, 73 *Albany Law Review* 575, 590-591 (2010).

暂缓披露或者豁免披露申请。但对私募股权投资机构来说，投资收购是其日常事项，与其“一事一议”经常性申请暂缓披露或者豁免披露，不如制定专门的针对私募股权投资机构信息披露规则。但目前规则还存在空白。

2. 向不同主体披露信息可能有违公平披露原则

上市后的私募股权投资机构，其信息披露对象既包括证券市场的公众投资者，也包括旗下私募基金的投资者。以管理人上市模式为例，私募股权投资机构管理人一方面须按照证券市场的信息披露规范向公众投资者披露上市主体自身的经营情况及财务信息；另一方面也须按照私募基金管理相关规定，向旗下私募基金的投资者披露私募基金的运作情况。若管理人向两类主体披露了不同的信息，或者私募基金投资者在管理人披露的信息之外，又按照《公司法》《合伙企业法》等组织法规定单独查询了其他未公开信息，则可能出现选择性披露问题。所谓选择性披露，是指披露行为人对披露对象或内容作出选择，在未公开披露信息之前向特定人士或特别类型人员披露有关重大信息的行为。我国《证券法》第83条规定了公平信息披露规则，要求上市公司在信息披露时对所有投资者一视同仁、同时披露，避免造成不同投资者在信息获取和交易机会等方面的不公平。美国SEC在2000年出台了《公平披露条例》(Regulation Fair Disclosure)，要求上市公司一旦出现选择性信息披露的行为，应当详尽地将该信息及时对所有市场参与者公开披露。上市私募股权投资机构为避免出现选择性披露问题，通常会在基金文件中对重大信息的披露问题作出规定。例如，黑石集团上市主体规定，单位持有人有权检查基金记录，但当某一事项因法律规定或与第三方的协议中规定属于保密事项，或普通合伙人（管理人）认为该披露事项并不符合全体单位持有人的最大利益时，可以拒绝单位持有人的查询。[①] 黑石集团可以通过拒绝投资者的查询，避免出现选择性披露问题。

① Blackstone Group L. P., Registration Statement (Form S-1, amend. No. 9) (June 21, 2007), p. 54.

3. 投资者知情权的救济具有较大的不确定性

在资金募集和投资运作中，私募股权投资机构详尽获取了适格投资者的投资偏好、交易习惯等个人隐私信息和被投企业的商业策略、技术秘密等商业秘密信息。在实践中，投资者采取诉讼途径维护知情权，私募股权投资机构容易以保护商业秘密或个人隐私为由，驳回投资者诉请。例如，投资者按照组织法上的知情权诉讼路径，要求上市私募股权投资机构公开旗下基金的股东情况或合伙人财务信息等，可能因触碰到商业秘密和个人隐私的底线要求，侵犯其他投资者的合法权益而无果。因此，有必要给予投资者的知情权救济以专门保障。①

（三）私募股权投资机构信息披露机制的调整

尽管证券市场的信息披露制度可能与私募股权投资机构的运作特点存在冲突，但信息披露有利于私募股权投资机构矫正内部治理失灵和避免利益冲突。例如，拟上市私募股权投资机构的招股说明书和其他注册文件须经保荐人和相关中介机构核验才能向投资者公开，核验人经过必要调查确认私募股权投资机构事务的真实性和合法性，弱化了投资者作为外部人的信息劣势。同时，核验结果向证券监管机构报告，完成了公权力对机构运营的外部监督。因此，强化信息披露约束、加强投资者知情权保障，是完善上市私募股权投资机构监管的重要措施。构建我国上市私募股权投资机构信息披露体系，有必要结合私募股权投资行业特征，对信息披露制度作出差异化安排。

1. 披露内容的调整

首先，上市私募股权投资机构应严格按照《证券投资基金法》和证监会出台的《私募投资基金监督管理条例》《中国证券监督管理委员会关于加强私募投资基金监管的若干规定》等私募基金法规规定披露信息，同

---

① 参见李建伟、李欢：《私募投资者知情权的路径、内容与完善建议》，载《经贸法律评论》2022 年第 2 期。

时，遵守中国证券投资基金业协会出台的关于私募基金信息披露的自律规范。其次，在未与私募股权投资行业运作特殊规范相冲突情况下，上市私募股权投资机构还应当遵守上市公司信息披露要求，例如，《上市公司信息披露管理办法》、公开发行证券的公司信息披露系列编报规则及内容与格式指引等。在美国，上市后的私募股权投资机构作为公众公司，均须按照美国证券交易法及其他法案要求，就经营情况和财务状况递交年度、季度报告，保持对信息披露控制、财务报告内部控制及程序的有效性。例如，黑石集团规定，应在主要经营场所保持适当营业记录，每一财政年度结束后120天内，应披露年报；每一季度结束后90天内，应披露季报。此外，黑石集团还应当按照法律要求对"重大事件"进行临时披露。①

上市私募股权投资机构信息披露的范围，不能局限于机构本身的经营状况和财务状况（如基金财产的管理、运用、处分及收支情况等），还要延展到被投资目标公司的经营状况。这需要对私募股权投资机构信息披露的内容与格式进行有别于一般上市公司的差异化设计。此外，对于商业秘密和个人隐私信息，应有制度性的豁免披露安排。例如，对于私募股权投资机构日常运营中的投资信息，在相关收购尚未完成时应当豁免披露。若私募股权投资机构将相关投资计划，或者将与目标公司接触的相关信息予以公开，不仅会对目标公司造成负面影响导致收购破局，也可能对市场造成不必要冲击。又如，对于私募基金投资者名录和私募基金持仓明细等敏感内容，尽管与公众投资者利益相关，但其中可能涉及个人隐私或商业秘密内容，也不应当作为强制信息披露的内容。

此外，吸取我国私募股权投资机构挂牌新三板的经验教训，应加强对上市私募股权投资机构募集资金流向的信息披露监管。上市私募股权投资机构应就募集资金使用情况，作定期全面披露。披露内容包括但不限于募投项目的实施能力、项目准备及进展情况、整体进度计划及项目实施障碍

① See Blackstone Group L. P., Registration Statement (Form S-1, amend. No. 9) (June 21, 2007), p. 54.

或风险等，避免出现募集资金使用“脱实向虚”。

2. 保障路径的调整

首先，从知情权的保障手段看，私募股权投资机构的投资人应享有监督财产运用和主动搜集与机构运作相关信息的权利。对上市私募股权投资机构按照信息披露规范要求主动披露以外的信息，投资者可根据需要通过行使查阅权、复制权、质询权的方式获取。证券监管机构也可以基于维护市场秩序和保护投资者利益的理由，要求上市私募股权投资机构额外提供。从公平披露角度，私募股权投资机构向个别投资者提供的信息，应当及时向全部投资者披露，避免出现选择性披露重大信息的情况。商业秘密和个人隐私容易成为私募股权投资机构阻却信息披露的抗辩理由，有关商业秘密和个人隐私的举证责任分配至关重要。从平衡投资者和机构方利益的角度，将商业秘密和个人隐私的证明责任分配给投资者有失公允，应当由机构方承担相关信息涉及商业秘密或个人隐私的举证责任。从民事诉讼的角度，投资者提出知情权之诉，若私募股权投资机构无法证明投资者的知情内容达到侵害商业秘密或个人隐私的高度盖然性，法院应当推定相关信息不涉及商业秘密或个人隐私。

其次，从知情权的救济程序看，若私募股权投资机构或相关管理人违反信息披露义务规定，可参照适用《公司法》上直接诉讼与代表诉讼两条股东诉讼路径，由投资者根据受损害主体的不同提起相应诉讼：当管理人违反信息披露义务规定，造成股东知情权受侵害或者基金财产损害时，投资者可以以自己的名义代表机构方提起代表诉讼；当管理人违反信息披露规定致使投资者利益受损时，投资者可对造成侵害结果的直接侵害人提起诉讼。同时，应当强化具体管理人员的个人责任，当负责人不提供或者虚假提供信息损害投资者利益时，相关个人应负个人损害赔偿责任，据此加强投资者知情权保障。

五、结语

私募股权投资机构转向公开市场，可以获得稳定的长期资本有效补充资本金，通过透明化运作更好接受监管机构和公众监督，利用证券市场的人才激励机制和品牌效应发展壮大。美国市场上的三种私募股权投资机构上市模式并不都适合我国发展现状。从疏解私募公募化问题上考虑，不突破现行法律法规角度，我国私募股权投资机构上市制度建设应坚持管理人上市而非基金上市模式，上市后的私募股权投资机构应严格募集资金投向，坚守投资管理职能，引导资金“脱虚向实”。同时，还应强化私募股权投资机构的内部治理，建立起管理人与投资者之间的良性制衡机制。具体来说，应当鼓励和保障投资者积极参与私募股权投资机构的内部治理，并强化管理人的信义义务约束，以“所有人参与”和“管理人勤勉尽责”应对机构治理弱化风险。针对证券市场信息披露制度与私募股权投资运作特点冲突问题，我国应对上市私募股权投资机构的信息披露作差异化安排，充分发挥信息披露在矫正私募股权投资机构内部治理失灵和避免利益冲突上的作用。具体来说，对于涉及商业秘密和个人隐私的信息，应有适应私募股权投资运作特点的制度性豁免披露安排，商业秘密和个人隐私的举证责任可分配至机构方，避免豁免被滥用。同时，强化投资者查阅权、复制权、质询权等制度性建设，加强对投资者知情权诉权的保障。

美国私募基金监管新规述评

▶武鸿儒*

摘要：在2008年次贷危机之前，美国法下的私募基金及其管理人分别免于在《投资公司法》和《投资顾问法》规定下注册，因而也豁免了相关监管要求的适用。次贷危机后，出于识别和防范系统性风险的目的，《多德-弗兰克法案》修改了私募基金管理人的注册豁免制度，并要求注册的私募基金管理人在符合条件时秘密报告与系统性风险相关的经营信息。近年来，美国证券交易委员会显著修改了私募基金管理人的秘密报告制度，引入了新的即时报告制度，并扩大了需报告事项的范围。此外，基于近年来对私募基金的检查结果，美国证券交易委员会数次发布警示，并颁布了一项直接介入私募基金内部治理的行为监管新规，禁止私募基金管理人差别对待投资者或与投资者约定特定内容。该项新规被法院判决无效，但其中凸显的私募基金投资者保护困境仍然对监管制度提出了新的挑战。

关键词：私募基金　系统性风险　行为监管　分类监管

* 华东政法大学国际金融法律学院特聘副研究员，法学博士。

一、引言

美国1933年《证券法》确立了以强制信息披露和证券发行注册制为核心特征的现代证券监管制度。尽管注册制为发行人提供了进入资本市场的畅通路径，但强制信息披露仍将产生较高的成本。因此，美国1933年《证券法》第5条确立了私募发行的注册豁免制度，在证券并不面向公众发行时免除发行人的注册义务，以达至投资者保护与资本形成效率之间的平衡。

1940年《投资公司法》（Investment Company Act，以下简称ICA）和1940年《投资顾问法》（Investment Advisor Act，以下简称IAA）是美国投资基金和基金管理人监管适用的主要法律。这两部法律对投资基金和基金管理人的注册、内部治理结构、商业行为和资本结构等方面作了诸多限制。但这两部法律同样遵循私募豁免注册的监管逻辑，分别豁免了私募基金和私募基金管理人的注册义务。这也使两部法律的除反欺诈规则外前述绝大多数监管要求不适用于私募基金及其管理人。

在这一框架下，私募基金及其管理人既免于依法向美国证券交易委员会（SEC）注册，SEC也无权对私募基金除欺诈外的不当行为进行干预。在2008年次贷危机前，私募基金特别是对冲基金的监管缺位已然引发了SEC的担忧。SEC因而于2004年实施了一项要求对冲基金管理人向其注册的规则，但随后于2006年被华盛顿特区上诉法院判决无效。①

次贷危机后，美国出台了《多德-弗兰克法案》，以综合地检讨次贷危机的成因、预防金融危机再次发生。该法案修改了私募基金管理人注册豁免制度，对此后的美国私募基金监管制度改革产生了深远的影响。下文将先简述该法案就私募基金监管引入的新制度，然后分别介绍近两年私募基金系统性风险防范规则和行为监管规则最新的发展情况，最后作简要的评析。

---

① Goldstein v. Securities and Exchange Commission, 451 F. 3d 873 (D. C. Cir. 2006).

二、《多德-弗兰克法案》中的私募基金监管制度

所谓破而后立，每次大的金融危机都会直接推动相关立法的完善，而《多德-弗兰克法案》就是对次贷危机的直接回应。以加强金融系统的稳健性、防范系统性风险为立法主旨，该法案涉及银行业、保险业和证券业等金融行业的多个方面。其中，与私募基金监管相关的内容主要规定于该法案第4章。以要求私募基金管理人在IAA下注册为主要规制进路，该章也被称为“私募基金投资顾问注册法案”（the Private Fund Investment Advisers Registration Act of 2010，PFIARA）。

整体而言，PFIARA对私募基金监管制度的改革体现于三个方面：一是首次在监管法律层面对私募基金进行分类，二是依据分类而精细调整了私募基金管理人的注册和信息披露制度，三是确立了以防范系统性风险为目标的秘密报告制度。①

私募基金在实践中形成了多个类型，例如，我国私募基金行业中存在着主要投资于二级市场的证券投资基金和主要投资于一级市场的股权投资基金。在出台《多德-弗兰克法案》之前，私募基金的共同特征是借助私募注册豁免制度进行募资，而其中不同类型的私募基金仅代表其商业模式有所不同，并不会导致这些私募基金在受监管方面有所差异。出于防范系统性风险、兼顾资本形成效率的监管理念，PFIARA指示SEC考虑私募基金的规模、治理结构和投资策略等方面以决定其产生系统性风险的可能性，② 而SEC则基于行业实际而将私募基金分为七类，包括对冲基金、私募股权基金（Private Equity，PE）、不动产基金和风险投资基金等，规定于修订后的基金管理人注册表（Form ADV）中，供管理人在使用该表注册时选择。

PFIARA删去了IAA原有的私募基金管理人一般性的注册豁免条款，

---

① 关于对该章就私募基金监管制度所作改革的具体内容的介绍，参见郭雳：《金融危机后美国私募基金监管的制度更新与观念迭代》，载《比较法研究》2021年第6期。

② 15 U.S. Code § 80b-3 (n).

代之以三项明确的豁免：一是风险投资基金（Venture Capital）的管理人无论其管理资产规模均可豁免注册，[①] 二是管理资产规模在1.5亿美元以下的私募基金管理人可以豁免注册，[②] 三是外国私募基金管理人可以豁免注册。[③] 不满足此三项豁免的私募基金管理人则需要依IAA的要求向SEC注册。

最后是私募基金管理人的秘密报告制度。《多德-弗兰克法案》出于全面评估和应对金融系统性风险的目的创设了金融稳定监督委员会（Financial Stability Oversight Council，FSOC）。根据SEC和美国期货交易委员会（Commodities Futures Trading Commission，CFTC）制定的规则，如果在最近一财年，私募基金管理人和私募期货投资基金管理人管理的资产规模超过1.5亿美元，管理人又不存在豁免注册的情形，该管理人即需要向FSOC秘密提交私募基金报告表（Form PF）。[④] Form PF也基于前述的私募基金分类作了专门设计：大型对冲基金、大型流动性基金和大型私募股权基金的管理人分别需要填写特定的额外部分，以向FSOC秘密报告其所管理的私募基金从事的金融交易中可能引发系统性风险的敏感信息，而几类大型私募基金管理人提交表格的频率也更高。[⑤]

通过要求私募基金管理人在IAA下注册，《多德-弗兰克法案》打破了传统的私募基金监管豁免框架，形成了之后私募基金监管制度发展的基础。为衡量和应对可能的系统性风险，PFIARA明确指示SEC考虑不同私募基金的规模和投资策略，从而使私募基金第一次在监管制度层面被类型

---

① 15 U.S. Code § 80b-3 (l). 为落实这一豁免，SEC制定了203 (l) -1规则以定义风险投资基金。

② 15 U.S. Code § 80b-3 (m)(1). SEC同时修改了对管理资产规模的计算方式，使之更能反映管理人可以处置的资产总规模。17 CFR § 275.203 (m) -1 (d) (1)，参见郭雳：《金融危机后美国私募基金监管的制度更新与观念迭代》，载《比较法研究》2021年第6期。

③ 15 U.S. Code § 80b-3 (b)(3).

④ 17 CFR § 275.204(b)-1.

⑤ Form PF: General Instructions.

化。尽管这一分类仍以识别和防范系统性风险为出发点，但其所创设的监管可能性是空前的，使私募基金监管的目的实现与成本承担得以精细化平衡。在要求特定私募基金管理人在 IAA 下注册后，该法的各项监管制度得以适用于注册的管理人，而 SEC 也可以依法对注册的管理人进行现场检查，从而首次得以深入了解私募基金这一行业的经营实践。SEC 的检查最终促成了行为监管规则进入私募基金领域。

三、私募基金秘密报告新规

《多德-弗兰克法案》基于及时发现和处置系统性风险的目的，确立了要求特定私募基金管理人通过 Form PF 以秘密方式向 FSOC 报告与系统性风险有关的敏感信息的制度。这一制度在创设十余年后，在 SEC 的提议下，于近两年完成了一次实质性的修改。

（一）Form PF 的改革提议

2022 年 1 月 26 日，SEC 以 3：1 投票通过了 Form PF 的改革提议。[①] 本次改革提议主要包括如下改变：修订 PF 表以在私募基金面临可能导致投资者损害或创设系统性风险的压力（stress）的关键事件（key events）时要求对冲基金和私募股权基金的管理人即时报告（current reporting）；[②] 降低大型 PE 管理人触发报告义务的管理资产规模门槛，并要求其向 SEC 提供关于该私募基金的更多信息，包括基金策略、杠杆使用、目标公司融

① Amendments to Form PF to Require Current Reporting and Amend Reporting Requirements for Large Private Equity Advisers and Large Liquidity Fund Advisers, SEC Proposed Rule, SEC Rel. No. IA-5950 (Jan. 26, 2022).

② 与传统证券法的临时披露要求不同，即时报告要求私募基金的管理人在关键事件发生后一日内向 SEC 和 FSOC 报告，并指明其所遇到的财政压力或其他系统性风险的信号，以及为防止损害投资者利益所可能需要采取的措施。See Amendments to Form PF to Require Current Reporting and Amend Reporting Requirements for Large Private Equity Advisers and Large Liquidity Fund Advisers, SEC Proposed Rule, SEC Rel. No. IA-5950 (Jan. 26, 2022).

资、受控制的目标公司（Controlled Portfolio Companies，CPC）及其借贷、基金投资于同一目标公司的不同资本层级的情况、目标公司结构重组（restructuring）或资本重组（recapitalization）的情况；修改了大型流动性基金（liquidity funds）管理人的报告内容，使其与货币市场基金使用的N-MFP表所报告的信息相一致。

对于这些改革提议，SEC解释称，对即时报告的要求来自新冠疫情和2021年1月证券市场波动为私募基金带来的影响，SEC希望通过管理人及时的报告作出适当的监管回应；降低管理资产规模门槛则是基于行业实践发展的新局面，希望维持需报告的PE管理人的适当比例；而PE的额外信息也是为了衡量系统性风险并保护投资者。①

在该改革提议中，SEC分别就对冲基金管理人和私募股权基金管理人触发即时报告要求的关键事件作了规定，从中也可以一窥SEC认为哪些事项可能创设巨大的风险。其中，对冲基金管理人触发即时报告义务的条件包括：该对冲基金遭受了非同寻常的投资损失（extraordinary investment losses），出现了特定的保证金交易事件（certain margin events）和对手方违约（counterparty defaults）、主经纪商的实质变动（material changes in prime broker relationships）、无负担现金的变动（changes in unencumbered cash），操作事件（operations events）及特定的赎回事件（certain events associated with redemptions）。这些事件被SEC认为会损害投资者的利益，或是将损害整个金融系统的信号。

PE管理人触发即时报告义务的条件包括：由管理人主导的基金份额二级交易的执行（execution of an adviser-led secondary transaction），② 普通合伙人或有限合伙人回补约定的实现（implementation of a general partner or

① 参见SEC在其规则建议稿中就大型私募股权基金管理人报告相关改动的讨论（规则建议稿第53页及以下）。

② 此处的“二级交易”既包括份额转让，也包括份额利益与其他私募基金份额利益的转换或交换。

limited partner clawback)，① 以及基金普通合伙人退出、基金投资期限或自身存续期限到期（removal of a fund's general partner, termination of a fund's investment period, or termination of a fund）。这些事件被SEC认为是可能显著影响投资者和整个金融市场的事件。特别是，后两项触发条件尽管主要与管理人和投资者之间的利益协调有关，但SEC认为这些事件也会为其判断市场是否整体恶化提供帮助，而市场恶化往往预示着系统性风险的可能性。

与此同时，SEC的改革建议以添加问题的方式显著扩大了PE管理人就Form PF的报告内容。具体而言，SEC建议在此前的PF表第4节添加问题67，要求PE管理人报告由PE所有的CPC的数量，以此判断PE的风险集中程度和投资策略，从而衡量PE和目标公司的依存度，以及行业整体的系统性风险。建议添加问题68，以收集PE基金投资策略相关的信息。并认为“不同的策略对市场和金融稳定带来不同类型和等级的风险”。建议添加问题70，以获取被投资公司资本重组和结构重组的额外信息。建议添加问题71，收集关联的PE投资于同一目标公司不同层级的资本的信息。建议添加问题72，收集PE通过借贷来向目标公司投资的相关信息，包括各笔可获得的借贷的基本信息，可借贷的总数，以及报告期内平均的借贷数额。建议添加问题74，要求管理人报告管理人或关联人向其投资的目标公司借贷的情形，并量化报告借贷的数目，这一要求被解释为既有助于SEC识别利益冲突风险，又有助于识别目标公司可能无法从传统的渠道获得信贷的情形，从而提前识别市场下挫的可能性。建议添加问题82，要求管理人报告其向CPC借贷时采用浮动利率（floating rate）的情况，以帮助监管衡量CPC的经营风险，以及CPC未能偿还时PE基金的风险情况。

此外，SEC还提议修改现有的三个报告问题，分别为：一是将现有的问题74改为要求管理人就违约事件提供颗粒度更细的信息。例如，该违约

---

① 根据SEC在改革建议中的描述，回补（clawback）是指普通合伙人或其利益相关方在基金合同中约定，当特定情形发生时，向基金或投资者返还或补偿已经收取的基于投资收益的管理费的义务。

是 PE 的付款违约（payment default）还是 CPC 违约，以便于 SEC 和 FSOC 更好地衡量违约事件对投资者和市场带来的冲击，以及其创设潜在的系统性风险的可能性。二是现有的问题 75 要求管理人汇报为 CPC 提供过桥贷款（bridge financing）的机构的身份，以及贷款的数量，SEC 提议额外要求提供对手方的识别信息，例如，对手方的法人识别号（LEI），以及是否为一个主要的金融机构的附属公司，如是，该金融机构是谁。三是现有的问题 78 要求 PE 基金报告其投资的静态地域分布以及最大的风险暴露国家，SEC 希望改为报告其投资的地域性衰退（geographical breakdown），以识别 PE 基金集中投资的国家可能经历的政治不稳定或自然灾害的情况，从而防范可能产生的系统性风险。

关于大型流动性基金，SEC 提议修改其管理人所需填报的 PF 表第 3 节，修订其需要的报告的经营信息、资产、投资组合、融资和投资者信息情况，并新增要求报告对未到期证券资产的处置（disposition），从而提升投资者保护和系统性风险评估。其中，该节的问题 52 和问题 53 要求管理人报告该流动性基金计算其 NAV 的策略，这是因为像传统的货币市场基金一样用摊余成本法为份额设定固定价格容易遭受挤兑，并产生系统性风险。

（二）最终生效的改革规则及其制度趋势

2024 年 2 月 8 日，SEC 在听取各方对前述建议规则的意见后，与 CFTC 联合颁布了最终的生效规则。最终生效的规则在很大程度上与建议稿保持一致。首先，最终规则对私募基金管理人报告的内容、触发报告义务的事项作了实质性的精细化调整，建立了新的即时报告机制；其次，最终规则要求管理人在报告时明确描述其采用的“伞形”（master-feeder）基金结构或平行基金结构的情况，以及其下各基金的情况，而不再如旧版的 Form PF 允许管理人合并报告；最后，最终规则要求管理人在报告时穿透（look through）其所使用的投资媒介（investment vehicles，即私募基金出于税务或风险隔离等考虑以其投资资产另行设立的用于投资的主体）。这些改动都是为了帮助 SEC 和 FSOC 更准确地评估私募基金的投资风险。

从这一规则改动中，可以看出几项明显的制度趋势与监管政策考量。

一方面，就防范系统性风险的政策目的而言，所获得信息的及时性、准确性极为重要。就信息的及时性而言，金融系统中的风险随着各主体之间的交易而传递、扩大，及时获得可能引发系统性风险的相关事项的信息有助于监管部门迅速作出评估和应对，从而有效地防范风险进一步放大和集聚；而 Form PF 改革后新设的即时报告制度要求管理人在事项发生后 24 小时内报告，极大提升了 FSOC 获取相关信息、及时处置风险的能力。就信息的准确性而言，SEC 在此前 Form PF 的经验基础上作了三方面的改革：一是统一信息生产口径、针对风险寻求信息、细化要求报告信息的颗粒度。其中，对不同结构基金的明确报告要求体现出统一信息生产口径的制度逻辑，允许管理人自行选择是否合并报告将导致报告的信息难以互相比较和用于分析。二是针对风险寻求信息突出体现于新增的各项问题，基于 SEC 十余年的执法经验和对私募基金行业的了解，这些问题针对性地揭示了私募基金经营投资过程中可能形成风险的所在。三是细化信息颗粒度是 SEC 提议修改关于大型 PE 的现有问题的主要原因，SEC 希望能通过收集更为细致的相关信息而汇集成对市场和系统整体的风险判断，这也是经过十年的信息收集后，SEC 对行业潜在风险更为了解的体现。

另一方面，尽管仍然以了解和防范系统性风险为制度的正当性基础，但实际上在 Form PF 的本次修改中，对私募股权基金管理人主导的基金份额二级交易和管理人约定的回补条款的关注已经显现出监管部门对私募基金内部治理结构的重视和对其中投资者利益保护的关切。而正如下文所要介绍的，这些监管关切还更为突出地体现于 SEC 推行的私募基金管理人行为监管新规之中。

四、行为监管新规与司法审查

如前所述，PFIARA 首次要求管理资产在法定规模以上的私募基金管理人依 IAA 规定向 SEC 注册。依 IAA 注册意味着该法的诸多行为监管制度得以适用，SEC也得以对注册的管理人进行现场检查，从而得以逐步深入了解私募基金行业。2012年，私募基金管理人注册制度正式施行，两年后SEC合规检查办公室主任发表以“在私募股权中播撒阳光”为题的声明，提出私募股权基金的投资模式中存在着独有的“固有风险”。① 此后对私募基金管理人的检查也一直在进行中。2017年，SEC发布风险提示，列明基金管理人五类典型的违规行为。② 2020年6月23日，SEC又针对私募基金管理人的从业情况向投资者发布了风险提示。③ 2022年1月27日，SEC再次发布风险提示，指出实践中私募基金管理人存在的问题：（1）披露的信息与其行动不一致；（2）就投资表现和市场营销使用误导性的信息披露；（3）未能对投资或服务提供者尽到尽职调查义务；（4）使用可能存在误导的对冲条款（hedge clauses）。④ 这些对私募基金经营模式的调查和对其中投资者利益受损风险的发现直接促进了私募基金管理人行为监管制度的出台。

（一）私募基金行为监管新规草案

2022年2月9日，SEC为一项新的规则征求意见。该规则旨在对私募基金管理人进一步加强监管，提升私募基金行业的透明度、竞争和效率。SEC主席就该规则发表演讲时明确提出，该规则在保护投资者的同时，也

---

① Spreading Sunshine in Private Equity, https://www.sec.gov/news/speech/2014-spch05062014ab.

② SEC Risk Alert, The Five Most Frequent Compliance Topics Identified in OCIE Examinations of Investment Advisers (Feb. 7, 2017), https://www.sec.gov/ocie/Article/risk-alert-5-most-frequent-ia-compliance-topics.pdf.

③ SEC Risk Alert, Observations from Examinations of Investment Advisers Managing Private Funds (June 23, 2020), https://www.sec.gov/files/Private%20Fund%20Risk%20Alert_0.pdf.

④ SEC Risk Alert, Observations from Examinations of Private Fund Advisers (Jan. 27, 2022), https://www.sec.gov/files/private-fund-risk-alert-pt-2.pdf.

旨在保护融资的目标公司。①

该规则草案以前所未有的程度介入了私募基金的内部治理。在该规则草案的起草说明中，SEC 指出了私募基金内部投资者治理的无力，认为在大部分私募基金中欠缺保障投资者进行有效治理的综合机制，部分私募基金中存在类似于有限合伙人顾问委员会（limited partner advisory committees）或董事会的机构，但这些机构缺乏有效监督和防范管理人利益冲突风险所必需的独立性、权威和可问责性。② 在检查和执法的过程中，SEC 发现私募基金管理人从事着许多与投资者利益冲突的行为，例如，不公正地在其所管理的各只基金之间分摊费用，③ 或限缩自己的信义义务以及用其他方式追求豁免自己违反信义义务的责任等。④

基于对私募基金经营实践的这些考察，该规则试图要求在 SEC 注册的私募基金管理人向投资者提供关于基金收费、支出和业绩表现的季度报告，并禁止所有私募基金管理人（无论是否在 SEC 注册）为投资者提供特定的差别待遇或在合同中约定特定内容，其他差别待遇的提供也必须以向现在和将来的投资者披露为前提。整体而言，新规的主要内容可以分为加强信息披露要求和直接监管缔约条款两个方面。

就加强信息披露要求而言，该规则草案要求私募基金管理人向投资者提供关于其所投资的私募基金的费用和投资表现等重要事项的季度报告。该季度报告被称为投资组合表（the portfolio investment table），致力于以标

---

① "I support this proposal because, if adopted, it would help investors in private funds on the one hand, and companies raising capital from these funds on the other." SEC Press Release, SEC Proposes to Enhance Private Fund Investor Protection (Feb. 9, 2022), https://www.sec.gov/news/press-release/2022-19.

② Release Nos. IA-5955, at 13.

③ *e.g.*, In the Matter of Lincolnshire Management, Inc., Investment Advisers Act Release No. 3927 (Sept. 27, 2014) (settled action) (alleging private equity adviser to two private funds misallocated expenses between the funds).

④ SEC Risk Alert, Observations from Examinations of Private Fund Advisers (Jan. 27, 2022), https://www.sec.gov/files/private-fund-risk-alert-pt-2.pdf.

准化的方式向投资者披露私募基金运行投资的各项情况，包括费用的花销情况、管理人收费的详细内容和管理人基于约定抵消、减免所应收的费用的情况，该私募基金所投资的各目标公司在报告期内向管理人及其关联人支付报酬和其他费用的情况，以及该私募基金持有这些目标公司的权益比例。① 这些披露要求将使投资者对私募基金的实际情况有更为确切的了解，便于其衡量和比较不同私募基金的情况，从而作出决策或有效地参与治理。同时，该规则草案要求私募基金管理人不得在未经披露的情况下向一部分投资者提供更为优惠的条件，因为在未经披露的情况下可能会损害另一部分投资者的利益。②

特别是，关于投资表现的披露，该规则草案要求私募基金管理人以统一、标准化的尺度向投资者披露信息，以便于投资者进行比较、作出决策，而不得以特质化的对成本和投资表现的衡量向投资者披露。根据基金投资资产的流动性，新规则首次区分了流动基金（liquid funds）与非流动基金（illiquid funds），前者需披露过往的年度收益情况和当年的季度收益情况，而后者对投资表现的披露则依内部报酬率（internal rate of return）和投入的资本计算得出。③

在管理人首次出具季度报告时，其需要决定被报告的私募基金是流动基金还是非流动基金，并在各自的范畴内提供尽可能标准化、可比的信息披露。根据新规则草案，非流动基金被定义为具有如下特征的私募基金：（1）生命周期有限；（2）不持续募资；（3）不被要求依投资者请求而赎回其利益；（4）其主要的经营策略为向投资者返还的收益来自对投资的处

① 这一条规定是为了防范管理人作出不透明的利益冲突行为，因此需要报告的目标公司以向管理人及其关联人支付薪酬和其他费用的为限，如果是像对冲基金等从事二级市场交易且在所投资的公司中多为被动投资者的角色的私募基金，通常目标公司并不会向这些私募基金管理人支付薪酬，私募基金管理人也不必就此报告。Release Nos. IA-5955, at 42。披露权益比例可以帮助投资者衡量管理人向该公司收取薪酬的程度以及这一薪酬的支出对该公司价值的影响。Id. at 45。

② Release Nos. IA-5955, at 11.

③ Id. at 55.

分（disposition）；（5）投资者在基金生命周期结束前没有机会，或仅有有限的机会撤回出资；（6）通常不以直接或间接取得二级市场交易的证券和衍生品作为其投资策略。① 可以看出，这一分类将涵盖大部分私募股权基金和不动产投资私募基金。相应地，流动基金则被定义为除非流动性基金之外的其他私募基金。②

就直接监管缔约条款而言，该规则草案援引《多德-弗兰克法案》的授权，③ 禁止所有私募基金管理人从事某些特定行为，包括寻求对费用的补偿和对自身责任的限制，向私募基金或其目标公司收取特定费用，要求基金承担约定回补条款的相关税费，或不成比例地向目标公司收取费用，以及向私募基金客户借贷等。④

最后，从 SEC 征求意见的询问中可以看出，其也在考虑更为激进的监管措施，例如，为私募基金管理人向单只基金收取的费用设置上限，或者禁止业内通用的“2+20”的收费模式、禁止私募基金管理人向目标公司收取报酬等。⑤

（二）正式规则与司法审查

SEC 就私募基金管理人的行为监管规则草案在征求意见的过程中受到了业界激烈的抵制。在作了实质调整后，SEC 于 2023 年 8 月 23 日发布了

---

① Proposed rule 211(h)(1)-1 (defining “illiquid fund”).

② Proposed rule 211(h)(1)-1 (defining “liquid fund”).

③ 《多德-弗兰克法案》为 IAA 添加了第 211（h）条，授权 SEC 制定规则以禁止和限制投资顾问的特定销售行为、利益冲突行为和薪酬结构。Dodd-Frank Wall Street Reform and Consumer Protection Act, section 913(h), Pub. L. No. 111-203, 124 Stat. 1376 (2010).

④ Proposed rule 211(h)(2)-1.

⑤ 私募基金管理人向目标公司收取报酬通常发生在管理人代表私募基金参与目标公司管理的过程中，例如，当私募基金管理人向基金投资的目标公司派出内部人员担任后者的董事时，该董事代表投资于该目标公司的私募基金对目标公司的运营进行监督管理，而目标公司会向该董事支付报酬。Release Nos. IA-5955, at 23.

最终的正式规则，并于 2023 年 11 月 23 日生效。[①] 相比于此前的征求意见稿，正式规则中相关的行为监管要求有所放松。例如，在管理人主导的份额交易中，尽管仍要求管理人向投资者提供对交易公平性的意见，但不再要求管理人报告其与意见提供者的关系；而就管理人可能损害投资者利益行为的禁止性规定，最终的正式规则也允许管理人在向投资者披露信息或取得知情同意的情况下从事相关行为。

尽管如此，最终的正式规则仍然招致了私募基金业界的激烈反对。2023 年 9 月 1 日，在正式规则颁布一周后，全美私募基金管理人协会（National Association of Private Fund Managers）向美国联邦第五上诉法院提起诉讼，认为 SEC 的该项规则超出了其法律授权的范围，也并非审慎行使权力的结果，并请求法院审查该规则的正当性。

SEC 制定行为监管新规时主要援引的法律依据是由《多德-弗兰克法案》修改后的 IAA 第 206（4）条和第 211（h）条。前者禁止基金管理人从事欺诈、操纵行为，并授权 SEC 制定相关规则。而后者则名为“其他事项”，授权 SEC：（1）协助向投资者清晰、直白地提供与其经纪人、交易商和投资顾问有关的信息；（2）现场检查，并制定合适的规则禁止或限制经纪人、交易商或投资顾问从事或采用特定的销售行为、利益冲突行为或报酬机制。

美国联邦第五上诉法院则认为，这两条均未授予 SEC 就私募基金管理人的行为制定规则的权力。尽管从字面意思来看，IAA 在这两条之外也经常使用“所有基金管理人”或者一般性的“投资者保护”的用词，而这两条的文义也确实可以涵盖私募基金管理人，但对法律应作体系性的解释，如果体系性地考察 ICA 与 IAA 的制度设计，则 IAA 的修改并不应当被解释为赋予了 SEC 规制私募基金管理人的权力。

美国联邦第五上诉法院认为，ICA 和 IAA 作为 1940 年的姊妹立法，共同规制着投资基金关系，因而在解释时应当将二者视为同一个体系，并在其下解释具体条文的文义。在投资者—投资基金—基金管理人的三元结构

① SEC Release No. IA-6383.

中，ICA 整体规制着三者的关系，而《多德－弗兰克法案》所修改的 IAA 仅调整管理人与投资基金之间的关系。不仅如此，《多德－弗兰克法案》仅以第 4 章（PFIARA）调整私募基金管理人的注册制度，其他节中涉及基金管理人的内容均以保护散户投资者（retail investor）为出发点，SEC 据以制定行为监管新规的《多德－弗兰克法案》第 913 条（IAA 第 211（h）条）也是如此。考察《多德－弗兰克法案》的立法目的和制度框架，该条应适用于对散户投资者而非私募基金的合格投资者的保护，因而 SEC 据此制定对私募基金管理人的行为监管新规超出了法律授权的范围。

SEC 新规的另外一项法律依据，即 IAA 第 206（4）条，授权 SEC 定义并制定规则阻止欺诈和操纵的行为。美国联邦第五上诉法院认为，该条并不足以成为 SEC 的行为监管新规的法律依据。首先，新规仅仅把阻止欺诈和操纵当成幌子，而并非真正出于这一目的，因为 SEC 未在新规中指明其所要阻止的欺诈和操纵行为，而是直接干预管理人遵守基金合同的商业行为；其次，IAA 第 206（4）条也并未授权 SEC 制定与私募基金管理人信息披露相关的规则，因为 IAA 的其他条文明确规定了信息披露与报告，而该条则并无此规定，应当理解为立法者并未授权 SEC 要求私募基金管理人披露信息；再次，考察 ICA 与 IAA 的制度互动关系，ICA 明确豁免了监管制度对私募基金内部治理结构的介入，美国国会并未修改 ICA 的相关规定，因此对 IAA 的修改并不应理解为允许 SEC 介入私募基金的内部治理；最后，SEC 的新规也并未阐明信息披露要求与欺诈、操纵行为之间的联系，私募基金管理人的客户是私募基金本身而非其投资者，管理人自然也并不负有直接向投资者披露信息的义务，不向投资者披露信息也就并不构成欺诈。

美国联邦第五上诉法院于 2024 年 6 月 5 日颁布判决，认为 SEC 的行为监管新规超出了《多德－弗兰克法案》修改后 IAA 对其制定规则授权的范围，并相应认定 SEC 的该项新规整体无效。①

---

① NA of Private Fund Managers *v.* SEC (23-60471).

五、新规评析与政策启示

长期以来，证券监管和基金监管的私募豁免制度遵循着明确的逻辑：投资者有能力自我保护，就不再需要监管介入，从而可以豁免发行人的信息披露成本、提高资本形成的效率。此时，仅在私募基金可能产生负面的外部性时，才存在监管介入的正当性基础。次贷危机之前 SEC 对对冲基金的警惕遵循了这一逻辑，次贷危机后《多德-弗兰克法案》对私募基金管理人的注册和秘密报告要求也大体遵循了这一逻辑，将预先识别和防范可能的系统性风险作为主要的政策目的。新近 Form PF 的制度改革再次重申了这一目的。

但在《多德-弗兰克法案》要求特定的私募基金管理人依 IAA 向 SEC 注册后，通过依法现场检查，SEC 对私募基金行业的了解越发深入，私募基金中投资者保护的必要性越发凸显。十年来，SEC 多次就私募基金管理人的不当行为发布警示，并最终促成了 2023 年行为监管新规的出台。尽管美国联邦第五上诉法院判决这一监管新规因超出法律授权范围而无效，但这一判决更多是基于考察《多德-弗兰克法案》修改 IAA 的立法原意。这恰恰说明，以防范系统性风险为主要政策目的的《多德-弗兰克法案》难以有效地为投资者保护提供制度供给。

由于美国联邦第五上诉法院的新近判决，《多德-弗兰克法案》将难以为众多中小型私募基金的投资者提供普遍保护。但未来私募基金投资者与管理人之间的利益如何协调，则仍不明朗。一方面，私募基金投资者仍然具备更强的信息分析和风险识别能力，SEC 的一再警示和出台新规将为他们敲响警钟，从而使投资者在与管理人的磋商过程中更加注重自我保护；另一方面，尽管 SEC 无权通过制定规则规范约束所有私募基金管理人的行为，但在 IAA 规定下，SEC 仍然享有更为广泛的规制权力，因而仍可能对管理资产规模达到法定数额因而需要依 IAA 注册的私募基金管理人出台专门规则。而如果私募基金中的投资者保护困境确实存在，区分规制也会使投资者和资金涌向受监管的管理人管理的大型私募基金，推动中小型私募基金的管理人自发地改善其缔约条款。

此外，SEC 近年的规则改革历程仍可提供如下几点政策启示。

首先，从规则制定的路径而言，只有深入了解了私募基金行业的经营实践和投资生态，才能明确私募基金监管是否必要、应如何监管私募基金等问题的答案。Form PF 的改革和行为监管新规的出台都是相关机制运行十年、SEC 对金融系统和私募基金在其中所扮演的角色更深入了解的结果。而由于缺乏对私募基金行业的了解，难以制定有效的报告制度，在监管部门了解私募基金的过程中，现场检查制度发挥着重要的作用。

其次，从制度的内容来讲，无论是出于防范系统性风险的目的，还是出于保护投资者的目的，对私募基金进行分类监管都有其必要性。不同类型的私募基金在金融系统中的影响并不相同，而可能对投资者利益造成的威胁也不相同。就防范系统性风险而言，除应以私募基金底层资产的性质和投资模式的特征进行分类监管之外，还应要求其提供相关信息帮助监管部门识别潜在的风险。而在要求私募基金管理人提供信息时，应明确和统一信息生成的口径以提升信息质量，加强对信息时效性的要求，并由有能力识别和处理信息、协调各金融行业监管部门的主体受理相关信息。而就投资者保护而言，不同类型的私募基金因其商业模式不同而表现出不同的损害投资者利益的可能性。在宽泛的信义义务要求之外，私募基金的信息披露和行为监管需要根据商业模式的差异而实现精细化的最少介入。同样，针对性监管措施的制定也有赖于监管部门对私募基金行业的深入了解。

最后，私募基金中投资者保护困境的进一步凸显，对基金监管理论提出了新的挑战。传统证券监管理论就私募豁免制度形成的投资者自我保护、协商治理的去监管逻辑在私募基金的语境下是否还可以继续适用，抑或应结合投资基金的特征而作何种程度的修正，尚有赖于投资基金监管理论的进一步发展和完善。

【区域股权市场法治】

区域性股权交易市场法律监管问题及对策研究

蒋辉宇* 万亚军**

摘要：区域性股权市场作为连接初创企业与资本市场的重要桥梁，不仅为中小企业提供了融资的新途径，推动了资本的跨境流动和资源的优化配置，也为投资者提供了更多元化的投资选择。然而，目前我国的区域性股权市场在运行中显现出一定程度的混乱，参与机构在质量及专业素质上存在差异，恶性竞争与不当报价现象频发，严重损害了企业客户的权益，且监管责任尚不够明确。有鉴于此，我们需要积极拓宽市场多元对接地方政策渠道，进一步完善信息披露的持续监督机制，统一企业挂牌与个人投资准入标准并强化企业托管登记法律效力，以促进区域性股权市场稳健有序地发展。

关键词：区域性股权交易市场 信息披露 地方政策 企业托管登记

---

* 安徽财经大学法学院教授，法学博士。

** 安徽财经大学法学院硕士研究生。

一、我国区域性股权交易市场的发展现状与变革趋势

（一）我国区域性股权交易市场的发展现状

自20世纪80年代起，我国区域性股权交易市场这个领域，经历了五个明显的演进阶段。这些阶段不仅展示了市场自身的发展轨迹，也映射出我国经济体制改革的步伐和成果。

1.20世纪80年代中后期至1996年：初创发展阶段

1988年，武汉成为我国首家产权交易所的诞生地，这标志着我国产权交易领域的探索之旅正式启航。随着时间的推移，我国产权交易市场得到了迅速的发展和扩充。至1996年底，全国产权交易所数量增至210家，多数为国有事业法人组织，由政府投资并由财政部门管理。政府对产权交易市场的重视和支持，为我国产权交易领域的发展提供了强有力的保障。①这一阶段的产权交易所有着明确的定位和发展目标，在我国经济体制改革中发挥着重要的作用。产权交易所的建立和发展，不仅为各类企业提供了更加灵活的产权交易平台，也为我国经济的快速发展提供了有力的支持。②

2.1997年至1999年：清理整顿阶段

为应对市场无序竞争和亚洲金融风暴，我国于1998年12月颁布《证券法》，其第32条规定上市证券须在交易所挂牌交易。此举旨在维护市场公平、公正，保护投资者权益，确保市场秩序。③ 这一变化明确地表明了我国在管理金融市场方面的坚定决心和强大的行动力，同时也进一步凸显了对规范化、专业化市场发展的坚定支持。这表明，我国在推动金融市场健康发展方面，不仅有明确的目标和方向，更有切实可行的措施和策略。

---

① 参见孙菲菲、蒋冠：《论区域性股权市场的功能建构》，载《证券市场导报》2018年第3期。

② 参见许亦红、仲雨钊、许家豪：《以区域性股权市场为抓手推进陕西专精特新企业高质量发展》，载《西部金融》2023年第11期。

③ 参见山珊：《区域性股权交易市场功能开发研究》，载《经济问题》2017年第12期。

这种对金融市场规范化、专业化的支持，不仅有助于提高金融市场的效率和稳定性，也有利于促进我国经济的持续健康发展。通过加大监管力度，政府有力地维护了金融市场的稳定，为各类金融机构和投资者提供了一个更加健康、有序的交易环境。

3. 1999年至2003年：快速恢复阶段

在我国资本市场的不断发展和完善的大背景下，全国范围内推出了一项全新的代办股份转让系统。这一系统的主要目的是给非上市公司提供一个更加便捷、高效的股份转让平台，从而推动我国股份转让市场的健康发展。① 与此同时，在地方层面，各地产权交易所也在积极探索和拓展业务范围。它们依托技术产权交易，不断引入新的交易品种和服务，以满足不同企业和投资者的需求。在这个过程中，交易规模也在逐步扩大。据统计，至2003年底，我国产权交易所的数量再次实现增长，达到了230余家。这一数字不仅表明了我国产权交易市场的活跃程度，也反映了我国资本市场在不断成熟和发展。② 总的来说，无论是全国范围内推出的代办股份转让系统，还是地方产权交易所的积极探索，都为我国的股份转让市场提供了更多的选择和可能。

4. 2004年至2011年，调整探索阶段

在这个特定的时期，中关村新三板市场在国家层面上开始启动，并且逐步运行起来。这个新的市场平台为众多中小企业带来了极大的便利，因为它们现在有了一个全新的融资途径。这对于中小企业的发展来说，无疑是一个重大的利好消息，也为它们提供了更多的发展可能性。与此同时，在地方层面，我们可以看到国资转让交易的需求出现了显著的增长。这种增长为产权交易所带来了巨大的挑战，也带来了机遇，尤其是那些作为央企资产转让平台的产权交易所迎来了历史上前所未有的发展机遇。这不仅

① 参见李安安：《刍议区域性股权市场监管中的央地权力配置》，载《银行家》2017年第12期。

② 参见马振廷：《区域性股权市场开展优先股业务的探索》，载《中国产经》2023年第11期。

是对它们自身发展的一个肯定，也是对整个市场环境变化的积极响应。

5. 2011 年起至今：重启发展阶段

2011 年，区域性股权交易市场独立发展，专注于非上市公司股权交易。在全国层面，全国中小企业报价转让系统公司成立，替代原新三板。据最新统计，截至 2023 年底，我国区域性股权交易中心已达 35 家，遍布国内七大区域，它们大多由省级人民政府批准设立，成为省级股权交易的重要机构。这些区域性股权交易中心在推动地方经济发展、优化资源配置、促进产业升级等方面发挥着重要作用。它们不仅为中小企业提供了更加便捷、高效的融资渠道，也为投资者提供了更多元化、个性化的投资选择。近年来，随着科技创新的不断深入和数字化技术的快速发展，区域性股权交易中心也在积极探索创新服务模式，提升服务效率。例如，通过引入人工智能、大数据等先进技术，实现交易信息的快速处理和分析，为投资者提供更加精准、及时的决策支持。同时，区域性股权交易中心还积极加强与国内外其他金融机构的合作与交流，推动股权交易的国际化发展。通过与国内外证券交易所、投资机构等的紧密合作，为我国企业走向国际市场、吸引外资进入国内市场提供了重要平台。①

（二）我国区域性股权交易市场的变革趋势

区域性股权交易市场经历了蜿蜒曲折的发展历程，这一过程对监管模式的建立产生了深远的影响。内源型的发展动因，主要源自市场内部的需求和动力，与外源型的管制动因，即来自政府层面的指导和规范，两者相互作用，共同塑造了区域性股权交易市场的监管现状。

1. 发展与管制的长期博弈

在区域性股权交易市场的发展过程中，无论是采取集中式监管模式还是独立式监管模式，其核心出发点都是为了市场的稳步前进。改革开放以

① 参见杨疏影：《我国区域性股权交易市场监管的困境及其破解》，载《法商研究》2023 年第 3 期。

来，地方经济作为区域性股权交易市场服务的重点，“重发展、轻监管”一度成为其成长的主导方向。然而，单一的发展目标设定导致地方政府对区域性股权交易市场扩张的延缓态度较为消极，使市场的活力未能充分释放。为了打破这一僵局，不少地方政府开始调整策略，从“重发展、轻监管”逐渐转向“发展与监管并重”的新思路。在新的策略下，地方政府不仅加大了对区域性股权交易市场的扶持力度，同时也加强了对其的监管。通过建立健全的监管机制，地方政府确保了市场的公平、公正和透明，为投资者提供了一个更加健康、稳定的交易环境。除了传统的集中式监管和独立式监管外，地方政府还积极探索引入行业协会、专业机构等第三方力量参与监管的新模式。内源型的发展动因始终是推动区域性股权交易市场完善的根本动力，但缺乏约束的发展可能损害市场的稳定性。①

2. 发展与管制的日趋融合

在区域性股权交易市场的演进过程中，发展与管制并非孤立、对立，而是逐渐呈现出融合的趋势。这源于市场化与法治化成为经济发展的核心驱动力，推动着区域性股权交易市场向着更加规范、高效的方向发展。近年来，随着科技的迅猛发展和信息时代的到来，区域性股权交易市场也在不断创新和变革。数字化、智能化成为新的发展趋势，交易平台的升级换代使市场更加透明、便捷。同时，大数据、人工智能等技术的应用，使市场监管更加精准、高效，有效降低了市场风险。在这样一个背景下，区域性股权交易市场的发展呈现出以下几个显著特点：一是市场规模不断扩大。随着经济的持续增长，越来越多的企业选择通过区域性股权交易市场进行融资，市场规模逐年扩大。② 二是市场结构不断优化。在市场竞争的推动下，区域性股权交易市场逐步形成了多元化的市场结构，这些市场各有特色，满足了不同企业的融资需求。三是市场监管日益加强。随着法治

---

① 参见余春晖：《地方政府支持区域性股权市场的政策评价研究》，载《新经济》2023 年第 5 期。

② 参见贾彦、刘申燕：《区域性股权市场支持“专精特新”企业发展的路径思考》，载《清华金融评论》2023 年第 1 期。

化进程的加快，市场监管体系不断完善，监管力度不断加大。监管机构通过制定严格的监管规则、加大执法力度等手段，有效维护了市场秩序，保障了市场的公平、公正、公开。四是市场国际化步伐加快。区域性股权交易市场也面临着国际化的机遇和挑战。许多市场开始积极引进外资、开展国际合作，推动市场国际化进程。这不仅有助于提升市场的国际竞争力，也有助于吸引更多的国际投资者参与市场。①

二、我国区域性股权交易市场法律监管存在的主要问题

区域性股权交易市场是构建中国金融大国体系的关键，也是推动创新创业的重要平台。随着金融监管的完善，市场中出现了一批领军企业。但当前，市场监管体系存在不足，特别是在法律定位和监管体系上，制约了市场的发展。

（一）企业挂牌与个人投资准入标准缺乏统一性

“一省一市场”的布局使全国各股权交易市场在企业挂牌准入方面缺乏统一标准，条件各异。这一现状不仅给众多寻求挂牌的企业带来了困惑，也给市场监管带来了挑战。每个省份的股权交易市场，出于自身发展的考虑，往往会制定不同的挂牌标准和条件，这使企业在选择挂牌市场时，需要耗费大量的时间和精力研究和比较。此外，由于各市场的挂牌标准不统一，也容易导致市场间的恶性竞争。一些市场为了吸引更多的企业挂牌，可能会降低挂牌标准，甚至存在“放水”现象，这无疑会给整个股权交易市场的健康发展带来隐患。为了解决这一问题，需要建立全国统一的股权交易市场挂牌准入标准。这一标准应该综合考虑企业的财务状况、

① 参见姚前：《打造新一代金融基础设施夯实多层次资本市场基石——记中国证监会区域性股权市场区块链试点》，载《金融电子化》2022 年第 4 期。

治理结构、发展前景等多个方面，确保挂牌企业具备一定的质量和潜力。①

同时，也需要明确各级市场监管部门的职责和权力，加强市场监管，防止市场间的恶性竞争。在此基础上，还需要加强各股权交易市场之间的合作与交流。通过搭建信息共享平台，实现市场间的信息共享和互通，提高市场监管的效率和效果。同时，也可以通过举办各种交流活动，加强各市场之间的了解与信任，推动市场间的良性竞争和共同发展。“一省一市场”的布局虽然在一定程度上促进了地方股权交易市场的发展，但也带来了一些问题和挑战。需要通过建立全国统一的挂牌准入标准、加强市场监管和推动市场间的合作与交流等措施，推动全国股权交易市场的健康发展。

（二）企业托管登记法律效力不足

在具体的商业操作过程中，区域性的股权交易市场对于登记结算服务的需求正在不断上升。这种需求的增长背后，反映出市场对于完善股权交易流程、提升交易效率的迫切期待。然而，当前的现实情况是，负责登记结算的公司并未获得《证券法》的正式认可，这一状况使企业在进行法律风险规避时面临着诸多困扰，同时也限制了业务范围的进一步拓展。在这样的背景下，为了能够继续推进业务的发展，市场方面不得不寻求与工商、税务等政府部门的紧密合作。

这种合作的初衷，是为了在现有法律框架下，尽可能地模拟出一种符合规范的登记结算流程，以减少因法律不认可所带来的风险。然而，实际的效果并不理想，合作过程中往往因为各部门职责划分、信息共享机制不健全等问题，导致效率低下，效果并不尽如人意。② 这一现状再次强调了

---

① 参见刘祚祥、陈涛：《协议转让、做市商与区域性股权市场交易制度选择——基于湖南省股权交易市场科技创新专板的前瞻性分析》，载《长治学院学报》2021年第6期。

② 参见乔强：《进一步提升区域性股权市场服务中小微企业能力》，载《金融博览》2022年第1期。

对于一个合法、合规，且高效运转的股权交易登记结算体系的迫切需求。市场参与者以及监管机构都应当共同努力，探索在《证券法》框架下，如何能够既保障法律的严肃性，又满足市场实际操作的需求，从而推动我国区域性股权交易市场向更加成熟、规范的方向发展。

（三）市场对接地方政策渠道匮乏

在“大众创业、万众创新”战略下，地方政府对中小微企业和创新型企业提供了丰富的扶持政策，如企业所得税减免和多项财政补贴。但政策执行透明度不足，易滋生腐败。中小微企业与创新型企业在“大众创业、万众创新”中崭露头角，为地方经济注入活力。但地方政府扶持政策执行透明度不足，为不法分子提供可乘之机，滋生腐败阴影。政策执行透明度不足，首先体现在政策信息的传递上。① 尽管政策制定者初衷良好，但由于信息传递过程中的疏漏和阻碍，许多企业往往无法及时、准确地了解到政策的详细内容，更无法利用这些政策推动自身的发展。这就导致了一种现象：一方面，政府投入了大量资源制定和执行政策；另一方面，企业却因为信息不对称而无法充分享受政策的红利。更为严重的是，这种透明度不足也为腐败提供了土壤。② 在一些地方，由于政策执行过程中的监督不力，一些政府官员或相关人员可能会利用手中的权力，为某些企业或个人提供“特殊待遇”，从而谋取私利。这不仅损害了政策的公平性和有效性，也严重破坏了政府的形象和公信力。

（四）市场信息披露及防范不当交易的规制措施缺失

从实际运作的角度来看，信息披露在时效性、细节、范畴、操作规范以及违规处罚等方面，都是由各区域性股权交易市场独立进行制定和监管的，这些市场既扮演着“参与者”的角色，又承担着“监管者”的职责。

---

① 参见申屹、龚波：《优化区域性股权市场生态》，载《中国金融》2022 年第 3 期。

② 参见李至斌：《区域性股权市场服务小微企业的实践与探索》，载《证券市场导报》2020 年第 4 期。

《证券法》对于区域性股权交易市场的非法行为的规定并不明确，因此其法律效力也较为有限。在这样一个复杂的监管环境中，各区域性股权交易市场如何在保持灵活性和适应性的同时，确保信息披露的公正、透明和有效，成为一个亟待解决的问题。时效性对于信息披露至关重要。在金融市场瞬息万变的今天，任何信息的延迟都可能对市场产生重大影响。因此，各区域性股权交易市场需要建立一套高效的信息披露机制，确保投资者能够及时获取最新的信息。这包括优化信息披露流程、提高审核效率、利用技术手段加强信息传输的实时性等。信息披露的细节和范畴也是关键。为了充分揭示市场参与者的真实情况，信息披露需要涵盖公司的财务状况、经营成果、重大事项、股东及董事变动等关键信息。同时，还需要关注信息披露的准确性和完整性，避免误导投资者。这要求各区域性股权交易市场在制定信息披露规则时，要充分考虑市场的实际情况和投资者的需求，确保信息披露的细致入微和全面覆盖。

三、国外区域性股权交易市场法律监管经验

区域性股权交易市场的制度架构和法律监管与市场成熟度紧密相关。本文旨在梳理美国、英国场外股权交易市场法律监管经验，以供借鉴。

（一）美国监管经验

美国的场外股权交易市场不仅历史悠久，而且其复杂性和多元性也举世瞩目。在这个庞大的市场中，不仅有专门服务于初创企业和新兴产业的区域性股权市场，还有服务于成熟企业和大型集团的全国性股权市场。这些市场相互补充，形成了一个完整的股权交易网络。

1. 制定明确的市场准入标准

为了确保场外各市场的有序运营并体现其差异化特性，美国政府基于不同市场的定位和功能，设定了相应的准入标准。在设定了这些准入标准之后，美国政府还建立了一套严格的监管体系，以确保市场参与者遵守规则，公平竞争。这套监管体系不仅涵盖了市场的日常运营，还包括了对市

场参与者的资格审查、交易行为的监督以及违规行为的处罚等方面。对于市场参与者的资格审查，美国政府要求所有想要进入市场的企业或个人都必须满足一定的条件，包括资金实力、经营能力、信用记录等。这些条件的设定旨在筛选出真正有能力和信誉的参与者，从而保障市场的整体质量和稳定。[①] 在交易行为的监督方面，美国政府设立了专门的监管机构，对市场的交易活动进行实时监控。这些机构不仅关注价格的波动和交易的频率，还注重交易的透明度和公平性。

2. 建立严格的信息披露机制

纳斯达克市场需遵循法律，详尽披露信息，受美国证券交易委员会（SEC）监管。每一笔交易后，券商都必须在 90 秒内披露相关信息，包括交易价格、交易量、交易时间等关键数据。这种及时、全面的信息披露，不仅为投资者提供了决策依据，也有效防止了市场操纵和内幕交易的发生。

SEC 作为纳斯达克市场的监管机构，发挥着至关重要的作用。SEC 负责监督市场的运行，确保市场的公平、公正和透明。通过定期的检查、审查和执法行动，SEC 确保了纳斯达克市场始终保持在法律的框架内运行，维护了市场的稳定和投资者的信心。除了监管机构的监督外，纳斯达克市场还建立了完善的自律机制。券商、上市公司和投资者都需遵守市场的规则和规定，共同维护市场的稳定和健康发展。任何违反规定的行为都将受到严厉的惩罚，包括罚款、禁止交易等。

3. 构建多方联动的联合监管格局

美国监管部门精心构建了一个多方协调、联动的联合监管体系。在这个联合监管体系中，美国监管部门不仅强化了对传统金融市场的监管，还针对场外交易市场的特性，制定了一系列独特的监管策略。这些策略旨在确保市场的透明度、公正性和稳定性，从而保护投资者的合法权益。监管

---

① Nasdaq, The Nasdaq Global Select Market, 5315 (f) (3) (D), https://listingcenter.nasdaq.com/rulebook/nasdaq/rules/Nasdaq%205300%20Series.

部门对场外交易市场的参与者实施了严格的准入制度。所有希望进入该市场进行交易的公司和机构都必须满足一定的资质要求，包括资本充足率、风险管理能力和合规性等方面。这一制度有效地过滤了市场上的不良参与者，降低了市场风险。监管部门建立了实时的市场监控系统，对场外交易市场的交易行为进行全面、持续的监控。该系统能够实时捕捉异常交易行为，如内幕交易、市场操纵等，并立即采取相应的监管措施。这一系统的建立，使监管部门能够及时发现并处理市场违规行为，维护市场的公正性。监管部门还加强了与其他国家和地区的监管合作。在全球化的背景下，场外交易市场已经超越了国界的限制，涉及多个国家和地区。因此，加强国际监管合作显得尤为重要。

（二）英国监管经验

英国的场外股权交易市场是一个由二板市场以及未上市证券市场构成的复合体系。其中，二板市场自 1985 年设立以来，一直致力于支持和促进中小企业的直接融资活动，为其提供了重要的金融支持。而未上市证券市场则是在 1995 年成立的，其主要目的是降低交易的成本，简化交易流程，从而使中小企业能够更加便捷地进行融资活动。这两个市场共同推动了英国场外股权交易市场的发展，为中小企业的成长提供了强大的动力。

1. 宽松的股权挂牌交易准入机制

英国二板市场的准入门槛相对较低。英国的二板市场自从引入以来，就以其独特的低准入门槛机制吸引了众多初创企业和中小企业。这种机制不仅为这些企业提供了更为灵活和便捷的融资渠道，同时也为投资者带来了更为多元化的投资选择。

二板市场的准入门槛相较于主板市场更为宽松，企业无须满足严苛的盈利和市值要求，这使得许多初创企业和创新型企业得以有机会进入市场，实现资本的快速增长。这种灵活性使得二板市场成为了英国乃至欧洲地区重要的成长型企业融资平台。然而，低准入门槛并不意味着监管的放松。二板市场在为企业提供融资便利的同时，也加强了对企业的监管和信息披露要求。二板市场要求企业必须遵循严格的上市规则和持续信息披露义务，以确保市场的公平、透明和有序运行。此外，二板市场还积极寻求与主板市场的合作与互动，为企业提供更为全面的融资支持。通过与主板市场的合作，二板市场为企业提供了更为广阔的融资渠道和更为丰富的投资者资源，进一步促进了企业的快速发展。

2. 便捷的市场转板机制

英国证券市场建立便捷转板升降级机制，满足企业多样化融资需求。在英国证券市场中，这一升降级机制为企业提供了清晰的成长路径和灵活的融资选择。对于那些初创企业而言，它们可以在较低的层级市场中起步，通过展示自身的潜力和增长前景，吸引投资者的关注。随着企业的发展和业绩的提升，这些企业可以逐步升级到更高层级的市场，以获得更多的资本支持和更广泛的投资者基础。同样，对于那些已经处于较高层级市场但遭遇经营困难或业绩下滑的企业，英国证券市场也提供了降级机制。这种机制为企业提供了缓冲期，使它们能够在较为宽松的市场环境中调整经营策略、改善业绩，并最终有机会重返更高层级的市场。这一升降级机制的建立，不仅为英国证券市场注入了活力，也促进了市场的竞争和优胜劣汰。在这样的市场环境中，企业必须不断提升自身的竞争力和创新能力，才能在市场中立足并持续发展。

3. 灵活的市场交易机制

英国场外股权交易市场具有灵活机制，尤其是二板市场和未上市证券市场。它们主要依托于做市商制度进行运作。在这个体系内，二板市场与未上市证券市场互为补充，共同构成了英国场外股权交易市场的核心。二板市场，作为英国资本市场的重要一环，主要服务于那些成长迅速、具有创新性的中小企业。这些企业往往因为规模较小、历史较短，难以达到主板市场的上市要求，因此选择二板市场作为融资和发展的平台。二板市场的交易机制灵活多变，不仅允许企业以较低的成本进行融资，还提供了多种交易方式，以满足不同投资者的需求。此外，二板市场还设立了严格的监管制度，以确保市场的公平、公正和透明。与二板市场不同，未上市证券市场主要服务于那些尚未达到上市条件，但具有较大发展潜力的企业。这些企业可能处于初创阶段，或者正在经历转型期，需要资金支持来推动业务发展。未上市证券市场为这些企业提供了一个融资平台，使它们能够吸引更多的投资者和资金。

四、区域性股权交易市场法律监管的对策建议

健全的法治体系对资本市场发展至关重要。金融监管应依法行事，包括完善法律框架、严格执法和追究违法行为。我国经济结构调整和国际金融环境变化使市场监管面临挑战。为应对新时代要求，市场监管部门需深化法律法规完善，明确主体责任，优化信息披露监督，加强信息交流，创新风险监测预警机制，确保企业转板顺畅。

（一）统一企业挂牌与个人投资准入标准

“一省一市场”的布局使全国各股权交易市场在企业挂牌准入方面缺乏统一标准，条件各异。此外，由于各市场的挂牌标准不统一，容易导致市场间的恶性竞争。有鉴于此，应当统一企业挂牌与个人投资准入标准，以建立一个公平、透明、有序的全国股权交易环境。这不仅有助于提升市场效率，降低企业挂牌成本，还能保护投资者的合法权益，促进资本市场的健康发展。具体而言，统一企业挂牌标准应当包括以下几个方面：首先，明确企业挂牌的基本条件，例如，企业注册资本、经营年限、盈利能力等，确保挂牌企业具备一定的经营实力和良好的发展前景。其次，规范企业信息披露要求，要求挂牌企业定期披露财务状况、经营成果、重大事项等信息，增强市场透明度。① 最后，加强监管力度，对不符合挂牌标准的企业进行严肃处理，维护市场秩序。

对于个人投资准入标准的统一，也需要从多个方面入手。首先，明确

① 参见张云峰：《利用区块链技术促进区域性股权市场融合发展》，载《电子技术与软件工程》2020 年第 7 期。

投资者资格条件，评估投资者的年龄、投资经验、资产规模等。其次，建立风险评估机制，综合评估投资者的财务状况、投资目标和风险承受能力，提供合适的投资建议和风险警示。同时，加强投资者教育，提升风险意识和自我保护能力。

防止投资者因盲目投资而遭受损失。在统一标准的基础上，各股权交易市场还应加强合作与交流，共同推动市场规则的完善和创新。通过定期召开联席会议、分享市场运营经验、共同制定行业标准等方式，促进各市场间的协调发展，避免恶性竞争和重复建设。此外，相关部门也应加强对股权交易市场的监管和指导，制定和完善相关法律法规，明确监管职责和权力，建立健全监管体系，确保市场的公平、公正和透明。同时，加强对市场违法违规行为的查处力度，保护投资者合法权益，维护市场秩序。①

（二）强化企业托管登记法律效力

在业务实践中，区域性股权交易市场登记结算需求增长，但登记结算公司未获《证券法》认可，导致法律风险规避和业务拓展受限。市场不得不与工商、税务部门合作，但效果不显。面对这一挑战，区域性股权交易市场开始积极寻求解决方案，以突破当前的法律和业务瓶颈。一方面，市场内部加强了自律管理，通过制定更为严格的业务规则和操作流程，提升交易的透明度和规范性，以减少因缺乏法律认可而带来的潜在风险。另一方面，市场积极与政府部门沟通，寻求政策支持。通过与证监会、工商局、税务局等部门的深入交流，市场提出了关于登记结算公司法律地位确认的建议，并呼吁加快相关法规的修订和完善。同时，市场还提出了建立与政府部门间的信息共享机制，以提高登记结算的效率和准确性。在此基础上，区域性股权交易市场还积极探索与金融机构的合作模式。通过与银行、证券公司等金融机构建立战略合作关系，市场可以引入更多的金融资

---

① 参见许亦红、仲雨钊、许家豪：《以区域性股权市场为抓手推进陕西专精特新企业高质量发展》，载《西部金融》2023 年第 11 期。

源和专业服务，为登记结算提供更加便捷、高效的解决方案。这种合作模式不仅可以提升市场的竞争力，还可以为金融机构带来新的业务增长点。

（三）拓宽市场多元对接地方政策渠道

地方政府对中小微企业和创新型企业提供了丰富的扶持政策，如高新技术企业所得税减免和多项财政补贴。但政策执行透明度不足，易滋生腐败。在“大众创业、万众创新”的时代浪潮中，地方政府在推出丰富扶持政策的同时，也面临着政策执行透明度不足的问题，这就需要多方面拓宽市场对接地方政策的渠道。例如，建立公开透明的政策发布平台至关重要。① 政府应通过官方网站、社交媒体和新闻发布会等多种渠道，及时发布政策信息，确保政策内容的准确传达。同时，对于政策执行的各个环节，包括申请流程、审批标准、补贴发放等，也应公开透明，让企业和公众能够清晰了解政策的具体执行情况。加强政策执行的监督和评估也是必不可少的。政府应设立专门的监督机构，对政策执行过程进行全程跟踪和监督，确保政策能够得到有效落实。②

首先，通过定期的政策评估，了解政策实施的效果和问题，及时调整和完善政策内容，以适应市场和企业的需求。其次，鼓励企业和公众积极参与政策执行过程也是提高透明度的重要途径。政府可以通过设立企业咨询热线、举办政策宣讲会等方式，加强与企业和公众的沟通与交流，听取他们的意见和建议，形成政策执行的合力。③ 再次，鼓励企业公开透明地申报补贴和享受政策优惠，减少腐败现象的发生。最后，政府还应加大对腐败行为的打击力度，建立健全的举报奖励机制。

---

① 参见刘攀、艾晓艳：《我国中小企业融资现状及对策分析——基于区域性股权交易市场视角》，载《中国农业会计》2020年第3期。

② 参见张穗：《中国区域性股权交易市场全景解读》，载《国际融资》2016年第10期。

③ 参见龚海：《浅析互联网金融模式下区域性股权交易市场股权融资模式的创新》，载《财经界》2014年第29期。

（四）加强完善信息披露持续监督机制

在区域性股权交易市场，完善的信息披露持续监督机制是提升、强化和规范信息披露的关键，不仅为投资者提供清晰的决策依据，更是市场健康、稳定和持续发展的基石。随着市场的不断成熟和交易活动的日益活跃，对信息披露的要求也日益严格和细致。为了进一步提升信息披露的质量，我们需要从多个方面入手。

首先，要明确信息披露的标准和范围，确保所有参与者都能清晰了解需要披露的信息内容和格式。其次，需要加大对信息披露的审核和监管力度，以确保所披露的信息具备真实性、准确性和完整性。这不仅有助于维护市场秩序，保护投资者利益，同时也是提高信息披露质量、促进公平公正竞争的重要措施。为此，应当建立健全信息披露的审核机制和监管体系，对披露的信息进行严格审查，确保其真实反映公司的经营状况和财务状况，不含有任何虚假或误导性的内容。同时，对于未能遵守信息披露规定，故意隐瞒或散布虚假信息的行为，应当依法进行严厉打击，追究相关责任人的法律责任，以儆效尤，维护良好的市场环境。

此外，还可以利用现代科技手段，如大数据、人工智能等，提高信息披露的效率和准确性。① 通过建立智能监管系统，实现对信息披露的实时监控和预警，及时发现并纠正问题。同时，加强对投资者的教育和培训，提高其对信息披露的认识和理解能力，让其能够更好地利用信息作出投资决策。在区域性股权交易市场，完善的信息披露持续监督机制还需要各方的共同努力和支持。监管机构要加强与市场的沟通和协作，及时了解市场动态和需求，不断完善监管政策和措施。市场参与者也要自觉遵守信息披露规定，积极履行信息披露义务，共同维护市场的公平、公正和透明。

---

① 参见黄振雷、吴淑娥、赵晴：《区域性股权市场的发展策略——基于平台型市场理论的分析》，载《新金融》2016 年第 9 期。

【证券监管与执法】

《金融稳定法（草案）》背景下行政和解制度之嬗变*

——资本市场领域执法和解的理论支撑和制度衔接

李 昂**

摘要：《金融稳定法（草案）》将“行政执法当事人承诺”制度正式纳入金融风险处置框架之中，意味着行政和解制度上升为资本市场普遍适用的执法机制。检视资本市场立法与实践的发展，可以发现行政和解制度已发生根本性嬗变，其“实践先行”的制度现状亟须夯实理论基础、厘清制度定位与衔接问题。检视其理论分歧，运用不完备法律理论为金融法与行政法视域下制度统一创造空间，以职权处分权代替自由裁量权重铸行政和解制度的权力基础，为行政和解制度的衔接创造条件。聚焦其实践困境，厘清民事、行政资本市场执法救济措施的体系定位，通过建立先行赔付制度、投资人代表制度与行政执法和解制度之间联通机制，构建起更符合实践理性和需求的资本市场领域行民执法衔接体系。

---

* 本文系中央财经大学第四期科教融合研究生学术新星孵化计划项目“数据流通视野下企业数据权力配置研究”（项目编号：2024211）的阶段性成果。

** 中央财经大学法学院硕士研究生。

关键词：金融稳定法　行政和解　资本市场执法　风险处置

一、引言

投资者保护长久以来都是金融法领域研究的核心内容，盖因一国对资本市场投资者保护力度的高低与一国资本市场发展水平直接相关，① 若广大投资者的利益无法得到切实保障，那么稳定、安全的金融市场环境也无从谈起。然“巧妇难为无米之炊”，为避免金融监管者、中小投资者面对金融风险出现“无工具可用”的困境，同时也是为了更好地实现保护投资者利益、维护金融稳定、保障金融安全的目标，② 金融监管和金融干预制度的构建也就成为金融领域立法的重中之重。

在探寻金融规制的制度工具的过程中，行政权干预和行政规制手段从广泛的法律规制“工具箱”中脱颖而出：一方面，应然维度下金融领域广泛存在的公共利益使公权力介入具备先天的正当性和合理性；③ 另一方面，实然维度下行政行为在金融市场正常运行的各个场景中随处可见，任何实施市场经济机制的国家概莫能外，例如，银行、券商进入市场时取得的行政许可和发生违法情形时面临的行政处罚和行政强制等。这也是金融领域立法具有浓厚行政法色彩的原因。但随着金融创新层出不穷、市场违法情形越发复杂，传统的刚性、单方性行政规制手段逐渐暴露出调查周期过长、执行效率低下、投资者利益填补不到位等问题，从而产生市场风险规制和投资者保护制度需求与金融规制供给之间不平衡的情况。对此，我国开始转变市场监管机构执法理念，从立法和实践两个层面逐步探索多元化

① 参见肖宇、黄辉：《证券市场先行赔付：法理辨析与制度构建》，载《法学》2019年第8期。

② 《金融稳定法（草案）》第1条规定：“为了健全金融风险防范、化解和处置机制，明确各方权利、义务和责任，维护金融稳定，保障国家金融安全，促进经济社会健康发展，制定本法。”

③ 参见朱淑娣、陈文清：《全球视阈下的金融规制行政法：困境根源与理论路径》，载《复旦大学法律评论》2020年第3期。

的市场纠纷化解机制。2013年，《国务院办公厅关于进一步加强资本市场中小投资者合法权益保护工作的意见》首次提出“探索建立证券期货领域行政和解制度，开展行政和解试点”，标志着我国资本市场规制中的行政和解制度探索的开端，行政监管机关尝试以“柔性”引导替代强制性手段，改善传统执法模式过于单一的问题。① 2015年2月，证监会出台《行政和解试点实施办法》（以下简称《行政和解办法》），行政和解开始在证券交易领域落地实践。2019年，《证券法》修订，将“行政执法当事人承诺制度”写入第171条规定，② 代表行政和解制度以承诺形式上升至法律法规的高度。2021年，国务院通过并颁布了《证券期货行政执法当事人承诺制度实施办法》（以下简称《当事人承诺办法》），对承诺式行政和解的具体适用条件及相关程序进行细化，并在2022年起正式施行，紧接着证监会也于同年颁布并施行《证券期货行政执法当事人承诺制度实施规定》（以下简称《当事人承诺规定》），承诺式行政和解的具体制度实施细节因此有了相对明确的规范性文件依据。2023年，《金融稳定法（草案）》公布并向社会征求意见，作为“金融领域的基本法”，其第36条规定同样将承诺式行政和解纳入法律体系之中，③ 将行政和解制度的适用范围由证券执法领域扩展至整个“金融风险处置”领域。至此，行政和解在

① 参见席涛：《证券行政和解制度分析》，载《比较法研究》2020年第3期。

② 《证券法》第171条第1款规定：“国务院证券监督管理机构对涉嫌证券违法的单位或者个人进行调查期间，被调查的当事人书面申请，承诺在国务院证券监督管理机构认可的期限内纠正涉嫌违法行为，赔偿有关投资者损失，消除损害或者不良影响的，国务院证券监督管理机构可以决定中止调查。被调查的当事人履行承诺的，国务院证券监督管理机构可以决定终止调查；被调查的当事人未履行承诺或者有国务院规定的其他情形的，应当恢复调查。具体办法由国务院规定。”

③ 《金融稳定法（草案）》第36条第3款规定：“国务院金融管理部门对金融风险处置中涉嫌违法违规的单位或者个人进行行政调查期间，被调查的当事人书面申请，承诺纠正涉嫌违法违规行为，赔偿有关损失，采取有效措施消除损害或者不良影响的，国务院金融管理部门可以中止调查。被调查的当事人履行承诺的，国务院金融管理部门可以终止调查；被调查的当事人未履行承诺的，应当恢复调查。具体办法由国务院规定。”

我国资本市场制度层面得到广泛确认，推动着对应的制度实践向前发展。

但值得注意的是，当前行政和解制度在狭义法律层面，仅确立了大致框架，尚未明确其具体适用条件和程序细节，其具体实施依赖于《当事人承诺办法》和《当事人承诺规定》，上述两份文件效力层级较低，稳定性较弱，同时也具有在灵活性较强、不会对基本法律体系形成冲击的优势，可以合理推测立法者应当是“有意为之”，待前述规定历经实践考察充分暴露问题并予以完善后，再上升至法律规定予以“固定”。这就代表了我国资本市场行政和解制度的具体适用问题，在理论层面尚存进一步探讨的空间。此外，在行政和解实践中，也出现了制度实施效果有限、行政机关“超越”规范促成和解等问题，甚至出现实践超越制度发展的步伐，反过来促使行政和解制度迭代的特别现象。

因此，在《金融稳定法（草案）》已明确要进一步全面推广资本市场行政和解制度的前提下，有必要检视相关规范之演进、回顾行政和解实践的发展过程，透视规范和实践发生嬗变之动因，明确资本市场领域行政和解适用范围的边界，从中发现当前制度规范尚未回应的疑虑、问题，从而为其发展、完善提供一得之见。

二、资本市场领域行政和解规范及实践困境之检视

如引言所述，资本市场领域行政和解规范的发展沿革不算悠久，但涉及各层级法规范文件较多，制度内容较为繁杂，因此有必要梳理其脉络，同时联系同期的资本市场行政执法实践状况，通过纵向梳理和横向对比，总结制度嬗变之内容，发掘制度嬗变背后的争议。

（一）行政和解规范演进及现状

纵观立法历程可知，行政和解制度在我国确立的过程中呈现出明显的阶段性特征，不同阶段行政和解制度的法律表达、表现形式和规范内容均存在不同程度的差异（见表 1）。

表 1 行政和解制度法律文件（按时间顺序排列）

文件名称	法律表达	效力层级	规范特征
《行政和解办法》	行政和解	部门规章	领域限定+阶段限定+效果限定
《证券法》	当事人承诺	法律	法规范围限缩+效果多样
《证券期货行政和解实施办法（征求意见稿）》	行政和解	部门规章（未生效）	法律表达倒退+适用范围扩大
《当事人承诺办法》	当事人承诺	行政法规	适用条件变为“禁止性规定”
《当事人承诺规定》	当事人承诺	部门规章	适用条件变为“禁止性规定”
《金融稳定法（草案）》	当事人承诺	法律（未生效）	范围扩展至全体资本市场领域

在 2015 年《行政和解办法》施行阶段，证监会将“行政和解”制度适用范围限缩于“涉嫌违反证券法律”的“调查执法环节”，且制度预设的协商成果固定为“行政和解协议”，其达成的效果是使行政监督机关直接“据此终止调查”。

在 2019 年《证券法》修订后，第 171 条实质规定了“行政和解”制度。与《行政和解办法》相同，该规范适用范围继续限缩于国务院证券监督管理机构“涉嫌证券违法”的主体“进行调查期间”，并未突破《行政和解办法》适用范围的边界。但是，《证券法》第 171 条在具体制度内容上与《行政和解办法》存在重大差异：一方面，《证券法》并未直接使用“行政和解”或“达成行政和解协议”的表述，转而使用“当事人书面申请”“承诺”“履行承诺”的表述替代之，即转变为“当事人承诺”；另一方面，规范效果也从单一且直接的“终止调查”，转变为“中止”“终止”“恢复”调查三种效果并存。此外值得一提的是，《证券法》并没有直接规定制度的具体程序细节，而是选择“具体办法由国务院规定”，从而为制度优化预留了空间。

《证券法》正式将“当事人承诺”制度纳入法律体系后，紧接着证监会和国务院为落实具体制度内容，先后出台了《证券期货行政和解实施办法（征求意见稿）》（以下简称《和解办法（意见稿）》）和《当事人承诺办法》，2022年证监会又在前述《和解办法（意见稿）》的基础上，颁布了《当事人承诺规定》。在这个阶段官方文件就究竟是使用“行政和解”还是“当事人承诺”的表述的问题，发生了反复摇摆的现象——证监会一开始延续了制度试点阶段的《行政和解办法》之表述，推出了《和解办法（意见稿）》，但最终选择与国务院保持一致，使用“当事人承诺”构建我国证券执法领域的行政和解制度。此外，该阶段发生了行政和解制度在适用条件上的重大变化。前述《行政和解办法》阶段，证券期货领域行政和解的适用前提限定为“限定条件和解”，即以行政执法过程中所依据的事实或法律关系不能确定或非经重大支出不能查明为前提，[①] 并且额外附加了“特殊案件类型要件”[②]。在《和解办法（意见稿）》阶段，“特殊案件类型要件”就被排除出行政和解制度适用前提之外了，且适用前提在“限定条件和解”的基础上实现了部分突破，不再以“案件事实、法律适用难以查明”作为必要或唯一条件，增加了“有利于保护投资者合法权益，提高执法效率，恢复市场秩序的其他情形”作为弹性兜底规定。而到了《当事人承诺办法》阶段，实质内容转变为“当事人承诺”的证券领域行政和解制度已经由“限定条件和解”转变为“宽松条件和解”，删去了“案件事实或法律关系难以查明的”条件，仅保留了当事人“涉嫌证券（期货）违法”条件，因此理论上只要不存在涉嫌犯罪、社会影响恶劣等除外情形，证券监督机关只要判断其能够化解行政执法纠纷、提高行政效率，即可同意适用行政和解制度。

综上所述，在《金融稳定法（草案）》形成之前，我国金融法领域的

---

① 参见方世荣、白云锋：《行政执法和解的模式及其运用》，载《法学研究》2019年第5期。

② 《行政和解办法》第6条第1款第1项规定：“中国证监会已经正式立案，且经过了必要调查程序，但案件事实或者法律关系尚难完全明确。”

行政和解制度已经完成了由“限定条件”向“宽松条件”的转变。回顾立法之沿革，行政和解制度逐步确立的过程犹如剥洋葱一般，其传统行政和解理论的“形式主义”外衣被慢慢剥去，其确立之初便隐含其中的“实用主义”导向的制度内核逐渐清晰。到了《金融稳定法（草案）》阶段，“宽松条件和解”的制度设计进一步“凝固”，甚至得到进一步扩大，由原先的证券、期货领域的涉嫌违法行为，推广至全金融领域“涉嫌违法违规行为”，并且其违反法律依据的层次，也扩展至行政法规、监管规定这一层次，不局限于狭义的“法律”。概言之，当前我国的行政和解制度，系整体金融领域都通行适用，不以“案件事实或法律关系难以查明”为前提要件，以“当事人承诺，监管机关中止或终止调查”为主要内容的行政争议纠纷化解机制。与传统行政法理论体系中的行政和解制度相比，存在较大差别，彰显了我国资本市场监管和投资者保护的特殊制度需求，但也一定程度上动摇了行政和解制度建立的理论根基，由此引发的理论争议亟待回应。

（二）行政和解实践发展及规范适用嬗变

1. 试点实施阶段

从2015年《行政和解办法》出台后到2022年《当事人承诺办法》实施前，属于我国行政和解制度的理论探索和实践试点时期，从取得的实践结果来看，行政和解在证券执法领域发挥的作用相对有限，近八年的时间里只有两例证券执法案例最终达成行政和解协议——分别是2019年4月23日证监会与高某（亚洲）有限责任公司等9名行政和解申请人达成行政和解协议（以下简称高某案），[①] 以及2019年12月31日证监会与司某（上海）贸易有限公司等5家机构达成行政和解协议（以下简称司某案）。[②]

---

① 参见《中国证券监督管理委员会公告［（2019）11号］》。

② 参见《中国证券监督管理委员会公告［（2020）1号］》。

在高某案中，申请人交纳了1.5亿元和解金，并承诺了加强公司内控制度建设，证监会因此依据《行政和解办法》的规定，对申请人直接“终止”了调查程序。作为我国实践意义上的“行政和解第一案”①，高某案从证监会立案调查到达成协议之间历时长达三年，因案件情况复杂、事实难以查明，最终以行政和解终止调查、化解纠纷。但是，该案存在的最大理论疑虑，也是与当时的《行政和解办法》不兼容之处在于，该案的涉嫌违法情形属于“违法从事其他股票、股指期货交易”，而彼时的行政和解制度适用条件，如前述介绍，在传统“限定和解”的基础上，还单独设置了“特殊案件类型要件”，即原则上仅对明确列举的特殊情形案件才能适用行政和解制度。显然高某案并不符合彼时行政和解适用的条件，却最终适用了和解制度，证监会公告内容也显示该案系“依据《行政和解办法》（证监会令第114号）”才达成的和解协议，也并未对该案是否确实符合适用条件作出具体说明。

司某案与高某案情况类似，同样因案情复杂、历史久远而无法查明案情事实，同样也存在不符合《行政和解办法》之规定，却最终达成行政和解的结果。

由上述实践情况可知，在试点阶段，行政和解实践已取得初步成果，并反映出当时的行政和解制度的部分特点：其一，行政和解对于中小投资者的保护力度，显著高于一般行政处罚和常规民事诉讼赔偿。高某案和解金1.5亿元，司某案和解金合计6.85亿元，相比之下，2020年全年，中证中小投资者保护服务中心代表投资者提起32起诉讼，最终帮助618名投资者获得赔偿款总计仅5500多万元，② 远远低于行政和解途径中小投资者的获赔金额。其二，行政和解制度的制度设计与实践做法存在一定程度的

---

① 实际上，依据证监会公告，证监会2019年共收到行政和解申请9起，只受理了其中5起，且只有高某案顺利落地，故高某案虽非首次提出并启用行政和解程序，但属首次成功完成和解程序，具有特殊实践参考价值。

② 《中国证监会2020年法治政府建设情况》，http://www.csrc.gov.cn/csrc/c100028/c07429aed339b44bd9ec9e6527887c439/content.shtml，2024年5月3日访问。

偏离，且实用主义导向显著，集中体现为试点阶段仅有的两个案例都是在不符合行政和解的适用条件的情况下，突破性适用和解制度，并达成纠纷化解的结果。

2. 全面推行阶段

以2022年《当事人承诺办法》的颁布实施为标志，资本市场行政和解制度试点阶段宣告结束，① 而《金融稳定法（草案）》的出台，象征着证券、期货执法领域乃至整个金融领域以“当事人承诺”为内容的新行政和解制度正式全面推行。由于全面推行阶段至今不过两年，所以实践促成的案例仍然稀少，2023年广东紫某信息存储技术股份有限公司关于科创板欺诈发行和信息披露违法案件（以下简称紫某案）是《当事人承诺办法》出台以来的“当事人承诺第一案”，也是目前唯一一个适用当事人承诺制度的案件。该案特殊之处在于适用了民事领域的先行赔付和行政领域的当事人承诺双重救济制度，紫某案的当事人于2023年4月首次受到证监会行政处罚，随后当事人的保荐人中信建投等立即联合设立了先行赔付基金，对中小投资者予以先行赔付。在赔付基金基本建立之后（适格投资者登记截止之后），紫某案当事人与证监会达成了承诺认可协议，协议主要内容包括承诺金以及自查整改措施。紫某案行政和解制度的适用基本符合《证券法》及《当事人承诺办法》的相关规定，因此时行政和解制度已经实行宽松要件，只要审限证券或期货领域违法违规行为，且不存在涉嫌刑事犯罪等特殊情形的，皆可由当事人提出行政和解之申请。

不过仍值得注意的是，即使当前阶段我国行政和解制度实行的是宽松要件和解，但是最终是否能够达成行政和解协议，关键决定权仍然掌握在行政机关（在我国法律体系下主要是证监会）手中，即使行政机关受理了行政和解申请，也可能因其他外部因素综合考量而单方面拒绝和解，与之相关的典型案例是投资者诉泽某易盛（天津）科技股份有限公司及其实控

① 有实务工作者认为“行政和解制度”与“当事人承诺制度”应当属于不同阶段不同制度，本文对此持不同观点。前述观点参见张政燕：《资本市场行政执法当事人承诺实施问题研究》，载《证券市场导报》2023年第8期。

人、高管、中介机构等 12 名被告证券虚假陈述责任纠纷案（以下简称泽某案)。实际上，泽某案与紫某案同属于我国首批科创板退市企业，其法律纠纷发生于同一时期，基本案情也高度相似，但是行政机关对于两个案件的处理方式相去甚远——泽某案当事人及其保荐人在收到行政处罚之后，同样设立了先行赔付基金，并同时向证监会提交了行政和解申请,① 且证监会受理了该申请,② 但是最终泽某案并没有达成“承诺认可协议”，而是以民事诉讼中调解的方式结案，成为我国“资本市场调解第一案”。

可以看出，随着试点阶段部分规则的优化修改，取得的实践结果在行政处置效率和投资者保护力度上都突破历史高度，但是同时也展现出本阶段行政和解制度的一些特征与问题：首先，随着 2019 年《证券法》修订，“行政和解”的法律表述明显被证监会等行政机关所回避，取而代之的是“协商和解”“行政执法当事人承诺”等官方表述。③ 从法律用语的改变中也可窥见立法机关及行政执法部门对于中国特色的行政和解制度的体系构想，是一种与传统行政法理论存在较大差别的、符合我国资本市场发展现状的新型行政和解制度，其透露出的“求新求变”的意味浓厚。其次，当前阶段行政和解并非一个案件中的唯一纠纷化解措施，通常情况下的金融领域执法案例都采取多措施并举的方式化解纠纷，以先行赔付制度地位为例，其实践效果表现既可以视为民事调解的重要前提，也可以对行政机关最终同意适用行政和解产生重要的外部作用，这一点在紫某案中有所体现：紫某案中，中某建投等四家中介机构火速建立起先行赔付基金并完成适格投资者登记，先行赔付比例达到行政和解最终确定的和解金额的 85%

① 参见《东某证券股份有限公司关于拟设立泽某事件赔付专项资金账户与申请适用证券期货行政执法当事人承诺制度的公告》以及《东某证券股份有限公司关于申请适用行政执法当事人承诺制度进展的公告》。

② 参见《中信建投：关于申请适用行政执法当事人承诺制度的进展公告》。

③ 《证监会有关部门负责人答记者问》，http：//www.csrc.gov.cn/csrc/c100028/c7403974/content.shtml。

以上，最终成功适用行政和解制度。最后，当前阶段行政和解的适用与否，可预见性模糊，缺乏清晰的制度衔接，这一点在泽某案中有所体现：泽某案中某兴证券等同样建立了先行赔付基金，行政机关同样受理了其行政和解申请，但是最终该案以民事调解结案，和解程序不了了之，至于不同的性质的程序之间究竟处于何种关系，能否相互中断、替代，有何差别等问题，尚无从知晓。且在这个过程中，既无对外的程序进展公示，也无明确的和解程序终结通知，程序性信息披露明显不足。

（三）规范、实践现状与困境小结

由前述可知，我国的行政和解制度经过数年发展，已经初步形成一套独具特色的制度构建。试点阶段行政和解的制度实施一直存在自我矛盾之处：彼时规范遵从传统的行政法中关于行政和解制度的理论基础，对行政和解制度设置了严格的适用条件，“控制公权力范围”的立法逻辑贯穿其中，但是显然这样的行政和解制度难以在实践中发挥实效，也成为后续规范修改、放宽行政和解适用条件的动因。

全面推行阶段，行政和解制度适用条件的纷争和探讨已经平息，《金融稳定法（草案）》等文件将当事人承诺式的行政和解确定为整个金融领域的行政纠纷化解途径，适用条件也仅要求“涉嫌违法违规”即可，制度内容也由传统的“达成和解协议”转变为“当事人承诺”“承诺认可协议”。但是，当前的行政和解制度在理论基础和具体实践层面，都暴露出尚未回应的疑问：第一，金融法领域，传统的行政和解制度转变为当事人承诺制度，究竟处于怎样的考量？嬗变后的行政和解制度，还能否纳入传统的行政和解理论框架之中？第二，在强调资本市场多元纠纷化解机制的当下，行政和解制度与其他纠纷化解机制之间存在怎样的关系？如何促进不同制度之间相衔接？以上问题都需要在对行政和解制度的实际效能进行系统性评价的基础上，结合现有的理论体系和规范体系予以思考，寻求回应思路与解决路径。

三、嬗变后金融领域行政和解制度的部门法分歧及理论弥合

行政法学界一直存在对于我国行政和解制度形态上的争议和疑虑——当事人承诺制度，究竟是中国特色的行政和解制度，还是与行政和解无关的另一种行政纠纷化解机制？自2019年《证券法》修订以来，当事人承诺已经全面替代行政和解，此后行政和解鲜少出现在官方文件的法律表述之中。从《当事人承诺规定》起草背景看，毫无疑问当事人承诺与行政和解之间的顺承关系，有流畅、紧密的立法沿革作为支撑。① 因此，从证监会为代表的资本市场监管领域的视角出发，将行政和解与当事人承诺等而视之，是水到渠成、难以置喙的，基于此，金融法领域的研究者，一直以行政和解的态度对待与理解当事人承诺。然而有趣的是，行政法领域学者对此的观点大相径庭。一方面，行政法学界对于行政和解的研究探讨多集中于2015年行政和解试点阶段，或探讨和解制度对于我国行政执法之冲击，或探讨行政和解引入到我国的正当性、必要性等。但是在当事人承诺制度全面确立之后，行政法学界对于这种新阶段下的柔性行政执法形式却鲜少讨论，这与同时期金融法学者高涨的研究热情形成了鲜明对比。另一方面，即使近年来有行政法学者将行政和解作为研究重点，其研究成果中涉及实践回顾的部分似乎也有意忽略2019年之后实施当事人承诺制度的案例，仍然聚焦于行政和解试点阶段的实践成果。② 由此出现了一种有趣的现象——行政和解的学理研究，在不同部门法之间、在立法实践与理论研究之间，发生了分歧：从金融法视域看来，我国行政和解制度的制度与实践探索蓬勃发展，且已经进入全新阶段，即当事人承诺制度阶段；但从行政法视域看来，我国行政和解制度在实践中处于“遇冷”状态，亟待为行

---

① 参见《〈证券期货行政执法当事人承诺制度实施规定〉起草说明》中“立法背景”部分。

② 参见解志勇、石海波：《企业合规在行政执法和解中的导入研究》，载《行政法学研究》2023年第5期。

政和解之适用寻求其他突破口。①

针对金融法和行政法之间对于我国当前行政和解现状的不同理解，有必要分析部门法之间观点分歧产生的动因，探求能够弥合部门法之间在“什么是行政和解”方面的观点冲突，使逻辑自洽、理论周严，为实践的进一步发展奠定基础。

（一）行政和解的部门法分歧之成因分析

金融法与行政法之间天然具有紧密的联系，但在制度追求上又存在不可忽视的差异：一方面，金融领域普遍存在的公共利益，使行政机关及行政权力的介入和干预具有先天的正当性、合理性；②另一方面，当下金融领域规制手段的去中心化倾向、规制形式的创新性、规制重点的转移等等特征，使之突破了传统行政法的理念及认知。这种共性与异性并存的特殊部门法关系，决定了行政和解制度适用于金融领域的过程不存在理论层面的障碍，也注定了当行政和解这一典型行政纠纷化解手段落在金融法领域之中时，其形式和内容必定会发生“异变”，从而保证其满足金融法的制度需要。

换言之，不同部门法视域下，对于行政和解制度的研究现状呈现出巨大差异，盖因不同部门法的理论传统、研究视角之区别：金融法视域下的研究，更加侧重制度能够切实在资本市场运行中发挥实效，因此为了达成理想效果，对行政和解制度作出改变具有正当性和必要性支撑；而行政法视域下的研究，对制度嬗变、对传统行政和解理论的突破表示审慎和担忧，因此倾向于将当事人承诺制度排除出行政和解体系之外，从而维护原有理论体系的严密性、完整性。

---

① 参见解志勇、石海波：《企业合规在行政执法和解中的导入研究》，载《行政法学研究》2023年第5期。

② 参见朱淑娣、陈文清：《全球视阈下的金融规制行政法：困境根源与理论路径》，载《复旦大学法律评论》2020年第3期。

1. 金融法视域下制度之嬗变具有正当性、必要性

理解金融法对于行政和解制度的需求，可以从金融监管者、金融投资者（消费者）以及市场参与整体三个不同视角去理解。

从金融监管者的视角看，行政和解制度的嬗变体现了金融领域的普遍、灵活的监管需要——金融市场的安全与稳定关系国家经济命脉、国家安全及广大人民群众利益，如果监管规制不及时、不到位，甚至可能引发系统性风险，因此，监管者需要在传统行政“硬”规制之外，引入“软”规制手段，缩减风险监管到风险化解之间的规制生效周期。传统的行政和解制度突破了行政法传统模式和法治形式化的束缚，① 为监管者提供了更加高效、灵活的规制途径。但是在行政法“限制公权力”的立法导向下，行政和解制度的适用范围仅限于“案件事实或法律关系不明”的情况，无法满足如前所述的金融市场监管的实践需要——很多案件事实简单、法律关系明确的案件反而更加需要行政和解制度，以达到提效加速的效果，因此金融监管者必然会对制度提出修改的新要求。

从金融投资者的角度看，行政和解制度的嬗变更加凸显了投资者利益保护的优位性——金融法视域下的行政和解制度，之所以能够发挥保护中小投资者利益的作用，本质是将中小投资者的损失赔偿，由事后的民事救济环节，提前至行政执法环节进行处理，从而实现投资者利益的实质性维护。② 而当事人承诺制度相比传统的行政和解制度，更加强调“当事人”的主观能动性。从制度结果的内容上看，最终形成的承诺认可协议③对比传统的行政和解协议④，用承诺金代替行政和解金，用自查整改代替必要措施，使行政相对人（通常是金融机构、公司企业一方）浮出行政监管的

① 参见吕林：《论我国行政和解制度之建立》，载《重庆师范大学学报（哲学社会科学版）》2012 年第 6 期。

② 参见李晓安、钟燕华：《金融法视阈下的行政执法和解制度探析》，载《北京行政学院学报》2024 年第 2 期。

③ 以紫某案为代表，参见《中国证券监督管理委员会承诺公告［（2023）1 号］》。

④ 以高某案为代表，参见《中国证券监督管理委员会公告［（2019）11 号］》。

水面，使其正面回应金融投资者的保护需求。换言之，当事人承诺制度下，处于中小投资者保护核心地位的不再是证券监管机构，制度的核心角色已然发生了转变。

从市场参与整体的角度看，行政和解制度的嬗变能够更加有效地实现市场多方利益的最大化——传统的行政和解制度将“成本—效益”分析引入行政执法调查环节，促使行政监管机关与行政相对人在相互博弈的过程中作出成本最低、效益最高的最优决策。但是，传统行政和解制度采取“和解适用条件+和解禁止条件”双重设置的模式，① 实际在行政机关和行政相对方进入博弈之前，行政机关即预先键入了外部因素，且该外部因素是以监管者的视角为出发点，即所谓“利于实现监管目的”②，从而一定程度上阻碍了最优决策的作出。而嬗变后的行政和解制度，仅设置了“和解禁止条件”的单一模式，在制度层面减少了单一主体预设的外部因素，保证了“成本—效益”分析能够正常发挥效用。

2. 行政法视域下制度嬗变存在理论矛盾

不同于金融法领域一开始就将目光集中于“执法和解”“效率提升”“具体工作规则”等具体实践问题，③ 行政法领域对于行政和解制度的研究，虽同样发轫于司法实践中诉讼经济之需要，但其重点主要集中于行政和解的基本概念、制度内涵、理论基础以及域外经验的比较研究上，④ 意图搭建起我国的行政和解领域的法教义学“理论大厦”。后续行政法学界对于行政和解之研究焦点，也主要集中于行政和解制度的合法性基础问题，相关研究都不约而同地提及“行政权（公权力）不得处分原则”“行政权的法定性”“行政行为是单方意思表示行为”等传统行政法理论，并

---

① 参见《行政和解办法》第6条、第7条之规定。

② 参见《行政和解办法》第6条第2款之规定。

③ 金融法领域对于行政和解的探讨可以追溯至早期的证券执法和解研究，参见林丽霞、薛承勇：《我国试行证券监管和解制度问题初探》，载《证券市场导报》2006年第10期。

④ 参见吕林：《论我国行政和解制度之建立》，载《重庆师范大学学报（哲学社会科学版）》2012年第6期。

积极为行政和解制度对上述理论的突破寻找理论依据。例如，以行政机关自由裁量权为基础，将行政和解视为对行政权的实际运用而非处分；利用公众参与和诚信原则，在规避行政权不得处分的前提下，将行政和解解释为“一种争议处理方式”① 等。

这些对于行政和解基础理论的探讨，对于早期我国探索符合国情的行政和解制度而言具有重要价值，但是当这种思维惯性延续至资本市场规制的领域中时，便出现了一种学术“盲区”：大多数行政和解基础理论都默认了“行政和解的适用范围应当受到严格限制”这一前提，且限制条件的基本内容可以概括为“案件事实、法律关系无法查明或查明花费过于巨大”。之所以会默认这一前提，盖因前述理论研究者，无论是自由裁量权还是公众参与，都是建立在行政争议事项存在“协调”的空间之上的解释路径——这种“协调”如果仅从行政机关的单一视角理解，就是该行政争议存在法律允许的自由裁量权的行使空间，如果从行政机关与行政相对人的共同视角出发，就是行政机关与行政相对人之间可以就该行政事项相互协商、对话甚至承诺。但无论采纳何种解释路径，行政法学界几乎无人质疑“协调”空间存在之必要，换言之，一旦行政争议事项在事实或法律层面不存在可以“协调”的模糊地带，那么无论是自由裁量权还是公众参与均无法为行政和解提供合法性依据。

由此便产生了一个常年被忽视的理论矛盾——如果严格遵循传统行政法基础理论，嬗变后的行政和解制度突破了限定条件之前提，不再具有合法性基础，则其不应当再被纳入行政和解的范畴，而是与一种法律属性尚未厘清的新的行政纠纷解决措施。由此观之，将限定条件奉为圭臬的传统行政和解基础理论，没有办法满足资本市场发展的现实需要，将嬗变后的行政和解制度，完美地纳入既有的行政纠纷化解体系之中。

---

① 参见叶必丰：《行政和解和调解：基于公众参与和诚实信用》，载《政治与法律》2008 年第 5 期。

（二）行政和解制度分歧的弥合

如前文所述，行政法与金融法两大部门法领域都欲从行政和解这一纠纷化解措施入手，试图回应资本市场中小投资者保护难题，奈何囿于两者的部门法理念、研究传统、理论坚持大相径庭，导致相互之间难以兼容，以至于出现基础理论上之分歧。唯有探寻新的理论解释路径，将金融法领域对于行政和解制度的“合理期望”与行政法领域对于行政和解制度的“理论约束”统一起来，方能在理论自洽的前提下，实现行政和解制度的良性发展。对此，受益于学界过往的研究积累，无论是金融法领域还是行政法领域都存在既有的理论工具，能够为弥合制度理论分歧提供有益思考。

1. 分歧存在的合理依据：法律不完备理论之再分析

不完备法律理论在域内的研究最早见诸有关证券市场监管的讨论。[①] 该理论的主要内容是将法律的不完备性作为假定前提，从而搭建起一种概念性分析框架。一般而言，法律制度对于市场行为的引导和调节作用，是通过法律惩罚执行的阻吓作用实现的，在法律完备的情况下，只要确保立法机关和执法机关享有充分的立法和执法权能，就能够确保法律发挥其应有的效果。但是遗憾的是，“法律通常被设计为要长期适用大量的对象，并且要涵盖大量迥然不同的案件，那么它必然是不完备的”，[②] 不完备的法律若想要发挥作用，就不能仅仅着眼于“原始的”立法与执法权分配，需要合理分配“剩余立法权和执法权”从而实现确保执法的有效性，而“高度不完备的法律下，如果损害行为能够加以标准化，并且该行为继续下去

---

① 参见刘春彦、黄运成：《不完备法律理论及对我国证券市场监管的启示》，载《河北法学》2006年第9期。

② ［美］卡塔琳娜·皮斯托：《不完备法律：一种概念性分析框架及其在金融市场监管发展中的应用》，许成钢译，载吴敬琏主编：《比较》（总第3辑），中信出版社2002年版，第117页。

会产生大量外部性，此时监管者优于法庭”[1]。基于此，针对彼时我国经过一定发展但尚处于高度不完备的证券市场法律建设局面，有学者借此提出扩大监管者这一角色在执法、立法活动中的地位及作用的观点。[2]

时过境迁，我国资本市场经过四十余年的发展，而今已建立相对完整的资本市场监管法律体系，但是法律不完备的特性并没有改变，资本市场法治建设对于行政和解制度的探索和发展正印证了这一点。行政和解作为证券资本市场纠纷化解的途径之一，相比于诉讼、和解路径，其监管者主导特色鲜明，与不完备法律理论所倡导的强化监管者角色剩余执法权权重的主张不谋而合。更进一步说，目前行政法新领域与金融法领域的主要分歧，即行政和解能否突破限制条件的问题，同样能够从不完备法律理论中寻找合理依据。不完备法律理论为了实现确保执法的有限性的目标，选择了同时强化监管者执法和立法两方面的二元模式，但是范围仅限于“剩余执法权和立法权”。而在行政和解的制度场景中，关于行政和解适用条件及范围问题，并不属于“法律、行政法规”规定的范畴，这意味相关制度权利分配仅涉及“剩余执法权、立法权”，即关于行政和解制度的全部内容，包含适用条件等制度准入方面的问题，都能被不完备法律理论所涵盖。这意味着，行政和解制度对于限定条件的突破，并非监管机关选择在行政和解之外，另行探索一种单独的纠纷解决措施，而是在行政和解制度的基本框架和“剩余执法权、立法权”的允许范围内，作出的合理改良而已，符合法治建设由不完备走向完备的内在规律。

2. 分歧弥补的理论基础：行政权不得处分原则与行政和解权力基础之反思

行政权（公权力）不得处分原则作为行政和解研究过程中的一座绕不

---

① ［美］卡塔琳娜·皮斯托：《不完备法律：一种概念性分析框架及其在金融市场监管发展中的应用》，许成钢译，载吴敬琏主编：《比较》（总第3辑），中信出版社2002年版，第112页。

② 参见刘春彦、黄运成：《不完备法律理论及对我国证券市场监管的启示》，载《河北法学》2006年第9期。

开的“大山”，长期以来对于该原则项下多种概念，例如，行政职权、行政自由裁量权以及职权处分权相互之间的关系，处于模糊不清的状态，从而导致行政和解制度的权利基础被误解为行政职权或行政自由裁量权。实则不然，一方面，误将行政职权，即狭义上的行政权（公权力），当作行政和解的权利基础，本质上是对行政权（公权力）不得处分原则的错误理解，所谓不得处分，实际上并不是完全、绝对地否定行政职权处分的可能性，其含义实际上是不得随意处分，是强调对于职权法定原则的尊重。实践中普遍存在的行政委托、政府采购等行为，均是在法律对行政主体具体授权之后，行政主体处分自身行政职权的表现。另一方面，将行政自由裁量权解释为行政和解制度的权力基础，实则混淆了职权处分权与处分一定行政职权之权之间的边界。职权处分权包含了行政职权的行使、放弃、转让或设定等全部权利内容，而行政自由裁量权，仅仅是行政职权在行使环节的外在表现，行政自由裁量权仅是行政职权处分权的某一特定视角。而“案件事实不清、法律关系不明”的限制性条件，正是传统行政法理论为了防范行政自由裁量权的失控，从内容控制的角度设置的人为障碍，不应当错误地将对行政自由裁量权的防范条件认为是行政和解制度具有的先天禀赋。

具言之，行政和解的权利基础不应当局限于行政自由裁量的范围，①而应当扩张至行政职权处分权，方能够涵盖日益复杂的资本市场行政和解应用场景。实践中，行政复议环节的行政和解规定可以作为制度印证，行政复议和解仅以“公共利益、合法权益”和“强制性规定”为排除性规定，放弃了“限制性条件”的和解范围限制，② 而相比行政复议环节，案件调查更加困难、涉及当事人更加多样、处置效率要求更高的行政执法环节，即使是案情清楚、法律关系明确的情形，也可能出于引导当事人自觉

① 参见关保英：《论行政主体的职权处分权》，载《东方法学》2008年第1期。

② 参见《行政复议法》第74条规定：“当事人在行政复议决定作出前可以自愿达成和解，和解内容不得损害国家利益、社会公共利益和他人合法权益，不得违反法律、法规的强制性规定。”

履行义务的“过程控制”目的，或者规避过高执法成本、避免激烈的官民冲突的“结果控制”目的，而偏向于采取柔性的和解措施。

此外，从部门法禀赋的角度看，行政法学界一直将“限权”视为自己的“神圣责任”，对行政机关权力的范围、内容、程序等要素变化非常敏感，抵触行政权力的“扩大化”嬗变。行政法领域的这种否定性立场，很大程度上源自对政府权力“寻租”的担忧——当政府能够无限制地适用行政和解（当事人承诺）制度时，无法保证政府不会运用该制度在个案中追求不正当利益，并通过个案执行对整个社会产生负外部性影响。但这种隐忧在行政和解的制度语境下是站不住脚的。一方面，行政和解的制度根基就在于社会公众对于行政机关的信任，具体体现在唯有“当事人”“行政相对人”方能主动申请适用行政和解制度，行政机关自身不可以依职权启动程序，甚至不可以提出相关建议，以此防范行政权的泛化、维系行政机关公信力。除了行政和解制度本身可以维系“制度信任”之外，行政机关还可以通过加强其他非和解纠纷化解措施与和解制度衔接等方式，为社会公众与行政机关之间的信任提供外部“增信”和保障，防止“因噎废食”。另一方面，行政和解制度的制度机理决定了其不宜应用于必须通过行政处罚来打击或遏制的恶性违法案件，或是需要通过公开处罚决定来体现政策导向的案件，① 因此，行政和解制度在理论上不存在通过极端个案扩散负外部性的土壤。

四、嬗变后金融领域行政和解的体系定位与制度衔接

行政监管决策基本遵循“确定监管目标——考察替代性工具——选择

① 《当事人承诺办法》第 7 条的消极条件正是遵循了这一法理，明确“违法行为情节严重、社会影响恶劣”不得适用承诺制度。具体参见胡大路：《程序裁量视角下的证券执法当事人承诺制度——〈证券法〉第一百七十一条的规范分析》，载彭冰主编：《金融法苑》（总第 108 辑），中国金融出版社 2022 年版，第 33-45 页。

最佳工具”的过程，[①] 行政执法决策亦不例外。虽然理想状态下，一般假定最佳工具能够一步到位实现监管目标、定分止争，但是实际执法实践中，行政和解制度经启动、运行到最终形成协议，甚至到协议执行的过程中，都可能发生最佳工具的中止或终结，从而与其他的替代性工具产生制度之间的衔接问题。特别是资本市场监管强调多元纠纷化解的当下，前述紫某案、泽某案在纠纷化解过程中都不约而同地出现了多种类、多性质的争议化解措施，行政监管机关为达成“有效保护投资者、惩戒和震慑违法行为人”之目的，会“综合考虑不同投资者赔偿救济制度的适用条件、投资者获赔的充分性和有效性、赔付责任主体的意愿和能力等因素”在个案中进行选择。因此，有必要外部厘定行政和解制度的体系定位，明确其行民、行刑制度联动的衔接细节。

（一）厘定嬗变后的行政和解制度的体系定位

1. 行政和解是一般民事救济的先导

资本市场法律救济区别于一般民事领域的法律救济，由于其专业性、复杂性壁垒，以及市场主体组织、资源方面的优势地位，导致中小投资者天然存在信息不对称等民事救济障碍，因此有赖于行政机关参与救济环节。在当事人或行政相对人的救济选择权上，法律明确规定行政和解制度无法由行政机关主动依职权适用，仅能由当事人申请，所以在规范应然层面，当事人具有平等、自主的制度选择权，可依据自身的利益考量选择行政和解或民事和解、调解等其他救济措施。但是，就制度实然层面，行政和解与一般民事救济措施之间存在事实上的顺位关系，即行政和解的适用居于优先地位。一方面，这种优先地位是由行政和解制度的价值追求决定的——在保护与惩戒的基础价值之上，行政和解还承担着提升执法效率、兼顾行政追责与民事追责的价值目标，在价值范围上涵摄了一般民事救济

① 参见［美］史蒂芬·布雷耶：《规制及其改革》，李洪雷、宋华琳、苏苗罕、钟瑞华译，北京大学出版社2008年版，第6页。

的价值范围。另一方面，行政和解制度的优先地位，并不违反法律法规对于当事人救济选择权的明确规定，只是意味着当民事救济程序和行政和解同时启动的情形下，行政和解制度在事实上发挥着先导作用。在实践中，民事纠纷化解的很多基础要素，例如，侵权行为定性、基本事实确认等，有赖于行政监管机构的调查工作，而行政机关展开调查，本身就是行政和解制度的前期环节，这意味着即使是民事救济途径，在前期环节仍然是由行政机关主导救济进程。传统的行政和解制度局限于调查环节行政机关受阻的情形，此时由于案件基础要素的调查都存在巨大瑕疵，民事救济显然难以促成共识、达成救济的目的，因而“被迫”通过行政和解寻求救济。而嬗变后的行政和解制度则无此顾虑，当行政机关调查环节开启之后，行政和解制度的适用便成为可能，无须考量行政事实认定与民事纠纷认定之间的衔接、转化，更加符合提升效率的要求。

此外，嬗变后的行政和解制度的申请阶段，由正式立案调查之后，①转变为初步调查到正式作出行政处罚期间，② 删除了之前过于严苛的前提条件，使程序启动时点进一步前移，由此也能够体现行政和解制度的前置倾向。

2. 嬗变后的行政和解以行政处罚为保障

从制度表面看，行政和解制度与行政处罚之间，是“全有全无”、相互排斥的关系，即行政和解的制度效果是使行政相对人免于相应的行政责罚，行政处罚的作出也往往意味着行政和解制度的失败或放弃。但是从行政和解制度的权利基础角度看，行政和解与行政处罚在某种意义上同宗同源，皆源自行政监管机关自身的行政职权，只有行政监管机关存在法定

① 《行政和解办法》第 9 条规定：“行政相对人自收到中国证监会送达的案件调查通知书之日起，至中国证监会作出行政处罚决定前，可以向中国证监会提出行政和解申请。”

② 根据《金融稳定法（草案）》第 36 条、《当事人承诺办法》第 5 条的规定，当事人自收到国务院证券监督管理机构案件调查法律文书之日至国务院证券监督管理机构作出行政处罚决定前，可以依照《证券法》等法律和《当事人承诺办法》的规定，申请适用行政执法当事人承诺。

的、不可推卸的处罚职责，才会存在其为更好地履行该法定职责而予以衡量、裁断的权力空间。因此，从权利衍生的逻辑出发，行政和解应当被视为是衍生于行政处罚的行政制度。不过，这种衍生关系不代表行政和解与行政处罚之间存在主从关系，其含义应当准确描述为：行政处罚是行政和解的制度保障，无行政处罚则行政和解无法得到有效尊重。尽管有实务工作者主张行政和解应当有机嵌入行政处罚制度之中，[①] 但对此观点应当审慎对待。虽然行政和解当事人参与制度的重要动力在于免除处罚，因此，应当充分肯定行政处罚的情节认定、处罚金额等要素对于行政和解制度的实施具有重要的参考价值，但是行政处罚与行政和解的程序独立性应当坚守。行政监管机关在和解过程中因自身法律属性而无法避免地居于主导地位，并附带一定的行政优益权考量，但是这不能构成二者混合并行的理由。行政和解柔性执法的特征服务于化解纠纷、利益最大化的目标，而行政处罚的刚性执法的属性难以兼容前述目标。行政监管机关如果同一阶段同时肩负作出处罚和促成和解的双重职责，将必然导致机关的“内部攻讦”，影响制度效果。至于行政和解制度实行过程中，行政机关对于当事人假借承诺之名阻挠调查、毁灭证据、转移财产、拖延办案进度等不当行为的引诱，则完全可以针对这些不当行为单独进行规制，或者作为和解终止后进入行政处罚阶段的加重情节予以对待，无须将行政和解与行政处罚杂糅在一起。

3. 嬗变后的行政和解以刑事规制范围为限制

我国当前的行政和解制度虽历经几次修改，但涉及刑事规制的衔接规范却展现出明确的稳定性，即对涉嫌犯罪的情形，应当移送司法机关处理，不得与行政相对人进行行政和解。不同于美国证券交易委员会有关行

---

① 参见胡大路：《程序裁量视角下的证券执法当事人承诺制度——〈证券法〉第一百七十一条的规范分析》，载彭冰主编：《金融法苑》（总第 108 辑），中国金融出版社 2022 年版，第 33-45 页。

政和解制度的规定，其行政和解制度采用“既不承认也不否认违法”的模式，① 在涉嫌违法情形的证券监管案件中，美国证券交易委员会主导的行政和解与刑事程序之间可以并行不悖，而我国域内一直坚持界限分明的案件移转机制，一旦在前期行政调查环节发现存在涉嫌犯罪的情形，将直接发生程序上的移转，使案件脱离行政和解的范畴。从这个角度说，认为行政和解制度适用的公法边界与刑事规制范围绝对互斥的观点，应当是正确的。

但是值得思考的一点是，从当前的实体法规范来看，行政和解领域行刑之间的案件移转，存在强烈的单向色彩，即域内的司法实践和法律规范都没有明确探讨一种特殊情形：移送司法机关的案件，经过司法机关审查后排除了刑事责任承担的可能，被退回行政监管机构仅追究其行政责任。而对于这类嗣后已明确不涉及刑事责任的案件，是否可以实现行政和解制度的回转，尚不明确。

当前法律规范的表述为“涉嫌证券期货犯罪，依法应当移送司法机关处理”“涉嫌证券期货违法行为情节严重、社会影响恶劣”“因涉嫌证券期货犯罪被依法立案”的，不予受理和解申请或终止和解程序。这些表述的共同之处在于刑事责任承担的不确定性，这也就意味着嬗变后的行政和解制度与刑事规制并非绝对互斥，可能存在程序上的相互回转，而回转的判断标准，在于进行刑事侦查后确定是否承担刑事责任。

（二）嬗变后行政和解制度的制度衔接

前述体系定位部分已经明确，行政和解对于常规民事救济途径具有先导、指引作用，很多民事救济效果的切实发挥也有赖于行政和解制度的运行，但仅从制度内涵、价值目标等宏观视角得出的结论，可能存在理论正确但是实践无益的问题，因此有必要针对具体的民事救济途径和制度工

① 参见高振翔：《比较法视野下证券行政执法当事人承诺制度的关键问题研究》，载《经贸法律评论》2022 年第 2 期。

具，探究两大领域制度之间的内在衔接机制。参考仅有的实践案例可知，与资本市场行政和解案件联系紧密的民事救济途径包括先行赔付制度和民事诉讼制度。

1. 先行赔付制度

先行赔付制度与行政和解制度在域内的制度源流有共通之处，其诞生具有比较明显实践需求面向，先行先试的特征比较鲜明，虽然目前《证券法》已经明确将先行赔付纳入证券救济体系之中，[①] 但是对于具体的制度细节尚未明确，因此应当首先针对制度本身进行梳理。从制度属性上看，先行赔付制度的私法性质无可置喙，其本质是将“先行赔付人的侵权之债转化为合同之债”[②]，与公法属性的行政和解制度具有本质差异。从法律效果上看，先行赔付能够实现从轻或减轻处罚之效果，是以民事赔付的增加换取行政处罚的减少，此特点也明显区别于行政和解制度的法律效果，即中止或终止调查。从制度适用条件来看，先行赔付制度主要集中适用于证券虚假陈述、欺诈发行等重大违法案件，其隐含的条件是“案件事实清楚、法律关系明确”，与传统的行政和解适用条件界限分明，但是在当前我国资本市场行政和解制度嬗变的背景下，行政和解制度的适用范围外扩，与先行赔付的关系由并列转为包含，借此也深刻影响着两者之间的衔接问题。

此前，有学者认为先行赔付与行政和解都具有鲜明的契约、协商色彩，在制度实效方面，先行赔付实际发挥着公法上行政和解制度的作用。[③] 该观点主要立足于传统行政和解制度适用条件局限、适用态度谨慎的制度现状，具有一定的合理性。但目前行政和解制度发生重大变化，行政和解制度已无须再隐藏于先行赔付背后，可以“浮出水面”，正视两者之间的

---

① 参见《证券法》第93条之规定。

② 肖宇、黄辉：《证券市场先行赔付：法理辨析与制度构建》，载《法学》2019年第8期。

③ 参见肖宇、黄辉：《证券市场先行赔付：法理辨析与制度构建》，载《法学》2019年第8期。

衔接问题。目前，紫某案与泽某案都出现了先行赔付与行政和解同时启动的情形，从中可以窥见当前两大制度之间的部分逻辑：第一，先行赔付制度的顺利开展，实际依赖行政监管机关在调查、协商环节的居间协助，而非单纯的合同相对方之间的沟通交流；第二，先行赔付制度的协商结果，直接对行政和解产生影响，这也能解释为何泽某案中，先行赔付制度受阻，导致案件同时越过行政和解，整体转向民事诉讼路径。

由此可见，行政和解与先行赔付的衔接重点，在于制度启动的前提调查阶段。先行赔付与行政和解虽然都是依申请启动的制度，但是当事人是否最终选择启动制度，都依赖行政监管机关的指引——公司实控人、主办券商等主体是否积极建立先行赔付基金，依赖行政机关的处罚威慑，行政和解亦是。若行政机关介入过早，会导致先行赔付制度丧失节约行政资源的制度价值，同时使两种制度内容趋同；若行政机关介入过晚，则影响先行赔付制度的实施效果，使之成为具文。对此可行的思路是：扩大先行赔付协议的覆盖内容，不仅关于先行赔付金额、支付方式等，还要包括双方针对案件事实进行协商的认定结论，行政机关对双方协商复原的案件事实予以认定，即实质上赋予协商双方协商调查权，鼓励其依靠双方的协商努力还原案件事实。同时规定，行政机关在协商环节的介入，则先行赔付制度不可逆地进入行政和解环节，即一旦行政资源投入案件调查过程，则排除先行赔付制度的适用空间。由此可以清晰地划分先行赔付与行政和解的制度边界，确保行政机关的执法资源的节约、集中。同时，因为先行赔付当事人之间的利益追求相悖，该制度设计也能规避双方通过协商调查权达成虚假事实认定，从而逃避行政监管。

2. 投资者代表制度

一般的行民交织案件，普遍存在民事案件的处理或事实认定，需要以前置行政案件的结果为前提的情况。此时行政处罚、行政许可等行政行为的作出对于后续民事纠纷的作用非常关键。但是在行政和解案件中，当事人主动申请和解的主要动因，在于中止行政机关的调查行为，导致了行政机关无法对进入行政和解程序的违法行为作出具体事实和行为性质方面的认定。虽然行政相对人会向行政监管机关提交相关材料用于推进和解程序，但是按照《当事人承诺办法》第10条第2款之规定，“当事人提交的材料以及在沟通协商时所作的陈述，只能用于实施行政执法当事人承诺”，这意味着外部投资者想要启动该案件后续的民事诉讼程序时，无法利用前期达成的行政和解材料，这也意味着投资者失去了一条重要的民事证据收集路径。

虽然《当事人承诺办法》规定了承诺协议应当明确载明“当事人涉嫌违法行为的主要事实”，也同时设置了“应当依法履行信息披露义务”的要求，但是两者没有有机结合起来，从证监会已有的承诺认可协议公告内容看，① 显然有关当事人违法行为事实等具有极高民事证据价值的信息不在公告范围之内。这就削弱了后续民事诉讼所依据的证据基础，导致行政和解制度与后续的民事诉讼救济程序之间的割裂。

其实，针对行政和解启动后的调查环节与后续可能出现的民事诉讼等民事救济程序的衔接问题，在行政和解试点阶段立法者就有过考量，当时的行政和解制度存在投资者介入行政和解程序的相关机制，② 但是在后续制度变迁中，该机制没有得到保留，而是用“证券期货交易场所、证券登记结算机构、投资者保护机构等相关机构或者专家学者的意见”代替了投资者意见，可能是出于投资者介入容易导致利益冲突过于激烈，难以达成和解的考量。但是从行民衔接的角度看，这种投资者参与机制，能够有效实现行政程序与民事程序的联通，具有参考价值，具体而言：可以结合民事救济体系中的证券纠纷特别代表人诉讼制度，建立行政和解领域的投资者代表制度。由投资者群体推选适当数量的代表，参与到行政和解过程之中，代表的可推选范围不应当局限于投资者本身，可以委托专业机构或专

---

① 参见《中国证券监督管理委员会承诺公告［（2023）1号］》《中国证券监督管理委员会公告［（2019）11号］》。

② 《行政和解办法》第27条第2款规定：“中国证监会在就行政和解金的数额与行政相对人进行协商的过程中，可以采取适当方式，就投资者损失情况听取投资者的意见。”

业人员担任代表，由此兼顾了和解制度实施对人员专业性、可沟通性的要求。同时，投资者的介入前置，也能够将纠纷一次性化解于行政和解程序之中，尽可能规避后续产生的衍生民事诉讼，从根本上解决问题。

至于和解材料的民事诉讼效力问题，虽然有学者主张，应当推动当事人对违法行为的“承认”有条件地转变为对违法行为的“自认”,① 但是该观点应当审慎观之：一方面，《当事人承诺办法》存在明确的限制规定；另一方面，只要确保投资者通过投资者代表制度，能够知晓当事人的相关违法情形，降低信息不对称的民事救济障碍，按照《全国法院民商事审判工作会议纪要》中确立的举证责任倒置规则，即使无法将已有材料当作主动证据对当事人的违法行为予以证明，亦可实现保护投资者民事救济利益的目的。

五、结语

当前我国资本市场行政和解制度已经步入新阶段，《金融稳定法（草案）》将嬗变后的行政和解制度（当事人承诺制度）明确纳入金融市场秩序维护制度的总体框架之中，意在推广使用行政和解制度，以提升资本市场执法效率、促进柔性执法、增强投资者保护水平。这种实践先行的做法表明立法者对于行政和解制度的高度重视与期待，但是回顾过往实践，行政和解制度在域内落地至今近十年，实践成效不尽如人意，这种现状进一步加快了行政和解制度在我国制度体系内的嬗变，也由此造成了金融法领域面对行政和解制度向当事人承诺制度的转变“处于泰然”，将其视为传统行政法领域制度工具的金融法领域再造，而行政法领域则对制度嬗变保持审慎保守的态度，从而导致针对相同制度出现了部门法研究的分歧。

但是这种理论基础差异导致的研究分歧并非不可弥补，通过解释论的方法可以建立起两大部门法在行政和解制度领域的理论联系，不完全法律

---

① 参见李晓安、钟燕华：《金融法视阈下的行政执法和解制度探析》，载《北京行政学院学报》2024 年第 2 期。

理论为资本行政执法和解制度的嬗变提供了正当性基础；通过对行政和解权力基础的反思与厘定，有效回应了行政法学界对于当事人承诺式行政和解的质疑和隐忧。

理论上的弥合为制度实践的探讨奠定了前提：制度定位上，“行政—民事”的资本市场救济格局相对明确，在制度衔接上，先行赔付制度与投资者代表制度能够有效实现行政和解与民事救济之间的联通。

应当说，任何制度的形成与完善都是在框架下不断细化、经过实践后修正的结果，如果不进行理论优化与实践尝试，完善之说将始终流于形式。因此，嬗变后的行政和解制度是否还存在其他理论问题，是否能够在执法实践中充分发挥实效，还有待于未来理论研究与执法实践的双重检验。

【证券欺诈的法律责任】

涉人工智能的 AI Washing 证券欺诈行为特别规制*

袁达松** 郑文艺***

摘要： 负有信息披露义务的主体故意使用夸大或虚构的误导性语言描述涉人工智能的相关信息，以此影响投资者的投资决策，这种行为被美国证券交易委员会界定为 AI Washing，并率先采取了以明确欺诈性质、更新信息披露事项为介入点的执法特别措施。与常见的证券欺诈行为显著不同，AI 的独立决策能力导致 AI Washing 中人的行为和 AI 的自主性行为互相混合，这种混合性挑战了传统的法律主体和客体的区分，所造成的后果并非一概由行为人承担。如果沿用我国现有法律及其相关规定规制 AI Washing 证券欺诈行为，在行为主体归责、信息披露违规认定、欺诈性质认定以及投资者理解上存在明显的适用缺陷，有必要对其进行特别规制。本文通过典型 AI Washing 案例分析其表现形式及其对投资者决策的影响，参考美国证券交易

* 本文系袁达松主持国家社会科学基金重大项目“数字经济治理体系法治化研究”（项目编号：23&ZD156）的阶段性成果。

** 北京师范大学法学院教授、博士生导师。

*** 北京师范大学法学院硕士研究生。

委员会对 AI Washing 的特别规制经验，提出我国执法机关应明确涉人工智能主体的信息披露特别事项，并且，执法机关还应确定 AI Washing 与证券欺诈行为的关系，明确其欺诈性质，保障投资者合法权益。

关键词：AI Washing　证券欺诈　信息披露　商业秘密　证据留存

一、问题的提出

随着人工智能（AI）的快速发展，众多企业将其视为创新能力和市场竞争力的关键标志。然而，这一趋势也催生了一个法律问题，即所谓的 AI Washing。AI Washing 最开始代表一种市场宣传策略，一些公司通过宣称使用与 AI 相关的技术提高其品牌形象和市场竞争力。然而，这些宣称往往缺乏事实依据，或者严重夸大了 AI 技术的应用程度。① AI Washing 指公司或个人在宣传其产品、服务或投资策略时，于相关的声明中故意使用夸大或虚构的误导性语言描述涉 AI 技术的实际情况，以此影响投资者的投资决策。② AI Washing 是自然人或者其他主体所实施的一种欺骗性行为。在证券行业，这种行为利用了 AI 的流行趋势和公众对 AI 技术的兴趣，不公平或不准确地描述该技术的设计或使用，从而达到左右投资者决策的目的，导致投资者的利益受损。美国证券交易委员会（SEC）在调查证券发行人和投资顾问声称使用 AI 技术而实际上没有使用 AI 技术的案件时，正式使用了 AI Washing 这一术语。③ 随后，SEC 开始频繁使用 AI Washing 一词来描述证券法领域内涉人工智能的欺骗性行为。其逻辑关系可以表述为，AI

① The Securities and Exchange Commission, “SEC Charges Two Investment Advisers with Making False and Misleading Statements about Their Use of Artificial Intelligence”, https://www.sec.gov/news/press-release/2024-36.

② Chair Gary Gensler, “AI, Finance, Movies, and the Law—Prepared Remarks before the Yale Law School”, https://www.sec.gov/news/speech/gensler-ai-021324.

③ See Chair Gary Gensler, “AI, Finance, Movies, and the Law—Prepared Remarks before the Yale Law School”, https://www.sec.gov/news/speech/gensler-ai-021324.

Washing误导性陈述是信息披露违规的一种表现形式。如果这种误导性陈述是故意的，并且旨在影响证券交易决策，它就构成了信息披露违规，并可能进一步升级为证券欺诈。因此，讨论AI Washing证券欺诈行为的规制，有必要对信息披露义务的强化和执行进行讨论，同时需要执法机构的积极介入。

AI Washing这一术语的词源是greenwashing。① 在实施greenwashing时，"公司所发布的绿色广告和环保声明具有一定的欺骗性，从形式或内容上误导消费者"②。"环保内容+欺骗性描述+误导受众"是greenwashing的主要表现形式。greenwashing的泛滥，促使监管机关、投资者和公众对建立一个更加透明、一致和可靠的信息披露框架提出了要求，ESG（环境、社会和公司治理）信息披露框架随之建立。③ 人工智能时代衍生了AI Washing，以"AI内容+欺骗性描述+误导受众"为主要表现形式。AI Washing与greenwashing在法律上均涉及欺骗性描述的问题，但是其主要组成部分中的"环保内容"与"AI内容"在技术透明度与可验证性方面存在显著差异。AI技术的高度复杂性导致其透明度和可验证性较低，而环保内容通

---

① greenwashing是源自美国的概念，由单词"whitewash"（粉饰、掩饰）演变而来。Greenwashing的出现最早可追溯到1986年，美国环保人士Jay Westerveld在谴责酒店"节约毛巾"行为时使用了该词，参考Sebastião Vieira de Freitas Netto, Marcos Felipe Falcão Sobral, Ana Regina Bezerra Ribeiro, & Gleibson Robert da Luz Soares, "Concepts and Forms of Greenwashing: A Systematic Review", *Environ Sci Eur*, Vol. 32, 19 (2020), doi: 10.1186/s12302-020-0300-3. 随后，greenwashing的概念逐渐发展为指公司或组织在环境责任、可持续性或生态友好方面，利用自身的信息优势选择性或象征性地披露对自身有利的环境信息，进行虚假宣传或误导性陈述的行为。同时，greenwashing这一术语逐渐传入中国，被翻译为"漂绿"，并出现在最高人民法院、中国人民银行的官方文件中。AI Washing的提出正是源于SEC对greenwashing的规制经验。

② 参见郑友德、李薇薇：《漂绿营销的法律规制》，载《法学》2012年第1期。

③ ESG信息披露框架是一个指导公司如何向投资者和其他利益相关者披露其环境（Environmental）、社会（Social）和公司治理（Governance）表现的一套标准和指南。证监会在修订《上市公司治理准则》时，首次对上市公司环境信息、履行社会责任情况以及公司治理相关信息作出规定，形成了ESG信息披露的基本框架。

常有较为明确的标准和认证体系，受众和监管机关更容易进行验证和监督。这也就导致相较于 greenwashing，AI Washing 存在其独特性：人的行为和 AI 自主性行为的混杂。在法律上，绿色广告或环保声明被视为客体概念，其真实性和合法性一律由发布者作为主体承担。但是 AI 具有一定独立决策能力，使 AI Washing 案件中的责任归属变得模糊，① 到底是人故意导致的信息披露违规，还是 AI 独立决策能力导致人在无意识下的信息披露违规，抑或是两者的混合，都导致了 AI Washing 证券欺诈行为的责任归属困难。投资者和监管机构在界定发布者应承担的责任时，面临着前所未有的挑战。鉴于此，本文认为现行的信息披露规定不足以直接应对 AI Washing 所引发的法律风险，应对该类行为主体所对应的信息披露特别事项进行明确，以确保其透明度，有效减少 AI 独立决策能力对责任归属的干扰。

此外，AI Washing 证券欺诈行为所引发的证券法律风险已经引起了美国法律界和监管机关的关注，但在我国还未受到重视。尽管我国证监会在面对实质性的 AI Washing 证券欺诈案件时，依据《上市公司信息披露管理办法》下发警示函，但对该行为的性质、所对应的具体信息披露特别事项缺乏明确的描述。此外，虽然监管机关采取了行动，但并未明确指出 AI Washing 的性质及其与证券欺诈之间的直接关联，致使投资者很难获得充分、准确的信息，在提起证券欺诈诉讼时缺乏明确的法律依据。

本文研究的问题是：（1）AI Washing 的本质和外在表现形式；（2）AI Washing 与证券欺诈行为之间的关系；（3）AI Washing 证券欺诈行为在我国有哪些规制难点；（4）借鉴美国对 AI Washing 证券欺诈行为的规制经验，我国可以进行哪些方面的完善。并且，根据研究问题提出 AI Washing 证券欺诈行为的规制路径：（1）明确涉人工智能主体的信息披露特别事项。事前，在不泄露商业秘密的前提下，尽可能提高信息披露的透明度和可验证

---

① Robin Feldman & Kara Stein, "AI Governance in the Financial Industry", 27 *STAN. J. L. BUS. & FIN.* 94 (2022).

性，保护投资者知情权。事后，将原始证据留存的详细记录作为评估行为人是否存在故意信息披露违规行为的重要证据，以明确责任归属并为可能的法律追责提供依据；（2）执法机关应介入并确定 AI Washing 与证券欺诈行为的关系，明确其欺诈性质，保障投资者合法权益。

二、AI Washing 证券欺诈行为的认定

根据 AI 在证券领域担任的不同角色，本文将 AI Washing 证券欺诈行为划分为两大类进行讨论：第一类，AI 作为公司产品时的 AI Washing 证券欺诈行为；第二类，AI 作为投资决策技术时的 AI Washing 证券欺诈行为。结合已经出现的案例，AI Washing 现呈现出以下两大类别：第一类，夸大型。此类行为涉及行为人故意夸大其产品或服务中 AI 技术的应用范围和效能，或者故意隐瞒影响产品性能的关键信息，导致投资者基于误导性描述作出决策。此外，行为人可能错误地宣称其 AI 技术具备超常的决策能力，而实际上并不具备。第二类，虚构型。在此类情况下，行为人虚构其产品或服务中包含的 AI 技术，尽管这些技术并不存在，从而误导投资者对公司技术实力和市场前景的判断。

（一）AI 作为公司产品时的案例

在证券发行过程中，发行人可能宣称其业务涵盖了人工智能领域的产品或技术，目的在于吸引投资者的关注和资本投入。然而，此类宣称可能包含误导性信息，例如，发行人可能通过不实陈述，夸大其在产品或服务中应用的 AI 技术的实际水平和效能，或对公司在 AI 方面的投资规模进行不实描述。此外，发行人可能在广告和营销材料中使用夸大其词的表述，误导投资者相信其技术比实际更为先进和有效。在某些情况下，发行人可能并未实际采用 AI 技术，却错误地将其作为公司主营业务的一部分进行宣传。或者，发行人可能错误地声称其产品或服务集成了高级 AI 技术，而实际上并未集成。

1. 夸大型 AI Washing

美国一家武器扫描仪公司 Evolv Technologies Holdings, Inc.（以下简称

Evolv）及其高管被投资者起诉，指控行为人虚假宣传其价值数百万美元的武器探测器使用了 AI 技术，违反美国证券法律规定。原告在起诉状中指控 Evolv 歪曲和隐瞒了以下内容：（1）严重夸大了其产品的功效；（2）其产品在检测刀具和枪支方面缺乏有效性，导致未被发现的武器进入学校或其他地点的风险增加；（3）该公司在其产品的有效性方面欺骗了公众、客户和投资者。① 根据原告提供的证据显示，Evolv 在 2021 年 6 月 28 日至 2024 年 3 月 13 日期间发布的关于其 AI 武器检测技术的公开声明具有误导性，未能准确披露其产品在检测武器方面的实际效能。由此，原告认为被告的误导性陈述导致了 Evolv 证券的市场价格人为膨胀，使投资者在不知情的情况下购买了这些证券，并因此遭受了损失。Evolv 所面临的 AI Washing 指控呈现出较为清晰的“AI 内容（夸大）+欺骗性声明+误导受众”结构，为投资者提供了提起证券诉讼的基础，如果以上指控被证实，该公司将极有可能被认定为实施了证券欺诈行为。

在我国也出现了类似的案例，2023 年 12 月 18 日，江苏证监局对多某科技股份有限公司（以下简称多某科技）下发警示函。几乎同一时间，上交所也向多某科技及其有关责任人下发了监管警示决定。根据警示函的内容，多某科技在公开互动平台上回复投资者提问时采用了“公司作为华某昇腾 AI 产业链的重要合作伙伴之一”② 的表述。在相关披露文件中，该公司也维持了这一表述。江苏证监局查证后认为，多某科技作出的“表述没有充分依据，夸大了合作关系，对投资者判断公司在华某昇腾相关产业链

---

① See Gerald Raby v. Evolv Technologies Holdings, Inc. et al., No. 1: 24-cv-10761 (D. Mass. Filed Mar. 25, 2024), at https: //securities. stanford. edu/filings-documents/1083/ETHI00108333/2024324_ f01c_ 24CV10761. See U. S. District Court Civil Docket, https: //securities. stanford. edu/filings - documents/1083/ETHI00108333/2024325 _ f01k _ 24CV10761. pdf.

② 参见《关于对多某科技股份有限公司及有关责任人予以监管警示的决定》（上证公监函〔2023〕0259 号），载上海证券交易所网站，https: //www. sse. com. cn/disclosure/credibility/supervision/measures/focus/c/01d0465d - 5e59 - 4b35 - a56c - 546e6b7d8127. pdf，2023 年 6 月 17 日访问。

中的地位具有一定误导性”①。该公司上述信息披露依据不充分、内容不准确的行为，违反了《上市公司信息披露管理办法》第 3 条第 1 款、第 5 条第 1 款的规定。② 综合该公司还存在的信息披露制度不健全的问题，执法机关决定对多某科技及其主要负责人采取出具警示函的行政监管措施，并记入证券期货市场诚信档案。多某科技公司在信息披露中利用了 AI 的流行趋势和公众对 AI 技术的兴趣，故意使用夸大的语言并采用与 AI 相关的术语进行表述，对投资者判断公司在华某昇腾相关产业链中的地位具有一定的误导性，该误导性陈述导致了多某科技证券的市场价格在对应期间内出现了人为膨胀的现象，足以影响投资者的决策。多某科技的行为，符合“AI（夸大）+欺骗性声明+误导受众”的表现形式，实际上就是一种 AI Washing 行为。无论是 Evolv 还是多某科技，都实施了夸大型的 AI Washing 行为。两家公司通过夸大与 AI 相关的内容，从而误导了投资者，这种模式符合证券欺诈行为的法律构成要素，涉嫌构成证券欺诈。

2. 虚构型 AI Washing

2024 年 2 月，投资者对 Innodata Inc.（以下简称 Innodata）及其相关个人提起了证券集体诉讼。③ Innodata 是一家数据管理公司，主营业务是为 AI 数据收集和 AI 数字化转型提供支持 AI 的软件平台和服务。原告指控被告在 2019 年 5 月 9 日至 2024 年 2 月 14 日期间在公司所经营的 AI 业务方面作出了误导性陈述，未能披露重要事实。具体指控包括被告公司 Innoda-

---

① 参见《江苏证监局关于对多某科技股份有限公司、章某强、阮某采取出具警示函措施的决定》（〔2023〕173 号），载证监会网站，http://www.csrc.gov.cn/jiangsu/c103893/c7451115/content.shtml，2023 年 6 月 17 日访问。

② 《上市公司信息披露管理办法》第 3 条第 1 款规定：“信息披露义务人应当及时依法履行信息披露义务，披露的信息应当真实、准确、完整，简明清晰、通俗易懂，不得有虚假记载、误导性陈述或者重大遗漏。”第 5 条第 1 款规定：“除依法需要披露的信息之外，信息披露义务人可以自愿披露与投资者作出价值判断和投资决策有关的信息，但不得与依法披露的信息相冲突，不得误导投资者。”

③ See D' Agostino v. Innodata Inc., et al., No. 2:24-cv-00971 (D. N. J. filed Feb. 21, 2024), https://securities.stanford.edu/filings-documents/1083/II00108311/2024221_f01c_24CV00971.pdf.

ta 宣称拥有先进的 AI 技术，但实际上并未开发出可行的 AI 解决方案，存在虚构事实的嫌疑。尽管被告自诩为 AI 领域的先锋，但其提供的产品或服务并非基于此前所虚构的专有 AI 技术，而是依赖于大量低薪海外劳动力。此外，被告公司在 AI 研发上的投入远低于其通过新闻稿宣传的资金数量，同时存在夸大事实的嫌疑。原告认为，由于被告虚构的误导性陈述和信息遗漏，投资者未能认识到 Innodata 并未作为 AI 公司实现有效运营，作出了错误的投资决策。综上所述，被告公司虚构其产品或服务中并不存在的专有 AI 技术，同时夸大公司对 AI 技术的投资规模。该项诉讼仍在进行中，如果 Innodata 最终被证实没有可行的专有 AI 技术，符合“AI（虚构）+欺骗性声明+误导受众”的表现形式，那么将因为触犯美国证券交易委员会（SEC）所描述的 AI Washing 证券欺诈行为而被执法机关处罚。

与此同时，我国也出现了同类案例。2024 年 4 月，四川证监局对我国境内公司四川福某科技股份公司（以下简称福某科技）出具警示函。根据警示函的内容，福某科技回答投资者在公开平台询问福某科技供货的哪些产品具有 AI 功能的问题时，宣称“公司供货的……产品都具有 AI 功能……未来，随着 AI 技术不断应用，公司供货的具有 AI 功能的产品将越来越多”①。而事实上，福某科技所经营的产品本身并不具有 AI 功能，只是产品应用的终端具有 AI 功能。由于当时的市场投资者对 AI 相关概念高度关注，结合媒体将福某科技视为 AI 概念股的报道，公司股价在虚假陈述的驱动下大幅攀升，足以影响投资者的决策。四川证监局认为上述行为违反了《上市公司信息披露管理办法》第 3 条第 1 款的规定，决定对该公司及主要责任人员采取出具警示函的行政监管措施。② 福某科技声称其产品

① 参见《关于对四川福某科技股份公司及黄某采取出具警示函措施的决定》（〔2024〕22 号），载证监会网站，http：//www. csrc. gov. cn/sichuan/c104902/c7476390/content. shtml，2024 年 6 月 17 日访问。

② 参见《关于对四川福某科技股份公司及黄某采取出具警示函措施的决定》（〔2024〕22 号），载证监会网站，http：//www. csrc. gov. cn/sichuan/c104902/c7476390/content. shtml，2024 年 6 月 17 日访问。

具有 AI 功能，但实际上其公司产品本身并不具有 AI 功能，属于实质性的 AI Washing 行为。Innodata 和福某科技均都属于虚构型的 AI Washing 行为，初步判断其行为符合证券欺诈行为的法律构成要素，涉嫌构成证券欺诈。

（二）AI 作为公司决策技术时的案例

AI 作为公司投资决策技术时，AI Washing 证券欺诈行为在现有案例中表现为虚构型。SEC 对两家投资顾问公司 Delphia（USA）Inc.（以下简称 Delphia）和 Global Predictions Inc.（以下简称 Global Predictions）提起了反欺诈指控（anti-fraud charges），指控两家公司涉嫌虚构其 AI 技术的实际应用和效能，违反了美国《投资顾问法》。[①] 2024 年 3 月 18 日，SEC 最终宣布与 Delphia 和 Global Predictions 达成和解协议。为了解决这些指控，Delphia 和 Global Predictions 最终同意在不承认或否认 SEC 调查结果的情况下，支付民事罚款并接受谴责和停止令。

Delphia 是一家注册投资顾问公司。SEC 指控其在 2019 年 8 月至 2023 年 8 月期间，通过监管文件、广告和社交媒体渠道发布关于涉人工智能和机器学习技术应用的虚假信息。Delphia 声称公司利用 AI 技术分析零售客户数据以提供投资建议，但根据调查，该公司并未实际使用以上数据。在 SEC 审查后，Delphia 口头上承诺纠正，实际上却继续发布此类误导性陈述，并未能建立必要的合规政策和程序以防止违法行为，从而违反了美国《投资顾问法》第 206（2）条和第 206（4）条的规定。随后，SEC 对 Del-

---

① SEC 提出反欺诈指控所依据的法律规定包括：美国《投资顾问法》第 206 条禁止投资顾问进行交易的事项，第 206（2）条规定："禁止投资顾问从事对任何客户或潜在客户进行欺诈或欺骗的任何交易、实践或业务过程。"第 206（4）条规定："禁止投资顾问从事欺诈、欺骗或操纵的任何行为、做法或业务。美国证券交易委员会应通过规则和条例确定并规定合理设计的方法，以防止欺诈、欺骗或操纵的行为、做法和业务过程。"除此之外，还包括根据 1940 年《投资顾问法》（17 CFR Part 275）颁布的规则和条例第 206（4）-1 条投资顾问营销规则。

phia 提起了反欺诈指控。根据美国《投资顾问法》第 206（2）条的规定,[①] 投资顾问不得从事欺诈或欺骗行为，而 Delphia 在提交给 SEC 的文件、发布的新闻稿和网站声明中，均作出了虚假陈述。公司声称能够提供 AI 工具为投资者争取到不公平的投资优势，但 SEC 的调查结果表明这些陈述缺乏事实依据，属于虚构的事实。此外，根据美国《投资顾问法》第 206（4）条和 206（4）-1 条投资顾问营销规则的规定,[②] Delphia 因未能遵守营销规则和传播含有重大不实信息的广告而受到进一步指控。[③] Global Predictions 是一家通过互联网提供投资咨询服务的公司。该公司因在其公共网站、社交媒体和电邮中发布误导性陈述，声称公司使用 AI 技术并且是 SEC“首个受监管的 AI 金融顾问”[④]，以及提供无法证实的业绩声明而受到 SEC 的指控。和解命令中显示，公司声明使用“人工智能驱动的预测”[⑤] 为投资建议提供信息，但实际上并未采用该技术。SEC 对 Delphia 和 Global Predictions 两家公司提出的指控揭露了一种特别的证券欺诈行为模式，即通过虚构 AI 技术在投资决策中的应用，发布误导性陈述，影响投资者决策。美国执法机关通过提起反欺诈诉讼，明确指出了此类行为构成证券法下的欺诈行为。

---

① See Investment Advisers Act of 1940, § 206 (2), 15 U. S. C. § 80b-6 (2).

② See Investment Advisers Act of 1940, § 206(4), 15 U. S. C. § 80b-6(4); 17 CFR § 275. 206(4)-1 (as promulgated by the Securities and Exchange Commission).

③ See United States Securities and Exchange Commission v. Delphia (USA) Inc., Investment Advisers Act Release No. 6573, March 18, 2024, File No. 3-21894, https://www. sec. gov/litigation/admin/2024/3-21894. pdf.

④ See United States Securities and Exchange Commission v. Global Predictions, Inc., Investment Advisers Act Release No. 6574, March 18, 2024, Securities and Exchange Commission, File No. 3-21895, https://www. sec. gov/litigation/admin/2024/3-21895. pdf.

⑤ See United States Securities and Exchange Commission v. Global Predictions, Inc., Investment Advisers Act Release No. 6574, March 18, 2024, Securities and Exchange Commission, File No. 3-21895, https://www. sec. gov/litigation/admin/2024/3-21895. pdf.

三、AI Washing 证券欺诈行为的法律规制难点

在证券法领域，AI Washing 与证券欺诈行为相对应。至于认定 AI Washing 是否构成证券欺诈行为则需要考虑以下因素：存在误导性的陈述或遗漏、影响投资者决策、故意或严重疏忽、违反证券法规、投资者损失、司法或监管机关的认定。① 单独对 AI Washing 证券欺诈行为进行剖析，不仅有助于更好地理解和应对这种新型的证券欺诈行为，还可以提升投资者保护、帮助监管机关和法律界深入理解这种行为的性质、外在表现形式和法律挑战。

（一）法律及其相关规定的不足

AI Washing 证券欺诈行为的一个重要起因是：技术的发展导致保护投资者利益的信息披露制度在涉及人工智能的事项上出现了理解上的空缺。正是由于这个空缺的存在，为一部分主体提供了钻空子的机会，这些公司通过 AI Washing 证券欺诈行为，致使投资者难以获取有关于 AI 的真实、准确的信息，而现有法律规则未能及时紧跟技术的进步进行更新释义，导致投资者难以针对该欺诈行为进行维权。我国《证券法》中所囊括的欺诈行为并未能够涵盖 AI Washing 证券欺诈行为，导致《证券法》的适用在涉人工智能领域内出现了法律规制不能的现象。关于证券欺诈行为的定义，根据《证券法》的规定，涉及证券欺诈的相关条款主要集中在法律责任部分，具体包括内幕交易、操纵市场、虚假陈述、欺诈发行等违法行为。这些行为违背了市场公平原则，损害了投资者的合法权益，因此被法律明确禁止并规定了相应的法律责任。根据前文所述，AI Washing 证券欺诈行为的现有案例所呈现的行为模式，与《证券法》及其下位法中对虚假陈述的描述更为贴近，但是也存在着明显的差异。虚假陈述包括单位和个人“编

---

① See Samuel W. Buell, “What Is Securities Fraud,” 61 *DUKE L. J.* 511 (2011).

造、传播虚假信息或者误导性信息，扰乱证券市场”①。在《证券法》公布之后，最高人民法院发布的《最高人民法院关于审理证券市场虚假陈述侵权民事赔偿案件的若干规定》（以下简称《虚假陈述若干规定》）中，对虚假陈述进行了更为详细的定义和解释。其中第4条明确指出，“信息披露义务人违反有关规定，在披露的信息中存在虚假记载、误导性陈述或者重大遗漏的，人民法院应当认定为虚假陈述”②。此规定适用的前置条件是“信息披露义务人违反法律、行政法规、监管部门制定的规章和规范性文件关于信息披露的规定”③。同时，《虚假陈述若干规定》第11条规定，如果原告能够证明信息披露义务人实施了虚假陈述并对其造成了实际损害，“人民法院应当认定原告的投资决定与虚假陈述之间的交易因果关系

---

① 《证券法》第56条规定：“禁止任何单位和个人编造、传播虚假信息或者误导性信息，扰乱证券市场。禁止证券交易场所、证券公司、证券登记结算机构、证券服务机构及其从业人员，证券业协会、证券监督管理机构及其工作人员，在证券交易活动中作出虚假陈述或者信息误导。各种传播媒介传播证券市场信息必须真实、客观，禁止误导。传播媒介及其从事证券市场信息报道的工作人员不得从事与其工作职责发生利益冲突的证券买卖。编造、传播虚假信息或者误导性信息，扰乱证券市场，给投资者造成损失的，应当依法承担赔偿责任。”

② 《虚假陈述若干规定》第4条规定：“信息披露义务人违反法律、行政法规、监管部门制定的规章和规范性文件关于信息披露的规定，在披露的信息中存在虚假记载、误导性陈述或者重大遗漏的，人民法院应当认定为虚假陈述。虚假记载，是指信息披露义务人披露的信息中对相关财务数据进行重大不实记载，或者对其他重要信息作出与真实情况不符的描述。误导性陈述，是指信息披露义务人披露的信息隐瞒了与之相关的部分重要事实，或者未及时披露相关更正、确认信息，致使已经披露的信息因不完整、不准确而具有误导性。重大遗漏，是指信息披露义务人违反关于信息披露的规定，对重大事件或者重要事项等应当披露的信息未予披露。”

③ 《虚假陈述若干规定》第4条规定：“信息披露义务人违反法律、行政法规、监管部门制定的规章和规范性文件关于信息披露的规定，在披露的信息中存在虚假记载、误导性陈述或者重大遗漏的，人民法院应当认定为虚假陈述。虚假记载，是指信息披露义务人披露的信息中对相关财务数据进行重大不实记载，或者对其他重要信息作出与真实情况不符的描述。误导性陈述，是指信息披露义务人披露的信息隐瞒了与之相关的部分重要事实，或者未及时披露相关更正、确认信息，致使已经披露的信息因不完整、不准确而具有误导性。重大遗漏，是指信息披露义务人违反关于信息披露的规定，对重大事件或者重要事项等应当披露的信息未予披露。”

成立”①。结合《证券法》第 84 条、第 85 条对信息披露的规定,② 可以理解为，若信息披露义务人未根据规定披露信息，或其发布的证券发行文件、定期报告、临时报告及其他披露材料中存在虚假记载、误导性陈述或重大遗漏，进而导致投资者在证券交易中蒙受损失，该信息披露义务人需要承担相应的赔偿责任。③ 也就是说，只有义务主体违反了信息披露义务，才能对其适用追责条款。该难点在于，相关主体如何理解涉人工智能主体的信息披露义务，以及原告证明信息披露义务人实施了虚假陈述。

在我国，单独针对证券领域内涉人工智能主体信息披露义务的规定，目前仅有 2023 年 11 月 8 日中国人民银行正式印发的《人工智能算法金融应用信息披露指南》。作为金融行业的信息披露具体标准，该指南规定了“本文件适用于金融机构使用人工智能算法提供金融产品或服务时规范地开展算法信息披露活动” ④的主体适用范围。首先，该指南仅将主体落在了金融机构，但是 AI Washing 所涉及的主体并非仅仅包括金融机构，还包括并未作为金融机构的证券发行人。比如，前文所提到的我国证监会江苏

① 《虚假陈述若干规定》第 11 条规定：“原告能够证明下列情形的，人民法院应当认定原告的投资决定与虚假陈述之间的交易因果关系成立：（一）信息披露义务人实施了虚假陈述；（二）原告交易的是与虚假陈述直接关联的证券；（三）原告在虚假陈述实施日之后、揭露日或更正日之前实施了相应的交易行为，即在诱多型虚假陈述中买入了相关证券，或者在诱空型虚假陈述中卖出了相关证券。”

② 《证券法》第 84 条规定：“除依法需要披露的信息之外，信息披露义务人可以自愿披露与投资者作出价值判断和投资决策有关的信息，但不得与依法披露的信息相冲突，不得误导投资者……” 第 85 条规定：“信息披露义务人未按照规定披露信息，或者公告的证券发行文件、定期报告、临时报告及其他信息披露资料存在虚假记载、误导性陈述或者重大遗漏，致使投资者在证券交易中遭受损失的，信息披露义务人应当承担赔偿责任……”

③ 参见郭锋等：《中华人民共和国证券法制度精义与评注》，中国法制出版社 2022 年版，第 441–456 页。

④ 中国人民银行发布的《人工智能算法金融应用信息披露指南》（JR/T 0287—2023）第 1 条规定：“本文件提供了人工智能算法在金融领域应用过程中的信息披露原则、信息披露形式和信息披露内容等要素。本文件适用于金融机构使用人工智能算法提供金融产品和服务时规范地开展算法信息披露活动，增强人工智能算法的可解释性和透明度，维护金融消费者合法权益。”

证监局对多某科技的处罚决定和美国 SEC 对 Evolv 的处罚命令显示，两个证券发行人本身并不属于金融机构。也就是说，该指南对相关主体所对应的信息披露义务具体标准的描述存在空缺。其次，该指南中没有明确具体的上限或者下限，而是根据原则和内容要求为金融机构提供了一个框架，但这也会导致披露范围的不确定性。不同金融机构、执法机关都有可能对信息披露的广度和深度有不同的理解和执行标准，在增加金融机构合规风险的同时也会增加执法机关规制违法行为的难度。比如，对于披露算法细节的相关规定，在缺乏明确披露界限的情况下，极有可能侵犯义务主体受到法律保护的商业秘密权益。最后，该指南所表述的复杂技术概念和术语，缺乏进一步的解释和示例，对于非专业投资者来说很难直观地理解 AI 如何工作及其可能带来的影响。

（二）规制难点

现阶段讨论 AI Washing 证券欺诈行为的规制，关键在于对信息披露义务的强化和执行进行讨论，设置信息披露事项必须考虑 AI 的独特性。随着 AI 技术的发展，其独立决策能力的存在已经成为共识，对 AI 的法律规制讨论基本建立在阐明其独立决策能力存在的前提下。但 AI 的决策和结果往往是无法解释的，并且 AI 也可能会作出有偏见的决定。

一方面，找准信息披露的界限尤为重要。信息披露是美国联邦证券监管制度的核心，这一点在美国针对 AI Washing 的执法行动中得到了延续。强调信息披露的好处在于与证券及其发行人有关的重大信息得到充分、及时和准确的披露，从而使投资者得以作出正确的投资决定。然而，更高的信息披露程度固然与对投资者的保护呈现出正向效应，但会加重公司的经营负担，这个悖论始终困扰着美国证券市场和监管者。中国证券监管制度也同样存在这一矛盾。① 信息披露的范围需要有明确的界限，并且最终需

① 参见廖凡：《钢丝上的平衡：美国证券信息披露体系的演变》，载《法学》2003 年第 4 期。

要在保护投资者合法权益和不侵犯公司合法权益这两个价值取向中寻找平衡。如果说保护投资者合法权益是信息披露范围的下限（保护投资者合法权益是更新信息披露标准所追求的最低要求），那么不侵犯公司合法权益就是信息披露范围的上限（信息披露标准可以增加，但增加的上限是不能侵犯公司的合法权益）。比如，执法机关可以要求义务主体对 AI 的决策逻辑提供一定程度的解释，但不能侵犯义务主体所保有的合法 AI 商业秘密权益。AI Washing 证券欺诈行为的出现要求对涉人工智能主体的信息披露特别事项进行明确，保护投资者合法权益是下限，那么同时也应该设定一个上限，在明确主体信息披露特别事项的同时，也不侵犯公司的合法权益。

另一方面，在 AI 具有独立决策能力的议题下，到底是人故意导致的信息披露违规，还是 AI 独立决策能力导致人在无意识下的信息披露违规，抑或是两者的混合，这都会导致 AI Washing 证券欺诈行为的责任归属困难。人故意实施信息披露违规行为并由此导致的损失部分，才是 AI Washing 证券欺诈行为应关注的内容。如何定性实施 AI Washing 证券欺诈行为的行为人主观意图，需要以“行为人所实施的某项具体行为”为依据进行判断，明确设定罪与非罪的界限。比如，SEC 在监管投资顾问公司使用 AI 进行决策的过程中，尤为关注行为人在决策中所尽到的注意义务，将原始证据的留存视为判断其违法意图的重要依据。

至于原告应如何证明信息披露义务人的确实施了虚假陈述，也是亟待解决的问题。在我国发生的案件中，证监会在面对多某科技、福某科技所涉嫌的证券欺诈行为时，采用了较为含糊的方式对违规行为进行表述。比如，指出多某科技“信息披露依据不充分、内容不准确”①，违反了《上

① 参见《江苏证监局关于对多某科技股份有限公司、章某强、阮某采取出具警示函措施的决定》（〔2023〕173 号），载证监会网站，http：//www.csrc.gov.cn/jiangsu/c103893/c7451115/content.shtml，2024 年 6 月 17 日访问。

市公司信息披露管理办法》第 3 条第 1 款、第 5 条第 1 款的规定。[①] 对福某科技采用了“公司上述行为违反了第 3 条第 1 款的规定……内容不严谨、不准确”[②] 的表述。两份警示函都并未直接揭示信息披露义务人实施了虚假陈述。这可能导致两种结果：首先，投资者根本无法识别出该行为的虚假陈述性质；其次，投资者虽然识别出了该行为的性质，却无法通过官方警示函证明其投资决定与虚假陈述之间的交易因果关系成立。无论属于哪种情形，都会导致蒙受损失的投资者在维权诉讼中处于不利地位。

两份警示函用“上述行为”和简易例举指代实质上的 AI Washing 行为，也并未明确该类 AI Washing 案件的独特性。同时，没能对涉人工智能主体的信息披露特别事项形成准确的描述，相关主体特别是投资者很难从证监会的执法行动中得到有效的保护。与此相比，美国执法机关不仅在执法行动中采用了反欺诈指控对实施 AI Washing 的主体进行惩罚，在执法行动后，还适用了欺诈行为对同类行为进行描述，明确指出了 AI Washing 行为的欺诈性质。SEC 作为联邦级别的监管机关，其执法行动具有较高的法律权威性，为投资者诉讼提供了强有力的法律依据。并且，SEC 对涉人工智能主体的信息披露特别事项进行了较为详细的描述，不仅能使义务人明确认识到自己的义务，同时也能警示投资者通过监督义务主体对信息披露义务的履行，识别自己是否遭受了一种具有全新表现形式的虚假陈述型证券欺诈行为。

---

① 《上市公司信息披露管理办法》第 3 条第 1 款规定：“信息披露义务人应当及时依法履行信息披露义务，披露的信息应当真实、准确、完整，简明清晰、通俗易懂，不得有虚假记载、误导性陈述或者重大遗漏。”第 5 条第 1 款规定：“除依法需要披露的信息之外，信息披露义务人可以自愿披露与投资者作出价值判断和投资决策有关的信息，但不得与依法披露的信息相冲突，不得误导投资者。”

② 参见《关于对四川福某科技股份公司及黄某采取出具警示函措施的决定》（〔2024〕22 号），载证监会网站，http://www.csrc.gov.cn/sichuan/c104902/c7476390/content.shtml，2024 年 6 月 17 日访问。

四、美国对 AI Washing 证券欺诈行为的规制与对我国的启示

（一）美国对 AI Washing 证券欺诈行为的特别规制

1. SEC 的执法

在美国，证券监管机关不仅可以因为公司的不当行为本身对其进行惩罚，还可以因为公司没有向股东披露这一不当行为而对其进行惩罚。① SEC 的审查部门早在 2023 年 12 月便正式开始对涉人工智能主体进行审查，寻求有关公司使用 AI 的详细信息。监管委员会的审查重点聚焦于投资顾问使用 AI 技术进行投资决策的情况。其核心目的在于，确保投资顾问在营销材料等宣传文件中对 AI 技术的声明与其实际使用的 AI 技术保持一致。SEC 明确表示，如果投资顾问公司声称在投资决策中使用 AI 技术，那么必须确保这些声明是真实和准确的，没有误导性。为了证明自身不具有违法意图，投资顾问公司需要保留相关文档，以证明其发表的声明是真实可靠的，在必要时应提供文档便于监管机关或其他相关方进行核实。在调查过程中，SEC 要求公司提供与 AI 相关的营销文件、算法模型、第三方供应商和合规培训等内容的详细记录，用于判断公司是否故意实施了 AI Washing 行为，对原始证据的留存给予了高度重视。

面对 AI Washing，美国执法机关迅速针对 Delphia 和 Global Predictions 两家投资顾问公司提出了反欺诈指控，不仅从口头上也从执法行动上将 AI Washing 这一概念正式引入了金融监管领域，并强调了在新兴技术领域内信息披露真实性的重要性。② 在两份和解协议中，SEC 明确表明将评估所有与 AI 相关的信息披露，包括但不限于公司对 SEC 提供的文件、客户通信、社交媒体和公司网站，以识别任何可能的 AI Washing 行为。面对新技术的出现，美国执法机关以较为系统化、具体化的方式，通过执法行动对

---

① Emily Strauss, "*Is Everything Securities Fraud?*, "12 *UC IRVINE L. REV*. 1331 (2022).

② Harvard Law School Forum on Corporate Governance, https://corpgov.law.harvard.edu/2024/04/09/sec-fines-two-investment-advisers-for-ai-washing/.

相关主体进行了有效的警示，值得我国参考。

2. 通过官方文件剖析 AI Washing 的本质和表现形式

2023年12月初，SEC主席Gary Gensler首次公开讨论证券法领域内的AI Washing行为。此后，AI Washing这一术语开始频繁出现在SEC官网界面。AI技术的复杂性，导致投资者在理解上存在困难，因此，需要执法机关积极介入并减弱该信息不对称。2024年1月，SEC投资者教育和宣传办公室、北美证券管理员协会和金融业监管局联合发布了名为《人工智能与投资欺诈》的警示文章，提醒投资者涉及AI和其他新兴技术的投资欺诈行为逐渐增加。① 同年2月，Gensler在演讲中初步阐释了证券法领域AI Washing的性质、表现形式，指导证券发行人、证券中介机构主动避免AI Washing证券欺诈嫌疑。例如，证券发行人利用AI募集资金，则负有诚实披露其AI技术实际应用情况及潜在风险的义务。投资顾问和其他证券市场中介机构在推介投资产品或服务时，必须确保这些声明是真实和准确的，没有误导性。②面对新兴技术所带来的法律挑战，SEC率先对金融领域的AI Washing进行定义，并在监管过程中陆续识别出此类行为的性质、表现形式，通过官方渠道及时进行公布。通过术语对该类证券欺诈行为进行归类，既强调了执法机关对新兴技术在金融领域应用的监管关注，也能够对同类案件起到威慑作用。

3. 率先关注 AI Washing 与信息披露义务的联系

在执法活动中，美国执法机关率先关注到了AI Washing证券欺诈行为与信息披露违规之间存在的联系，并明确指出公司必须在其信息披露文件中准确描述涉及AI的信息。SEC在对AI Washing的性质和表现形式进行

---

① See The Securities and Exchange Commission (SEC) Office of Investor Education and Advocacy& The North American Securities Administrators Association (NASAA)& The Financial Industry Regulatory Authority (FINRA), Artificial Intelligence (AI) and Investment Fraud(Jau. 2024), https://www.finra.org/investors/insights/artificial-intelligence-and-investment-fraud.

② Chair Gary Gensler, "AI, Finance, Movies, and the Law—Prepared Remarks before the Yale Law School", https://www.sec.gov/news/speech/gensler-ai-021324.

描述的同时，也较为详细地描述了公司在 AI Washing 中的信息披露违规特别表现形式。SEC 通过发布警示性文章、行政命令等方式，明确了对涉人工智能主体在信息披露方面的特别要求。此举旨在促使信息披露义务人充分认识到其应尽的披露责任，并提醒投资者通过监督义务主体履行这些特别事项，以识别自身是否可能成为 AI Washing 证券欺诈行为的受害者。虽然新的拟议规则还未落实，但根据 SEC 官网发布的行政命令和相关文件来看，SEC 实质上提出了对涉人工智能主体的证券信息披露特别要求，表现出了一种将在未来针对 AI 的技术独特性增加监管规则的倾向。

4. 揭示 AI Washing 与证券欺诈行为的联系

面对证券领域内的 AI Washing 行为，美国执法机关通过反欺诈指控对相关主体进行了惩罚，并明确将这类行为描述为欺诈行为。作为联邦级别的监管机构，SEC 的执法行动具有显著的法律效力，为投资者的诉讼提供了坚实的法律支撑。执法机关采用欺诈（fraud）一词对 AI Washing 进行描述，不仅为公司提供了判断该行为可能承担的法律责任、在何种条件下可能构成证券欺诈的标准，更为投资者的维权提供了证据基础。随着 SEC 的一系列官方文件的发布，明确揭示了 AI Washing 的欺诈行为性质，不仅弥补了投资者在理解上的空缺，还为投资者维权提供了具有司法证明力的依据。得益于此，美国的 AI Washing 证券集体诉讼案件在 SEC 的一系列行动后显著增加。

（二）对我国 AI Washing 证券欺诈行为规制的启示

1. 执法机关应对 AI Washing 证券欺诈行为有所关注

在面对具有实质性的 AI Washing 证券欺诈行为性质的案件时，证监会根据《上市公司信息披露管理办法》采取了行政监管措施，并未揭露出此类行为的性质和表现形式，对同类行为缺乏明确的警示作用。无论是关注规制 AI Washing 证券欺诈行为与提出信息披露特别义务之间的逻辑，还是明确 AI Washing 与证券欺诈行为的联系，都需要执法机关的介入才能有效实现。如果要对国内的 AI Washing 证券欺诈行为进行规制，则不可避免地需要证监会的介入。

2. 以信息披露为切入点规制 AI Washing 证券欺诈行为

AI Washing 误导性陈述是信息披露违规的一种表现形式，在公司故意提供关于其 AI 技术的错误信息时构成。如果这种误导性陈述是故意的，并且旨在影响证券交易决策，它就构成了信息披露违规，并可能进一步升级为证券欺诈。因此，讨论 AI Washing 证券欺诈行为的规制，在法律规定层面应以信息披露义务的特别事项为切入点，从聚焦信息披露违规行为入手，进而锁定 AI Washing 证券欺诈行为。在 AI 技术日益成为证券行业的一部分时，涉及人工智能主体的信息披露义务应当得到特别的阐释，用于弥补投资者和其他相关主体在理解上的空缺，才能最终实现对 AI Washing 证券欺诈行为有效打击。

3. 保障投资者针对 AI Washing 证券欺诈行为的诉讼权利

美国执法机关率先采用明确的表述，指出了 AI Washing 的证券欺诈行为性质，有助于投资者对于该类行为的理解。因此，美国境内投资者针对 AI Washing 证券欺诈行为提起证券集体诉讼的进度同样领先。由于我国执法机关尚未对 AI Washing 的性质、表现形式、证券欺诈行为性质有所认定，尽管投资者的权益被损害，在我国也很难针对该类欺诈行为提起证券诉讼。证监会虽然采用了以违反信息披露义务为由对有关公司出具警示函的措施，但从警示函的内容来看，福某科技的行为虽然被认定为信息披露违规，但并未被认定为由于信息披露违规而引发的虚假陈述型证券欺诈行为。并且，根据警示函中所作的含糊表述，单个投资者很难凭借自己的力量完成这一逻辑推导，更遑论实现对该行为的辨别。根据我国法律规定，投资者在提起证券诉讼时，通常需要证明信息披露义务人实施了虚假陈述并对其造成了实际损害，由此人民法院才会倾向于支持原告的诉讼请求。投资者在提起诉讼时需要提供初步证据，如行政处罚决定、刑事裁判文书、被告自认材料等具有一定司法公信力的证据，用以证明证券侵权事实。综上所述，尽管投资者在福某科技的 AI Washing 证券欺诈行为中受到了损害，在我国也很难针对该行为提起证券诉讼。为了保护投资者权益，我国执法机关有必要进一步明确 AI Washing 的证券欺诈行为性质，为投资者提供必要的诉讼条件。

五、我国涉人工智能的 AI Washing 证券欺诈行为特别规制路径

（一）明确涉人工智能主体的信息披露特别事项

1. 信息披露的范围以不侵犯商业秘密为界限

随着 AI Washing 证券欺诈行为的出现，为了避免投资者被误导并造成损失，应该让投资者了解到更多与 AI 相关的信息。因此，明确涉人工智能主体的信息披露特别事项已成为必然趋势。以投资顾问公司引入 AI 参与投资决策的场景为例，虽然其中的投资者被要求具有一定的抗风险能力，但是在面对技术壁垒极高的 AI 问题时，投资者将难以避免地处于弱势地位。相较于投资者，投资顾问公司则在获取 AI 的相关信息上具备一定优势，能够更容易地识别出与 AI 相关的风险。因此，需要对涉人工智能主体提出信息披露特别要求，最大程度上减弱该类情形下信息不对称所导致的投资者损失。但是，涉人工智能的信息披露内容与算法存在必然联系，算法控制者将算法视为核心竞争力，并以商业秘密的形式加以保护，一味地要求提高算法解释性必然会侵犯对算法商业秘密的保护。这导致了受算法影响者对算法解释的合理诉求与算法控制者保密需求之间的冲突。①

最高人民法院于 2020 年 8 月颁布的《最高人民法院关于审理侵犯商业秘密民事案件适用法律若干问题的规定》中，明确将算法纳入技术信息的分类之下。由此，算法正式被纳入我国商业秘密法律体系的保护对象。商业秘密通常包括技术信息、经营策略、客户列表等，但 AI 领域的商业秘密界定可能不如传统行业那样明确，尤其是在开源文化盛行的背景下。AI 算法在满足法律规定的商业秘密三大要件的前提下，属于受到法律保护的商

① 参见刘琳：《算法解释权与商业秘密保护的冲突化解》，载《行政法学研究》2023 年第 2 期。

业秘密。作为私权的算法商业秘密，在理论上应受到公共利益的制约，但激活限制算法商业秘密的法律程序存在复杂性和不确定性。这直接导致在算法主导的时代，无论是立法还是司法实践，对商业秘密的保护往往占据优势。从现实层面来讲，依靠传统的商业秘密法中对公共利益的考量实现与算法正义之间的平衡，仍然面临重大挑战。究其根本，算法所引发的法律风险并非源自对商业秘密的保护，因此拆除算法的商业秘密保护并不能解决这个难题。① 如果在疑难案件中为了追求算法正义，有必要适用比例原则对合法的商业秘密进行合理程度的验证，也应放在正式的诉讼程序中再对其进行讨论，而非提前将其放在信息披露阶段进行讨论。

AI Washing 证券欺诈行为的出现要求执法机关对涉人工智能主体的信息披露义务提出特别要求，保护投资者合法权益是该信息披露范围的最低标准，不侵犯公司合法权益则是该信息披露范围的上限。为了规避 AI 独立决策能力的影响，执法机关倾向于提高对算法透明度和可验证性的要求，信息披露标准也呈现出增加的趋势。但可以肯定的是，无论信息披露标准如何扩充，都不应包括侵犯商业秘密的内容，否则将侵犯公司合法权益。为了有效降低 AI Washing 证券欺诈行为中因 AI 独立决策能力导致的责任归属问题，在事前阶段，应以不泄露公司商业秘密为前提，尽可能提高信息披露的透明度和可验证性。信息披露的范围，应以实现对投资者的保护为披露下限，以不侵犯公司合法的算法商业秘密为披露上限。

2. 信息披露违规的故意性以证据留存为重要依据

由于 AI 的技术独特性，AI Washing 证券欺诈行为发生后，准确归责因违反信息披露义务或技术风险造成的损害可能面临一定障碍。在 AI 具有独立决策能力的大前提下，到底是人故意导致的信息披露违规，还是 AI 独立决策能力导致的信息披露违规行为，抑或是两者之混合，都增加了责任归属难度。由于 AI 的独立决策能力所导致的损失，其背后的开发者和运营商可能需要承担相应的法律责任，但这并不属于本文关注的重点。参考美

① 参见李晓辉：《算法商业秘密与算法正义》，载《比较法研究》2021年第3期。

国 SEC 的执法经验，本文认为关注原始证据的留存，包括 AI 营销文件、算法模型、第三方供应商和合规培训等详细信息，是当前能够较为具体、明确地识别行为人主观意图的一个标准。因此，在事后阶段，应将留存的原始证据作为评估行为人是否存在故意的重要证据，以明确责任归属并为可能的法律追责提供依据。

（二）确定 AI Washing 与证券欺诈行为的关系

根据《虚假陈述若干规定》的规定，为了避免无端的滥诉行为，投资者提起诉讼需要提供具备证明力的初步证据，证明信息披露义务人实施了虚假陈述并对其造成了实际损害。“原告提起诉讼时，应提交信息披露义务人实施虚假陈述的相关证据，以及原告因虚假陈述进行交易的凭证和投资损失等相关证据。”① 根据前文中 Innodata、福某科技的案例，主观上，行为人具有欺诈的意图，即为了经济利益而故意误导投资者。客观上，行为人对与 AI 有关的陈述足以影响投资者的投资决策，也实际上影响了投资者的决策。虚假陈述对证券市场产生了实质性影响，导致证券价格或交易量的异常变动，违反了证券法规。在因果关系上，投资者的损失直接由 AI Washing 行为所导致。据此，可以证券欺诈行为为由对其提起诉讼。但是，Innodata 所实施行为的欺诈性质得到了美国执法机关的认定，明确了 AI Washing 应纳入证券欺诈进行追责，而福某科技所实施行为的欺诈性质并未得到我国执法机关的明确认定。这直接导致投资者难以提起具有实际意义的证券欺诈诉讼。对比美国投资者已经率先提起的证券诉讼，为了保护我国投资者的权益，国内执法机关有必要在相关的官方文件中进一步明确 AI Washing 的证券欺诈行为性质，为投资者提起证券欺诈诉讼提供清晰的依据。当投资者因该类行为遭受损失时，就可以根据《证券法》的规定结合监管机关对该行为的欺诈性质之认定，对行为人提起证券欺诈诉讼并寻求赔偿。

---

① 参见李有星、钱颢瑜、孟盛：《证券虚假陈述侵权赔偿案件审理制度研究——新司法解释的理解与适用高端论坛综述》，载《法律适用》2022 年第 3 期。

六、结语

面对已经出现的实质性 AI Washing 证券欺诈行为，我国执法机关对该类行为的规制存在不足，致使投资者保护存在空缺。AI 技术的高度复杂性导致其透明度和可验证性较低，致使投资者在理解上存在困难。AI 的独立决策能力导致 AI Washing 中人的行为和 AI 的自主性行为互相混合，这种混合性挑战了传统的法律主体和客体的区分，使责任的界定和归属变得不明确，要求执法机关对该类证券欺诈行为中 AI 技术的应用及其潜在影响进行更深入的考量和规制。借鉴美国证券领域执法机关 SEC 对同类欺诈行为的特别规制经验，我国证券领域的执法机关证监会应对 AI Washing 证券欺诈行为作出回应，并从信息披露义务和欺诈性质两个点出发进行特别规制：其一，在官方文件中明确 AI Washing 的性质，以及涉人工智能主体的信息披露特别事项。一方面，信息披露的范围需要在保护投资者合法权益和不侵犯公司合法商业秘密权益这两个价值取向中寻找平衡；另一方面，在 AI 具有独立决策能力的议题下，需要以原始证据的留存记录为依据，识别出人故意实施的信息披露违规行为并准确归责。其二，确定 AI Washing 与证券欺诈行为的关系，在官方文件中明确其欺诈性质，保障投资者合法权益。

编造传播证券市场不实信息行为的法律责任及规制方式研究*

先　毅**　艾　博***

摘要：近年来，在互联网快速发展、高度发达的背景下，针对证券市场的各种虚假信息或误导性信息被广泛传播，作为对信息高度敏感的市场，相关虚假信息对证券市场正常运行造成了负面影响，应当予以规制。编造、传播证券市场不实信息的行为涉及多类违法主体和多个执法部门，各个主体应当承担何种责任，应当通过何种途径追责，需要系统整理和明确。为此，本文结合市场实践案例，对该类行为进行解析，并就对该行为进行行民刑立体化追责的路径提出优化建议。

关键词：编造传播虚假信息　证券市场　立体化追责

证券市场对信息高度敏感，虚假信息和误导性信息严重破坏市场诚信环境。近年来，股市中频繁出现不实信息造成市场波动事件，比如，个别投资者在网上发布具体股票的涨跌停虚假信息、各种网传针对上市公司的

* 本文仅代表作者个人观点，与所任职单位无关。

** 法律硕士，深圳证券交易所法律事务部助理经理。

*** 法学博士，深圳证券交易所法律事务部执行经理。

各类负面“小作文”等。这些证券市场不实信息紧跟当下热点，并包装出各种令人信服的外观，在互联网、自媒体高度发达的背景下，传播速度更快、范围更大，非常容易造成误导投资者决策、引发上市公司股价异常波动等不良影响。为此，有必要对这类编造传播证券市场不实信息的行为需要承担何种法律责任、如何进行有效规制进行研究，以更好地净化证券市场环境。

一、证券市场不实信息的法律内涵及规制必要性

（一）法律内涵、特点及相关要件

此处的证券市场不实信息，主要是指非法定披露主体在非法定披露渠道作出的关于证券市场或者上市公司的不实表述。[①] 这类信息区别于法定披露主体在法定披露渠道所披露的信息，后者无论是在披露行为的监管，还是作出虚假陈述的民事、行政、刑事追责上，都已经有一套比较成熟的规定，而前者的规制存在多法域的重叠。本质上，这类证券市场不实信息属于广义上的谣言。一方面，其可能属于《治安管理处罚法》等法律规定中的“谣言”“虚假信息”；另一方面，在证券市场特别规定中，其可能属于《证券法》中扰乱证券市场的虚假信息或误导性信息（以下简称证券虚假信息），也可能属于《刑法》中影响证券交易的虚假信息。

在当前环境下，证券市场不实信息主要呈现出三种特点。一是紧扣当下热点，时效性强。为了使相关信息获得更高的关注度，不实信息通常与当下热点话题紧密结合，且会刻意迎合大众的猜测和想法。例如，2024年5月，有投资者在“股吧”中“精准预测”某只股票的走势后，连续几天均出现了类似的不实信息。又如，每逢中美贸易中出现摩擦或者制裁相关新闻时，就会出现针对某些上市公司被“制裁”“列入实体清单”等不实

---

① 参见缪因知：《证券虚假信息规制的原理反思与实证评价》，载《北方法学》2018年第4期。

信息。二是善于“增信”伪装。① 为了提升不实信息被大众相信的“可信度”，这类信息通常会通过各种方式为自己“增信”，如使用“经向公司内部人士求证”“监管机构内部人士透露”等表述。三是借助网络传播，影响力大。如今的不实信息早已脱离了口口相传的模式，在互联网高度发达，自媒体、网络社群高度发达的背景下，不实信息往往仅需要一张截图、一篇推送，就可以在各种论坛、微信群中被广泛传播，产生远大于编造者自身影响范围的影响力。

编造传播证券市场不实信息行为可能涉及多法域，② 但是总体来看，通常涉及以下几个要件。一是行为主体要件方面。主要涉及三类主体，包括编造传播的主体、扩散传播的媒体和提供网络服务的平台。其中，针对编造传播的主体，2019 年《证券法》修改时，将第 56 条第 1 款中的规制范围扩大到了“任何单位和个人”，不再局限于原来的“国家工作人员、传播媒介从业人员和有关人员”。因此，构成该行为不再有身份上的特殊要求。二是在行为后果要件方面。编造、传播的信息不真实、不准确是否应当受到惩罚，与公民、媒体的言论自由、宪法自由相关，除了因特定身份、特定职责而承担特殊注意义务外，不能一概禁止，区分合法与非法的界限就在于是否“扰乱证券市场”③。三是在行为责任方面，相关主体主要承担行政责任，情节严重的可能触发刑事责任，造成上市公司或者投资者损失的，可能需要承担民事责任。此外，相关主体在编造传播证券虚假信息时，还有利用该证券虚假信息进行交易或者敲诈勒索等行为的，则可能承担操纵市场或者敲诈勒索的相应法律责任。

---

① 参见巩海滨、张任重：《互联网时代编造传播虚假信息违法行为构成、法律责任及其规制》，载黄红元、徐明主编：《证券法苑》（第 16 卷），法律出版社 2016 年版，第 69 页。

② 如编造传播行为本身，可能涉及《证券法》《治安管理处罚法》，作为媒体的传播行为，可能涉及《证券法》及新闻管理方面的相关规定。

③ 在《治安管理处罚法》中，则为第 25 条第 1 项所规定的“扰乱公共秩序”。

（二）规制必要性

由于证券市场不实信息并非法定披露主体在法定披露平台发布的信息，因此有观点对这类信息是否具有证券法上的规制意义提出质疑。相关观点主要认为，证券交易是具有复杂性的专业活动，《证券法》及证监会的相关规定明确了负有信息披露义务的法定主体和法定披露平台，证券信息的流通应当像证券的流通一样，具有场内化的特质，非法定披露平台的信息缺乏公信力，不应作为投资者判断证券价值的参考。但基于我国证券市场的现实需求，对证券市场不实信息的规制具有必要性。

一是我国证券市场以散户为主体。我国拥有2.2亿投资者，这是我国资本市场最大的市情。① 个人投资者通常缺少专业知识，对收益和损失的敏感度极高，其既难以从法定披露文件中获得真正有用的信息，也十分容易受到市场氛围和小道消息的影响。② 不能理想化地将占市场数量绝大多数的个人投资者视为理性的专业投资人。二是互联网时代个人言论能够“以小博大”。在互联网时代，个人言论通过网络传播和发酵，往往可以造成远超自身影响力的后果，不少具有全市场影响力的舆论事件，其始作俑者往往较为普通。如前述的“精准预测”事件，信息发出者仅为一名学生。三是由不实信息导致市场波动已非个别现象。基于前述不实信息的三个特征，其传播力度和影响力度往往超过一些真实信息，这就使证券市场被不实信息影响的情况越来越普遍，不得不予以治理。

二、编造传播不实信息的行政责任

行政责任是目前法律体系下用于规制这类行为的主要途径，其中以

① 参见《建设以投资者为本的资本市场——证监会副主席王建军接受媒体采访》，载证监会网站，http：//www.csrc.gov.cn/csrc/c100028/c7459033/content.shtml，2024年1月24日访问。

② 参见叶林：《全面注册制下投资者保护的制度逻辑与发展方向》，载《证券市场导报》2024年第6期。

《证券法》的实施为主，针对不同的主体，其可能触犯的法律法规和承担的后果各不相同。

（一）针对证券虚假信息的编造传播者

1.《证券法》下的责任及处罚情形

根据《证券法》第 56 条第 1 款规定，禁止任何单位和个人编造、传播虚假信息或者误导性信息，扰乱证券市场。违反该规定的，根据《证券法》第 193 条规定，没收其违法所得并处以 20 万元以上 200 万元以下的罚款。

关于规制主体。在 2019 年《证券法》修改前，主要是对 2014 年《证券法》第 78 条第 1 款“有关人员”的理解存在争议。证监会颁布的《上市公司信息披露管理办法》等规定中，已经将规制的主体扩大至“任何机构和个人”。但反对的观点认为，只有具有特殊职位和影响力的特定主体发布的虚假言论，才可能造成“扰乱证券市场”的后果。对“有关人员”的扩张，也主要是针对证券市场评论人员、研究人员、教学人员等。[①] 但近年来，随着互联网的快速发展和广泛应用及各类自媒体的兴起，出现了一批有较大影响力的自然人、法人、非法人组织（如俗称的“网络大 V 等)，这些主体没有统一的身份特征，但如果其编造、传播虚假和误导性信息，也可能扰乱证券市场，有必要予以规制。[②] 因此，在 2019 年《证券法》的修改中，正式将适用范围扩大至“任何单位和个人”。

关于规制的行为类型。“编造传播”有哪些典型行为样态，什么样的信息是“虚假信息或误导性信息”，对相关行为是否应当予以规制的核心判断问题，且对相关问题的认定也存在诸多争议。实践中，证监会主要对编造传播以下几类虚假信息的行为进行处罚。

一是无任何事实依据的虚假信息。通常为纯粹人为虚构编造的虚假信

① 参见李飞主编:《中华人民共和国证券法（修订）释义》，法律出版社 2005 年版，第 8 页。

② 参见王瑞贺主编:《中华人民共和国证券法释义》，法律出版社 2020 年版，第 15 页。

息，例如，证监会〔2020〕5 号行政处罚决定书显示，牟某某编造“暂缓科创板实施”的虚假信息并在互联网上大肆传播，被处以 20 万元罚款。①二是混同真实信息和虚假信息。通常为拼凑组合真假信息、新旧信息而成的或者在一定真实信息基础上臆造、编造的虚假信息，例如，证监会〔2015〕59 号行政处罚决定书显示，陈某使用真实的文件截图，配以虚假的文字描述，传播虚假信息，被处以 15 万元罚款。② 三是过度歪曲、引申真实信息。通常为对知名人士讲话的歪曲、过度解读，例如，证监会〔2016〕113 号行政处罚决定书显示，李某及其公众号运营主体，歪曲招商银行副行长赵某的发言，发布《国家队：招商银行副行长喊你还钱了》一文，被分别处以 20 万元罚款。③ 四是截取不完整事实的误导性信息。通常为故意断章取义，试图引起读者误解的信息，例如，证监会〔2018〕7 号行政处罚决定书显示，曹某撰写《金融机构和房企在证监会开闭门会》一文，实质上相关机构只是在证监会所在地大楼召开常规会议，曹某截取不完整事实混淆视听，被处以 20 万元罚款。④ 五是证券专业机构不客观撰写的证券分析报告。通常为证券专业机构为达到自身目的不客观、不规范地编写的报告、发表的错误观点，例如，证监会〔2016〕139 号行政处罚书显示，东方证券浦某、郑某根据不完全准确的材料，使用大量诱导性、夸大性的文字编写证券分析报告，向各基金投资机构传播，被分别处以 20 万元、15 万元罚款。⑤

关于违法后果的认定。2019 年《证券法》第 56 条规定明确构成违法的后果要件为“扰乱证券市场”，但其具体含义是什么，并没有明确定论。从证监会的处罚实践来看，一般涉及两类情况会被认为是达到了“扰乱证

① 参见《中国证券监督管理委员会行政处罚决定书（牟某华）［（2020）5 号］》。
② 参见《中国证券监督管理委员会行政处罚决定书（陈某）［（2015）59 号］》。
③ 参见《中国证券监督管理委员会行政处罚决定书（李某、中某汇智金融服务（上海）有限公司）［（2016）113 号］》。
④ 参见《中国证券监督管理委员会行政处罚决定书（曹某）［（2018）7 号］》。
⑤ 参见《中国证券监督管理委员会行政处罚决定书（浦某懿、郑某威）［（2016）139 号］》。

券市场”。一是造成股市或股价异常波动。例如，证监会〔2016〕59号行政处罚书显示，虚假信息传播之后，与国某控股集团存在关联关系的三家上市公司股价受到影响，其股价走势与同期大跌盘涨幅偏离幅度较大。[①]二是导致相关机关发布公告予以澄清。例如，前述证监会〔2016〕59号案，相关上市公司正常的信息披露管理秩序和股票交易秩序受到干扰，三联商社发布停牌公告，山东金某、中某村分别发布澄清公告。又如，证监会〔2016〕115号行政处罚书显示，涉案虚假信息涉及证券市场的重大政策变化，其广泛传播扰乱了证券市场，致使证监会通过新闻发布会辟谣。[②]

2. 其他法律规定责任

尽管编造传播证券虚假信息属于证券市场领域的谣言型违法行为，《证券法》对其行政处罚有特别规定，但是实践中，如果部分行为未被认定为违反《证券法》第56条的规定，也可能由公安机关给予治安处罚。

根据《治安管理处罚法》第25条规定，散布谣言故意扰乱公共秩序的，处5日以上10日以下拘留，并处500元以下罚款；情节较轻的，处5日以下拘留或者500元以下罚款。实践中，部分编造传播证券虚假信息的行为由公安机关给予治安处罚。例如，证监会曾通报，2017年马某超编造传播“中纪委凌晨重大指示，A股相关负责人受全面调查”，被移送公安机关采取治安处罚措施。[③] 又如，南京市公安局曾通报，2022年傅某某在网上编造传播有关南京银行的虚假信息，被给予治安管理处罚。[④]

针对编造传播证券虚假信息的行政处罚，存在不仅由《证券法》规制的现象。相关行为在什么情况下由《证券法》规制，什么情况下由《治安

---

① 参见《中国证券监督管理委员会行政处罚决定书（某杂志社、姜某锋）[（2016）59号]》。

② 参见《中国证券监督管理委员会行政处罚决定书（王某春）[（2016）115号]》。

③ 参见《证监会通报查处编造传播证券期货虚假信息案件情况》，载证监会网站，http：//www.csrc.gov.cn/csrc/c100200/c1000380/content.shtml，2018年1月19日访问。

④ 参见《南京警方：一男子发布南京银行相关虚假信息，给予其治安管理处罚》，载央视网网站，https：//news.cctv.com/2022/07/03/ARTIq0l2lSZ6moc7Mp1TLyVT220703.shtml，2022年7月3日访问。

管理处罚法》规制，目前的实践案例并没有对如何适用相关法律予以明确。但从两法的立法目的来看，本文认为，存在主观犯意和违法后果两个方面的区别。一是在主观犯意方面。尽管在证监会的处罚案例中，主观意愿并非证监会所认为的构成违法行为的要件，① 但在区分所适用的法律时，具备参考意义。触及《证券法》第56条规定，需要在编造传播虚假信息时，存在针对证券市场或具体股票的主观认识，如果仅是为了编造传播谣言，对是否影响证券市场没有认识或故意而为，则用《治安管理处罚法》规制为宜。二是在违法后果方面。《证券法》第56条需要达到“扰乱证券市场”，如果最终造成的结果并未导致证券市场如行情的波动，仅仅是扰乱了公共秩序，则应当由《治安管理处罚法》予以规制。

此外，《反不正当竞争法》第11条规定，经营者不得编造、传播虚假信息或者误导性信息，损害竞争对手的商业信誉、商品声誉。因此，如果上市公司的同行业经营者作出前述行为，则可能构成商业诋毁，根据《反不正当竞争法》第23条规定，市场监管部门可以责令相关主体停止违法行为、消除影响，并处10万元以上、最高300万元的罚款。

关于商业诋毁行为如何与《证券法》第56条所涉及的行为进行区分，同样可以从主观犯意和违法后果两方面进行判断。一是在主观犯意上，商业诋毁侧重对竞争对手的打击，以使自己获得竞争优势，而非针对证券市场或对方股价。二是在违法后果上，商业诋毁的目的通常为造成竞争对手商业信誉、商品声誉受损，而无须达到对相关股票或证券市场造成波动的后果。

（二）针对传播媒体

新闻媒体在证券虚假信息或误导性信息的传播过程中起着重要作用，一旦不实信息被媒体转载，其具有的更高的权威性将可能对市场造成更大

① 参见张治红：《编造、传播虚假信息行政处罚案例综述》，载彭冰主编：《规训资本市场》，法律出版社2018年版，第35页。

的损害。但对新闻媒体的管制，存在着维护证券市场秩序与新闻自由这一宪法性权利之间的争议。有观点认为，应当保障媒体的言论自由，以使各种观点在竞争中去伪存真。① 也有观点认为，不管是自媒体还是传统媒体，都应当遵循区别于普通人对传播媒介最低限度的管理标准，对发布的事实负担特殊的审核义务。② 实践中，不少原本微不足道的不实信息，就是通过媒体间的层层转载，最终造成巨大影响。③ 从现有的制度上看，发布证券信息新闻的问题，受到《证券法》和涉及新闻媒体相关法律法规的双重规制。

1. 《证券法》规定下的责任及处罚情形

《证券法》第 56 条第 3 款规定，各种传播媒介传播证券市场信息必须真实、客观，禁止误导。如果传播媒体违反这一规定的，根据《证券法》第 193 条第 1 款规定，没收相关传播媒体的违法所得，并处以 20 万元以上 200 万元以下的罚款。实践中，证监会曾多次对传播证券虚假信息的媒体给予处罚，主要针对未经核实转发虚假信息行为。例如，证监会〔2016〕58 号行政处罚书显示，某网在未对不实传闻进行核实的情况下，在网络传播相关不实传闻，并使用“知情人士透露”等措辞，在一定程度上提高了信息的可信度，被证监会处以 20 万元罚款。④

2. 其他法律规定

《互联网新闻信息服务管理规定》第 15 条第 1 款规定，互联网新闻信息服务提供者转载新闻信息不得歪曲、篡改标题原意和新闻信息内容。如果传播媒体属于前述互联网新闻信息提供者，违反该规定的，根据《互联

① 参见张彬：《媒体、言论与证券市场——从“标题党”现象谈起》，载《法律与新金融》2015 年第 7 期。

② 参见冯璟钰：《弥达斯编造、传播虚假信息案评析》，载彭冰主编：《规训资本市场》，法律出版社 2018 年版，第 78 页。

③ 参见宋悦：《你有说错话的权利吗？——陈某诉中国证监会案评析》，载《金融法苑》（总第 99 辑），中国金融出版社 2019 年版，第 113 页。

④ 参见宋悦：《你有说错话的权利吗？——陈某诉中国证监会案评析》，载《金融法苑》（总第 99 辑），中国金融出版社 2019 年版，第 113 页。

网新闻信息服务管理规定》第24条的规定，国家和地方网信办可以给予警告，责令改正，暂停新闻信息更新或处以5000元至3万元的罚款。

（三）针对网络平台

在互联网时代，除了编造传播的主体和新闻媒体，还有一个不可忽视的角色，就是承载这些网络不实信息的平台。这些网络平台负有发现证券虚假信息后采取相应限制措施的责任。

《证券法》虽未对网络平台的责任作出规定，但相关责任规定在《网络安全法》中。其第47条规定，网络运营者发现法律法规禁止发布或传输的信息的，应当立即停止传输，采取消除等措施，防止信息扩散，并保存记录向主管部门报告。违反该规定的，根据《网络安全法》第68条的规定，主管部门可以采取警告、责令改正、没收违法所得等措施，拒不改正或情节严重的，还可以采取罚款、暂停相关业务、停业整顿、关闭网站、吊销许可证或营业执照等措施。对相关责任人员可以处以1万元至10万元的罚款。

此外，《网络信息内容生态治理规定》第34条规定还要求网络平台对违法账号采取警示整改、限制功能、暂停更新、关闭账号等处置措施。实践中，由网信办对违规网络平台进行处罚。例如，2017年8月，因某公司微信公众号平台未对用户发布虚假信息等法律法规禁止发布的信息尽到管理义务，广东省网信办依据《网络安全法》第47条、第68条对某公司作出最高50万元的罚款并要求整改。①

三、编造传播不实信息的民事责任

编造传播证券市场不实信息如果造成投资者或者其他主体经济损失，可能构成民事侵权行为，相关主体应当承担民事赔偿责任。2019年修改

① 参见《广东网信办对某公司处以最高罚款：对微信公号未尽到管理义务》，载人民网，http：//it. people. com. cn/n1/2017/0926/c1009 - 29559341. html，2017年9月26日访问。

《证券法》时，其第56条新增了第4款，对此问题予以明确。

（一）针对证券虚假信息的编造传播者和相关媒体

1.《证券法》相关规定及实践情况

《证券法》第56条第4款规定，编造、传播虚假信息或者误导性信息，扰乱证券市场，给投资者造成损失的，应当依法承担赔偿责任。该款为2019年《证券法》修订时新增的条款，原《证券法》第79条和第171条分别规定了证券公司、投资咨询机构及其从业人员提供、传播虚假或者误导性信息的民事赔偿责任，该款吸收了原条文规定的思路，并扩大了适用范围，不再限定于特定的人员身份，加强了对编造传播证券虚假信息行为的打击力度。

实践中，相关案例较少，比较典型的如“股市谣言第一案”长春高某案。2022年8月17日，微信公众号“华某医药网”“药某康策网”发布了关于长春高某的虚假信息，第二天长春高某股价跌停，造成投资者重大损失。上海某律师事务所召集长春高某投资者向编造传播虚假信息的相关主体索赔，该案系A股市场首例由投资者向造谣者索赔的案件。2023年，法院作出一审判决，驳回了投资者的诉讼请求，原告未上诉。①

从案件审理情况看，要认定相关主体构成民事侵权，存在三个论证的关键点及难点：一是主观故意方面。即相关主体在发布信息的过程中，是否存在编造传播不实信息，影响公司股价或者证券市场的故意。二是违法事实方面。即判决如何对正常的信息公布与编造传播虚假信息或误导性信息进行区分，相关信息与实情的不一致是否可以为社会所容许。三是不实信息与股价涨跌之间的因果关系认定。即股票本身作为一种高风险、价格波动较大的金融产品，其价格的变化是否系由相关不实信息造成，需要论证该不实信息的传播广度、影响力以及是否能够对普通投资者造成实质性

① 参见王彦琳：《“股市谣言第一案”，开庭！》，载微信公众号“上海证券报”2023年4月17日。

的误导。

2. 其他法律规定及案例

《民法典》第 1024 条规定，民事主体享有名誉权。第 1025 条规定，行为人实施新闻报道等行为，歪曲、捏造事实或者对严重失实内容未尽到合理核查义务的，也应当承担侵权责任。

实践中，上市公司可以以虚假信息或相关报道侵犯了上市公司的名誉为由，向编造传播证券虚假信息的主体提起侵权之诉，要求赔偿损失、恢复名誉。例如，北京市第一中级人民法院（2011）一中民终字 09328 号判决书显示，金某公司以某大 V 周某某对金某公司发表不实言论为由，向其提起民事诉讼，要求停止侵权、赔礼道歉、赔偿损失等。北京市第一中级人民法院最终判决，周某某删除微博中不实信息的相关内容、在传播不实信息的平台发表致歉声明、赔偿金某公司 5 万元。

（二）针对网络平台

《民法典》第 1195 条和第 1197 条规定了网络侵权行为中网络平台的责任。当发生网络侵权行为时，受侵害的权利人可以要求网络平台采取删除、屏蔽、断开链接等必要措施。如果未及时采取措施，网络平台就损害扩大部分与侵权人承担连带责任。网络平台知道或应当知道网络用户利用网络侵权而未采取必要措施，承担连带责任。实践中，网络平台未尽到其责任的，在对编造传播证券虚假信息的主体提起侵权之诉的同时，可以一并起诉相关网络平台。

四、编造传播不实信息的刑事责任

《刑法》第 181 条规定，编造并且传播影响证券、期货交易的虚假信息，扰乱证券、期货交易市场，造成严重后果的，处 5 年以下有期徒刑或者拘役，并处或者单处 1 万元以上 10 万元以下罚金；单位犯罪的，对单位处以罚金，相关责任人员处 5 年以下有期徒刑或拘役。根据《最高人民检察院、公安部关于公安机关管辖的刑事案件立案追诉标准的规定（二）》

第 32 条的规定，编造并且传播影响证券、期货交易的虚假信息，扰乱证券、期货交易市场，造成“严重后果”的情形主要包括五种：获利或者避免损失数额在 5 万元以上的；造成投资者直接经济损失数额在 50 万元以上的；虽未达到上述数额标准，但多次编造并且传播影响证券、期货交易的虚假信息的；致使交易价格或者交易量异常波动的；造成其他严重后果的。

实践中，追究刑事责任案例较少，典型案例如 2020 年最高人民检察院和证监会联合发布的腾某雄、林某山编造并传播证券交易虚假信息案。该案中，海某公司董事长滕某雄授意林某山在明知某重大协议无法履行的情况下，仍发布相关虚假信息，造成公司股票异常波动，两人被分别判处有期徒刑 3 年（缓刑 4 年）、罚金 10 万元，有期徒刑 1 年 6 个月（缓刑 2 年）、罚金 10 万元。

此外，根据《最高人民法院、最高人民检察院关于办理利用信息网络实施诽谤等刑事案件适用法律若干问题的解释》第 5 条的规定，编造虚假信息，或者明知是编造的虚假信息，在信息网络上散布，或者组织、指使人员在信息网络上散布，起哄闹事，造成公共秩序严重混乱的，以寻衅滋事罪论处。根据《刑法》第 293 条的规定，寻衅滋事罪处 5 年以下有期徒刑、拘役或者管制。

实践中，发布证券虚假信息而被判处寻衅滋事罪的案例同样较少，例如，内蒙古呼和浩特市回民区人民法院（2018）内 0103 刑初 181 号判决书显示，邹某、刘某在微信公众号和微信群发布文章造谣上市公司伊某公司董事长潘某被带走调查，导致文章被大量转载评论，伊某公司当日股价下跌且发出相关澄清公告。邹某、刘某因此被判决构成寻衅滋事罪，分别处以有期徒刑 1 年（缓刑 1 年 6 个月）、有期徒刑 8 个月。

五、构成其他违法行为的责任

相关主体在编造传播证券虚假信息时，如果还有交易行为，可能构成操纵市场，需要承担相应的民事、行政和刑事责任。如果相关主体利用发布虚假信息、负面信息对公司进行敲诈勒索，可能构成敲诈勒索罪。典型案例如鲜某案中，鲜某控制多某股份编造传播证券虚假信息误导投资者，同时利用交易获利，2017 年被证监会以操纵市场为由作出行政处罚、2020 年 12 月被上海市高级人民法院判决构成造操纵证券市场罪、2022 年被上海金融法院判决赔偿投资者 470 万元。又如，湖北省荆州市中级人民法院（2021）鄂 10 刑终字 17 号刑事判决书显示，沈某利用企业对媒体刊登负面报道的恐惧心理，采用有偿删稿等方式，向公司索取钱财，被认定构成敲诈勒索罪。

实践中，就编造传播虚假信息，同时又实施了敲诈勒索等其他犯罪行为的情形，刑法上应当如何认定和处置存在争议。以敲诈勒索为例，一是关于行为性质的认定。有观点认为两行为构成牵连犯，即编造传播虚假信息是手段行为，敲诈勒索财物为目的行为，应当择一重罪处断。[①] 也有观点认为，该情形属于想象竞合犯，即行为人实施了一个行为，同时侵害了证券市场秩序和他人的财产权益，应当择一重罪处罚。[②] 还有观点认为，行为人先编造传播了虚假信息，后实施了敲诈勒索，如果两个行为均构成犯罪，则应当数罪并罚。[③] 本文认为，想象竞合实际上是属于同一个行为触发了数个罪名，与实践中行为人既编造传播证券虚假信息，又实施敲诈勒索的两个行为不符，因此应当将其视为牵连犯。二是关于如何处罚的问题。主要观点认为，如果按照牵连犯的认定进行处置，则涉及三种情形：第一，如果编造传播虚假信息和敲诈勒索同时构成犯罪，则从一重罪论处；第二，如果敲诈勒索没有成功，则按照编造并传播证券、期货虚假信息罪既遂和敲诈勒索罪未遂从一重罪论处；第三，如果编造传播的虚假信息并未扰乱证券市场，不构成犯罪，但成功实施了敲诈勒索，则行为人不

---

① 参见赵桂民：《扰乱公共秩序和司法活动犯罪司法适用》，法律出版社 2006 年版，第 85 页。

② 参见秦明华：《编造虚假恐怖信息罪若干问题探析》，载《犯罪研究》2005 年第 2 期。

③ 参见李少晖：《论我国刑法中的虚假信息犯罪》，贵州民族学院 2011 年硕士学位论文。

构成编造并传播证券、期货交易虚假信息罪，仅以敲诈勒索罪定罪处罚。①

如果行为人同时涉嫌操纵市场，同样按照上文的逻辑予以认定罪数。但需要注意的是，认定相关主体构成蛊惑交易操纵市场行为，根据《最高人民法院、最高人民检察院关于办理操纵证券、期货市场刑事案件适用法律若干问题的解释》第1条第1项的规定，需要其实际成交股票。例如，陈某在股吧发布了“我是庄一点二十拉涨停”虚假信息，但因未实际成交股票，可能难以认定其存在操纵市场行为。

六、追责路径分析与思考

证券市场是一个基于信息定价的市场，信息的真实、准确、完整、公平是资金合理配置、市场有效运行的基础，依法打击编造传播证券市场虚假信息行为，严厉追究违法主体的法律责任，一直以来都是各方治理证券市场的共同目标。根据前述分析，编造传播证券市场不实信息的行为存在触及多法域、多类型责任的情形，为了加强对该类行为的规制，实现行民刑立体化追责，针对不同的法律责任类型，提出以下追责路径和优化建议。

（一）行政责任追究

行政处罚是规制编造传播证券市场不实信息的主要手段，但是该行为因为涉及多个执法部门，如果缺乏相应的沟通协作机制，既可能出现“三不管”般的“监管真空”，也可能出现重复监管导致违法行为被重复评价的情况。要形成对编造传播证券不实信息的监管合力，需要各执法部门之间加强协作配合。一是在机制上，加强部门协同。以证监会为主导，联合公安机关、市场监管以及新闻出版、网信等部门，建立违法行为报告和联合执法机制。根据案件实际情况对相关编造传播证券不实信息的主体、相

① 参见徐文文：《论我国编造、传播虚假信息的刑法规制》，载《当代法学》2014年第5期。

关新闻媒体、网络平台及账号等违法主体启动追责程序，并采取相应的限制措施。相关行为涉及不正当竞争的，鼓励上市公司向市场监管部门举报。二是在制度上明确规制边界。编造传播证券市场不实信息行为在部分情况下，可能存在《证券法》与《治安管理处罚法》等其他法律法规适用重叠的问题，为了更明晰各法律的适用边界，建议相关部门通过合作备忘录等方式，建立违法行为性质的研判机制和相关标准，以便对相关违法行为作出处罚。

（二）民事责任追究

民事赔偿一方面可以使编造传播的主体承担比行政处罚更重的经济责任，进而加强对违法主体的震慑作用，另一方面也可以让投资者切实获得赔偿，实现对投资者的有效保护。但民事诉讼原告如果为普通投资者，因每个投资者可能自身的涉案金额不大，而诉讼时间较长，可能存在“搭便车”的心理或者缺乏诉讼动力。为了加强对违法主体的民事追责力度，监管机构可以采取一些积极措施。一是加强对受损主体主动追责的支持力度。监管机构、法院可以通过发布典型案例、出台维权指引等方式，鼓励受到证券市场虚假信息侵害的上市公司或投资者等主体将编造传播证券市场虚假信息的违法个人或组织诉至法院并主张侵权损害赔偿，同时也提示相关受损主体可以向网络平台要求采取必要措施防止扩大损失。二是进一步发挥投保机构作用。中证中小投资者服务中心作为深沪市场所有上市公司的股东，根据《公司法》第151条的规定，可以联合相关投资者以满足《公司法》规定的起诉条件，在上市公司怠于对编造传播虚假信息主体提起诉讼的情况下，根据其《持股行权工作规则》第2条、第3条规定行使提起诉讼的股东权利。

（三）刑事责任追究

刑事责任作为对编造传播证券市场不实信息主体最严重的惩处情形，通常适用于后果比较严重的案件。实践中，刑事责任适用较少，可能的原因在于违法事实的发现认定与后果间因果关系的建立存在一定难度。为了加强刑事责任的适用，应做好两项工作：一是加强违法事实的发现。例如，上市公司等受侵害主体可以主动报案；又如，证监会也可以加强对可能涉及刑事责任案件的移送，推动公安机关启动相关刑事追责程序。在编造传播行为之外，可能涉嫌其他违法犯罪行为的情形的，受害主体或者相关证券监管机构可以主动向公安机关提供信息、配合调查，协助公安机关侦查工作。二是加强对犯罪事实认定方面的合作。证监会、证券交易所等专业机构可以与公安机关密切配合，协助公安机关调查犯罪事实，在“严重后果”的事实确认和因果关系的认定方面提供专业支持，以更好地查明案件并移送起诉。

2019年《证券法》背景下操纵市场行政处罚裁量的实证审视与机理完善

▶杨　帆*

摘要：操纵市场民事责任中因果关系认定的举步维艰使行政处罚成为规制操纵市场类违法行为的重要手段。但从证监会二十余年的行政处罚实践看，证监会未充分有效利用《证券法》赋予其的广泛裁量空间，在具体的裁量实践中还存在一定程度的处罚标准认定不清的问题。为实现规范、透明、开放、有效证券市场的治理目标，应打造均衡的证券市场权力运行体系，回归法律本位，制定证券行政罚款指引与加强司法审查，这有助于优化证监会行政权力的自我约束，加深立法、行政、司法三者在证券监管中的互动，助力我国证券市场的行稳致远。

关键词：操纵市场　行政处罚　裁量　结构功能主义　2019年《证券法》

一、引言

操纵证券、期货市场行为是一项典型的证券欺诈行为，鉴于操纵市场

---

* 中央财经大学法学院法学硕士研究生。

民事责任中因果关系认定的步履维艰，行政处罚与刑事责任成为规制操纵市场行为的主要手段。① 迄今为止，学界关于操纵证券市场行政执法的讨论多聚焦于操纵行为的认定及操纵市场类违法行为的刑法规制，鲜有学者就证监会对操纵市场类违法行为所作出的行政处罚裁量效果展开研究。② 长久以来，行政罚款与证券市场禁入为证监会打击操纵市场违法行为的有效手段。2019 年新修订的《证券法》不仅完善了操纵市场的行为类型，还大幅提升了对操纵市场类违法行为的处罚幅度。而更大的行政裁量空间意味着更加精细化的执法要求。但根据本文实证研究成果，虽然证监会对操纵市场行为的执法已走过二十余年历程，但其对操纵市场行为的规制方式仍存有进步空间。

精准、公平、合理的证券行政执法是保障我国证券市场长足发展的基本要求，行政机关行使行政权力理应受到行政法基本原则的规制。本文以《证券法》与《行政处罚法》的联动分析为视角、实证研究为方法，从操纵市场行政罚款与证券市场禁入两项基点出发审视证监会操纵市场行政处罚的裁量效果，为进一步完善证监会操纵市场行政处罚的裁量之治提供有益的参考与借鉴。

二、操纵市场行政处罚裁量的实证解构：2001 年至 2023 年

根据证监会中央机关网站的公开信息，本文对 2001 年 1 月 1 日至 2023 年 12 月 31 日期间内证监会中央机关所作出的操纵证券市场案例进行整理并排除移送刑事的案件后，发现证监会中央机关查处的涉及操纵证券市场

---

① 参见缪因知：《操纵证券市场民事责任的适用疑难与制度缓进》，载《当代法学》2020 年第 4 期。

② 关于操纵行为认定的代表性文章参见缪因知：《信息型操纵市场行为执法标准研究》，载《清华法学》2019 年第 6 期；樊健：《论蛊惑交易操纵行为的构成要件》，载《华东政法大学学报》2023 年第 2 期。关于操纵证券、期货市场刑法规制的代表性文章参见刘宪权：《操纵证券、期货市场罪司法解释的法理解读》，载《法商研究》2020 年第 1 期；谢杰：《市场操纵犯罪司法解释的反思与解构》，载《法学》2020 年第 1 期。

的案例共 198 起，累计涉及 354 个单位与自然人。其中，操纵股票价格案例 176 起，操纵期货价格案例 11 起，操纵交易型开放式指数证券投资基金案例 8 起，操纵债券价格案例 3 起。鉴于证监会中央机关处罚操纵期货价格违法行为所依据的法律法规为《期货交易管理条例》第 70 条规定，而非 2005 年《证券法》第 203 条、2019 年《证券法》第 192 条规定，本文为衡量标准的统一性，排除掉操纵期货类案件后再次对案例进行筛选。以“操纵交易金额”“违法所得”“罚款数额”三组数据作为分析证监会中央机关操纵市场行政处罚裁量的基础，最终得出有效案例 187 起，累计涉及 328 个单位与自然人。

（一）保守利用的裁量空间与模糊的裁量逻辑

长期以来，行政罚款是规制操纵市场行为的主要威慑手段。根据我国《证券法》规定，证监会对操纵市场案件的行政罚款主要有两种方式，即闭区间数值式与闭区间倍率式。① 2019 年《证券法》第 192 条规定继续沿用此种分类并大幅提高了处罚的幅度。需要说明的是，处罚幅度的提升并不妨碍在整理现今全部操纵市场行政处罚案件的基础上进行总结分析，相反能借此更好地观察到 2019 年《证券法》实施后证监会处罚操纵市场类案件的执法逻辑与问题，由此提出相应的完善建议。根据本文的统计结果，闭区间倍率式和闭区间数值式的处罚案件数量分别为 163 例和 165 例，数量大致均衡。由于在相当部分的案件中，证监会并未按照整数倍进行罚款，故在图 1 中采用“x—y 倍”的方式表示本倍数以上（含本数）的情况。综上所述，证监会对操纵市场行政罚款的情况如图 1、图 2 所示。

① 参见张红：《行政罚款设定方式研究》，载《中国法学》2020 年第 5 期。

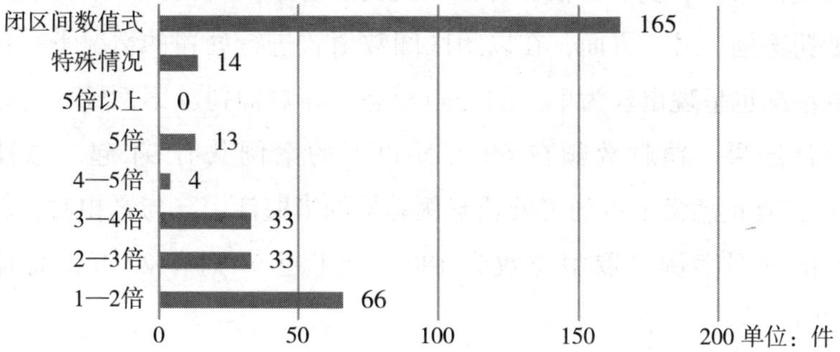

图 1　操纵市场行政罚款整体情况

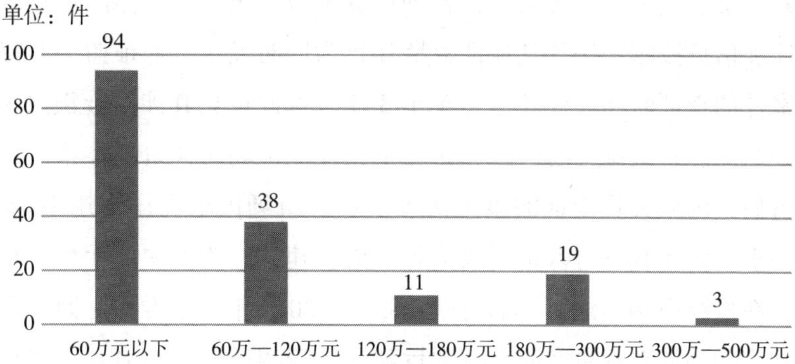

图 2　闭区间数值式行政罚款情况

1. 自由裁量权利用不足，处罚力度总体畸轻

由图 1、图 2 可以看出，证监会并未充分利用《证券法》所赋予的自由裁量权。一方面，在以闭区间倍率式进行处罚的情况下，按照违法所得的 1 倍和 2 倍进行处罚的案件分别为 66 件与 33 件，占比分别为 40. 49%和 20. 24%，二者共计 60. 73%。相比之下，证监会对高倍率罚款的适用较少，按照违法所得 4 倍和 5 倍进行罚款的案件分别为 4 件与 13 件，总计仅占比 10. 42%。总体而言，证监会更加偏向对违法当事人处以 1 倍至 2 倍的罚款。值得一提的是，2019 年《证券法》出台后，对操纵市场行为进行罚款的裁量区间已由违法所得的“一倍至五倍”扩展到违法所得的“一倍至十倍”。但证监会仍然主要沿袭既有的处罚惯例，即使是适用 2019 年《证券

法》处罚的案例，仍以5倍作为倍率式罚款的上限，目前尚未出现5倍以上的处罚案例。另一方面，在以闭区间数值式进行处罚的情况下，证监会的罚款情况也呈现出较为单一的分布样态，高数额罚款案例较少。根据本文的统计结果，罚款数额在60万元以下的案例共有94起，总计占比56.96%，真正意义上占到了处罚案例总量的半壁江山。与之相对，较高数额罚款的处罚案例（取中位数为180万元以上）则有22起，总计占比仅13.7%。

而根据本文案例研究结果，操纵市场类案件的案均违法所得为2100万元左右，交易金额上以亿元计，各种操纵手段层出不穷，隐蔽性极强的同时往往和信息披露违法等其他证券欺诈行为同时发生。而证监会对操纵市场类案件的查证时间往往长达2年至3年。由此可见其涉案金额之大、危害后果之深、查处难度之巨。相比之下，操纵市场法律责任体系的构建则较为落后，因果关系论证的重重困难使操纵市场民事责任构建举步维艰，因而刑事责任尤其是行政责任成为打击此类违法行为的主要手段。也正因如此，在操纵市场违法行为的行政罚款上，2019年《证券法》赋予了证监会更加广阔的处罚裁量空间，其意旨就在于期望证监会面对复杂多变的操纵手段，可以根据不同案件的不同情况，如违法所得、交易频次、股价背离程度、个人身份等具体因素，公平地衡量事实、情节、性质，从而作出有区分的行政罚款，精准打击操纵市场类违法行为。但从实践观之，证监会对于操纵市场的执法并未相对充分地运用自由裁量权，执法力度整体偏低的保守立场与注册制下对各类证券市场违法行为的"零容忍"态度也并不相符。

2. 部分案件处罚标准不清晰

在操纵市场的罚款上，证监会行政处罚裁量的标准不够明确。第一，在相当部分案件中，处罚倍数或处罚数额与违法所得呈现出较弱的相关性。在当事人违法所得相近但对股票价格影响程度差距较大的情况下，证监会可能处以相同倍数罚款甚至对交易金额较小的当事人处以倍数更大的罚款。此种情况在本文统计的案例中并不鲜见。如在唐某、朱某操纵得某照明案中，事后认定唐某、朱某二人违法所得为 60225485.97 元，累计买入金额 961064854.88 元，累计卖出金额 1023064002.20 元，被处以违法所得 4 倍的罚款；① 而在叶某正操纵吉林化某案中，事后认定叶某正违法所得 6019834.94 元，累计买入金额 1698557784.6 元，累计卖出金额 1704791619.54 元，被处以违法所得 2 倍的罚款。② 两相对比，二者违法所得基本一致，操纵手段上均是利用资金、持股优势通过连续交易的方式操纵股票价格，在身份特征、是否累犯、是否有减轻情节等方面也未见不同。在交易金额上，后者的买入卖出金额远大于前者，累计交易金额几乎是前者的 2 倍，但最终的处罚倍数却低于前者。这与《证券法》相关法条以“违法所得”作为处罚裁量核心逻辑的要求并不一致。

第二，在此基础上，如继续深入研究以闭区间数值式进行处罚案例的分布样态，则这种处罚的模糊性会更加凸显（见图 3）。在违法所得相差甚大的情况下，罚款的具体数额不成比例。在周某俭、陈某科操纵华某药业案中，华某药业实控人周某俭指使并与陈某科合谋操纵华某药业股价，最终亏损 879298148.64 元，交易金额 3789417992.42 元，二人分别被处以

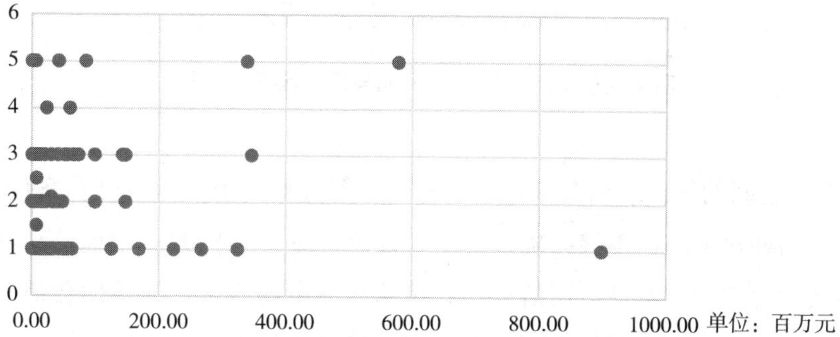

图 3 违法所得与处罚倍率散点图

① 参见《中国证券监督管理委员会行政处罚决定书［（2022）70 号］》。
② 参见《中国证券监督管理委员会行政处罚决定书［（2019）108 号］》。

150 万元罚款;[①] 在程某水、刘某泽操纵中某钛白案中，事后认定亏损 5806527.67 元，二人分别被处以 300 万元和 200 万元罚款。[②] 性质上，前者属于上市公司实控人指使操纵公司股价，理应被处以更重的罚款。唯一可能的解释是当事人亏损甚巨也成了证监会量罚的考虑因素。但该事项并非《行政处罚法》所规定的从轻减轻情节，证监会在赖某练操纵力某赛车等其他案件中也明确表明严重亏损不影响其应当承担责任的认定，因而证监会对华某药业案处罚金额较少的原因无从得知。又如图 4 所示，操纵市场亏损数额上亿元与亏损数额几十万元均有可能出现相同数额的罚款。罚款数额的层次分布也并不均衡，甚至没有出现过处罚数额在 300 万元至

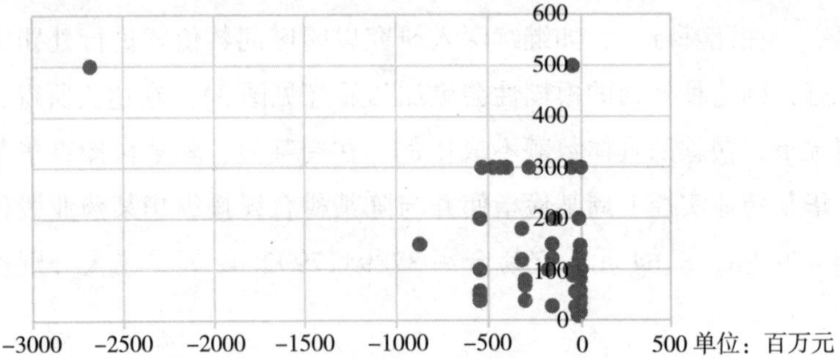

图 4　违法所得不足 30 万元与罚款数额散点图

500 万元之间的案例。由此来看，在相当一部分操纵市场行政处罚案件中，证监会的处罚标准仍不够明确。更令人疑惑的是，个别案例中证监会甚至突破法律规定，对本该适用倍率式处罚的操纵市场违法行为适用数值式处罚，从而不当扩大了罚款金额。在叶某刚操纵市场案中，证监会认定叶某刚操纵数只股票的违法所得为 325787.19 元，按照 2005 年《证券法》第 203 条规定，违法所得超过 30 万元的，应对其处以违法所得 1 倍至 2 倍的

① 参见《中国证券监督管理委员会行政处罚决定书［（2021）27 号］》。

② 参见《中国证券监督管理委员会行政处罚决定书［（2009）13 号］》。

罚款。但证监会采用了闭区间数值式的处罚方式，对其处以100万元罚款。[①] 在该案中，叶某刚违法情节较轻，交易金额亦较小，按照证监会的旧有处罚逻辑，应处以违法所得1倍至2倍的罚款，合理的处罚金额应远低于闭区间数值式处罚下的100万元。当然，根据案件具体情况进行具体处罚本就是证监会自由裁量权的核心。证监会虽在行政处罚决定书的末尾均会述及"根据当事人违法行为的事实、性质、情节与社会危害程度……我会决定……"，但一般情况下行政处罚决定书中均不会对上述要素予以明确说明，仅在当事人申辩自己存有从轻减轻情节或配合调查、积极挽救的行为时，才会在处罚决定书中偶尔提及。当违法所得、交易金额等具体可量化的标准难以被采用时，过于宽泛的情节、性质、事实等标准的描述可能会使自由裁量权失去其应有的边界，难以在效果上保障处罚的相对统一。

（二）缺乏具体裁量标准的证券市场禁入

除罚款外，证监会也多将证券市场禁入作为整肃证券市场违法行为的一项有力手段。在二十多年间，《证券市场禁入规定》（以下简称《规定》）虽历经修改，但在处罚基准上均延续了"情节严重""情节较为严重""可以采取终身禁入措施"的三档处罚模式，分别对应"3年以上5年以下""6年以上10年以下""终身禁入"的处罚幅度，赋予了证监会较高的处罚自由裁量权。需要说明的是，长久以来，学界与实务界对证券市场禁入的法律性质多有分歧，学界多主张将证券市场禁入视为行政处罚，[②] 但证监会多将证券市场禁入作为一项"非行政处罚性监管措施"予

---

① 参见《中国证券监督管理委员会行政处罚决定书［（2012）2号］》。

② 相关主张参见郭昌盛：《我国证券市场禁入制度的发展与实践》，载黄红元、卢文道主编：《证券法苑》（第23卷），法律出版社2017年版，第153-155页；黄辉、李海龙：《强化监管背景下的中国证券市场禁入制度研究：基于实证与比较的视角》，载《比较法研究》2018年第1期。

以对待，仅在听证、复议程序上参照行政处罚处理。① 不过这一分歧在《行政处罚法》修订后已有定论，2021 年《行政处罚法》将原 8 种行政处罚扩展至 13 种，其中就包括了“限制从业”。② 故为行文的周延性，本文将证监会市场禁入的实施情况也纳入了行政处罚裁量的实证研究范围中。根据本文统计结果，在 2001 年至 2023 年间，因操纵市场行为被处以证券市场禁入所涉及的自然人共计 107 人，具体情况如图 5 所示。

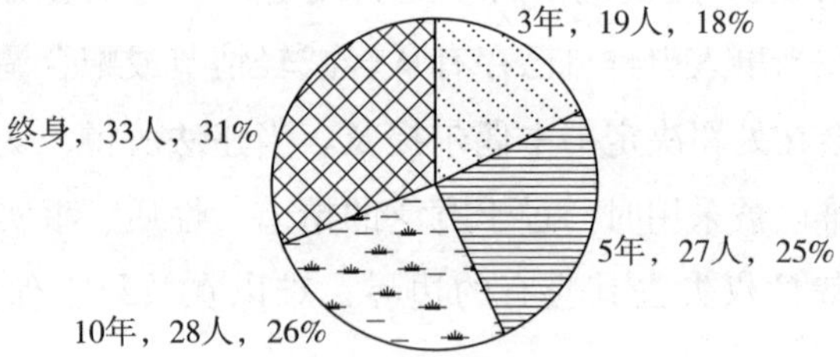

图 5　2006 年至 2023 年间操纵市场禁入整体情况

根据本文统计结果（见图 6），因操纵市场被实施禁入措施的处罚案例分布样态较为均衡，占比由低到高分别为 3 年禁入、5 年禁入、10 年禁入与终身禁入。终身禁入市场比重较高显示出证监会利用市场禁入这一威慑手段“重拳出击”，严厉打击情节较重的操场市场违法行为。但从时间分布看，证监会对操纵市场的执法力度与当期证监会的执法政策呈明显正相关。2006 年至 2007 年为我国股市的“拓荒”之年，证监会为保障《证券法》与《公司法》的顺利实施，严厉打击操纵市场与股票欺诈行为。自 2008 至 2018 年十年间，虚假陈述成为证监会的重点关注对象，对操纵市场行为的处罚案例数量较少。有学者研究表明，这主要是因为股权分置改

① 在 2002 年，证监会就在《关于进一步完善中国证券监督管理委员会行政处罚体制的通知》中提出了“非行政处罚性监管措施”这一概念。虽然证监会未明确说明证券市场禁入的法律性质，但在实践中，证监会网站在执法数据统计发布时往往将“行政处罚决定”与“市场禁入决定”作为并列的两个标题，对二者的复议、诉讼也均是分开进行。

② 参见 2021 年《行政处罚法》第 9 条。

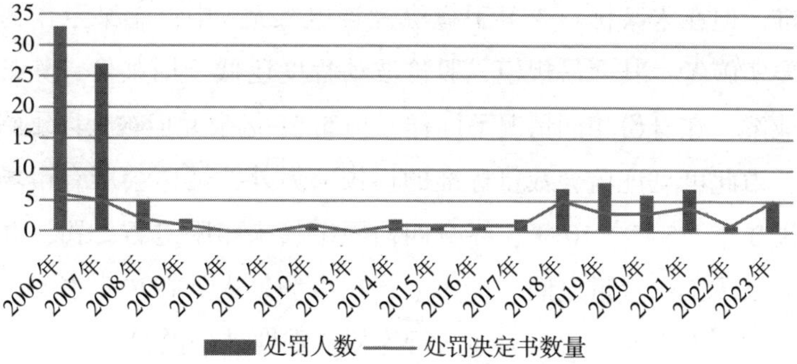

图6 2006年至2023年操纵市场禁入人数与决定书数量

革完成后操纵股价难度加大导致。① 2018年后，证监会通过部署专项执法行动的模式，再次将目光转移至操纵市场类违法行为，导致2018年后查处的操纵市场数量明显增加。②

然而，在本文统计的所有市场禁入处罚决定书中，证监会并未区分公司任职禁止与证券业务禁入两项制度，而是将两项禁入合并适用。此种统一适用的处罚方式不仅反映出证监会没有准确对两项禁入制度的功能进行分类，更显示出其对“情节严重”这一概念缺乏一项明确的衡量标尺。例如，对比周某俭、陈某科操纵华某药业案③与陈某铭、谢某操纵中某数据案④，前者在交易金额、股价波动程度、交易频率等都比后者高，在行为类型上均属于上市公司实控人参与操纵股价上，仅在违法所得上前者亏损8亿余元，后者盈利1.1亿余元，但证监会仅对前者处以了3年的禁入年限，对后者却处以了10年与5年的禁入年限，似乎违法所得证监会裁量的

① 参见邢会强：《中国证券市场二十年违法行为之变迁——基于中国证监会577份行政处罚决定书的实证分析》，载郭锋主编：《证券法律评论（2015年卷）》，中国法制出版社2015年版，第256-257页。

② 参见《证监会部署2018年第二批专项执法行动 严厉打击资本市场屡查屡犯违法主体》，载证监会网站，http://www.csrc.gov.cn/csrc/c100200/c1000368/content.shtml，2023年12月1日访问。

③ 参见《中国证券监督管理委员会市场禁入决定书［（2021）11号］》。

④ 参见《中国证券监督管理委员会市场禁入决定书［（2021）12号］》。

主要标准。但在朱某栋、李某卫操纵大连电某案①中，李某卫作为操纵行为的主要实施者，其交易规模、股价波动程度还低于周某俭、陈某科操纵华仁药业案，在身份相同情况下同样亏损5.51亿余元但被处以了终身禁入的处罚，由此可见证监会裁量标准的模糊。另外，证监会所有市场禁入决定书均以3年、5年、10年、终身四档固定禁入年限进行处罚，并未充分利用法规赋予其的裁量空间。事实上，在市场禁入处罚决定书中，证监会往往只罗列案件事实，很少对违法行为的严重性进行说明。

三、结构功能主义视角下证监会裁量失衡的成因解读

（一）理论分析框架：结构功能主义的视角

结构功能主义是一套以结构与功能的相互关系为主要出发点的社会学理论。其认为社会系统的存续以各个结构的功能性作用为前提，不同子系统共同构成了整体社会系统，各子系统之间相互关联并发挥各自功能以维系整个系统的运行与稳定。② 其终极目标在于追求结构与功能的动态稳定，以各子系统功能的不断调整实现渐进改革社会的理论构想。也因此，结构功能主义理论下社会存在两种模式，即整个社会系统功能保持均衡下的正常社会模式与各子系统功能均衡结构被打破时的病态社会模式，如要恢复整个社会系统的稳定，就必须重新明确每个子系统的角色与定位，以达到整体社会功能的整合与平衡。③ 由此，该理论代表性人物帕森斯提出了著名的“A-G-I-L图式”分析社会系统的平衡状态。④ A（Adaption）即适应，指社会系统从外部环境获得的可供支配的资源和手段；G（Goal-at-

① 参见《中国证券监督管理委员会市场禁入决定书［（2018）12号］》。

② 参见刘润忠：《试析结构功能主义及其社会理论》，载《天津社会科学》2005年第5期。

③ 参见周怡：《社会结构：由“形构”到“解构”——结构功能主义、结构主义和后结构主义之间理论之走向》，载《社会学研究》2000年第3期。

④ 参见叶克林：《现代结构功能主义：从帕森斯到博斯科夫和利维——初论美国发展社会学的主要理论流派》，载《学海》1996年第6期。

tainment）即“达鹄”，指社会系统谋求实现目标的能力；I（Integration）即“整合”，指社会系统维持协调内部关系的能力；L（Latercy pattern maintenance）即维模，指社会系统维持自己特有制度化的价值规范。①

从结构功能主义视角看，证券市场中的权力分配也可以视为一项系统工程，是由以立法机关为代表的立法子系统、以证监会为代表的行政（执法）子系统和以法院为代表的司法子系统所共同构成的有机组织。通过“A-G-I-L 图式”进行分析，可以看到立法子系统承担了适应的功能，其将证券执法机构的职能、证券执法的目标、证券执法权的赋予等写入法律，为行政主体提供正当合法的权力来源与执法手段；行政（执法）子系统承担了达鹄的功能，即根据《证券法》的授权负责具体证券市场执法，以维护证券市场法律秩序；司法子系统承担整合功能，为行政相对人提供最后的权利救济渠道作为维持整体系统特征的维模功能，由证券法特有的价值体系承担（见图 7）。证券市场的有序发展离不开各子系统功能的协调共进，但当子系统之间的结构关系发生非均衡变动时，其各部分功能也会随之改变，往往会出现一种功能对另一种功能的挤压。在立法、执法、司法三者相互调适的过程中，证监会裁量失衡现象的出现有其结构功能性成因。

A 立法子系统	G 执法子系统
I 司法子系统	L 证券法理念

图 7 证券市场“A-G-I-L 图式”

① 简言之，结构功能主义的逻辑进路是将结构概念置于功能概念之上，不同单位结构（子系统）在系统中发挥着不同的功能，结构的本质是规范、规则、秩序，价值取向是系统建构和重构的维续力量，是社会秩序形成的条件。

（二）失衡的行政裁量：结构变动、功能衰落与角色集中

1. 结构变动：法律空洞化与政策增长

行政主体执法的权力来源于法律，而法律是民主的表达与精练，行政主体严格执行法律就通过立法的民主性而获得了正当性。但由于《证券法》所辖制的证券市场是一个高度复杂专业的领域，复杂的法律关系和充斥其中的金融专业术语使立法机关难以制定详细周密的相关规定，不得不授予具有更丰富实践经验的行政主管机关来处理具体的立法事项。也因此政策繁多而法律稀少的“法律空洞化”现象成为证券市场法治的一项较为明显的特征。[①] 以2019年《证券法》为例，全文共计226条规定，其中，授权性规范29条，占比13.71%，涉及首次公开发行股票、公司债券发行、上市公司收购等方方面面，几乎是我国现行法律中授权性条款最多、最频繁的部门法。[②] 相比之下，以证监会主席令形式颁布的规章和证监会公告形式颁布的规范性文件则多达900余件。在此背景下，行政主管机关的政策成为证券市场的主要治理规则，出现了政策对法律的功能吸纳现象。此时，以证监会为代表的行政机关在不同子系统互动的过程中，获得了系统中的强势竞争地位和资源获取能力。其凭借准“立法者”的角色在相当程度上不再依赖立法机关来获取制定和实现行政目标的资源和手段。[③] 然而，在操纵市场行政处罚领域，即使在政策层面其行政处罚裁量的规则构造也

---

① “法律空洞化”的概念最早由学者邢会强教授提出，主要指立法风格简略、粗犷，法律的完整性、周延性、精确性和普适性不足，没有实质内容，可操作性差，从而导致法律的控制力不足，法律仅剩一个外壳甚至连外壳都没有的现象，笔者从之。参见邢会强：《政策增长与法律空洞化——以经济法为例的观察》，载《法制与社会发展》2012年第3期。

② 参见巩海滨：《论我国证券授权立法制度的完善》，载《山东大学学报（哲学社会科学版）》2016年第4期。

③ 在证监会网站的“证监会介绍”中也写明，其职能之一是“研究拟订证券期货基金市场的方针政策、发展规划。起草证券期货基金市场有关法律法规草案，提出制定和修改建议。制定证券期货基金市场有关监管规章、规则。”

处于相当落后的地步，这进一步加剧了操纵市场类行政处罚裁量失范的可能。在2019年《证券法》修订之前，操纵市场行政处罚裁量的主要规则为《证券市场操纵行为认定指引》（证监稽查字〔2007〕1号，以下简称《认定指引》）。虽然其第六章、第七章规定了操纵市场行政处罚案件的各类从轻从重处罚情节，但其条文内容基本与1996年《行政处罚法》第27条规定重合，实践中可操作性极差。在2019年《证券法》出台后，《认定指引》已被证监会废除。时至今日，新的《认定指引》也迟迟没有公布。在没有明确指引的情况下，证监会在处罚时无力将情节、违法所得等案件具体因素量化为相应的罚款幅度，从而作出有区分的处罚决定。此时，一方面，如对当事人处以违法所得倍数较高的罚款，则可能触发证监会内部工作流程中的一些规则或程序。而违法所得1倍到2倍的罚款可能更易作出而不需要进行内部的讨论或审核，对违法行为人而言也更易接受。另一方面，由于某些重大案件本身存有移送刑事的可能，高倍率罚款的意义也相对有限。由此较低倍率和数额的罚款成为证监会的首要选择。

综上所述，结合证监会所公布的行政处罚决定书及其他公开资料，虽然证监会并未对行政处罚时的裁量因素进行详细阐述，但从理论分析来看，具体规则的缺失和旧有处罚习惯的路径依赖是证监会操纵市场类行政处罚趋于保守的主要原因。

2. 功能衰落：司法审查的实质困境

在系统整体运行过程中，司法审查承担了解决行政活动所产生争议并提供救济的整合功能。在对行政主体的行政行为进行司法审查时，法院要面临两个问题：第一，行政机关的监管规则能在何种程度上得到适用；第二，法院能在何种程度上审查行政机关的自由裁量权。上述两个问题均源于一个出发点：法院在对证券行政执法行为的审查究竟可以到何种程度。

在操纵市场行政处罚领域，法院所面临的审查困境则更加突出。根据本文统计结果，在184起操纵市场行政处罚案例中，有51例案件行政相对人提起行政复议，结果全部为维持原行政处罚决定。其中，有27例案件最终进入行政诉讼程序，仅有2例案件判决证监会败诉。观察仅有的2例败诉案件，法院判决证监会败诉的主要理由也在于证监会在同一个行政处罚决定书中对当事人操纵数只股票违法所得的认定采取了两种不同的方法：部分股票在计算违法所得时盈亏相抵，剩余部分亏损股票的违法所得则直接计算为零。① 根据两份判决书内容，法院的裁判倾向表露无遗，即仅对案涉相关事项进行最低程度的程序性审查，只要证监会采取了一致的违法所得认定方式，就具有合理合法性。从这27例案件中，可以发现法院在操纵市场类案件中的司法审查力度远低于虚假陈述类案件，即使是程序性审查也保有最大限度的谦益，更遑论实质性审查。原因在于，在操纵市场类案件中，违法所得计算的背后是案件的核心焦点，但其背后却蕴含着相当复杂的金融机理，而这恰恰是法律的疏漏之处。② 无论是《最高人民法院、最高人民检察院关于办理操纵证券、期货市场刑事案件适用法律若干问题的解释》，还是证监会曾发布的《认定指引》，均未对违法所得的计算方式予以明确。此时，不仅法律法规对计算方法的缺失使法院在面对具体案件时陷入无法可依的尴尬境地，计算方法所涉及的复杂金融机理更进一步成为法院审查的天堑。在违法所得这一核心问题无法得到解决的情况下，法院对于后续裁量是否适当等问题更加无从下手，最终不得不退至最低程度的程序性审查。只要证监会所作出的行政处罚逻辑、方式一致连贯，就不会触及行政裁量违法的界限。

3. 角色集中：证券市场“行政中心主义”的确立

由上所述，证监会在证券市场专业化程度不断加深的过程中，通过将实践经验转换为专业知识，具备了结构性扩张的优势，具体即体现为超越机构

① 参见郁某高诉证监会行政复议案，北京市第一中级人民法院（2019）京01行初67号行政判决书；谢某峰诉证监会行政复议案，北京市第一中级人民法院（2019）京01行初387号行政判决书。

② 参见陈晨：《操纵证券市场“违法所得”认定的金融机理和法律解释》，载《证券市场导报》2023年第7期。

设置的立法、司法影响力，形成了以证监会为核心的“行政中心主义”。①该主义的确立限制了立法、司法功能的发挥，导致缺乏监管与具体指引的行政权力成为证监会裁量失衡的根源。事实上，在证券市场较为发达的美国，证券监管机构会更多地以法院判决作为行政执法的导向，其核心义务在于为诉讼而调查，为诉讼而准备。② 于证券市场而言，一个有效的立法、执法、司法各司其职的法律运行体制能够更好地实现制衡并克服非理性的激进。

四、规范操纵市场行政处罚裁量的完善路径

根据结构功能主义理论，整体系统的协调运行依赖各子系统结构的稳定性和有序性。当某一子系统出现结构性扩张破坏整体系统的稳定性时，整体系统就相应的面临崩坏、拆解的风险。若要维持系统的持续，就必须重新对各子系统功能进行调适，以重新实现整体的稳定。长远来看，执法子系统的结构性扩张并不利于证券市场权力运行的稳定与持续，甚至会影响到构建规范、透明、开放、有效证券市场的治理目标。因此，有必要构建一种均衡的证券市场权力运行体系，加强行政权力的自我约束同时增强三者的角色互动与功能互补。

（一）立法导向：法律本位的追求

政策数量越多，法律所占比例就越少，长此以往，法律则会如“劣币驱除良币”一般淡出市场主体的视野。“政策主治”的证券市场不仅与我国资本市场的法治导向背离，还会伤害到市场的稳定预期。因此，由政策

---

① 早在我国证券市场蹒跚起步之时，就有学者指出我国证券市场存在“行政中心主义”的弊病。时至今日，该问题不仅没有得到缓解，反而越发严重。参见吴志攀：《〈证券法〉适用范围的反思与展望》，载《法商研究》2003 年第 6 期；蒋大兴：《隐退中的“权力型”证监会——注册制改革与证券监管权之重整》，载《法学评论》2014 年第 2 期。

② 参见缪若冰：《中国证监会的制度环境及法律影响 组织社会学的分析》，载《中外法学》2020 年第 1 期。

主治转向法律本位，是我国证券市场转向的必经之路。

对法律本位的追求不仅要求立法机关在法律制定上的精细化，还要求建立完整的法律适用评估体系与清理体系，深入参与到法律实施的事前、事中、事后全过程。于前者而言，在我国资本市场初创期，相关领域立法曾长期秉持着“宜粗不宜细”的立法理念，这是由我国资本市场初期的市场环境所决定的。但随着2019年《证券法》的修订，对操纵市场行为认定、上市公司收购等领域的细化规定已经标志着我国《证券法》立法由粗向细的理念转变。于后者而言，对证券授权立法实施情况进行实时监督应当成为立法机关规范证监会行政处罚裁量的重点途径。在证监会行政处罚实践中，证监会所依据的规则有相当部分制定时间较早，已不再适应当下的市场环境。如根据公开信息检索结果，证监会行政处罚委员会进行复议工作所依据的主要规则仍为2007年出台的《中国证券监督管理委员会行政复议委员会工作规则》，其中部分条款应当早已随《行政复议法》与《行政处罚法》的修订而修改。因此，为进一步规范操纵市场行政处罚裁量，应建立部门规章长期审查评估制度，对长期适用的行政法规及部门规章的适用情况进行评估，并视情况要求行政机关及时修改或废止。在重新制定时，应明确证券法律法规层级，对于因授权立法所制定的规则应以部门规章的形式制定；在相关内容过于琐碎或仅需要就某些单一事项进行规定时，则以规范性文件的形式予以规定。在发布时，应着重强调部门规章的及时公开，对有关授权立法或行政处罚程序等涉及行政相对人重大利害关系的规则不宜以内部文件的形式发布，以增强公众监督与实践的统一运用。

（二）行政权力的自我约束：制定证券行政罚款指引

约束行政权是行政法的重大任务，也是一大难题。近年来，行政裁量基准成为一种被行政机关广泛使用的自我约束手段而得到立法的认可。①

① 参见2021年《行政处罚法》第34条。

证监会发布了《中国证监会行政处罚裁量基本规则（征求意见稿）》（以下简称《基本规则》），并向全社会公开征求意见。① 从比较法角度观之，为规范证券监管机构的权力，一些国家与地区均要求行政机关制定并发布相应的罚款指引，本质上即属于行政处罚类的裁量基准。在德国，联邦金融监管局（BaFin）发布了《证券交易法行政罚款指南》，较为详细地列明了罚款时所要考虑因素及对应的罚款数额。但该指南旨在为上市公司信息披露类违法行为进行适当的行政处罚，并不适用于操纵市场类的行政罚款。② 在美国，美国商品期货交易委员会（CFTC）根据《美国商品交易法》第6c节的授权，发布委员会准则（Commission Guidelines）列出了影响其民事罚款的相关评估因素。③ 该准则适用于所有在美国金融衍生品市场中作出罚款，包括操纵期货市场。其虽以违法行为的严重性、减轻或加重情节、其他三类为区分列举出各项具体影响因素，但并未明确各项影响因素所对应的具体罚款数额，故在实践中可操作性不强。我国香港地区的证券及期货事务监察委员会（SFC）也早在2002年发布了《证监会纪律处分罚款指引》以规范其行政执法。该指引虽然历经两次修订扩大了处罚对象范围及罚款额度，但仍未将其列明的一般考虑因素和具体考虑因素与具体罚款数额挂钩，未解决实践可操作性不强的问题。④ 在英国，英国金融行为监管局（Financial Conduct Authority，以下简称FCA）根据2000年《金融服务与市场法》第124节的要求也发布了《决定程序与罚款手册》（Decision Procedure and Penalties Manual，DEEP，以下简称为《罚款手

---

① 参见中国证监会：《关于就〈中国证监会行政处罚裁量基本规则（征求意见稿）〉公开征求意见的通知》，载证监会网站，http：//www. csrc. gov. cn/csrc/c101981/c7486057/content. shtml，2024年6月17日访问。

② 参见张红：《证券行政法专论》，中国政法大学出版社2017年版，第148-149页。

③ CFTC：Commodity Futures Trading Commission Division of Enforcement，https：//www. cftc. gov/LawRegulation/HoldingWrongdoersAccountable.

④ SFC：Disciplinary Fining Guidelines（for Regulated Persons under the Securities and Futures Ordinance），https：//www. sfc. hk/en/Rules－and－standards/Codes－and－guidelines/Guidelines.

册》）。《罚款手册》明确区分了对市场滥用行为与非市场滥用行为进行处罚时的考虑因素，其第6.5C节详细列明了对内幕交易与操纵市场两类主要市场滥用行为罚款时所要考虑的各项因素并对应相应的罚款等级，因此可以借鉴。①

《罚款手册》将FCA对于市场滥用行为的行政处罚流程分解为五步。第一，没收行为人的违法所得。② 第二，根据违法行为的严重性，确定一个基本罚款金额，共分为五个等级。在确定行为严重性的考量标准上，《罚款手册》主要从市场滥用行为的影响力、市场滥用行为的性质及违法当事人的主观状态（故意或过失）三方面予以考虑，并详细列明每个部分所要考量的具体因素。如果出现行为人违法主观故意明显、多次实施滥用行为、对市场秩序造成严重影响、个人在市场上具有显著身份四类情况，应处以第四级或第五级的罚款。第三，根据是否具有加重或减轻情节在基本罚款金额的基础上予以调适，主要考虑的因素包括行为人在本案中的配合情况、行为人是否具有检举立功的表现、行为人是否采取了足够的补救措施、行为人过往的受罚记录、行为人是否同意在接受处罚后接受培训等。此时，FCA对行为人的罚款数额已经基本确定。第四，如FCA认为已确定的罚款数额不足以威慑市场上的同类滥用行为或该数额相比于违法行为个人资产仍然较小，则可以再次提高罚款数额。第五，若FCA与行为人达成和解，则该事由为对罚款进行调减的法定事由，FCA应酌定调减第四步所确定的罚款。最终的罚款金额即为第一步所确定的违法所得与行政处罚流程第五步所确定的罚款金额的累加。FCA《罚款手册》中的基本处罚额度见表1。FCA《罚款手册》中对基本罚款额度的考量因素见表2。

---

① FCA：Decision Procedure and Penalties Manual of 6.5A、6.5C，载英国金融行为监管局网站，https：//www.handbook.fca.org.uk/handbook/DEPP/6/5C.html.

② 对市场滥用行为罚款时，FCA的处罚对象包括自然人及法人。公司基本处罚额度的单位为相关业务收入数额（relevant revenue），个人基本处罚额度的单位为其薪酬收入（relevant income）。

表 1　FCA《罚款手册》中的基本处罚额度

基本处罚额度（公司）	
第一档	业务收入的 0%
第二档	业务收入的 5%
第三档	业务收入的 10%
第四档	业务收入的 15%
第五档	业务收入的 20%
基本处罚额度（个人）	
第一档	薪酬收入的 0%（或获利的 0 倍）
第二档	薪酬收入的 10%（或获利的 1 倍）
第三档	薪酬收入的 20%（或获利的 2 倍）
第四档	薪酬收入的 30%（或获利的 3 倍）
第五档	薪酬收入的 40%（或获利的 4 倍）

表 2　FCA《罚款手册》中对基本罚款额度的考量因素

<table>
<tr><td rowspan="16">确定基本处罚额度时所考虑因素</td><td rowspan="3">违法行为的影响力</td><td>个人从违法行为中所获得的利益多少</td></tr>
<tr><td>该违法行为是否对市场产生不利影响。如是，在何种程度上影响了市场的秩序或信心</td></tr>
<tr><td>是否对股票或其他投资的价格产生了重大影响</td></tr>
<tr><td rowspan="7">违法行为的性质</td><td>该行为的频率</td></tr>
<tr><td>个人是否滥用信任地位</td></tr>
<tr><td>该行为是否导致或鼓励他人从事相关违法行为</td></tr>
<tr><td>个人在市场中是否具有突出地位</td></tr>
<tr><td>个人是否为经验丰富的专业人士</td></tr>
<tr><td>个人是否在公司担任高级职务</td></tr>
<tr><td>个人是否在被胁迫的情况下行事</td></tr>
<tr><td rowspan="6">行为人的主观状态（判断是否为故意）</td><td>是否意图直接从违法行为中获取经济利益</td></tr>
<tr><td>是否明知自己行为不符合交易规则或公司内部程序</td></tr>
<tr><td>是否隐藏自己的不当行为</td></tr>
<tr><td>实施违法行为的方式是否隐蔽</td></tr>
<tr><td>是否是累犯</td></tr>
<tr><td>是否使用了内幕信息</td></tr>
</table>

由表 2 可知，FCA《罚款手册》的亮点在于：第一，约束行政裁量权的同时也为监管机关留下了充足裁量空间。其未明确规定各类行为的具体

处罚数额，但通过效果格化的方式将法定的裁量幅度分割为若干区间。不仅根据市场滥用行为的严重程度阶梯式地区分了不同的罚款等级，还在行政处罚流程第四、第五步为 FCA 留下了充足的裁量空间，基本上兼顾行政裁量与行政约束。第二，确定基本处罚额度的考量因素全面具体。在确定基本处罚额度时，以违法所得作为考量的核心因素，兼顾了行为人身份、主观状态、市场影响力等诸多主客观情节，实践可操作性较强。

就我国操纵市场类行政处罚实践而言，相应罚款指引制定的核心在于实现行政裁量的效果格化和情节细化。在效果格化方面，《基本规则》将处罚幅度确定为从轻、一般、从重三种，分别对应最低罚款金额至最高罚款金额 30%、最高罚款金额 30%至 60%、最高罚款金额 60%以上至最高罚款金额以下的处罚额度。相比之下，《基本规则》所确定的裁量阶次仍显得跨度较大，不易作出有区分的处罚。值得一提的是，该规则还规定可根据违法行为的具体情况按照百分比上下浮动 10%的比例进行处罚。但这一规定并不符合行政裁量基准效果格化的要求。在具体处罚实践中，可能会出现情况较重的一般处罚阶次的罚款数额高于从重处罚阶次数额的情况，引起规则适用上的困惑。因此，建议可进一步细化裁量阶次，将 2019 年《证券法》对操纵市场类违法行为所设定的“违法所得一倍至十倍”与“一百万元以上一千万元以下”的裁量空间区分为五个等级，并取消上下浮动比例的规则。此时，每个等级内分别对应了 2 种倍率式处罚额度或 200 万元处罚额度，在约束证监会行政权力的同时也能够为其留下充足的裁量空间。

在情节细化方面，遵循现有处罚决定书中事实、性质、情节与社会危害程度的区分方式，在遵守《行政处罚法》所规定的法定从轻从重情节的基础上，根据证监会的实际执法经验在各分类下予以细化，以更加精细、准确的语言描述增强各种情节的明确性。如在事实因素项下，可将交易金额是否巨大、违法所得是否巨大、所使用操纵手段数量多少作为判断其严重性的主要因素；在性质项下，可将是否与上市公司及其关联人合谋操纵、是否涉及内幕交易或虚假陈述等其他违法行为、是否在市场中具有特殊地位作为主要考虑因素；在情节项下，可将是否为累犯、主观状态是否为故意、是否以各种手段阻碍证券监管机构执行公务、是否配合执法等作为主要考虑因素；在社会危害程度项下，可将所操纵股票价格背离程度、操纵交易量在该股票总交易量中的占比、市场反应对操纵行为反应作为考虑的主要因素。在此基础上，为防止效果格化的僵化，还应设置一定的逸脱条款，允许证监会在特殊情况下超越裁量基准的边界，在个案中实现实质正义。而逸脱条款适用的合理性审查则主要由法院承担，以进一步规范证监会行政裁量权的行使。

（三）司法审查：行政行为的明显不当

2014 年，实施二十余年的《行政诉讼法》被整体修订，“明显不当”取代“显失公正”与“滥用职权”成为行政裁量司法审查的新标准并被保留至今。其背后的立法寓意在于扩大法院合法性审查的范围，加强对行政裁量的监督。① 但最为复杂棘手的问题则在于如何确定“明显不当”的判断标准。就实践而言，由于操纵市场类行政处罚裁量的司法审查尚未形成完整的判断逻辑，故笔者在此提供理论上的可能路径以资借鉴。

第一，违背已形成的处罚惯例又无足够充分的合理理由。长久以来，证监会在总结实践经验的基础上，针对某些证券违法行为往往已经形成了相应的处罚惯例与裁量尺度。此种较为稳定的处理模式的形成不仅有助于行政裁量的自我约束，也可以提高行政效率，降低与当事人争议的可能。同时，较为稳定的处理模式一旦形成，也会给予当事人相应的期待，要求证监会遵守此种处理模式行事。此时，一旦证监会没有足够充分的理由却违背此种准则，则应构成违法。在操纵市场类行政处罚实践中，该问题集中表现为行为人操纵数只股票时违法所得的计算和违法行为个数的认定问题。如在违法所得的计算上，在谢某峰诉证监会行政诉讼案中，原告谢某

① 参见全国人大常委会法制工作委员会行政法室编著：《中华人民共和国行政诉讼法解读》，中国法制出版社 2014 年版，第 197 页。

峰操纵红某新材等7只股票被证监会查处，但证监会在认定违法所得时，对其中的5只股票以盈亏相抵的方式认定违法所得，对另外2只股票则未采用此种方式。法院认为，被告证监会将原告交易“红某新材”等7只股票的行为整体以一个操纵行为进行处断，与区分前述两种情形对违法所得进行认定标准不一致，与北京市第一中级人民法院（2019）京01行初67号郁某高诉证监会行政处罚一案行政判决书所查明的认定违法所得的做法亦不一致，且没有合理说明，故判决撤销其行政处罚决定。① 而在违法行为个数的认定上，如当事人在一定时间内同时操纵数只股票，证监会一般均会将其行为整体作为一个违法行为进行一次处罚。但在个别案件中，也存有在行为人操纵时间间隔、操纵手段等均与以往案件无较大差异情况下，证监会将各操纵行为单独认定进行处罚的情况。② 我们可以理解证监会从严打击操纵市场类犯罪的决心与态度，但其作为行政机关其所作出的行政处罚也应遵循行政法的基本原则与规范。如无足够充分、正当的理由，证监会不应违背其已经形成的处罚惯例。而认定理由是否充分、正当，就成为法院对证监会行政裁量进行司法审查的有效途径。

第二，比例原则的具体适用。比例原则作为一项行政法乃至整体公法的基本原则，可为判断行政裁量的合法性提供重要的借鉴。首先，在适当性审查上，一般而言，行政罚款的目的即在于阻吓违法行为的发生，证监会依据法律条款对违法行为人实施处罚符合法律目的，仅在证监会对违法行为人实施了不合理的双重甚至多重处罚时才会超出行政处罚的合理范围，可能会使相对人背负过于沉重的负担，并不利于行政目的的实现，无法通过适当性审查。其次，根据必要性原则要求，法院需要根据行为人违法行为的严重性，综合衡量该罚款额度是否足以达成行政目标，是否有其他处罚手段足以替代该额度的罚款。

第三，均衡性原则要求以利益衡量的方式衡量行政目的、所获公益与

① 参见谢某峰诉证监会行政诉讼案，北京市第一中级人民法院（2019）京01行初387号行政判决书。

② 参见《中国证券监督管理委员会行政处罚决定书［（2018）95号］》。

相对人权利损失之间是否成比例，至少应考虑三项重要因素：人性尊严不可侵害、公益的重要性以及手段的合适性。法院此时需主要考虑违法行为的市场影响力，案涉违法行为是否对市场造成极其恶劣影响，采取此额度罚款是否足以威慑市场上的同类违法行为。如面临证监会较重罚款，法院还需要考量该罚款额度是否会对市场效率、信心等产生影响。一言蔽之，行政机关在追求行政目标实现的过程中必须注意行政相对人的合法权益，如该行政目的实现有可能损害当事人权益，应将这种损害尽可能地限制在小的尺度内。

五、结语

在时间尺度上，从 1998 年《证券法》首次面世起算，中国证券市场已走过二十余年的风雨历程。在此二十余年间，证监会作为我国证券市场的首要法治力量，为打击各类证券违法行为、保障证券市场平稳发展提供了重要的法治助力。但实践表明，证监会在操纵市场类违法行为的行政处罚裁量上仍然存有相当的改进空间。处罚逻辑不清、标准不明，无具体的裁量规范可供适用是证监会操纵市场处罚所存在的主要问题。究其原因在于证券市场中行政权力的结构性扩张使证监会获得了远超机构设置的影响力。展望未来，随着金融创新日新月异的发展，各类证券市场违法行为也更加复杂多样。证监会所面临的挑战必将更加严峻。但正所谓“权轻重者、不失黍累”，更加精准的执法效果应当成为证监会行政裁量的不懈追求。在 2019 年《证券法》适用之际，及时制定适用于操纵市场类违法行为的行政处罚指引或乃至适用于整个证券市场违法行为的行政处罚指引是实现行政权力自我约束的有效途径。司法审查规则构建更是促进证监会裁量效果相对统一的有效力量。在更广阔的裁量空间下，如何打造更均衡的证券市场权力运行体系，如何更好地实现证券市场中立法、司法、执法三者的角色互动与功能互补，将直接关系到我国证券市场下一个十年的走向。

操纵证券市场侵权责任因果关系认定研究*

程红星**　牛广济***　王　超****

摘要：因果关系是连接操纵行为与投资者损失的纽带，是操纵证券市场民事赔偿责任的核心问题。相当因果关系说等一般侵权行为理论难以适用于操纵证券市场这一特殊侵权行为的因果关系认定。从理论上看，操纵证券市场侵权责任交易和损失因果关系两分法已逐渐成为我国主流观点。在实践中，司法系统在相关案件中亦基本沿用了双重因果关系理论框架。而对于因果关系的推定问题，尤其是交易因果关系的认定，多数观点支持采取推定方式以强化操纵证券市场民事责任追究，但也有部分学者对此持否定态度。基于操纵证券市场行为的本质和我国证券市场的发展情况，欺诈市场理论可适用于我国操纵证券市场民事赔偿领域。据此，建议借鉴《最高人民法院关于审理证券市场虚假陈述侵权民事赔偿案件的若干规定》的逻辑，沿用交易因果关系与损失因果关系的双重结构，明确推定交易因果

---

* 本文仅为作者个人观点，不代表其所在单位的观点。

** 中国金融期货交易所期货市场巡回审理协作部负责人，法学博士、博士后。

*** 中国金融期货交易所期货市场巡回审理协作部总监助理，法学博士。

**** 中国金融期货交易所期货市场巡回审理协作部员工。

关系和损失因果关系，并根据交易方式的不同配置差异化的交易因果关系认定方式与损失因果关系举证责任。

关键词： 证券操纵　民事赔偿　因果关系　欺诈市场理论

一、研究背景及问题提出

操纵市场扭曲市场价格形成机制，严重损害投资者利益和国家监管秩序。禁止操纵市场行为，追究其责是成熟资本市场的普遍做法。为有效打击操纵市场行为，我国已形成行政处罚、刑事惩处及民事赔偿“三位一体”的追责模式。但从实践来看，相较于行政处罚、刑事追诉以及证券市场虚假陈述民事赔偿，法院受理的操纵证券市场民事赔偿诉讼较少，原告获赔的案件更为稀少，主要原因是操纵证券市场行为与投资者损失之间的因果关系存在认定难的问题，此前法院办理的几个案件大多以“原告无法证明操纵行为和损失之间具有直接因果关系”为由而被驳回诉讼请求。恒某医疗案、鲜某操纵民事赔偿案、朱某投资诉阿某罗公司和邵某案等实现了我国操纵证券市场民事赔偿诉讼的破局，并实现了从信息型操纵到信息型、交易型混同操纵再到交易型操纵索赔的跨越，相关判决关于因果关系的分析很大程度上参考了《最高人民法院关于审理证券市场虚假陈述侵权民事赔偿条件的若干规定》的逻辑，然而，相关经验是否可以推而广之有待进一步研究。例如，操纵证券市场民事赔偿是否也要适用双重因果关系，与证券虚假陈述有何不同？操纵证券市场民事赔偿中因果关系是否也要建立一定的推定原则，如投资者在操纵行为影响期间内实施交易，是否就推定存在交易因果关系？在适用推定原则时，是否需要考虑不同操纵行为类型，对集中交易和非集中交易、一级市场和二级市场、普通投资者和专业投资者作出差异化安排？因果关系确立有哪些除外情形，如信息型操纵中投资者在虚假信息披露后再交易标的证券等是否属于阻却情况？

中共中央办公厅、国务院办公厅印发的《关于依法从严打击证券违法活动的意见》提出“健全民事赔偿制度”，《国务院关于加强监管防范风险推动资本市场高质量发展的若干意见》明确提出“推动出台操纵市场等民事赔偿的司法解释”。鉴于因果关系的认定是操纵市场民事赔偿的难点和堵点之一，也是司法解释制定必须解决的重点问题之一，本文尝试从侵权理论出发，结合欺诈市场理论等境内外理论研究的分析以及相关司法实践的总结归纳，构建操纵证券市场侵权因果关系的理论架构，并以此为基础提出相关司法政策建议。

二、侵权理论与操纵证券市场认定中因果关系

（一）一般侵权因果关系的认定

因果关系的认定是确定侵权责任赔偿的前提。在损害事实已经发生的情况下，要确定行为人是否应当承担责任，必须确定行为人的行为或其物件与损害事实之间是否具有因果关系。因果关系是侵权行为成立的基础，无论是大陆法系还是英美法系都把因果关系作为侵权责任的基本构成要件。① 大陆法系国家关于因果关系通行的理论是“相当因果关系说”，我国民法理论也倾向采此种学说。② 相当因果关系由“条件关系”和“相当性”构成，即在某一原因和某种结果同时发生时，还不能断定有因果关系，必须依一般观念存在同一条件就能发生同一结果时，才能认定该条件与该结果间有因果关系，即在“条件说”的基础上引入“相当性”标准对条件说进行必要限制，并由法官以社会一般人对行为时及行为后的结果是否有预见为标准，作出因果关系成立与否的客观判断。适用相当因果关系规则，关键在于掌握违法行为是发生损害事实的适当条件。适当条件是发生该种损害结果的不可或缺条件，不仅是在特定情形下偶然引起的损害，而且是一般发生同种结果的有利条件。确定行为与结果之间有无因果关系，要以行为时的一般社会经验和知识水平作为判断标准，认为该行为有

---

① 参见孔繁灵：《侵权行为因果关系的分析与认定》，载中国法院网，https：//www.chinacourt.org/article/detail/2014/08/id/1358979.shtml，2024年6月27日访问。

② 参见刘信平：《侵权法因果关系理论之研究》，法律出版社2008年版，第78-90页。

引起该损害结果的可能性，而在实际上该行为又确实引起了该损害结果，则该行为与该损害结果之间有因果关系。①

（二）操纵证券市场侵权因果关系的重点和难点

虽然操纵证券市场行为并没有被纳入侵权法律明确规定的特殊侵权行为范围，但与一般侵权行为相比，其存在以下明显不同：一是证券市场交易往往通过匿名、集中撮合方式达成，买卖双方之间并无直接沟通，操纵行为人与受到损害的投资者难以建立一一对应关系；二是证券市场投资者的交易决策受到多种因素影响，买卖遭受损失可能不仅仅因为操纵市场行为，还可能受到系统性风险的影响，呈现多因一果的特征；三是具体到操纵市场行为而言，其本身具有高度复杂性和隐蔽性，投资者很难发现识别操纵手段，而且行为人大多具有资金、信息或者技术优势，操纵行为从被发现到立案查处及公开一般旷日持久，难以像一般侵权行为一样简单取得证明存在因果关系的证据；四是操纵市场行为可能对市场中不特定的多数投资者造成损害，为大规模侵权行为。因此，操纵市场行为实质是一种金融领域内特殊的侵权行为。

因果关系是责任成立与否的关键要素，在一般民事侵权中已是一个难题。如保守地将一般侵权因果关系认定逻辑，简单套用到复杂的操纵证券市场行为，大概率导致因果关系证明成为一个永远无法完成的任务。我国钟某诉国某证券案、贺某诉国某证券案、中某钛白案等案投资者的败诉即是明证。究其根源在于一般侵权理论因果关系的认定与举证责任的分配高度关联，“谁主张，谁举证”原则的适用导致投资者难以证明因果关系的存在。因此，鉴于证券操纵行为不同于一般民事侵权，传统的侵权理论因果关系及举证责任分配机制并不适宜继续适用，有必要结合证券市场交易的复杂性、操纵行为的涉众性、取证及举证的棘手性等特点，对其侵权因

① 参见最高人民法院民法典贯彻实施工作领导小组主编：《中华人民共和国民法典侵权责任编理解与适用》，人民法院出版社2020年版，第27-30页。

果关系的证明作出差异化安排。

（三）证券虚假陈述侵权因果关系认定的借鉴

2003 年发布的《最高人民法院关于审理证券市场因虚假陈述引发的民事赔偿案件的若干规定》从交易及损失两个维度界定虚假陈述侵权的因果关系。最高人民法院相关负责人在答记者问时就曾指出，《最高人民法院关于审理证券市场因虚假陈述引发的民事赔偿案件的若干规定》是按照我国民法侵权赔偿诉讼的因果关系理论，参考国外普遍采用的市场欺诈理论和信赖推定原则，在第 18 条和第 19 条对因果关系的认定作出规定。2022 年《最高人民法院关于审理证券市场虚假陈述侵权民事赔偿案件的若干规定》对相关内容予以承继。交易因果关系与损失因果关系的两分法在虚假陈述民事侵权案件司法实践中已有一定实践基础和理论认同。操纵证券市场行为同为证券欺诈行为，在因果关系上亦可遵循交易因果关系与损失因果关系双重判断。① 交易因果关系是指操纵行为使投资者对证券交易价量信号的含义产生误判，从而实施了本不会实施的交易。在认定交易因果关系时，关于操纵行为影响的持续期间及卖出股票的具体原因值得关注，一般认为操纵行为影响消除前，如投资者以不公平价格买入则依旧具有交易因果关系，且并不需要买入和卖出均是因为操纵行为。损失因果关系是指操纵行为系投资者产生特定数额损失之原因。② 这两个因果关系是递进关系，投资者要获得赔偿，首先需要证明交易因果关系，然后再证明损失因果关系，两者缺一不可。

---

① 参见彭冰：《中国证券法学》，高等教育出版社 2007 年版，第 354-355 页；肖凯、沈竹莺：《全国首例涉主板市场多手法证券操纵侵权责任案裁判解析——投资者诉鲜某操纵证券交易市场责任纠纷案》，载蔡建春、王红主编：《证券法苑》（第 38 卷），法律出版社 2023 年版，第 342-355 页。

② 参见缪因知：《操纵证券市场民事责任的适用疑难与制度缓进》，载《当代法学》2020 年第 4 期。

三、境内外理论

（一）境内理论

目前，虽然也有学者认为损害事实与操纵行为之间应具有相当的因果关系，[①] 但操纵因果关系两分法逐渐成为我国主流观点。存在较大分歧的是“因果关系能否推定”，多数派支持采取推定方式以强化操纵市场民事责任追究，但也有部分学者持否定态度。

一是主张推定因果关系。多数学者认为，操纵行为造成了投资者损失，行为人应承担赔偿责任，由于采取传统的因果关系证明路径存在困难，宜推定操纵市场和相关投资者交易行为间的因果关系存在，但在具体理由和论证路径上存在不同：其一，基于欺诈市场理论，认为操纵证券市场和虚假陈述均为证券欺诈行为，可类推证券虚假陈述推定因果关系存在，原告只需要证明损害事实及操纵行为存在即可。有观点认为，推定因果关系适用于以集合竞价方式进行交易的证券市场，旨在保护公开有效市场上不特定投资者的权益，这点与虚假陈述行为并无二致，但不同类型的操纵行为对投资者交易及损失的影响存在逻辑差异，需进行具体分析。[②] 也有观点认为，可以与我国目前虚假陈述民事侵权责任因果关系认定的司法实践保持一致，在认定交易因果关系时，参酌市场欺诈理论，在特定情

---

① 相当因果关系理论适用于操纵证券市场民事责任中的因果关系，相比于一般侵权责任，需根据操纵市场行为的特殊性设置举证责任倒置的规则。参见傅长禄：《证券民事赔偿诉讼——最高人民法院证券民事赔偿司法解释的评述与展开》，法律出版社2003年版，第157页。

② 参见林晓镍、朱颖琦、李瑶菲：《操纵新三板证券市场行为民事赔偿的司法认定——定向增发投资者诉上海阿某罗机械股份有限公司、邵某等操纵证券交易市场责任纠纷案评析》，载蔡建春、王红主编：《证券法苑》（第37卷），法律出版社2023年版，第179-195页。

形下适用因果关系推定。[①] 其二，反对欺诈市场理论适用，直接推定。有观点认为，适用于虚假陈述案件的欺诈市场理论不能为操纵证券市场案件的因果关系推定提供理论支持，但可以采纳其关于间接信赖推定的方法内核。我国证券市场操纵案件采用因果关系推定是合理且必要的，这种因果关系推定以保护普通投资者对公开证券市场之价格真实性的信赖为目的，建立在间接信赖基础上的操纵市场因果关系推定应以投资者初步举证证明价格影响为适用前提。[②] 也有观点认为，对二级市场的投资者而言，与虚假陈述不同，对于操纵行为不应当适用欺诈市场理论，而应该在原告能够证明操纵行为对市场价格的影响后，直接推定因果关系。在推定交易因果关系的前提下，原告还是应该负有损失因果关系的证明责任。[③] 还有观点认为，对于操纵市场而言，尤其是交易型操纵市场而言，实行因果关系推定的正常性基础应当从举证责任分配理论上寻找。[④]

二是反对推定因果关系。其一，完全不适用。有学者肯定相当因果关系，反对依据欺诈市场理论予以推定。[⑤] 同时，有观点认为，我国证券市场并非半强势有效市场，不符合欺诈市场理论的适用条件，中小投资者的信赖并无正当性基础，所以，不应依据欺诈市场理论推定操纵行为和投资者的交易行为、交易损失之间的因果关系。[⑥] 其二，部分情况不适用。有观点认为，因操纵行为一般不影响公司内在价值，专业投资者的理性决策

① 参见复旦大学许多奇课题组：《操纵证券市场民事赔偿损失认定问题研究》，载《投资者》2022年第2期。

② 参见刘东辉：《操纵市场民事索赔中因果关系推定的法理与适用》，载《财经法学》2023年第5期。

③ 参见彭冰：《交易型操纵的民事责任认定——朱某投资诉阿某罗公司、邵某案分析》，载《中国法律评论》2023年第4期。

④ 参见阎维博：《操纵市场民事责任因果关系认定：类型化分析与利益衡量》，载《投资者》2019年第1期。

⑤ 参见马其家：《证券民事责任法律制度比较研究》，中国法制出版社2010年版，第462页。

⑥ 参见缪因知：《操纵证券市场民事责任的适用疑难与制度缓进》，载《当代法学》2020年第4期。

独立于操纵行为，原则上不适用因果关系推定。[①] 也有观点认为，对一级市场的投资者而言，在流动性不佳的新三板市场，法院没有对定增投资者的投资决策与操纵行为的交易因果关系进行推定，具有相当的合理性，但不推定交易因果关系的结论应该不适用于证券交易所上市公司的发行。[②]也有观点认为，因果关系推定规则的适用存在例外情形，对于通过协议转让方式进行的证券交易，由于投资者主体确定且通常为大宗交易，往往存在单独议价磋商过程，也一般不认为适用交易因果关系的推定。[③]

（二）境外理论

从境外来看，理论界主流的观点有相当因果关系、因果关系两分法等。下面就两种观点作简要分析。

1. 大陆法系

传统侵权法理论一般区分两个层次的因果关系，在德国法上包括责任成立的因果关系和责任范围的因果关系，前者主要考察的是加害行为与权益被侵害或损害之间是否存在客观上的联系，判断标准就是所谓的条件说，后者主要解决的是损害赔偿范围的问题，其判断标准有相当因果关系说等理论。[④] 德国民法对侵权行为采用相当因果关系说，但因证券侵权行为为新型侵权行为，部分学者主张为保护投资人权益，于特定情况下应直接推定侵害与损害结果之间因果关系存在，由被告举证证明因果关系不成

---

① 参见刘东辉：《操纵市场民事索赔中因果关系推定的法理与适用》，载《财经法学》2023 年第 5 期。

② 参见彭冰：《交易型操纵的民事责任认定——朱某投资诉阿某罗公司、邵某案分析》，载《中国法律评论》2023 年第 4 期。

③ 参见林晓镍、朱颖琦、李瑶菲：《操纵新三板证券市场行为民事赔偿的司法认定——定向增发投资者诉上海阿某罗机械股份有限公司、邵某等操纵证券交易市场责任纠纷案评析》，载蔡建春、王红主编：《证券法苑》（第 37 卷），法律出版社 2023 年版，第 179–195 页。

④ 参见彭冰：《证券虚假陈述民事赔偿中的因果关系——司法解释的新发展评析》，载《法律适用》2022 年第 5 期。

立，以实现公平正义。

日本在借鉴美国的证券法律制度时，没有明确规定操纵证券市场民事责任因果关系的认定，因此，原告提起诉讼必须与民法相关规定结合，证明行为与损害之间的因果关系。① 日本侵权民事责任因果关系的传统理论源于德国，分为两个阶段：（1）责任成立的因果关系：此属于主观的归责，即界定何种范围的侵害行为可归责于行为人的问题；（2）赔偿范围的因果关系：此属于客观归责问题，即产生损害结果的损害中哪些应由行为人赔偿的问题。日本一般侵权民事责任因果关系的认定比较复杂，特别是操纵市场行为涉及金融证券专业知识，同时损害产生的因素众多，因果关系证明难度大，而操纵证券市场案件又异常复杂，原告很难胜诉。

2. 英美法系

英美法系国家的法官和学者在长期的司法实践中创造性地采用了两分法来确定案件中的因果关系，即对因果关系分两步进行考察和认定：首先运用事实上的因果关系理论，确定行为人的行为或者依法应当由其负责的事件是否在事实上属于造成损害发生的原因；二是运用法律上的因果关系理论，确定已构成事实上原因的行为或事件是否在法律上成为应该对该损害负责的原因。② 在美国，因果关系两分法理论反映在证券侵权案件中，逐步演变成交易因果关系与损失因果关系。

交易因果关系—损失因果关系的双重因果关系证明模式，是在基于规则10b-5的证券欺诈类案件的背景下制定的。证明交易因果关系主要适用信赖推定原则，信赖推定规则的基础则是 Basic，Inc. v. Levinson 案所确立的市场欺诈理论。信赖推定原则是美国司法实践中针对交易因果关系所进行的阐释与发展。美国司法实践中交易因果关系与“信赖”一词紧密联系，在美国法院，“信赖”为交易因果关系的另一表述，二者关系紧密。

---

① 参见杨峰：《操纵证券市场民事责任因果关系认定规则之完善——从对美国、日本的相关规定的比较出发》，载《法商研究》2006年第6期。

② 参见范利平：《侵权行为法中的因果关系——理论和实践》，中山大学出版社2004年版，第1页。

在交易因果关系的证明中，信赖是证明的核心，证明交易因果关系就是要证明投资者是基于对市场操纵者的信赖才决定买入或卖出股票。依据该理论，原告只需要证明证券市场有效，然后再证明虚假陈述的信息具有重大性，就可以推定交易因果关系。虽然相关案例属于虚假陈述案件，但对于市场操纵因果关系的认定同样具有借鉴意义。

不过也有学者对此提出反对意见，毕竟大多数操纵证券市场案件发生在相对低效的市场，如市场规模小和流动性较差的场外市场和粉单市场中，[①] 操纵证券市场的致损机理与欺诈市场理论逻辑冲突。[②] 欺诈市场理论不仅不能减少操纵市场原告的证明负担，反而使其在索赔时受限，成为操纵证券市场民事索赔的一大堵点。美国学者 Charles R. Korsmo 教授认为，仅就交易型操纵证券市场行为而言，通常发生在流动性比较差的证券市场中，因此仅需要数量不多的资金即可以操纵某只证券；相反，在有效率的证券市场中，操纵证券市场行为往往不能成功。因此，欺诈市场理论天然地不能适用到操纵证券市场民事案件中。[③] 至于损失因果关系的证明，美国各法院的具体做法与标准不尽相同，时松时紧，具有判决主张多元化的特征。

四、我国司法实践

近年来，我国司法机关已对多起操纵民事赔偿作出判决，有关情况如下。

---

① Rajesh K. Aggarwal & Guojun Wu, "Stock Market Manipulation", 79 *J. Bus.* 1915, 1917 (2006).

② 在操纵证券市场民事诉讼中，原告通常会声称被告的市场操纵行为对市场价格产生了重大而持久的影响，然而，这一主张与实际市场效率大体上不一致，不符合欺诈市场理论的基本逻辑。Charles R. Korsmo, Charles, Mismatch: "The Misuse of Market Efficiency in Market Manipulation Class Actions", 52 *WM. & MARY L. REV.* 1111 (2011).

③ Charles R. Korsmo, Mismatch: "The Misuse of Market Efficiency in Market Manipulation Class Actions", 52 *WM. & MARY L. REV.* 1111 (2011).

（一）杨某辉与阙某彬、蝶某资产管理（上海）有限公司证券纠纷案

2021年1月15日，四川省高级人民法院二审维持了成都市中级人民法院就杨某辉与阙某彬、蝶某资产管理（上海）有限公司证券纠纷案（以下简称蝶某案）所作出的一审判决，① 判决本案中操纵证券市场行为人（被告）阙某彬、蝶某资产管理（上海）有限公司赔偿因操纵证券市场行为给投资者（原告）杨某辉造成的经济损失，两被告就前述赔偿责任相互承担连带清偿责任。② 这是2005年《证券法》作出规定16年后，司法机关作出的首起操纵证券市场民事赔偿判决。

首先，法院在判决中确认了证监会在行政处罚决定书中认定的被告阙某彬、蝶某资产管理（上海）有限公司、谢某荣合谋，利用阙某彬作为恒某医疗公司的控股股东及实际控制人具有的信息优势，控制恒某医疗公司密集发布利好信息，人为操纵信息披露的内容和时点，未及时、真实、准确、完整披露对恒某医疗公司不利的信息，夸大恒某医疗公司的研发能力，选择时点披露恒某医疗公司已有的重大利好信息，操纵恒某医疗公司股价的事实。③ 在这一基础上，北京市第一中级人民法院在行政判决书中对阙某彬、蝶某资产管理（上海）有限公司、谢某荣操纵恒某医疗公司股价的主观意图和客观行为也进行了充分论述。④ 因此，法院认定阙某彬、蝶某资产管理（上海）股份有限公司、谢某荣在2013年5月9日至2013

① 参见杨某辉与阙某彬、蝶某资产管理（上海）有限公司证券纠纷案，四川省成都市中级人民法院（2018）川01民初2728号民事判决书。

② 参见杨某辉与阙某彬、蝶某资产管理（上海）有限公司证券纠纷案，四川省高级人民法院（2020）川民终1532号民事判决书。

③ 参见《中国证券监督管理委员会行政处罚决定书［（2017）80号］》《中国证券监督管理委员会行政复议决定书［（2017）167号］》《中国证券监督管理委员会行政复议决定书［（2017）168号］》。

④ 参见谢某与证监会案，北京市第一中级人民法院（2018）京01行初77号行政判决书，以及蝶某资产管理（上海）股份有限公司与证监会案，北京市第一中级人民法院（2018）京01行初119号行政判决书。

年7月4日期间实施了操纵恒某医疗公司股价的违法行为，进而将本案中行为人实施的操纵市场行为类型认定为信息型操纵。

其次，法院认为阙某彬、蝶某资产管理（上海）股份有限公司、谢某荣所实施的信息型操纵行为与虚假陈述行为具有可比性。因此，杨某辉的损失与阙某彬、蝶某资产管理（上海）股份有限公司、谢某荣的操纵行为之间的因果关系均可以参照《最高人民法院关于审理证券市场因虚假陈述引发的民事赔偿案件的若干规定》予以认定。[①] 比照《最高人民法院关于审理证券市场因虚假陈述引发的民事赔偿案件的若干规定》，法院认为，投资人具有以下情形的，应当认定操纵证券市场行为与投资者的损害结果之间存在因果关系：(1) 投资人所投资的是与操纵行为直接关联的证券；(2) 投资人在操纵行为实施期间买入该证券；(3) 投资人在操纵行为结束以后，因卖出该证券发生亏损，或者因持续持有该证券而产生亏损。在本案中，杨某辉在阙某彬、蝶某资产管理（上海）股份有限公司、谢某荣操纵恒某医疗公司股价期间买入恒某医疗公司股票，并在操纵期间结束后卖出恒某医疗公司股票而产生亏损，杨某辉的损失与阙某彬、蝶某资产管理（上海）股份有限公司、谢某荣的操纵行为显然具有因果关系。

此外，法院基于保护投资者合法权益的目的，采纳了原告杨某辉主张的欺诈市场理论的适用。法院认为，首先，股票交易实行集中竞价交易机制，买卖双方难以一一对应，杨某辉不能也无须证明买卖之间的对应关系。其次，操纵证券市场行为通常具有隐蔽性，要求投资者证明其受操纵行为误导买入或卖出证券不具有合理性。最后，在一个公开有效的证券交易市场中，公司股票的价格是由公司基本面和供求关系所决定的，操纵证

① 《最高人民法院关于审理证券市场因虚假陈述引发的民事赔偿案件的若干规定》第18条规定："投资人具有以下情形的，人民法院应当认定虚假陈述与损害结果之间存在因果关系：（一）投资人所投资的是与虚假陈述直接关联的证券；（二）投资人在虚假陈述实施日及以后，至揭露日或者更正日之前买入该证券；（三）投资人在虚假陈述揭露日或者更正日及以后，因卖出该证券发生亏损，或者因持续持有该证券而产生亏损。"

券市场行为扭曲了公司基本面或供求关系，前者主要表现为信息型操纵，后者主要表现为价量型操纵。不管是哪种类型的操纵证券市场行为，最终都会导致公司股票价格偏离真实价值，此时的股票价格对投资者而言是不公平的，因信赖该股票价格为公正价格而交易的无辜投资者将因此遭受损失。这种表达方式是明确的欺诈市场理论的适用。

（二）鲜某操纵证券市场民事侵权赔偿案

2022 年 9 月 29 日，上海金融法院作出（2022）74 民初 2599 号民事判决，认定鲜某在 2014 年 1 月 17 日至 2015 年 6 月 12 日操纵标的股票价格和交易量，判决赔偿 13 名投资者 470 余万元。法院讨论了以下焦点问题。

一是混合型操纵行为结束日、影响消除日的确定。法院认为，本案中，鲜某采用了连续买卖、洗售或对倒交易、虚假申报、利用信息优势操纵等四种手法，应当被整体视为一个操纵证券市场行为，以最后交易日 2015 年 6 月 12 日为行为结束日。操纵行为影响消除日，是指因操纵行为而产生的人为价格回归至真实市场价格所需的合理时间，需要结合个案具体情形酌定。由于本案最后一个操纵行为是信息型操纵，可以参照《最高人民法院关于审理证券市场因虚假陈述引发的民事赔偿案件的若干规定》对影响消除时间的规定，确认 2016 年 11 月 14 日为信息型操纵影响消除之日。

二是操纵因果关系的认定。法院认为，因果关系两重分析框架已在近年来的证券虚假陈述责任纠纷审判实践中普遍使用，实践经验被相关司法解释吸收。操纵证券市场行为同为证券欺诈行为，在因果关系上亦应遵循交易因果关系与损失因果关系两重判断。关于交易因果关系，如果投资者能够证明行为人实施了操纵证券市场行为，投资者在操纵行为开始日之后、操纵行为影响结束日之前交易了与操纵行为直接关联的证券，则应当认定投资者的投资决策与行为人的操纵行为具有交易因果关系，除非操纵行为人可以提出反证。关于损失因果关系，证券价格受到大盘、行业、发行人自身风格等各种因素影响，与操纵证券市场行为之间不具有损失因果关系，不属于操纵赔偿责任范围。

三是操纵计算方法的确定。法院认为，操纵证券市场民事赔偿责任的损失计算宜采用净损差额法，将实际成交价格与理论市场价格（未被操纵的价格）同步对比，操纵行为使股价偏离真实市场价格，使投资者额外承担了人为价格与真实市场价格之间的差额部分，为侵权人应赔偿的因其侵权行为所导致的投资损失。

四是操纵与虚假陈述的竞合。法院认为，鲜某发布虚假信息属于信息型操纵行为中的手段行为，同时又构成虚假陈述，为法律责任竞合，按照目的吸收手段的原则，就相关法定义务主体而言，信息型操纵可以吸收虚假陈述，投资者可择一追责。

（三）上海朱某珠玉橙投资中心（有限合伙）与上海阿某罗机械股份有限公司、邵某操纵证券交易市场责任纠纷案①（以下简称阿某罗案）

2022年08月05日，上海金融法院宣判了一起操纵证券交易市场责任纠纷案。根据庭审公告显示，本案原告为上海朱某珠玉橙投资中心（有限合伙）（以下简称上海朱某投资），被告为新三板公司上海阿某罗机械股份有限公司（以下简称阿某罗）及其前实际控制人之一邵某。本案系全国首例新三板市场操纵证券交易市场责任纠纷，也是首例涉交易型操纵证券交易市场行为的民事赔偿责任案，其中对于因果关系的认定方式和损失计算标准都具有典型意义，对于后续操纵市场民事赔偿诉讼的顺利开展来说价值重大。

2015年9月17日，原告上海朱某投资作为定增意向投资者参加了阿某罗组织召开的定增投融资对接会。通过线上线下多轮谈判，2015年11

① 上海朱某珠玉橙投资中心（有限合伙）与新三板公司上海阿某罗机械股份有限公司及其前实际控制人邵某操纵证券交易市场责任纠纷案，上海金融法院（2021）沪74民初146号民事判决书。本案判决未公布，相关信息见上海金融法院（2021）沪74民初146号庭审直播录像，http://tingshen.court.gov.cn/live/31147387，2024年6月26日访问。

月，原告上海朱某投资与阿某罗签订《股票发行认购协议》，以20元/股的价格，购入阿某罗发行的股份150万股，共计投资3000万元。

2020年9月7日，证监会作出行政处罚决定书［（2020）61号］，认定前实际控制人邵某、案外人左某明等于2015年8月7日至2015年9月30日期间对阿某罗进行了股价操纵。上述期间内，新三板市场做市指数从1515.4点下跌到1322.15点，跌幅为12.75%；而同期阿某罗股价从20.26元/股上升为30.79元/股（期间成交价最高36.50元/股），涨幅为51.97%。邵某通过其控制的证券账户在操纵期间连续主动买入，主动与做市商成交，大量买卖阿某罗股票，迫使做市商不断提高双向报价中枢，推动成交价格不断上升，其成交量占同期市场交易量的比率为54.03%。上述交易行为，影响了该股交易量，也对其价格走势产生了重大影响。该行政处罚决定书还认定，邵某等从2015年9月14日开始，连续8个交易日进行了尾盘操纵。对此，证监会对邵某处以150万元的罚款，对其他案外人亦有相应处罚。

上海金融法院经审理认定，首先，新三板市场定向增发投资者的证券侵权求偿不适用因果关系推定原则。具体而言，证券侵权中依据欺诈市场理论、旨在保护不特定投资者合法权益而确立的因果关系推定原则，对于新三板定向增发投资者并不适用。原告上海朱某投资系以"面对面"签订认购协议方式参与投资，应对行为人实施的操纵证券交易市场行为与其遭受的损失之间存在因果关系进行举证。本案原告通过其定增投资与操纵行为高度关联等具体事实证明了邵某操纵市场行为对投资者的诱导是导致原告最终决定投资的重要因素之一，即邵某拉升股价的行为影响了原告参与投资的定价，法院据此认定因果关系成立。其次，操纵证券交易市场民事赔偿责任的损失计算有别于证券虚假陈述民事赔偿。在损失认定方面，证券虚假陈述侵权行为造成投资者的差额损失既包括行为实施后投资者买入价格虚高的损失，还包括虚假陈述行为揭露后股价下跌造成的投资者损失。在交易型操纵市场行为下，操纵行为对投资者损失产生的影响集中在操纵行为实施期间及随后的影响时期，经过一定的消弭时期，操纵行为带来的影响会被市场所消化。法院充分考虑交易型操纵证券交易市场行为的特点，选取净损差额法原理作为基础，通过比较原告投资阿某罗公司股票的实际价格与公允的基准价格之间的差值，计算原告的投资差额损失。

本案中，法院首先明确否认了欺诈市场理论和因果关系推定的适用，在本案的特殊情况下将因果关系的证明责任交还给了原告，要求投资者举证证明行为人的操纵行为与其遭受的损失之间存在因果关系。其中，法院特别指出的“操纵市场行为对投资者的诱导是导致原告最终决定投资的重要因素之一”对应了交易因果关系；而“拉升股价的行为影响了原告参与投资的定价”则对应了损失因果关系，构成交易因果关系—损失因果关系的证明模式。其次，法院特别指出，与虚假陈述行为不同，在交易型操纵市场行为下，侵权行为对投资者产生的影响主要集中于操纵行为实施期间，即投资者因为操纵行为的诱导而购买相关证券的时期；而不像虚假陈述侵权行为一样，投资者不但会因为证券价格虚高而遭受损失，还会因为虚假陈述行为的更正或揭露而再次蒙受股价下跌的损失。因此，操纵市场民事赔偿责任的损失计算应当有别于证券虚假陈述民事赔偿，以投资者在购买股票时实际支付的价格与公允的基准价格之间的差值为标准。

五、操纵市场侵权因果的理论架构

从上述情况来看，司法系统基本沿用《最高人民法院关于审理证券市场虚假陈述侵权民事赔偿案件的若干规定》的双重因果关系理论框架，建议以此为基础建立我国的双重理论框架。

（一）理论基础

证券领域的欺诈认定要求欺诈行为与投资者决策之间必须具有因果关系，即投资者基于对欺诈者的信赖而交易，遭受损失。欺诈市场理论可以适用于我国操纵证券市场民事赔偿。

一是操纵证券市场与虚假陈述本质相同。价格发现是证券市场的重要功能，证券价格的真实性和准确性取决于各影响因素的真实性。在公开交易的证券市场中，影响股票价格的因素不仅包括上市公司披露的信息，也包括供求关系、成交量、历史价格走势等因素。操纵市场者通过违法交易行为，影响特定证券市场价格，从而误导或扭曲投资者的投资决策，这与证券虚假陈述行为通过发布虚假信息扭曲股票价格具有相同的欺诈本质。

二是我国的A股市场已经达到半强势有效的水平。论证认为，我国A股市场达到半强势有效的水平是适用欺诈市场理论的前提。在股权分置改革之前，多数实证研究对此都持否定意见。[①] 但是，股权分置改革之后，我国证券市场的流动性大大增加，机构投资者和专业的证券分析机构等的数量也快速增加。目前，就我国A股市场而言，基本上达到了半强势有效的水平。[②] 在这种市场中，诸多中小市值的股票容易被操纵。美国和我国诸多实践都能印证这一点。

三是欺诈市场理论符合证券市场的实际运行情况。中小投资者通常并不关注发行人等所披露的公开信息，其投资决策通常是基于推荐或者证券价格的变动等而作出。但是在中小投资者投资的同时，所有公开（甚至未公开）的信息已经被机构投资者等专业投资者所消化吸收并反映到了证券价格上，中小投资者此时所支付的证券价格中即已经包括虚假信息等在内的信息。因此，中小投资者基于被扭曲的证券价格而买入相关证券，显然与违法行为之间存在交易因果关系。

四是欺诈市场理论操作性更强。在证券市场违法行为中，多数投资者

---

① 参见刘秀芳：《中国股市趋向弱势有效之实证研究》，载《中央财经大学学报》2002年第4期；李金林、金钰琦：《中国股票A股市场随机游走模型的检验》，载《北京工商大学学报（自然科学版）》2002年第4期；陈伟、刘星、杨源新：《上海股票市场股利政策信息传递效应的实证研究》，载《重庆石油高等专科学校学报》1999年第2期；魏刚：《我国上市公司股利分配的实证研究》，载《经济研究》1998年第6期；赵宇龙：《会计盈余披露的信息含量——来自上海股市的经验证据》，载《经济研究》1998年第7期。

② 参见全国社会保障基金理事会规划研究部：《中国股票市场有效性研究》，载全国社会保障基金理事会网站，https://www.ssf.gov.cn/portal/tzyj/webinfo/2017/06/1632636003121966.htm，2024年6月24日访问。

的损失通常都不会太大，具有小额化的特点。因此，从成本收益的角度来说，单独提起民事诉讼并不划算。对于法院和被告而言，应对如此众多的证券市场违法案件和原告也是巨大的负担。在此背景下，在我国证券市场违法行为民事案件的审判实践中，人民法院探索出示范诉讼机制和代表人诉讼机制等新型审判方式，减轻了投资者和被告的诉讼负累以及法院的审判负担。然而，进行示范诉讼或者代表人诉讼的前提条件是原告投资者之间应当具有共同的法律事实，① 交易因果关系即为其中一项。如果不以证券价格作为桥梁将投资者信赖与证券市场违法行为之间的因果关系连接起来，而要求投资者自行证明其信赖情况，则由于投资者的信赖不尽相同，显然不可能构成共同的交易因果关系，因而共同的法律事实也无法形成，示范诉讼或者代表人诉讼等团体诉讼也就无法开展。因此，推定交易因果关系更有利于实践操作。

五是有效保护投资者。依据欺诈市场理论，投资者的交易行为被推定为信赖了虚假陈述等违法行为，因此无须证明存在交易因果关系，这样将极大地增加这些投资者在民事诉讼中获胜的概率，有利于投资者保护。

（二）交易因果关系

在公开交易的证券市场中，应适用欺诈市场理论和推定信赖原则，判断投资者的投资决策与操纵行为之间是否存在交易因果关系。② 如果投资者能够证明行为人实施了操纵证券市场的行为，投资者在操纵行为开始日之后、操纵行为影响结束日之前交易了与操纵行为直接关联的证券，即在拉抬型证券操纵中买入了相关证券，或者在打压型证券操纵中卖出了相关证券，则应当认定投资者的投资决策与行为人的操纵具有交易因果关系。

交易方式也对交易因果关系的推定有一定影响。在集中竞价中推定具有交易因果关系，因为操纵的结果是扭曲了集中竞价的价格。同时，在大

---

① 参见王彦明、于淼、王殳昊：《中国示范诉讼制度的构建——以证券欺诈民事纠纷的应用为例》，载《社会科学战线》2019 年第 2 期。

② 参见耿利航：《欺诈市场理论反思》，载《法学研究》2020 年第 6 期。

宗交易等非集中竞价交易中，价格并非直接来自市场的集中竞价，是否受到集中竞价价格的影响，是否存在扭曲价格，需要具体讨论。因此，需要原告举证其行为受到了被告操纵行为的影响，这种影响应当基于被告交易行为的异常性、订单簿变化、市场价格偏离程度、交易量变化等因素综合判定。当然，在集中交易中，还要进一步区分拉抬型、打压型、混合型，一般认为只有跟随交易者才是操纵行为的受害者，其他投资者反而可能是受益者。①

关于交易因果关系的抗辩。操纵证券市场原告行使请求权的前提是善意。原告明知道有操纵行为发生，仍然进行交易，或者原告自身交易行为构成违法等，操纵行为人均可以以此为抗辩理由，对原告的交易因果关系进行抗辩。② 虽然有观点认为原告是否明知操纵行为的存在并不影响其损害赔偿请求权，但为公平配置侵权责任，防止赔偿机制滥用，建议明确操纵证券市场行为人的抗辩情形，保障其合法权益。

（三）损失因果关系

同理，损失因果关系的证明责任也需要进一步细化。在集中竞价交易中，推定原告交易行为的损失与被告操纵行为之间成立因果关系；在非集中竞价交易中，原告应当证明其损失与被告的操纵行为之间成立因果关系。③

关于损失因果关系的计算。根据欺诈市场理论，推定相关时段的交易与操纵行为具有交易因果关系，但存在交易因果关系的交易损失未必都由操纵行为导致。就损失因果关系而言，证券价格会受到各种因素的影响，

---

① 参见缪因知：《操纵证券市场民事责任的适用疑难与制度缓进》，载《当代法学》2020年第4期。

② 参见陈洁：《证券虚假陈述侵权损害赔偿中因果关系的认定机制》，载《中国社会科学院大学学报》2023年第10期。

③ 参见彭冰：《证券虚假陈述民事赔偿中的因果关系——司法解释的新发展评析》，载《法律适用》2022年第5期。

例如，大盘、行业以及他人违法行为等因素，这些因素导致的损失是投资者交易标的证券理应承担的投资风险，与操纵证券市场行为之间不具有损失因果关系，故不属于操纵者的赔偿范围。① 比如在鲜某操纵证券市场民事侵权赔偿案中，法院认为，应在查明证券操纵与投资者损失之间的因果关系，以及导致投资者损失的其他原因等基本事实的基础上综合判断。操纵者能够举证投资者的损失部分或全部是由他人操纵市场、证券市场的风险、证券市场对待特定事件的过度反应、上市公司内外部经营环境等其他因素所导致的，应当相应减轻或者免除其责任。鲜某通过对比房地产行业部分股票涨跌情况，主张其操纵行为并未对标的股票价格造成重大影响。对此，法院认为，即便同属一个行业板块的公司，其主营业务、资产规模、流动性等都会存在差异，股票价格亦会随之相异。标的公司的主营业务比较复杂，且被告操纵行为本身就涉及主营业务的实质性变更，因此，不能简单类比房地产行业板块涨跌幅，更不能简单与部分房地产企业股票做比较。被告鲜某主张 2015 年股市异常波动是导致原告损失的重要原因，法院则认为要准确认定损失因果关系，就需要合理剥离与操纵行为无关之因素对股价的影响，这涉及金融资产定价问题，也与投资者损失核定紧密相关。被告鲜某虽然主张存在导致投资者损失的其他因素，但对其他因素的影响程度及相应扣除金额如何确定，并未提出合理的计算方法，此问题宜由法院依职权一并委托专业第三方机构在投资者损失核定中加以解决。

由于损失因果关系难度极高，推定具有损失因果关系后，由被告反证，法院查明，并在赔偿责任中加以考虑计算，符合理论是实践需求。换个角度看，界定损失的过程其实是认定、筛选损失因果关系的过程（如扣除大盘因素等），对于经过筛选的损失，本身就是有损失因果关系。

六、司法建议

建议最高人民法院在组织起草操纵证券市场民事赔偿司法解释时，在

① 参见樊健：《我国证券市场虚假陈述交易上因果关系的新问题》，载《中外法学》2016 年第 6 期。

因果关系上明确以下内容。

一是坚持因果关系双重结构。《最高人民法院关于审理证券市场虚假陈述侵权民事赔偿案件的若干规定》设置了交易因果关系与损失因果关系的双重结构。该司法解释施行以来，成功指导了一批证券市场虚假陈述侵权案件民事赔偿责任落实落地，为强化资本市场制度供给，畅通投资者救济渠道提供了有力的司法保障。建议在操纵证券市场侵权案件民事赔偿领域借鉴其成功经验，仍沿用交易因果关系与损失因果关系的双重结构。

二是推定交易因果关系。交易因果关系是传统民法中一方实施欺诈行为与对方因此作出错误意思表示要件在证券法中的表达。《最高人民法院关于贯彻执行〈中华人民共和国民法通则〉若干问题的意见（试行）》（已废止）第68条关于“一方当事人故意告知对方虚假情况，或者故意隐瞒真实情况，诱使对方当事人作出错误意思表示的，可以认定为欺诈行为”的规定，明确了欺诈行为与表意错误之间的因果关系。这一因果关系延伸到证券法学领域，要求证券市场违法行为（操纵市场）与投资者决定之间具有因果关系，此即交易因果关系要件。但是，由于证券市场具有特殊性，如投资者人数众多，情况各异，特别是二级市场的交易中并无传统商业活动中的当面协商等情况，投资者往往难以提供证据证明自己信赖了被操纵行为扭曲的市场信息。因此，建议在相关司法解释中明确推定交易因果关系，并根据交易方式的不同确定差异化的交易因果关系认定方式。

三是推定损失因果关系。根据欺诈市场理论，若原告与操纵行为之间具有交易因果关系，则推定损失因果关系成立。建议根据集中竞价交易和非集中竞价交易方式，配置不同的损失因果关系举证责任。同时，考虑到证券价格会受到各种因素的影响，例如，大盘起伏、行业风险以及他人违法行为等，这些因素导致的损失理应由投资者承担，与操纵证券市场行为之间不具有损失因果关系。

四是当事人抗辩。操纵证券市场民事赔偿诉讼原告行使请求权的前提是其合法权益因操纵证券市场行为而遭受损害。如果原告的损害是因其故意或者第三人的行为导致，或者原告自身的交易行为构成违法，则应当允许操纵行为人提出抗辩，以免除或减轻其损害赔偿责任。在交易因果关系方面，若存在原告明知有操纵行为发生仍进行交易，或原告自身交易行为违法等情况，操纵行为人可以主张原告在交易时知道或者应当知道存在操纵市场行为，或者原告的交易行为构成操纵证券市场或内幕交易等证券市场违法行为等理由抗辩。在损失因果关系方面，若操纵者举证投资者损失全部或部分是由他人操纵市场，证券市场风险、证券市场对待特定事件的反应、上市公司内外部经营环境等其他因素所导致，操纵行为人得以此为由主张抗辩。